Mediaplanung

Fritz Unger · Wolfgang Fuchs · Burkard Michel

Mediaplanung

Methodische Grundlagen und
praktische Anwendungen

6., aktualisierte Auflage

Prof. Dr. Fritz Unger
Fachhochschule Ludwigshafen am Rhein
Ludwigshafen, Deutschland

Prof. Dr. Wolfgang Fuchs
Hochschule der Medien - Stuttgart
Stuttgart, Deutschland

Prof. Dr. Burkard Michel
Hochschule der Medien - Stuttgart
Stuttgart, Deutschland

ISBN 978-3-642-30656-3
DOI 10.1007/978-3-642-30657-0

ISBN 978-3-642-30657-0 (eBook)

Die Deutsche Nationalbibliothek verzeichnet diese Publikation in der Deutschen Nationalbibliografie; detaillierte bibliografische Daten sind im Internet über http://dnb.d-nb.de abrufbar.

Springer Gabler
© Springer-Verlag Berlin Heidelberg 1991, 1999, 2002, 2004, 2007, 2013
Das Werk einschließlich aller seiner Teile ist urheberrechtlich geschützt. Jede Verwertung, die nicht ausdrücklich vom Urheberrechtsgesetz zugelassen ist, bedarf der vorherigen Zustimmung des Verlags. Das gilt insbesondere für Vervielfältigungen, Bearbeitungen, Übersetzungen, Mikroverfilmungen und die Einspeicherung und Verarbeitung in elektronischen Systemen.

Die Wiedergabe von Gebrauchsnamen, Handelsnamen, Warenbezeichnungen usw. in diesem Werk berechtigt auch ohne besondere Kennzeichnung nicht zu der Annahme, dass solche Namen im Sinne der Warenzeichen und Markenschutz-Gesetzgebung als frei zu betrachten wären und daher von jedermann benutzt werden dürften.

Gedruckt auf säurefreiem und chlorfrei gebleichtem Papier

Springer Gabler ist eine Marke von Springer DE. Springer DE ist Teil der Fachverlagsgruppe Springer Science+Business Media
www.springer-gabler.de

Vorwort zur 6. Auflage

Bei der Mediaplanung geht es entweder darum, ein gegebenes quantitatives Kommunikationsziel – nämlich eine bestimmte Anzahl von Personen in bestimmter Häufigkeit zu erreichen – durch geeignete Auswahl der Werbeträger möglichst kostengünstig zu realisieren oder ein gegebenes Budget durch günstige Auswahl der Werbeträger möglichst effizient einzusetzen.

Durch die Frage der Auswahl verschiedener Werbeträgergattungen (z. B. die Frage, ob TV, Funk oder Zeitschriften oder Kombinationen davon eingesetzt werden sollen) erhält die Mediaplanung zudem eine qualitative Komponente, da die verschiedenen Werbeträgergattungen sich für unterschiedliche Botschaften verschieden eignen. Von sowohl quantitativer als auch qualitativer Bedeutung ist die Art der Belegung von Werbeträgern. Das betrifft die Größe und Farbigkeit von Anzeigen oder die Länge von Funk und Werbespots. Damit kommt der Mediaplanung hohe kommerzielle Bedeutung im Rahmen des Marketings zu.

Wir haben hier einen Bereich des Managements vor uns, dessen Entscheidungen im besonderen Maße rationalen und ökonomisch nachvollziehbaren Argumenten unterzogen werden können. Das ökonomische Prinzip könnte hier wie in kaum einem anderen Entscheidungsbereich seine konsequente Anwendung erfahren. Umso erstaunlicher ist nach wie vor der Mangel an entsprechender Ausbildung der im Marketing mit Fragen der Mediaplanung betrauten Personen. Auch in der hochschulpolitischen Bildung ist die Mediaplanung nur in wenigen Fällen ausreichend etabliert. Die Folge unzureichender Media-Ausbildung sind Unsicherheiten und häufig gefühlsmäßige Entscheidungen in der Praxis.

In der vorliegenden Abhandlung werden alle mediarelevanten Aspekte möglichst weitgehend auf Basis konkreter Daten behandelt. Das geschieht aus didaktischen Gründen, um ein Gespür für konkrete Mediaentscheidungen zu entwickeln. Entscheidungsträgerinnen und Entscheidungsträger der Praxis müssen sich immer wieder über das neueste Media-Angebot informieren und mit strukturellen Änderungen der „Medialandschaft" vertraut sein. Das ändert aber nichts an den Strukturproblemen der Mediaplanung, die es zu vermitteln gilt. Der mit Mediaplanungsaufgaben betraute Personenkreis täte gut daran, sich unabhängig der hohen Dynamik des Media-Angebotes und des permanenten Auftretens neuer Werbeformen über die dauerhafte Struktur der Problematik im Bereich der Mediaplanung Klarheit zu verschaffen, um so auch ein gewisses Maß an Planungssicherheit zu realisieren.

Das vorliegende Buch war in seiner zweiten Auflage das Resultat eines gemeinsamen Forschungsprojektes von Absolventen des Berufsintegrierenden Studienganges (BIS) Betriebswirtschaft an der Fachhochschule Ludwigshafen unter Leitung von Fritz Unger. Gegenstand des Projektes, das im Jahre 1998 abgeschlossen wurde, war die Untersuchung der Ablaufprozesse im Rahmen der Mediaplanung in der Praxis. Ferner wurden die vorliegenden Daten der Mediaforschung analysiert und in diesem Buch dargestellt. Einen weiteren Schwerpunkt bildet die Analyse gängiger Mediagattungen hinsichtlich ihrer Eignung in der Marktkommunikation, die letztlich in einen Intermediavergleich mündet. Inzwischen hat das Buch mehrere Auflagen erlebt und wurde dabei immer wieder aktualisiert, ohne dass der Charakter wesentlich geändert wurde. Nach über zehn Jahren war es aber nicht mehr möglich, das „alte" Autorenteam zu reaktivieren. Zu unterschiedlich verliefen die beruflichen und persönlichen Entwicklungen. Umso erfreulicher ist es, dass nunmehr zwei Kollegen von der Hochschule der Medien in Stuttgart dazu gewonnen werden konnten, diese 6. Auflage mit zu überarbeiten. Damit schließt sich ein Kreis, denn die erste Auflage schrieb Fritz Unger damals noch als Professor an der „Fachhochschule für Druck", der Vorgängerhochschule der Hochschule der Medien in Stuttgart, zusammen mit dem für die Mediaplanung zuständigen Lehrbeauftragten Hugo Wessbecher.

Person und Danksagung

Eric Mantei war im Anschluss an das Diplomstudium der Medien- und Kommunikationswirtschaft bei der Serviceplan Agenturgruppe in der Kommunikationsplanung tätig. Hier betreute er Kunden wie Heineken, Desperados oder auch die Karlsberg Brauerei Gruppe in der Mediaplanung. Seit Anfang 2011 zeichnet er bei der Süddeutschen Zeitung für die Anzeigenverkaufsleitung und Vertriebssteuerung der digitalen Medien verantwortlich. Zur Erweiterung der betriebswirtschaftlichen und medialen Kompetenz absolviert er berufsbegleitend an der Steinbeis Hochschule (Berlin, New York, Mailand) einen MBA in Media Management.

Ein persönlicher Dank geht in erster Linie an die Serviceplan Agenturgruppe, in Person: Franziska Wenzel und Verena Winkler sowie Christian Käßmann und Mark Hinderberger. Ferner seien die Verantwortlichen bei der Süddeutschen Zeitung genannt, die mit der Bewerbung von Laufbahner.de einen wichtigen Beitrag für die vorliegende Abhandlung gelegt haben, Daniela Klein und Verena Elgershäuser (SZ Marketing) sowie Jürgen Maukner (Gesamtanzeigenleitung).

Wir wünschen uns, dass auch diese Auflage für Studierende und Praktiker gleichermaßen nützlich sein möge.

Augsburg, Stuttgart und Oberstdorf im Dezember 2011

Wolfgang Fuchs
Burkard Michel
Fritz Unger

Inhaltsverzeichnis

1. **Mediaplanung in der Marktkommunikation** 1
   1.1 Aufgaben der Mediaplanung 1
   1.2 Planungsprozess der Marktkommunikation 2
       1.2.1 Situationsanalyse 2
       1.2.2 Werbe-/Kommunikationsziele und Mediaziele 4
       1.2.3 Zielgruppenbestimmung 6
       1.2.4 Budgetierung 10
       1.2.5 Aufgabenstellung an die Werbeagentur 20
   1.3 Die Wahl der Werbeträgergattung 23
   1.4 Der Ablauf der Mediaplanung 25
       1.4.1 Bestimmung der Zielgruppe 26
       1.4.2 Media-Analysen und Bestimmung der ausgewählten Werbeträgergattungen 27
       1.4.3 Bestimmung der Art der Belegung 28
       1.4.4 Reichweite und Kontakthäufigkeit 29
       1.4.5 Gestaltung und Bewertung alternativer Mediapläne 30
   1.5 Statistische Grundlagen der Mediaplanung 34

2. **Mediaplanung in der Kommunikationspolitik** 39
   2.1 Mediaselektion als eine Funktion innerhalb des Marketing-Mix 39
       2.1.1 Bedeutung des Marketing 39
       2.1.2 Marktforschung als eine Voraussetzung für eine effektive Mediaplanung 41
   2.2 Marktsegmentierung 42
       2.2.1 Zielgruppenorientiertes Marketing 42
       2.2.2 Segmentierung von Konsumgütermärkten 43
       2.2.3 Zielmarktbestimmung 44
       2.2.4 Segmentbezogene Marketingziele 45
   2.3 Zielgruppen 45
       2.3.1 Strukturelle Zielgruppenbeschreibung: Consumer Profile 47

		2.3.2	Interpretatives Zielgruppenverständnis: Consumer Insights	48
		2.3.3	Von der Marketing- zur Mediazielgruppe	49
	2.4	Kommunikation		53
		2.4.1	Werbeziele und Ableitung mediastrategischer Ziele	55
		2.4.2	Mediaselektion	58
	2.5	Budgetierung		59
		2.5.1	Budgetierung und Werbedruck	60
		2.5.2	Synergieeffekte und pulsierende Werbung	64
3.	**Mediaforschung als Basis für die Mediaplanung**			67
	3.1	Mediagrundlagen		68
		3.1.1	Logik der Mediaplanung	68
		3.1.2	Vergleich von Werbeträgern	70
		3.1.3	Mediafachterminologie	70
	3.2	Kennwerte zum Vergleich von Werbeträgern		72
		3.2.1	Medienspezifische Kennwerte	72
		3.2.2	Reichweiten, Streuverluste und Affinität	74
		3.2.3	Mehrfachschaltung	80
		3.2.4	Werbedruck	87
		3.2.5	Ökonomische Kennwerte	89
	3.3	Erforschung der Medianutzung		90
		3.3.1	Die bedeutendsten Träger der Media-Analysen	90
		3.3.2	Die Allensbacher Markt- und Werbeträger-Analyse (AWA)	102
		3.3.3	Spezielle Untersuchungen bei bestimmten Zielgruppen	104
		3.3.4	Das Konsumentenverhalten einbeziehende Studien	112
		3.3.5	Die IVW	119
		3.3.6	Untersuchungen zur Nutzung des Internets	124
		3.3.7	Weitere Studien	129
		3.3.8	Die Kontaktqualität	129
		3.3.9	Internationale Media-Analysen	132
		3.3.10	Mediaforschung im BtB-Bereich	136
		3.3.11	Abschließende Beurteilung der Mediaforschung	151
	3.4	Entwicklung der Medien im Vergleich		153
4.	**Mediagattungen**			159
	4.1	Mediagattung Fernsehen		159
		4.1.1	Einführung	159
		4.1.2	Öffentlich-rechtlich versus privat: Die Senderlandschaft in Deutschland	161
		4.1.3	Werbezeiten und Werbeformen im Fernsehen	168
		4.1.4	Gestaltung und Produktion von TV-Spots	177
		4.1.5	Buchungsmodalitäten und Medialeistungen	181
		4.1.6	Nutzer, Nutzungsformen und Wirkungen	188
	4.2	Mediagattung Zeitschriften		198
		4.2.1	Einleitung	198
		4.2.2	Klassifikation von Zeitschriften	202
		4.2.3	Publikumszeitschriften	202

	4.2.4	Fachzeitschriften	218
	4.2.5	Kundenzeitschriften	224
	4.2.6	Online-Dienste	225
	4.2.7	Abschließende Beurteilung	227
4.3	Mediagattung Zeitungen		228
	4.3.1	Einführung	228
	4.3.2	Klassifikation der Zeitungen	229
	4.3.3	Insertionsformen	231
	4.3.4	Mediadaten	234
	4.3.5	Online-Dienste	248
	4.3.6	Abschließende Beurteilung	249
4.4	Mediagattung Außenwerbung		251
	4.4.1	Einführung	251
	4.4.2	Klassifikation der Außenwerbung	253
	4.4.3	Stationäre Außenwerbung	253
	4.4.4	Bewegliche Außenwerbung – Verkehrsmittelwerbung	269
	4.4.5	Ambient Media	275
	4.4.6	Abschließende Beurteilung	280
4.5	Mediagattung Hörfunk		281
	4.5.1	Einführung	281
	4.5.2	Die Hörfunklandschaft in Deutschland	282
	4.5.3	Werbezeiten und Werbeformen im Hörfunk	291
	4.5.4	Gestaltung und Produktion von Hörfunkspots	293
	4.5.5	Buchungsmodalitäten und Medialeistungen	295
	4.5.6	Nutzer, Nutzungsformen und Wirkungen	301
4.6	Mediagattung Kino		315
	4.6.1	Einführung	315
	4.6.2	Klassifikation der Filmtheater	315
	4.6.3	IMAX-Theater	317
	4.6.4	Multiplexe	317
	4.6.5	Möglichkeiten der Kinowerbung	318
	4.6.6	Durchführung der Kinowerbung	321
	4.6.7	Mediadaten	322
	4.6.8	Abschließende Beurteilung	323
4.7	Werbeträger Online-Medien		324
	4.7.1	Die Entwicklung des Internets	324
	4.7.2	Online-Werbemöglichkeiten im Überblick	327
	4.7.3	Online-Werbung	328
	4.7.4	Zukunftsperspektiven	356

5. Intermediavergleich 359
    5.1 Intermediavergleich innerhalb klassischer Werbeträger 359

	5.1.1	Publikumszeitschriften	359
	5.1.2	Werbefernsehen	361
	5.1.3	Hörfunkwerbung	363
	5.1.4	Plakatwerbung	364

		5.1.5	Werbung in Zeitungen	365

        5.1.5   Werbung in Zeitungen 365
        5.1.6   Internet 366
        5.1.7   Gestaltung im Media-Mix 368
  5.2   Der Vergleich: Publikumszeitschriften versus TV 369
        5.2.1   Aktivierung und kognitive Wirkung in TV und Print 369
        5.2.2   Fernsehen und die Frage der Ablenkung 370
  5.3   Synergie-Effekte in der Mediastrategie – die Kombination
       Anzeigen- und TV-Werbung 372
        5.3.1   Positive und negative Folgen durch Wiederholung 372
        5.3.2   Die Untersuchung von Tannenbaum (1967) 374

Anhang: Praxisbeispiel Süddeutsche Zeitung 377
Laufbahner.de Das neue Stellenportal der Süddeutschen Zeitung 377
Mediaplanung für Laufbahner.de 384
Ausblick 398
Links und Branchenwissen 401

Literaturverzeichnis 403

Abbildungsverzeichnis

Abb. 1.1	Marketing-Instrumentarium	2
Abb. 1.2	Planungsablauf der Marktkommunikation	3
Abb. 1.3	Zielsystem. (Fuchs und Unger, 2007, S. 42 und 109 ff.)	5
Abb. 1.4	Sinus-Milieus in Deutschland 2010. (Sinus Sociovision, 2010)	8
Abb. 1.5	Sinus-Milieus in der Schweiz 2006. (Sinus Sociovision, 2006)	8
Abb. 1.6	Sinus-Milieus in China 2006. (Sinus Sociovision, 2006)	9
Abb. 1.7	Sinus-Meta-Milieus zum internationalen Vergleich. (Sinus Sociovision, 2010)	9
Abb. 1.8	Der Prozess der Budgetbestimmung. (vgl. zum oberen Teil Krugmann et al., 1994, S. 258)	19
Abb. 1.9	Ablauf der Mediaplanung	26
Abb. 2.1	Informationen über den Markt als Ausgangspunkt der unternehmerischen Aktivitäten. (Vgl. Busch, Fuchs und Unger, 2008, S. 8)	40
Abb. 2.2	Die Mediaplanung in der Prozesskette unternehmerischer Marketing-Entscheidung	41
Abb. 2.3	Schrittfolge bei der Marktsegmentierung, der Zielmarktfestlegung und Positionierung. (Kotler und Bliemel, 2001, S. 446 ff.)	43
Abb. 2.4	Beispiel zwischen einer Markt- und Mediafusion	54
Abb. 2.5	Modellhafte Darstellung einer Bevölkerung und deren Zeitschriften-Nutzung; LdZS – Leser der Zeitschrift	56
Abb. 2.6	Der Prozess der Budgetbestimmung	60
Abb. 3.1	Schema der Mediaforschung. (Schweiger und Diller, 2001, S. 752)	68
Abb. 3.2	Zielgruppe, Reichweite, Streuverluste und Affinität	79
Abb. 3.3	Aufschlüsselung der Nettoreichweite nach Kontaktklassen	82
Abb. 3.4	Kumulationsverläufe	83
Abb. 3.5	Messgerät TC score	93

Abb. 3.6	Messtechnik TC-Score	94
Abb. 3.7	Abfragetechnik innerhalb der ma. (agma-mmc.de/03_ forschung/ zeitschriften/erhebung_methode/abfragemodell asp?topnav=108subnav=201)	97
Abb. 3.8	In der ma Plakat 2011 berücksichtige Plakatstellen. (ag.ma 2011b)	98
Abb. 3.9	Abfragemodell ma Radio	101
Abb. 3.10	Sinus Milieus 2010. (www.sinus-institut.de/loesungen/ sinus-milieus.html)	120
Abb. 3.11	Internetnutzung 2008 bis 2010 im Tagesverlauf*: „gestern genutzt". (Angaben in Prozent, www.ard-zdf-onlinestudie.de/index.php?d.= onlinenutzung)	127
Abb. 3.12	Der Drei-Säulen-Ansatz der internet facts. (AGOF, internet facts 2011-04)	128
Abb. 3.13	Entwicklung des Fachzeitschriftenmarktes. (http://www. deutsche-fachpresse.de/fileadmin/allgemein/bilder/ branchenwissen /Fachpresse statistik_2010_FINAL.pdf)	139
Abb. 3.14	Jahresauflagen der Fachzeitschriften. (http://www.deutsche-fachpresse.de/fileadmin/allgemein/bilder/ branchenwissen/Fachpressestatistik_2010_FINAL.pdf)	139
Abb. 3.15	Umsatz und Erlösstruktur der Fachzeitschriften (http://www.deutsche-fachpresse.de/fileadmin/allgemein/bilder/ branchenwissen/ Fachpressestatistik_2010_FINAL.pdf)	139
Abb. 3.16	Genutzte Informationsquellen von Allgemeinmedizinern, Praktikern und Internisten. (LA-MED API 201)	146
Abb. 3.17	LPA-Reichweitenwerte ausgewählter Fachzeitschriften. (LA Dent 2009)	147
Abb. 3.18	Beispiel für Reichweiten der agriMA nach Betriebsgröße. (agriMA 2009,www.lv.de/agrarmediaservice/bilder/ agrarmediafacts 2009.pdf)	149
Abb. 3.19	Reichweiten der untersuchten Fachzeitschriften. (agal a+b 2006)	150
Abb. 3.20	Infoquellen von BtB-Entscheider. (B2B-Entscheideranalyse 2010: Studien/B2B_Entscheideranalyse_Broschuere_Web.pdf)	152
Abb. 3.21	Anteile der Medien am Medienzeitbudget 2010. (ARD/ZDF-Langzeitstudie Massenkommunikation 2010, www.comrepublic. com/2011/01/medienzeitbudget-tv-radio-internet-gleichauf-bei-den-jungen)	154
Abb. 3.22	Mediennutzung im Tagesverlauf. (ARD/ZDF-Langzeitstudie Massenkommunikation, www.ard-zdf-onlinestudie.de/index.php?id=222)	156
Abb. 4.1	Anzahl der frei empfangbaren TV-Sender in Deutschland von 1988 bis 2010 (jeweils 1. Januar). (AGF/GfK Fernsehforschung, pc#tvaktuell)	163

Abbildungsverzeichnis XV

Abb. 4.2	Entwicklung der durchschnittlichen Fernsehdauer pro Tag zwischen 1992 und 2010. (Zuschauer ab 3 Jahren, Angaben in Minuten). (AGF/GfK, pc#tv bzw.TV Scope, bis 2000 Fernsehpanel (D), ab 2001 Fernsehpanel (D+EU))	164
Abb. 4.3	Anteil von Information und Werbung am Gesamtprogramm in Prozent für das Jahr 2009. (Media Perspektiven Basisdaten 2010, S. 10 f. und S. 21 f.)	167
Abb. 4.4	Themenstruktur der wichtigsten Nachrichtensendungen im Jahr 2009 in Prozent. (Media Perspektiven Basisdaten 2010, S. 23)	167
Abb. 4.5	Marktanteile der TV-Sender im Tages-durchschnitt 2010, TV-Gesamt: 223 Minuten. (AGF/GfK Fernsehforschung; TV Scope, Fernsehpanel D + EU)	168
Abb. 4.6	Bruttowerbeeinnahmen der Sender in Mio. Euro im Jahr 2009. (Media Perspektiven Basisdaten 2010, S. 7 und 12)	182
Abb. 4.7	Klassifikation der Zeitschriften	203
Abb. 4.8	Alternative Anzeigenformate	205
Abb. 4.9	Anzeigenfolge in einer Zeitschrift (unterschiedliche Formate) Endformate	205
Abb. 4.10	Anzeige mit ausschlagbarer Seite	205
Abb. 4.11	Sonderformate	205
Abb. 4.12	Beihefter	206
Abb. 4.13	Anzeige mit Postkarte/Briefumschlag	206
Abb. 4.14	Entwicklung der IVW-Publikumszeitschriften 2000 bis 2009 (IV. Quartal). (ZAW, 2010, S. 288)	208
Abb. 4.15	Entwicklung der verkauften und verbreiteten Auflage bei Publikumszeitschriften 2004 bis 2009 (IV Quartal). (ZAW, 2010, S. 288, 299)	208
Abb. 4.16	Mediennutzerschaft einer Programmzeitschrift Typ A	213
Abb. 4.17	Mediennutzerschaft einer Programmzeitschrift Typ B	214
Abb. 4.18	Mediennutzerschaft Frauenzeitschrift Typ A	215
Abb. 4.19	Mediennutzerschaft einer Frauenzeitschrift Typ B	216
Abb. 4.20	Mediennutzerschaft einer „Aktuellen Illustrierten" (Magazin)	217
Abb. 4.21	Mediennutzerschaft einer Auto-Zeitschrift	218
Abb. 4.22	Entwicklung der Anzahl der IVW-Fachzeitschriften 2000 bis 2009 (IV Quartal). (ZAW, 2010, S. 296, 297)	223
Abb. 4.23	Entwicklung der verkauften und verbreiteten Auflage bei Fachzeitschriften (IV Quartal). (ZAW, 2006, S. 293)	223
Abb. 4.24	Entwicklung der IVW-Kundenzeitschriften 2000 bis 2009 (IV. Quartal). (ZAW, 2010, S. 303, 304)	226
Abb. 4.25	Entwicklung der verkauften und verbreiteten Auflage bei Kundenzeitschriften 2000 bis 2009. (ZAW, 2010, S. 303, 304)	226
Abb. 4.26	Struktur der Anzeigenwerbung in lokalen und regionalen Abonnementzeitungen, 2009. (ZAW, 2010, S. 252)	230

Abb. 4.27	Klassifikation der Tageszeitungen	230
Abb. 4.28	Anzeigenformate im Satzspiegel	232
Abb. 4.29	Anzeigenformate (Bunddurchdruck). (Schneider und Pflaum, 1993, S. 254)	233
Abb. 4.30	Anzeigenformate (Anschnitt). (Schneider und Pflaum, 1993, S. 254)	234
Abb. 4.31	Entwicklung der IVW-Tageszeitungen 1995 bis 2005 (IV. Quartal). (ZAW, 2006, S. 249 und 3010, S. 256)	236
Abb. 4.32	Entwicklung der IVW-Wochenzeitungen 1995 bis 2009 (IV. Quartal). (ZAW, 2006, S. 252 und 2010, S. 256	236
Abb. 4.33	Entwicklung der verkauften Auflage bei Tages- und Wochenzeitungen. (ZAW, 2010, S. 265 und 264)	237
Abb. 4.34	Entwicklung der Reichweiten von Tageszeitungen (2000–2010). (Bund Deutscher Zeitungsverleger, BDZV, 2010, o. S.)	241
Abb. 4.35	Entwicklung der Reichweiten bei regionalen Abo-Zeitungen (2000–2010). (BDZV, 2010, o. S.)	242
Abb. 4.36	Mediennutzerschaft einer typischen regionalen Abonnementzeitung	243
Abb. 4.37	Mediennutzerschaft einer überregionalen Tageszeitung	245
Abb. 4.38	Mediennutzerschaft einer Kaufzeitung am Beispiel der „Bild"	246
Abb. 4.39	Erscheinungsformen der Außenwerbung. (in Anlehnung an Schneider und Pflaum, 1993, S. 277)	253
Abb. 4.40	Modell Anschlagsäulen	257
Abb. 4.41	Modell Großfläche	257
Abb. 4.42	Modell City-Light-Poster	258
Abb. 4.43	Plakatformate (Beispiele). (GWA, 2001, S. 71, Schneider und Pflaum, 1993, S. 279)	259
Abb. 4.44	Reichweiten-Plakatanschlag (Grundgesamtheit: Deutschsprachige Bevölkerung ab 14 Jahre). (Medialine o. J.: ma Plakat 2010)	261
Abb. 4.45	Anzahl Kontakte pro erreichter Person bei Vollbelegung. (Medialine o. J.: ma Plakat 2010)	261
Abb. 4.46	Anschlagstellen-Reichweiten Großfläche nach Intensität der Belegung (intensiver Werbedruck: 1:2000, normal hoher Werbedruck 1:3000, mittlerer Werbedruck 1:4000 und niedriger Werbedruck 1: 5000). (Medialine o. J.: ma Plakat 2010)	262
Abb. 4.47	Reichweiten Großflächen nach Altersstruktur und Werbedruck. (Medialine o. J.: ma Plakat 2010)	262
Abb. 4.48	Reichweiten von Ganzsäulen nach Altersstruktur und Werbedruck. (Medialine o. J.: ma Plakat 2010)	262
Abb. 4.49	Reichweiten Großflächen nach Bildung und Werbedruck. (Medialine o. J.: ma Plakat 2010)	263
Abb. 4.50	Reichweiten Großflächen nach Ortsgrößen und Werbedruck. (Medialine o. J.: ma Plakat 2010)	263
Abb. 4.51	Out-of-Home-Channel (Medialine o. J.: ma Plakat 2010)	270

Abbildungsverzeichnis   XVII

Abb. 4.52	Ganzgestaltung. (www.verkehrswerbung.de/ueberblick/ platzierungsmoeglichkeit/?a=10) (Medialine o. J.: ma Plakat 2010) 270
Abb. 4.53	Teilgestaltung. (ebd.) 270
Abb. 4.54	Heckflächenwerbung. (ebd.) 271
Abb. 4.55	Traffic Board. (ebd.) 271
Abb. 4.56	Traffic Banner. (ebd.) 271
Abb. 4.57	Fensterwerbung. (ebd.) 271
Abb. 4.58	Deckenflächenplakate (Dachrundungen werden mit Plakaten belegt). (ebd.) 272
Abb. 4.59	Fahrertrennwandplakat. (ebd.) 272
Abb. 4.60	Heckscheibenplakate. (Quelle siehe Abb. 4.52) 272
Abb. 4.61	Stirnwandplakate (Trennwand zwischen den Wagen kann mit einem oder zwei Plakaten bestückt werden, hauptsächlich bei S- und U-Bahnen). (Quelle siehe Abb. 4.52) 272
Abb. 4.62	Out-of-Home-Werbung 276
Abb. 4.63	Entwicklung der Zahl der Hörfunksender in Deutschland 1994–2011. (ma 1994–ma 2011 Radio I, zit. nach ZAW 2011, S. 333) 287
Abb. 4.64	Entwicklung der Hörfunknutzung (Mo–So, 5.00–24.00 Uhr, Pers. ab 14 J. in Minuten/Tag). (Media Perspektiven Basisdaten 2011, S. 68) 287
Abb. 4.65	Hörfunknutzung im Tagesverlauf: Reichweite des Werbefunks, pro Ø Stunde 6-18 Uhr. (GWA, 2011, S. 54) 307
Abb. 4.66	Empfangswege Radio: In den letzten 14 Tagen genutzt, in Prozent. (TNS Emnid) 309
Abb. 4.67	Wie gelangt Werbung ins Kino 322
Abb. 4.68	Entwicklung des Bruttowerbe-Spendings im Zeitvergleich. (BVDW, 2011/1, S. 7) 325
Abb. 4.69	Reichweite Internet. (Basis: 112.443 Fälle deutschsprachige Wohnbevölkerung in Deutschland ab 14 Jahre, AGOF e.V./internet facts 2011-05) 326
Abb. 4.70	Soziodemografie der Internetnutzer im Vergleich zur Gesamtbevölkerung. (Basis: 101.207 Fälle (Internetnutzer letzte 3 Monate) / 112.443 Fälle (deutschsprachige Wohnbevölkerung in Deutschland ab 14 Jahren) / Angaben in Prozent. AGOF e.V. / internet facts 2011-05) 328
Abb. 4.71	Entwicklung der Investitionen in Affiliate-, Suchmaschinen- und klassische Internetwerbung. (OVK Onlinereport 2011/2) 329
Abb. 4.72	Top-Werbeformate 2010. (OVK Online-Report 2011/1, S. 9) 333
Abb. 4.73	OVK-Kategorisierung der OnlineWerbeformen. (ovk2. bvdw.org /online-werbung/werbeformen.html) 334
Abb. 4.74	Einsatzmöglichkeiten von Linear Video Ads 334
Abb. 4.75	Branded Layer 334
Abb. 4.76	Beispiel Fullbanner 336
Abb. 4.77	Beispiel Rectangle 336

Abb. 4.78	Beispiel Skyscraper	337
Abb. 4.79	Beispiel Universal Flash Layer	337
Abb. 4.80	Beispiel für In-Text	338
Abb. 4.81	Reichweitenstarke Online-Werbeträger. (OVK Online-Report 2011/1)	339
Abb. 4.82	Beispiele für Nettoreichweite. (OVK Online-Report 2011/1)	341
Abb. 4.83	Grundlegende Funktionsweise eines Targeting-Systems. (w&v guide Online-Marketing: Targeting, November 2008)	341
Abb. 4.84	Klickverhalten amerikanischer User. (comScore: http://file.oe24.at/werbung/Brand %20Advertising %20 Online %20in %20Germany_deutsch.pdf)	342
Abb. 4.85	Internationaler Vergleich der CTR. (comScore: http://file.oe24.at/werbung/Brand %20Advertising %20 Online %20in %20Germany_deutsch.pdf)	343
Abb. 4.86	Spiegel online-Angebot für eine Champions-League-Saison. (http://www.spiegel-qc.de/deutsch/media/dokumente/themen/ online/spon/spon_sport_champions_league_20112012.pdf)	345
Abb. 4.87	Beispiel (1) für InGame-Advertising	348
Abb. 4.88	Beispiel (2) für InGame-Advertising	348
Abb. 4.89	Typologie Social Media User. (http://mokono. blog.de/2010/01/20/ forrester-erweitert-social-technographics-modell-7833235/)	349
Abb. 4.90	Facebook User: Mit Stand zum 1.8.2010 weist der Facebook Ad Manager 20.109.760 aktive Nutzer für Deutschland aus. (http://allfacebook.de/tag/nutzerzahlen)	351
Abb. 4.91	Suchmaschinennutzung. (http://www.seo-besser.de/seo-blog/ aktuelle-marktanteile-der-suchmaschinen-in-deutschland-mai-2011)	354
Abb. 4.92	Google-AdWords	354
Abb. 4.93	Zunehmende Bedeutung von crossmedialen Kampagnen (Tommorrow Focus Media 2011)	357
Abb. 4.94	Bedeutung einzelner Werbemaßnahmen aktuell und in fünf Jahren (FOMA 2011)	357
Abb. 5.1	TV und gehobene Publikumszeitschriften und TV und Massenzeitschriften	374
Abb. A1	Verkaufte Auflagen, IVW Basis Montag-Samstag, I. Quartal 2011. (www.ivw.de)	379
Abb. A2	Nationaler Werbemarkt nach Spendings, Anteil und Wachstum. (Nielsen Report April 2011)	380
Abb. A3	www.laufbahner.de, aktuelle Ansicht vom 02.10.2011	386
Abb. A4	Kostenplan Print für die Laufbahner.de Mediakampagne. (Mediaplus)	394
Abb. A5	Streuplan für die Laufbahner.de Mediakampagne. (Mediaplus)	395
Abb. A6	Einsatz von Social Media im Personalmarketing. (Jobvite.com, 2010 Social Recruiting Survey)	400
Abb. A7	Erfolgsquote in der Personalbeschaffung über Social Media Jobvite.com, 2010 Social Recruiting Survey	401

Tabellenverzeichnis

Tab. 1.1	Konsummileus	11
Tab. 1.2	Entscheidungsgrundlagen der Etatbestimmung. (Rogge, 2004, S. 172)	13
Tab. 1.3	Bedeutung der Werbeträgergattungen und deren Veränderungen	24
Tab. 1.4	Marktanteile der Medien am Werbemarkt. (ZAW 2010, S. 17)	25
Tab. 1.5	Individuelle Nutzungswahrscheinlichkeiten	36
Tab. 1.6	Berechnung von Nutzungswahrscheinlichkeiten	37
Tab. 3.1	Vom Werbeträger- zum Werbemittelkontakt. (Hofsäss und Engel, 2003, S. 102)	72
Tab. 3.2	Ausschnitt einer beliebigen MA: Generalübersicht Fernsehen, Seherschaft pro Sendetag und Zeitabschnitt (SpTZ), Hochrechnung in Mio. Personen	75
Tab. 3.3	Ausschnitt einer beliebig ausgewählten MA: Generalübersicht Hörfunk, Hörerschaft pro Sendetag und Zeitabschnitt (HpTZ), Hochrechnung in Mio. Personen	76
Tab. 3.4	Entwicklung der Bruttoreichweite nach mehrmaligen Schaltungen	77
Tab. 3.5	Kontaktklassen mit Werbewirkungsangaben	78
Tab. 3.6	Leserschaftsgruppen eingeteilt nach ihrer Lesefrequenz	82
Tab. 3.7	Leserschaftsgruppen	82
Tab. 3.8	Beispiel Reichweitenwachstum durch mehr Einschaltungen	84
Tab. 3.9	Errechnung des K1-Wertes aus den Frequenz-Angaben: Chance, Leser pro Nummer zu sein. Die Kumulationswerte K2, K3, K4 usw. stehen für die kumulierte Reichweite für 2, 3, 4 usw. Schaltungen	85
Tab. 3.10	Berechnung des K1-Wertes aus den Nutzungswahrscheinlichkeiten.	85
Tab. 3.11	Mediennutzerschaft bei zunehmenden Schaltungen. Angaben in Mio.	87
Tab. 3.12	Datenübersicht der MA Pressemedien II (Auszug) (ag.ma, Methodensteckbrief zur Berichterstattung 2011)	92
Tab. 3.13	TV-Auswertungssysteme. (AGF Fernsehzuschauerforschung in Deutschland, 2008, S.37)	95

Tab. 3.14	Datensätze, bezogen auf Printmedien	96
Tab. 3.15	Erhebungswellen der ma Plakat 2011 (agma-mmc.de/03_forschung/plakat/erhebund_methode)	99
Tab. 3.16	Beispielhafte Reichweiten AWA 2011	104
Tab. 3.17	Top Ten der Kinderzeitschriften (KidsVA 2011)	106
Tab. 3.18	Reichweitenstarke LAE-Medien. (LAE 2011, www.m-cloud.de/LAE2011)	108
Tab. 3.19	Reichweiten-Beispiele von Printmedien der TOPLevel 2008	112
Tab. 3.20	Abfrage der Freizeitinteressen der Verbraucher-Analyse	115
Tab. 3.21	Erhobene Konsumbereiche, Merkmale und Demographie der Verbraucheranalyse	116
Tab. 3.22	Beispiel aus dem Codeplan der VA 2010	118
Tab. 3.23	Überblick über die Sinus-Milieus in Deutschland 2011	121
Tab. 3.24	Beispiel Meldung für Aachener Zeitung/Aachener Nachrichten 2/2011 (Mo–Sa)	123
Tab. 3.25	Entwicklung der IVW-geprüften Tageszeitungen/ab 1955 Zahlen für Gesamtdeutschland. (ZAW, 2003, S. 257; 2005, S. 249, 2011, S. 272)	125
Tab. 3.26	Internetnutzung. (www.ard-zdf-onlinestudie.de/index php?d=onlinenutzung)	127
Tab. 3.27	Top mobile Apps. (AGOF, mobile facts 2010)	129
Tab. 3.28	Vermarkterranking Top Ten nach internet facts	130
Tab. 3.29	Reichweitenwerte der EMS 2008 (http://www.synovate.com/news/article/extra/20080724/Toplinepressrelease_Final %20pdf %20- %20 Adobe %20Acrobat %20Standard-1.pdf)	134
Tab. 3.30	Veränderungen in den Funktionsbeschreibungen der BE im Zeitverlauf. (Windle, R., o. J.)	135
Tab. 3.31	Reichweitenwerte der EBRS bzw. BE Europe. (Windle, R., o. J.),	137
Tab. 3.32	Average Issue Readership of Titles Measured in all Countries. (BE:Asia – The media Survey of Asias's Busniess Elite 2009– www.ipsos-mori.com/Assets/Docs/Publications/MediaCT_BEAsia09SurveyResults_Oct09. Pdf)	138
Tab. 3.33	IVW-geprüfte Fachzeitschriften nach Branchen. (IVW – Geschäftsbericht 2010/2011, http://daten.ivw.eu/download/pdf/ IVW-GB2010-2011.pdf	140
Tab. 3.34	Reichweitenstudien in der B2B Kommunikation	142
Tab. 3.35	Nutzungszeiten von Massenmedien. (ARD/ZDF Langzeitstudie Massenkommunikation 2010)	154
Tab. 3.36	Netto-Werbeaufwendungen in den klassischen Werbemedien. (ZAW zaw.de/index.php?menuid=119)	155
Tab. 3.37	Werbeinvestitionen nach Branche	157
Tab. 4.1	Technische Reichweiten der deutschen Fernsehsender 2010. (AGF/GfK Fernsehforschung, zitiert nach Media Perspektiven Basisdaten 2010, S. 4/5)	166

Tabellenverzeichnis

Tab. 4.2	Eckdaten des Fernsehens aus dem Jahre 2011. (GWA, 2011, S. 13)	169
Tab. 4.3	Durchschnitts-Bruttopreise 2011 für 30 Sekunden (Jahresdurchschnitt). (GWA 2011, S. 38)	184
Tab. 4.4	Preise 2011 im Vergleich zu 2003 und 2006. (vgl. GWA 2011, S. 38)	184
Tab. 4.5	Reichweiten des Werbefernsehens. (vgl. GWA, 2011, S. 39 ff.)	185
Tab. 4.6	Fernsehzuschauer nach soziodemographischen Gruppen. (AGF/GfK Fernsehforschung, TV Scope, durchschnittliche tägliche Sehdauer in Minuten)	189
Tab. 4.7	Nutzerstrukturen des Werbefernsehens in Prozent. (Daten der GfK Fernsehforschung, zit. nach GWA 2011, S. 44/45)	190
Tab. 4.8	Nutzung von zeitversetzten Fernsehsendungen 2010 (mindestens 1 x pro Woche, in Prozent). (Media Perspektiven Basisdaten 2010, S. 86)	194
Tab. 4.9	Zeitschriften in Zahlen, IV. Quartal 2009 (IVW). (vgl. ZAW, 2010, S. 288–304)	201
Tab. 4.10	Anzahl der Zeitschriften nach Gruppen gegliedert. (GWA, 2010, S. 13 und nach diversen telefonischen Auskünften	201
Tab. 4.11	Nettowerbeumsätze Publikumszeitschriften. (ZAW, 2006, S. 271 und 2010, S. 281)	204
Tab. 4.12	Nettowerbeumsätze Fachzeitschriften. (vgl. ZAW, 2010, S. 293)	220
Tab. 4.13	Mediadaten Fachzeitschriften der Pressestatistik 94. (vgl. Börsenverein des Deutschen Buchhandels e.V. 1996, S. 20)	221
Tab. 4.14	Kundenzeitschriften nach Branchen	225
Tab. 4.15	Nettowerbeumsätze Zeitungen (in Mio. Euro). (ZAW, 2005, S. 231 und ZAW, 2010, S. 249)	230
Tab. 4.16	Zeitungen 2005 und 2009 im Vergleich nach Auflagenzahlen (ZAW 2006, S. 235 und 2010, S. 256)	235
Tab. 4.17	Regionale Tageszeitungen – maximale Belegungseinheiten nach Bundesländern/Nielsengebieten. (Reichweiten, bezogen auf Personen ab 14 Jahren). (GWA, 2010, S. 16 f.)	247
Tab. 4.18	Netto-Werbeumsätze der Online-Angebote. (ZAW, 2006, S. 336 und 2010, S. 15 in Mio. EUR)	249
Tab. 4.19	Online-Zugang nach Personenmarkmalen (van Eimeren und Frees, 2010, S. 335)	250
Tab. 4.20	Nettoumsätze in der Außenwerbung 1997 bis 2010 (in Mio. Euro). (ZAW, 2000, S. 300 und 2003, S. 360, 2006, S. 369, 2009, S.386 sowie 2011, S. 380)	252
Tab. 4.21	Werbeflächen in Deutschland (ZAW, 2010/2011, S. 386, S.381	260
Tab. 4.22	Dekadenplan 2011	265
Tab. 4.23	Schaltkosten Plakatwerbung. (Fachverband Außenwerbung e.V., Kurzportrait 2010, S. 4)	266

Tab. 4.24	Entwicklung angemeldeter Rundfunkgeräte. (Media Perspektiven, Basisdaten, 2010, S. 6)	283
Tab. 4.25	Übersicht öffentlich-rechtliche Anstalten und ihre Hörfunkprogramme. (Arbeitsgemeinschaft der ARD Werbegesellschaften, 2011)	284
Tab. 4.26	Die Top Ten der Privatradios in Deutschland. (Media Perspektiven Basisdaten 2010, Personen ab 10 J. (D+EU), Mo–So)	285
Tab. 4.27	Nettoreichweite Hörfunk in Deutschland in Prozent. (ZAW 2011, S. 333 auf Basis der ma Radio)	288
Tab. 4.28	Entwicklung der Nettowerbeaufwendungen im Bereich Radio. (ZAW 2003, S. 312, ZAW 2006, S. 314, ZAW 2011, S. 330)	296
Tab. 4.29	Hörfunk Preise ausgewählter Sender und Kombinationen 2011. (GWA, 2011, S. 50–52)	299
Tab. 4.30	Reichweiten (RW) u. Tausend-Kontakt-Preise (TKP) für eine durchschnittliche Stunde zwischen 6.00–18.00 Uhr. (GWA, 2010, S. 55–58)	300
Tab. 4.31	Hörer pro Tag in % nach demographischer Zuordnung. (ma 2004 und 2010)	302
Tab. 4.32	Demographische Hörerschaft/Nutzungsdauer in Minuten. (ma 2004 und 2010)	303
Tab. 4.33	Strukturanteile der Hörfunksender und -kombis in Prozent (Basis: BRD gesamt, durchschnittliche Stunde (6.00–18.00 Uhr). Erwachsene ab 14 Jahren). (GWA 2011, S. 6 und S. 59–64)	304
Tab. 4.34	Reichweiten des Werbefunks nach ausgewählten Zeitabschnitten. (GWA, 2011, S. 54)	306
Tab. 4.35	Reichweiten und Hördauer im Wochenverlauf. (Basis: ma 2011 II, Gattringer und Klingler 2011, S. 449)	307
Tab. 4.36	Anteile der Radionutzung im Haus und außer Haus. (Basis: ma 2011 II, Gattringer und Klingler 2011, S. 447)	308
Tab. 4.37	Radionutzung über Internet und Handy 2010 und 2011; Mo–So, Basis: Deutschsprachige Bevölkerung ab 10 Jahren. (Basis: ma 2011 II. Gattringer und Klingler 2011, S. 454)	310
Tab. 4.38	Radiohören und Begleittätigkeiten, Mo–So, Deutschsprachige Bevölkerung 10+, BRD gesamt. (Basis: ma 2010 Radio II. Media Perspektiven Basisdaten 2010, S. 81)	311
Tab. 4.39	Senderbindung nach Altersgruppen 2010 und 2011. Mo–So, BRD gesamt, Basis: Deutschsprachige Bevölkerung ab 10 Jahren. (Basis: ma 2010 II, 2011 II. Gattringer und Klingler 2011, S. 453)	311
Tab. 4.40	Web 2.0: Gelegentliche und regelmäßige Nutzung 2007 bis 2011. Angaben in Prozent. (ARD/ZDF-Onlinestudie 2011)	327

Tab. 4.41	Durchschnittliche Verweildauer bei der Online-Nutzung. (ARD/ZDF-Onlinestudie 2011)	329
Tab. 4.42	Netto-Werbeumsätze der Online-Angebote. (ZAW; 2006, S. 336 und ZAW, 2010, S. 340)	330
Tab. 4.43	Spezifikationen und Anlieferung der Werbemittel. (http://ovk2.bvdw.org/online-werbung/werbeformen/display-ad/in-page-ad/standar werbeformen.html)	335
Tab. 4.44	Spezifikationen und Anlieferung der Standardwerbeformate. (http://ovk2.bvdw.org/online-werbung/werbeformen/display-ad/in-page-ad/standardwerbeformen.html)	338
Tab. 4.45	Click-Through-Raten unterschiedlicher Werbemittel. (http://file.oe24.at/werbung/Brand %20Advertising %20Online %20in %20Germany_deutsch.pdf)	343
Tab. 4.46	Entwicklung der Investitionen in InGame-Advertising. (German Entertainment and Media Outlook 2010-2014, Price WaterhouseCoopers)	347
Tab. 5.1	Recall-Werte bei unterschiedlicher Ablenkung. (Venkatesan und Haaland, 1968, S. 203 f.)	371
Tab. 5.2	Beeinflussungsstärke bei unterschiedlicher Ablenkung. (Venkatesan und Haaland, 1968, S. 203 f.)	371
Tab. 5.3	Versuchsaufbau nach Tannenbaum. (Tannenbaum, 1967, S. 271 ff.)	375
Tab. A1	Transformation von Marketing- in Mediaziele, Mediaplus	388
Tab. A2	Kriterien für die Laufbahner.de Mediakampagne, Mediaplus / Plan.Net.	391
Tab. A3	Medien- und Budgetsplit für die Laufbahner.de Mediakampagne, Mediaplus / Plan.Net.	393
Tab. A4	Leistungswerte der Mediagattungen für die Laufbahner.de Mediakampagne. (Mediaplus)	396
Tab. A5	Links und Branchenwissen	401

Mediaplanung in der Marktkommunikation 1

1.1 Aufgaben der Mediaplanung

Die Mediaplanung betrifft sowohl die klassische Werbung als auch teilweise die Öffentlichkeitsarbeit und die Verkaufsförderung, insofern dabei gegen das übliche Entgelt Sendezeiten oder Werbeflächen gebucht werden. Da die mediatechnische Vorgehensweise für diese Bereiche deckungsgleich ist, beschränkt sich die nachfolgende Abhandlung auf die Mediaplanung im Rahmen der Werbung. Die Methodik der Mediaplanung ist auf die verwandten Bereiche übertragbar. Die Werbung wird mit der Verkaufsförderung, Öffentlichkeitsarbeit, Sponsoring und Publicity zur Kommunikationspolitik zusammengefasst. Zusammen mit der Angebotspolitik, Vertriebspolitik und Gegenleistungspolitik bildet die Kommunikationspolitik das gesamte, integrierte Marketing-Instrumentarium (vgl. Abb. 1.1).

Ziel der Mediaplanung ist es, im Rahmen einer systematischen Media-Analyse und -planung einen möglichst effizienten Transport der Werbebotschaft zu der gewünschten Zielgruppe zu bestimmen. Es gilt, die Fragen zu beantworten, wann und wie oft welche Medien belegt werden sollen, um die zuvor definierten operativen oder strategischen Kommunikationsziele zu realisieren. Aus der Antwort auf diese Frage ergibt sich das erforderliche Budget. In der Management-Realität ist das Budget oft vorgegeben, und die Mediaplanung erfolgt einerseits ausgehend von Marketing- und den daraus ableitbaren Kommunikationszielen und andererseits unter Berücksichtigung des zur Verfügung stehenden Budgets.

Die daraus resultierenden Lösungen sind nicht immer zielführend. Eine Optimierung von Maßnahmen (hier Werbemaßnahmen) unter Randbedingungen (hier Budget) ist modellhaft möglich. Das Problem ist, dass die sich daraus ergebenden Werbemaßnahmen oft nicht ausreichen, um die angestrebten Ziele zu realisieren. Dieser Konflikt wird im Marketing-Management oft ignoriert. Rational wäre es, ausgehend von Zielen Maßnahmen zu planen, zu überprüfen, ob das sich daraus ergebende Budget zur Verfügung stellen lässt, und wenn das nicht der Fall ist, dann sowohl die Maßnahmen als auch die Ziele anzupassen.

Abb. 1.1 Marketing-Instrumentarium

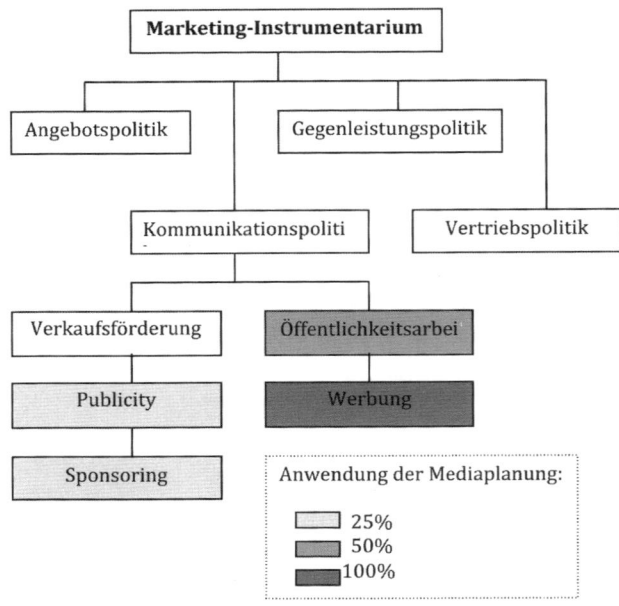

1.2 Planungsprozess der Marktkommunikation

Die nachfolgende Abhandlung veranschaulicht den Ablauf der Werbeplanung in chronologischer Reihenfolge (siehe auch Abb. 1.2).

1.2.1 Situationsanalyse

Zu den primären Aufgaben im Rahmen des Planungsprozesses der Marktkommunikation zählen die Analyse des Unternehmens, des Marktes, der Gesellschaft insgesamt und der auszuwählenden Werbeobjekte. In Bezug auf das Unternehmen sind beispielsweise Fragen zu klären wie das bestehende Unternehmens- und Markenimage, von außen vermutete und wirklich vorhandene Stärken und Schwächen, Finanzkraft im relativen Vergleich zu Mitbewerbern, bisher praktizierter Kommunikationsstil, das zukünftige Sortiment sowie auch die bestehende Markenpolitik (Einzelmarke, Herstellermarke).

Im Rahmen der Marktanalyse werden der Marktlebenszyklus, das Marktpotenzial, das Marktvolumen, die Mitbewerber, der Handel und die Abnehmer nach relevanten Aspekten untersucht. Grundsätzlich kann dabei die Analyse der Konkurrenz nach den gleichen Kriterien wie die Analyse der eigenen Position erfolgen, da beide Analysen immer in eine vergleichende Betrachtung einfließen. Speziell die Abnehmer werden hinsichtlich ihrer Bedürfnisse, Einstellungen, Präferenzen und Lebensstile analysiert. Besonders wichtig für

1.2 Planungsprozess der Marktkommunikation

Abb. 1.2 Planungsablauf der Marktkommunikation

den Konsumgüterbereich sind die in den letzten Jahren vorgenommenen Lebensstilforschungen. Ergebnisse zeigen, dass der Lebensstil der wesentlichste Einflussfaktor auf das spätere Kaufverhalten ist.

Der Handel stellt eine weitere bedeutende Einflussgröße im Konsumgüterbereich dar. Ob der Handel heute Produkte in sein Sortiment aufnimmt, ist vor allem eine Frage der zu erwartenden Rendite, bezogen auf den notwendigen Platz in den Regalen, sowie eine Frage kostengünstiger Beschaffung. Qualitätseigenschaften der Produkte spielen nicht mehr die entscheidende Rolle. Aufgrund der in den Vertriebsschienen weitgehend vollzogenen Konzentration ist der Handel zu einem entscheidenden Engpassfaktor geworden. Distributionskennziffern, Abverkauf, Lagerhaltungspolitik und Einkaufspolitik sind hierbei die wichtigsten Analysewerte.

Schließlich muss bestimmt werden, wofür geworben werden soll. Die Werbung kann sich auf einzelne Objekte wie Produkte oder Leistungen, auf die gesamte Marke oder auf das vollständige Unternehmen beziehen. Die auszuwählenden Werbeobjekte beeinflussen in entscheidendem Maße die Werbestrategie eines Unternehmens. In Abhängigkeit der ausgewählten Werbeobjekte sind Fragen zu beantworten wie, das Ausmaß der Erklärungsbedürftigkeit gegenüber den Abnehmern oder ob eine nutzenorientierte Kommunikationsmaßnahme, anhand nachvollziehbarer Produktvorteile, einer bildbetonten, sympathieorientierten Kommunikationsbotschaft vorzuziehen ist. Bei „Low Involvement"-Produkten empfiehlt sich der letztgenannte Weg. Wenn die Abnehmer sich nicht intensiv genug mit der Werbebotschaft auseinandersetzen oder wenn eine nutzenorientierte, argumentative

Werbebotschaft aufgrund ausgereifter, technisch identischer Konkurrenzprodukte zu einer ebenso austauschbaren Werbebotschaft führen würde, ist auch bei „High Involvement"-Produkten eine eher bildbetonte, sympathieorientierte Werbebotschaft angemessen. Davon ist relativ häufig auszugehen.

1.2.2 Werbe-/Kommunikationsziele und Mediaziele

Effizientes Vorgehen ist in allen Lebensbereichen nur möglich, wenn zuvor konkrete Ziele definiert worden sind. So auch für das Marketing, die Marktkommunikation und die Werbung. Dabei sind die Marketingziele von den Kommunikationszielen zu unterscheiden. Erstgenannte beziehen sich im kommerziellen Marketing auf das Kaufverhalten: Erhöhung der Anzahl der einkaufenden Haushalte oder Gewinnung neuer Kunden von Konkurrenten. Marketingziele sind an monetären Größen wie Gewinnzielen, Umsatzzielen oder Marktanteilen und an beobachtbarem Verhalten wie beispielsweise Kaufverhalten orientiert. Kommunikationsziele hingegen orientieren sich an der möglichen Beeinflussung von Verhaltensbereitschaften, Wünschen oder Einstellungen. Bei diesem Instrumentalbereich im Marketing wird am stärksten zum Ausdruck gebracht, dass Marketing sich nicht nur an den Bedürfnissen der Abnehmer ausrichtet, sondern auch die aktive Beeinflussung und Veränderung dieser bedeutet. Die Werbeziele stehen in einer wechselseitigen Beziehung mit den Zielen der gleichen Ebene und sind daher in ein System von Kommunikationszielen einzubetten. Kommunikationsziele werden wiederum von den zuvor formulierten Marketingzielen und -strategien abgeleitet. Ausgangspunkt der Zielhierarchie sind die von der Unternehmensführung formulierten Unternehmensziele und die daraus ableitbare langfristige Strategie (vgl. Abb. 1.3). Ziele müssen stets eindeutig und vollständig definiert werden. Damit ist die exakte Beschreibung von Zielinhalt, Ausmaß der Zielerreichung und Zielzeitbezug gemeint, also die Operationalisierung von Zielen im klassisch betriebswirtschaftlichen Sinn.

1.2.2.1 Mediaziele sind abgeleitete Ziele
Aus den Werbezielen lassen sich Mediaziele ableiten. Mediaziele beantworten die Frage, was mit der Mediaplanung erreicht werden soll. Es geht üblicherweise darum, einen definierten Anteil einer Zielgruppe (damit ist die Reichweite des Media-planes angesprochen) mit einem bestimmten Werbedruck (damit ist die Häufigkeit angesprochen, mit der die Personen innerhalb der Zielgruppe erreicht werden sollen) zu erreichen.

1.2.2.2 Reichweite und Kontakthäufigkeit sind die zentralen Mediaziele
In der Marketing-Praxis wird oft eine hohe Reichweite angestrebt: „Im Normalfall wird man bei seiner Planung immer eine relativ hohe Reichweite anstreben, da es in den meisten Kampagnen darum geht, so viele Zielpersonen wie möglich zu erreichen" (ebenda). Das wird dann problematisch, wenn das Budget begrenzt ist (wovon auszugehen ist) und eine hohe Reichweite dazu führt, dass die angesprochenen Personen nicht oft genug erreicht werden, um eine Werbewirkung zu erzielen. Reichweite und Werbedruck stehen nämlich

Abb. 1.3 Zielsystem. (Fuchs und Unger, 2007, S. 42 und 109 ff.)

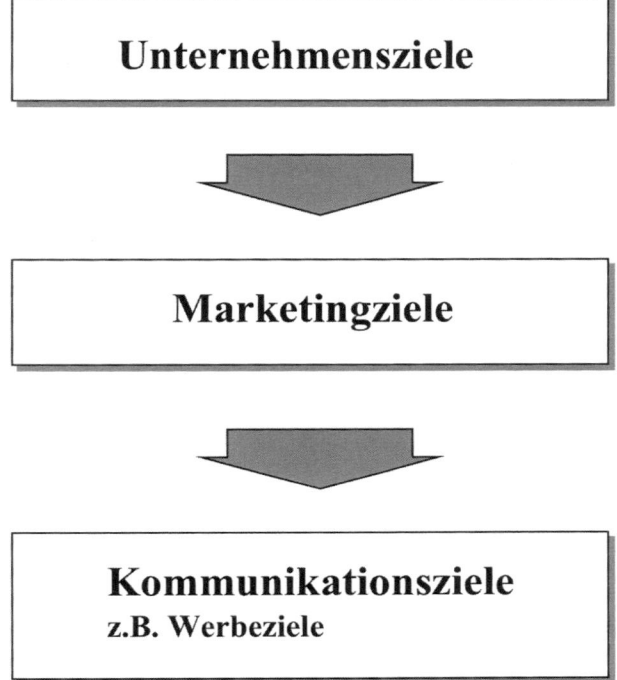

als Ziele in einer Konkurrenzbeziehung. Wir könnten im Extremfall einen Werbeträger sehr häufig belegen, dann ist die Reichweite gering, der Werbedruck hoch. Wir können auch viele verschiedene Werbeträger selten belegen, dann ist die Reichweite sehr hoch, der Werbedruck (zu) gering. Das ist ein Dilemma (neben anderen) der Mediaplanung.

1.2.2.3 Die Gross Rating Points (GRP)

Dem Dilemma wird in der Marketing-Praxis zu entkommen versucht, indem aus beiden ein Ziel gemacht wird: Die Reichweite (z. B. in Mio. Personen) wird mit dem Werbedruck (Anzahl der Kontakte) multipliziert. Das ergibt die sogenannten Gross Rating Points (GRP). Dieser Wert sagt nicht viel aus, er kann mit zu geringem Werbedruck bei hoher Reichweite erzielt worden sein, ebenso bei geringer Reichweite und sehr hohem, vielleicht schon als lästig empfundenem Werbedruck.

1.2.2.4 Die zeitliche Verteilung

Als letzter Zielbereich der Mediaplanung sei die zeitliche Verteilung angesprochen. Die einfachste Form ist das Einhalten eines konstanten Werbedrucks über einen längeren Zeitraum. Werbung kann auch mit einem hohen Werbedruck starten, der anschließend kontinuierlich gesenkt wird. Man erhofft sich dabei, dass die anfangs erzielte hohe

Werbewirkung auch in der Zeit mit geringem Werbedruck nachwirkt. Die umgekehrte Form, mit geringem Werbedruck beginnend, diesen langsam zu steigern ist nach unseren Erfahrungen nicht empfehlenswert. Die Werbung wird nämlich am Anfang, da nicht bekannt, infolge des geringen Werbedrucks nicht wahrgenommen.

Ferner gibt es pulsierende Werbung, dabei wird ein bestehender Werbedruck in regelmäßigen Abständen kurz gesteigert. Das kann insbesondere bei mittlerem Budget Vorteile haben. (vgl. Abschn. 2.5.2). Im Extremfall läuft die pulsierende Werbung auch darauf hinaus, dass grundsätzlich nur zeitweise geworben wird. Ferner kennen wir wellenartige Verteilungen. Der Werbedruck nimmt langsam zu, erreicht seinen Höhepunkt, um dann wieder abzufallen, anschließend nimmt der Werbedruck bis zum Höhepunkt zu, fällt wieder ab usw. Das kann als eine „sanfte" Form der pulsierenden Werbung angesehen werden. In bestimmten Märkten ist saisonale Werbung sinnvoll.

1.2.3 Zielgruppenbestimmung

Nach der Formulierung der Werbeziele erfolgt der Prozess der Zielgruppenbeschreibung und Marktsegmentierung. Da bei der Segmentierung der Märkte vom tatsächlichen Kaufverhalten ausgegangen wird, sind nur solche Kriterien sinnvoll, die eine tatsächliche Erklärung für das Verbraucherverhalten liefern.

Zur Zielgruppenbestimmung können demographische Merkmale wie Alter, Geschlecht, Einkommen, Beruf, Haushaltsgröße oder Wohnortsgröße herangezogen werden. Daraus ergibt sich eine Aufteilung der Bevölkerung in soziale Schichten. Früher entsprachen die Haushalte in ihrem Konsumverhalten ihrer jeweiligen Schichtzugehörigkeit. Sie kauften im Wesentlichen in den entsprechenden Preisklassen ihrer Schicht. Schon seit den 80er-Jahren werden allerdings diese einfachen Strukturen zunehmend in Frage gestellt. Demographische Merkmale sind zwar leicht erfassbar, eignen sich aber immer weniger zur Erklärung empirischen Konsumverhaltens. Dieser Erkenntnis steht die zunehmende Bedeutung der psycho-graphischen Merkmale wie Lebensstil, Werte und geschmackliche Präferenzen gegenüber, die die produktbezogene Einstellung und das Konsumverhalten prägen. Anhand dieser Kriterien lassen sich Konsumtypologien entwickeln, mit deren Hilfe dann unterschiedliches Konsumverhalten erklärt und prognostiziert werden kann. Problematisch ist hierbei allerdings die Erfassung solcher Merkmale. Zusätzlich wird die Konsumentwicklung durch weitere Einflussgrößen bestimmt:

- *Soziodemographische Entwicklungen,* wie neues Rollenverhalten, anhaltendes Schrumpfen der Bevölkerung, Änderungen in der Altersstruktur, sinkende Haushaltsgrößen und wachsendes Formal-Bildungsniveau. Nicht gut vorhersehbar ist die Entwicklung der Einwanderung aus EU-Staaten, aber auch die sich 2005 erstmals abzeichnende Auswanderung von Arbeitnehmern in andere EU-Staaten (Baugewerbe, Mediziner)
- *Veränderungen in finanzieller Hinsicht* in der Form, dass beträchtliche Geldmittel durch Auszahlungen von Lebensversicherungen und Erbschaften frei werden. Das Arbeitseinkommen wird nicht mehr alleiniger konsumrelevanter Geldfaktor sein. Somit sind

1.2 Planungsprozess der Marktkommunikation

Zielgruppen für spezifische „Luxusprodukte" nicht immer nur bestimmte Schichten, sondern zusätzlich Teile der Bevölkerung, die aufgrund ihrer Interessen, Lebensstilorientierung und anderen Wertstrukturen am gehobenen Konsum teilnehmen. Mit dem Trend zum Luxuskonsum ist gleichzeitig der Trend zum Billigkonsum zu beobachten. Bei geringem Kaufinteresse wird preisbewusst gekauft, um so in anderen Bereichen hochwertigere Produkte erwerben zu können. Gleichzeitig erleben wir eine zunehmende Verknappung von Kaufkraft in weiten Teilen der Bevölkerung. Ein Teil der Kaufkraft wird auch durch Rücklagen für die Altersversorgung oder die Bildung der Kinder (Studiengebühren) gebunden. Das ist in Verbindung mit den n den letzten Jahren kaum mehr gestiegenen Realeinkommen der Arbeitnehmer/innen möglicherweise die Ursache dafür, dass wir seit kurzer Zeit wieder einen wachsenden Anteil des mittleren Preisniveaus an Konsumgütern beobachten.

- *Veränderungen der Wertstruktur:* Lebens- und Konsumstile werden in starkem Maße von Werten beeinflusst. Daher ist es Aufgabe der Marktforschung für die verschiedenen Märkte, die jeweils unterschiedlichen relevanten Wertstrukturen zu identifizieren. So wurden beispielsweise in den letzten Jahren entscheidende Veränderungen in den Wertstrukturen und damit verbundenen Konsumtrends beobachtet, die für die meisten Märkte von Bedeutung sind: Immer mehr Personen tendieren zu starkem Umweltbewusstsein, was Folgen für das Konsumverhalten und somit für Produzenten hat. Ferner nimmt die Orientierung zum Genuss wie auch zum gesundheitsbewussten Konsum zu.

Um Werten und Lebensumwelten von Personen Rechnung zu tragen und in eine Zielgruppendefinition zu überführen, werden sehr oft die gekannten Sinus-Milieus herangezogen. Personen werden dabei anhand von zwei Dimensionen beschrieben: a) nach ihrer Schichtzughörigkeit und b) nach ihrer eher progressiven oder eher konservativen Lebenseinstellung. Das Resultat der aktuellen Sinus-Studie ist in Abb. 1.4 dargestellt.

Sinus-Milieus sind inzwischen weltweiter Standard, daher seien auch die Milieus der Schweiz (als eine der deutschen ähnlichen Kulturen, siehe Abb. 1.5) oder von China (um zu zeigen, dass sich die Methodik auch auf vollkommen andere Kulturen anwenden lässt, siehe Abb. 1.6) dargestellt.

„Die *Sinus-Milieus®* sind nicht zu verwechseln mit Lifestyle-Typen. Während diese Oberflächenphänomene klassifizieren, deren Haltbarkeit vergleichsweise flüchtig ist, erfasst das Sinus-Milieumodell die Tiefenstrukturen sozialer Differenzierung. Das Modell ist aber kein starres System, es verändert sich mit dem gesellschaftlichen Wandel, dem es in Modell-Updates immer wieder angepasst wird". (Sinus Sociovision, 2010). Um die internationale Vergleichbarkeit zu ermöglichen, werden die in Abb. 1.7 dargestellten Meta-Milieus konstruiert. Diese Milieu-Studien können als internationaler Standard bezeichnet werden und sind damit eine Grundlage für die Zielgruppenbestimmung in verschiedener Hinsicht.

Die Sinus-Modelle basieren auf einer Befragung von Personen zur Einschätzung der eigenen Lebenssituation und zur Wahrnehmung des sozialen Umfeldes. Dies geschieht auf der Grundlage von 42 Fragen. Dann werden die Personen in einem zweidimensionalen Modell positioniert. Die beiden Dimensionen beziehen sich auf die „soziale Lage" und die

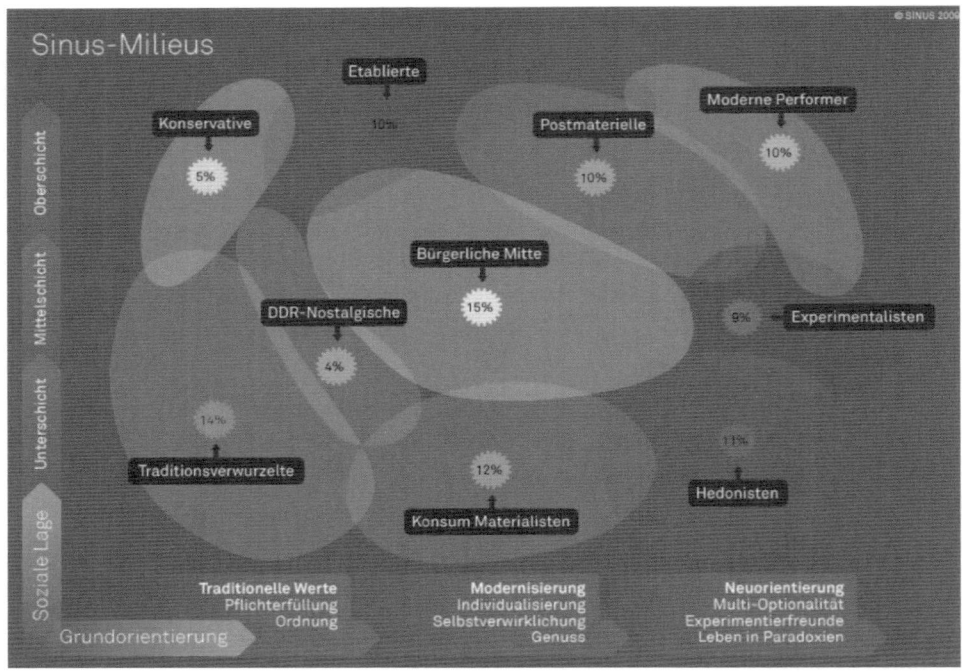

Abb. 1.4 Sinus-Milieus in Deutschland 2010. (Sinus Sociovision, 2010)

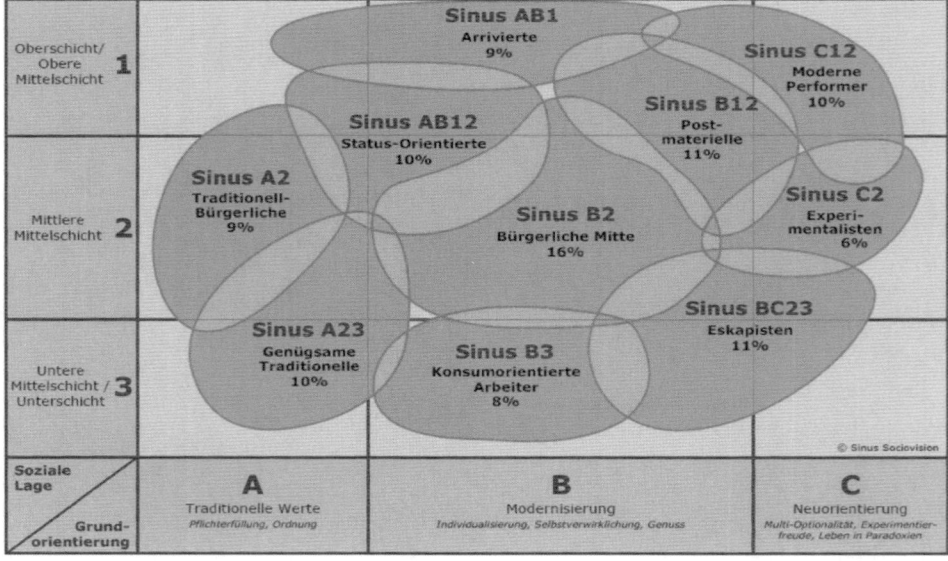

Abb. 1.5 Sinus-Milieus in der Schweiz 2006. (Sinus Sociovision, 2006)

1.2 Planungsprozess der Marktkommunikation

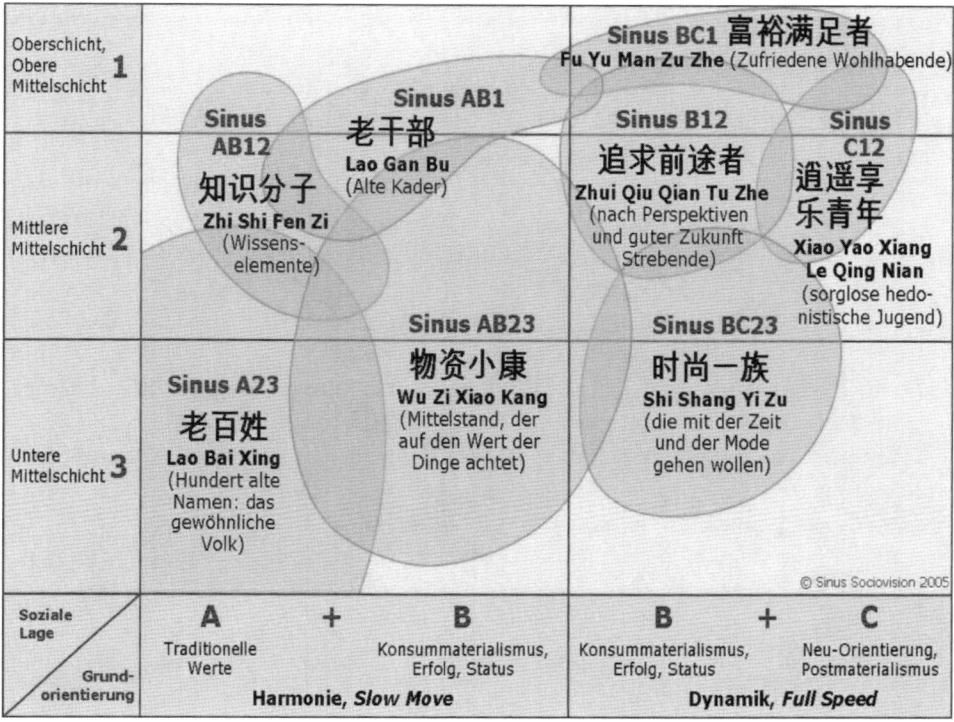

Abb. 1.6 Sinus-Milieus in China 2006. (Sinus Sociovision, 2006)

Abb. 1.7 Sinus-Meta-Milieus zum internationalen Vergleich. (Sinus Sociovision, 2010)

„Werteposition" (vgl. auch Engel und Windgasse, 2005, S. 449). Ähnliche Gruppierungen werden zu Clustern zusammengefasst und als Typologie bezeichnet.

Die zehn Typologien werden zu vier sogenannten Milieugruppen (siehe Tab. 1.1) zusammengefasst (nach Engel und Windgasse, 2005, S. 450). Diese Begrifflichkeiten entstammen teilweise dem derzeitigen üblichen Management-Slang (das ist keine Kritik an der Sache) und sollen nicht weiter erörtert werden. Begriffe wie „bürgerlich" entstammen eindeutig dem Vokabular der Schüler der Frankfurter Schule um Adorno, Habermas und anderen Vertretern. Ganz sicher sind Bildung und Beschreibung solcher Milieus auch ein konstruktiver Akt, der sich in diesem Fall aber offensichtlich bewährt hat. Jede Beschreibung einer Gesellschaft ist konstruktiv und die Frage ist, welcher Nutzen sich daraus ziehen lässt (zum Konstruktivismus und insbesondere dessen Kritik vgl. bei Bedarf: Unger, 2005) und ob die entstandene Beschreibung empirischer Überprüfung standhält. Letzteres scheint durchaus der Fall zu sein.

Hieraus schon eine Standardisierung der Werbung per se ableiten zu wollen, wäre verfehlt und auch nicht im Sinne der hier dargestellten Milieus. Innerhalb gleich erscheinender Milieus können unterschiedliche emotionale Strukturen bestehen, oder es werden verschiedene Assoziationen gebildet usw. Es bedarf also einer genaueren Betrachtung der Inhalte der Sinus-Analysen (Sinus Sociovision 2006).

1.2.4 Budgetierung

1.2.4.1 Überblick

Das erforderliche Werbebudget lässt sich bei gegebener Zielgruppe und definierten Kommunikationszielen unter Heranziehung der Media-Analysen und Belegungskosten ableiten. Budgetentscheidungen gelten als eine der zentralen strategischen Entscheidungen im Marketing-Mix und gehören gleichzeitig zu den umstrittensten Problemen der Werbepraxis.

Das Kommunikationsbudget wird im wesentlichen von drei Größen bestimmt: die Art und die Anzahl der zu erreichenden Personen, die für diese Ansprache geeignete Art der Werbeträger und die notwendige Häufigkeit, mit der die zu erreichende Zielgruppe durch die ausgewählten Medien angesprochen werden soll, d. h. notwendiger Werbedruck. Dabei gilt der Werbedruck als kritische Größe, da dessen Senkung eine überproportionale Reduzierung der Werbewirkung zur Folge haben kann.

Budgetierungsfragen und -entscheidungen gehören zu den Schlüsselproblemen der Marketingpraxis und -theorie. Das Kommunikationsbudget umfasst alle finanziellen Mittel, die für die Marktkommunikation zur Verfügung gestellt werden bzw. notwendig sind. Es geht auch um die Verteilung nach räumlichen und zeitlichen Kriterien, d. h. sowohl in zeitlicher und räumlicher Hinsicht. Diese Verteilungsentscheidungen müssen in Abhängigkeit von den gesetzten Kommunikationszielen getroffen werden, hängen jedoch auch von der Etathöhe ab. Bei kleinen Etats könnte an eine Konzentration auf bestimmte

Tab. 1.1 Konsummileus

1) Gesellschaftliche Leitmilieus	
Etablierte	Selbstbewusstes Establishment: Erfolgsethik, Machbarkeitsdenken und Exklusivitätsansprüche
Postmaterielle	Aufgeklärtes „Nach-68er-Millieu": postmaterielle Werte, Globalisierungskritik und intellektuelle Interessen
Moderne Performer	Junge unkonventionelle Leistungselite: intensives Leben- beruflich und privat, Multi-Optionalität, Flexibilität und Multimedia-Begeisterung
2) Traditionelle Milieus	
Konservative	Altes deutsches Bildungsbürgertum: konservative Kulturkritik, humanistisch geprägte Pflichtauffassung und gepflegte Umgangsformen
Traditionalisten	Sicherheit und Ordnung liebende Kriegsgeneration: verwurzelt in kleinbürgerlicher Welt bzw. in der traditionellen Arbeiterkultur
DDR-Nostalgische	Resignierte Wende-Verlierer: Festhalten an preußischen Tugenden und altsozialistischen Vorstellungen von Gerechtigkeit und Solidarität
3) Mainstream Milieus	
Bürgerliche Mitte	Statusorientierter moderner „Mainstream". Streben nach beruflicher und sozialer Etablierung und gesicherten und harmonischen Verhältnissen
Konsum-Materialisten	Stark materialistisch geprägte Unterschicht: Anschluss halten an den Konsumstandards der breiten Mitte als Kompensationsversuch sozialer Benachteiligung
4) Hedonistische Milieus	
Experimentalisten	Die extrem individualistische Bohème: Ungehinderte Spontaneität, Leben in Widersprüchen, Selbstverständnis als Lifestyle-Avantgarde
Hedonisten	Spaßorientierte moderne Unterschicht/untere Mittelschicht: Verweigerung von Konventionen und Verhaltenserwartungen in der Leistungsgesellschaft

Zeiträume gedacht werden, bei großen Etats eher eine Gleichverteilung über den gesamten Planungszeitraum realisiert werden.

Die Budgethöhe wird von mehreren Faktoren bestimmt Grundsätzlich sollte sich die Höhe des notwendigen Kommunikationsbudgets an den Kommunikationszielen orientieren, dabei ist anzustreben, dass diese Ziele mit möglichst geringen Mitteln erreicht werden. Ergänzend sind folgende Faktoren für die Budgethöhe relevant:

- *Werbeobjekte:* In welcher Phase des Lebenszyklus befinden sie sich, wie groß ist der Marktanteil, welche Produktqualität zeichnet das Angebot aus (Differenzierungspotenzial – Me-Too-Produkt)? In frühen Phasen des Marktlebenszyklus ist ein tendenziell größeres Budget erforderlich.
- *Zielgruppen:* Wer soll/muss angesprochen werden, quantitative (Marktgröße) und qualitative Merkmale (z. B. Involvement der Zielpersonen) sind zu berücksichtigen, was soll bei den Zielpersonen erreicht werden (z. B. Veränderung, Stabilisierung oder Intensivierung des Verbraucherverhaltens)? Je größer die Zielgruppe, je geringer das Involvement, je mehr Verhaltensänderungen angestrebt werden, je größer ist das erforderliche Budget.
- *Werbemittel und Werbeträger:* Welche Werbemittel (z. B. TV-Spot, Anzeige in Publikumszeitschrift) und welche Gestaltung (z. B. Größe, Farbigkeit) in welchen Werbeträgern sind zur Zielerreichung erforderlich? Je weniger intensiv die durch Werbeträger und Gestaltung zu erwartende Hinwendung von Werbung ist, je größer ist das erforderliche Budget.
- *Konkurrenzaktivitäten:* Wie stark ist der kommunikative Konkurrenzdruck (z. B. Share of Advertising, Share of Voice und Share of Mind, vgl. Abschn. 2.2.2).
- *Marktstellung:* Welchen Marktanteil hat das Unternehmen? Eine Studie von Farris und Buzzell (1979) hat tendenziell gezeigt, dass ein hoher Marktanteil sich reduzierend auf das Budget auswirkt. Manager die einen hohen Marktanteil für ihre Produkte aufweisen, scheinen also dazu zu neigen, Budgets zu kürzen.

Für die Lösung des Budgetproblems ist in Theorie und Praxis eine Vielzahl von Verfahren und Modellen entwickelt worden. Allerdings entsprechen weder die Budgetierungsmethoden der Praxis (Orientierungs- und Richtlinienmethoden) noch die entwickelten theoretischen Modelle (mathematisch-theoretische Verfahren) allen Anforderungen an eine optimale Budgetierung.

Die Hauptproblematik einer nach ökonomischen Kriterien orientierten Budgetierung liegt darin, den genauen Zusammenhang zwischen Höhe der Werbeausgaben und ihren jeweiligen Wirkungen auf den Umsatz zu bestimmen, d. h. genaue Werbewirkungsverläufe festzustellen. Dies liegt einerseits daran, dass kommunikative Maßnahmen oft erst mit einer zeitlichen Verzögerung auftreten (Time-Lag), Transferwirkungen bei Markenfamilien auftreten können (Spill-Over-Effekte), andererseits beruht der Umsatz eines Unternehmens auf dem kombinierten Einsatz aller Instrumente des Marketing-Mix, d. h. eine genaue Zurechnung, welcher Umsatzanteil durch die Marktkommunikation erreicht worden ist, ist in vielen Fällen nicht möglich. Zudem ist die Wirkung kommunikativer Maßnahmen nicht nur abhängig von ihrer quantitativen Komponente (z. B. Schaltvolumen und damit verbunden Reichweite und Kontakthäufigkeit), die sicherlich eine entscheidende Größe darstellt, sondern auch von ihrer qualitativen Gestaltung (z. B. kreative

Tab. 1.2 Entscheidungsgrundlagen der Etatbestimmung. (Rogge, 2004, S. 172)

Entscheidungsgrundlage	%-Satz der Nennungen
%-Satz vom geplanten Umsatz	10
%-Satz vom vergangenen Umsatz	38
%-Satz vom geplanten Gewinn	2
Werbezielabhängigkeit	8
Sonstige	2
Keine besonderen Verfahren/Intuition	24
Kein Etat	16
Basis: 50 Befragungen	

Idee und Exekution). In der Kommunikationspraxis wird das Budgetierungsproblem bisher überwiegend durch den Einsatz heuristischer Verfahren (Orientierungs- und Richtlinienmethoden) gelöst.

In der Literatur werden diese Methoden zur Budgetfestlegung behandelt. Ausgangspunkt zur Budgetbestimmung können danach sein: Prozentsätze vom Umsatz, die finanziellen Möglichkeiten, Orientierung an Wettbewerbsbudgets oder auch Orientierung an Vergangenheitsdaten Diese Methoden fehlt allen das entscheidende Element fehlt, nämlich die Orientierung an Marketingzielen.

1.2.4.2 In der Praxis verbreitete Verfahren

Prozent-vom-Umsatz-Methode
Bei dieser weit verbreiteten Methode wird das Kommunikationsbudget als bestimmter Prozentsatz vom Umsatz geplant. Dabei besagt diese Methode nicht präzise, auf welchen Umsatz man sich beziehen soll. Soll man sich an Vergangenheitswerten orientieren, am prognostizierten Umsatz oder an einem Durchschnittswert aus mehreren Jahren. Überwiegend findet in der Praxis eine Orientierung an den geplanten Umsätzen statt. Häufig orientieren sich Unternehmen an branchenüblichen Prozentsätzen. Damit bieten diese Verfahren den Vorteil, unter der Prämisse, dass alle Wettbewerber ihre Budgets nach dieser Methode festlegen, dass es zu einer gewissen Marktstabilisierung kommt.

Der Vorteil dieses Verfahrens ist seine einfache Handhabung. Diesem Vorteil steht allerdings eine Vielzahl von Nachteilen und Kritikpunkten gegenüber:
- Sachlogisch führt ein solches Verfahren zu einer Umkehrung des Ursache-Wirkungszusammenhangs. Umsatz (U) kann verstanden werden als eine Funktion des gesamten Marketing-Mix, d. h. auch der Kommunikation.

U = f (Kommunikation, Preis, Produkt etc.).

- Nach diesem Verfahren aber wird das Kommunikationsbudget als Funktion des Umsatzes gesehen:

K = f (U) (K = Kommunikationsbudget)

- Damit wird der sachlogische Ursache-Wirkungszusammenhang auf den Kopf gestellt.
- Die „Prozent-vom-Umsatz-Methode" führt zudem zu einer Verstärkung von Umsatzzyklen; sie ist prozyklisch. Das bedeutet z. B., dass bei erwarteten oder in der Vergangenheit eingetretenen Umsatzrückgängen diese durch Kürzungen der Kommunikationsbudgets intensiviert werden, unabhängig davon, ob die betreffenden Produktbereiche langfristig als zukunftsträchtige Wachstumsbereiche anzusehen wären.
- Dieses Vorgehen berücksichtigt nicht die spezifische Unternehmenssituation (z. B. Produkteinführung etc.), die verstärkte oder aber auch verminderte kommunikativen Anstrengungen erfordern würde.
- Schließlich wird durch diese Methode das unternehmensinterne Verteilungsproblem der Werbung nicht gelöst. Bei strenger Anwendung müssten Angebotsbereiche mit hohem Umsatzniveau die höchsten Werbebudgets zugewiesen bekommen. Bereiche mit geringem Niveau erhalten entsprechend geringe Budgets. Das würde bedeuten, dass neue Produktbereiche praktisch keine Wachstumschancen erhalten. So verbleibt die Ermittlung des Gesamtbudgets anhand des Gesamtumsatzes einer Unternehmung. Damit ist jedoch noch nichts ausgesagt über die Allokation auf einzelne Produkte (mit Ausnahme bei Ein-Produkt-Unternehmung).

Neben dem Umsatz als Bezugsgröße für die Bestimmung des Kommunikationsbudgets findet sich auch das Verfahren, das sich auf den Gewinn als Größe bezieht. Hier gelten im Wesentlichen die gleichen Vor- und Nachteile wie bei der Umsatzorientierung (vgl. auch Vergossen, 2004, S. 66–68).

Methode der Kommunikationskosten je Verkaufseinheit

Diese Methode ist dem oben ausgeführten Verfahren sehr ähnlich. Bei diesem Verfahren orientiert sich das Kommunikationsbudget an der Absatzmenge derart, dass je verkaufter Einheit ein bestimmter Betrag für das Kommunikationsbudget als angemessen angesehen wird. Auch hier stellt sich zuerst die Frage nach der festzulegenden Höhe des Betrages pro Verkaufseinheit, ähnlich wie nach der Höhe des Prozentwertes bei der erstgenannten Methode. Auch hier gibt es keine allgemeinen Richtlinien. Zudem stellt sich die Frage nach der Absatzmenge als weitere Referenzgröße; es kann sich auch hier um Vergangenheitswerte oder geplante Zukunftswerte handeln. Damit ist die Problematik dieses Verfahrens vergleichbar mit der vorangestellten Methode. Jedoch ist bei einem solchen Vorgehen die Allokation auf die einzelnen Produkte ansatzweise gegebenen, und auch für neue Produkte lässt sich zumindest ein Etatansatz errechnen. Das gilt aber nur unter der Voraussetzung, dass in verschiedenen Absatzbereichen, Strategischen Geschäftseinheiten, usw. mit differenzierten Beträgen per Einheit gearbeitet wird.

Fortschreibungsmethode
In der einfachsten Variante dieser Methode werden die Budgets aus dem Vorjahr jeweils unverändert übernommen. Dieser Entscheidung liegt die Vorstellung zugrunde, die Kommunikationsausgaben der Vorperiode(n) seien sinnvoll ausgegeben und eingesetzt worden. Dynamisiert kann dieses Modell durch die Einführung von Steigerungsraten werden, um Marktentwicklungen zu entsprechen. Beide Varianten sind nur dann richtig, wenn das Vorjahresbudget bereits zielorientiert ermittelt worden ist. Ansonsten besteht die Gefahr, einerseits dass z. B. überflüssige Kosten einfach fortgeschrieben werden und andererseits, dass z. B. für die Einführung neuer Produkte kein ausreichendes Budget vorhanden ist. Ein solches Verfahren wird damit nicht den spezifischen situativen Unternehmensanforderungen gerecht. Durch systematische Prüfung der vorangehenden Etats können jedoch Anhaltspunkte gewonnen werden, ob mit entsprechenden Etats auch die entsprechenden Zielniveaus erreicht worden sind. Damit bietet diese Analyse Einstiegsmöglichkeiten in anspruchsvollere Verfahren. Problematisch wird das Verfahren dann, wenn es dazu führt, am Ende eines Berechnungsjahres auf jeden Fall alle Budgets zu verausgaben, weil dadurch die Budgetzuweisung für das laufende Jahr beeinflusst wird.

Methode der finanziellen Tragbarkeit
Ausgangspunkt dieses Verfahrens bildet die finanzielle Situation des Unternehmens. Man geht davon aus, was man glaubt „sich leisten zu können". Die Methode weist einen auf den ersten Blick einen einleuchtenden Aspekt auf: Die Unternehmung vermeidet es, sich in finanzielle Schwierigkeiten zu bringen, indem sie zu viel in die Marktkommunikation investiert. Gleichzeitig wird vermieden, möglicherweise durch ein zu geringes Budget Schaden zu nehmen. Mit diesem Vorgehen wird das Budgetproblem nicht gelöst. Das Verfahren beinhaltet ein starkes Moment der Subjektivität, denn was bedeutet „sich leisten zu können". Ähnlich angelegt ist auch die Restwertmethode. Hierbei wird das Budget als Summe der finanziellen Mittel definiert, die nach Abzug aller sonstigen Aufwendungen verbleibt. Dadurch wird die Relation Marktkommunikation und Absatz gänzlich vernachlässigt und das Kommunikationsbudget als eine Restgröße betrachtet. Bei den unbestreitbaren Schwächen dieser Methode stellt sich die Frage, aus welchen Gründen sie so verbreitet ist. Der Grund liegt offensichtlich in der Einfachheit der Anwendung, vielleicht noch eher in der kommunikativen Inkompetenz vieler Entscheidungsträger/innen im Marketing.

Wenn bestimmte Ziele ein Budget erfordern, das man sich „nicht leisten kann", dann muss entweder die Strategie angepasst werden oder es besteht als Marketingaufgabe die Aufgabe der Beschaffung finanzieller Mittel in ausreichender Höhe.

Wettbewerbs-Paritäts-Methode

Bei diesem Verfahren orientiert man sich bei der Bestimmung des Budgets an den erfahrungsüblichen Aufwendungen des Wettbewerbs. Den Bezugspunkt bilden also die durchschnittlichen Werte aus der Vergangenheit. Häufig werden zum Vergleich die Methode des „Share of Advertising", „Share of Voice" und „Share of Mind" herangezogen (vgl. hierzu Abschn. 2.2.2). Ein solches Vorgehen basiert auf der Unterstellung, dass die Marktsituation und die Marketingbedingungen für alle Unternehmen der entsprechenden Branche gleich sind. Kritisch bei einem solchen Verfahren sind dabei die folgenden Punkte:

- Für das Werbebudget sind die Daten über die Aufwendungen der Konkurrenz relativ einfach zu ermitteln; es gibt Informationsdienste, welche die Medien ständig diesbezüglich analysieren und die Daten verkaufen. Wesentlich schwieriger und ungenauer sind die Budgets der anderen Kommunikationsinstrumente (Verkaufsförderung, Sponsoring, Public Relations etc.) zu recherchieren.
- Inwieweit ist das kommunikative Konkurrenzverhalten vorhersehbar?
- Das Eingehen auf die unternehmensspezifische Situation (z. B. Produkteinführung, Eintritt in einen neuen Markt) und die eigenen Kommunikationsziele wird nicht ausreichend berücksichtigt.
- Qualitative Aspekte der Kommunikationsarbeit der Konkurrenz fließen nicht mit ein.

Trotz dieser Kritikpunkte sind diese Daten nicht völlig irrelevant für die Budgetplanung. Die Aktivitäten der Wettbewerber werden die eigenen Entscheidungen beeinflussen, jedoch sinnvollerweise nicht ausschließlich.

Marktanteils-Methode

Dieses Verfahren weist eine gewisse Zielorientierung auf. Die einfachste Anwendung dieser Methode besagt, dass die Kommunikationsanteile des Unternehmens in Relation zu den gesamten Kommunikationsaufwendungen der Branche seinen Marktanteilen entsprechen müssen, wenn das Ziel ist, die Marktanteile zu halten. Sollen dagegen die Marktanteile erhöht werden, müssen entsprechend auch die Kommunikationsanteile um den angestrebten Prozentsatz erhöht werden. Ein solches Vorgehen impliziert die Annahme einer linearen Kommunikationswirkung, einer Prämisse von der jedoch keineswegs ausgegangen werden kann. Bei neuen Produkten wird z. B. davon ausgegangen, dass in den ersten Jahren der Anteil doppelt so hoch sein muss, wie der angestrebte Marktanteil (vgl. Rothschild, 1987a und 1987b und Peckham, 1969). Soll ein bestehender Marktanteil um x Prozentpunkte erhöht werden, so ist eine stärkere Erhöhung der Budgets erforderlich.

Methode per Anweisung

Hierbei wird das Budget willkürlich festgelegt ohne Bezugsgrößen wie Umsatz, Gewinn oder Wettbewerberaktivitäten. Sicher werden die Entscheidungsträger, die diese

Anweisungen geben, bestimmte Entscheidungskriterien anwenden, die vermutlich den hier dargestellten entstammen. Sie sind aber nicht bereit, diese offenzulegen. Es ist ein Führungsverhalten, das, wenn auch wohl weit verbreitet, den Anforderungen an zeitgemäßes Management in keiner Weise gerecht wird (vgl. Krasser, 1995). Diese Vorgehensweise entspricht einem extrem autoritären Führungsverständnis, welches zwar längst widerlegt und als vollkommen überholt anzusehen, dennoch aber weit verbreitet ist.

1.2.4.3 Aufgabenorientierter Ansatz

Von der Logik und der Lehre her ist der aufgabenorientierte Ansatz eindeutig vorzuziehen. Dieser Ansatz reflektiert die Ziel-Mittel-Hierarchie. Das Lösungsprinzip basiert auf einer zunehmenden Konkretisierung und Operationalisierung indem das Oberziel solange in Partialziele zerlegt wird, bis operationale Unterziele entstehen, die dann in ein Mengengerüst transformiert werden.

Den Ausgangspunkt bilden hierbei zunächst die Marketing-Ziele, und daraus abgeleitet werden die Kommunikationsziele unter der Berücksichtigung interner und externer Variablen bestimmt. Solche Variablen sind z. B. die Größenordnungen des Marktes und der Marktsegmente, der Lebenszyklus der Produktgattung aber auch der individuelle Lebenszyklus einzelner Produkte, Zielgruppenmerkmale, kommunikativer Druck des Wettbewerbs, finanzielle Situation. Die kommunikativen Ziele müssen dabei so exakt wie möglich umrissen werden, und sie sollten realistisch formuliert sein. Wenn zu diesem Zeitpunkt bereits Obergrenzen für das Kommunikationsbudget bekannt sind, sollte dieses Wissen bereits in der Zielformulierung des Marketing insgesamt Berücksichtigung finden.

Die Ableitung von Kommunikationszielen aus Marketing-Zielen und die Notwendigkeit einer klaren Trennung beider Zielkategorien (um Ursache-Wirkungsbeziehungen angemessen zu berücksichtigen) wird in der Praxis nicht immer konsequent realisiert.

Kommunikationsziele beziehen sich ausschließlich auf psychologische Größen, auf Einstellungen, Sympathie oder Bekanntheit. Wir wollen als Beispiel dafür die aktive Markenbekanntheit ansprechen. Wenn Verbraucher mit einer Warengattung konfrontiert werden, assoziieren sie damit eine Reihe von Marken, das nennen wir die aktive Markenbekanntheit. Als „Top of Mind"-Marke wird dabei im Marketing-Management die Marke bezeichnet, mit welcher die Verbraucher die Warengruppe zuerst assoziieren. Ein Werbeziel kann es sein, entweder überhaupt eine solche Assoziation für die eigene Marke zu realisieren, oder aber einen „höheren Rangplatz" zu erkämpfen, z. B. zu den ersten drei der genannten Marken zu gehören. Es dürfte sofort einsichtig sein, dass solche Ziele sehr viel mit der Intensität der werblichen Ansprache sowohl in Quantität (Häufigkeit der Ansprache) als auch ein wenig in Qualität (Art der Ansprache) zu tun haben, wobei letzteres eher einen Bezug zum Ziel der Markensympathie aufweist.

In einem zweiten Schritt geht es darum, ein Instrumenten-Mix für die Kommunikationspolitik zu definieren. Welches Instrument übernimmt welche Funktion; welche Partialziele im Sinne einer integrierten, ganzheitlichen Perspektive sollen mit Hilfe der einzelnen Kommunikations-Instrumente erreicht werden?

Danach muss für jedes Instrument je nach Teilziel ein Maßnahmenkatalog entwickelt werden, mit dem die vorgegebenen Ziele erreicht werden können. Je nach spezifischer Unternehmens- und Wettbewerbssituation wird sich ein individueller Maßnahmenkatalog ergeben. Dadurch werden auch Überlegungen konkurrenzorientierter Ansätze mit einbezogen. So erfordern insbesondere Wachstumsziele in gesättigten Märkten überdurchschnittliche Kommunikationsinvestitionen. Notwendig für die Definition des konkreten Maßnahmenkataloges ist ein entsprechendes Wissen um die Wirkung der Kommunikation, z. B. für Werbeziele: Wie viele Werbeeindrücke sind notwendig, um eine Botschaft zu lernen, wie viele, um zu einem Versuchskauf zu kommen? Wie hoch ist der Anteil der Versuchskäufer, der zu dauerhaften Verwendern wird und wie intensiv ist deren Konsumrate. Alle diese Fragen müssen annäherungsweise beantwortet werden, um das dafür erforderliche Budget zu ermitteln. Teilweise ist man bei der Schätzung auf Vergangenheitseindrücke angewiesen oder man muss allgemeingültige Aussagen heranziehen, beispielsweise die Erkenntnis, dass im Bereich des „High Involvement" weniger Kommunikationseindrücke notwendig sind, als im Bereich des „Low Involvement". Aussagen über die Anzahl von Versuchskäufen und dem daraus resultierenden Anteil dauerhafter Verwender lassen sich auch aus Testmärkten in Verbindung mit einem Haushaltspanel ableiten.

1.2.4.4 Mediaziele als Ausgangspunkt!

Das Budget lässt sich auch direkt aus Mediazielen ableiten, wie Reichweite und Werbedruck. Diese wiederum können vorab aus Marketing-Zielen abgeleitet worden sein. Eine daraus resultierende Heuristik stellen wir im Folgenden vor (vgl. Abb. 1.8).

Das Kommunikationsbudget wird im wesentlichen von drei Größen determiniert: Art und Anzahl der zu erreichenden Personen, die Art, der für diese Ansprache geeigneten Werbeträger und dem erforderlichen Werbedruck, d. h. der Häufigkeit, mit der die zu erreichenden Personen durch die ausgewählten Medien angesprochen werden sollen. Von den drei genannten Determinanten ist der Werbedruck die kritischste Größe, denn seine Reduzierung kann eine überproportionale Reduzierung der Werbewirkung zur Folge haben. Die alleine akzeptable Vorgehensweise geht von strategischen Marketingzielen aus. Diese beziehen sich in der Regel auf relative oder (weniger günstig) auf absolute Marktanteile. Auf jeden Fall lassen sich hieraus die angestrebten Umsatzziele ableiten. Wenn die durchschnittliche Bedarfsintensität ermittelt worden ist, so lässt sich hieraus eindeutig ableiten, wie viele Bedarfsträger zu dem erwünschten Kaufverhalten beeinflusst werden müssen. Handelt es sich um Nonprofit-Marketing, so ist aus den Marketingzielen ebenfalls ableitbar, wie viele Personen zu Verhaltensänderungen beeinflusst werden sollen.

In der nächsten Stufe bedarf es einer genauen Beschreibung dieser Personengruppen (Zielgruppenbeschreibung; Marktsegmentierung). Aus den bestehenden Markterfahrungen muss sich ableiten lassen, wie viele potentielle Bedarfsträger ein Angebot kennen müssen, um daraus erfahrungsgemäß einen bestimmten Anteil an Sympathieträgern zu erzielen. Ferner ist in der Regel erkennbar, wie viel Prozent der Sympathieträger zur tatsächlichen Versuchskäufern bzw. dauerhaften Verwendern werden können. Wenn diese Zusammenhänge auch sicherlich nur in den seltensten Fällen genau bekannt sein dürften,

Abb. 1.8 Der Prozess der Budgetbestimmung. (vgl. zum oberen Teil Krugmann et al., 1994, S. 258)

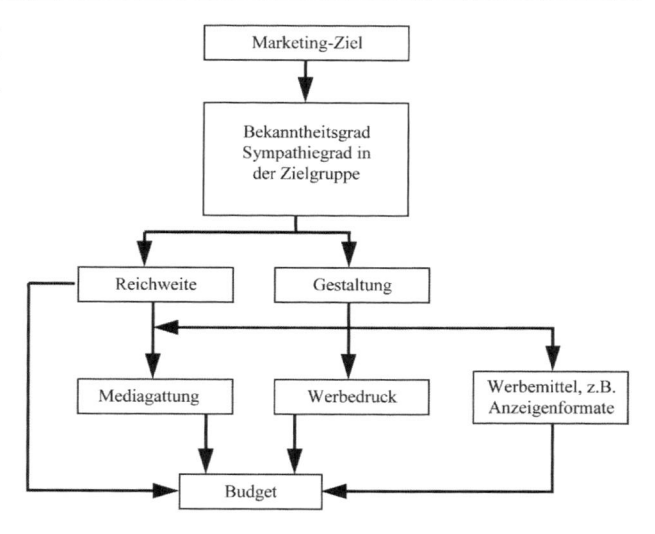

so muss es doch möglich sein, diesbezüglich hinreichend genaue Schätzungen zu erhalten. Damit ist im Prinzip das Mediaziel der *Reichweite* definiert. Unter „Reichweite" wird die Anzahl der insgesamt durch eine Kommunikationsmaßnahme erreichten Bedarfsträger bezeichnet. Als zweite Mediaentscheidung ist festzulegen, wie häufig diese Bedarfsträger kommunikativ zu erreichen sind. Diese Größe wird mediatechnisch als „Kontaktchance" (OTS – opportunity to see; OTH – opportunity to hear; allgemein OTC – opportunity to contact) bezeichnet (zu den genauen Begriffsbeschreibungen vgl. die Ausführungen zur Mediaplanung). Damit ist festgelegt, welche Personen, wie oft kommunikativ erreicht werden sollen. Dem steht die Entscheidung über die kommunikativen Inhalte, mit denen diese Bedarfsträger erreicht werden sollen, gegenüber. Aus der Frage, welche Bedarfsträger/Personen mit welchen kommunikativen Inhalten erreicht werden sollen, lässt sich nachvollziehbar die Auswahl der Medien, der Werbeträger innerhalb einer Werbeträgergattung begründen. Es geht also um die Frage der Wahl verschiedener Zeitschriftentitel, TV-Sender, Funk-Sender usw.

Damit ist die Frage angesprochen, welche Anzeigenformate oder Farbigkeiten in Zeitschriften gewählt werden sollen; welche Spotlängen in Funk und Fernsehen gewählt werden sollen. Aus diesen Informationen lässt sich das notwendige Kommunikationsbudget, insbesondere das Werbebudget, wenn auch nicht exakt berechnen, so doch hinreichend genau begründen.

Wie bereits oben ausgeführt ist die kritischste Größe die Bestimmung des erforderlichen Werbedrucks. Der *Werbedruck*, d. h. die Häufigkeit der Ansprache pro erreichte Person wird unter anderem von folgenden Faktoren bestimmt:
- Werbedruck konkurrierender Maßnahmen,
- Ausmaß der angestrebten Verhaltensänderungen,
- Komplexität der Botschaften,

- Interesse der Zielgruppe an den Botschaftsinhalten,
- Nutzung von Synergieeffekten innerhalb der eigenen Kommunikation.

Je größer der Beeinflussungsdruck konkurrierender Maßnahmen ist, umso größer muss auch der eigene Beeinflussungsdruck bemessen sein. Je größer das Ausmaß der angestrebten Verhaltensbeeinflussung ist, umso größer ist der notwendige Kommunikationsdruck. Je geringer das Interesse der Zielgruppe an der Kommunikation ist („Low Involvement"), umso größer ist der notwendige Beeinflussungsdruck. Die Nutzung von Synergieeffekten durch integrierte Kommunikation erlaubt es, den Beeinflussungsdruck quantitativ etwas zu reduzieren.

Es besteht sicher die Möglichkeit, durch kreative, die Aufmerksamkeit fördernde Elemente die Effektivität der Werbung zu steigern und damit die Schwächen kleinerer Budgets wenigstens teilweise kompensieren zu können. Wenn der einzelne Werbekontakt durch die Aufmerksamkeit steigernde Elemente intensiver wahrgenommen wird, dann kann mangelnder Werbedruck ausgeglichen werden. Andererseits besteht die Gefahr, mit der Forderung nach besserer Qualität in der eigenen Werbung, Budgetprobleme kaschieren zu wollen, was sich als ein gefährlicher Weg herausstellen kann, da alle Wettbewerber sich darum bemühen werden, die bestmögliche Werbung zu gestalten. Die Notwendigkeit emotionaler und bildbetonter Werbung zur Steigerung der Aufmerksamkeit kann als Grundwissen aller Beteiligten im Wettbewerb angesehen werden. Durch Qualität in der Werbegestaltung kann mangelnde Reichweite zudem niemals ausgeglichen werden.

1.2.5 Aufgabenstellung an die Werbeagentur

Nachdem die entscheidenden Größen festgelegt sind, erfolgt die ausführliche Aufgabenstellung an die Werbe-, Kommunikations- oder Media-Agentur. In Zusammenarbeit mit dieser Agenturerfolgt die Auswahl der Mediagattungen und Werbeträger, die Formulierung und Gestaltung der Werbebotschaft, die Bestimmung sonstiger Mediaentscheidungen und letztendlich die Produktion der Werbemittel.

Die Aufgabenstellung an die Agentur wird als Briefing bezeichnet. Das Briefing bezeichnet im Allgemeinen mehr als nur die Aufgabenstellung sondern umfasst die gesamte Situationsbeschreibung, die Ziele in welche die Werbung und damit auch die Mediaplanung eingebettet sind. Wenn eine spezielle Media-Agentur eingesetzt wird (ganz wenige Unternehmungen mit sehr großen Jahresbudgets verfügen über eine eigene Media-Abteilung), erhält diese das spezielle Media-Briefing, welches sinnvollerweise auch die Informationen des kompletten Agentur-Briefings umfasst. Je besser eine Agentur, oder jeder andere Dienstleister informiert ist, umso besser kann die Leistung sein, die entsteht. Bei allen Dienstleistungen kommt es immer auf die optimale Zusammenarbeit von Dienstleistungsanbieter und -empfänger an.

Ein Briefing für eine Werbeagentur kann folgende Informationen beinhalten (vgl. Fuchs und Unger, 2007):
1. Situationsbeschreibung
1.1 Marktentwicklung und -prognose
Bezüglich Gesamtmarkt und Marktsegmenten, nach Wert und Menge
1.2 Eigene Werbeaufwendungen in den vergangenen Zeiträumen, einschließlich eigener Kommunikationsstrategien und deren Umsetzung (sofern diese nicht von der gebrieften Agentur selber stammen)
1.3 Eigene Umsatzentwicklung
Bezüglich Gesamtmarkt und differenziert nach Verkaufsregionen, nach Wert und Menge
1.4 Entwicklung eigener Marktanteile differenziert nach Absatzkanälen
1.5 Distributionsentwicklung, numerisch und gewichtet, differenziert nach Verkaufsregionen und Absatzkanälen
1.6 Abverkaufsdaten
1.7 Wettbewerbsanalyse hinsichtlich Marken und Hersteller,
Entwicklung der Marktanteile
Preis-, Produkt-, Werbepolitik
Distribution und Abverkauf
1.8 Zusammenfassender Vergleich
Eigenes Produkt/Angebot gegenüber dem Wettbewerb
2. Marketing-Ziele
2.1 Marketing-Ziele in der Vergangenheit und Erklärung möglicherweise vorhandener Soll-Ist- Differenzen
2.2 Marketing-Ziele für die Zukunft
Bezüglich Umsatz, Distribution, Marktanteilsentwicklungen
2.3 Kommunikationsziele
Differenziert bezüglich Abnehmer, Handel, Marktsegmenten
2.4 Produktpositionierung
Objektiv angenommene Produktvorteile, vermutete derzeitige und zukünftig gewünschte Beurteilung durch Abnehmer im Vergleich zum Wettbewerber, Packungsaussagen und - gestaltung der eigenen Produkte und zu denen der Wettbewerber
3. Geforderte kreative Umsetzung
3.1 Kommunikations-Strategie
Beispielsweise Copy Strategy
3.2 Media-Strategie
Angestrebte Reichweite
Angestrebter Werbedruck
Vorgesehenes Werbeformat (Seitenformat, Spotlänge in Funk und TV, Vorschläge sind auch von der Agentur möglich) Budget insgesamt Verteilung des Budgets auf verschiedene Werbeträgergattungen (es können auch Vorschläge von der Agentur kommen)

Verteilung des Budgets im Zeitablauf (auch hier sind Vorschläge von der Agentur möglich)
3.3 Anforderungen an die Werbemittelgestaltung
Fachhandel, Großkunden, Konsumenten
Differenzierte Angaben für einzelne Werbemittel
(Anzeigen, Plakat, Funk, Fernsehen usw.)
3.4 Verkaufsförderung
Gewünschte Materialien für den Handel zur Förderung des Abverkaufs, also konsumentenbezogene Verkaufsförderung; gewünschte Materialen zur Förderung des eigenen Vertriebs und des Hineinverkaufs, also handelsbezogene Verkaufsförderung
3.5 Public Relations, einschließlich von der Agentur oder anderweitig zu gestaltender Product Publicity
3.6 Einsatz weiterer Medien
4. Zielgruppenbeschreibung
4.1 Soziodemographisch
4.2 Psychologisch
Einstellungen, Motive, Kauf- oder Verwendungshemmnisse, Werte
4.3 Konsumverhaltensweisen
Sämtliche verfügbare Daten aus der Panelforschung bei Konsumenten
5. Etat/Budget
5.1 Etatvolumen insgesamt
5.2 Aufteilung auf einzelne Medien oder Elemente im Kommunikations-Mix
5.3 Aufteilung im Zeitablauf
5.4 Etat für die Produktion der Werbemittel
6. Zeitplan
6.1 Erste gewünschte Präsentationstermine
6.2 Präsentationstermine nach Verabschiedung von Korrekturwünschen durch den Kunden, ggf. einen dritten Reservetermin
6.3 Entscheidungsfindung beim Kunden
6.4 Termine für die Produktion der Werbemittel wie:
Foto, Reinzeichnung, Andrucksabnahme, Funk- und Filmaufnahmen und Abnahme durch den Kunden, Einplanung von Korrekturzeiten, Buchungstermine bei den Medien
6.5 Zeitpunkte für den Einsatz der Kommunikationsinstrumente, daraus ableitbar die Buchungstermine

Insbesondere die Punkte 3.2 und 4 sind unabdingbare Inhalte eines Mediabriefings. Wenn für einzelne Aspekte Agenturvorschläge eingeholt werden sollen, so sind die diesbezügliche Anforderungen Elemente des Agenturbriefings.

1.3 Die Wahl der Werbeträgergattung

Zu den wichtigsten Werbeträgergattungen zählen Fernsehen, Hörfunk, Publikums- und Fachzeitschriften, Außenwerbung, Kino, Verkehrsmittelwerbung, Zeitungen und Internet. Bei der Auswahl der Mediagattungen wird unterschieden zwischen dem Intermediavergleich, d. h. eine Gegenüberstellung verschiedener Werbeträgergattungen, und dem Intramedia-Vergleich, d. h. eine vergleichende Beurteilung diverser Werbeträger der gleichen Gattung. Dabei geht es nicht darum, das beste Medium zu finden, sondern Ziel ist es, das optimale Medium bzw. den Media-Mix für eine bestimmte Situation zu definieren. Für die Durchführung des Intermedia-Vergleichs sind zuvor die ausschlaggebenden Kriterien festzulegen, anhand derer die verschiedenen Werbeträgergattungen zu beurteilen sind. Folgende Kriterien sind für diesen Entscheidungsbereich relevant:

- Die Botschaft an sich, also die Frage, welche Informationen und Überzeugungen vermittelt werden sollen (Funk eignet sich nicht, wenn Bildbotschaften gewünscht sind; erklärungsbedürftige Produkte sind in Printmedien sinnvoll zu bewerben, für die Vermittlung starker Emotionen eignet sich TV durch Klang, Bild und Bewegung),
- die Zielgruppenerreichung, also die Frage nach der Erreichung bestimmter Zielgruppen (berufstätige und gleichzeitig haushaltsführende Personen sind nicht angemessen über das TV-Programm am späten Nachmittag erreichbar, junge Zielgruppen sind über Kino und bestimmte TV-Kanäle wie MTV, Viva sowie Kino gut erreichbar),
- die Nutzungsart der Werbeträger durch das Publikum und damit in engem Zusammenhang,
- die Art der Wahrnehmung (Funk wird eher oberflächlich, manche Zeitschriften werden sehr intensiv genutzt, was sich auch auf die Werbewahrnehmung beziehen kann),
- das vorhandene Budget (diesbezüglich dürfte jedoch eher die Größe der Zielgruppe relevant sein, lediglich die Produktion der Werbemittel ist für die verschiedenen Werbeträgergattungen unterschiedlich kostspielig. Die Produktion eines TV-Spots kann durchaus 300.000 EUR und mehr kosten, die eines Funk-Spots liegt in einer Größenordnung von 20.000 EUR durchaus auch darunter.
- die mediatechnische Steuerbarkeit und damit die Planbarkeit (Funk und TV können zeitlich extrem genau geplant werden, Zeitschriften hängen in ihrer zeitlichen Steuerbarkeit vom Erscheinungsrhythmus ab),
- das Werbeumfeld, redaktionelle Bestandteile, andere Werbung oder ablenkende Faktoren (wobei der Einfluss des redaktionellen Umfeldes auf die Werbewirkung sehr umstritten ist, bei TV scheinen durch das Programm ausgelöste Emotionen die Werbewirkung zu beeinflussen, bei Zeitschriften scheinen solche Mechanismen nicht relevant).

Eine systematische Untersuchung innerhalb der verschiedenen Mediagattungen kann so zur Ermittlung des effizientesten Weges der Werbung führen. Das Ergebnis aller planerischen Überlegungen wird häufig ein Media-Mix, also die Kombination verschiedener Mediagattungen sein, da diese im allgemeinen aufgrund der potentiellen Synergie-Effekte einer Monostrategie überlegen zu sein scheint (Busch, Fuchs und Unger, 2008, S. 554).

Tab. 1.3 Bedeutung der Werbeträgergattungen und deren Veränderungen

Mediagattungen	2009	Veränderung zu 2008 in Prozent	2008	Veränderung zu 2007 in Prozent
Tageszeitungen	3.694,30	- 15,5	4.373,4	- 4,2
Publikumszeitschriften	1.408,65	- 16,8	1.693,1	- 7,1
Werbung per Post	3.080,51	- 6,4	3.291,6	- 1,7
Fernsehen	3.639,60	- 9,8	4.035,5	- 2,9
Anzeigenblätter	1.966,00	- 2,1	2008,0	+ 1,9
Fachzeitschriften	852,00	- 17,4	1031,0	+ 1,5
Verzeichnismedien	1.408,65	- 3,3	1.224,7	+ 0,9
Hörfunk	678,49	- 5,7	711,2	- 4,3
Onlineangebote	764,00	+ 1,3	754,0	+ 9,4
Außenwerbung	737,51	- 8,4	805,4	- 1,8
Wochen- und Sonntagszeitungen	208,30	- 21,6	265,7	- 1,5
Zeitungssupplements	81,90	- 5,6	86,8	- 3,0
Filmtheaterwerbung	71,60	- 6,6	76,7	- 27,5
Gesamt	18.366,86	- 9,8	20.357,0	

Wie Tab. 1.3 zeigt, hatten die verschiedenen Werbeträgergattungen in den Jahren 2008 und 2009 folgende Bedeutung (in Mio. Euro) (vgl. Media Perspektiven Basisdaten, 2009, S. 79):

Die Gesamtwerbeeinnahmen waren in den letzten Jahren relativ stabil. Sie stiegen 2005 um 1,3 % (im Vergleich zum Vorjahr), in 2006 um 2,6 % und in 2007 um 2,3 %. Im Jahre 2008 ging der Werbeumsatz um 2,2 % zurück. Ein gravierender Einbruch ergab sich in 2009.

Die Werbeeinnahmen der Medien aus Werbung, also 18.366,86, machten 2009 0,76 % am Bruttoinlandsprodukt der BRD aus; 2005 waren es 0,88 %. Das ist ein durchaus nennenswerter Rückgang von üb er 11 %. Die Werbeausgaben insgesamt betrugen 2009 rund 28,8 Mrd. EUR, was 1,2 % des Bruttoinlandsproduktes ausmacht. Im Jahre 2005 waren das 29,6 Mrd. was 1,3 % des Bruttoinlandsproduktes entspricht.

Die Marktbedeutung ergibt sich aus den Daten des ZAW (2010), wie sie in Tab. 1.4 dargestellt wird. Geringfügige Unterschiede können sich aus unterschiedlichen Erhebungen ergeben, sind aber inhaltlich bedeutungslos.

1.4 Der Ablauf der Mediaplanung

Tab. 1.4 Marktanteile der Medien am Werbemarkt. (ZAW 2010, S. 17)

Werbeträger	2004	2005	2006	2007	2008	2009
Tageszeitungen	23	23	22	22	21	20
Fernsehen	20	20	20	20	20	20
Werbung per Post	17	17	16	16	16	17
Anzeigenblätter	9	10	10	10	10	11
Publikumszeitschriften	9	9	9	8	8	8
Verzeichnis-Medien	6	6	6	6	6	6
Fachzeitschriften	4	5	5	5	5	5
Online-Angebote	1	2	2	3	4	4
Außenwerbung	4	4	4	4	4	4
Hörfunk	3	3	3	3	3	4
Wochen/Sonntagszeit.	1	1	1	1	1	1
Filmtheater	> 1	> 1	1	1	> 1	> 1
Zeitungssupplements	> 1	> 1	> 1	> 1	> 1	> 1

Ganz allgemein kann man daraus wohl ableiten, dass der Werbemarkt relativ stabil ist. Lediglich im Bereich der Online-Werbung findet sich ein konstantes Wachstum. Dennoch hat dieser Bereich mit aktuellen 4 % Marktanteil bei Weitem nicht die Bedeutung, die oft vermutet wird. Das Wachstum ist zudem konstant und nicht überproportional, was aufgrund der absolut doch recht geringen Bedeutung von unter 5 % durchaus zu erwarten gewesen wäre.

1.4 Der Ablauf der Mediaplanung

Aufgabe der Mediaplanung ist, in einem systematischen Prozess den effizientesten Transport der Werbebotschaft zu den Zielgruppen zu bestimmen. Abbildung 1.9 verdeutlicht die einzelnen Schritte, der Mediaplanung.

Wir gehen dabei von gegebenen Marketing- und daraus abgeleiteten Kommunikationszielen aus, ansonsten müssten diese als Ausgangspunkt gelten. Aus Zielen wird das Budget abgeleitet. Nach der letzten Phase kann sich aus der Bewertung der Mediapläne noch einmal eine Revision der Budgets ergeben. Idealerweise können die Bestimmung von Marketing- und Kommunikationszielen, das daraus abzuleitende Budget, die Entwicklung

Abb. 1.9 Ablauf der Mediaplanung

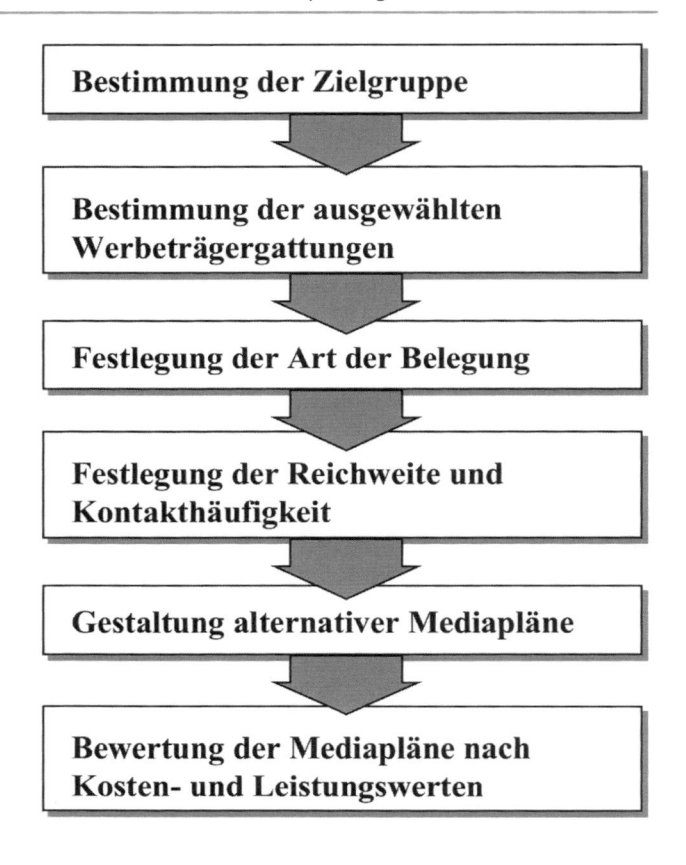

```
Bestimmung der Zielgruppe
          ↓
Bestimmung der ausgewählten
Werbeträgergattungen
          ↓
Festlegung der Art der Belegung
          ↓
Festlegung der Reichweite und
Kontakthäufigkeit
          ↓
Gestaltung alternativer Mediapläne
          ↓
Bewertung der Mediapläne nach
Kosten- und Leistungswerten
```

und die Bewertung der Kommunikationsmaßnahmen, in diesem Fall der Media-Entscheidungen simultan erfolgen.

1.4.1 Bestimmung der Zielgruppe

Da verschiedene Personengruppen unterschiedlich zu erreichen sind, bildet die Definition der zu erreichenden Zielgruppe den Ausgangspunkt der Mediaplanung. Eine wesentliche Aufgabe in diesem Zusammenhang ist die Bestimmung der Kriterien zur Definition der Zielgruppen. Da für die Mediaplanung eine Reihe von Media-Analysen als Informationsbasis zur Verfügung steht, die Aufschluss darüber geben, welche Personengruppen welche Medien zu welcher Zeit nutzen, werden infolgedessen für die Beschreibung der Zielgruppen die Kriterien herangezogen, nach denen die zugrundeliegende Media-Analyse aufgebaut ist. Bisher hat man sich stark soziodemographischer Merkmale, wie Alter, Geschlecht, Einkommen, Beruf oder Haushaltsgröße, bedient, deren Effizienz allerdings aufgrund ungenügenden Erklärungsbeitrags zum Konsumverhalten in Frage gestellt wird.

Durch das zunehmende Produktangebot und dem steigenden differenzierten Nachfrageverhalten spielen andere Kriterien eine bedeutendere Rolle. Psychographische Merkmale wie z. B. Geschmackspräferenzen, Lebensstilorientierungen oder Wertstrukturen haben inzwischen bei der Zielgruppenbeschreibung mehr an Effizienz und dadurch Bedeutung gewonnen.

1.4.2 Media-Analysen und Bestimmung der ausgewählten Werbeträgergattungen

In einem systematischen Verfahren soll die Frage nach der Aufteilung des Werbebudgets auf die verschiedenen Mediagattungen beantwortet werden. Ausgangspunkt solcher Entscheidungen bilden Informationen darüber, welche Personen welche Medien nutzen und somit darüber erreichbar sind. Somit hat die Wahl der Zielgruppe direkten Einfluss auf die Selektion der Werbeträger. Derartige Informationen können über Analysen gewonnen werden. Zu unterscheiden sind hierbei die reinen Media-Analysen, die die Mediennutzung der Bevölkerung untersuchen, und die Markt-Media-Analysen, die zusätzlich auch das Konsumverhalten untersuchen. Werden diese beiden Informationen aus einer einzigen Quelle erhoben, spricht man von einer „Single-Source-Methode".

Die traditionelle Vorgehensweise in der Mediaplanung setzt voraus, dass Informationen darüber vorliegen, welche Haushalte welche Produkte kaufen, die mittels Haushaltspanels ermittelt werden. Zusätzlich wird über Media-Untersuchungen ermittelt, welche Konsumenten welche Medien nutzen. Werden in beiden Untersuchungen die Haushalte bzw. Konsumenten nach den gleichen Merkmalen erfasst, lässt sich auf einen Blick ersehen, welche Haushalte welche Produkte kaufen und gleichzeitig welche Medien diese nutzen. So kann im Rahmen der Mediaplanung das Kaufverhalten erfasst werden, wobei beispielsweise die Käuferhaushalte nach soziodemographischen Merkmalen beschrieben werden. Anhand der so gewonnenen Beschreibungsmerkmale kann dann auf der Basis einer zweiten Studie, die das Mediennutzungsverhalten erfasst, die Mediaselektion durchgeführt werden.

Es gibt diverse Media-Analysen, die regelmäßig die Nutzung der verschiedenen Werbeträger durch die Bevölkerung untersuchen. So z. B. die Media-Analyse (MA), die im Auftrag der Arbeitsgemeinschaft Media-Analysen e.V. (AG.MA) von mehreren Instituten durchgeführt wird, und die Allensbacher Werbeträgeranalyse (AWA), die Mediennutzer zusätzlich neben soziodemographischen Merkmalen anhand einiger psychographischer Merkmale, wie Lebensstil-Orientierung, beschreibt. Diese beiden Studien beziehen sich je auf die Gesamtbevölkerung.

Die Verbraucher-Analyse (VA) ist eine weitere Studie, die in den letzten Jahren an Bedeutung gewonnen hat. Sie zeichnet sich dadurch aus, dass sie gleichzeitig Verbraucher- und Mediennutzungsgewohnheiten erfasst. Zusätzlich gibt es eine Reihe von Spezialuntersuchungen, die sich nur auf bestimmte Zielgruppen und deren Mediennutzung beschränken. Auftraggeber solcher Spezialuntersuchungen sind i. d. R. Verlage, deren Zeitschriften genau auf diese Zielgruppen, wie beispielsweise Personen aus der Medizin oder Entscheidungsträger der Wirtschaft, zugeschnitten sind.

Dazu kommt die GfK-Fernsehforschung, die im Auftrag der Arbeitsgemeinschaft Fernsehen (AGF) in einer Stichprobe von rund 6.000 Haushalten mit insgesamt rund 15.000 Personen sekundengenau sämtliche Fernsehaktivitäten elektronisch aufzeichnet. Mit Hilfe eines GfK-Meters, der an die TV-Geräte der betreffenden Haushalte angeschlossen wird, können sämtliche Bildschirmaktivitäten, einschließlich Videotext, Tele-Spiele, Videoaufzeichnung und Videoabspielen von TV-Sendungen, erfasst werden. Durch Bedienung des People-Meter, einer Infrarot-Fernbedienung, können sich die Haushaltsmitglieder an- und abmelden. Dadurch werden nicht nur sämtliche Fernsehaktivitäten, sondern auch die Anwesenheit einzelner Personen sekundengenau erfasst (mehr dazu in Abschn. 4.1.5).

Bei der Bestimmung der Werbeträgergattung ist weiter zu berücksichtigen, dass sich verschiedene Werbeträger in unterschiedlicher Weise dazu eignen, bestimmte Werbebotschaften zu vermitteln. So eignet sich beispielsweise die Plakatwerbung nur zur Übermittlung von wenigen Informationseinheiten. Daher wird die Auswahl der Werbeträger zwangsläufig von den zuvor definierten Marketing- und Kommunikationszielen beeinflusst.

1.4.3 Bestimmung der Art der Belegung

Die Qualität eines Kontaktes einer Person mit der Werbebotschaft und damit einhergehend die Werbewirkung werden insbesondere durch die Art der Werbedarbietung beeinflusst, das sogenannte *Werbeformat*. Fernsehwerbung und Funkwerbung und können in unterschiedlichen Spotlängen oder durch zahlreiche neue Sonderformen der Programmgestaltung ausgestrahlt werden. Anzeigen können sich durch unterschiedliche Größen, d. h. Formate, und Farbigkeiten unterscheiden. Das gilt auch für viele Formen der Außenwerbung Da sich die verschiedenen Werbeformen durch unterschiedliche Kosten der Belegung auszeichnen, werden die Entscheidungen in diesem Zusammenhang insbesondere durch das zur Verfügung stehende Kommunikationsbudget bestimmt; umgekehrt bestimmen Kommunikationsziele die Art der Belegung und so das Budget. Den unterschiedlichen Kosten stehen auch unterschiedliche Leistungen gegenüber.

Farbigkeit erhöht in aller Regel die Wahrnehmungsintensität bei Anzeigenwerbung, andererseits kann sich in einem sehr farbigen Umfeld eine Schwarz-Weiß-Anzeige besonders hervorheben.

Die Wahrnehmungsintensität hängt ferner in starkem Maße von der Größe einer Anzeige ab, durch geringe Formate eingesparte Schaltkosten können sich in erheblich geringerer Wirkung niederschlagen. Bei doppelseitigen Anzeigen wirken zwei Effekte gegenläufig. Die Größe erhöht die Wahrnehmung, die Doppelseite führt zu leichtem Überblättern. Unger fand in kommerzieller Auftragsforschung, dass sich die Doppelseite nicht zu erhöhter Aufmerksamkeit gegenüber einseitigen Anzeigen führte. Demnach hatten sich in diesem Fall beide Effekte neutralisiert.

Längere Spots in TV und Funkt erhöhen die Wahrnehmung, ab welcher Länge ein Spot keine Wirkungssteigerung mehr erfährt, müsste im Einzelfall durch Werbewirkungsforschung abgeklärt werden, weil das so stark durch die Gestaltung mit beeinflusst wird, dass allgemeingültige Aussagen nicht möglich sind. In der Regel erfolgt die Gestaltung der Kommunikationsmaßnahme in Zusammenarbeit mit Werbeagenturen. Für die Gestaltung effizienter, kreativer Maßnahmen im Sinne der Marketing- und Kommunikationsziele ist die umfassende Information der Werbeagentur durch das beauftragende Unternehmen eine zwingende Voraussetzung.

1.4.4 Reichweite und Kontakthäufigkeit

1.4.4.1 Bestimmung der mediastrategischen Ziele bezogen auf Reichweite und Kontakthäufigkeit

Ausgehend von den Marketing- bzw. Umsatzzielen gilt es, die Frage zu beantworten, welche und wie viele Bedarfsträger zu gewinnen sind, um die gesetzten Ziele zu erreichen. Im Mittelpunkt der Betrachtung stehen Fragen wie: Sind neue Bedarfsträger aus bisherigen Nichtverwendern oder von der Konkurrenz zu gewinnen, oder ist der Umsatz bei den schon zu den Kunden zählenden Verwendern auszuweiten? Welcher Bedarf ist je Verwender zu erzielen?

Schließlich gilt es zu ermitteln, wie viele potentielle Verwender beworben werden müssen, um hieraus einen bestimmten Teil zu tatsächlichen Käufern zu machen. Hierzu sind realistische Schätzungen vorzunehmen bzw. aus der Marktforschung nähere Informationen für eine hinreichend genaue Schätzung zu gewinnen. Hiermit ist im Prinzip das Mediaziel der Reichweite definiert. Unter Reichweite wird die Anzahl der insgesamt durch eine Kommunikationsmaßnahme erreichten Bedarfsträger verstanden.

Als zweite zentrale Mediaentscheidung ist der Werbedruck, d. h. die Anzahl der notwendigen Wiederholungen, zu bestimmen. Damit ist die Frage nach der erforderlichen Kontakthäufigkeit gemeint. Die Kontaktchance (OTS – opportunity to see, OTH – opportunity to hear, allgemein OTC – opportunity to contact) legt fest, welche Personen wie oft kommunikativ erreicht werden sollen. Auf die Frage, wie oft wir Konsumenten erreichen müssen, ist die tatsächliche Häufigkeit des Kontaktes mit der Werbebotschaft oder mit dem Werbemittel gemeint, denn das löst letztendlich die Werbewirkung aus und nicht der Kontakt mit dem Werbeträger. Daher sind Hypothesen darüber erforderlich, welche der in der Mediaplanung üblichen Angaben über Werbeträgerkontakte zu wie vielen tatsächlichen Kontakten mit der Werbung als solche führen. Werbedruck gilt nicht nur als zentrale, sondern auch als die kritischste Größe. Eine Verringerung des Werbedrucks aus Budgetgründen von beispielsweise 8 auf nur noch 5 Wiederholungen innerhalb einer bestimmten Zeitspanne kann eine überproportionale Wirkungsreduzierung zur Folge haben.

1.4.4.2 Werbedruck und seine Einflussfaktoren

- Der erforderliche Werbedruck je zu erreichende Person wird im wesentlichen von folgenden Faktoren beeinflusst:
- *Marketingziele bezogen auf angestrebte Verhaltensänderungen:* Soll das Verbraucherverhalten geändert, verstärkt oder intensiviert werden? Wenn eine gewohnte Verhaltensweise verändert werden soll, erfordert dies als anspruchsvollstes Ziel den stärksten Werbedruck. Die Verstärkung bisheriger Verhaltensweisen ist vergleichsweise leichter, da es das Verhalten in dieser Form bereits gibt. Es ist lediglich etwaige Konkurrenzwerbung zu überwinden. Der geringste Aufwand ist für die Bestätigung vorhandener Verhaltensweisen notwendig.
- *Komplexität der Botschaften:* Je umfangreicher die Lernziele sind, die mit einer Werbebotschaft angestrebt werden, desto intensiver muss der Werbedruck sein.
- *Interesse der Zielgruppe, das der Botschaft entgegengebracht wird:* Üblicherweise wird zwischen „High"- und „Low-Involvement"-Produkten unterschieden. Damit ist das unterschiedliche Interesse gemeint, das Konsumenten Produkten entgegenbringen. Primär ist das Interesse einer bestimmten Zielgruppe an einem Produkt festzustellen, da sich bei ein und demselben Produkt durch unterschiedliche Zielgruppen verschiedene „Involvement"-Profile finden lassen. Generell lässt sich die Aussage treffen, dass der erforderliche Werbedruck um so höher sein muss, desto geringer das produktbezogene „Involvement" innerhalb der Zielgruppe ist.
- *Art der Werbeträger und Nutzung durch die Zielgruppe*: Je intensiver die Zielgruppen die Werbeträger nutzen, desto geringer ist der erforderliche Werbedruck, d. h., desto weniger OTC-Werte sind erforderlich, um eine bestimmte Wirkung zu erzielen.
- Nutzung von Synergieeffekten innerhalb der eigenen Kommunikationen: Die Kombination verschiedener Mediagattungen, also ein Media-Mix scheint der Verwendung nur einer Mediagattung im Allgemeinen überlegen zu sein. „Im Marketing gilt in besonderem Maße, dass die Gesamtwirkung einzelner Maßnahmen erheblich größer sein kann als die Summe ihrer Einzelwirkungen. Man spricht dann von Multiplikator- oder Synergie-Effekten" (Busch, Fuchs und Unger, 2008, S. 507 ff.).
- *Werbedruck im Konkurrenzvergleich:* In der Werbepraxis ist es üblich, den Werbedruck im Vergleich zur Konkurrenz zu beurteilen.

1.4.5 Gestaltung und Bewertung alternativer Mediapläne

1.4.5.1 Das spezielle Media-Briefing

Wenn alle relevanten Entscheidungen im Rahmen der strategischen Mediaplanung definiert sind, erfolgt die Umsetzung in konkrete alternative Mediapläne. In einem sogenannten Briefing formuliert der Werbetreibende zusammen mit der Agentur die ausführliche Aufgabenstellung an die Mediaabteilung der betreuenden Agentur oder an eine spezielle Media-Agentur. Wenn neben der Kommunikationsagentur oder Werbeagentur eine spezielle Media-Agentur eingesetzt wird, die speziell für die Gestaltung und Umsetzung der

Mediaplanung verantwortlich ist, dann macht das auch ein spezielles Briefing erforderlich, viele Angaben des umfassenderen Agentur-Briefings (siehe vorangegangener Abschnitt) sind dann nicht unbedingt erforderlich. Andere Informationen müssen vielleicht vertieft werden. Das Media-Briefing beinhaltet alle mediastrategisch relevanten Aspekte wie:
- die Zielgruppendefinition nach psychographischen und soziodemographischen Merkmalen. Um die vorhandenen Media-Analysen nutzen zu können, müssen diese mit den dort erhobenen Personendaten kompatibel sein;
- die mediastrategischen Ziele bezogen auf Reichweite und Werbedruck; ebenso bezogen auf die Verteilung des Medieneinsatzes im Zeitablauf;
- das zur Verfügung stehende Werbebudget; speziell für den Medieneinsatz, was oft als „Streu-Etat" bezeichnet wird;
- weitere Informationen für die Zeitplanung. Wann und wie soll geworben werden? Kontinuierlich oder mit Werbepausen?
- Vorabinformationen über bevorzugte oder auszuschließende Werbeträger und Arten der Belegung (Spotlänge bei Funk und TV oder Format bei Anzeigen);
- die angestrebte Marketing- und Kommunikationsstrategie und insbesondere das Werbe- bzw. Kommunikationsziel in Bezug auf das Verbraucherverhalten. Es sind also die Fragen zu beantworten; was die Zielgruppe lernen soll, was das zentrale Produktversprechen ist und wie dieses möglicherweise begründet werden soll.

Das Briefing stellt die wesentliche Informationsbasis für die erfolgreiche Erstellung der Gestaltungsvorschläge für die Marktkommunikation dar und erfordert daher sowohl von Werbetreibendem, d. h. Auftraggeber, als auch von Media-Agentur größte Aufmerksamkeit. Die inhaltliche Qualität des Briefings ist für die erfolgreiche kreative Umsetzung maßgeblich. Daher muss der Auftraggeber noch vor dem Briefing-Gespräch alle wichtigen Informationen zusammenstellen und der Agentur als Arbeitspapier zur Verfügung stellen. Die Media-Agentur wiederum muss vor dem Briefinggespräch wissen, welche Fragen sie beantwortet haben will.

1.4.5.2 Bildung von Rangreihen nach Kosten- und Leistungswerten

Nach den Angaben des Briefings erstellt die Mediaabteilung bzw. -agentur alternative Mediapläne. Mediapläne beinhalten üblicherweise Angaben über die zu belegenden Werbeträger (z. B. Senderbezeichnungen), die Frequenzen (d. h. die Anzahl der Schaltungen je Sender), den Zeitpunkt der Schaltung unter Angabe von Tag und Uhrzeit und die Kosten je Belegung. Zur Bewertung und Auswahl einzelner Werbeträger und für die Gestaltung alternativer Mediapläne werden Rangreihen nach Kosten- und Leistungswerten gebildet. Die wichtigsten Beurteilungskriterien für die Bildung von Rangreihen sind:
1. Zielgruppenaffinität
   Die Zielgruppenaffinität lässt sich durch eine Kennzahl ausdrücken und gibt an, wie gut die Nutzer eines Werbeträgers mit der ausgesuchten Zielgruppe einer Werbemaßnahme übereinstimmen. Informationen hierzu liefern die Verbraucheranalysen. Ist der Anteil einer bestimmten Zielgruppe an der Nutzerschaft eines Werbeträgers gleich dem Durchschnitt der Gesamtbevölkerung, erhält dieser Werbeträger den Wert 100. Liegt

der Zielgruppenanteil der Nutzerschaft des Werbeträgers über dem Bevölkerungsdurchschnitt, liegt der Wert über 100, umgekehrt, unter dem Bevölkerungsdurchschnitt, dann liegt der Wert unter 100. Werbeträger mit relativ hohen Werten sollten bevorzugt werden.

$$\text{Zielgruppenaffinität} = \frac{\text{Prozentualer Anteil der Zielgruppe an der Nutzerschaft eines Werbeträgers}}{\text{Prozentualer Anteil der Zielgruppe an der Gesamtbevölkerung}}$$

2. Tausendnutzerpreis – Preis pro 1.000 erreichte Personen der Zielgruppe
Ausschlaggebend ist, wie viele Personen der eigenen Zielgruppe insgesamt erreicht werden. Der Tausendnutzerpreis kann sich sowohl auf einen vollständigen Mediaplan als auch auf eine einmalige Belegung eines Werbeträgers beziehen. Für die Bildung von Rangreihen wird in der Regel nur eine einzelne Belegung als Beurteilungskriterium herangezogen.
Definition des Tausendnutzerpreises bei einmaliger Belegung eines Werbeträgers:

$$\text{Tausendnutzerpreis} = \frac{\text{Einschaltkosten} \times 1.000}{\text{Reichweite absolut}}$$

Der Tausendnutzerpreis sagt aus, was es kostet, 1.000 Personen der Zielgruppe mit einer Belegung des entsprechenden Werbeträgers zu erreichen.
3. Nettoreichweite – Reichweite innerhalb der Zielgruppe
Die Nettoreichweite drückt aus, wie viele Personen insgesamt mit einer Belegung des entsprechenden Werbeträgers erreicht werden. Davon zu unterscheiden ist die Bruttoreichweite, die sich aus der Summierung der Reichweiten verschiedener Belegungen verschiedener Werbeträger ergibt und wodurch einige Personen auch doppelt erreicht werden. Nettoreichweiten sind also von Überschneidungen bereinigt. Bei der Reichweitenmessung ist der Kontakt mit dem Werbeträger ausschlaggebend. Offen bleibt dabei allerdings, ob daraus ein echter Werbekontakt folgt. Die Reichweite, gemessen in absoluten oder relativen Werten, gibt also keine Auskunft darüber, wie viele Personen tatsächlich mit dem Werbemittel in Kontakt gekommen sind.

1.4.5.3 Die vergleichende Bewertung alternativer Mediapläne

Anhand der Werte, die sich aus solchen Rangreihen für einzelne Werbeträger ergeben, lassen sich anschließend alternative Mediapläne erstellen und auf ihre Leistungs- und Kostenwerte hin vergleichen.

Wichtig für die vergleichende Bewertung verschiedener Mediapläne sind auch die Fragen nach der durchschnittlichen Kontakthäufigkeit (OTC-Wert), d. h., wie oft mit Personen im Durchschnitt ein Kontakt erzielt wird und wie sich die Kontakte über alle

1.4 Der Ablauf der Mediaplanung

erreichten Personen verteilen. Angestrebt wird eine gleichmäßig intensive Ansprache aller Personen. Diese Werte lassen sich aus Media-Analysen ermitteln.

Alternative Mediapläne können sich hinsichtlich der Leistungswerte in der Form unterscheiden, dass beispielsweise ein Mediaplan A im Vergleich zu Mediaplan B eine höhere Reichweite, aber dafür eine geringere durchschnittliche Kontakthäufigkeit erreicht. Die Frage, welcher der beiden Pläne vorzuziehen wäre, ist unter Berücksichtigung des Kommunikationsziels zu klären. Generell lässt sich sagen, desto interessanter das zu bewerbende Produkt für die Zielgruppe ist, umso weniger Kontakte sind notwendig und umgekehrt.

Die Kennziffer „Gross Rating Points" (GRP) gilt in der Mediapraxis als ein weiteres bedeutendes Kriterium, um die Leistungswerte alternativer Mediapläne vergleichbar zu machen. Die GRP-Kennziffer drückt aus, welcher Werbedruck durch einen Mediaplan zu erwarten ist.

$$\text{Kennziffer GRP } (\%) = \text{Prozentuale Reichweite} \times \text{durchschnittliche Kontakthäufigkeit pro erreichte Person}$$

Der Wert sagt aus, wie viele Kontakte insgesamt innerhalb der Zielgruppe erzielt worden sind.

Es gibt eine alternative Form der Berechnung, in dem Fall wird die prozentuale Reichweite mit der durchschnittlichen Kontakthäufigkeit multipliziert.

$$\text{Tausendkontaktpreis} = \frac{\text{Einschaltkosten} \times 1.000}{\text{Reichweite absolut} \times \text{durchschnittliche Kontakthäufigkeit (Bruttoreichweite)}}$$

Dieser Wert sagt aus, wie viele Kontakte durchschnittlich bei 100 Personen der Zielgruppe erzielt worden sind. Beide Kennziffern sagen im Prinzip das gleiche aus, sie verknüpfen die beiden wichtigsten Leistungswerte der Mediaplanung, nämlich Reichweite und Werbedruck zu einer Kennziffer. Beide weisen auch den gleichen, schon genannten, Nachteil auf: Es wird bei isolierter Betrachtung nicht deutlich, wie sich der GRP-Wert aus Reichweite und Werbedruck zusammensetzt.

Den Leistungswerten wie Reichweite, durchschnittliche Kontakthäufigkeit und Gross Rating Points werden die Kosten gegenübergestellt. In der Mediapraxis werden üblicherweise die Kosten für die Summe aller Kontakte (Bruttoreichweite) herangezogen, unabhängig davon, wie sich die Kontakte auf die erreichten Personen verteilen. Die Bruttoreichweite ergibt sich aus der Multiplikation der Reichweite absolut mit der durchschnittlichen Kontakthäufigkeit.

$$\text{Tausendkontaktpreis} = \frac{\text{Einschaltkosten} \times 1.000}{\text{Reichweite absolut} \times \text{durchschnittliche Kontakthäufigkeit (Bruttoreichweite)}}$$

Der Vergleich alternativer Mediapläne anhand ihrer Kosten- und Leistungswerte erfolgt heute üblicherweise EDV-unterstützt. Dadurch wird die schrittweise Entwicklung und Modifizierung von Mediaplänen ermöglicht, wobei gleichzeitig die entsprechenden Auswirkungen der Kosten- und Leistungswerte beobachtet werden können (vgl. Busch, Fuchs und Unger, 2008, S. 560 ff.).

1.5 Statistische Grundlagen der Mediaplanung

Die Mediaplanung beruht auf der Wahrscheinlichkeitsrechnung. Aufgrund der regelmäßig stattfindenden Stichprobenuntersuchungen kann man den Anteil bestimmter Personengruppen als Nutzer konkreter Medien wie Zeitschriftenausgaben, Zeitungen, Funk- oder Fernsehsendungen in Form von Wahrscheinlichkeitsaussagen angeben. Strenggenommen gilt dies nur für den Zeitpunkt der stattgefundenen Untersuchungen. Mangels permanenter Untersuchung werden somit aufgrund der gefundenen Wahrscheinlichkeiten Aussagen über die Wahrscheinlichkeit aufgestellt, wie in Zukunft und von welchen Personengruppen bestimmte Werbeträger genutzt werden.

Wie gut diese Wahrscheinlichkeitsschätzungen sind, d. h. die Güte einer Schätzung, kann anhand der Streuung innerhalb der Stichprobe und der Größe der Stichprobe bestimmt werden. Ein Maß für die Streuung innerhalb der Stichprobe ist die Varianz. Bei der Schätzung der Anteilswerte gilt:

$$s^2 = p(1-p) =$$ Varianz der Grundgesamtheit, wobei p der geschätzte Anteilswert der Grundgesamtheit ist

Diesen Wert setzen wir in Relation zu n, der Stichprobengröße. Das Maß für die Güte der Schätzung ist die Standardabweichung der Stichprobe.

Es gilt: $\sqrt{\dfrac{s^2}{n}} = \sqrt{\dfrac{p(1-p)}{n}}$

Bei einer gefundenen Wahrscheinlichkeit von 20 % einer Stichprobe von n = 10.000 folgt:

$$= \sqrt{\dfrac{0,2(1-0,2)}{10.000}}$$

Unter Anwendung der Gesetze der Wahrscheinlichkeitsrechnung lassen sich Aussagen darüber bilden, mit welcher Wahrscheinlichkeit der wahre Wert der Grundgesamtheit innerhalb welchen Intervalls liegt. In der Wahrscheinlichkeitsrechnung gilt allgemein:

$$p \pm z \sqrt{\dfrac{s^2}{n}}$$

z ist davon abhängig, mit welcher Sicherheit die Schätzung vollzogen werden soll.

1.5 Statistische Grundlagen der Mediaplanung

Beispiele

Bei einer Schätzsicherheit von 95 % nimmt z den Wert 1,96 an.
Bei einer Schätzsicherheit von 99 % nimmt z den Wert 2,575 an.

Aus Gründen der einfachen Berechnung wählt man gerne eine Schätzsicherheit von 95,44 %, da z dann den Wert 2,0 annimmt.

Angenommen, die Nutzungswahrscheinlichkeit für einen bestimmten Werbeträger in der Gesamtbevölkerung mit 5 % auf der Basis einer Stichprobe von 10.000 Personen wird geschätzt.

Bei einer Schätzsicherheit von 95,44 % ergibt sich folgende Berechnung:

$$\frac{s^2}{n} = \frac{0,05(0,95)}{10.000} = \frac{0,0475}{10.000}$$

Standardabweichung $\sqrt{\dfrac{s^2}{n}} = \sqrt{\dfrac{0,0475}{10.000}} = \dfrac{0,218}{100} = 0,00218$

Daraus folgt $[0,05 \pm 2(0,00218)] = [0,046; 0,054]$

Somit kann die Aussage getroffen werden: Mit einer Wahrscheinlichkeit von 95,44 % nutzen in der Gesamtbevölkerung zwischen 4,6 % und 5,4 % diesen Werbeträger. Derartige Aussagen dienen der der Mediaplanung zugrundeliegenden Entscheidungsfindung. In der Praxis genügt es zudem, die in den Stichproben ermittelten Wahrscheinlichkeiten zu verwenden.

Welche Rolle spielen diese statistischen Grundlagen für die Mediaplanung?

In der mediaplanerischen Praxis spielen in der Regel derartige Schwankungen keine Rolle Das ist deswegen nicht unproblematisch, weil die ausgewiesenen „faktischen" Werte von Rangreihen, Zielgruppenentsprechungen (Affinitäten) und sich daraus ergebenen Nutzen- (Reichweiten) und Kostenwerten sich häufig dermaßen ähnlich sind, und die gefundenen Unterschiede statistischen eben nicht signifikant sind. Das hat zur Folge, dass sich die Praxis der Unsicherheit ihrer Entscheidungen oft nicht bewusst ist und Unterschiede erörtert werden, die vermutlich keine sind.

Wird angenommen, dass ein bestimmter Prozentsatz P zunächst als Nutzer eines Werbeträgers, z. B. einer Zeitschrift, in Frage kommt, ist damit noch nicht definiert, mit welcher Wahrscheinlichkeit eine bestimmte Ausgabe dieser Zeitung genutzt wird, da die einzelnen Personen, die überhaupt als Nutzer in Betracht kommen (der sogenannte „weiteste Nutzerkreis"), den Titel unterschiedlich oft ausnutzen. Eine Person, die angibt, alle von zwölf Ausgaben einer Monatszeitschrift zu nutzen, erhält die individuelle Nutzungswahrscheinlichkeit von 1. Eine Person, die angibt, 6 von 12 Ausgaben zu nutzen, erhält den Wert 0,5 und eine Person, die angibt, 3 von 12 Ausgaben zu nutzen, den Wert 0,25 usw. Alle Personen, die angeben, keine von 12 Ausgaben zu nutzen, erhalten die Nutzungswahrscheinlichkeit von 0. Folgende Datenbasis bei einer Stichprobe von n = 10.000 wird wie in Tab. 1.5 dargestellt angenommen:

Tab. 1.5 Individuelle Nutzungswahrscheinlichkeiten

	Individuelle Nutzungswahrscheinlichkeit
650 Personen nutzen 12 von 12 Ausgaben	1,00
500 Personen nutzen 11 von 12 Ausgaben	0,92
300 Personen nutzen 10 von 12 Ausgaben	0,83
180 Personen nutzen 09 von 12 Ausgaben	0,75
40 Personen nutzen 08 von 12 Ausgaben	0,66
50 Personen nutzen 07 von 12 Ausgaben	0,58
20 Personen nutzen 06 von 12 Ausgaben	0,50
30 Personen nutzen 05 von 12 Ausgaben	0,42
40 Personen nutzen 04 von 12 Ausgaben	0,33
80 Personen nutzen 03 von 12 Ausgaben	0,25
60 Personen nutzen 02 von 12 Ausgaben	0,17
50 Personen nutzen 01 von 12 Ausgaben	0,08
8.000 Personen nutzen keine von 12 Ausgaben	0,00

Um die Wahrscheinlichkeit zu ermitteln, mit der ein durchschnittlicher Leser/Nutzer eine Ausgabe nutzt, ist die in Tab. 1.6 erläuterte Rechnung erforderlich.

Im Durchschnitt wird mit jeder belegten Einzelausgabe eine Einzelreichweite von 1.618 Personen bzw. 16,2 % erzielt. Formal errechnet sich dieser Wert aus der Summe der individuellen Nutzungswahrscheinlichkeiten, dividiert durch die Anzahl der Personen der Stichprobe, multipliziert mit dem Faktor 100:

Einzelreichweite: $\sum \frac{P_{ij}}{n} \times 100$

Dabei ist P_{ij} die individuelle Nutzungswahrscheinlichkeit dafür, dass die Person i die Ausgabe j tatsächlich nutzt; n ist die Größe der Stichprobe.

In der Mediapraxis steht im Mittelpunkt der Betrachtung die Frage, wie viele Personen der Zielgruppe als Nutzer zu erwarten sind. Dann werden alle Personen, die nicht zur Zielgruppe gehören, aus der Schätzung herausgenommen. Das führt dazu, dass die Stichprobe rechnerisch kleiner und damit die Schätzungen ungenauer werden. Das stellt ein Problem für spezielle Zielgruppen dar, die sich nicht in ausreichendem Maße in den Daten der Media-Analysen finden. Wenn in unserem Fall die Zielgruppe lediglich 32 % der Gesamtbevölkerung ausmacht, dann nimmt n den Wert 3.200 an (bei einer angenommenen Stichprobe von n = 10.000 Personen).

1.5 Statistische Grundlagen der Mediaplanung

Tab. 1.6 Berechnung von Nutzungswahrscheinlichkeiten

650	x	1	=	650
500	x	11/12	=	458
300	x	10/12	=	250
180	x	9/12	=	135
40	x	8/12	=	27
50	x	7/12	=	29
20	x	6/12	=	10
30	x	5/12	=	12
40	x	4/12	=	13
80	x	3/12	=	20
60	x	2/12	=	10
50	x	1/12	=	4
8.000	x	0/12	=	0
10.000				1.618

Mediaplanung in der Kommunikationspolitik 2

2.1 Mediaselektion als eine Funktion innerhalb des Marketing-Mix

2.1.1 Bedeutung des Marketing

Um die Mediaselektion als eine Aufgabe innerhalb des Marketing bzw. Marketing-Mix darzustellen, soll vorher kurz die Bedeutung des Marketing allgemein beleuchtet werden. Die Idee des Marketing ist es, die Bedürfnisse der möglichen Tauschpartner möglichst besser zu kennen als die Konkurrenten und die eigenen Aktivitäten somit besser, als die Konkurrenten es können, an diesen Bedürfnissen auszurichten. Die dazu erforderlichen Beziehungen gehen aus Abb. 2.1 hervor.

Die Marketing-Konzeption steht im Mittelpunkt unternehmerischen Handelns und beeinflusst alle unternehmerischen Funktionen. Die Marketing-Konzeption gründet sich auf Informationen über den Markt (Marktforschung). Es werden Güter gegen Geld getauscht (es gibt noch andere Tauschbeziehungen, für die Marketing relevant ist, auf die wir hier nicht eingehen). Ferner findet wechselseitig Kommunikation statt. Die Unternehmung kommuniziert mit Hilfe unterschiedlicher Instrumente (z. B. Werbung, PR, Sponsoring u. a. m.) an den Markt. Die Märkte kommunizieren zurück an die Unternehmung – und sie kommunizieren – insbesondere durch die Möglichkeiten des Social Web – miteinander und untereinander.[1]

Die hieraus hervorgehende Umkehrung der Vorgehensweise in der Unternehmensführung ist das eigentlich Neue an diesem Marketing-Konzept gegenüber den primär

---

[1] Da diese – für Unternehmen hochbrisante – kommunikative Vernetzung der Marktteilnehmer untereinander nicht zum Kernbereich der Mediaplanung gehört, wird dieses Thema im vorliegenden Buch nicht behandelt.

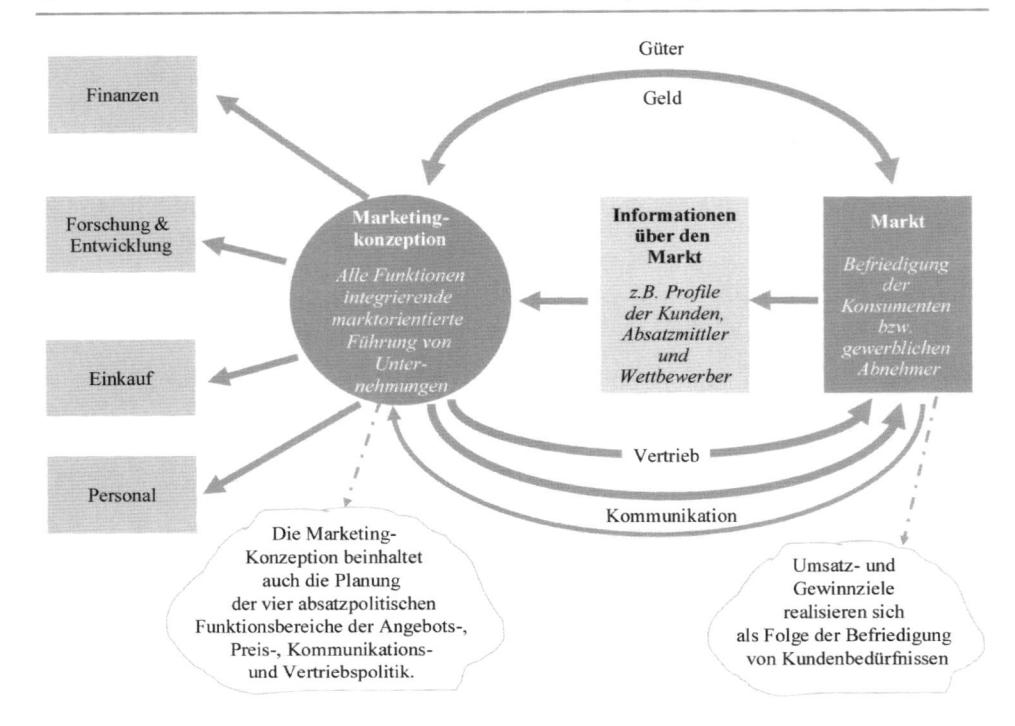

Abb. 2.1 Informationen über den Markt als Ausgangspunkt der unternehmerischen Aktivitäten. (Vgl. Busch, Fuchs und Unger, 2008, S. 8)

absatzorientierten Konzeptionen. Nicht mehr die Produktion, sondern die Informationen über den Markt sind Ausgangspunkt aller Aktivitäten. Die Beeinflussung der unternehmerischen Funktionen durch die Informationen über den Markt als Kern der Marketing-Idee ist hierbei am wichtigsten. Dadurch soll deutlich werden, dass die eingehenden Informationen zunächst in eine Konzeption zur Marktbearbeitung transformiert werden müssen.

Der Absatz wird zur daraus resultierenden Funktion der Marktbearbeitung. Die Marketingkonzeption beinhaltet auch die Planung der vier absatzpolitischen Funktionsbereiche, der Angebots-, Preis-, Kommunikations- und Vertriebspolitik.

In Abb. 2.2 ist die Einbindung der Mediaplanung in die Prozesskette von der Unternehmensentscheidung bis zur Kundenkommunikation dargestellt. Die Mediaplanung versucht einen effizienten Weg zu finden, um die angesprochene Zielgruppe effektiv werbewirksam zu erreichen und daraus das benötigte Budget zu bestimmen. Ist das Budget zuvor bestimmt, ist es die Aufgabe der Mediaplanung, dieses Budget effizient einzusetzen, um die angestrebten Werbeziele zu erreichen.

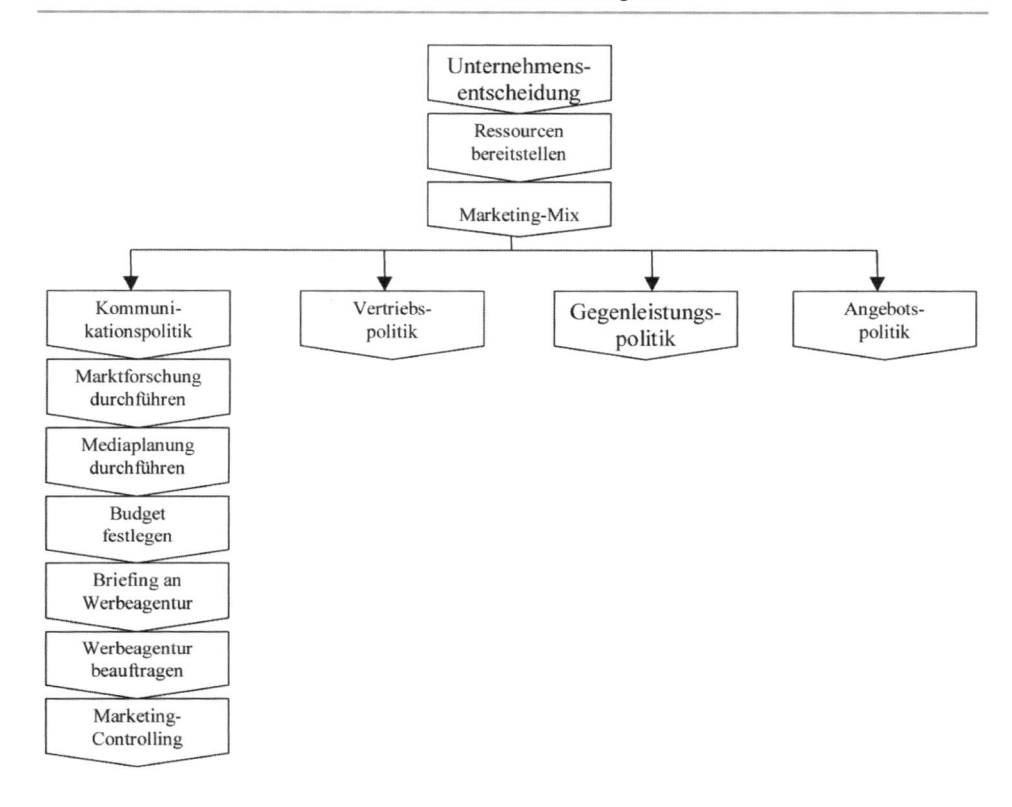

2.1 Mediaselektion als eine Funktion innerhalb des Marketing-Mix 41

Abb. 2.2 Die Mediaplanung in der Prozesskette unternehmerischer Marketing-Entscheidung

2.1.2 Marktforschung als eine Voraussetzung für eine effektive Mediaplanung

Eine effektive Mediaplanung setzt eine solide Marktforschung über das angestrebte Marktsegment bzw. die angestrebte Zielgruppe, die werbewirksam erreicht werden soll, voraus. Für die Marktforschung steht eine Vielzahl von Marktforschungsinstituten zur Verfügung. Sie geben mit den verschiedensten Analysen Aufschluss über das Verbraucherverhalten, die Verwendung des zur Verfügung stehenden Einkommens, die Mediennutzung und vieles andere mehr. Zu einem großen Teil werden diese Studien auch von Verlagen angeboten. Diese Untersuchungen sind einerseits nichts anderes als Verkaufsförderung der Verlage für deren Anzeigenmarketing und müssen dementsprechend auch kritisch gesehen werden. Andererseits lassen sich daraus wichtige Einsichten in das Konsumverhalten der Bevölkerung ableiten. Daneben werden zahlreiche weitere Untersuchungen durch diverse Interessenten an Agenturen in Auftrag gegeben. Diese meist kleineren Agenturen haben sich auf spezielle Beobachtungen und Kundenwünsche spezialisiert. Sie können auf Wunsch für bestimmte Produktgruppen, z. B. Finanzdienstleistungen, den Werbedruck der Konkurrenz ermitteln. Daraus kann man dann Schlüsse über den Werbeetat der Konkurrenz für bestimmte Produktgruppen ziehen. Aus dem Werbedruck der Konkurrenz lassen sich Rückschlüsse ziehen, wie hoch der eigene Werbedruck sein sollte, um sich am Markt positionieren zu können.

2.2 Marktsegmentierung

2.2.1 Zielgruppenorientiertes Marketing

Ein Unternehmen, das auf einem weitläufigen Markt wirken will – sei es der Markt der Konsumgüter, der Industriegüter oder der Beschaffungsmarkt der öffentlichen Hand –, wird feststellen, dass es in diesem Markt nicht allen Kunden gleichermaßen dienen kann. Diese sind zu zahlreich, weit verstreut und haben zu unterschiedliche Kaufanforderungen. Zudem gibt es oft Wettbewerber, die bestimmte Segmente des Gesamtmarktes besser bedienen können als alle anderen. Statt in allen Bereichen den Wettbewerb aufzunehmen, sollte das Unternehmen die attraktivsten Marktsegmente ermitteln, die es erfolgreich bedienen kann.

Auf den heutigen Märkten sind die Konzepte des Massen-Marketing und des Produktvarianten-Marketing immer weniger gefragt. Massenmärkte verlieren ihre Massenkundschaft. Die Massenkundschaft löst sich in Gruppen unterschiedlichen Lebensstils auf, die jeweils unterschiedliche Produkte in unterschiedlichen Distributionskanälen suchen und unterschiedliche Kommunikationswege bevorzugen (vgl. Kotler und Bliemel, 2001, S. 430 ff.). Die Anbieter konzentrieren sich daher auf zielgruppenorientiertes Marketing, um ihre Marktchancen besser zu ermitteln. Das erleichtert das richtige Angebot für den jeweiligen Zielmarkt zu bestimmen und die Preise, Distributionskanäle und Werbemaßnahmen optimal darauf abzustimmen.

Zielgruppenorientiertes Marketing umfasst drei wichtige Schritte (siehe Abb. 2.3). Der erste ist die Marktsegmentierung, also die Unterteilung eines Marktes in klar abgrenzbare Käufergruppen, die jeweils spezielle Produkte bzw. einen eigenen Marketing-Mix erfordern. Dabei gibt es mehrere Methoden, um den Markt zu segmentieren und darauf aufbauend Profile zu entwickeln. Der zweite Schritt ist die Zielmarktfestlegung; das Unternehmen erarbeitet dabei seine Bewertungsmaßstäbe für die Ermittlung der Attraktivität der Segmente und wählt dann eines oder mehrere aus, um sich darauf zu konzentrieren. Der letzte Schritt ist die Positionierung, also der Aufbau einer tragfähigen Wettbewerbsposition und Definition des Leistungsprogramms für die ausgewählten Zielmärkte.

Märkte bestehen aus potentiellen Käufern, die sich in einem oder mehreren Aspekten, wie z. B. in ihren Wünschen, Ressourcen, Wohnorten, ihren Kaufeinstellungen und ihren Kaufgepflogenheiten, voneinander unterscheiden können. Anhand jeder dieser Variablen lässt sich ein Markt segmentieren.

Abb. 2.3 Schrittfolge bei der Marktsegmentierung, der Zielmarktfestlegung und Positionierung. (Kotler und Bliemel, 2001, S. 446 ff.)

1. Ermitteln der Segmentierungsvariablen und Segmentieren des Marktes
2. Profile der resultierenden Segmente entwickeln

Marktsegmentierung

3. Abschätzen der Attraktivität jedes Segments
4. Auswählen der/des Zielsegmentes

Zielmarktfestlegung

5. Erarbeiten möglicher Positionierungskonzepte in jedem Zielsegment
6. Positionierungskonzept auswählen, entwickeln und signalisieren

Positionierung

2.2.2 Segmentierung von Konsumgütermärkten

- *Geographische Segmentierung*:
  Kotler und Bliemel (2001, S. 451) schlagen für die geographische Segmentierung eine Einteilung des Marktes in verschiedene geographische Einheiten, z. B. Nielsen-Gebiete, Länder, Landkreise, Städte oder Stadtviertel, vor. Das Unternehmen kann in einem, in mehreren oder in allen geographischen Segmenten tätig werden und sollte dabei vorhandene Unterschiede hinsichtlich Bedürfnissen und Präferenzen berücksichtigen.
- *Demographische Segmentierung*:
  Demographische Segmentierung bedeutet die Aufteilung des Marktes auf der Basis demographischer Variablen wie Alter, Geschlecht, Familiengröße, Familienlebenszyklus, Einkommen, Beruf, Ausbildung, Konfession und nationale Herkunft. In vielen Produktfeldern korrelieren sie mit den Wünschen und Präferenzen der Konsumenten. Zudem sind die demographischen Variablen leichter zu ermitteln als die meisten anderen Segmentierungsvariablen.
- *Psychographische Segmentierung*:
  Hier werden Verbraucher anhand von Kriterien wie Lebensstil oder Persönlichkeitsmerkmalen in verschiedene Gruppen eingeteilt. Angehörige bestimmter demographischer Gruppen können sehr unterschiedliche psychographische Profile aufweisen.
- *Verhaltensbezogene Segmentierung*:
  Bei der verhaltensbezogenen Segmentierung werden die Käufer auf der Grundlage

ihrer Produktkenntnisse, Einstellungen, Verwendungsgewohnheiten oder ihrer Reaktionen auf ein Produkt in Gruppen eingeteilt. Nach weit verbreiteter Meinung bilden verhaltensorientierte Variablen den besten Ausgangspunkt für die Bildung von Marktsegmenten (vgl. Kotler und Bliemel, 2001, S. 440).

2.2.2.1 Entwicklung von Kundensegmentprofilen

Von jedem Kundensegment, an dem das Unternehmen Interesse entwickelt, sollte ein detailliertes Profil erstellt werden. Dabei reicht es nicht aus, Segmente lediglich als „preisbewusst" oder „qualitätsbewusst" gegenüberzustellen. Es sind weitere Faktoren zur Beschreibung der Segmente erforderlich. Zum Beispiel ihre demographischen und psychographischen Eigenschaften, Mediennutzungsgewohnheiten, Einstellungen und Verhaltensweisen. Aus den definierten Profilen lassen sich Rückschlüsse ziehen, die die Bestimmung der Marketingstrategie und die Gestaltung der Elemente im Marketing-Mix unterstützen. Generell sollten die Segmente in sich möglichst homogen und untereinander möglichst heterogen sein.

Kriterien für eine effektive Segmentierung:

- *Kaufrelevanz:*
Die Segmentierungskriterien müssen ein geeigneter Indikator für das Kaufverhalten sein (vgl. Koch, 2004, S. 201). Irrelevante Kriterien wie z. B. „Augenfarbe" eignen sich nicht als Segmentionsvariable.
- *Messbarkeit:*
Die Segmente müssen messbar sein, um ihre Größe, Kaufkraft und andere für das Marketingprogramm wichtige Merkmale zu ermitteln.
- *Substanz:*
Ein Segment muss entsprechend seiner Größe und seines Gewinnpotenzials ausreichend groß (substantiell) sein. Segmente sollten sich auf größtmögliche homogene Kundengruppen beziehen.
- *Erreichbarkeit:*
Ein Marktsegment muss medial erreichbar und bedienbar sein.
- *Trennbarkeit:*
Die Segmente müssen konzeptionell trennbar sein. Sie sollten auf getrennte Marketingprogramme und Elemente des Marketing-Mix differenziert reagieren.

2.2.3 Zielmarktbestimmung

Die Marktsegmentierung zeigt Unternehmen mögliche Chancen auf. Sie liefert Hinweise zur Bewertung der Attraktivität unterschiedlicher Segmente und unterstützt somit die Entscheidung der Auswahl, wie viele und welche Marktsegmente es zu bearbeiten gilt. Bei der Bewertung der verschiedenen Marktsegmente sollte das Unternehmen drei Faktoren beachten (vgl. Kotler und Bliemel, 2001, S. 456 f.):

- Größe und Wachstum des Segments,
- strukturelle Attraktivität des Segments,
- Zielsetzung und Ressourcen des Unternehmens.

2.2.4 Segmentbezogene Marketingziele

Die Hauptzielsetzung der Marktsegmentierung besteht darin, Unterschiede zwischen den Käufern darzulegen und daraus Schlussfolgerungen für eine differenzierte Marktbearbeitung zu ziehen. Durch die Aufteilung des Marktes soll zudem das Angebot der Unternehmen an die besonderen Ansprüche und Erwartungen einer genau definierten Käuferschicht angepasst werden. Bezogen auf die Marktkommunikation des Unternehmens wird eine zielgruppengerichtete Gestaltung der Werbebotschaft und die Auswahl derjenigen Medien, über welche die jeweilige Zielgruppe mediatechnisch möglichst kostengünstig und effektiv erreicht werden kann, angestrebt. Eine Vermeidung von Streuverlusten soll gleichzeitig zu einem höheren Zielerreichungsgrad beitragen.

Indem für jeden Teilmarkt ein spezifischer Marketing-Mix entwickelt und eingesetzt wird, soll eine noch bessere Gewinn- und Umsatzsituation herbeigeführt werden. Gelingt es, den Gesamtmarkt in homogene Schichten zu zerlegen, so wird dadurch auch die Vorhersage von Marktentwicklungen erleichtert. Darüber hinaus erhöht die Marktsegmentierung die Durchschaubarkeit des Marktes und lässt Chancen, Marktlücken, vernachlässigte Teilmärkte (Marktpotenzial), die Beurteilung von Neueinführungen der Konkurrenz und das rechtzeitige Ergreifen von Gegenmaßnahmen leichter erkennen. Schließlich führt die Marktaufteilung dazu, dass das Unternehmen sein Marketingbudget entsprechend den Erfordernissen der einzelnen Teilmärkte verwenden kann. Das Hauptziel der Marktaufteilung besteht somit darin, eine hohe Übereinstimmung zwischen der angebotenen Unternehmensleistung und den Ansprüchen einer bestimmten Käuferanzahl (Nachfrage) zu erzielen (vgl. Meffert, 1998, S. 174 ff.).

Ist die Entscheidung, welcher Markt bedient werden soll, gefallen, kann der Marketing-Mix festgelegt werden. Es wird definiert, mit welcher Strategie das ausgesuchte Marktsegment oder die Marktsegmente bearbeitet werden sollen. Das zu bearbeitende Marktsegment spielt eine entscheidende Rolle für die Aufstellung eines Mediaplans, welcher bei zugrundeliegendem Budget einen größtmöglichen Werbedruck bei der entsprechenden Zielgruppe erreichen soll. Umgekehrt kann das zu erwartende Marktpotenzial, das man sich aus einem bestimmten Marktsegment erhofft, Rückschlüsse auf das einzusetzende Budget liefern.

2.3 Zielgruppen

Nach Festlegung der Marktsegmente, die man bearbeiten bzw. bedienen will, gilt es, die Zielgruppe zu charakterisieren. Im Rahmen der Segmentierungsstrategie wurde die

Zielgruppe bereits durch „äußere" Kriterien beschrieben wie z. B. Alter, Wohnortgröße oder Kaufhäufigkeit. Selbst die erwähnten psychographischen Kriterien können als „äußerliche" Beschreibungen bezeichnet werden, da auch sie die Zielpersonen anhand von stark schematischen und nicht-individuellen Zuschreibungen eingruppieren (z. B. „hohes Gesundheitsbewusstsein"). Ebenfalls festgestellt wurde im Rahmen der Segmentierung das Volumen der jeweiligen Zielgruppe, d. h. ihr Anteil an der Grundgesamtheit eines bestimmten Gebietes – sowohl prozentual als auch in absoluten Zahlen.

Die Abgrenzung eines zu bearbeitenden Marktsegments anhand nur eines Segmentierungskriteriums stellt jedoch nur einen ersten, vergleichsweise groben Zugang zur Zielgruppe dar. Um Produktenwicklung, Kampagnengestaltung und Mediaplanung (ggf. auch noch Distributionsplanung) noch spezifischer auf die Bedürfnisse und den Lebenswandel der Zielgruppe zuzuschneiden, ist es aber erforderlich sie noch genauer kennen zu lernen. Folgende Checklist kann dabei helfen (vgl. Huth und Pflaum, 2005, S. 254):

1. Lässt sich die Zielgruppe nach soziodemographischen Merkmalen typisieren wie z. B. Alter, Geschlecht, Einkommen, Familienstand, Familiengröße, Kinder?
2. Kann man die Zielgruppe nach psychologischen Merkmalen strukturieren? Dabei können folgende Unterfragen aus der Lerntheorie abgeleitet werden:
    a. In welcher Bedürfniskategorie befindet sich die Zielgruppe?
    b. Welche Antriebsbedingungen können zur Erhöhung des werblichen Lernerfolgs in Frage kommen?
    c. Erhöhen positive Verstärkungen, z. B. Belohnungen, den Lerneffekt?
    d. Kann man sogenannte emotionale Erlebnisse begünstigen?
    e. Ist es sinnvoll, besonders das Verständnis zu wecken, um die Speicherfähigkeit im Gedächtnis zu fördern?
    f. Ist es bei der in Frage kommenden Zielgruppe und bei dem betreffenden Produkt erforderlich, während und nach dem Kauf „Dissonanzen" zu vermeiden bzw. abzubauen?
    g. Lassen sich Einstellungen, Denkweisen, Assoziationen etc. der Zielgruppe charakterisieren?
3. Welche soziologischen Merkmale gelten als charakteristisch für die Zielgruppe? Folgende Unterfragen können daraus abgeleitet werden:
    a. Kann man von einer typischen Mitgliedsgruppe sprechen, und wie lässt sie sich umschreiben?
    b. Welche Normen lassen sich in der Mitgliedsgruppe feststellen?
    c. Sind Rollenverteilungen erkennbar?
    d. Treten Meinungsführer auf?
    e. Erkennt man Nebengruppen, und wie lassen sie sich beschreiben?
    f. Gibt es Bezugsgruppen?
4. Wie ist die Ausstattung mit bestimmten, für unsere werblichen Problemstellungen relevanten Konsumgütern?
5. Lassen sich typische Konsumgewohnheiten feststellen, die für die von uns zu lösende werbliche Aufgabe interessant sind?

2.3 Zielgruppen

6. Wer ist Kaufentscheider/in? Wer ist Käufer, wer ist Verwender des Produkts? Besteht Personenidentität oder fallen sie auseinander?
7. Wie verhalten sich bei der Zielgruppe Bedürfnis und Bedarf zueinander? Welchen Stellenwert nimmt das Produkt in der Präferenzstruktur der Zielgruppe ein?
8. Lässt sich bei der Zielgruppe ein Markenbewusstsein bzw. eine Markentreue feststellen?
9. Welche Bedeutung spielen rationale Kaufgründe?
    a. Preis
    b. Wartung, Pflege, Kundendienst
    c. Qualität
    d. Verpackung, Sicherheit etc.
10. Wann wird gekauft? Kaufgewohnheiten und ihre Schwankungen.
11. Wo wird gekauft? Geographische Absatzstruktur.
12. Welche regionalen Schwer- und Schwachpunkte des Absatzes sind bei bereits am Markt eingeführten Produkten festzustellen?
13. Welche Gründe kann man dafür nennen: bewusste Schwerpunktbildung in der Vergangenheit oder andere Faktoren?
14. Welche Konsequenzen ergeben sich aus dieser räumlichen bzw. zeitlichen Analyse? Soll wieder in den Schwerpunkten geworben werden oder verstärkt in den Schwachpunkten?

Die Fragen dieses Katalogs, der keinen Anspruch auf Vollständigkeit erhebt, lassen sich in zwei Gruppen aufteilen, die zwei unterschiedlichen Perspektiven auf die Zielgruppe entsprechen: Zum einen der Blick „von außen" auf die strukturelle Zusammensetzung des Zielgruppensegments. Mit Hilfe statistischer Analysen standardisierter Umfragedaten lässt sich so ein makroskopisches Bild der quantitativen Zusammensetzung des Marktsegments ableiten und die Umrisse des „Consumer Profiles" zeichnen. Zum andern lässt sich der Versuch unternehmen, die Zielgruppe nicht nur durch äußere Be- oder Zuschreibungen zu charakterisieren, sondern sie auch aus ihren „inneren", häufig ihr selbst auch unbewusst bleibenden Antrieben verstehend kennen zu lernen. Beziehen sich diese inneren Beweggründe auf die Beziehung der Konsumenten zu einer bestimmten Produktgruppe oder Marke, so spricht man von „Consumer Insights". Beide Perspektiven – Consumer Profile und Consumer Insight – sind wesentlicher Bestandteil des „Creative Briefs", der die grundlegende Plattform für die Kampagnenentwicklung darstellt.

2.3.1 Strukturelle Zielgruppenbeschreibung: Consumer Profile

Für die weitere Kommunikationsplanung kann es interessant sein, die strukturelle Zusammensetzung der Zielgruppe zu untersuchen: Wie setzt sich das ausgewählte Segment hinsichtlich weiterer Kriterien zusammen? Welche Korrelationen zwischen dem zielgruppenbestimmenden Segmentionskriterium und weiteren Kriterien lassen sich aufweisen? Wurde das Segment bspw. durch das Kriterium „Wohnortgröße > 500.000 Einwohner" definiert, so lässt sich nun weiter fragen, wie sich dieses Kriterium hinsichtlich der anderen

Variablen strukturell zusammensetzt und wie sich diese interne Struktur von der Struktur anderer Segmente (z. B. „Wohnortgröße < 50.000") oder der Struktur der Grundgesamtheit unterscheidet. Wie sieht bspw. die Geschlechterverteilung im ausgewählten Zielsegment aus? Wie die Bildungs-, Einkommens- und Altersstruktur? Unterscheiden sich die Anteile der Haushaltsgröße innerhalb des ausgewählten Segments von denen anderer Segmente oder der Grundgesamtheit? Auf diese Weise lässt sich das Zielgruppensegment anhand weiterer äußerer, formaler, quantitativer und standardisierter Merkmale näher beschreiben. Ziel ist es, die Zielgruppe möglichst genau kennen zu lernen, um die Kommunikationsmaßnahmen in formaler und inhaltlicher Weise möglichst präzise auf die Zielgruppe zuschneiden zu können. Durch die weitere Beschreibung des Zielgruppensegments, bei der idealerweise signifikante Unterschiede zu anderen Segmenten hervortreten, lässt sich somit ein trennscharfes „Consumer Profile" zeichnen. Bei allen weiteren zutage tretenden Merkmalen der Zielgruppe ist zu fragen, inwiefern sie sich für die Produkt- und Kommunikationsgestaltung sowie für die mediale Ansprache fruchtbar machen lassen.

2.3.2 Interpretatives Zielgruppenverständnis: Consumer Insights

Um die Zielgruppe möglichst präzise ansprechen zu können, reicht es aber nicht, nur einen deskriptiven Blick ‚von außen' auf den Gesamtblock der Zielgruppe zu werfen, sondern die Zielgruppe darüber hinaus auch aus ihrer Innenperspektive in ihrem Denken, Wollen und Fühlen zu *verstehen*. Insbesondere für die inhaltliche Gestaltung der Kommunikationsmaßnahmen ist dies wichtig, um die Zielpersonen nicht nur mit einer Werbebotschaft zu konfrontieren, sondern sie auch tief in ihrem Innersten berühren zu können. Für die Gesamtheit der inneren Beweggründe, subjektiven Wahrnehmungen, Bedürfnisse, Präferenzen in einem spezifischen Produktfeld hat sich der Begriff des „Consumer Insights" eingebürgert. Er wird definiert als „eine spezifische, erleuchtende, neuartige Kombination von Erkenntnissen über den Konsumenten – eine Wahrheit, die seelischen Strukturen des Konsumenten entspricht, einen Anknüpfungspunkt für die Definition eines relevanten, differenzierenden Nutzenversprechens sowie darauf basierender Kommunikationsmaßnahmen bietet und dadurch eine Verbindung zwischen Konsument und Marke schafft." (Föll, 2007, S. 38) Obwohl der Gedanke auf Basis von Consumer Insights auch vorbewusste und wenig rationale seelische Bedürfnisse der Konsumenten anzusprechen bis in die 1960er Jahre zurückreicht (vgl. ebd. S. 26) und schon von Werbelegende Bill Bernbach verwendet wurde (ebd. S. 22), machte ihn Marketing-Papst Kotler im Jahr 2010 zum Merkmal einer neuen Generation des Marketing (Kotler et al., 2010, S. 22). Die Konsumenten wünschen sich nach Ansicht Kotlers „von den Produkten und Dienstleistungen, die sie wählen, Erfüllung – nicht nur in funktioneller und emotionaler Hinsicht, sondern auch in seelischer." Die höhere Marketing-Weisheit Kotlers besteht darin, diese Erkenntnis mit einem eigenen Label versehen zu haben: „Marketing 3.0 hebt die Idee des Marketings auf eine Ebene menschlicher Sehnsüchte, Werte und seelischer Ansprüche." (ebd. S. 22) Es liegt auf der Hand, dass diese Ebene „seelischer Ansprüche" zunächst einmal empirisch erforscht werden muss, bevor sie mit Hilfe unterschiedlicher Marketingmaßnahmen angesprochen werden kann.

Eine feinsinnige Zielgruppenbeschreibung „von innen heraus" auf Basis eines tiefgreifenden, auf die ganz spezielle Problemstellung bezogenen Verständnisses, die bei der Produktentwicklung und der Botschaftsgestaltung möglicherweise wertvolle Dienste geleistet hat, erweist sich aber als problematisch, wenn es um die Auswahl geeigneter Werbeträger für die mediale Ansprache geht. So ist der Insight, dass in manchen Hobbygärtner beim Einsatz von Unkrautvernichtungsmitteln ein Killerinstinkt erwacht, der Lust am „Auslöschen" hat, kreativ sicher inspirierend (vgl. Föll, 2007, S. 7 f.). Als Mediaselektionskriterium taugt die Zielgruppenbeschreibung „Hobbygärtner mit Lust am Auslöschen" jedoch nicht. Keine Mediastudie differenziert die Nutzer unterschiedlicher Medien nach diesem Kriterium. Die Marketingzielgruppe muss daher in eine Mediazielgruppe übersetzt werden.

2.3.3 Von der Marketing- zur Mediazielgruppe

Bei den oben genannten Anforderungen an Segmentierungskriterien wurde auch der Punkt „Erreichbarkeit" genannt, d. h. die Zielgruppe muss mit Hilfe buchbarer Werbeträger präzise anzusprechen sein. Das bedeutet, dass sich die Gesamtheit der Werbeträger so „clustern" lassen muss, dass sich diejenigen Werbeträger, die von der Zielgruppe überdurchschnittlich stark genutzt werden, von solchen Werbeträgern klar abgrenzen lassen, die von der Zielgruppe weniger genutzt werden. Voraussetzung dafür ist, dass das Segmentierungskriterium der Zielgruppe in der herangezogenen Media-Datenbank hinterlegt ist, d. h. dass das Kriterium bei der Datenerhebung erfasst wurde. Nur solche Zielgruppenmerkmale und -kriterien, die von mindestens einer Media-Studie erhoben wurden, können für die Definition einer Mediazielgruppe genutzt werden. Neben dem Mediennutzungsverhalten der Befragten werden daher weitere, zielgruppenbeschreibende Merkmale abgefragt. Standard sind die soziodemographischen Merkmale. Häufig werden den Stichprobenmitgliedern verschiedene Statements zur Zustimmung bzw. Ablehnung vorgelegt, die Aufschluss über ihre Einstellungen und Werthaltungen geben sollen. So lassen sich als Mediazielgruppe bspw. Personen abgrenzen, die sich selbst als „stark leistungsorientiert" bezeichnen. Daneben werden auch Informationen über (Freizeit-) Verhalten, Musikvorlieben und dem Besitz unterschiedlicher Güter (Immobilie, Auto, Computer etc.) ausgewiesen. Neben diesen eher „fragmentarischen" Zielgruppenmerkmalen sind in einer Reihe von Media-Studien auch ganzheitlichere Lebensstiltypologien wie z. B. die Sinus-Milieus, die Sigma-Milieus oder die Erlebnis-Milieus nach Gerhard Schulze hinterlegt. Bei der Mediaauswertung sind auch Verknüpfungen unterschiedlicher Merkmale möglich (bspw. „über 50 Jahre" und zugleich „Haushaltsnettoeinkommen > 3.000 EUR "). Dabei ist allerdings darauf zu achten, dass die Fallzahl in der Stichprobe (und damit auch das Volumen in der Grundgesamtheit!) nicht zu klein wird, so dass die statistischen Aussagen zu ungenau werden. Neben den reinen Media-Studien gibt es auch noch eine Vielzahl von Markt-Media-Studien, die neben dem Mediennutzungsverhalten, verschiedenen zielgruppenbeschreibenden Variablen zusätzlich auch das Konsumverhalten in unterschiedlichen Produktbereichen erfassen, die ebenfalls als Selektionskriterium genutzt werden können. So lassen sich bspw. die regelmäßigen Verwender der zu bewerbenden Marke als Mediazielgruppe definieren.

Da sämtliche in den Mediastudien hinterlegte Informationen auf Befragungen (schriftlich oder mündlich) beruhen, stellt die Auskunftsbereitschaft der Stichprobenmitglieder das entscheidende Nadelöhr dar: Obwohl möglichst viele Informationen von den Befragten von Interesse sind – ihr gesamtes Mediennutzungsverhalten in allen Mediengattungen, ihre soziodemographischen Daten, ihre persönlichen Meinungen und Vorlieben, ihre Milieuzugehörigkeit sowie ihr Konsumverhalten in möglichst allen Produktbereichen – von Kartoffelchips bis zu Riesterrentenverträgen, muss sich die Neugier der Mediaforscher zügeln, da selbst der gutwilligste Befragte nach spätestens zwei Stunden Interviewdauer genervt abbrechen wird. Das bedeutet, dass die Studien Schwerpunkte setzen müssen: Soll ein möglichst breites Spektrum an Werbeträgern abgefragt werden, steht keine Zeit mehr für Fragen nach dem Konsumverhalten zur Verfügung. Sollen möglichst viele Produktbereiche erfasst werden, müssen Abstriche bei den erhobenen Medien gemacht werden. Unterschiedliche Studien setzen hier unterschiedliche Schwerpunkte, die es bei der Auswertung zu berücksichtigen gilt. Gleichwohl bleibt das Dilemma bestehen, dass nicht jede Studie alle wünschenswerten Daten ausweisen kann, dass nicht jede Korrelation unterschiedlicher Verhaltensdimensionen darstellbar ist und dass nicht jede Zielgruppendefinition, die sich in der Produkt- und Kommunikationsgestaltung als praktikabel erwiesen hat, 1:1 als Mediazielgruppe gebucht werden kann. Wie methodisch mit diesen Herausforderungen umgegangen wird, soll im Folgenden dargestellt werden.

2.3.3.1 Analogieschluss

Der Analogieschluss ist die grundlegendste Form der Bestimmung einer Mediazielgruppe. Er erscheint als so trivial und selbstverständlich, dass seine Prämissen kaum einer expliziten Betrachtung zugänglich sind. Seine Logik geht davon aus, dass das Segmentierungskriterium (z. B. Alter), das als kaufrelevant angesehen wird, in analoger Weise auch für das Mediennutzungsverhalten relevant ist – dass sich also die potenziellen Käufer eines Produkts nach den selben Kriterien beschreiben lassen wie die Nutzer eines bestimmten Mediums: Wendet sich ein Produkt an die Zielgruppe 50 +, dann sollten Werbeträger ausgewählt werden, die in besonderer Weise von der Zielgruppe 50 + genutzt werden. Als Bindeglied zwischen (potenziellem) Konsum und (erhöhter Wahrscheinlichkeit für ein bestimmtes) Mediennutzungsverhalten dient demnach ein Drittes – in diesem Fall das Alter, für das jeweils Korrelationen mit den beiden anderen Größen (Konsum und Mediennutzung) bestehen. Der Analogieschluss ist nötig, wenn keine Datengrundlage vorliegt, mit der sich ein direkter Zusammenhang zwischen Konsumverhalten und Mediennutzung beobachten lässt. Je größer die Ähnlichkeit zwischen potenziellen Käufern des zu bewerbenden Produkts und Nutzern eines bestimmten Mediums hinsichtlich dieser dritten

Größe sind, desto besser eignet sich das Medium als Werbeträger für dieses Produkt (die Kostenfrage einmal ausgeklammert).

Die Notwendigkeit eines Analogieschlusses entfällt, wenn man Konsum- und Mediennutzungverhalten direkt koppelt, d. h. die Zielgruppe quasi „tautologisch" über die Produktverwenderschaft definiert und diese auch in der Mediastudie hinterlegt ist. Komplizierter wird der Analogieschluss, wenn es ein verbindendes Drittes nicht gibt. Dies ist dann der Fall, wenn die Marketingzielgruppe, wie oben dargelegt, mit Hilfe von Kriterien definiert wird, die sich in keiner Mediastudie finden – bspw. die „Hobbygärtner mit Lust am Auslöschen". In diesem Fall ist ein Übersetzungsvorgang nötig. Dazu versucht man herauszubekommen, mit welchen anderen Merkmalen das gewählte Segmentionskriterium korreliert, die ihrerseits in einer Mediastudie hinterlegt sind. In diesem Fall konstruiert man ein verbindendes Drittes, das dann zum Dreh- und Angelpunkt des Analogieschlusses wird. Zu fragen wäre also, mit welchen anderen Merkmalen das Zielgruppenmerkmal „Hobbygärtner mit Lust am Auslöschen" korreliert. Sind diese Merkmale in einer Mediastudie angelegt, können sie zur Basis des Analogieschlusses werden. Problematisch wird der Analogieschluss, wenn Produktverwender und Kaufentscheider nicht identisch sind (z. B. viele Produkte, die im Familienverbund angeschafft, aber nur von einem Familienmitglied konsumiert werden): Der Analogieschluss von der Definition der Produktverwender auf die werblich anzusprechende Person würde nicht die kaufentscheidende Person treffen, die Werbung würde keinen Kaufimpuls auslösen.

2.3.3.2 Single Source

„Single Source" bedeutet „aus einer Quelle", d. h. dass alle Informationen, die einem Fall in der Stichprobe zugeordnet werden, aus einer einzigen Quelle – von einem konkreten, „echten" Menschen – stammen. Jeder Befragte einer (Markt-)Media-Studie muss somit das gesamte Spektrum an Fragen beantworten. Man erhält dadurch ein umfassendes und facettenreiches Bild ganzheitlicher Persönlichkeiten. Dies ist besonders interessant, wenn in der Studie nicht nur das Mediennutzungsverhalten einer Mediengattung (bspw. Print) erfasst wird, sondern überdies noch Informationen zum Konsumverhalten oder zur Mediennutzung weiterer Mediengattungen (bspw. noch Hörfunk und TV). Bindeglied beim Analogieschluss sind dann nicht mehr nur statistische Variablen (Alter, Schulbildung o. Ä.), sondern konkrete Menschen, über die man ein breites Spektrum an Informationen besitzt. Die Single-Source-Erhebung über unterschiedliche Mediengattungen hinweg ist besonders wertvoll, wenn man crossmediale Kampagnen plant: Man erhält so Aufschluss über das gesamte Mediennutzungsmenü einer Person(-engruppe) und weiß, welche Mehrfachkontakte sich bei der parallelen Belegung unterschiedlicher Medien bei ein und derselben Person ergeben. Wurde die Zielgruppe anhand des Kaufverhaltens definiert, so erlaubt eine nach dem Single-Source-Verfahren erhobene Markt-Media-Studie die personenindividuelle Verknüpfung von Mediennutzungs- und Konsumverhalten. Das Verhalten in beiden Feldern ist hier unmittelbar über die konkrete Person verknüpft. Auch hier bedarf es keines Analogieschlusses mit dem Umweg über eine gemeinsame Drittvariable, die Verbindung ist quasi „tautologisch".

Den Spezialfall einer Single-Source-Erhebung bildet das Verbraucherpanel „Behaviour Scan" des Marktforschungsinstituts GfK: 2.500 Testhaushalte in Haßloch in der Pfalz werden umfassend nach dem Single-Source-Verfahren untersucht: Als Mitglieder des Haushaltspanels werden ihre Einkäufe erfasst. Darüber hinaus sind sie auch Teil des GfK-Fernsehpanels, d. h. ihr TV-Nutzungsverhalten wird mit Hilfe der „GfK-Box" gemessen. Ein drittes Element kommt hinzu: Diese Haushalte können mit gezielt präparierten TV-Spots angesteuert werden („targetable TV"). Im Rahmen von Werbewirkungstests lässt sich hier unter Feldbedingungen „aus einer Quelle" der Zusammenhang von einer nachweislich gesehenen Spot-Variante und dem Kaufverhalten untersuchen und auf Kausalitäten überprüfen.

Angesichts der Vorteile des Single-Source-Verfahrens wundert es nicht, dass dieses Prinzip als eine Art Gütesiegel betrachtet wird. Dass es dennoch nicht als einziges Prinzip zur Anwendung kommt, liegt – wie bereits erwähnt – daran, dass die Auskunftsbereitschaft der Interviewten das Nadelöhr bildet: Auch wenn man am liebsten sämtliche Informationen über die Nutzung aller 369 Tageszeitungen, 890 Publikumszeitschriften, 268 TV-Programme, 335 Hörfunkprogramme und 1.041 Online-Angebote (ZAW, 2011, S. 262) sowie über die gelegentliche/regelmäßige oder häufige Verwendung Hunderttausender von Markenprodukte, außerdem noch vielfältige Informationen über Meinungen und Einstellungen zu Politik, Wirtschaft und Familie aus einer Quelle bekäme, die Bereitschaft zur Auskunft dürfte nach maximal zwei Stunden der Befragung erschöpft sein. Daher kann immer nur ein Teilspektrum der Themen nach dem Single-Source-Prinzip zu erfasst werden.

2.3.3.3 Datenfusion

Aus der Unmöglichkeit die gesamte Vielfalt des menschlichen Lebens von einer einzigen Person abzufragen, ergibt sich die Notwendigkeit das Informationsbedürfnis auf unterschiedliche Erhebungen und Stichproben zu verteilen. Die Arbeitsgemeinschaft Mediaanalyse (AG.MA) erhebt bspw.das Print- und das Hörfunknutzungsverhalten in zwei getrennten Stichproben (sog. „Tranchen") – die Erhebung der TV-Nutzung ist an das GfK-Fernsehpanel „ausgelagert", Daten zum Konsumverhalten werden nur rudimentär erhoben. Gleichwohl können die MA-Daten zur Planung crossmedialer Kampagnen genutzt werden und auf Reichweitenüberschneidungen zwischen einzelnen Printtiteln und Hörfunksendern befragt werden – obwohl von den Befragten, die zu ihrem Printnutzungsverhalten befragt wurden, keine Informationen zu ihrer Hörfunknutzung vorliegen und umgekehrt. Dies wird möglich durch das statistische Verfahren der „Datenfusion". Dabei wird quasi ein Analogieschluss *im Datensatz* vollzogen und künstlich eine Single-Source-Stichprobe konstruiert, deren Fällen keine „echten" Menschen mehr entsprechen.

Wie beim Analogieschluss werden zwei voneinander unabhängige Datensätze über ein Drittes miteinander verknüpft. Dazu sucht man in den Datensätzen der beiden unabhängigen Stichproben nach „statistischen Zwillingen", d. h. nach Fällen, die sich aufgrund einer Reihe von Merkmalen, die in beiden Stichproben erhoben wurden, gleichen. Solche Bindevariablen können die soziodemographischen Daten oder Informationen über das Freizeitverhalten, den Besitz bestimmter Güter etc. sein. Stimmen die Fälle bzgl. dieser

Daten überein, werden ihre Datensätze miteinander fusioniert. Es wird somit eine Kunstfigur konstruiert, in die die Informationen aus den zwei getrennten Stichproben miteinander kombiniert werden. Abbildung 2.4 zeigt ein Beispiel, bei dem Informationen über das Konsumverhalten aus einer Studie mit Informationen über das Mediennutzungsverhalten aus einer anderen Studie miteinander kombiniert werden. Bindevariablen sind das Geschlecht, die Altersgruppe, die Berufsgruppe, die Wohnortgröße und die Nielsengebiete.

Kritisch zu fragen ist freilich, ob Personen, die sich hinsichtlich relativ oberflächlicher Variablen gleichen, auch in sonstiger Hinsicht ähneln – ob der Analogieschluss haltbar ist, dass Personen mit identischen Bindevariablen auch das gleiche Mediennutzungsverhalten und dieselben Konsumgewohnheiten haben. Statistische Zwillinge sind auch Prinz Charles und Ozzy Osbourne, der Lead Sänger von „Black Sabbath": Beide sind Jahrgang 1948, Engländer, haben aus einer ersten Ehe zwei Kinder und ein Haushaltsnettoeinkommen > 100.000 EUR. Dennoch erscheint es gewagt, das Mediennutzungsverhalten Ozzy Osbournes mit dem Konsumverhalten von Prinz Charles zu fusionieren und das Ergebnis als das Verhalten einer einzigen Person auszugeben.

2.4 Kommunikation

Die Bedeutung der Kommunikationspolitik ist in den verschiedenen Marketing-Bereichen unterschiedlich stark. Wir unterscheiden Konsumgütermarketing, Produktivgüter-Marketing, Social-Marketing bzw. das Marketing der Non-Profit-Organisationen. Im Konsumgütermarketing dürfte die Bedeutung der Kommunikation am stärksten sein. Das liegt insbesondere daran, dass in den meisten Konsumgüterbereichen die Konsumenten die Qualität der Produkte nicht wirklich beurteilen können. Sie erleben die Produkte erst beim Konsumieren. Die Qualitätswahrnehmung wird aber auch hier durch Erwartungen beeinflusst. Erwartungen werden in starkem Maße durch Marktkommunikation verändert. Das bezieht sich auch auf die Wahrnehmung von Produkteigenschaften beim Konsum. Alle Wahrnehmungen werden durch das beeinflusst, was wir erwarten. Diese „Erwartungshaltungen in der Wahrnehmung" werden in der Sozialpsychologie als Einstellungen bezeichnet und können durch Marktkommunikation geschaffen werden. Im Produktivgüter-Marketing dürfte der Vertriebspolitik größere Bedeutung zukommen, wobei nicht außer Acht gelassen werden darf, dass auch die Vertriebspolitik durch Kommunikation geprägt ist. Für das Social-Marketing gilt, dass hier in Ausnahme zum sonstigen Marketing die Kommunikation das entscheidende Marketinginstrument ist. Social-Marketing ist ein Marketing für Ideen, die in die gesellschaftliche Diskussionen treten sollen oder bereits getreten sind. Dabei kann es darum gehen, Ideen in der Gesellschaft zu verändern oder zu stabilisieren. Social-Marketing schließt Maßnahmen, die aus den Ideen resultierenden Handlungen bewirken oder verhindern sollen, mit ein. Wenn Ideen im Mittelpunkt stehen, ist das Angebot die Gestaltung der Ideen, die anschließend kommuniziert werden müssen. Im Social-Marketing sind Angebots- und Kommunikationspolitik oft gleichbedeutend.

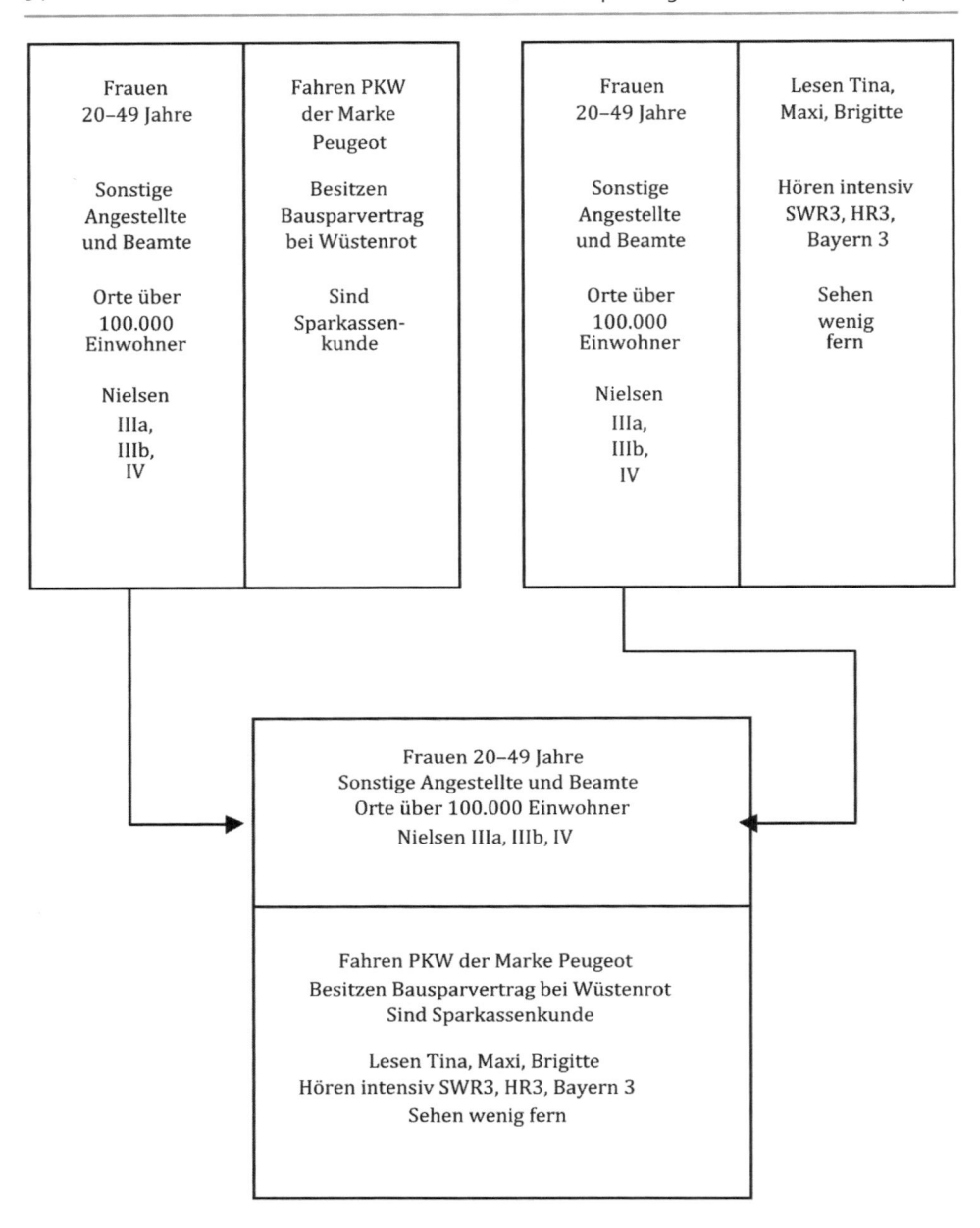

Frauen 20–49 Jahre	Fahren PKW der Marke Peugeot		Frauen 20–49 Jahre	Lesen Tina, Maxi, Brigitte
Sonstige Angestellte und Beamte	Besitzen Bausparvertrag bei Wüstenrot		Sonstige Angestellte und Beamte	Hören intensiv SWR3, HR3, Bayern 3
Orte über 100.000 Einwohner	Sind Sparkassenkunde		Orte über 100.000 Einwohner	Sehen wenig fern
Nielsen IIIa, IIIb, IV			Nielsen IIIa, IIIb, IV	

Frauen 20–49 Jahre
Sonstige Angestellte und Beamte
Orte über 100.000 Einwohner
Nielsen IIIa, IIIb, IV

Fahren PKW der Marke Peugeot
Besitzen Bausparvertrag bei Wüstenrot
Sind Sparkassenkunde

Lesen Tina, Maxi, Brigitte
Hören intensiv SWR3, HR3, Bayern 3
Sehen wenig fern

Abb. 2.4 Beispiel zwischen einer Markt- und Mediafusion

2.4.1 Werbeziele und Ableitung mediastrategischer Ziele

Nachdem in den vorgehenden Kapiteln die Entscheidungen im Rahmen der Marktsegmentierung und Zielgruppenbildung dargelegt wurden, wird nun nachfolgend die Frage nach den Werbezielen behandelt. Die Werbeziele können nach drei Arten der Werbung unterschieden werden. Informierende Werbung ist zu Beginn einer neuen Produktkategorie angebracht. Die Primärnachfrage ist erst noch zu schaffen und zu fördern. Einstellungsändernde Werbung soll die Nachfrage für ein bestimmtes Produkt fördern. Primär verfolgen die meisten Werbemaßnahmen dieses Ziel. Erinnernde Werbung verfolgt das Ziel, dass das Produkt und die Marke beim Verbraucher präsent bleiben. Dies ist häufig bei Produkten der Fall, die sich in der Reifephase des Produkt-Lebenszyklusses befinden.

Ausgehend von den zuvor definierten Werbezielen stellt sich die Frage, wie viele Personen der ausgesuchten Zielgruppe wie oft erreicht werden sollen. Bei einem begrenzten Budget ist zu entscheiden, ob eher in den Ausbau der Reichweite oder eher in die Erhöhung des Werbedrucks investiert werden soll, ob also eher möglichst viele Zielpersonen erreicht werden sollen (dafür mit einem geringeren Werbedruck) oder lieber ein hoher Werbedruck aufgebaut werden soll (dafür aber die Zielgruppenabdeckung geringer ausfallen darf). Ein hoher Werbedruck wird dabei durch eine Erhöhung der durchschnittlichen Kontakthäufigkeit pro Person erzielt. Wünschenswert wäre, dass das Kommunikationsbudget von den zuvor definierten mediastrategischen Zielen wie Reichweite und Kontakthäufigkeit abgeleitet werden würde. Allerdings ist in der Praxis oftmals davon auszugehen, dass das Budget nicht an diesen Zielen, sondern das Ziel am festgesetzten Budget ausgerichtet wird. „OTC" steht für „Opportunity to Contact"; gemeint ist die Durchschnittskontaktzahl (vgl. Abschn. 1.4.4.1). Unter Einbeziehung eines begrenzen Budgets lauten mögliche Zielvorgaben:

- Maximierung der OTC-Werte bei gegebener Reichweite und festem Budget,
- Maximierung der Reichweite bei gegebenen OTC-Werten und festem Budget,
- Minimierung des Budgets bei feststehenden Reichweiten und festgesetztem OTC-Ziel.

Im Gegensatz zur Reichweite gilt beim Werbedruck nicht immer der Grundsatz „viel hilft viel": Eine zu hohe Kontaktzahl kann zur Reaktanz bei der Zielgruppe führen. Die erste Zielformulierung sollte daher besser „Optimierung" der OTC-Werte heißen – gleichwohl lautet die übliche Formulierung auch hier „Maximierung". Der Verlauf der Reichweitenmaximierung ist oft mit steigenden Grenzkosten und fallendem Grenznutzen verbunden. Zusätzliche Werbeträger einzukaufen, um die vorgegebene Reichweite zu erreichen, wird in vielen Fällen zu teuer erkauft. Ein Mediaplan der auf diese Weise erstellt wird, ist in den meisten Fällen unökonomisch. Effektiver wäre, die ökonomisch optimale Reichweite zu erkennen und die Mediaplanung daraufhin auszurichten.

Der Zusammenhang zwischen OTC-Ziel und der Reichweite soll an folgendem Modell (siehe Abb. 2.5) dargestellt werden: Es wird eine Bevölkerung von 200 Personen unterstellt. 50 % dieser Personen gehören zur anvisierten Zielgruppe, in unserem Modell die Personen 1–100. Von der Bevölkerung werden drei Zeitschriften genutzt. Zeitschrift A wird von den Personen 1–40 und den Personen 101–140, Zeitschrift B von den Personen 61–100 und

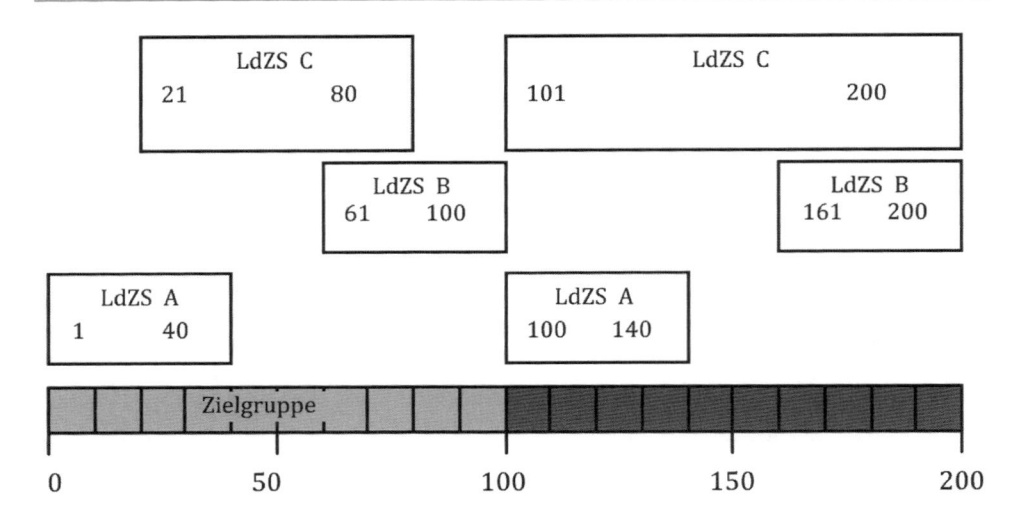

```
                    LdZS C                              LdZS C
           21              80                101                  200

                         LdZS B                           LdZS B
                    61        100                    161        200

      LdZS A                              LdZS A
   1       40                          100     140

            Zielgruppe
   0          50              100              150             200
```

Abb. 2.5 Modellhafte Darstellung einer Bevölkerung und deren Zeitschriften-Nutzung; LdZS – Leser der Zeitschrift

161–200 gelesen. Zeitschrift C wird von den Personen 21–80 und 101–200 gelesen. Abbildung 2.5 stellt dies graphisch dar. Weiter wird angenommen, dass die Kosten der Anzeigen mit gleicher Größe in allen drei Zeitschriften identisch sind, so dass bei einem gegebenen Budget insgesamt zwölf Anzeigen bezahlt werden könnten. Alle Ausgaben werden von den Lesern regelmäßig genutzt.

Es werden drei Mediapläne mit unterschiedlichen Leistungswerten entwickelt:
- Mediaplan 1: Es wird zwölfmal Zeitschrift A belegt.
  Reichweite in der Zielgruppe 40 %; OTC-Wert 12
- Mediaplan 2: Es wird jeweils sechsmal Zeitschrift A und Zeitschrift B belegt.
  Reichweite in der Zielgruppe 80 %; OTC-Wert 6
- Mediaplan 3: Es wird jeweils viermal Zeitschrift A, B und C belegt.
  Reichweite in der Zielgruppe 100 %; OTC-Wert 5,6

Der Schritt von Mediaplan 1 zu Mediaplan 2 brachte eine proportionale Veränderung. Die Reichweite verdoppelte sich, der OTC-Wert halbierte sich. Der Schritt von Plan 2 zu Plan 3 verzeichnet einen Reichweitenanstieg um 25 %. Der OTC-Wert dagegen reduziert sich um deutlich weniger. Das liegt daran, dass bei Belegung der Zeitschrift C nicht nur die fehlenden Zielpersonen 41–60 erreicht werden, sondern zusätzlich auch einige der durch A und B erreichten Personen erreicht werden. Der OTC-Wert errechnet sich für Plan 3 folgendermaßen:

2.4 Kommunikation

20 Personen	(Nr. 1–20)	werden viermal erreicht:	20 x 4 =	80
20 Personen	(Nr. 21–40)	werden achtmal erreicht:	20 x 8 =	160
20 Personen	(Nr. 41–60)	werden viermal erreicht:	20 x 4 =	80
20 Personen	(Nr. 61–80)	werden achtmal erreicht:	20 x 8 =	160
20 Personen	(Nr. 81–100)	werden viermal erreicht:	20 x 4 =	80
				560

Der OTC-Wert errechnet sich, indem die Gesamtzahl aller erzielten Kontakte in der Zielgruppe (= Bruttoreichweite) durch die Gesamtzahl aller erreichten Zielpersonen (= Nettoreichweite) dividiert wird, wobei jede erreichte Zielperson nur einmal gezählt wird.

$$\frac{560 \text{ Kontakte}}{100 \text{ Nettoreichweite}} = 5{,}6 \text{ OTC} - \text{Wert}$$

Die Tatsache, dass sich C als eine günstige Alternative erweist, gibt Anlass zur Überprüfung eines weiteren Mediaplans.

Mediaplan 4: Es wird jeweils sechsmal Zeitschrift A und Zeitschrift C belegt. Das Ergebnis lautet: Reichweite in der Zielgruppe: 80 %; OTC-Wert: 7,5. Bei gleicher Reichweite erzielt dieser Plan einen höheren und somit einen besseren OTC-Wert als Plan 2. Der OTC-Wert ergab sich in diesem Fall durch die Tatsache, dass 60 Zielpersonen sechsmal und 20 Zielpersonen zwölfmal erreicht werden. Dies ergibt insgesamt 600 Kontakte in der Zielgruppe bei einer absoluten Reichweite in der Zielgruppe von 80 Personen. Daraus ergibt sich ein Durchschnittswert von 7,5.

Da die Verbreitung von Zeitschrift C größer ist als die von A und B, wären die Anzeigenpreise unter realen Bedingungen hier höher. Nehmen wir an, der Anzeigenpreis bei C sei um 50 % höher als der von A. Wird A sechsmal belegt, verbleibt für C eine Belegungshäufigkeit (sog. Frequenz) von 4. Somit ergeben sich für einen Mediaplan 5 (Belegung A sechsmal und Belegung C viermal) folgende Leistungswerte: Reichweite: 80 %; OTC-Wert: 6. Es wurden 20 Personen (Nr. 1–20) sechsmal durch A erreicht, 20 Personen (Nr. 21–40) zehnmal durch A und C und 40 Personen (Nr. 41–80) viermal durch C. Im Durchschnitt wurde jede einzelne Person sechsmal erreicht. Die Summe aller Kontakte ist 480. Auf den ersten Blick leistet der Mediaplan 5 genauso viel wie der Mediaplan 2. Die Mehrkosten der Belegung für C werden durch die höheren Leistungswerte aufgewogen. In der Praxis würde Plan 2 favorisiert werden, da bei diesem Plan die Kontakte gleichmäßiger über die Zielgruppe verteilt wären. Welche Potenziale außerhalb der favorisierten Zielgruppe (Pers.-Nr. 101–200 = „Streuverluste") vorhanden sind oder sich durch die Werbung angesprochen fühlen, bleibt bei dieser Betrachtung unberücksichtigt.

2.4.2 Mediaselektion

Wesentliche Kriterien zur Auswahl geeigneter Werbeträger sind ihre Reichweite in der Zielgruppe, die Möglichkeit innerhalb eines bestimmten Zeitraums eine bestimmte Zahl von Kontakten in der Zielgruppe herzustellen und die Kosten, zu denen sie dies leisten. Neben diesen „harten" Kriterien, die sich mithilfe verschiedener Kennwerte quantifizieren lassen und so eine vergleichende Beurteilung ganz unterschiedlicher Werbeträger ermöglichen (vgl. Abschn. 3.2), gibt es auch noch eine Reihe eher qualitativer Kriterien zur Auswahl geeigneter Werbeträger. Dabei geht es zunächst darum, die am besten geeigneten Mediengattungen zu identifizieren, d. h. eine Auswahl zwischen oder eine Kombination von Print, TV, Hörfunk, Online, Außenwerbung etc. zu treffen. Diesen ersten Auswahlschritt *zwischen* den Mediengattungen bezeichnet man als „Intermediaselektion". Welche Mediengattung am besten geeignet ist, hängt immer von der konkreten Aufgabenstellung ab, d. h. von der jeweiligen Zielgruppe, dem zu bewerbenden Produkt, der Kampagnenart und dem Budget.

- Pr*odukt*typ:
  Die Auswahl der Werbeträgergattungen ist u. A. davon abhängig, was das zu bewerbende Produkt an erzielbaren Demonstrations-, Visualisierungs-, Verständnis-, Glaubwürdigkeits- und Farbeffekten verlangt.
- *Kommunikationserfordernisse der Werbebotschaft:*
  Zur rationalen Übermittlung von Sachverhalten und Argumentationen eignen sich Tageszeitungen und Fachzeitschriften. Zur Übermittlung emotionaler Botschaften eignen sich hingegen Publikumszeitschriften und Fernsehen. Botschaften, die kurzfristig aktualisierend und unterstützend wirken sollen, können gut über den Hörfunk oder Online vermittelt werden. Soll die Botschaft langfristig und nachhaltig wirken oder dient sie im Wesentlichen dem Aufbau eines Images, so sind Publikumszeitschriften und Fernsehen besser geeignet.
- *Kostenstruktur:*
  Dabei sind die Kosten für die Produktion der Botschaft als auch die durchschnittlichen Streukosten pro 1.000 Darbietungskontakte zu beachten. So ist die Produktion eines TV-Spots teurer als die eines Hörfunkspots oder einer Anzeige. Im Gegensatz dazu sind die Kosten pro 1.000 Kontaktchancen bei Publikumszeitschriften höher als beim Fernsehen.
- *Selektionsmöglichkeit:*
  Mediengattungen eignen sich in unterschiedlicher Weise zur zielgruppengerechten Selektion. Publikumszeitschriften können beispielsweise stark zielgruppenspezifisch selektiert werden. Zeitungen eignen sich hingegen besonders gut zur regionalen Selektierung.
- *Verfügbarkeit und Aktualität:*
  Bei Tageszeitungen muss man mit einer Vorlaufzeit von zwei bis drei Tagen, bei Publikumszeitschriften mit vier bis acht Wochen rechnen. Bei Fernsehen und Hörfunk ist diese Flexibilität der Verfügbarkeit nicht gegeben. Kurzfristige Abverkaufsaktionen und

spontane Bezugnahmen auf aktuelle Ereignisse, die besonders aufmerksamkeitsstark sind, lassen sich daher eher in Tageszeitungen, aber auch in Online-Medien realisieren.
- *Frequenz und Pentration:*
Wie schnell lässt sich mit einer Mediengattung innerhalb eines bestimmten Zeitraums eine bestimmte Kontaktdosis erreichen und dadurch ein hoher Werbedruck aufbauen? Wie schnell gelingt der Reichweitenaufbau? Publikumszeitschriften mit einem Erscheinungsintervall von 4 Wochen schneiden hier schlechter ab, als Tageszeitungen, Hörfunk und TV. Sie eignen sich daher besser für langfristig angelegte Kampagnen, bspw. für Imagewerbung.
- *Image und redaktionelles Umfeld:*
Image und redaktionelles Umfeld des Werbeträgers färben auf die Werbung ab. Einige werbetreibenden Unternehmen machen die Vorgabe, dass ihre Werbung nicht im Umfeld von Sex und Gewalt erscheinen darf – selbst wenn dort eine hohe Reichweite in der Zielgruppe zu erzielen wäre. Image und redaktionelles Umfeld beeinflussen zudem die Art und Intensität der Mediennutzung: Einem vertrauenswürdigen und gezielt erworbenem Medium wird mehr Aufmerksamkeit zuteil als einem ungefragt zugestellten.

Nach der Intermediaselektion zwischen unterschiedlichen Mediengattungen erfolgt die genaue Auswahl der einzelnen Werbeträger *innerhalb* der gewählten Mediengattung. Diesen Auswahlschritt bezeichnet man als „Intramediaselektion". Analog zur Intermediaselektion kommen auch hier qualitative Kriterien zur Anwendung. Vor allem aber werden die einzelnen Titel, Sender oder Online-Angebote anhand einer Vielzahl quantitativer Kennwerte verglichen und hinsichtlich ihre kommunikativen (Reichweite, Kontakte) und ökonomischen (Kosten) Leistungswerte beurteilt (vgl. Abschn. 3.2). Auf dieser Grundlage werden dann unterschiedliche Mediapläne aufgestellt und evaluiert. Dabei wird entweder ein vorgegebenes Budget „top down" eingesetzt mit dem Ziel, dafür die bestmögliche Medialeistung zu erhalten. Oder es werden „bottom up" die vorab definierten Medialeistungen eingekauft und dann das dafür erforderliche Budget ermittelt.

2.5 Budgetierung

Ausgangspunkt jeder rationalen Budgetierung sind Marketingziele. Ohne Ziele ist rationales wirtschaftliches Verhalten nirgendwo möglich. Ziele sind die wesentliche Voraussatzung dazu, sich ökonomisch zu verhalten. Daher sind üblichen Budgetierungstechniken, wie Prozent-vom-Umsatzmethode eine Absage zu erteilen.

Hierbei geht es nicht um eine Budgetierungsphilosophie, es geht um ökonomisch sinnvolle Entscheidung. Aus dem Marketing-Ziel können dann Kommunikationsziele abgeleitet werden, diesbezüglich können unterschiedliche Zielarten und Annahmen getroffen werden. Der Prozess ist in Abb. 2.6 dargestellt und ist Gegenstand des folgenden Abschnittes.

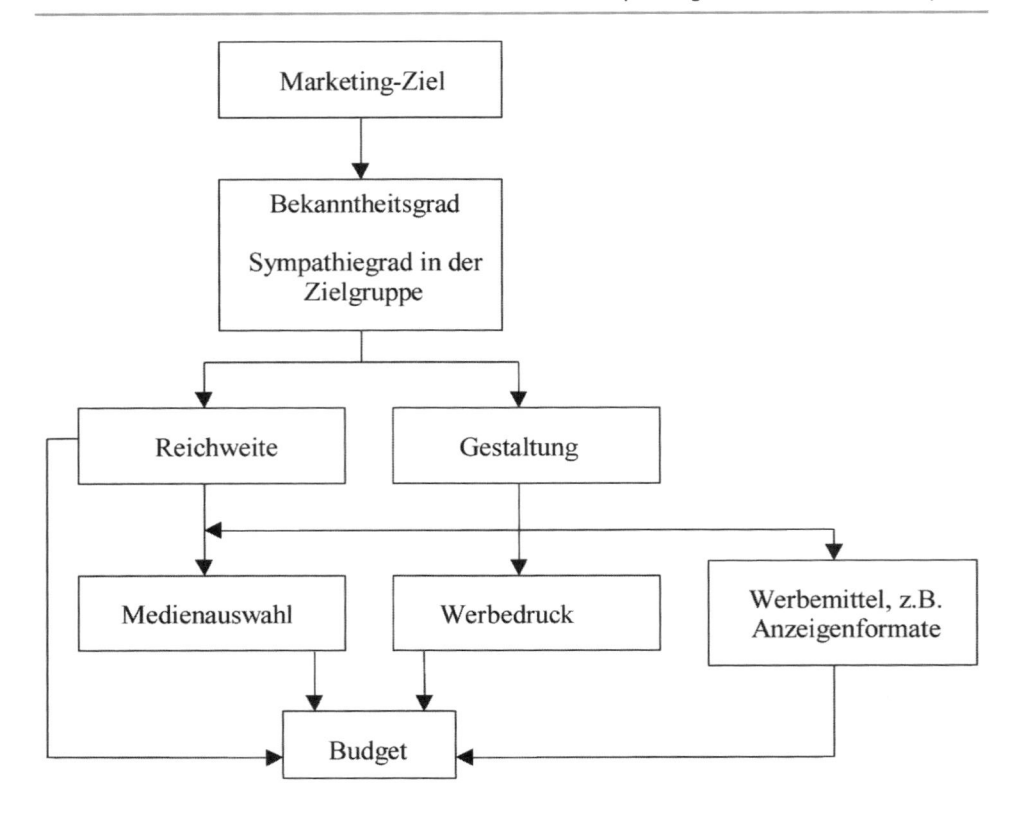

Abb. 2.6 Der Prozess der Budgetbestimmung

2.5.1 Budgetierung und Werbedruck

Ausgangspunkt eines Werbebudgets sollten Marketingziele sein. Sinnvolle Marketingziele beziehen sich auf relative Marktanteile, da diese am ehesten die Stellung einer Marke oder eines Unternehmens auf dem relevanten Markt definieren. Aus relativen Marktanteilen lässt sich indirekt ableiten, wie viele mögliche Haushalte als Käufer geworben werden müssen. Aus der Anzahl möglicher Käuferhaushalte lässt sich weiter ableiten, wie hoch die notwendige Reichweite ist, d. h. die Anzahl der Personen bzw. Haushalte, die werblich überhaupt erreicht bzw. überzeugt werden müssen. Wenn sich aus den Kommunikationsinhalten und weiteren später dargestellten Tatbeständen der erforderliche Werbedruck ableiten lässt, so sind die wichtigsten Größen für die Bestimmung des Budgets bereits definiert:
1. die Anzahl der zu erreichenden Personen,
2. die Häufigkeit der kommunikativen Ansprache (Werbedruck).

2.5 Budgetierung

Aus der Zielgruppe sowie den Kommunikationsinhalten lassen sich die Entscheidung hinsichtlich der einzusetzenden Werbeträgergattung sowie Entscheidungen über die Art der Belegung der einzelnen Werbeträger, d. h. bei Printmedien Größe und Farbigkeit von Anzeigen bzw. bei elektronischen Medien (Funk und TV) die Länge der Werbespots, ableiten.

Damit sind alle das Budget bestimmenden Größen definiert. Dabei gilt der erforderliche Werbedruck als kritischste Größe. Wenn man sich in der Reichweite verschätzt hat, so bedeutet dies eine wahrscheinlich eintretende prozentuale Verschiebung des möglichen Werbeerfolgs. Wäre beispielsweise zur Realisation der definierten Marketingziele eine Reichweite von beispielsweise 60 % erforderlich gewesen, wurde jedoch irrtümlich eine Reichweite von 50 % oder leicht darüber angesetzt, so ist ein entsprechend geringerer Markterfolg zu erwarten. Diese Fehleinschätzung ist jedoch weit weniger kritisch als eine Fehleinschätzung hinsichtlich des notwendigen Werbedrucks. Ist zur Überzeugung von Personen eine werbliche Ansprache von sechs bis sieben Kontakten notwendig, liegt die tatsächliche Ansprache jedoch nur bei vier oder fünf Kontakten, so kann der Marketingerfolg grundsätzlich in Frage gestellt sein.

Um eine Botschaft durchzusetzen, ist immer eine Minimalkontakt-Häufigkeit pro einzelne Person erforderlich. Da in der (Netto-) Reichweite alle Personen der Zielgruppe enthalten sind, die wenigstens einmal eine Kontaktmöglichkeit haben, wird immer ein Teil unwirksam erreicht. Dieser Anteil ist zu minimieren; das gelingt durch eine möglichst geringe Streuung der Kontaktklassen. Beispiel: Ein Mediaplan erzielte eine Reichweite von 9,1 Mio. Personen. Der durchschnittliche OTC-Wert betrage 6,3. Wenn wir annehmen, dass die erforderliche Mindestkontakthäufigkeit bei 5 liege, dann wurden insgesamt 2,4 Mio. Personen zu selten und damit unwirksam erreicht. Die wirksame Reichweite lautet also nur 6,7 Mio. statt 9,1 Mio. Personen (siehe Zahlenbeispiel). Es gilt, möglichst solche Werbeträger auszuwählen, die eine genaue Steigerung der Kontakthäufigkeiten zulassen.

Zahlenbeispiel

1 Kontakt	= 0,3 Mio. Personen
2 Kontakte	= 0,5 Mio. Personen
3 Kontakte	= 0,7 Mio. Personen
4 Kontakte	= 0,9 Mio. Personen
5 Kontakte	= 1,1 Mio. Personen
6 Kontakte	= 1,2 Mio. Personen
7 Kontakte	= 1,3 Mio. Personen
8 Kontakte	= 1,0 Mio. Personen
9 Kontakte	= 0,8 Mio. Personen
10 Kontakte	= 0,6 Mio. Personen
11 Kontakte	= 0,5 Mio. Personen
12 Kontakte	= 0,2 Mio. Personen

Es ist daher sinnvoll, insbesondere die Faktoren näher zu beleuchten, die den erforderlichen Werbedruck bestimmen. Dabei handelt es sich um vier Faktorengruppen: Diese sind im Marketing der eigenen Unternehmung zu finden, in der Zielgruppe und deren Einstellungen, in den gewählten Werbeträgergattungen und bei den Wettbewerbern.

2.5.1.1 Marketing-Ziele: Informationsvermittlung und Verhaltensänderung

Zunächst geht es bei Werbekommunikation um die Vermittlung von Informationen, die von den Zielpersonen gelernt werden sollen. In der Marketingkonzeption werden diese Informationen als Ziele definiert. Je mehr Lernziele mit einer Werbebotschaft verfolgt werden und je komplexer sie sind, desto größer ist der erforderliche Werbedruck.

Sodann stellt sich die Frage, inwieweit nicht nur Informationen vermittelt werden sollen, sondern auch Einfluss auf das Verbraucherverhalten genommen werden soll: Soll es geändert werden, soll stabilisiert oder interveniert werden oder sollen neue Verhaltensweisen durchgesetzt werden. Das anspruchsvollste Ziel, das mit den höchsten Werbedruck verlangt, ist eine Veränderung vorhandener Verhaltensweisen. Hier wirken nämlich zwei Kräfte gegeneinander: einmal die Kraft, die das augenblickliche Verhalten induziert. Diese kann durch Werbemaßnahmen der Konkurrenz verstärkt werden. Dagegen wirkt die eigene Werbung, die auf jeden Fall den Druck der Gewohnheit und zusätzlich den der Konkurrenzwerbung übertreffen muss.

Eine gänzlich neue Verhaltensweise ist fast genauso schwer zu bewirken. Immer stehen dem Vorhandenen Verhaltensgewohnheiten entgegen, auch wenn diese vielleicht nicht in direkter Konkurrenz zum neuen Verhalten stehen. So muss die Durchsetzung einer neuen Verhaltensweise wie auch das Akzeptieren einer neuen Marke gegen alle anderen Kommunikationsmaßnahmen auf den Märkten erfolgen, auch wenn sich diese nicht in direkter Produktkonkurrenz befinden.

Bekanntes wird immer leichter von Personen aufgenommen als Unbekanntes. In der Wahrnehmung konkurriert jede Botschaft mit jeder anderen. Die kaum mehr bestrittene Informationsüberlastung der Konsumenten macht es neuen Botschaften besonders schwer, sich durchzusetzen. Obwohl das Lernen neuer Verhaltensweisen im Konsum oder neuer Marken nicht unbedingt gegen Konkurrenzdruck ankommen muss, ist die Durchsetzung nur mit erheblichem Aufwand möglich. Das gilt selbst dann, wenn das neue Produkt den Verbraucherwünschen in ganz außergewöhnlichem Maße entspricht. Nur in ganz wenigen Märkten sind wirkliche Innovationen, die akute Verbraucherprobleme zu lösen imstande sind, ohne großen Werbeaufwand durchsetzbar.

Vergleichsweise leichter ist die Intensivierung vorhandener Verhaltensweisen zu bewirken. Hier zielt das Verhalten bereits in die gewünschte Richtung, es soll u. A. durch Werbung lediglich noch weiter in diese Richtung gebracht werden. Zu überwinden sind gewisse Trägheitsmomente und mögliche Konkurrenzwerbung. Die Bestätigung vorhandener Verhaltensweisen, ohne dass dadurch eine Veränderung in die eine oder andere Richtung angestrebt wird, erfordert den geringsten Aufwand.

2.5 Budgetierung

Zielgruppenaspekt: Involvement

Das Involvement ist eine relationale Größe zwischen Produkt und Zielgruppe. Trotz der weit verbreiteten Redensart von „High- bzw. Low-Involvement-Produkten" ist das Involvement kein objektives Merkmal von Produkten. Immer nur in Bezug auf die ganz spezifischen Interessen und Bedürfnisse einer ganz bestimmten Zielgruppe wird einem Produkt ein großes oder geringes Involvement entgegengebracht – ein und dasselbe Produkt kann für eine Zielgruppe ein hohes und für eine andere Zielgruppe ein geringes Involvement besitzen. Eine genaue Kenntnis der Zielgruppe und ihres Verhältnisses zum Produkt ist daher erforderlich.

Was den erforderlichen Werbedruck betrifft, so kann man generell davon ausgehen, dass dieser umso höher sein muss, je niedriger das produktbezogene „Involvement" innerhalb der Zielgruppe ausgeprägt ist. Es ist anzunehmen, dass bei „High Involvement" ein degressiver Wirkungsverlauf vorliegt, bei „Low Involvement" ein s-förmiger Wirkungsverlauf. Das bedeutet, bei „Low Involvement" muss eine bestimmte Kontakthäufigkeit überschritten werden, um überhaupt eine spürbare Werbewirkung zu erzielen. Erst bei Überschreiten dieser Wirkungsschwelle finden wir einen, dann allerdings schnell ansteigenden Wirkungsverlauf. Die Höhe der Wirkungsschwelle ist interindividuell verschieden und hängt von der persönlichen Aufnahmefähigkeit der Zielpersonen ab. Aus der Zielgruppenanalyse und Erkenntnissen der Lernpsychologie lassen sich die erforderlichen Kontaktzahlen ableiten.

Bei „Low Involvement" sollten die realisierten Kontakte nicht länger als wenige Tage auseinander liegen, mehrere Kontakte pro Tag sind besser.

2.5.1.2 Werbeträgereinfluss: Nutzungsintensität und Werbemittelkontaktchance

Die Art und Weise der Nutzung unterschiedlicher Werbeträgergattungen durch verschiedene Personengruppen beeinflusst zudem den erforderlichen Werbedruck. Je intensiver die Nutzung der gewählten Werbeträger ist, desto geringere OTC-Werte sind erforderlich. Bei sehr oberflächlicher Nutzung sind entsprechend hohe OTC-Werte erforderlich. Da die Wahrnehmung der Werbespots im TV in aller Regel besonders oberflächlich und häufig durch Nebenbeschäftigungen gekennzeichnet ist, erfordert Fernsehwerbung hohe Schaltfrequenzen. Die Auseinandersetzung mit Printmedien ist dagegen sehr viel intensiver.

Die Wahrscheinlichkeit, dass aus einem Werbeträgerkontakt auch ein Werbemittelkontakt wird, ist je nach Werbeträger unterschiedlich. Das muss durch häufige Kontakte ausgeglichen werden. Wenn wir berücksichtigen, dass zwölf Schaltungen im Durchschnitt der Bevölkerung zu einem OTC-Wert von 3 bis 4 führen und damit zwei echte Werbemittelkontakte eintreten, dann wären in einem halben Jahr wenigstens 150 Schaltungen erforderlich, um wöchentlich einen echten Kontakt zu realisieren. Im konkreten Planungsfall ist dies auf der Basis der echten Zielgruppen zu überprüfen. Die Relation „6:2:1" für „Schaltfrequenzen: mediatechnischem OTC-Wert:echtem Werbemittel-kontakt" kann als Heuristik herangezogen werden.

2.5.1.3 Werbedruck im Konkurrenzvergleich

In der Werbepraxis ist es üblich, den Werbedruck im Vergleich zur Konkurrenz zu beurteilen. Dabei werden drei Vergleichsmöglichkeiten unterschieden:
- Der Share of Advertising (SOA) kennzeichnet den Anteil des eigenen Werbevolumens am Gesamtwerbeetat der Konkurrenz im entsprechenden Markt. Damit wird zum Ausdruck gebracht, dass sowohl der eigene Werbeaufwand als auch der der Wettbewerber die angestrebte Werbewirkung beeinflussen. Um die tatsächliche Position im Vergleich zu den Marktteilnehmern zu erhalten, wird der ermittelte SOA-Prozentsatz in Relation zum größten Wettbewerber gesetzt.
- Der Share of Voice (SOV) gibt den Anteil der eigenen Werbekontakte (Bruttoreichweite) in der Zielgruppe an der Summe der Kontakte aller Marktteilnehmer an. Er gilt damit als ein Indiz für den Werbedruck und ergänzt den SOA, da allein das eingesetzte Gesamtbudget noch kein ausreichendes Indiz für eine erfolgreiche Mediaplanung ist. Der SOV macht Aussagen darüber, wie erfolgreich das Werbebudget im Konkurrenzvergleich eingesetzt wurde. Da allerdings nur die eigene Zielgruppe herangezogen wird, andere Wettbewerber aber möglicherweise andere Zielgruppenbeschreibungen haben, ist ein besserer SOV noch keine Garantie für eine effiziente Mediaplanung, da er sich möglicherweise nur auf eine Marktnische bezieht.
- Der Share of Mind (SOM) setzt die eigene Durchschnittskontaktzahl (OTC-Wert) ins Verhältnis zu den OTC-Werten der Konkurrenz. Er erlaubt somit einen Vergleich der Kontakte, die im Durchschnitt auf ein einzelne Person entfallen sind. Damit gleicht der SOM einen Nachteil des SOV aus, der offen ließ, auf wie viele Personen sich die Bruttokontakte verteilen: Hinter einem vergleichsweise hohen SOV-Wert konnte sich – bei einer höheren Nettoreichweite – ein relativ geringer Werbedruck verbergen.

Die Zahlen über das Werbe- und Mediaverhalten der Konkurrenz kann von großen Marktforschungsinstituten eingekauft werden, die permanente Marktbeobachtungen für unterschiedliche Produktbereiche vornehmen. Diese Daten beruhen allerdings auf Kampagnen der Vergangenheit, so dass bei in die Zukunft gerichteten Mediaplanungen mit Unsicherheiten zu rechnen ist.

2.5.2 Synergieeffekte und pulsierende Werbung

Abschließend seien noch zwei Strategien genannt, mit denen sich ein vorhandenes Budget in seiner Wirksamkeit optimieren lässt: die Nutzung sogenannter Synergieeffekte und die Nutzung sogenannter Pulsationseffekte.

Die Nutzung sogenannter Synergieeffekte:
- Die Werbewirkung lässt sich steigern, wenn die erreichten Personen über mehrere Werbeträgergattungen angesprochen werden. Beispielsweise in einer Kombination Print/TV, TV/Funk, TV/Online oder vielleicht auch Print/Außenwerbung (Plakat). Dann kommt es allerdings darauf an, dass die erreichten Personen auch tatsächlich intensiv genug über beide Webeträgergattungen erreicht werden. In der Praxis wird ein

2.5 Budgetierung

Media-Mix häufig so gestaltet, dass ein großer Teil der Reichweite nur über (beispielsweise) TV realisiert wird, ein anderer nur über (beispielsweise) Print. Nur ein kleiner Teil wird tatsächlich über den Media-Mix angesprochen. Ein Synergieeffekt ist so nicht realisierbar. Der Media-Mix dient hier faktisch lediglich zur Reichweitensteigerung, nicht zur Steigerung der Werbewirkung.

Pulsation:
- Durch Pulsation kann eine begrenzte Kontaktmenge über einen längeren Zeitraum verteilt werden als dies bei gleichbleibenden Schaltungen möglich wäre. Phasen der intensiven Schaltung wechseln – in variabler Rhythmik – mit Phasen geringer Kontakte.

Das Problem der zeitlichen Verteilung von Werbung ist aber noch komplexer. Neben den Alternativen (1) „Konstanter Werbedruck" und (2) „Pulsation" (auch als „Waving" bezeichnet (gelegentlich wird unter „Waving" Wechsel in längeren Zeiträumen verstanden, unter „Pulsation" ein Wechsel in sehr kurzen Abständen), gibt es weitere Möglichkeiten (vgl. Schnettler und Wendt, 2003, S. 161 und 162): (3) Die Werbung kann am Anfang einen hohen Werbedruck ausüben, der dann im Laufe der Kampagne zurückgeht. (4) Es kann der umgekehrte Verlauf gewählt werden, was sich allerdings aus wahrnehmungspsychologischer Perspektive nicht empfiehlt. (5) Die Werbung kann sich auf einzelne Zeiträume beziehen, dazwischen wird nicht geworben. Darin unterscheidet sich diese Strategie von Pulsation und Waving. Hierbei geht der Werbedruck nie auf null. Ferner kann (6) die Werbung saisonal erfolgen.

Man könnte fälschlicherweise auf den Gedanken kommen, nicht ausreichende OTC-Werte durch geringere Formate oder kürzere Spots bei Anzeigen und Funk und TV zu erhöhen. Dieses Verfahren führt zu einer geringen Wirkung pro Ansprache und verlangt daher eine entsprechend häufige Schaltung, bringt also zunächst keinen Vorteil. Die Kombination von zeitweise intensiveren und anschließend zeitweise weniger intensiven Werbeansprachen bringt jedoch Vorteile. Eine Werbebotschaft wird dazu zunächst über intensivere Kontakte durchgesetzt; beispielsweise 30-Sekunden-TV- oder Funkspots oder ganzseitige, vierfarbige Anzeigen. Wenn die Botschaft durchgesetzt ist, wird die Intensität reduziert, beispielsweise auf 15-Sekunden-Spots, auf kleinere Formate bei Anzeigen oder durch Schwarzweißanzeigen statt vierfarbiger Anzeigen.

Die Ansprache in reduzierter Form führt im Kontaktfall zur Assoziation bei den erreichten Personen mit der vorher durch intensivere Ansprache gelernten Botschaft und entfaltet so die vollständige oder doch fast vollständige Wirkung der vorherigen intensiveren Ansprache. Voraussetzung für diesen Effekt ist allerdings, dass die reduzierte Ansprache innerhalb der Zeit erfolgt, in der die vorher gelernte Botschaft im Gedächtnis noch leicht abrufbar ist, und dass die erreichten Personen in der ersten Phase auch mit der intensiveren Form häufig genug Kontakt hatten.

Mediaforschung als Basis für die Mediaplanung

Die Mediaforschung sammelt mit Hilfe der Verfahren der empirischen Sozialforschung Informationen über die Nutzung und die Nutzer von Medien (siehe Abb. 3.1). Die Ergebnisse der Mediaforschung bilden die Datengrundlage für die Mediaplanung, d. h. auf ihrer Grundlage wird über die Verteilung von knapp 20 Mrd. EUR an Mediabudget pro Jahr in Deutschland entschieden. Sie haben damit unmittelbare Auswirkungen auf das wirtschaftliche Wohlergehen von Sendern und Verlagen. Die Mediaforschung gehört zu den avanciertesten Bereichen der empirischen Sozialforschung (Schulz 2004, S. 184) und mit über 100.000 Interviews pro Jahr in Deutschland stellt sie vermutlich auch deren aufwändigsten Bereich dar. Sie ermittelt die Reichweiten aller relevanten Werbeträger, gibt Auskunft über die strukturelle Zusammensetzung der Nutzerschaften, erfasst Nutzungshäufigkeiten und -überschneidungen zwischen den Nutzern unterschiedlicher Medien, und bezieht z. T. weitere Informationen über das Konsum- und Freizeitverhalten der Mediennutzer mit ein. Die Mediaforschung ruht auf einer Vielzahl von Schultern: Einige Studien sind Gemeinschaftsprojekte, die von eigens zu diesem Zweck gegründeten Vereinen unter Beteiligung aller Interessensgruppen durchgeführt werden – so z. B. die „Arbeitsgemeinschaft Mediaanalyse", in der sich Medienunternehmen, Werbetreibende und Agenturen zusammengeschlossen haben. Andere Studien werden von Medien- und Verlagshäusern erstellt (z. B. die „Typologie der Wünsche" oder die „Verbraucheranalyse"), wieder andere werden von Marktforschungsinstituten durchgeführt (z. B. die „Allensbacher Werbeträger Analyse"). Trotz der unterschiedlichen Träger (mit z. T. unterschiedlichen Interessen) konnten einheitliche Standards und „Währungen" durchgesetzt werden, die sowohl einen Vergleich der unterschiedlichen Werbeträger, aber auch der unterschiedlichen Studien ermöglichen.

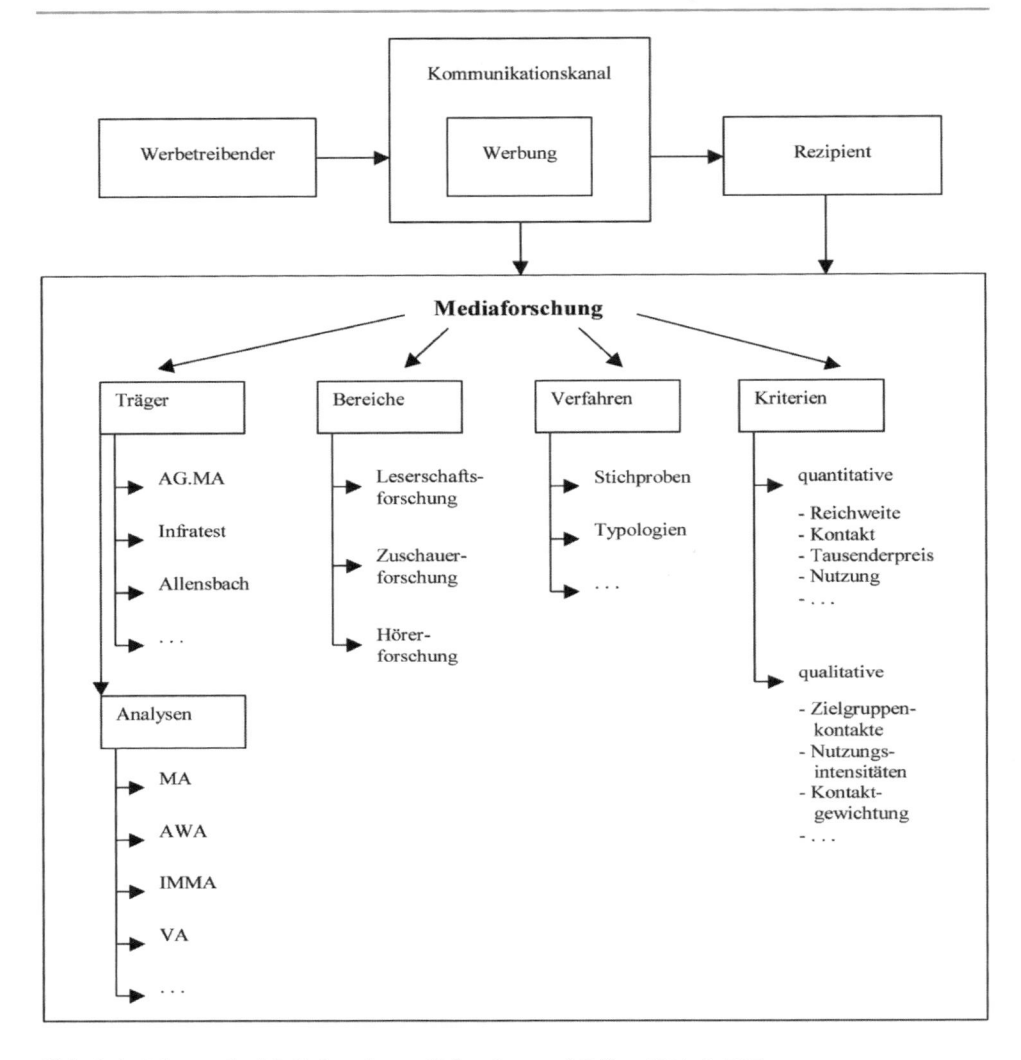

Abb. 3.1 Schema der Mediaforschung. (Schweiger und Diller, 2001, S. 752)

3.1 Mediagrundlagen

3.1.1 Logik der Mediaplanung

18,75 Mrd. EUR wurden im Jahr 2010 in Deutschland für Mediawerbung ausgegeben (ZAW, 2011, S. 11). Was ist die Gegenleistung, welche Ware wird im Mediageschäft gehandelt? Ein Blick in die Preislisten der Verlage und Sender gibt eine erste Antwort: Fläche und Zeit. Eine 1/1-Seite in einer bestimmten Zeitschrift, 30 Sekunden zu einer bestimmten Sendezeit werden dort zu genau festgelegten Preisen angeboten. Doch schon in der Frühzeit der „Zeitungswissenschaft" wurde diese naheliegende Auffassung mit einer anderen Logik konfrontiert: Nicht Anzeigenfläche und Sendezeit sind das, was die werbetreibenden Unternehmen interessiert, sondern die *Menschen*, die die Anzeigen oder Spots wahrnehmen. So schrieb Karl Bücher im Jahr 1922, die Zeitung „verkauft neue Nachrichten an ihre Leser, und sie verkauft ihren Leserkreis an jedes zahlungsfähige Privatinteresse." (zit. nach Kiefer, 2005, S. 156). Aber auch in jüngerer Zeit findet sich diese Auffassung: So schrieb der Medienökonom Rosse 1987: „... then having aquired an audience by means of generating an appealing product, the newspaper turns around and sells the audience, which is now a private good, to an advertiser." (zit. nach ebd.) Tatsächlich lässt sich auch diese Logik der Mediaplanung in der Selbstvermarktung der Medienunternehmen wiederfinden. So wirbt Sevenone Media, die Vermarktungsgesellschaft von ProSieben Sat.1 damit, welche attraktiven Zielgruppen überproportional die Programme der Sendergruppe nutzen. Als „Ware" werden hier Publika angeboten, klassifiziert nach Sinus-Milieus. Aber auch diese Logik blieb nicht unhinterfragt: Nicht Publika würden im Mediengeschäft gehandelt, sondern die Zugangs- und Kontaktmöglichkeiten mit den Publika. „Tatsächlich ist es aber nicht das Publikum, das verkauft wird, sondern der Zugang, besser die Zugangschancen zum Publikum und seiner Aufmerksamkeit." (Kiefer, 2005, S. 156) Medien werden als Werbeträger gebucht und bezahlt, weil sie Zugang zur Aufmerksamkeit von potentiellen Käufern bieten. Die Mediaforschung ermittelt, welcher Werbeträger Zugang zu welcher Zielgruppe verschafft – dies jedoch nur auf der Basis von Wahrscheinlichkeiten. Die Nutzungsdaten beruhen auf Stichproben, die zwar sehr umfangreich und damit statistisch als recht zuverlässig gelten. Trotzdem sind auf Stichproben beruhende Hochrechnungen mit einem gewissen Unsicherheitsfaktor behaftet. Zum andern erfassen die Mediastudien vergangenes Nutzungsverhalten, das zur Grundlage für zukünftige Werbekampagnen genutzt wird – auch dadurch kann die Mediaforschung keine Aussagen über tatsächliche Kontakte machen, sondern nur über statistische Wahrscheinlichkeiten und mögliche Kontaktchancen.

Wenn die Ware im Mediageschäft etwas so diffuses wie Kontaktchancen ist, für die pro Jahr knapp 20 Mrd. EUR gezahlt werden, dann bedarf es einer Maßeinheit, mit deren Hilfe das Wirtschaftsgut „Kontaktchance" quantifiziert und beziffert werden kann. Nur so können die verschiedenen Werbeträger in ihrer Fähigkeit Kontakte herzustellen, beurteilt und verglichen werden und kann die Frage beantwortet werden: Wie viele Kontaktaktchancen bekomme ich bei welchem Werbeträger für einen bestimmten Geldbetrag X? Notwendig sind daher Maßeinheiten, die nicht nur die schwer fassbare Größe „Kontaktchance" quantifizierbar machen, sondern überdies einen Vergleich unterschiedlicher Werbeträger aus ganz unterschiedlichen Mediengattungen (Print, TV, Hörfunk, Online, Außenwerbung etc.) ermöglichen.

3.1.2 Vergleich von Werbeträgern

Im Jahr 2010 konnten in Deutschland 369 Tageszeitungen, 890 Publikumszeitschriften, 1.152 Fachzeitschriften, 1.407 Anzeigenblätter, 268 TV-Programme, 335 Hörfunkprogramme, 1.041 Online-Angebote, 4.699 Kinoleinwände und 334.998 Außenwerbungsstellen zu Werbezwecken gebucht werden (ZAW, 2011, S. 262). Um die aus den Marketing- und Kommunikationszielen abgeleiteten Mediaziele zu erreichen, müssen aus der Vielzahl der zur Verfügung stehenden Werbeträger diejenigen ausgewählt werden, die dazu in kommunikativer und ökonomischer Hinsicht am besten geeignet sind. Aufgabe der Mediaplanung ist es daher, diejenigen Werbeträger zu identifizieren, die in besonderer Weise von der anvisierten Zielgruppe genutzt werden, und dabei das zur Verfügung stehende Budget möglichst ökonomisch einzusetzen. Dazu ist es notwendig, die unterschiedlichen Werbeträger sowohl hinsichtlich ihrer kommunikativen Leistungen, als auch hinsichtlich ihrer Kosten vergleichbar zu machen. Die Datengrundlage für diesen Vergleich wird durch die umfangreichen Erhebungen der Mediaforschung geschaffen. Um aber ganz unterschiedliche Werbeträger – Printmedien mit täglichem vs. monatlichen Erscheinungsintervall, Anzeigen- vs. TV-Werbung, Plakate vs. Online-Werbung etc. – miteinander vergleichen zu können, bedarf es Kennwerte, die durch eine Vereinheitlichung eine gemeinsame Vergleichsbasis schaffen. Nur so kann die Leistungsfähigkeit eines TV-Spots mit der einer Plakatwand verglichen werden. Diese Vereinheitlichung besteht darin, dass nur gefragt wird, ob eine Person „Kontakt" mit einem Medium hatte – ohne weiter zu differenzieren, ob sie eine Zeitschrift nur oberflächlich durchgeblättert oder intensiv studiert hat, eine Fernsehsendung gebannt verfolgt hat oder sie parallel zu einer anderen Tätigkeit nur im Hintergrund laufen ließ etc. Diese – in ihrer Intensität und damit auch in ihrer Wirksamkeit – ganz unterschiedlichen – Arten der Medienzuwendung werden pauschalisierend als „Kontakt" bezeichnet und jede Person, die Kontakt hatte, wird als Nutzer dieses Mediums gezählt. Dadurch können die mit unterschiedlichen Medien erzielten Kontakte und die erreichten Nutzer gezählt und miteinander verglichen werden. Betrachtet man dann noch die aufzuwendenden Kosten für Werbeflächen oder -zeiten in den unterschiedlichen Medien, dann lässt sich ein erster Vergleich hinsichtlich der Leistungsfähigkeit der Medien als Werbeträger ziehen. Doch bevor die Kennwerte weiter differenziert werden, sollen einige (z. T. bereits verwendete) grundlegende Begrifflichkeiten der Mediaplanung geklärt werden.

3.1.3 Mediafachterminologie

Statt pauschal nur von „Medien" zu reden – ein Begriff, der insgesamt ausufernd und nur schwer zu fassen ist, hat sich in der Mediaplanung eine nuanciertere Begrifflichkeit entwickelt. Was alltagssprachlich als „Medium" bezeichnet wird, entspricht in der Fachterminologie der Mediaplanung zumeist dem Begriff des „Werbeträgers". Davon abzugrenzen sind „Werbebotschaft" und „Werbemittel":

3.1 Mediagrundlagen

- *Werbebotschaft:*
  Inhaltliche Aussage, die – unabhängig vom Medium übermittelt werden soll.
- *Werbemittel:*
  Form einer Werbebotschaft: Anzeige, Funkspot, TV-Spot, Kinospot, Plakat etc.
- *Werbeträger:*
  Verbreitungsmedium für Werbebotschaften, das ein Werbemittel transportieren kann: Zeitschrift, Zeitung, Hörfunk, Fernsehen, Kino, Online, Plakattafeln und -säulen etc.

  Bei den Werbeträgern „Zeitung" und „Zeitschrift" schließt sich eine weitere Differenzierung an. Die jeweiligen konkreten (Print-) Werbeträger – die landläufig ebenfalls als „Medien" tituliert werden (man ahnt die Notwendigkeit einer Begriffsdifferenzierung!) heißen „Titel". Davon abzugrenzen sind „Exemplar", „Ausgabe" und „Nummer":
- *Titel:*
  Konkretes publizistisches Printmedium, das als Werbeträger gebucht werden kann. (Bsp.: Stern, Spiegel, FAZ).
- *Exemplar:*
  Einzelnes, physisches anfassbares Heft. Die Gesamtzahl der Exemplare ist die Auflage.
- *Ausgabe:*
  Kleinste belegbare Einheit eines Werbeträgers. Bsp.: monatlich erscheinende Publikationen haben zwölf Ausgaben pro Jahr
- *Nummer:*
  Bestimmte Ausgabe eines Titels. Bsp.: Nummer Oktober/2011 des Titels „Geo", Nummer 34/2011 des Titels „Stern".

Zentrale Maßeinheit der Mediaplanung ist der Kontakt mit dem Werbe*träger*. Er ist wie erwähnt – recht weitrechend definiert:

- *Werbeträgerkontakt:*
  Eine Person hatte Werbeträgerkontakt, wenn sie ein Exemplar eines Titels „gelesen oder durchgeblättert" hat.
- *Nutzer:*
  Person, die Werbeträgerkontakt hatte, d. h. die in einem Titel „gelesen oder durchgeblättert hat".

Für die Mediaplanung gilt somit jemand als Leser einer Zeitschrift, wenn er sie auf dem Weg vom Briefkasten zum Altpapiercontainer durchgeblättert hat – er hatte schließlich Werbeträgerkontakt. Obwohl damit noch keine Aussage darüber gemacht werden kann, ob eine als „Leser" klassifizierte Person auch eine bestimmte Anzeige gesehen hat, ist der Werbeträgerkontakt das entscheidende Kriterium für die Beurteilung und den Vergleich von Werbeträgern. Aus dem Wunsch der Werbewirtschaft, die Mediennutzung „dichter" am Werbemittel zu erfassen, wurden weitere Kontaktebenen untersucht, um so die „Kontaktqualität" differenzierter betrachten zu können. Mit erheblichem methodischem Aufwand wurden Daten zur „Werbemittelkontaktchance" und zum „Werbemittelkontakt" ausgewiesen. Schwierig erwies sich dies insbesondere bei Printmedien, da hier die Nutzung durch Befragungen erhoben wird. Mit Hilfe von Fragen zur Lesemenge pro Heft soll die Wahrscheinlichkeit ermittelt werden, eine durchschnittliche Seite bzw. eine durchschnittliche

Tab. 3.1 Vom Werbeträger- zum Werbemittelkontakt. (Hofsäss und Engel, 2003, S. 102)

Vom Werbeträger- zum Werbemittelkontakt Kontakt-Definitionen in der Werbeträgerforschung			
Kontaktebenen	TV	Hörfunk	Print
Werbeträger- Kontakt	Mind. 1 min. in der ½ h. TV gesehen	Hörer pro Stunde	Heft in die Hand genommen, um darin zu blättern oder zu lesen
Werbemittel-Kontakt-chance	durchschn. ½ h	Hörer pro durchschn. ¼ h	Lesemenge (bezogen auf redaktionelle Inhalte und Werbung)
Werbemittel-Kontakt	Werbeblock-Ratings	(Reichweite Werbeblock)	Lesemenge (Anzeigen)

werbungführende Seite zu betrachten. Die Ausgaben zur Lesemenge erwiesen sich jedoch als sehr unzuverlässig. Deshalb wurden die Angaben der Befragten durch weitere, beobachtende Verfahren „calibriert". Da diese Untersuchungen sehr aufwändig sind, können sie nur für einige ausgewählte „Stellvertreter-Titel" durchgeführt werden. Von deren Ergebnissen wird dann auf ähnliche Titel geschlossen. Dieses Vorgehen missachtet jedoch den Grundsatz der Medienwissenschaft, dass Medienprodukte *Unikate* sind: Nicht nur jeder Titel, auch jede Ausgabe eines Titel ist einzigartig. Schlüsse von einer Ausgabe eines Titels auf eine andere Ausgabe des gleichen Titels sind daher außerordentlich fragwürdig – noch fragwürdiger sind Schlüsse von einem Titel auf einen anderen. Leichter lässt sich der Werbemittelkontakt bei Medien feststellen, deren Nutzung apparativ gemessen wird. So lässt sich beim TV die Quote einzelner Werbeblöcke technisch messen. Schwierig wird dadurch jedoch die Vergleichbarkeit der Werbemittelkontakte zwischen den verschiedenen Mediengattungen. Vermutlich auch deshalb hat der Werbeträgerkontakt – trotz seiner Schwächen – seine Stellung als zentrale Bezugsgröße behalten. Als Überblick vgl. Tab. 3.1.

3.2 Kennwerte zum Vergleich von Werbeträgern

3.2.1 Medienspezifische Kennwerte

Der „Nutzer" ist der Oberbegriff für die Rezipierenden aller Mediengattungen, der medienspezifische Ausdifferenzierungen erfährt.
- *Leser:*
  Als Leser einer Zeitung oder Zeitschrift gilt im Sinne der ag.ma eine Person, die diese Zeitung oder Zeitschrift ganz oder teilweise gelesen oder durchgeblättert hat. Dabei

genügt das Betrachten des Titelblattes nur bei Zeitungen, nicht aber bei Zeitschriften, um als Leser gewertet zu werden.
- *Seher:*
Als Seher in der Begriffsbestimmung der AG.MA (Arbeitsgemeinschaft Media-Analyse e.V.) gilt die Person, die mindestens 60 Sekunden (Minutenkonvention) innerhalb einer halben Stunde durchgehend das jeweilige Programm/Sender genutzt hat.
- *Hörer:*
Eine Person, die als Hörer gelten soll, muss innerhalb einer durchschnittlichen Stunde Kontakt, gleich welcher Länge, mit einer Hörfunksendung gehabt haben. Hierbei ist nicht entscheidend, ob Werbefunk oder sonstiges Programm gehört wird.
- *Kinobesucher:*
Kinobesucher im Sinne der Mediaforschung ist die Person, die aussagt, irgendeinen Film ganz oder auch nur teilweise gesehen zu haben, unabhängig der Nutzung von Werbefilm oder Dias.
- *Internet-User:*
Der Unique User, also der „einzelne Nutzer", ist die Basis der Online-Forschung, die von der „Arbeitsgemeinschaft Online-Forschung" (AGOF) durchgeführt wird. Analog zum Leser hat der Unique-User in einem bestimmten Zeitraum Kontakt mit einem Werbeträger gehabt.

3.2.1.1 Weitester Nutzerkreis

Der Vergleichbarkeit von Werbeträgern unterschiedlicher Mediengattungen dient die Ermittlung weitester Nutzerkreise, die medienspezifische Ausdifferenzierungen erfahren:
- *Weitester Nutzerkreis (WNK):*
Zum weitesten Nutzerkreis eines Mediums gehören die Empfänger (Rezipienten), die durch einen Werbeträger in einem bestimmten Zeitraum maximal erreicht werden können. Zugehörigkeit zum WNK trifft für alle diejenigen zu, die eine Nutzungswahrscheinlichkeit von mehr als null haben.
- *Weitester Leserkreis (WLK):*
Hierzu zählen die Personen, die mindestens eine Ausgabe einer Zeitung oder Zeitschrift in den letzten zwölf Erscheinungsintervallen gelesen oder durchgeblättert haben. Die letzten zwölf Erscheinungsintervalle entsprechen
    - 1 Jahr bei monatlich erscheinenden Titeln,
    - 6 Monaten bei 14-tägig erscheinenden Titeln,
    - 3 Monaten bei wöchentlich erscheinenden Titeln,
    - 14 Tagen bei Tageszeitungen mit 6 Ausgaben pro Woche.

Die etwas sperrige Diktion von „zwölf Erscheinungsintervallen" dient dazu, Printtitel mit unterschiedlichen Erscheinungsintervallen vergleichbar zu machen.
- *Weitester Seherkreis (WSK):*
Zum weitesten Seherkreis eines Programms gehören die Personen, die an mindestens einem der letzten zwölf Sendetage, wenn auch nur für Minuten, das entsprechende Programm gesehen haben.

- *Weitester Hörerkreis (WHK):*
  Alle Personen, die in den letzten zwei Wochen ein bestimmtes Radioprogramm gehört haben, gehören zum „Weitesten Hörerkreis" dieses Programms.
- *Weitester Nutzerkreis Kino:*
  Alle Personen, die innerhalb der letzten zwölf Monate wenigstens einmal im Kino waren.

  Die weitesten Nutzerkreise erfassen demnach – der Name sagt es – eine sehr große Zahl an Personen. Werden die Nutzungsdaten per Befragung erhoben, so stellt sich hier das Problem einer Überforderung des Erinnerungsvermögens: Wer vermag schon zuverlässig zu sagen, ob er innerhalb des letzten Jahres einen monatlich erscheinenden Titel (z. B. Geo, fit for fun, joy) wenigstens einmal „gelesen oder durchgeblättert" hat (z. B. beim Friseur oder im Wartezimmer). Der WNK differenziert zudem nicht nach Viel- und Wenig-Nutzern – beide gehen gleichwertig in den WNK ein. Um die Mediennutzung differenzierter zu betrachten, fokussiert die Mediaforschung daher auch auf begrenztere Nutzungszeiträume.
- *Leser pro Nummer (LpN):*
  Zum Leser pro Nummer gehören nach Definition der agma diejenigen Personen, „die angeben, dass sie eine Ausgabe einer Zeitschrift oder Zeitschrift innerhalb des *letzten* Erscheinungsintervalls gelesen oder durchgeblättert haben (z. B. bei wöchentlichen Zeitschriften innerhalb der letzten sieben Tage).
- *Seher pro Sendetag und Zeitabschnitt (SpTZ):*
  Alle Personen, die während einer halben Stunde das Programm gesehen haben, und sei es auch nur für wenige Minuten, sind zu der Seherschaft pro Zeitabschnitt zu zählen. Aus der Gesamtzahl der betrachteten Zeitabschnitte lassen sich dann Seher pro durchschnittliche halbe Stunde berechnen (siehe Tab. 3.2).
- *Hörerschaft pro Sendetag und Zeitabschnitt (HpTZ):*
  Hier werden alle diejenigen gezählt, die an einem durchschnittlichen Sendetag während des angegebenen Zeitabschnitts den angegebenen Sender gehört haben, wenn auch nur für kurze Zeit. Auch hier lassen sich Durchschnittswerte errechnen (siehe Tab. 3.3).
- *Kinobesucher pro Woche (KpW):*
  Kinobesucher pro durchschnittliche Woche, d. h., bei einem Wert (KpW) von 2.39 gehen durchschnittlich 2,39 Mio. Personen pro Woche ins Kino.

3.2.2 Reichweiten, Streuverluste und Affinität

Die wichtigsten Leistungswerte von Werbeträgern lassen sich mit dem Begriff der Reichweite ausdrücken, der dazu noch weiter aufgefächert wird. Die Reichweite bezieht sich auf Populationen – das kann eine definierte Grundgesamtheit oder ein davon abgegrenzte Zielgruppe sein. Die Reichweitenwerte lassen sich in absoluten Zahlen oder anteilig in Prozentwerten ausdrücken.

Tab. 3.2 Ausschnitt einer beliebigen MA: Generalübersicht Fernsehen, Seherschaft pro Sendetag und Zeitabschnitt (SpTZ), Hochrechnung in Mio. Personen

ZDF		ARD-1 Gesamt	
17.30–18.00	4.39	18.00–18.30	4.03
18.00–18.30	4.61	18.30–19.00	4.51
18.30–19.00	6.11	19.00–19.30	4.95
19.00–19.30	8.31	19.30–20.00	7.19
19.30–20.00	6.67		
∅-halbe Stunde		∅-halbe Stunde	
15.00–24.00	6.06	18.00–20.00	5.24

3.2.2.1 Netto- und Bruttoreichweite

Nettoreichweite
Zur Nettoreichweite zählen alle diejenigen Personen, die von einem Werbeträger oder einer Werbeträgerkombination mindestens einmal erreicht wurden. Dabei wird jede erreichte Person nur einmal gezählt, d. h. auch Personen, die mehrfach erreicht wurden, zählen bei der Nettoreichweite nur einmal. Die Nettoreichweite differenziert somit nicht zwischen Stamm- und Gelegenheitslesern eines Titels.

Bruttoreichweite
Bei der Bruttoreichweite werden alle erzielten Kontakte gezählt. Auch Mehrfachkontakte bei einer Person werden vollständig gezählt. Die Bruttoreichweite ergibt sich aus der Summe der Einzelreichweiten, die bei einer einmaligen Belegung mehrerer Titel oder bei der Belegung mehrerer Ausgaben eines Titels erzielt werden (siehe Tab. 3.4).

3.2.2.2 Wirksame Reichweite

Die Reichweite macht nur eine Aussage darüber, ob eine Person Kontakt mit dem Werbeträger hatte, nicht jedoch, ob sich bei ihr auch die erwünschte Werbewirkung eingestellt hat. Aus der Lerntheorie weiß man, dass die Lernwirkung zum einem von Merkmalen des Lernenden abhängt, zum andern aber auch davon, wie häufig die Person mit dem Lerninhalt konfrontiert wurde. Aus Experimentalstudien der Lernpsychologie versucht die Mediaplanung Erkenntnisse darüber abzuleiten, wie *häufig* eine Zielperson mit einer Werbebotschaft konfrontiert werden muss, damit sich bei ihr die erwünschte Werbewirkung einstellt. Auf diese Weise versucht man zu bestimmen, wie viele *Kontakte* für das Erreichen einer bestimmten Werbewirkung nötig sind. Das Abwägen, ob ein begrenztes

Tab. 3.3 Ausschnitt einer beliebig ausgewählten MA: Generalübersicht Hörfunk, Hörerschaft pro Sendetag und Zeitabschnitt (HpTZ), Hochrechnung in Mio. Personen

Hessischer Rundfunk hr 4		SWR 3	
		05.00–06.00	0.13
06.00–07.00	0.18	06.00–07.00	0.55
07.00–08.00	0.38	07.00–08.00	0.87
08.00–09.00	0.49	08.00–09.00	0.64
09.00–10.00	0.43	09.00–10.00	0.59
10.00–11.00	0.36	10.00–11.00	0.51
11.00–12.00	0.33	11.00–12.00	0.49
12.00–13.00	0.28	12.00–13.00	0.53
13.00–14.00	0.19	13.00–14.00	0.52
14.00–15.00	0.14	14.00–15.00	0.48
15.00–16.00	0.13	15.00–16.00	0.43
16.00–17.00	0.15	16.00–17.00	0.49
17.00–18.00	0.11	17.00–18.00	0.52
18.00–19.00	0.09	18.00–19.00	0.38
19.00–20.00	0.05		
06.00–18.00	0.27 ∅-Stunde	06.00–18.00	0.56 ∅-Stunde

Werbebudget eher in den Ausbau der Reichweite oder in den Ausbau der Kontakte zu investieren ist, gehört zu den grundlegenden Aufgaben der Mediaplanung (vgl. Abschn. 2.4.1). Aufgrund der Zielgruppeninformationen, die im Briefing gegeben sind, aber auch auf Basis von Produktmerkmalen (Neuartigkeit, Komplexität etc.) und einer Beurteilung des Involvements als Beziehungsgröße zwischen Konsument und Produkt kann abgeschätzt werden, wie viele Kontakte zur Zielerreichung nötig sind.

Aber selbst bei homogenen Zielgruppen reagieren nicht alle Menschen gleich: So genügen bei manchen Menschen wenige Kontakte, andere benötigen mehr. Die Lernpsychologie liefert aufgrund der Experimentalstudien idealtypische Annahmen über den Wirkungszuwachs in Abhängigkeit von der Kontaktzahl. Auf dieser Grundlage wurden unterschiedliche Werbewirkungsfunktionen entwickelt. Eine Wirkungsfunktion gibt für jede Kontaktklasse an, wie hoch der prozentuale Anteil der mit der jeweiligen Kontaktzahl erreichten Personen ist, bei denen das Werbeziel erreicht wurde. Je nach Rahmenbedingungen der

Tab. 3.4 Entwicklung der Bruttoreichweite nach mehrmaligen Schaltungen

Z. B. Hörzu:	
1. Ausgabe	6,21 Mio.
2. Ausgabe	6,21 Mio.
3. Ausgabe	6,21 Mio.
Bruttoreichweite	18,63 Mio. (Gesamtkontakte)
Z. B. RADIO FFH	
1. Einheit	0,45 Mio.
2. Einheit	0,45 Mio.
3. Einheit	0,45 Mio.
4. Einheit	0,45 Mio.
5. Einheit	0,45 Mio.
6. Einheit	0,45 Mio.
Bruttoreichweite	2,70 Mio. (Gesamtkontakte) pro ∅ Stunde

Kampagne kann der Mediaplaner diejenige Wirkungsfunktion bestimmen, deren Verlauf am ehesten zu der jeweiligen Aufgabenstellung passen dürfte. Mit Hilfe dieser Wirkungsfunktion lässt sich plausibilisieren, ab welcher Kontaktzahl bei einem hinreichend großen Teil der erreichten Zielpersonen eine Werbewirkung eingetreten ist, d. h. welche Kontakthäufigkeit mindestens anzustreben ist (siehe Tab. 3.5).

Die wirksame Reichweite ermittelt man, indem man die zu einer Kontaktklasse gehörigen Personen mit dem jeweiligen Prozentwert der Werbewirkungsfunktion gewichtet und die gewichteten Werte aller Kontaktklassen addiert. Die wirksame Reichweite gibt demnach die Zahl an Personen an, die nicht nur erreicht wurden, sondern bei denen sich gemäß der angenommenen Werbewirkungsfunktion auch eine Werbewirkung eingestellt hat.

3.2.2.3 Streuverluste und Affinität

In der Praxis wird es nie zu einer Deckungsgleichheit von Werbeträgerreichweite und Zielgruppe kommen: Selbst bei einer sehr feinsinnigen Mediaplanung und beliebig großem Budget werden einige Zielpersonen keinen Werbeträgerkontakt haben. Auf der anderen Seite werden auch Personen erreicht werden, die nicht zur Zielgruppe gehören. Dies sind die sogenannten „Streuverluste". Das ist an sich kein Nachteil. Da aber die Schaltkosten in der Regel von der Gesamtreichweite abhängen (und nicht lediglich von der Reichweite in

Tab. 3.5 Kontaktklassen mit Werbewirkungsangaben

Kontakte	Anzahl der Zielpersonen	Werbewirkung in %
1	10.000	8
2	14.000	24
3	17.000	40
4	20.000	70
5	16.000	85
6	13.000	95
7	8.000	98
8	2.000	100

der Zielgruppe), führen hohe Streuverluste zu unnötig hohen Mediakosten und sind daher zu minimieren.

Abbildung 3.2 zeigt als Kreis die Gesamtreichweite eines Werbeträgers (RW), als Quadrat die Zielgruppe. Die angestrebte Reichweite in der Zielgruppe ist der Überlappungsbereich von Gesamtreichweite und Zielgruppe. Die Kreisfläche, die keine Überschneidung mit dem Quadrat (der Zielgruppe) hat, sind die Streuverluste.

Auszuwählen sind Werbeträger, bei denen die Streuverluste möglichst gering sind, d. h. bei denen der Anteil an Zielpersonen an allen Nutzern möglichst groß ist. Dieser Anteil der Nutzer an der Reichweite in der Grundgesamtheit bezeichnet man als *Affinität*. Die Formel für die Affinität lautet:

$$\text{Affinität} = \frac{\text{RW in ZG abs.}}{\text{RW in GG abs.}} \times 100$$

Um Werbeträger hinsichtlich ihrer Zielgruppenaffinität beurteilen und vergleichen zu können, ist die Affinität allein nicht sonderlich aussagekräftig. Ob ein Affinitätswert von 50 % als gut oder schlecht zu bewerten ist, hängt vom Zielgruppenanteil an der Grundgesamtheit ab: Beträgt der Anteil der Zielgruppe an der Grundgesamtheit nur 5 %, an den Nutzern eines bestimmten Werbeträgers (= Affinität) jedoch 50 %, dann sind die Zielpersonen unter den Nutzer des Werbeträgers überproportional stark vertreten, der Werbeträger ist demnach gut für diese Zielgruppe geeignet. Hat die Zielgruppe jedoch einen Anteil von 70 % an der Grundgesamtheit bei der gleichen Affinität von 50 %, dann sind die Zielpersonen unter den Nutzern dieses Werbeträgers *unterproportional* vertreten, er eignet sich somit nicht für diese Zielgruppe. Die Affinität allein macht über die Eignung des Werbeträgers für die Zielgruppe jedoch keine Aussage.

3.2 Kennwerte zum Vergleich von Werbeträgern

Abb. 3.2 Zielgruppe, Reichweite, Streuverluste und Affinität

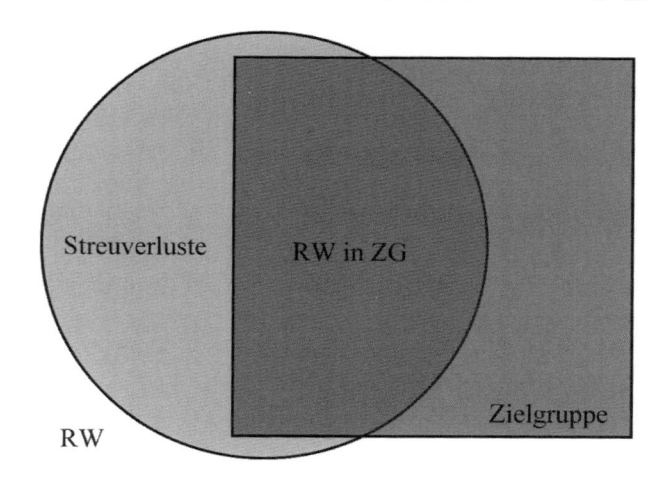

Daher berechnet man einen Affinitäts*index*, der die Affinität (= der prozentuale Anteil der Zielgruppe an der Gesamtnutzerschaft) ins Verhältnis zum Zielgruppenanteil in der Grundgesamtheit setzt:

$$\text{Affinitätsindex} = \frac{\text{ZG-Anteil an Nutzerschaft in \%}}{\text{ZG-Anteil in GG in \%}} \times 100$$

Der Affinitätsindex nimmt den Wert 100 an, wenn die Affinität eines Werbeträgers zur Zielgruppe dem Zielgruppenanteil an der Grundgesamtheit entspricht, der Werbeträger somit weder besonders gut, noch besonders schlecht für diese Zielgruppe geeignet ist. Der Affinitätsindex liegt über 100, wenn die Affinität höher als der Zielgruppenanteil an der Grundgesamtheit ist, der Werbeträger also in besonderer Weise für diese Zielgruppe geeignet ist. Er liegt unter 100, wenn die Affinität niedriger ist als dies aufgrund des Zielgruppenanteils an der Grundgesamtheit zu erwarten wäre: Der Werbeträger ist für diese Zielgruppe weniger geeignet.

Auch die Reichweite eines Werbeträger in der Zielgruppe ist für sich genommen noch wenig aussagekräftig: Sind 30 % gut oder schlecht? Auch hier muss der Wert in Relation gesetzt wird – diesmal zur Reichweite des Werbeträgers in der Grundgesamtheit. Kommt er hier lediglich auf eine Reichweite von 5 %, in der Zielgruppe aber auf 30 %, dann ist er in besonderer Weise in der Lage Zielpersonen anzusprechen. Kommt er in der Grundgesamtheit jedoch auf 70 %, in der Zielgruppe aber nur auf 30 %, dann wird er von Zielpersonen in auffallender Weise nicht genutzt. Auf Basis dieser Überlegungen gibt es eine zweite Formel zu Berechnung des Affinitätsindex:

$$\text{Affinitätsindex} = \frac{\text{RW in ZG \%}}{\text{RW in GG \%}} \times 100$$

Die Interpretation der Indexwerte erfolgt genauso wie bei der ersten Formel: Indexwert 100 = neutral, Indexwert > 100 gut, Indexwert < 100 schlecht.

Auch der Affinitätsindex ist eine Kenngröße, die die Beurteilung und den Vergleich unterschiedlicher Werbeträger ermöglicht.

3.2.3 Mehrfachschaltung

Bezogen sich die bisher dargestellten Kennwerte auf die Medialeistung bei einmaliger Schaltung, so soll nun betrachtet werden, wie sich die Leistungswerte der Werbeträger bei mehrmaliger Schaltung entwickelt – was auch dem Normalfall in der Mediaplanung entspricht.

Bei nur einer Schaltung in einem Werbeträger ist die Nettoreichweite mit der Bruttoreichweite identisch: Es wird bei jeder erreichten Person genau ein Kontakt erzielt – Kontaktsumme = Personenzahl. Wie aber entwickeln sich die beiden Werte, wenn mehrere Ausgaben des gleichen Titels belegt werden. Alle denkbaren Varianten bewegen sich zwischen zwei Extremfällen: (a) Der Titel hat ausschließlich Stammleser, d. h. mit jeder Ausgabe wird jedes Mal der gleiche Personenkreis erreicht, es kommen keine neuen Personen hinzu oder (b) der Titel hat nur Gelegenheitsleser, mit jeder Ausgabe wird ein komplett neuer Personenkreis angesprochen. Im Fall (a) erhöht sich mit jeder Schaltung die Bruttoreichweite, da jeweils neue Kontakte generiert werden. Die Nettoreichweite ist jedoch nach der letzten Schaltung noch genauso hoch wie nach der ersten, da immer nur die gleichen Personen erreicht wurden und jede Person nur einmal gezählt wird. Im Fall (b) hat sich die Bruttoreichweite mit jeder Schaltung genauso erhöht wie im Fall (a). Es hat sich aber genauso die Nettoreichweite erhöht, da mit jeder Schaltung neue Personen erreicht wurden, die jeweils gezählt wurden. Während im Fall (a) auf jede erreichte Person mehrere Kontakte entfallen (bei der Modellannahme des Extremfalls genau so viele wie Schaltungen durchgeführt wurden), die (Netto-) Reichweite mit den zusätzlichen Schaltungen jedoch nicht weiter ausgebaut wurde, wurde im Fall (b) zwar mit jeder Schaltung die (Netto-)Reichweite ausgebaut, es wurden jedoch pro Person keine zusätzlichen Kontakte erzielt. Welcher dieser (Extrem-)Fälle günstiger ist, hängt von den Mediazielen ab: Sowohl Reichweitenmaximierung als auch Kontaktoptimierung sind sinnvolle Mediaziele. Gefordert sind daher Maßeinheiten, anhand derer die unterschiedlichen Medialeitungen von Werbeträgern bei Mehrfachschaltungen abgelesen werden kann.

3.2 Kennwerte zum Vergleich von Werbeträgern

3.2.3.1 Nutzungsfrequenzen und Kontaktverteilungsklassen

Nutzungsfrequenz

Neben der Frage nach dem Weitesten Nutzerkreis, d. h. ob jemand wenigstens eine von zwölf Ausgaben eines Printtitels „gelesen oder durchgeblättert" hat, wird auch gefragt, *wie viele* der letzten 12 Ausgaben die betreffende Person genutzt hat, (siehe Tab. 3.6). Die Frequenzabfrage differenziert somit die Angehörigen des Weitesten Nutzerkreises in Viel- und Wenignutzer. Auf dieser Grundlage lassen sich Leserschaftsgruppen bilden:
- *Leserschaftsgruppen*:
  Die Leserschaft eines Titels kann man nach der Häufigkeit der Nutzung eines Printmediums in Leserschaftsgruppen unterteilen:
  Die vorstehend genannten Gruppen lassen sich wie in Tab. 3.7 dargestellt zu drei Gruppen verdichten.

Kontaktklassen

Betrachtet man nicht nur die Nutzer eines Titels, sondern alle mit den verschiedenen Titeln eines Mediaplans erreichte Personen, dann kann man eine ähnliche Aufschlüsselung der Gesamtnutzer vornehmen. Alle zur Nettoreichweite gehörenden Personen werden nach der Zahl der Kontakte, die auf sie entfallen, in Kontaktklassen eingeteilt (siehe Abb. 3.3). Mit ihrer Hilfe lassen sich dann Kontaktverteilungskurven ermitteln, die anzeigen ob ein Mediaplan bei der als ideal angesehenen Kontakthäufigkeit einen Höhepunkt hat.
- *Kontakthäufigkeit:*
  Die Kontakthäufigkeit beschreibt die Zahl der Kontakte, die ein Leser, Seher oder Hörer oder eine andere Zielperson mit dem betreffenden Medium oder einer Media-Kombination hat.
- *Kontaktklassen*:
  Innerhalb eines Werbeträgers zusammengefasste Gruppen einzelner Kontakthäufigkeiten werden als „Kontaktklassen" bezeichnet.

3.2.3.2 Kumulation

Den Zuwachs an Reichweite oder Kontakten durch mehrmalige Schaltung bezeichnet man als Kumulation. Abbildung 3.4 zeigt zwei idealtypische Kumulationsverläufe: Bei der oberen Kurve führt jeder zusätzliche Kontakt zu einer deutlichen Erhöhung der (Netto-) Reichweite, d. h. mit jedem zusätzlichen Kontakt werden neue, bisher noch nicht erreichte Personen angesprochen – es kommt zu einer hohen *Reichweitenkumulation*. Dies ist der Fall bei Titeln mit wenigen Stammlesern und vielen Gelegenheitslesern. Der umgekehrte Fall liegt bei der unteren Kurve vor: Jeder zusätzliche Kontakt führt nur zu einer geringen Zunahme der (Netto-) Reichweite, d. h. mit jeder zusätzlichen Schaltung wird ein großer Teil der bisher schon erreichten Personen nochmals erreicht – es kommt bei den erreichten Personen zu einer höheren Kontakthäufigkeit, d. h. zu einer *Kontaktkumulation*. Auch hier hängt es von der Problemstellung ab, welcher Fall anzustreben ist.

Tab. 3.6 Leserschaftsgruppen eingeteilt nach ihrer Lesefrequenz

Kernleser	12–10 von 12 Ausgaben
Häufige Leser	7–9 von 12 Ausgaben
Gelegentliche Leser	5–6 von 12 Ausgaben
Seltene Leser	3–4 von 12 Ausgaben
Ganz seltene Leser	1–2 von 12 Ausgaben

Tab. 3.7 Leserschaftsgruppen

Kernleser	12–10 von 12 Ausgaben
Häufige und gelegentliche Leser	5–9 von 12 Ausgaben
Seltene und ganz seltene Leser	1–4 von 12 Ausgaben

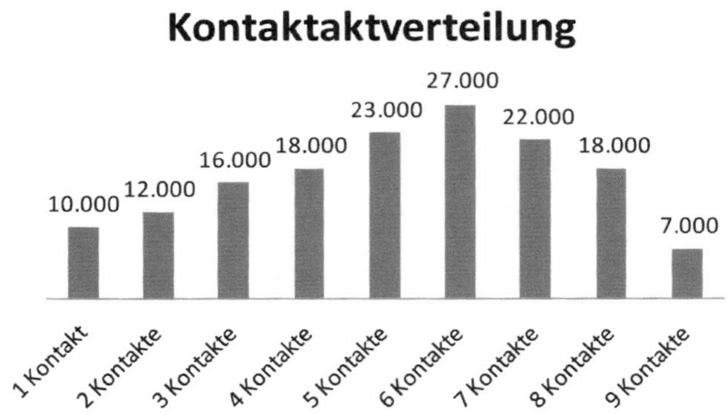

Abb. 3.3 Aufschlüsselung der Nettoreichweite nach Kontaktklassen

Kontaktaktverteilung

- 1 Kontakt: 10.000
- 2 Kontakte: 12.000
- 3 Kontakte: 16.000
- 4 Kontakte: 18.000
- 5 Kontakte: 23.000
- 6 Kontakte: 27.000
- 7 Kontakte: 22.000
- 8 Kontakte: 18.000
- 9 Kontakte: 7.000

Kumulationsgesetze:
Anhand der Kumulationsgesetze soll der Zusammenhang zwischen Reichweiten- und Kontaktwachstum verdeutlicht werden.
1. Kumulationsgesetz
   Starkes Reichweitenwachstum bedingt schwaches Kontaktwachstum.
2. Kumulationsgesetz
   Starkes Kontaktwachstum bedingt schwaches Reichweitenwachstum.

Die Gesetze der Kumulation werden in den nachfolgenden Beispielen verdeutlicht. Mit über 80 % Kernlesern haben Programmzeitschriften eine sehr regelmäßige

Abb. 3.4 Kumulationsverläufe

[Diagramm: Reichweite vs. Frequenz – Hohe]

[Diagramm: Reichweite vs. Frequenz – Titel mit regelmäßiger Nutzerschaft]

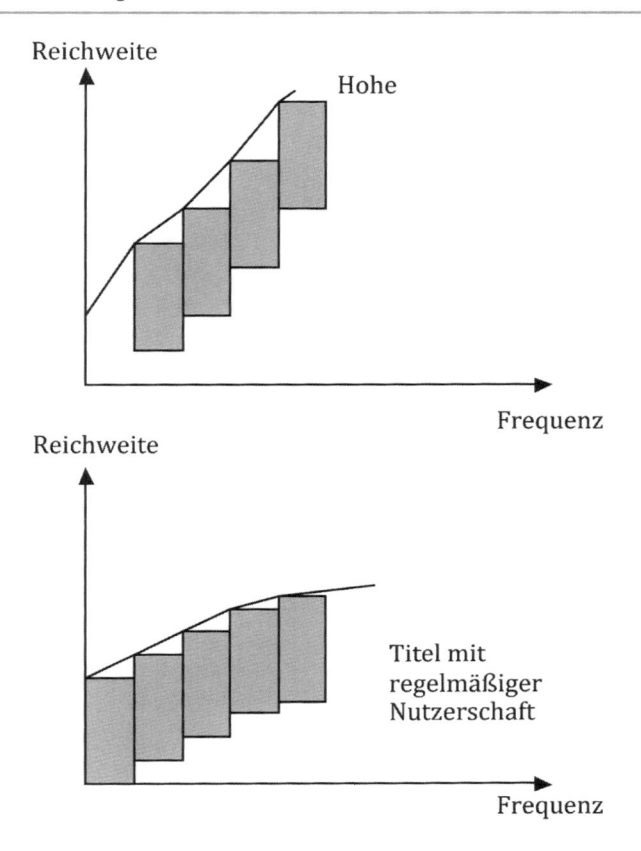

Leserschaft. Die Belegung der Hörzu mit zwölf Anzeigen, die wöchentlich hintereinandergeschaltet werden, ergibt in der Gesamtbevölkerung zwar nur einen Reichweitenzuwachs von 24 %, aber eine sehr hohe Kontakthäufigkeit pro Leser (2. Kumulationsgesetz). Die Zeitschrift „petra" mit einer unregelmäßigen Leserschaft hingegen würde bei einer 12maligen Belegung einen Reichweitenzuwachs von 108 % erreichen, jedoch nur eine geringe Kontakthäufigkeit pro Leser (1. Kumulationsgesetz).

In Tab. 3.8 soll das Reichweitenwachstum veranschaulicht werden, das durch mehrfache Belegung entstehen kann. Der Reichweiten-Index wird durch eine Prozentzahl ausgedrückt. Der Wert 107 nach zwei Einschaltungen sagt beispielsweise aus, dass 7 % mehr Leser erreicht wurden im Vergleich zum Leser pro Ausgabe (= 100 %).

3.2.3.3 K1-Wert, LpA und LpE

Vergleicht man Werbeträger nur hinsichtlich des Weitesten Nutzerkreises, dann wird zu wenig differenziert zwischen Titeln mit vielen regelmäßigen und solchen mit vielen unregelmäßigen Lesern. Dieses Problem wird durch zwei weitere Kennwerte gelöst – dem K1-Wert und dem LpA.

Tab. 3.8 Beispiel Reichweitenwachstum durch mehr Einschaltungen

Hörzu	Absolut	Indiziert
1 Einschaltung	6,21 Mio. Personen	100
2 Einschaltungen	6,63 Mio. Personen	107
3 Einschaltungen	6,87 Mio. Personen	111
SWR 3 ∅ Werbefunkstunde (6–18 Uhr)		
1 Einschaltung	0,55 Mio. Personen	100
2 Einschaltungen	0,98 Mio. Personen	178
3 Einschaltungen	1,33 Mio. Personen	242
WDR (Nielsen II) ∅ halbe Stunde		
1 Einschaltung	1,03 Mio. Personen	100
2 Einschaltungen	1,84 Mio. Personen	179
3 Einschaltungen	2,51 Mio. Personen	244

Der K1-Wert

Der K1-Wert basiert auf dem Weitesten Nutzerkreis und wird mit Hilfe der Frequenzabfrage gewichtet. Es gehen somit alle Personen in die Berechnung ein, die mindestens eine der letzten zwölf Ausgaben „gelesen oder durchgeblättert" haben. Diese Personen werden jedoch *gewichtet*, je nachdem *wie viele* der zwölf Ausgaben sie genutzt haben. Dadurch bekommen Kernleser ein stärkeres Gewicht als Gelegenheitsleser, Titel mit unterschiedlichen Nutzerstrukturen werden vergleichbar. Die Lesehäufigkeit wird dazu in Nutzungswahrscheinlichkeiten umgerechnet: Sie geben an, wie groß die Wahrscheinlichkeit ist, dass ein Angehöriger des WNK eine beliebige Ausgabe x genutzt hat, d. h. „Leser pro Nummer" (LpN) zu sein: Liest er alle Ausgaben, d. h. 12 von 12, dann beträgt seine Nutzungswahrscheinlichkeit für eine beliebige Ausgabe 12/12 = 1 bzw. 100 %. Liest er nur 6 von 12 Ausgaben, dann ist die Wahrscheinlichkeit, dass er LpN einer beliebigen Ausgabe ist 6/12 = 0,5 bzw. 50 % (siehe Tab. 3.9 und 3.10).

LpA und LpE

Zentrale Maßeinheit zur Ermittlung der Werbeträgerreichweite ist aber nicht der K1-Wert, sondern der „Leser pro Ausgabe" (LpA). Er errechnet sich im Prinzip wie der K1-Wert, berücksichtigt aber noch Verzerrungen, die sich durch das ungenaue Antwortverhalten der Befragten ergeben.

3.2 Kennwerte zum Vergleich von Werbeträgern

Tab. 3.9 Errechnung des K1-Wertes aus den Frequenz-Angaben: Chance, Leser pro Nummer zu sein. Die Kumulationswerte K2, K3, K4 usw. stehen für die kumulierte Reichweite für 2, 3, 4 usw. Schaltungen

1/12 = K 1	2/12 = K 2	3/12 = K 3	4/12 = K 4
5/12 = K 5	6/12 = K 6	7/12 = K 7	8/12 = K 8
9/12 = K 9	10/12 = K10	11/12 = K11	12/12 = K12

Tab. 3.10 Berechnung des K1-Wertes aus den Nutzungswahrscheinlichkeiten.

Lesefrequenz	Anzahl von Personen	Wahrscheinlichkeit Leser einer beliebigen Ausgabe zu sein	gewichtete Personen	
1 von 12	378	1/12 = 8 %	31	
2 von 12	693	2/12 = 17 %	116	ganz seltene Leser
3 von 12	727	3/12 = 25 %	182	
4 von 12	556	4/12 = 33 %	185	seltene Leser
5 von 12	244	5/12 = 42 %	102	
6 von 12	604	6/12 = 50 %	302	gelegentliche Leser
7 von 12	56	7/12 = 59 %	32	
8 von 12	215	8/12 = 67 %	144	
9 von 12	33	9/12 = 75 %	25	häufige Leser
10 von 12	210	10/12 = 83 %	175	
11 von 12	19	11/12 = 92 %	18	
12 von 12	1569	12/12 = 100 %	1569	regelmäßige Leser
WNK:	5304	K1-Wert:	2881	

Der „Leser pro Exemplar" gibt an, wie viele Personen ein einzelnes Heft einer durchschnittlichen Ausgabe in der Hand hatten, um darin zu „lesen oder zu blättern". Rechnerisch ergibt sich der LpE, indem man alle Nutzer (= Reichweite = LpA) auf die Auflage bezieht:

$$\text{LpE} = \frac{\text{Reichweite (LpA)}}{\text{verbreitete Inlandsauflage}}$$

Beispiel „Hörzu":

$$\text{LpE} = \frac{4{,}59 \text{ Mio. Leser (LpA)}}{1{,}423 \text{ Mio Auflage}} = 3{,}2$$

Der Wert 3,2 bedeutet, dass jedes Exemplar der Zeitschrift Hörzu im Durchschnitt von 3,2 Personen in die Hand genommen wird, um darin zu blättern oder zu lesen.

3.2.3.4 Interne und externe Überschneidung

Interne Überschneidung
Werden die gleichen Personen durch mehrere Schaltungen in unterschiedlichen Ausgaben des *gleichen* Werbeträgers mehrfach erreicht, so spricht man von „interner Überschneidung". Sie führt zu einer Kontakt-, aber zu keiner (Netto-)Reichweitenkumulation.

Tabelle 3.11 zeigt für einige Printtitel die Reichweitenentwicklung nach mehreren Schaltungen. Die interne Überschneidung wird daran deutlich, dass die Reichweitenwerte eines Titels sich nicht einfach aus der Multiplikation des LpA-Wertes mit der jeweiligen Schaltfrequenz ergeben. Die Reichweiten-kumulation nach vier Insertionen ist relativ gering, da die aufgeführten Tageszeitungen über sehr viele Kernleser verfügen: Mit jeder zusätzlichen Schaltung erhöhen sich die Kontakte (Kontaktkumulation), es liegen hohe interne Überschneidungen vor.

Externe Überschneidung
Werden die gleichen Personen durch mehrere Schaltungen in *unterschiedlichen* Werbeträgern erreicht, so spricht man von „externer Überschneidung". Auch sie führt bei zusätzlichen Schaltungen zu einer Kontakt- und keiner (Netto-)Reichweitenkumulation. Zu keiner externen Überschneidung kommt es beim Exklusivleser:

Exklusivleser
Ein Exklusivleser ist ein Leser, der innerhalb einer bestimmten Zeitungs- oder Zeitschriftengattung (z. B. Frauenzeitschriften, Programmzeitschriften etc.) nur einen Titel nutzt. Insbesondere bei Lokalzeitungen und Programmzeitschriften ist die Zahl der Exklusivleser besonders hoch.

Die Berücksichtigung von internen und externen Überschneidungen ist notwendig, um die Reichweiten- und Kontaktkumulationen über mehrere Ausgaben eines Werbeträgers oder mehrerer Werbeträger innerhalb eines Mediaplans beurteilen zu können.

Tab. 3.11 Mediennutzerschaft bei zunehmenden Schaltungen. Angaben in Mio.

Titel	LpA	nach 2 A.	Nach 3 A.	nach 4 A.	WLK
FAZ	0,89	1,18	1,35	1,47	2,16
Frankfurter Rundschau	0,50	0,67	0,78	0,85	1,23
Handelsblatt	0,52	0,69	0,80	0,87	1,22
Süddeutsche Zeitung	1,15	1,51	1,72	1,86	2,57
Die tageszeitung	0,18	0,25	0,30	0,33	0,52
DIE WELT	0,53	0,73	0,87	0,97	1,68

Insbesondere bei Mediastudien, deren Daten nach dem „Single-Source-Verfahren" erhoben wurden, lassen sich diese Überschneidungen aus den Datensätzen ermitteln.

3.2.4 Werbedruck

Der Erfolg einer Werbekampagne hängt nicht nur vom Grad der Zielgruppenabdeckung (Reichweite) ab, sondern auch von der Intensität des Webedrucks. Der erforderliche Werbedruck sollte im Mediabriefing definiert sein. Er ergibt sich aus Merkmalen der Zielgruppe (Alter, Bildung u. a. m.), des Produkts (Neuartigkeit, Komplexität), des Involvements, das die Zielgruppe dem Produkt entgegenbringt, der Kampagnenart (Neueinführung, Imagestabilisierung) u. a. m. Die wesentlichen Maßeinheiten zur Quantifizierung des Werbedrucks beruhen auf der Zahl der erzielten Kontakte. Die Bruttoreichweite allein macht jedoch noch keine Aussage über den Werbedruck. Dazu muss sie in Relation zu einer Population gesetzt werden. Zusätzlich ist auch der Gesamtwerbedruck des Umfelds über den „Share of Voice" oder den „Share of Mind" zu berücksichtigen, (vgl. Abschn. 2.5.1) Zwei Größen zur Quantifizierung des Werbedrucks haben sich etabliert: Die Durchschnittskontaktzahl und die Gross Rating Points.

3.2.4.1 Durchschnittskontaktzahl

Setzt man alle erzielten Kontakte (= Bruttoreichweite) in Beziehung zu allen erreichten Personen (= Nettoreichweite), so erhält man die Durchschnittskontaktzahl pro erreichter Zielperson. Sie drückt die Anzahl der Kontaktchancen aus, die innerhalb eines Mediaplanes im Durchschnitt auf die erreichten Personen entfallen.

$$\text{Durchschnittskontakte} = \frac{\text{Bruttoreichweite}}{\text{Nettoreichweite}}$$

Beispiel drei Schaltungen in „Focus":

$$\text{Durchschnittskontakte} = \frac{9.433.000 \text{ Kontakte}}{5.880.000 \text{ Personen}} = 1,6$$

Jede durch den Mediaplan erreichte Person hatte somit im Durchschnitt 1,6 Kontakte.

Die Durchschnittskontaktzahl wird beim Fernsehen auch OTS („opportunity to see") und beim Hörfunk OTH („opportunity to hear") genannt. Als medienneutraler Oberbegriff findet man die Bezeichnung OTC („opportunity to contact") (vgl. hier Abschn. 1.4.4.1 und Abschn. 2.4.1). Als Durchschnittswert sagt der OTC nichts über die tatsächliche Verteilung der Kontakte unter den erreichten Personen aus: Bei einer Nettoreichweite von zwei Personen und einem OTC von 16 können beide Personen je acht Kontakte erhalten haben oder eine Person nur einen Kontakt und die andere 15. Daher ist es erforderlich die Bruttoreichweite mit Hilfe einer Kontaktverteilung (siehe o.) aufzuschlüsseln.

3.2.4.2 Gross Rating Points

Der Vorteil der Durchschnittskontaktzahl gegenüber einer bloßen Betrachtung der Bruttoreichweite ist, dass sie die Gesamtzahl der erzielten Kontakte *gewichtet*, indem sie sie auf die erreichten Personen bezieht. Der Werbedruck ändert sich fundamental, wenn die gleiche Zahl von Kontakten auf eine viel größere Zahl von Personen verteilt wird. Jedoch bezieht die Durchschnittskontaktzahl die Bruttoreichweite nur auf die Nettoreichweite, d. h. auf jene Teilmenge der Zielgruppe, die durch den Mediaplan auch erreicht wird. Sie macht keine Aussage darüber, wie groß der Werbedruck in der Zielgruppe insgesamt ist. Eine hohe Durchschnittskontaktzahl könnte darüber hinwegtäuschen, dass lediglich ein kleiner Teil der Zielgruppe medial erreicht wird.

Dieses Problem lösen die Gross Rating Points (GRP´s). Sie beziehen die erzielten Kontakte nicht nur auf die *erreichten* Zielpersonen, sondern auf die *gesamte* Zielgruppe.

$$\text{GRP} = \frac{\text{Bruttoreichweite}}{\text{Zielgruppengröße}} \times 100$$

Der GRP-Wert gibt damit an, wie viele Kontakte im Durchschnitt auf 100 Zielpersonen entfallen. Obwohl der GRP die Zielgruppe berücksichtigt, kann er durch seine Indexierung den Werbedruck bei unterschiedlichen Kampagnen und Zielgruppen (-größen) vergleichbar machen. So können werbetreibende Unternehmen Erfahrungen von einem Markt auf einen anderen übertragen.

Für den GRP gibt es noch eine zweite Berechnungsweise:

GRP = OTC x Nettoreichweite in %

Die Zielgruppengröße findet hier durch die *anteilsmäßige* Angabe der Nettoreichweite Berücksichtigung. Der GRP macht jedoch keine Aussage darüber, ob er durch einen hohen

OTC-Wert bei geringer Nettoreichweite oder durch eine hohe Nettoreichweite bei geringem OTC-Wert zustande gekommen ist.

3.2.5 Ökonomische Kennwerte

Die bisherigen Kennwerte dienten dazu, die *kommunikativen* Leistungen unterschiedlicher Werbeträger vergleichbar zu machen. Die Mediaplanung muss aber überdies auch wirtschaftlich arbeiten. Daher sind auch Kennwerte nötig, die die Kosten der unterschiedlichen Werbeträger in den Vergleich einbeziehen.

3.2.5.1 Tausendnutzerpreis

Der Tausendnutzerpreis (TNP) besagt, was es kostet, 1000 Personen der Zielgruppe zu erreichen, unabhängig davon, wie oft diese Personen einen Kontakt mit dem Werbeträger haben.

$$TNP = \frac{Schaltkosten}{Nettoreichweite} \times 1.000$$

Beispiel: Drei 1/1-Seiten 4c in „Focus":

$$TNP = \frac{144.900 \text{ EUR}}{5.880.000 \text{ Leser}} \times 1.000 = 24,64 \text{ EUR}$$

Es kostet somit 24,64 EUR, um 1.000 Zielpersonen zu erreichen.

3.2.5.2 Tausendkontaktpreis

Die Schaltkosten lassen sich auch auf die erzielten Kontakte beziehen, man erhält dann den Tausendkontaktpreis (TKP). Er gibt an, wie viel es Kostet, um 1.000 Kontakte in der Zielgruppe zu erzielen.

$$TKP = \frac{Schaltkosten}{Bruttoreichweite} \times 1.000$$

Beispiel: Drei 1/1-Seiten 4c in „Focus":

$$TKP = \frac{144.900 \text{ EUR}}{9.408.000 \text{ Kontakte}} \times 1.000 = 15,40 \text{ EUR}$$

Um 1.000 Kontakte in der Zielgruppe zu erreichen, muss man 15,40 EUR bezahlen.
Bei Werbeträgern, deren Leistungswerte nicht durch Nutzerstudien erhoben werden, behilft man sich, indem man die Schaltkosten auf die verkaufte Auflage bezieht (und mit

1.000 multipliziert). Dies ist der sogenannte „Tausenderpreis", der insbesondere bei „kleineren", d. h. reichweitenschwachen Titeln zum Einsatz kommt.

3.3 Erforschung der Medianutzung

3.3.1 Die bedeutendsten Träger der Media-Analysen

Die Media-Analyse (MA) und die Allensbacher Werbeträgeranalyse (AWA) zählen zu den bedeutendsten Trägern der Media-Analysen und werden daher nachfolgend ausführlicher behandelt, ferner einige Sonderstudien.

3.3.1.1 Die Media-Analyse (MA) – allgemeine Grundlagen

Im Auftrag der Arbeitsgemeinschaft Media-Analyse e. V. (ag.ma) wird die in der Bundesrepublik jährlich größte Medien-Analyse durchgeführt. Die ma ist die wichtigste Daten-Quelle über das Mediennutzungsverhalten in der BRD: kontinuierlich und intermedial vergleichbar.

Die ag.ma ist eine Non-Profit-Organisation und der Rechtsform nach ein eingetragener Verein. Gegründet 1954 zur Erforschung der Lesegewohnheiten erweitert sich das Forschungsspektrum der ag.ma durch die zunehmende Medienvielfalt permanent. Zu den Mitgliedern der ag.ma zählen sowohl öffentlich-rechtliche als auch privat-rechtliche Programmveranstalter, Printmedien, Werbungtreibende, Werbeagenturen sowie Verbände wie beispielsweise Forschungsgesellschaften. Die Stimmrechte in den operativen Organen der ag.ma, der Mitgliederversammlung und im erweiterten Vorstand, dem sogenannten Arbeitsausschuss, sind so verteilt, dass die Medienanbieter nur gemeinsam mit den Nutzern Beschlüsse herbeiführen können: Die einzelnen Mediengattungen (TV, Hörfunk, Online, Plakat, Publikumszeitschriften und Tageszeitungen) haben je 11 % der Stimmen, Werbeagenturen und Werbungtreibende stellen gemeinsam 34 % der Stimmen. Anträge gelten mit 67 % der Stimmen als angenommen; Enthaltungen werden als Ablehnung gewertet (ag.ma.Satzung 2011). Als „Allmedia-Dach" ist die ag.ma dem Konsens verpflichtet.

Die Media-Analyse umfasst folgende Medien:
- Fernsehen (national und regional)
- Hörfunk
- Online-Medien
- Plakat
- Tageszeitungen (Abo- und Kaufzeitungen)
- Zeitschriften und Wochenzeitungen
- Lesezirkel
- Kinobesuch
- Konfessionelle Pressetitel (Konpress)
- Stadtmagazine

3.3 Erforschung der Medianutzung

Im ersten Quartal 2010 stellte die ag.ma die Grundgesamtheit von „Deutsche Wohnbevölkerung" (bisher) auf die „Deutschsprachige Wohnbevölkerung" (neu) ab 14 Jahre um. Damit werden ca. 7,3 Mio. Personen bzw. 39,3 Mio. Haushalte repräsentiert.

Durchführende Institute der Media-Analyse 2010 waren beispielsweise: GFK Medienforschung, Enigma/GfK, IFAK, Ipsos, Marplan/MMA, TNS Infratest, TNS Emnid.

Die Media-Analyse gibt Auskunft darüber, wer welche Medien nutzt, Verhaltensmerkmale fließen bei der ma nur in sehr geringem Umfang ein. Die Zielgruppenbeschreibung erfolgt anhand soziodemographischer Merkmale wie z. B. Alter, Geschlecht, Beruf, Einkommen, Religion. Außer den soziodemographischen Merkmalen liefert die ma Daten über Besitz- und Konsumdaten bestimmter Besitzgüter. Verhaltensmerkmale werden bis auf wenige Ausnahmen nicht erfasst. Einen Auszug, der in der ma 2005 verwandten Kriterien, gibt die Tab. 3.12 wieder.

Während die Reichweiten bei Publikumszeitschriften, Tageszeitungen, Werbefunk und Kino durch Fragebögen und Interviews erhoben werden, misst man die Reichweiten beim Fernsehen über das GfK-Telemeter bei ca. 5.640 angeschlossenen Panel-Haushalten (vgl. Hofsäss und Engel 2003, S. 93 ff.) bzw. die Angaben der ag.ma). Der Fernsehempfang erfolgt über Terrestrik, über das Kabelnetz oder auch über Satellitenschüssel und -receiver. Um die Sicherheit der Messergebnisse zu optimieren wurden, sukzessive neue Messgeräte vom Typ TCscore bei den Panelteilnehmern installiert.

Ein weitaus größeres Problem der exakten Messung stellt nach wie vor der Zuschauer selbst dar. Denn handelt es sich um einen ausgesprochenen „Zapper", so könnte es durchaus möglich sein, dass er nie mit Werbung in Berührung gekommen ist und dennoch als „Seher" mehrfach gezählt wurde. Zusätzlich gibt das An- und Abmelden der Mitglieder der Panel-Haushalte beim Verlassen des Raumes keinen Aufschluss über geistige An- oder Abwesenheit während der Sendung.

3.3.1.2 Gesellschaft für Konsumforschung (GfK) und Erhebungsdaten – Erhebung der TV-Nutzung

Ablauf der Erhebung

Die GfK-Fernsehforschung untersucht seit 1985 die Fernsehnutzung innerhalb einer Langzeitstudie. Auftraggeber ist die Arbeitsgemeinschaft Fernsehforschung (AGF), bestehend aus ARD, ProSieben, Sat1 Media-AG, Mediengruppe RTL und ZDF. Anhand einer repräsentativen Stichprobe werden sekundengenau die Reichweiten ermittelt, d. h., wie viel Haushalte/Personen mit welchen soziodemographischen Merkmalen welche Sendungen/Werbeinseln wie lange gesehen haben. Die ausgewerteten Daten sind Entscheidungs- und Rechtfertigungsgrundlage für Sender bzw. deren Preise. Diese Daten werden täglich ausgewertet und stehen nicht nur den Auftraggebern zur Verfügung, sondern die AGF vergibt zusätzlich Lizenzen zur Datennutzung an andere Sender und versorgt auch Werbeagenturen und werbungtreibende Unternehmen mit Reichweitendaten. Im Jahre 2000 wurde der Auftrag für die Zuschauerforschung für mehrere Jahre an die GfK-Fernsehforschung vergeben.

Tab. 3.12 Datenübersicht der MA Pressemedien II (Auszug) (ag.ma, Methodensteckbrief zur Berichterstattung 2011)

Gruppen	Anzahl der Merkmale bzw. Abstufungen
Geschlecht	2
Stellung im Haushalt (Haushaltsführend; ja/nein)	2
Altersgruppen	7
Ausbildung	6
Berufstätigkeit	4
Beruf des Haupteinkommensbeziehers (HV)	6
Haushaltsnettoeinkommen	7
Zahl der Verdiener	3
Haushaltsgröße	5
Kinder im Haushalt	7
Nettoeinkommen des Befragten	6
BIK-Regionsgrößenklassen	5
Nielsengebiete	12
Besitz im Haushalt	28
Tiere im Haushalt	5
Gartenbesitz	2
Reiseziele	4
PC, Notebook, Laptop-Nutzung	5
Internet-Nutzung	1
Einkaufsorte	3
Anschaffungen der letzten zwölf Monate	13

In einer Stichprobe von rund 5.640 Haushalten werden insgesamt rund 13.000 Personen aus West- und Ostdeutschland elektronisch erfasst, einschließlich einer kleinen Anzahl sogenannter EU-Ausländer/innen. Der jeweilige Haushaltsvorstand hat entweder die deutsche Staatsangehörigkeit (5.500 Haushalte) oder die eines anderen EU-Staates (140 Haushalte). Innerhalb dieser Haushalte wird die Fernsehnutzung aller Personen ab drei Jahren erfasst. Die Aufzeichnung des Fernsehnutzungsverhaltens erfolgt durch Anschluss eines Messgeräts (TCScore) an die Fernsehgeräte der betreffenden Haushalte (siehe Abb. 3.5).

Abb. 3.5 Messgerät TC score

Modellansicht TC score

Gemessen werden hierbei die klassischen Empfangswege Kabel, Terrestrik und Satellit (analog und digital) sowie analoge Videorecorder. Zudem ermöglicht das neue Messgerät die Erfassung zeitversetzten Sehens über digitale Aufzeichnungsgeräte (z. B. Festplatten- und DVD-Recorder). Eine Integration weiterer Messmodule durch offene Schnittstellen, die auch den Einsatz der Technologien Dritter erlaubt, ist jederzeit möglich. Zudem wurde auch die Fernbedienung überarbeitet. Durch eine entsprechende Mehrfachbelegung der Tasten können sich jetzt bis zu 16 Haushaltsmitglieder (bisher sieben) und 16 Gäste (bisher einer) auf der Fernbedienung anmelden (vgl. www.agf.de/forschung/ messtechnik/ tcscore) (siehe Abb. 3.6).

Dadurch werden nicht nur die eingeschalteten Geräte ermittelt, sondern auch, welche Personen auf welche Art das Fernsehen nutzen. Hierbei stellen sich allerdings einige Probleme. Einmal kann nicht ermittelt werden, ob die People-Meter immer korrekt bedient werden. Zum anderen führt die Frage, wann eine Person als erreicht gilt, zu ständigen Diskussionen.

Generell gilt eine Person als werblich erreicht, die mindestens eine Minute lang den jeweiligen Sender in der Zeit eingeschaltet hatte, in der der betreffende Werbeblock ausgestrahlt wurde. So konnte beispielsweise eine Person einen Spielfilm auf einem bestimmten Sender gesehen haben. Im Anschluss an den Film begann der Werbeblock. Die Person suchte im Programmheft nach einem neuen Film und währenddessen lief der eingeschaltete Sender weiter. Danach schaltet die Person per Fernbedienung nacheinander mehrere Sender ein und verweilt letztendlich um 19.56 Uhr bei PRO 7, um die Nachrichten zu sehen. Mediatechnisch galt diese Person mehrmals als erreicht: einmal von allen Werbeausstrahlungen im ursprünglich eingeschalteten Sender, wenn sie dort länger als eine Minute verweilte. Des Weiteren galt sie auch von allen Werbeausstrahlungen des Werbeblocks vor den Nachrichten als erreicht, wenn sie sich auch dort wenigstens eine Minute aufhielt. Durch dieses Ergebnis wurden die Werbeleistungen der verschiedenen Fernsehsender „künstlich aufgeblasen". Zwei Verarbeitungsmethoden stehen zur Verfügung:

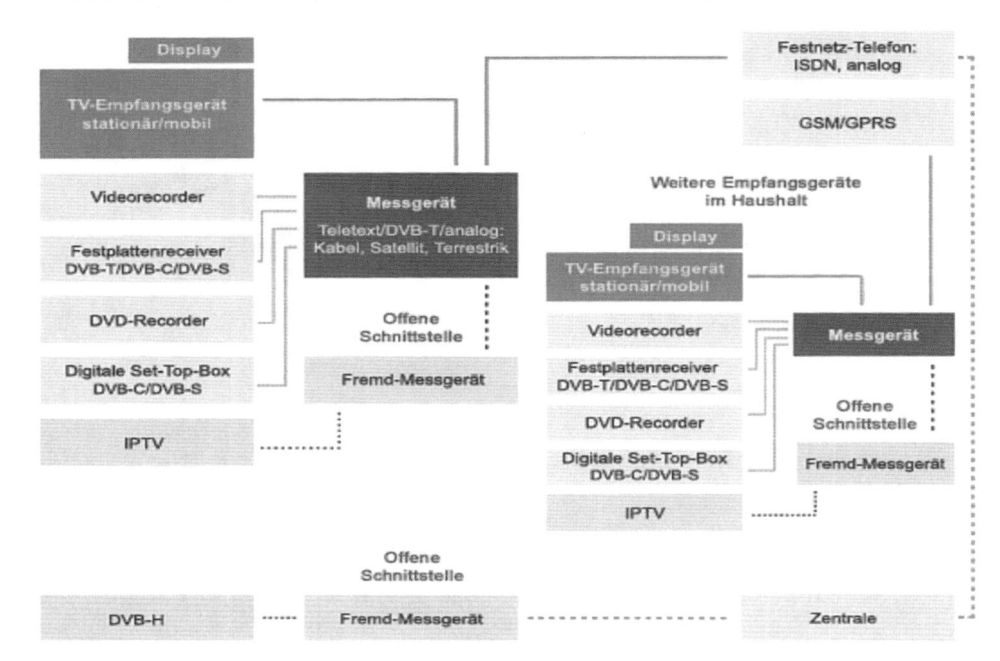

MESSUNG IM HAUSHALT (JE NACH HAUSHALTSAUSSTATTUNG) TC score

Abb. 3.6 Messtechnik TC-Score

- Methode 0/1: hierbei werden Leistungswerte unabhängig von der Sehdauer berechnet, wenn eine Nutzung vorliegt, wird der p-Wert dabei auf 1 gesetzt (p-Wert = Nutzungswahrscheinlichkeiten).
- Methode p-Wert: bei dieser Methode wir die individuelle Sehbeteiligung/Sehdauer der Personen einer Sendung berücksichtigt. Jede Person wird mit dem Anteil gezählt, der ihrer Sehdauer im Verhältnis zur Dauer der Sendung (= p-Wert) entspricht (AGF 2011).

Auswertungsmöglichkeiten

Für die Arbeitsgemeinschaft Fernsehforschung hat die GfK und die DAP GmbH entsprechende Auswertungssysteme entwickelt (vgl. hierzu Tab. 3.13).

Dabei können zwei Softwarefamilien unterschieden werden: Standard-auswertungssysteme und Sonderanalysen. Beide Systeme erlauben eine Vielzahl unterschiedlichster Analysen, die den Erwartungen der einzelnen Interessengruppen (z. B. Programmplaner, Werbetreibende, Mediaagenturen) angepasst sind.

Diese Software-Systeme erlauben die Analyse u. A. von:
- Sehdauer in Minuten/Sekunden
- Sehbeteiligung in Prozent und absolut

3.3 Erforschung der Medianutzung

Tab. 3.13 TV-Auswertungssysteme. (AGF Fernsehzuschauerforschung in Deutschland, 2008, S.37)

AGF-Auswertungssysteme	Provider	Primäres Anwendungsgebiet	Aktualität
pc#tv	GfK Fernsehforschung, Nürnberg	Standardanalysen, d.h. zeit- und sendungsbezogene Auswertungen mit beliebigen Zielgruppen für alle am System beteiligten Sender für Einzeltage und Durchschnitte.	täglich
pc#tv analyse	GfK Fernsehforschung, Nürnberg	Sonderauswertungen, d.h. Analysen des Verhaltens von beliebigen Zielgruppen im Hinblick auf Zuschauerwachstum (Kumulations- und Frequenzanalyse), Zuschaueridentitäten (Identitätsanalyse), Zuschauerbewegungen (Herkunfts- und Verbleibanalyse) und Zuschauerkonstellationen vor dem Bildschirm.	täglich
TV Scope	DAP, Frankfurt am Main	Reporting-Tool zur Erstellung von standardisierten Auswertungen über das Fernsehnutzungsverhalten beliebiger Zielgruppen über Einzeltage oder längere Zeiträume (inklusive flexibler Durchschnittsbildung).	täglich
TV Scope plus	DAP, Frankfurt am Main	Sonderauswertungen, d.h. Analysen zur Untersuchung von Zuschauerwachstum (Kumulations- und Frequenzanalyse), Zuschaueridentitäten und -bewegungen zwischen mehreren Sendungen (Identitätsanalyse, Kombinationsanalyse, Herkunfts- und Verbleibanalyse) und Zuschauerkonstellationen vor dem Bildschirm.	täglich
Plan-TV	DAP, Frankfurt am Main	Ex-ante-Planungssystem, d.h. Planung von Werbung für beliebige Zielgruppen auf Basis monatsweiser Viertelstunden-Werte. Weitere Analysemöglichkeiten nach Sendern, Wochentagen, Dayparts und deren Kombinationen. Verschiedene Planstati (Vorgabe, Feinplanung und Streuplan) bilden den Planungsworkflow ab.	monatlich Backdata wöchentlich (Preis), Programmschema

- Marktanteile in Prozent
- Seher in Prozent und Millionen
- Tausend-Kontakt-Preis
- Affinitätsindex
- Kontaktsumme in Prozent (GRPs) und Millionen
- Durchschnittskontakte (OTS).

Dabei können die Zielgruppen sehr frei definiert werden, denn es stehen eine Vielzahl von personenindividuellen Daten zur Verfügung. PIN-Daten sind personenindividuelle Nutzungsdaten für die Fernsehnutzung. Für jedes einzelne Panelmitglied und zu jeder zu analysierenden Sendung bzw. Werbeblock liegt ein entsprechender Nutzenwert vor.

Dazu kann auf einen sehr umfangreichen Merkmalskatalog zurückgegriffen werden (ca. 900 verschiedene Merkmale).

Tab. 3.14 Datensätze, bezogen auf Printmedien

Bezeichnung	Erscheinungstermin	Untersuchungsobjekte
Pressemedien I	Januar	Zeitschriften und Tageszeitungen auf der Basis von 40.000 Interviews
Pressemedien II	Juli	Zeitschriften und Tageszeitungen auf der Basis von etwa 40.000 Interviews
Tageszeitungsdatensatz	Juli	Tageszeitungen auf der Basis von 140.000 Interviews
Intermediadatensatz	Oktober	Tageszeitungen, Zeitschriften, Radio WTK und TV auf der Basis von ca. 40.000 Interviews

3.3.1.3 Untersuchung der Nutzung von Printmedien

Pressemedien werden zwischenzeitlich mittels zweier Erhebungsinstrumente erhoben. 30 % aller Befragungen fanden in der ma 2011 (1. Welle) anhand der „klassischen" Interview-Methode statt, bei der Interviewer die Antworten schriftlich festhalten. 70 % wurden anhand der CASI-Methode erfasst (Computer Aided Self Interviewing). Der Anteil von CASI soll in den nächsten Jahren weiter erhöht werden. Der Befragte nimmt dabei nach einer Einweisung des Interviewers die Antwortangaben auf einem Laptop mit Touchscreen selber vor. Neben logistischen und methodischen Vorteilen bietet die CASI-Methode eine stärkere Standardisierung der Interviews und die Reduktion von Interviewer-Effekten.

Es werden bundesweit rund 180 Publikumszeitschriften untersucht, dazu kommen ungefähr 700 Tageszeitungen und 40 Titel der sogenannten Konpress. Da eine befragte Person damit ziemlich überfordert wäre, wird seit 2004 ein Titelsplit durchgeführt. Jede einzelne Person wird nur mit ungefähr mit zwei Drittel aller Titel konfrontiert, da jede einzelne Stichprobe gleichermaßen repräsentativ ist, werden die Resultate anschließend wieder in eine einzige Studie zusammengeführt (Fusion).

Erhoben werden immer Werbemittelkontaktchancen. Es kann nur untersucht werden, in welchem Maße Werbeträger (Zeitschriften, Zeitungen) genutzt werden. Daraus ergibt sich lediglich eine Chance darauf, das Werbemittel (die Anzeige) wahrzunehmen. Daher wird in der Mediaplanung immer von OTS, OTH oder OTC gesprochen (Opportunity to See, to Hear oder – allgemein – to Contact).

3.3.1.4 Untersuchung zur Wahrnehmung von Plakaten

Die ma Plakat erfasst in Zusammenarbeit mit dem Fachverband Außenwerbung e. V. (FAW) die Plakatwahrnehmung seit Oktober 2004. Es werden in der ma Plakat 2011 Großflächen, City-Light-Board/Megalight Poster, City Light Poster und Ganzsäulen in ihren medientechnischen Leistungswerten ermittelt (vgl. Abb. 3.8).

3.3 Erforschung der Medianutzung

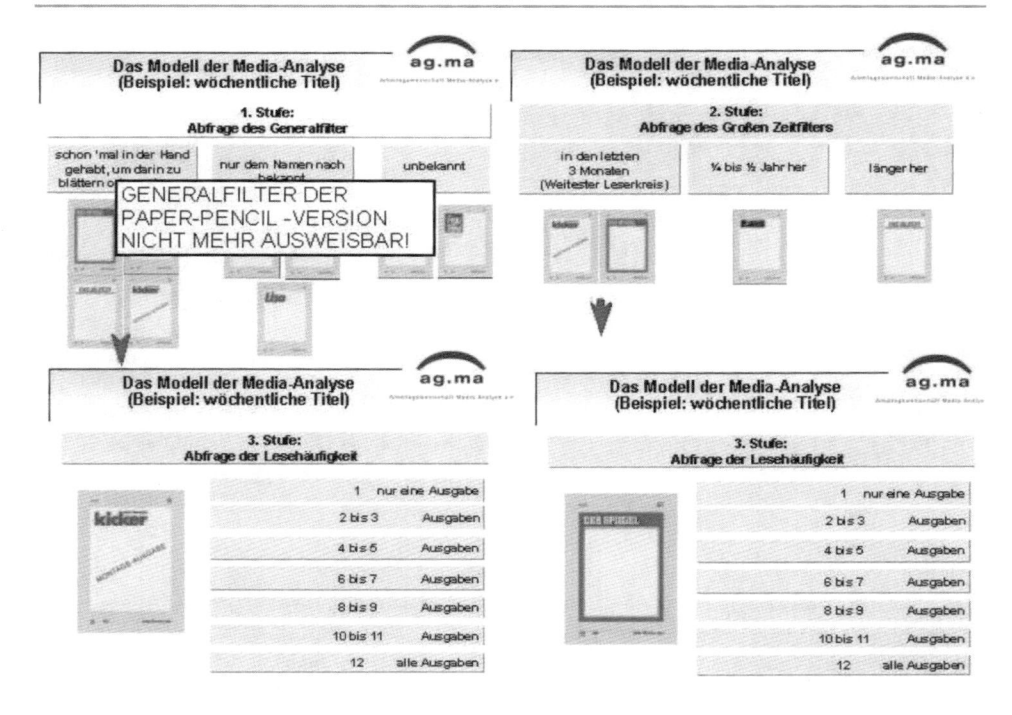

Abb. 3.7 Abfragetechnik innerhalb der ma. (agma-mmc.de/03_ forschung/zeitschriften/erhebung_methode/abfragemodell.asp?topnav=108subnav=201)

Es werden im Wesentlichen folgende Leistungswerte für die unterschiedlichen Plakatanschlagsstellen erhoben:
- Reichweite in Prozent
- Hochrechnung in Millionen Personen
- Kontakte in Millionen

Die ma Plakat erfolgt anhand eines kombinierten Erhebungsansatzes. Er besteht aus einer bundesweiten repräsentativen CATI-Erhebung mit rund 41.000 Fällen und einer GPS-Messung in 42 ausgewählten Städten mit rund 11.800 Fällen (CATI=Computer-Assisted-Telefon-Interviews) (zur Methodik vgl. z. B. Raab, Unger und Unger (2009).

Die CATI-Ermittlung ermittelt die Mobilität des gestrigen Tages, die GPS-Messung erfolgt über sieben Tage. Durch die Ermittlung der Mobilität wird die Voraussetzung geschaffen, die Begegnungswahrscheinlichkeit mit den

Plakatanschlagsstellen zu ermitteln. Im Rahmen des CATI-Interviews werden die Probanden mittels spezieller kartenbasierter Software (Trip Tracer) zu ihrer gestrigen Außer-Haus-Mobilität befragt.

Kontaktchancen mit entsprechenden Plakatanschlagsstellen werden immer dann generiert, wenn Personen auf ihren täglichen Wegen außer Haus Plakate passieren.

Plakatstellenarten – Beispieldarstellungen

Großfläche

Mega-Light-Poster/City-Light-Board

Ganzsäule

City-Light-Poster

Abb. 3.8 In der ma Plakat 2011 berücksichtige Plakatstellen. (ag.ma 2011b)

Die Daten der ma Plakat 2011 stammen aus drei Erhebungswellen (vgl. Tab. 3.15)
Der GPS- und CATI-Teil enthalten neben der Abfrage bzw. Messung der Mobilität folgende weitere Abfrageinhalte:
- Anzahl der Wege außer Haus in den letzten sieben Tagen
- Wegezeiten außer Haus an Werktagen montags bis freitags, samstags und sonntags
- Anlässe für Wege außer Haus
- Führerscheinbesitz
- Persönliche PKW-Nutzung
- Persönliche Verfügbarkeit eines PKW
- Anzahl der PKW für Privatfahrten im Haushalt
- Anzahl Fahrräder, Mofas/Mopeds, Motorräder im Haushalt
- Nutzungshäufigkeit von Auto, Motorrad, Bus/Bahn etc.

3.3 Erforschung der Medianutzung

Tab. 3.15 Erhebungswellen der ma Plakat 2011 (agma-mmc.de/03_forschung/plakat/erhebund_methode)

	Welle 2007	Welle 2009	Welle 2010	Summe
CATI	21.125	9.885	10.096	41.106
GPS	8.595	3.175	-	11.770
Summe	29.720	13.060	10.096	52.876

- Genutzte Fahrkarten bei Nutzung von Bus/Bahn in der Region
- Letzte größere Urlaubsreise
- Letzte Kurzreise in den letzten zwölf Monaten
- Ziel der letzten Kurzreise.

Zudem werden Fragen zum Freizeitverhalten, zur Mediennutzung, zur Haushaltsausstattung und zu soziodemographischen Variablen gestellt.

Als Werbemittelkontaktchance wird der Plakatseher pro Stelle (PpS) definiert. Er gibt die Kontaktsumme eines Werbeträgers bzw. eines Werbeträgernetzes pro Tag wider und ist als Werbemittelkontaktchance einzustufen. Die Berechnung der Leistungswerte beruht auf der Bestimmung der Passagefrequenz und der Berücksichtigung von qualifizierenden Stellenstandort-Parametern (sog. k-Wert). Ab 2012 löst der PpS die bisher existierende Parallelwährung G-Wert ab. (ag.ma 2011b, S.10)

Der k-Wert berücksichtigt die äußeren Bedingungen jeder einzelnen Plakatstelle (Umweltkomplexität), den Winkel zur Fahrbahn, die Anzahl weiterer Plakatstellen im Umfeld und anderer sichtbarkeitsrelevanter Faktoren. Der theoretische k-Wert für eine optimale K-Fläche beträgt 1,0. (vgl. medialine, ma Plakat).

Für die Reichweitenmodellierung werden Daten aus fünf Teilbeständen herangezogen:
1. Empirisch ermittelten Wegedaten der ma Plakat zur Berechnung von Reichweiten, Kontakten und zur Bestimmung von Zielgruppen.
2. Gewichteter Datenbestand zur Demographie der GPS- und CATI-Befragten.
3. Frequenzatlas zur Bestimmung der Auswahlwahrscheinlichkeiten im Polygon. Der Frequenzatlas weist für alle Gemeinden mit mehr als 10.000 Einwohnern durchschnittliche stündliche Frequenzwerte auf Straßenabschnitten differenziert nach Kraftfahrzeugen, Fußgängern und Öffentlicher Straßenverkehr aus. Insgesamt wurde die Berechnung in der aktuellen Version für 12.067 Gemeinden mit rund 6,9 Mio. Straßensegmenten durchgeführt.
4. Polygonsystem als Zusammenfassung von Funktionsräumen zur Umlegung der empirisch erfassten Verkehrsströme. Innerhalb eines Polygons herrschen homogene Verkehrseigenschaften vor. Zur Erstellung des Polygonsystems wurden anhand des Navteq-Straßennetzes feinräumige Funktionsräume für das gesamte Bundesgebiet gebildet. Sie sind gemeindescharf geschnitten, so dass alle Segmente einer Gemeinde eindeutig einem Polygon anhand einer Polygon-ID zugeordnet werden können.

5. K-Wert zur Berechnung der Kontaktwahrscheinlichkeit für unterschiedliche Werbeträger (vgl.www.agma-mmc.de/03-forschung/plakat/erhebung_methode/abfragemodell. asp?tpnav=108sunbav=199).

3.3.1.5 Untersuchung der Hörfunknutzung

Die Radionutzung wird auf der Basis von rund 65.000 CATI-Interviews durchgeführt. Grundgesamtheit ist die deutschsprachige Bevölkerung ab zehn Jahren.

Die Personen dieser Stichprobe werden nach folgenden Merkmalen erfasst:
- Freizeitaktivitäten
- Häufigkeit der Fernsehnutzung
- Häufigkeit der Radionutzung
- Tagesablauf des Vortages
- Daten zur Mobilität
- technische Haushaltsausstattung
- Soziodemographie.

In der ma Radio 2010 wurde die Nutzung von insgesamt rund 393 Sendern abgefragt, davon 58 öffentlich-rechtliche, 222 private und 113 andere, diesen Kategorien nicht eindeutig zuzurechnende Sender.

Um die Befragten nicht zu überfordern werden nur die im jeweiligen Sendergebiet hauptsächlich genutzten Stationen abgefragt (ca. 35). Die Abfrage ist in vier Schritte unterteilt (siehe Abb. 3.9). In einem Generalfilter geht es darum, diejenigen Sender zu ermitteln, die der Befragte schon einmal gehört hat (= bekannt). In dem zweiten sogenannten Zeitfilter wird der Zeitraum des letzten Hörens ermittelt, diejenigen Personen, die einen Sender innerhalb der letzten 14 Tage gehört haben, zählen zu dem Weitesten Hörerkreis. Hörer aus dem Weitesten Hörerkreis werden dann nach der Anzahl der Wochentage gefragt, an denen sie den Sender normalerweise hören. Als Stammhörer gelten die Befragten, die eine Frequenz zwischen vier bis sechs Tagen angegeben haben, die anderen Hörer werden als Gelegenheitshörer bezeichnet. Im letzten Schritt werden im so genannten Tagesablaufschema zunächst alle Sender angezeigt, die in den letzten 14 Tagen gehört wurden. Die Erfassung des gestrigen Tages findet in einem Gespräch statt, in dessen Verlauf der Interviewer den Vortag von 5 bis 24 Uhr im Tagesablaufschema protokolliert.

Das Problem dieser Erhebung liegt darin, dass die Personen über ihre Funknutzung bezogen auf die letzten beiden Wochen im Tagesablauf befragt werden. Das kann nur ungenaue Resultate liefern.

Seit der ma Radio 2011 werden die Nutzungswahrscheinlichkeiten (p-Werte) für alle Radiosender und -kombinationen auf der Ebene „Wochentagsreichweiten" publiziert, damit erfolgt eine differenzierte Ausweisung der p-Werte nach den Wochentagsgruppen Montag – Freitag und Samstag und Sonntag.

Bei der ma 2011 wird auch eine neue Berechnung der Werbemittelkontaktchance eingeführt. Bis zur ma 2010 Radio wurde bei Angabe von zwei und mehr Radiosendern in einer Viertelstunde jedem dieser Sender die volle Viertelstunde als gehört angerechnet.

3.3 Erforschung der Medianutzung

Abfragemodell

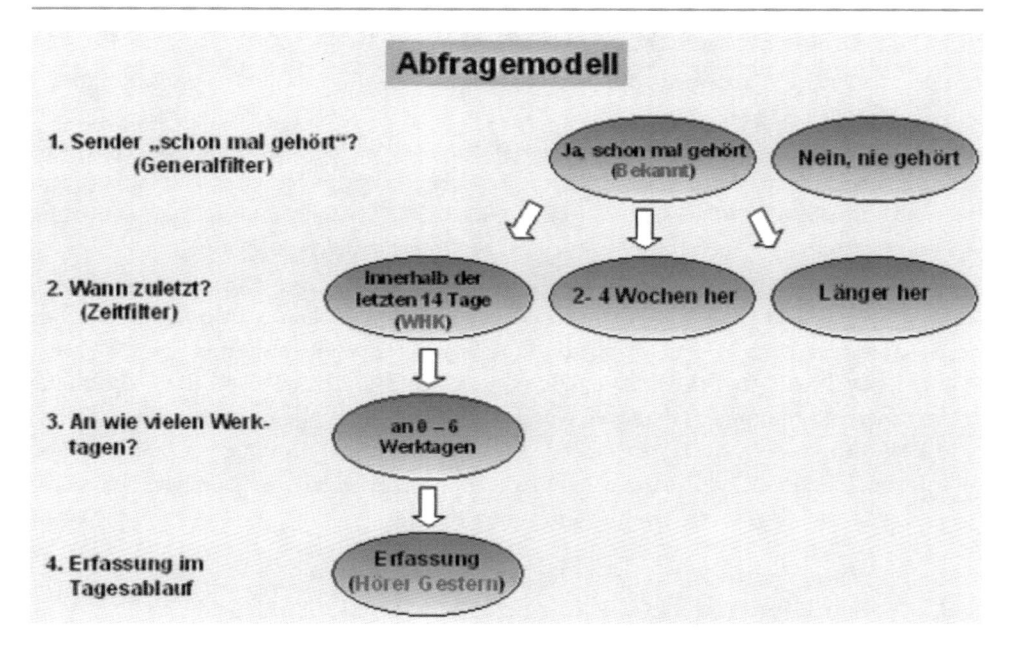

1. Sender „schon mal gehört"? (Generalfilter)
   - Ja, schon mal gehört (Bekannt) →
   - Nein, nie gehört

2. Wann zuletzt? (Zeitfilter)
   - innerhalb der letzten 14 Tage (WHK)
   - 2-4 Wochen her
   - Länger her

3. An wie vielen Werktagen?
   - an 0 – 6 Werktagen

4. Erfassung im Tagesablauf
   - Erfassung (Hörer Gestern)

Abb. 3.9 Abfragemodell ma Radio

Nach neuer Konvention werden jetzt die Viertelstunden entsprechend der genannten Sender aufgeteilt und die daraus resultierenden Minuten den Sendern zugeordnet.

Erfasst werden: „Hörerschaft pro durchschnittlicher Stunde (6.00 bis 18.00)", der „Hörer pro Tag", der „Weiteste Hörerkreis", die „Hörerschaft pro Sendetag und Zeitabschnitt". Dies geschieht auf der Basis der Werbeträgerkontaktchance (WTK) und der Werbemittelkontaktchance (WMK). Hinzu kommen Bruttokontaktinformationen über die Größe der Hörerschaft der „durchschnittlichen Stunde" in bestimmten demografischen Merkmalen.

Es gibt einige spezifische Probleme bei der Erforschung der Nutzung von Hörfunk:

a. Da Hörfunk in einer Befragung nicht visualisiert werden kann, ist die Erfassung aus dem Gedächtnis heraus schwierig. Daher wird die Hörfunknutzung „im Tagesablauf gestern" erfasst. Damit im Zusammenhang wird der gestrige Tagesablauf anhand verschiedener Merkmale erfragt (Berufstätigkeit, Weg zur Arbeit, Zeit des Aufstehens etc.).

b. Ein weiteres Problem stellt die Vielfalt lokal verbreiteter Hörfunksender dar. In manchen Städten wären dann für diese Sender keine repräsentativen Stichproben vorhanden. Daher wird die Stichprobe für manche Städte aufgestockt, was in den anschließenden Hochrechnungen wieder berücksichtigt wird.

3.3.1.6 Online-Untersuchung

Mit der ma 2009 Online wurde die Reichweitenwährung für die Gattung Online erstmals von der ag.ma publiziert.

Die methodische Grundlage ist ein „Drei-Säulen-Modell", dieses Modell besteht aus
- einer technischen Messung der Nutzung: Vollerhebung der gesamten Kontakte (Page-Impressions), auf der Basis jedes einzelnen Rechners/Browsers, dessen Internetnutzung gemessen wird. Hierbei werden derzeit ca. 700 Internetangebote erhoben.
- einer OnSite-Befragung: dient dazu Informationen über die Nutzer zu gewinnen. Grundgesamtheit ist die Internetnutzerschaft ab 14 Jahre. Neben soziodemografischen Daten werden auch Informationen zur Nutzungs des Rechners ermittelt.
- einer bevölkerungsrepräsentativen Befragung (CATI): dadurch soll die Verbindung zwischen Internetnutzerschaft und Gesamtbevölkerung) gebildet werden. Hierbei wird die Nutzung von ca. 40 Internetangeboten in den letzten drei Monaten erhoben. Diese Informationen werden als zusätzliches Kriterium zur Fusion der Datensätze herangezogen. (vgl. www.agma-mmc.de/03_forschung/ online)

3.3.2 Die Allensbacher Markt- und Werbeträger-Analyse (AWA)

Vergleichbar mit der ag.ma kann sich auch die AWA zu den bedeutendsten jährlichen Markt-Media-Analysen in der Bundesrepublik zählen. Die AWA wird bereits seit 1959 jährlich erhoben. Durchgeführt wird sie vom Institut für Demoskopie Allensbach im Auftrag von Verlagen und TV-Sendern. Für die AWA werden bundesweit etwa 21.000 Interviews mündlich-persönlich, nicht telefonisch durchgeführt. Die AWA ist eine besonders aktuelle Informationsquelle. Die AWA arbeitet nach einem rollierenden System mit drei Wellen: Frühjahrs- und Herbstwelle des Vorjahres sowie die Frühjahrswelle des aktuellen Jahres. Die letzten Interviews werden Anfang Mai abgeschlossen. Ergebnisse werden der Öffentlichkeit jedes Jahr im Sommer präsentiert. Allerdings können neue Medien bzw. auch Merkmale erst dann in der offiziellen Datenbasis publiziert werden, wenn alle drei Wellen erhoben worden sind, vorher ist nur ein Ausweis auf Teilbasis möglich.

Die Grundgesamtheit ist die deutschsprachige Bevölkerung ab 14 Jahren in Privathaushalten in der Bundesrepublik Deutschland (70,332 Mio.).

Die AWA folgt konsequent den Prinzipien einer Single-Source-Studie. Neben detaillierten Informationen über die Mediennutzung bieten die Ergebnisse der AWA auch Einblick in Kauf- und Verbrauchsgewohnheiten sowie in gesellschaftspolitische und soziokulturelle Rahmenbedingungen. In der AWA sind Informationen über Werbeträger aus folgenden Mediengattungen enthalten:
- Publikumszeitschriften
- Magazinsupplements von überregionalen Tageszeitungen und Zeitschriften
- Programmsupplements
- Wochen- und Monatszeitungen
- Stadtillustrierte

- Ausgewählte Kundenzeitschriften
- Überregionale Abonnementtageszeitungen
- Regionale Abonnementtageszeitungen
- Überregionale und regionale Kaufzeitungen
- Anzeigenblätter
- Fernsehnutzung von elf Sendern bzw. Programmen
- Öffentlich-rechtlicher und privater Hörfunk
- Kinobesuch
- Plakat/Anschlagsäulen
- Öffentlicher Nahverkehr
- Internet/Online-Dienste

Die Vielfalt, über welche die AWA Auskunft gibt, zeigt sich bei einem Blick auf die Produkte und Dienstleistungen, zu denen die Probanden befragt werden. Von Büchern über Scheckkarten bis hin zu alkoholischen Getränken, von Reisen über Versicherungen bis hin zur Mode, von Haus und Wohnen über moderne Telekommunikation bis hin zu Gesundheit, von Auto über elektrische Haushaltsgeräte bis hin zu Nahrungsmitteln reichen die Themen, zu denen die Bevölkerung etwa nach Besitz, Kauf oder Kaufplanung und nach Entscheidern gefragt wird.

Über die rein soziodemographischen Merkmale hinaus ermöglicht die AWA, Zielgruppen in unterschiedlichsten Facetten des Lebens und der Lebensumstände, der wirtschaftlichen und sozialen Gegebenheiten darzustellen. In der Berichterstattung zur Allensbacher Markt- und Werbeträgeranalyse werden alle Informationen zu bestimmten Themen- oder Produktbereichen in den nachfolgenden 20 Abschnitten zusammengefasst:

- Soziodemographie und Typologien
- Politik und Gesellschaft
- Werte und Interessen
- Konsumstile, Marken
- Sport, Freizeit
- Kultur, Bücher, Sprachen
- Urlaub, Reisen
- Geldanlagen, Versicherungen
- Haus und Wohnen, Garten
- Haushalt
- Essen und Trinken, Rauchen
- Unterhaltungselektronik, Fotografie
- Computer, Internet, Telekommunikation
- Kraftfahrzeuge
- Mode, Körperpflege und Kosmetik
- Gesundheit, Wellness
- Beruf
- Medienkonsum, Werbung
- Mediennutzung
- Sonder- und Kernzielgruppen.

Tab. 3.16 Beispielhafte Reichweiten AWA 2011

	Deutschsprachige Bevölkerung ab 14 Jahre	
Aktuelle Zeitschriften	%	Mio.
Bild am Sonntag	13,6	9,59
Bunte	5,6	3,96
Gala	3,1	2,15
Grazia	0,4	0,27
In Das Star und Style Magazin	0,7	0,49
In Touch	1,3	0,91
Life und Style	0,5	0,36
OK	0,6	0,45
Super Illu	3,5	2,47
Reader's Digest	3,2	2,22
View	1,3	0,91

(Kontakteinheit: Leser pro Ausgabe)

Der Kauf oder die Verwendung von bestimmten Marken wird – bis auf wenige Ausnahmen – nicht erfasst. Darin unterscheidet sich die AWA ganz wesentlich von der Verbraucher-Analyse.

3.3.3 Spezielle Untersuchungen bei bestimmten Zielgruppen

Neben den Erhebungen der ag.ma und der AWA besteht ferner Bedarf an Informationen hinsichtlich individuell definierter Zielgruppen. Da die Mediaforschung auf der Stichprobentheorie basiert, kann man zwar davon ausgehen, dass sich die Daten einer repräsentativen Stichprobe auf die Grundgesamtheit übertragen lassen, jedoch nicht so im Falle spezieller Zielgruppen, bei denen die Stichproben nicht genügend groß sind.

Dieses soll an einem Beispiel verdeutlicht werden: Es wird eine Stichprobe von mehr als 10.000 Personen wie z. B. bei der ag.ma und der AWA angenommen. Dem Anschein nach darf man unterstellen, dass hier eine hinreichend genaue Schätzung möglich ist. Dabei ist zu beachten, dass nicht die absolute Fallzahl für die Güte einer Untersuchung und die daraus resultierende Schätzung entscheidend ist, sondern im konkreten Fall der tatsächliche Anteil der ausgewählten Zielgruppe innerhalb der Stichprobe. Nehmen wir weiter an, dass unsere ausgesuchte Zielgruppe nur einen Anteil von 2 % an der Gesamtbevölkerung hat.

3.3 Erforschung der Medianutzung

So ergibt sich daraus, dass die Zielgruppe auch nur mit 2 % innerhalb der repräsentativen Stichprobe vertreten ist. Das wiederum sind auf unsere Zielgruppe bezogen nur 200 Personen. Wenn nun aber bestimmte Werbeträger innerhalb dieser Zielgruppe Reichweiten von, nehmen wir an, 30 % oder 50 % erreichen, dann wären das 60 bzw. 100 Personen. Hier sieht man deutlich, dass eine ausreichend genaue Schätzung nicht mehr gegeben ist. Daher empfehlen sich Spezialuntersuchungen für ausgesuchte Zielgruppen. Ein weiterer Grund besteht darin, dass beispielsweise Personen unter 14 Jahren in der ma oder der AWA nicht erfasst werden. Nachfolgend sollen einige spezielle Untersuchungen vorgestellt werden:

3.3.3.1 Kids Verbraucher Analyse (KVA)

Die Kids-Verbraucheranalyse erscheint seit 1994. Zuerst ein Kooperationsprojekt von mehreren Medienhäusern (Axel Springer, Heinrich Bauer und Bastei) und seit 2004 allein vom Egmont Ehapa Verlag herausgegebene Studie zum Medien- und Konsumverhalten von Kindern von sechs bis 13 Jahren. Damit bezieht sich diese Studie auf die 6,13 Mio. Kinder dieser Altersklasse. In der KVA von 2011 wurde die Befragtengruppe erstmals um die vier- und fünfjährigen Vorschulkinder (= 1,4 Mio) erweitert.

In der KVA 2011, herausgegeben vom Egmont Ehapa Verlag, wurden insgesamt über 2.100 Interviews durchgeführt. Befragt wurden Kinder und ein Elternteil von Interviewern an einem Notebook (CAPI/CASI), dabei füllte der Elternteil den Fragebogen selbst aus. Abgefragt wurden 46 Titel.

Abgefragt wurden durch mündliche Interviews bei Kindern und Jugendlichen folgende Bereiche:
- Demographische Merkmale
- Medienumgang und -akzeptanz
- Finanzielle Situation
- Aktionsfreiräume
- Markeneinfluss
- Konsum- und Verwendungshäufigkeiten
- Spiel, Sport, Freizeit
- Unterhaltungselektronik
- Ausgaben für Spielwaren, Bekleidung, Schuhe

Die Kids-VA 2011 zeigt immer noch ein relativ hohes Interesse der jungen Generation an Printmedien. Über 90 % aller befragten Kinder geben an in ihrer Freizeit Zeitschriften zu lesen und Bücher zu lesen. Tabelle 3.17 zeigt die Top-Ten-Titel der Zeitschriften der Kinder zwischen 6 und 13 Jahren. Damit erreichen die 46 erhoben Titel eine Gesamtreichweite von 72 %.

Betrachtet man die Gruppe der Kinder im Vorschulalter zeigt sich, dass diese bereits relativ früh an Printprodukte von den Eltern herangeführt werden. 81 % der Eltern geben an, dass ihre Kinder in der Freizeit Zeitschriften anschauen oder vorgelesen bekommen. Bei den Büchern ist der Anteil mit 87 % noch höher. Insgesamt erreichen die abgefragten 21 Titel eine Reichweite von knapp 50 %.

Tab. 3.17 Top Ten der Kinderzeitschriften (KidsVA 2011)

Micky Maus Magazin	11,6 %
Disneys Lustiges Taschenbuch	11,1 %
Just Kick-it	8,9 %
Donald Duck Sonderheft	8,3 %
Hannah Montana	7,6 %
Wendy	7,0 %
Simpsons Comics	7,0 %
Prinzessin Lillifee	5,6 %
GEOlino	5,6 %
Yeah!	5,3 %

Circa die Hälfte der 6- bis 13-Jährigen hätten gerne ein eigens Handy, jedoch besitzt nur jedes vierte Kind ein Handy. Der Zugang zu den neuen Medien beginnt immer früher und gewinnt an Intensität. Fast 5 Mio. dieser Zielgruppen (81 %) haben bereits Computererfahrung und 74 % waren bereits Online. Knapp ein Drittel der User ist dabei täglich Online. Dies wird begleitet durch eine zunehmende Durchdringung mit Unterhaltungselektronik, insbesondere Spielekonsolen sind verbreitet.

Die Höhe des Taschengeldes beträgt im Durchschnitt knapp 25 EUR . Rechnet man diesen Betrag hoch, verfügen die Kinder zwischen 6 und 13 Jahren insgesamt über 1,67 Mrd. EUR im Jahr, addiert man noch Geldgeschenke hinzu ergibt sich eine Summe 2,6 Mrd. EUR (vgl. hierzu emgmont-mediasolutions.de/ news/pdf/Pressemitteilung_KVA2011.pdf).

3.3.3.2 Soll und Haben:

Dabei handelt es sich um eine Spiegel-Dokumentation, die erstmals 1980 durchgeführt und seit dem alle vier bis fünf Jahre wiederholt und ergänzt wurde.

Im Fokus dieser Studie stehen Finanzdienstleistungen und die Einstellungen und der Umgang mit Finanzthemen. Diese Analyse enthält Informationen zu Spar- und Anlageformen, Altersvorsorge, Bankbeziehungen, Bausparen, Immobilien sowie Einstellungen zum Geld.

Methodisch gab es bei der Ausgabe „Soll und Haben 5" eine gravierende Veränderung: Erstmals wurden die Daten per CAPI (persönliches, computergestütztes

Interview) erhoben statt mit dem klassischen Papierfragebogen. Die neuesten Erhebungsdaten, abgebildet in Soll und Haben 6, stammen aus dem Befragungszeitraum Februar bis Mai 2004. Daran beteiligte Institute waren: TNS Infratest, München; Media Markt Analysen, Frankfurt am Main; Sinus Sociovision, Heidelberg; ISBA, Hamburg. Die Grundgesamtheit bilden 64,72 Mio. Personen (Deutsche Bevölkerung ab 14 Jahre in Privathaushalten in Deutschland). Die Stichprobe umfasst insgesamt 10.100 Interviews, davon 8.056 aus einer Random-Haushaltsstichprobe und 2.044 Quoteninterviews (leitende und qualifizierte Berufe).

Abgefragte Medien:
- 61 Publikumszeitschriften
- 2 Wochenzeitungen
- 7 überregionale Tageszeitungen
- 18 TV-Sender
- 45 Online-Sites

Inhalt der Befragungsthemen sind:
- Soziodemografie
- Sinus Milieus
- Perspektiven, Einstellungen zum Geld
- Altersvorsorge
- Sparen und Kredite
- Geldanlageformen
- Geldinstitute
- Kreditkarten
- Vermögensberatungsgesellschaften
- Aktien und Investment/Immobilienfonds
- Versicherungen allgemein
- Lebens-/Krankenversicherungen
- Bausparen
- Immobilienbesitz

3.3.3.3 Leseranalyse Entscheidungsträger in Wirtschaft und Verwaltung (LAE)

Die LAE 2011 steht in der Tradition von nunmehr 15 Vorgängeruntersuchungen. Mit der LAE-Gründung 1975 erschienen die Analysen im 2 bis3 Jahresrhythmus. Zielsetzung der LAE ist es, die Zielgruppe der Entscheider in Wirtschaft und Verwaltung in ihrem Einfluss auf betriebliche Entscheidungen darzustellen. Das Medianutzungsverhalten wird daher nur in Bezug auf die berufliche Sphäre der Grundgesamtheit erhoben.

Herausgeber der LAE ist die „LAE – Leseranalyse Entscheidungsträger e. V.". Die Grundgesamtheit umfasst 2.677.000 Zielpersonen, davon 207.000 Beamte, 1.517.000 leitende Angestellte, 453.000 freie Berufe, 500.000 Selbständige.

Die Daten wurden erhoben von den Instituten: CZAIA Marktforschung, Bremen; IFAK, Taunusstein; Media Markt Analysen, Frankfurt am Main.

Tab. 3.18 Reichweitenstarke LAE-Medien. (LAE 2011, www.m-cloud.de/LAE2011)

Medium	Reichweite (LpA)
Der Spiegel	26,8 %
Focus	23,6 %
Stern	20,4 %
Süddeutsche Zeitung	11,8 %
Wirtschaftswoche	11,5 %
Handelsblatt	11,4 %
FAZ	10,8 %

Die Befragung erfolgt mittels CATI (Computer Assisted Telefon Interview), CASI (Computer Assisted Self Interviewing) und CAPI (Computer Assisted Personal Interview. Auch bei dieser Studie wird ein rollierendes Verfahren eingesetzt, d. h. es werden die Daten von zwei Erhebungswellen zusammengefasst, dabei wurden 9.950 Befragte aus der Welle 2009 (Erhebungszeitraum 24.10.2008 – 27.4. 2009) und 4.143 Befragte aus der Welle 2011 (Erhebungszeitraum 29.9.2010 – 24.2.2011) in die LAE 2011 mit einbezogen.

In die LAE 2011 einbezogene Medien: brand eins, Capital, Cicero, Creditreform, Der Handel, Handwerk Magazin, Impulse, Manager Magazin, Markt und Mittelstand, Börse Online, Focus, Focus Money, FAZ und Frankfurter Allgemeine Sonntagszeitung, Der Spiegel, Stern, VDI Nachrichten, Welt am Sonntag, Wirtschaftswoche, Die Zeit, Financial Times Deutschland, Handelsblatt, SZ, Die Welt und Welt Kompakt. Tabelle 3.18 gibt einen Überblick über die reichweitenstärksten LAE-Medien.

Neben dem Medienverhalten werden der berufliche Tätigkeitsbereich, die Entscheidungskompetenz sowie das Konsum- und Besitzverhalten bei Gütern des gehobenen Bedarfs erhoben.

Neu aufgenommen wurden Fragen hinsichtlich der Internet-Nutzungsorte, der Nutzung von Smartphones und der Nutzung mobiler Dienste.

Nachfolgend werden drei Beispiele aus dem Fragenkatalog der LAE mit den entsprechend vorgegebenen Antwortmöglichkeiten vorgestellt:

Beispiel 1

Frage:
Bei welchen Gelegenheiten blättern oder lesen Sie in Zeitschriften/Zeitungen?
Vorgegebene Antworten:
Trifft zu/Trifft nicht zu, aus folgender Liste:
- Auf dem Weg zur Arbeit
- Am Arbeitsplatz, im Büro

3.3 Erforschung der Medianutzung

- Geschäftlich oder privat auf Reisen
- Im Urlaub
- Bei Verwandten, Freunden, Bekannten
- Im Wartezimmer
- Im Café, Gaststätte, Restaurant
- Zu Hause
- An anderer Stelle, wo z. B. Zeitschriften oder Zeitungen ausliegen

Beispiel 2

Frage:
Welche Ausbildung haben Sie?
Vorgegebene Antworten:
anhand der folgenden Liste (Mehrfachnennungen möglich)
- Abgeschlossene Lehre
- Meisterprüfung
- Fachschulabschluss
- Ingenieurschule
- Polytechnikum
- Fachhochschulabschluss
- Universitäts-/Hochschulabschluss
- Promotion/Habilitation
- Andere Ausbildung

Beispiel 3

Frage:
Wo waren Sie in den letzten zwölf Monaten geschäftlich/dienstlich unterwegs? (Mehrfachnennungen möglich)
- Bundesrepublik Deutschland
- Sonstiges West-Europa
- Ost-Europa
- Nord-Amerika
- Mittel-/Süd-Amerika
- Afrika
- Australien/Neuseeland
- Naher und mittlerer Osten
- China
- Indien
- Japan
- Andere asiatische Länder

Diese Art Zielgruppe scheint für die Werbung eine besonders interessante zu sein, denn es finden sich weitere Studien dieser Art z. B. „First Class" und „gehobene Zielgruppe".

3.3.3.4 Allensbacher Werbeträgeranalyse First Class

Unter dem Namen „First Class" führt das Institut für Demoskopie Allensbach seit 1990 eine Analyse innerhalb gehobener Zielgruppen durch. Die Studie erscheint jährlich, die Stichprobe der AWA First Class 2010 lag bei 4.032. Zielgruppe sind die Personen ab 14 Jahre, im gesellschaftlich-wirtschaftlichen Status 1 (ca. 6,5 Mio.). Davon sind die alten Bundesländer mit rund 5,90 Mio. und die neuen Bundesländer mit rund 0,6 Mio. vertreten. Im Unterschied zu anderen Media-Analysen der gehobenen Schichten, die sich meist auf Führungskräfte in ihrem beruflichen Umfeld konzentrieren, peilt „First Class" das Konsum- und Freizeitverhalten sowie die Lebenseinstellungen und Lebensstile der Besserverdienenden an. Detaillierte Aussagen über einzelne Marken werden nicht gemacht. Die Stichprobe umfasste die Teilstichprobe der Interviews zu AWA 2009 und AWA 2010, die nach dem Quotenverfahren durchgeführt wurden.

Erhobene Daten:
- Soziodemografie, Typologien
- Politik und Gesellschaft
- Werte, Konsumstile
- Beruf
- Interessen
- Sport, Freizeit, Kultur, Bücher, Sprachen
- Urlaub und Reisen
- Geldanlagen und Versicherungen
- Haus und Wohnen, Garten
- Haushalt
- Essen und Trinken, Rauchen
- Unterhaltungselektronik, Fotografie
- Computer, Internet, Telekommunikation
- Kraftfahrzeuge
- Mode, Körperpflege und Kosmetik
- Gesundheit, Wellness
- Medienkonsum, Werbung

Untersucht werden Bevölkerungsgruppen hinsichtlich ihres Lebensstils, Anspruchsniveaus und kommunikativen Verhaltens. Die Definition des gesellschaftlich-wirtschaftlichen Status bezieht sich daher nicht nur auf die Kaufkraft, den Beruf oder die Ausbildung der Bundesbürger, sondern umfasst alle diese Kriterien – ergänzt um den Gesamteindruck von Lebensstil und der Lebenshaltung (soziale Schicht), den die Interviewer von den Befragten und ihren Haushalten haben. „Durch eine Klassifizierung der Befragten entsprechend ihrem gesellschaftlichen Status wird die Bevölkerung nach Lebensstil, Anspruchsniveau und kommunikativem Verhalten geordnet. Mit einem Punktesystem erfolgt eine Bewertung nach den Merkmalen Schulabschluss, Berufskreis, Einkommen und Einschätzung von Lebensstil und Lebenshaltung. Die Personengruppe mit der höchsten Punktezahl erhält den Status 1" (Allensbacher Werbeträgeranalyse First Class, 2005). Zur Bewertung folgender vier Kriterien eingesetzt wird:

3.3 Erforschung der Medianutzung

- Schulabschluss
- Berufskreise
  Zum Berufskreis gehören nicht nur die jeweiligen Berufstätigen selbst, sondern auch ihre nichtberufstätigen Familienangehörigen. Bei Berufstätigen ist der ausgeübte Beruf, bei Rentnern und Pensionären der frühere Beruf, sonst der Beruf des Ernährers maßgebend.
- Hauptverdiener-Netto-Einkommen im Monat
- Interviewer-Eindruck vom Lebensstil und der Lebenshaltung
  Diese Einstufung erfolgt auf der Grundlage von Bewertungskriterien, die die Interviewer vom Institut erhalten. Der sich daraus ergebende Gesamteindruck einer Person entspricht der Summe ihrer vier Einzelpunktwerte. (Vgl. AWA first class 2005)

Im Bereich der Medien wurden erhoben:
- Zeitschriften
- Wochenzeitungen
- überregionale Tageszeitungen
- Kombination aus Printtiteln und TV-Sendern

Soweit sie folgende Bedingungen erfüllen:
- Ausprägung der Reichweite im gesellschaftlich-wirtschaftlichen Status 1 mit 100 Indexpunkten und mehr (Index 100 = Reichweite LpA/SpT innerhalb der Gesamtbevölkerung/Männer/Frauen ab 14 Jahre).
- Mindestfallzahl im Weitesten Nutzerkreis (WNK):
  – 180 Fälle für Status 1 Gesamt
  oder
  – 140 Fälle für Status 1 Männer oder Frauen

3.3.3.5 Top Level 2008

Grundgesamtheit sind die Top 25 der Bevölkerung eingegrenzt auf die 18- bis 64-Jährigen (insgesamt 12,69 Mio. Menschen). Nach einem Quotenauswahlverfahren wurden 4.195 Interviews im Zeitraum 12.12.2007 bis 24.01.2008 durchgeführt. Die Umfrage stützt sich ausschließlich auf mündlich-persönliche Interviews, die durch das Institut für Demoskopie Allensbach durchgeführt werden. Zur Abgrenzung wird eine Kennziffer zum gesellschaftlich-wirtschaftlichen Status herangezogen, die für die AWA entwickelt wurde. Maßgebend sind die vier Merkmale Einkommen, Berufskreis, Bildung und soziale Schichten des Probanden nach dem Interviewereindruck.

TOPLevel fokussiert damit luxusaffine Zielgruppen und die Potenziale für Luxusprodukte und -marken. Im Mittelpunkt stehen die Bereiche Mode und Accessoires, Kosmetik und Düfte, Uhren und Schmuck, Möbel, Küchen und Unterhaltungselektronik. Neuaufgenommen wurde das Themenfeld Leisure (Freizeitaktivitäten, Reisen, Interesse an hochklassigen Events).

Im Rahmen der Mediennutzung umfasst die Abfrage 77 zielgruppenaffine Zeitungen und Zeitschriften, Fernsehkonsum und Internetnutzung. Tabelle 3.19 gibt einen Eindruck der Reichweiten von Zeitungen und Zeitschriften der TOPLevel 2008.

Tab. 3.19 Reichweiten-Beispiele von Printmedien der TOPLevel 2008

Medium	LpA	RW nach 6 Schaltungen	WNK
Bunte	5,4 %	18,1 %	34,7 %
Gala	3,6 %	11,8 %	24,4 %
Focus	13,3 %	38,1 %	62,6 %
Der Spiegel	17,5 %	42,0 %	66,2 %
Stern	17,8 %	48,4 %	73,1 %
FA Sonntagszeitung	3,5 %	10,6 %	17,9 %
Welt am Sonntag	3,5 %	9,8 %	19,2 %
Die Zeit	8,0 %	21,0 %	35,7 %

3.3.3.6 Abschließende Bemerkung

Die hier dargestellten Studien für nach bestimmten Kriterien definierte „Gehobene Zielgruppen" sind nur stellvertretende Beispiele dafür, bestimmte mögliche Zielgruppen in ihrem Nutzungsverhalten bezogen auf Medien zu untersuchen. Das grundsätzliche Problem besteht darin, ob es überhaupt möglich ist, auf der Grundlage umfassender Media-Studien das relevante Verhalten ganz bestimmter Zielgruppen zu erfassen. Zielgruppen werden zunehmend gleichermaßen soziodemographisch und psychologisch beschrieben. Eine Nutzung bestehender Media-Studien für das Marketing setzt voraus, dass sich Media-Studien finden, in denen die Nutzer nach exakt den gleichen Merkmalen beschrieben werden, nach denen auch die eigene Zielgruppe beschrieben wird. Das Problem vertieft sich, wenn für das Marketing Marktsegmentierung betrieben wird und/oder sich die für die Kommunikation relevante Zielgruppe von der allgemeinen für das Marketing insgesamt relevanten Zielgruppe unterscheiden. Die hier beschriebenen Spezialuntersuchungen sind Beispiele dafür, sich in der Mediaforschung den tatsächlichen Zielgruppen anzunähern. Das Problem der Vielfalt möglicher Zielgruppen und ihrer Entsprechung in der Mediaforschung wird so nur unzureichend gelöst. Das gilt umso mehr, als die Zielgruppenbeschreibung für das Marketing durchaus auch sehr kreativ erfolgen kann, und damit ungewöhnlich. Je mehr Kreativität dabei ins Spiel kommt, umso weniger ist damit zu rechnen, wirklich geeignete Mediastudien zu finden. Hier findet sich ein weites unerschöpfliches Feld für praktische Marktforschung im Einzelfall.

3.3.4 Das Konsumentenverhalten einbeziehende Studien

Neben der Frage, wer welche Werbeträger nutzt, spielt die Frage nach dem Konsumverhalten dieser Bevölkerungsgruppe eine entscheidende Rolle. In der BRD und in anderen

Ländern erscheint eine Reihe derartiger Studien, die versuchen auf diese Fragen Antworten zu liefern. In erster Linie werden diese Studien von größeren Verlagen in Auftrag gegeben und praktisch gesehen als Service der Werbung treibenden Wirtschaft und den Werbeagenturen zur Verfügung gestellt. Im Folgenden sollen einige in der BRD bekannte Studien vorgestellt werden:

3.3.4.1 Die Verbraucher-Analyse (VA):

Die Verbraucher-Analyse ist eine Single-Source-Untersuchung zur Mediennutzung und zum Konsumverhalten. Die Verbraucher werden nach Besitzmerkmalen, Konsumverhalten, Freizeitverhalten, psychologischen und demographischen Merkmalen beschrieben. Die Mediennutzungsreichweiten sind den in der ag.ma ermittelten Daten angepasst. Herausgeber sind die Bauer Media Group und die Axel Springer AG. Die Verbraucher-Analyse wurde als ein Instrument der Mediaplanungs-Praxis konzipiert. Auf dieser Grundlage basiert ihre konzeptionelle und praktische Ausrichtung. Sie ist einmal durch eine praxisorientierte Medienpalette, die an die ma-Währung angepasst wird, gekennzeichnet. Außerdem existiert eine nach Werberelevanz-Aspekten selektierte und danach laufend aktualisierte Produkt-/Marken-Datenbank, die eine Vielzahl von Zielgruppenbildungen für die Mediaplanung, auf den Sektoren Konsum-, Besitzgüter und Dienstleistungen, erlaubt. Die VA ist eine Markt-Media-Untersuchung, die nach dem Single-Source-Prinzip angelegt ist. Mit der VA 86 wurde die VA auf ein rollierendes Feld-Modell umgestellt. Danach wird jährlich die Hälfte der Fälle erhoben. Jeweils zwei Jahre, das laufende und das vergangene Jahr, werden datenbestandsmäßig zur aktuellen VA zusammengefasst. Dieses rollierende System wurde 1996 erstmals für den Osten angewandt, nachdem die stagnierenden Marktbewegungen dies erlaubten.

Seit der VA 2005 werden auch Jugendlichen von zwölf bis 13 Jahre gesondert ausgewiesen in der VA Jugend, diese ist jedoch auf jugendrelevante Themen und Medien restringiert.

Grundgesamtheit der VA Klassik 2010 ist deutschsprachige Bevölkerung ab 14 Jahre in Privathaushalten der Bundesrepublik Deutschland (70,507 Mio.). Für die VA Jugend ist die Grundgesamtheit die deutschsprachige Bevölkerung ab zwölf Jahre in Privathaushalten in der Bundesrepublik Deutschland (72,075 Mio.).

VA Klassik: 31.447 Fälle
VA Jugend: 32.801 Fälle
Erhoben werden die Daten durch die Institute Ipsos, Ifak und Marplan.

Die VA Klassik umfasst Angaben zu 650 Produktbereichen mit ca. 1.800 Marken und Daten zum Mediaverhalten, demografische Merkmale, Konsum- und Besitzdaten, Freizeitinteressen, Produktinformationsinteresse, Einstellungen und Meinungen sowie die Zielgruppendifferenzierung über SigmaMilieus.

Die Mediaabfrage umfasst folgende Bereiche:
- Klassische Medien:
Zeitschriften (160), überregionale und regionale Zeitungen (23), Kino, Telefonbücher, Lesezirkel und Außenwerbung, TV und Radio. Dabei wird z. B. für das Fernsehen

Werbeträger- und Werbemittelreichweiten für nationale TV-Sender je ½ Stunde und durchschnittlicher ½ Stunde fusioniert aus der ma 2010 Intermedia ausgewiesen.
- Onlinemedien:
71 Online-Angebote, schwerpunktmäßig aus dem Printbereich.

Die Psychographie, die in der VA eine bedeutende Rolle einnimmt, umfasst alleine in der Kategorie Freizeit-Interessen rund 40 Gebiete. Dabei wird abgefragt, ob Sie diese Aktivitäten besonders gerne, gerne, weniger gerne oder überhaupt nicht tun. Die Tab. 3.20 zeigt erhobene Freizeitinteressen, Tab. 3.21 die Konsumbereiche, Merkmale und Demographie bzw. was sich hinter ausgewählten Produktfeldern und Dienstleistungen verbirgt.

Die VA ist primär ein Instrument für die Mediaplanungspraxis, deshalb stehen primär werberelevante Produkte und Marken im Mittelpunkt. „Dabei hat die VA gegenüber der Alternative „wenig, aber tief" den Weg eingeschlagen möglichst viele Produktfelder zu repräsentieren. Immerhin geht die VA bis zur Markenebene auf Verwenderbasis": (www.Medialine.de/wissen/medialexikon.php?snr=5742) (siehe Tab. 3. 22).

3.3.4.2 Typologie der Wünsche (TdW):

Diese Studie wird kontinuierlich seit 1974 zuerst in einem zwei-jährigen Rhythmus publiziert, ab 1986 wird auf einen jährlichen Rhythmus umgestellt und seit 1993 fungiert sie als Intermedia-Studie.

Die Typologie der Wünsche 2011 bildet durch den Einbezug der neuen Sinus-Milieus den aktuellen Wandel der Gesellschaft ab. Sie erscheint erstmals im neu gegründeten Institut für Medien und Konsumentenforschung (IMUK). In der Typologie werden über 160 Zeitschriften, 10 nationale Zeitungen, die großen TV-Sender, mehr als 20 digitale TV-Sender und über 150 Websites erfasst.

Zusätzlich werden auch Sportveranstaltungen, Außenwerbung und Point-of-Sale-Maßnahmen erfasst. Die Reichweiten der Zeitschriften, Zeitungen und TV werden an die aktuelle ma angepasst. Die Online-Nutzung kann über die „Nutzung gestern" und eine entsprechende Nutzungswahrscheinlichkeit eingeplant werden.

Mit der Erfassung von über 1.800 Marken in über 400 Marktsegmenten ist die TDW eine der großen Markt-Medien-Studien. Neu aufgenommen wurde die Abfrage nach Marken von Computerbetriebssystemen, Navigationssystemen und Spielekonsolen.

Die Grundgesamtheit der Untersuchung stellt die deutschsprachige Bevölkerung ab 14 Jahren in Privathaushalten in der Bundesrepublik Deutschland mit 70,507 Mio. Einwohnern. Wie in der ma 2010 Pressemedien wurde die Grundgesamtheit der Typologie der Wünsche 2011 um die in Deutschland lebenden Ausländer erweitert.

Die Typologie der Wünsche wird immer in zwei Befragungswellen durchgeführt, diesmal vom 1. September 2009 bis 27. Juli 2010 und 1. September 2008 bis 27. Juli 2009. Für die TdW Intermedia 2005/06 wurden 20.129 Interviews ausgewertet. Das zweiteilige Befragungsinstrumentarium besteht aus einem mündlichen Teil (CAPI) und einem Haushaltsbuch (schriftlicher Teil). Als einzige Studie fragt die TdW Marke und Produkte durch farbige Produktabbildungen und über 100 Markenschriftzüge visuell ab. Dadurch sollen eine geringere Verwechslung und eine realistischere Erinnerung gesichert werden. Die durchführenden Institute waren IFAK und MMA.

Tab. 3.20 Abfrage der Freizeitinteressen der Verbraucher-Analyse

Wandern	Radfahren
Skifahren	Schwimmen
Wassersport betreiben	Angeln
Tennisspielen	Fußballspielen
Golf spielen	Joggen, Walken
Reiten	Inlineskaten
Ins Fitnessstudio gehen	andere Sportarten betreiben
Wellness-Angebote nutzen	Sportveranstaltungen besuchen
Partys feiern	mit Freunden zusammen sein
Zeit mit Kindern/Enkeln verbringen	Auto fahren
Motorrad, Moped, Mofa fahren	mit Auto/Motorrad beschäftigen
Heimwerken, Do it yourself	Musikhören
Hörbuch hören	Bücher lesen
Tageszeitungen lesen	Zeitschriften lesen
Fernsehen	Radiohören
DVD anschauen	ins Kino gehen
Pop-, Schlagerkonzerte besuchen	Theater, Konzerte, Musicals besuchen
Museen, Ausstellungen besuchen	gut Essen gehen
Kneipen/Lokale besuchen	Discotheken/Clubs besuchen
Computer/Videospiele spielen	PC/Internet nutzen
Gartenarbeit, Pflanzen pflegen	Videofilmen
Camping, Zelten	sich beruflich fortbilden
Arbeiten für den Beruf erledigen	im Verein aktiv sein
Sammeln (z. B. Münzen)	Shoppen/Bummeln, Einkaufen

Tab. 3.21 Erhobene Konsumbereiche, Merkmale und Demographie der Verbraucheranalyse

Alkoholfreie Getränke	Limonaden, Cola-/Fruchtsaftgetränke, Multivitaminsäfte, Mineral-/Tafelwasser, Bitterlimonade, Sportler-/Energy-Getränke, Eis-Tee, Fruchtschorlen
Alkoholische Getränke	Bier, Wein, Sekt, Prosecco, Champagner, Aperitifs, Spirituosen, Fertig-Mix-Getränke
Mode	Bekleidung, Kleidungsgröße, Schuhe,
Finanzen, Versicherungen	Geldanlagen, Bausparen, Versicherungen, Altersvorsorge, Sparmotive. Kreditkarten
Handel	Einkaufsstätten, Kaufhäuser, Versandhäuser, Spielzeug/ Spiele, Onlinedienste
Reisen, Veranstaltungen	Kurzreisen, Urlaubsreisen, Veranstaltungen, Gaststätten/Restaurants
Gesundheit	Kalorienreduzierte Nahrungsmittel, Diätkost, Functional Food, Erkältungsmittel, OTC-Präparate etc.
Wohnen	Eigenheim/Eigentumswohnung, Gartenbesitz, Energiesparlampen, Strom/Gasanbieter, Elektro-Weißgeräte, Küchen-, Heimwerker-, Gartengeräte, Möbel, Einrichtungsgegenstände
Haushaltsartikel, Haushaltspflege	Waschmittel/Weichspüler, Geschirrspülmittel, Haushaltspflegemittel
Körperpflege	Körper-, Mund-, Haarpflege, Hygiene, Badekosmetik, Rasier-, Epiliergeräte, Hauttyp, Babypflege
Kosmetika	Pflegende, dekorative Kosmetik, Duftwasser, Parfum, Herren-Gesichtspflege
Ernährung	Convenience-Produkte, Konserven, Tiefkühlprodukte, Eiscreme, Kaffee, Tee, Milch, Quark, Joghurt, Käse, Speisefette, Brotaufstriche, Frühstückscerealien, Zutaten
Haustiere	Haustierbesitz, Tierfutter
Pkw, Pkw-Bedarf	Pkw, Reifen, Kraftstoffe, Motoröl, Markenwahl-Motive, Führerschein, Anschaffungsplanung
Süßwaren	Tafelschokolade, Schokoladen-/Gebäck-/Müsli-Riegel, Eis, Eisriegel, Schoko-Spezialitäten, Pralinen, Bonbons/Süßigkeiten, Gebäck/ Knabberartikel
Tabakwaren	Zigaretten, Zigarren, Zigarillos, Pfeifentabak
Unterhaltungselektronik,	TV, DVD-Player/-Recorder, HiFi, Navigationsgeräte, Spielekonsolen, Empfangsart TV, Foto, Gerätenutzung

3.3 Erforschung der Mediennutzung

Tab. 3.21 (Fortsetzung)

Computer und Telekommunikation	Computerbesitz und -ausstattung, PC-Nutzung, Internetzugang und -nutzung, Online Informationssuche und -Kauf, Handy/Dienste, Anwendungen, Festnetz, Flatrates
Qualitative Merkmale	Sigma, Sinus-Milieus und weitere Typologien, Freizeitinteressen, Einstellungen, soziale Werte, Factor-Groups, Konstrukt-Typen, Musik-Präferenzen, Preis- versus Marken-Präferenz,
Medien	Print, TV, Funk, Plakate, Telefonbücher, Internet/Online-Angebote, Medianutzergruppen,
Demographie	Personen-, Haushaltsmerkmale, Lebensphasen, -zyklen, Mobilität, Gebietsinformationen

Als besonders interessant ist bei der TdW Intermedia herauszustellen, dass die verschiedenen Zielgruppen anhand zahlreicher psychologischer Merkmale in einer Form beschrieben werden, wie es die ma, die fast ausschließlich nach soziodemographischen Merkmalen beschreibt, nicht bietet. Für die Media-Planung als auch für die Differenzierung der unterschiedlichen Zielgruppen reicht eine auf rein soziodemographischen Merkmalen ausgerichtete Analyse nicht mehr aus. Erst die Kombination von soziodemographischen Merkmalen mit Einstellungen, Interessen, Wünschen und Zielen ermöglicht eine annähernd vollständige Zielgruppenbeschreibung bzw. Marktsegmentierung.

Eine Fusionierung der Media-Analyse und der TdW Intermedia ist möglich, da auf eine vergleichbare Datenbasis zurückgegriffen werden kann. Im Zusammenhang der Möglichkeiten, Zielgruppen noch präziser zu klassifizieren werden auch andere soziologische Modelle, wie die aktuellen Sinus-Milieus einbezogen. Der Einbezug weiterer Studien in die jeweiligen Analysen soll noch differenziertere Zielgruppenbeschreibungen in die Mediaplanung einbeziehbar machen, womit den Anforderungen an differenzierte Marktsegmentierung, kreative Zielgruppenbeschreibungen etc. Rechnung getragen werden soll.

Märkte und Zielgruppen der TdW:
Zielgruppenbezogene Merkmale:
- Demografie
- Sinus Milieus
- Biografische Lebenswelten
- Familien-Lebenswelten
- Limbic Types
- Einstellungen, Interessen
- Sport und Freizeit
  Märkte:
- Unterhaltungselektronik

Tab. 3.22 Beispiel aus dem Codeplan der VA 2010

	hauptsächlich nach niedrigem Preis	hauptsächlich nach Qualität/ Marke	kaufe ich nicht
Alkoholfreie Getränke	52,4 [8170] 1	38,4 2	9,2 0
Alkoholische Getränke (Bier, Wein, Spirituosen)	35,6 [8197] 1	45,3 2	19,1 0
Edle Weine, Spitzenspirituosen	20,9 [8171] 1	38,4 2	40,7 0
Bioprodukte	21,1 [8172] 1	26,4 2	52,5 0
Lebensmittel mit gesundheitlichem Zusatznutzen (Functional Food)	16,3 [8173] 1	18,6 2	65,0 0
Gesundheitsprodukte/ -geräte	23,6 [8174] 1	35,4 2	41,0 0
Haarpflegemittel	40,6 [8175] 1	45,8 2	13,6 0
Pflegende Kosmetik	30,5 [8176] 1	41,1 2	28,4 0
Dekorative Kosmetik	23,3 [8177] 1	30,1 2	46,6 0
Parfum/ Düfte	24,2 [8178] 1	52,9 2	22,8 0
Wellness-Produkte (z.B.: Duftöle, Wellnessgetränke)	22,0 [8179] 1	26,9 2	51,1 0
Mode	42,0 [8180] 1	49,2 2	8,8 0
Spezielle Freizeit-/ Sport-/ Outdoorbekleidung	33,8 [8196] 1	40,5 2	25,7 0
Schuhe	40,1 [8181] 1	55,8 2	4,0 0
Armbanduhren/ Schmuck	34,4 [8182] 1	40,1 2	25,5 0
Möbel und Einrichtung	37,3 [8183] 1	39,2 2	23,5 0
Kücheneinrichtung	33,5 [8184] 1	36,8 2	29,7 0
Heimtextilien, Dekoration, Wohnaccessoires	43,2 [8198] 1	28,0 2	28,8 0
Elektrische Haushaltsgeräte	32,7 [8185] 1	42,6 2	24,7 0
Material zum Bauen, Renovieren	25,3 [8186] 1	25,2 2	49,5 0
Elektrische Heimwerkergeräte	21,9 [8187] 1	31,7 2	46,4 0
Produkte für den Garten/ Pflanzen/ Gartengeräte	28,7 [8188] 1	24,1 2	47,2 0
Autos, Autozubehör	21,0 [8189] 1	42,5 2	36,5 0
Fotoapparate und Zubehör	21,8 [8190] 1	36,4 2	41,8 0
Videokameras, Camcorder	16,1 [8191] 1	24,1 2	59,7 0
Unterhaltungselektronik (z.B.: TV-, Hifi-Geräte)	26,1 [8192] 1	41,5 2	32,3 0
Tonträger wie CDs, Musik-Kassetten, Musik-DVDs	38,8 [8199] 1	32,4 2	28,8 0
Videos, Film-DVDs	35,4 [8200] 1	28,8 2	35,8 0
Computer, Notebooks, Netbooks	20,9 [8193] 1	35,1 2	44,0 0
Computersoftware	22,1 [8194] 1	29,6 2	48,3 0
Handys, Telefone, Smartphones	28,5 [8201] 1	39,2 2	32,2 0

- Computer, Telekommunikation
- Urlaub, Reisen, Geschäftsreisen
- Bausparen, Versicherungen
- Banken, Geldanlagen, Kreditkarten
- Haushaltsgeräte, Haushaltspflege
- Garten, Gartengeräte
- Einkaufsstätten, Warenhäuser
- Speisen, Getränke
- Gesundheit
- Mode, Uhren, Schmuck
- Körperpflege und Kosmetik

Die Zielgruppenbestimmung von Sinus orientiert sich an der Lebensweltanalyse unserer Gesellschaft. Die Sinus Milieus fassen Menschen zusammen, die sich in Lebensauffassung und Lebensweise ähneln. Man kann die Milieus deshalb auch als „Gruppe Gleichgesinnter" bezeichnen. Grundlegende Wertorientierungen gehen dabei ebenso in die Analyse ein wie Alltagseinstellungen zur Arbeit, zur Familie, zur Freizeit, zu Geld und Konsum. Seit der Integration des Milieuindikators in die TdW'95 können sämtliche Markt-Media-Daten der Erhebung nach Sinus Milieus ausgewertet werden. Die Sinus-Milieus 2010 (siehe Abb. 3.10) sind dabei gründlich überarbeitet worden. Gründe für Überarbeitung waren:

- Wachsende Wohlstandspolarisierung
- Prekäre Beschäftigungsverhältnisse
- Erosion der klassischen Familienstrukturen
- Biografische Brüche
- Bildungsherausforderungen (lebenslanges Lernen)
- Digitalisierung
- Entsolidarisierung und Eigenverantwortung
- Risikobewusstsein
- Entideologisierung (Zunahme pragmatischer Haltungen)
- Neue Wertesynthesen

Die Untersuchung solcher in der Gesellschaft vorzufindender Milieus liefert wichtige Informationen zur Zielgruppenbestimmung und zur Bildung von Marktsegmenten.

3.3.5 Die IVW

In der Mediaplanung für die Werbung der Marketing betreibenden Unternehmungen geht es auch um die Zuverlässigkeit der Daten der Medien hinsichtlich Erscheinungsweise, Auflagen usw. Die diesbezüglich erwünschte Sicherheit soll durch die IVW hergestellt werden. Die Interessensgemeinschaft zur Kontrolle der Verbreitung der Werbeträger e. V. liefert der Werbung treibenden Wirtschaft wichtige Planungsdaten. Seit ihrer Gründung im Jahre 1949 ermittelt, veröffentlicht und kontrolliert die IVW Verbreitungsdaten von Werbeträgern. Zunächst als Unterorganisation des kurz zuvor konstituierten Zentralausschusses der

Die Sinus-Milieus® in Deutschland 2011
Soziale Lage und Grundorientierung

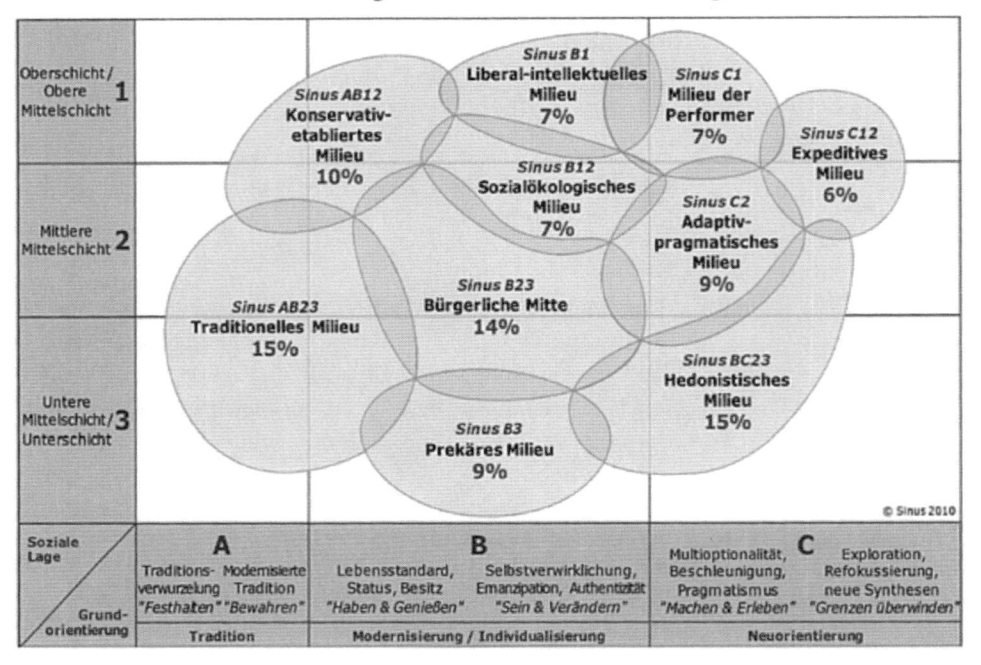

	A Traditions- verwurzelung "Festhalten"	Modernisierte Tradition "Bewahren"	B Lebensstandard, Status, Besitz "Haben & Genießen"	Selbstverwirklichung, Emanzipation, Authentizität "Sein & Verändern"	C Multioptionalität, Beschleunigung, Pragmatismus "Machen & Erleben"	Exploration, Refokussierung, neue Synthesen "Grenzen überwinden"
1 Oberschicht/Obere Mittelschicht		Sinus AB12 Konservativ-etabliertes Milieu 10%		Sinus B1 Liberal-intellektuelles Milieu 7%	Sinus C1 Milieu der Performer 7%	Sinus C12 Expeditives Milieu 6%
2 Mittlere Mittelschicht				Sinus B12 Sozialökologisches Milieu 7%	Sinus C2 Adaptiv-pragmatisches Milieu 9%	
3 Untere Mittelschicht/Unterschicht	Sinus AB23 Traditionelles Milieu 15%		Sinus B23 Bürgerliche Mitte 14%		Sinus BC23 Hedonistisches Milieu 15%	
			Sinus B3 Prekäres Milieu 9%			
Soziale Lage / Grundorientierung	Tradition		Modernisierung / Individualisierung		Neuorientierung	

© Sinus 2010

Abb. 3.10 Sinus Milieus 2010. (www.sinus-institut.de/loesungen/sinus-milieus.html)

Werbewirtschaft (ZAW) – heute „Zentralverband der deutschen Werbewirtschaft" – ins Leben gerufen, arbeitet die IVW seit 1955 als rechtlich selbständiger eingetragener Verein. Die von ihr erfassten Daten stellen einerseits eine wesentliche Basis für das Werbegeschäft zwischen Werbungtreibenden, Werbeagenturen und Medien dar, andererseits bilden die von ihr erfassten und geprüften Daten über die Verbreitung von Werbeträgern aufgrund ihrer Objektivität und Zuverlässigkeit die Grundlage für einen fairen Leistungswettbewerb der erfassten Medien untereinander.

Tätigkeitsbereiche der IVW erstrecken sich:
- bei Verlagen auf die Feststellung der für Zeitungen, Zeitschriften, Adressbücher, Handbücher und weitere periodische Presseerzeugnisse nachgewiesenen Auflagen,
- bei Verlagen von Tageszeitungen auf die Feststellung der geografischen Verbreitung der verkauften Auflagen. Es lassen sich folgende Auflagekategorien unterscheiden:
  – Druckauflage – komplette Auflage minus Makulatur
  – Verbreitete Auflage: verkaufte Auflage plus Freistücke
  – Verkaufte Auflage: Einzelverkauf, Abonnementverkauf, sonstiger Verkauf minus Remittenden

Tab. 3.23 Überblick über die Sinus-Milieus in Deutschland 2011

Sinus-Milieu	Charakteristika	%-Anteil
Adaptiv-pragmatisches Milieu	Mobile, zielstrebige junge Mitte der Gesellschaft mit ausgeprägtem Lebens-Pragmatismus und Nutzenkalkül	9 %
Expeditives Milieu	Stark individualistisch geprägte digitale Avantgarde: unkonventionell, kreativ, mental und geografisch mobil	6 %
Bürgerliche Mitte	Leistungs- und anpassungsbereiter bürgerlicher Mainstream, generelle Bejahung der gesellschaftlichen Orientierung	14 %
Hedonistisches Milieu	Die spaßorientierte moderne Unterschicht/untere Mittelschicht: Leben im Hier und Jetzt, Verweigerung von Konventionen und Verhaltenserwartungen der Leistungsgesellschaft	15 %
Konservativ-etabliertes Milieu	Klassisches Establishment: Verantwortungs- und Erfolgsethik, Exklusivitäts- und Führungsansprüche versus Tendenz zu Rückzug und Abgrenzung	10 %
Liberal-intellektuelles Milieu	Aufgeklärte Bildungselite mit liberaler Grundhaltung, postmateriellen Wurzeln, Wunsch nach selbstbestimmtem Leben und vielfältigen intellektuellen Interessen	7 %
Milieu der Performer	Multi-optionale, effizienzorientierte Leistungselite mit global-ökonomischem Denken und stilistischem Avantgarde-Anspruch	7 %
Prekäres Milieu	Teilhabe und Orientierung suchende Unterschicht mit starken Zukunftsängsten und Ressentiments; bemüht, Anschluss zu halten an den Konsumstandards	9 %
Sozial-ökologisches Milieu	Idealistisches, konsumkritisches/-bewusstes Milieu mit ausgeprägtem ökologischen und sozialen Gewissen: Globalisierungsskeptiker, Bannerträger von Political Correctness und Diversity	7 %
Traditionelles Milieu	Sicherheit und Ordnung liebende Kriegs/Nachkriegsgeneration: in der alten kleinbürgerlichen Welt bzw. in der traditionellen Arbeiterkultur verhaftet (www. sinus-institut.de/loesungen/sinus-milieus.html.)	15 %

- Abonnierte Auflage: feste Bezieher, regulärer Abonnementpreis, Personalstücke, Mitgliederstücke etc.)
- Sowohl bei dem Abonnementverkauf als auch beim Einzelverkauf kann dann noch weiter differenziert werden.: (s. Tab. 3.24)
- bei Unternehmen für Plakatanschlag, Verkehrsmittel- und Großflächenwerbung auf die Feststellung der nachgewiesenen Anschlagstellen sowie der Werbemöglichkeit in und an Verkehrsmitteln. Die IVW-Kontrolle ist auch für die Prüfung neuer Werbeformen wie beispielweise Ambient Media ausgelegt.
- Feststellung von Besuchern und Eintrittskarten von Sport-, Kultur- und sonstigen Veranstaltungen.
- bei Filmtheatern auf die Feststellung der nachgewiesenen Besuchszahlen (Jahresbesucherzahlen) und die korrekte Einschaltung der Werbefilme.
- bei Hörfunk und Fernsehen auf die ordnungsgemäße Ausstrahlung von Werbespots.
- bei Anbietern von Online-Werbeträgern auf die Feststellung der nachgewiesenen Zugriffe auf das Online-Angebot. Kennziffern sind:
  - Visits (Anzahl der zusammenhängenden Nutzungsvorgänge eines Angebotes)
  - Kategorienvisit (Anzahl zusammenhängender Nutzungsvorgänge nach inhaltlich unterschiedlichen Bereichen eines Angebotes (z. B. redaktioneller Content, E-Commerce)
  - PageImpressions (Anzahl der Aufrufe einzelner Seiten eines Onlineangebotes)

Die Mitgliedschaft in der IVW ist freiwillig; Mitglieder der IVW können sein:
- Medienunternehmen,
- Werbungtreibende Unternehmen,
- Werbe- und Mediaagenturen,
- Verbände,
- Organisationen sowie
- sonstige natürliche und juristische Personen, die ein Interesse an der IVW-Tätigkeit vorweisen.

Die IVW hatte im März 2010 2.138 Einzelmitglieder, nämlich:
- 1265 Verlage,
- 721 Online-Anbieter,
- 35 Hörfunk- und TV-Veranstalter oder deren Werbegesellschaften,
- 15 Unternehmen der Außenwerbung,
- 2 Veranstalter von Kultur- und Sportevents,
- 46 Werbeagenturen,
- 15 Werbung treibende Unternehmen,
- 39 sonstige Mitglieder.

Zudem wird die Arbeit der IVW von 19 Mitgliedsverbänden der Werbung-treibenden, Werbedurchführenden und Werbemittelhersteller sowie der Werbeagenturen getragen und beaufsichtigt.

3.3 Erforschung der Medianutzung

Tab. 3.24 Beispiel Meldung für Aachener Zeitung/Aachener Nachrichten 2/2011 (Mo–Sa)

Verbreitung	129.569
Verkauf	127.808
Abonnement	115.867
EV-Verkauf	7.828
EV-Lieferung	13.155
Remittenden	5.327
Bordexemplare	-
Sonstiger Verkauf	4.113
Druckauflage	139.248

(http://daten.ivw.eu/index.php?menuid=1undu=?detail=true)

Für Werbetreibende ist der Zeitungsmarkt insgesamt besonders unübersichtlich, daher sind die Analysen der IWV von besonderer Bedeutung und sollen hier dargestellt werden:

Das Analyse-Instrument ist die vierteljährlich erscheinende Verbreitungsanalyse Tageszeitungen (VA [steht hier nicht für Verbraucheranalyse, sondern für Verbreitungsanalyse]). Im Juni 2000 veröffentlichte die IVW erstmals die VA in einer Version auf CD-ROM; einen Monat später folgte die Printfassung. Seit 1996 werden die verkauften Auflagen der an der Analyse teilnehmenden Tageszeitungen als Vollerhebung des Verkaufs von Zeitungsexemplaren in sämtlichen deutschen Gemeinden durchgeführt. Die VA gibt damit ein nahezu vollständiges Bild über die Zusammensetzung des lokalen Zeitungsmarktes mit den Auflagenanteilen der einzelnen lokalen, regionalen und überregionalen Titel.

Mehr als 300 Tageszeitungen mit über 1000 Anzeigenbelegungseinheiten in mehr als 14.000 Gemeinden sind in der Analyse dargestellt.

Die Ausweisung der VA enthält folgende Angaben:
- Bundesland, Regierungsbezirk, Kreiskennzahl, Name des Landkreises, Ortskennzahl, Name des Ortes, durchschnittliche Haushaltsgröße;
- Postleitzahlen;
- Gesamtzahl der Einwohner und Haushalte;
- Zahl der deutschen Einwohner und Haushalte;

- Zahl der deutschen Einwohner ab 14 Jahren und Haushalte – aufgeschlüsselt nach drei Altersgruppen;
- ZIS-Schlüssel aller Belegungseinheiten, für die ein Grundpreis im Anzeigentarif ausgewiesen ist;
- Namentliche Bezeichnung der maximalen und der Teilbelegungseinheiten;
- Verkaufte Auflage im Kreis, in der Gemeinde mit den verkauften Auflagen der dargestellten Belegungseinheiten.

Die Verlage, die sich den Prüfungskriterien der IVW unterziehen, dürfen das Prüfzeichen „IVW" in ihren Unterlagen führen, welches ein wichtiges Merkmal in der Marktbewertung des entsprechenden Werbeträgers darstellt.

In der Tab. 3.25 wird die Entwicklung der IVW-geprüften Tageszeitungen dargestellt (Auflagen in Mio. jeweils viertes Quartal/Verbreitung bis 1980 nicht ausgewiesen).

Die in der IVW geprüften Messergebnisse der Online-Nutzung sind auch ein wichtiger Bestandteil der Methode zur Reichweitenerhebung für Internetangebote der „Arbeitsgemeinschaft Online-Forschung" (AGOF).

3.3.6 Untersuchungen zur Nutzung des Internets

Zur Nutzung des Internets gibt es eine Vielzahl unterschiedlichster Studien (z. B. ARD/ZDF-Online,W3b, ACTA, Forschungsbericht Wahlen Online). Partiell sind Nutzungsdaten aber auch in anderen Media- bzw. Markt-Mediastudien enthalten. Im Folgenden soll kurz auf die Studien ARD/ZDF-Online und der Arbeitsgemeinschaft Online-Forschung (AGOF) eingegangen werden.

3.3.6.1 ARD/ZDF-Onlinestudie

Seit 1997 wird diese Studie durchgeführt deren Ziel die Erfassung der Internetnutzung in Deutschland und der Umgang der User mit den Online-Angeboten ist. Die Studie wird jährlich publiziert. Grundgesamtheit sind die deutschsprechenden Erwachsenen ab 14 Jahren (70,57 Mio.). Die Interviews werden telefonisch (CATI) durchgeführt. Auftraggeber ist die ARD/ZDF-Medienkommission, durchgeführt wird die Studie durch das Institut Enigma GfK Medien- und Marketingforschung.

Die Stichproben werden dabei als Tagesstichproben gezogen, so können repräsentative Aussagen zu der „gestrigen" Internetnutzung getroffen werden. Für die Studie 2011 wurden im März/April 2011 1.800 Interviews durchgeführt. Die Ergebnisse werden dann in der Fachzeitschrift „Media Perspektiven" publiziert (siehe Tab. 3.23).

Im Rahmen der Studie wurde eine Nutzertypologie entwickelt aufgrund:
- Einbindung und Bedeutung des Internets im Medienalltag, Gewohnheiten der Online-Nutzung
- Praxis des Umgangs mit Applikationen und Nutzungsmöglichkeiten
- Nutzungsinteressen und Nutzungsdauer.

3.3 Erforschung der Medianutzung

Tab. 3.25 Entwicklung der IVW-geprüften Tageszeitungen/ab 1955 Zahlen für Gesamtdeutschland. (ZAW, 2003, S. 257; 2005, S. 249, 2011, S. 272)

Berichtszeitraum	Zahl	Verkauf	Verbreitete Auflage
1955	486	13,6	–
1960	529	15,5	–
1965	543	20,1	–
1970	491	20,5	–
1975	410	21,5	–
1980	407	24,1	–
1985	395	24,7	25,2
1990	394	24,9	25,5
1991	419	28,8	29,6
1992	426	30,9	31,7
1993	423	30,7	31,5
1994	420	30,5	31,2
1995	414	30,2	31,0
1996	408	29,9	30,6
1997	402	29,4	30,1
1998	398	29,0	29,7
1999	393	28,5	29,3
2000	388	28,3	28,9
2001	385	27,9	28,6
2002	385	27,1	27,8
2003	381	26,4	27,0
2004	379	25,9	26,5
2005	377	25,1	25,7
2006	377	24,6	25,2
2007	376	24,0	24,7
2008	375	23,4	24,0
2009	373	22,8	23,4
2010	369	22,3	22,8

Sechs Typen werden dabei differenziert:
- Aktiv-dynamische Typen. Junge Hyperaktive, Junge Flaneure, E-Consumer, Routinierte Infonutzer,
- Selektiv zurückhaltend: Selektivnutzer, Randnutzer (vgl. Klumpe 2011).

Über alle Studien hinweg werden folgende Themenblöcke erfasst:
- Nutzungsorte
- Nutzungsintensität (Tage pro Woche, Nutzungsintensität pro Werktag, Nutzungsintensität am Wochenende)
- Internetnutzung im Tagesverlauf (seit 2001) (vgl. Abb. 3.11)
- Onlineanwendungen/-dienste
- Onlineinhalte
- Auswirkungen der Onlinenutzung auf die Nutzung der klassischen Medien
- Nutzung von Onlineangeboten von Medienanbietern
- Bewegtbildnutzung
- Audionutzung
- Fragen zur Typologie.

3.3.6.2 AGOF

Die AGOF ist ein Zusammenschluss führender Online-Vermarkter in Deutschland. Dazu gehören u. A. Axel Springer Media Impact, Bauer Media, eBay, freeXmedia, G*J Electronic Media Sales, InteractiveMedia, IP Deutschland, Microsoft Advertising, SevenOne Media, United Internet Media, Yahoo, Deutsche Telekom, Telefonica O2, Vodafone.

Die AGOF definiert als ihre Ziele:
- Transparenz und Standards für die digitale Werbeträgerforschung zu schaffen unabhängig von Individualinteressen.

Als Online-Medien werden dabei alle Medien bezeichnet, die durch eine aktive Verbindung mit einem Netzwerk (insbesondere der Verfügbarkeit mit einem Rückkanal vom User zum Medienanbieter) geprägt sind.

Mit der Markt-Media-Studie „internet facts" (siehe Abb. 3.12) werden viermal im Jahr Daten zu Reichweiten und zur soziodemographischen Zusammensetzung der Nutzerschaft von Internetangeboten erhoben. So weist z. B. die internet facts 2011-04 Reichweiten und Strukturdaten für 657 Online-Werbeträger und 3.285 Belegungseinheiten aus.

Grundgesamtheit ist die deutschsprachige Wohnbevölkerung in Deutschland ab 14 Jahren. Bei der Erhebungsmethode handelt es sich um ein Multi-Methodenmodell auf Basis einer technischen Messung (Tracking: Visits und PageImpressions), eine OnSite-Befragung und einer bevölkerungs-repräsentativen CAT-Erhebung. Die Fallzahl: ungewichtet: 112.443 Fälle, gewichtet 144.581 Fälle (vgl. Abb. 3.13).

Die internet facts liefert für die einzelnen Medien und Belegungsarten folgende Daten:
- Reichweiten: die Reichweite wird als unique user, des einzelnen users, ausgewiesen
- Kontakte: Anzahl der Seitenaufrufe
- Onliner WNK
- Soziodemografische Daten der Nutzer
- Qualifizierungsdaten (psychografische Daten/Einstellungen und Marktinformationen.

3.3 Erforschung der Medianutzung

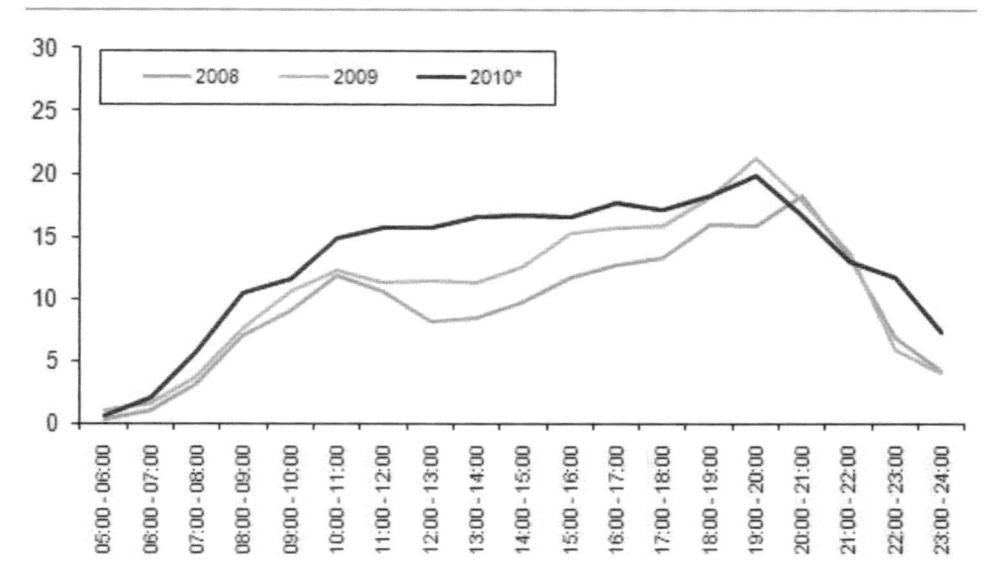

Abb. 3.11 Internetnutzung 2008 bis 2010 im Tagesverlauf*: „gestern genutzt". (Angaben in Prozent, www.ard-zdf-onlinestudie.de/index.php?d.= onlinenutzung)

Tab. 3.26 Internetnutzung. (www.ard-zdf-onlinestudie.de/index php?d=onlinenutzung)

Vermarkter	Rang	Reichweite in %	Netto-Reichweite Mio. Unique User
InteractiveMedia CCSP	1	61,6	30,90
TOMORROW FOCUS MEDIA	2	60,4	30,27
SevenOne Media	3	53,8	26,97
IP Deutschland	4	52,8	26,49
United Internet Media	5	51,5	25,83
eBay Advertising Group	6	50,7	25,41
Axel Springer Media Impact	7	48,7	24,44
Ströer Interactive	8	46,3	23,23
Yahoo! Deutschland	9	44,5	22,29
OMS	10	40,1	20,11
G+J Electronic Media Sales	11	38,6	19,37
ad pepper media	12	36,7	18,39
Microsoft Advertising	13	36,1	18,10
iq digital	14	35,0	17,54
freeXmedia	15	33,3	16,68
SPIEGEL QC	16	28,1	14,09
Hi-media Deutschland	17	23,6	11,81
Glam Media	18	22,0	11,03
Unister Media	19	21,8	10,93
QUARTER MEDIA	20	14,2	7,10

Drei-Säulen-Ansatz der internet facts

Datensatz II = internet facts

Schritt 2: Fusion

Datensatz I

Säule 3
Telefonische Basisbefragung
Grundgesamtheit: Gesamtbevölkerung 14+

Schritt 1: Data-Mining + Profiling

Säule 1
Technische Messung
Grundgesamtheit: PC's

Säule 2
OnSite-Befragung
Grundgesamtheit: Internetnutzer 14+

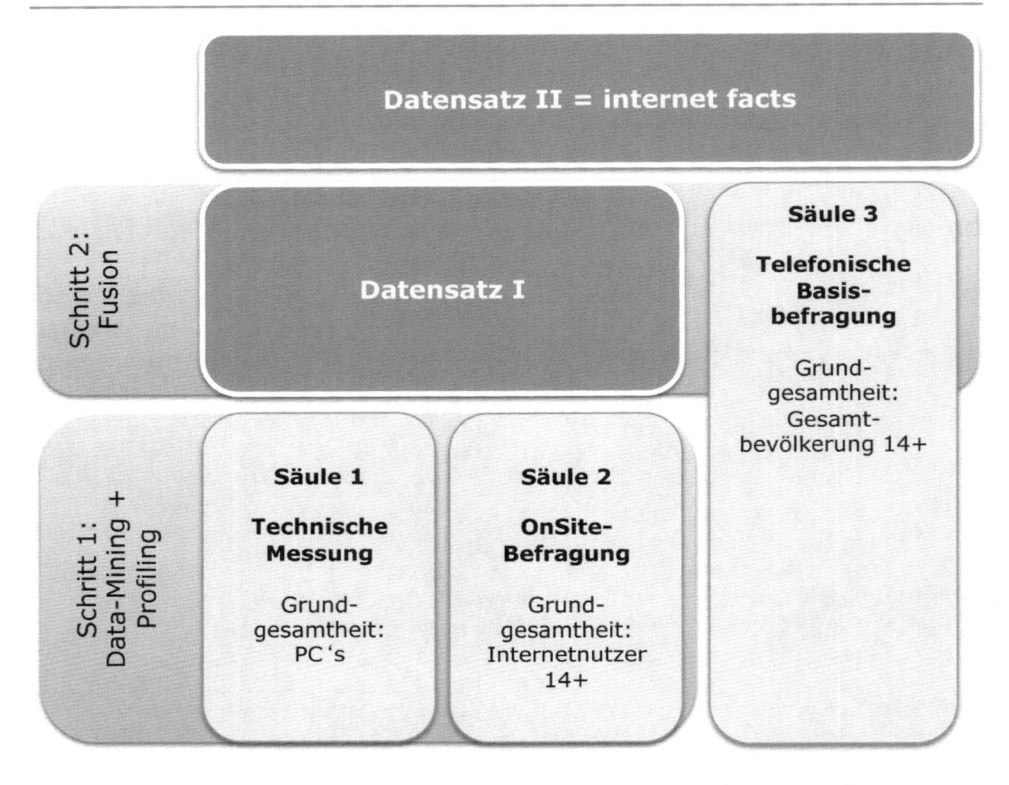

Abb. 3.12 Der Drei-Säulen-Ansatz der internet facts. (AGOF, internet facts 2011-04)

Mit der mobile facts legt die AGOF erstmals die neue Markt-Media-Studie zu mobilen Werbeträgern vor. Darin werden Reichweiten- und Strukturdaten für 79 Angebote und 31 Applikationen von 11 Vermarktern und drei Netzbetreibern erhoben und publiziert. Auch hier ist die Grundgesamtheit die deutschsprachige Wohnbevölkerung ab 14 Jahren. Genauso wie die internet facts handelt es sich um ein Multi-Methodenmodell auf Basis einer technischen Messung (site-centric), einer OnSite-Befragung und einer repräsentativen CATI-Befragung. Ein Unique Mobile User wird dabei definiert als Person, die innerhalb der letzten 30 Tage mindestens eine mobile-enabled Website besucht hat. Knapp 10.000 Unique Mobile User wurden in die Studie mit einbezogen. Die mobile facts liefert für die einzelnen Angebote und Belegungseinheiten:

- Daten zur Reichweite
- Soziodemografische Daten der Nutzer
- Qualifizierungsmerkmale (Marktinformationen, Informationen zu Werbeformaten/Tarifen)

Tabelle 3.28 zeigt die zehn Top mobile Apps Angaben in Tausend (Unique Mobile User für einen durchschnittlichen Monat im Untersuchungszeitraum)

3.3 Erforschung der Medianutzung

Tab. 3.27 Top mobile Apps. (AGOF, mobile facts 2010)

App	Anzahl der Nutzer
VZ (studi-,. Schüler-, mein-)	1.014
Wetter.de	827
Stern.de	791
n-tv	715
wetter.com	613
Yahoo!	605
Yahoo!Search	471
Handelsblatt online	444
Wer wird Millionär	412
TV Spielfilm	389

3.3.7 Weitere Studien

Ohne Anspruch auf Vollständigkeit hier noch einige weitere Studien von Medienunternehmen und Instituten:
Gruner und Jahr:
- Brigitte KommunikationsAnalyse
- Stern Markenprofile
- Wohnen und Leben

Spiegel Verlag:
- Outfit

ARS (ARD SalesundServices), RMS (Radio Marketing Serrvices und ZDF Werbefernsehen
- Verbrauchs- und Mediaanalyse (VuMa)
  Leseranalysen von Fachzeitschriften:
- ACTA Allensbacher Computer- und Technik-Analyse
- Leseranalyse Architekten und planende Bauingenieure (agla a+b)
- LAC: Leseranalyse Computerpresse
- LA-Med Leseranalyse medizinische Fachzeitschriften

3.3.8 Die Kontaktqualität

Die Frage nach der Kontaktqualität gibt immer wieder Anlass zur Unzufriedenheit hinsichtlich der Methoden und der Ausweisungen der Werbeträgerkontakte. Bei Zeitschriften ist es immer noch üblich, die Leserschaft einer durchschnittlichen Ausgabe eines Titels (LpA) auszuweisen. Das heißt, es wird danach bewertet, ob die betroffene Person die Zeitschrift in die Hand nahm. Beim Fernsehen kommt der Werbeträgerkontakt zustande, wenn

Tab. 3.28 Vermarkterranking Top Ten nach internet facts

Vermarkter	Rang	Reichweite in %	Netto-Reichweite Mio. Unique User
InteractiveMedia CCSP	1	59,9	30,02
TOMORROW FOCUS MEDIA	2	58,5	29,32
IP Deutschland	3	52,2	26,19
SevenOne Media	4	51,4	25,78
United Internet Media	5	50,4	25,27
eBay Advertising Group	6	49,1	24,64
Axel Springer Media Impact	7	46,4	23,25
Ströer Interactive	8	44,6	22,34
Yahoo! Deutschland	9	43,3	21,70
OMS	10	37,6	18,85

der betreffende Sender während einer halben Stunde für eine Minute ununterbrochen eingeschaltet war. Beim Fernsehen besteht also der Werbeträgerkontakt bereits, wenn im eigenen Haushalt der Fernseher eingeschaltet war. Bei näherer Betrachtung wird deutlich, dass es sich jeweils um Wahrscheinlichkeiten handelt, dass es über den Werbeträgerkontakt zum Werbemittelkontakt kommen kann.

Da unterschiedliche Medien anhand verschiedener Währungen gemessen werden und das Nutzungsverhalten sich unterschiedlich darstellt, unterscheiden sich je nach Werbeträgergattung diese Wahrscheinlichkeiten. Man spricht in beiden Fällen vom OTS (opportunity to see). Jedoch ist in der Praxis nicht immer klar, dass dieser OTS Unterschiede beinhaltet, was die Kontaktwahrscheinlichkeiten der eingesetzten Werbemittel angeht.

Der möglichen Situation beim Fernsehen, das die Fernsehwerbung ein OTC aufweisen kann, der praktisch zu keinem Kontakt mit dem eigenen Werbespot geführt hat, steht bei den Printmedien die Situation der „Mehrfachkontakte" gegenüber.

Es besteht mindestens die Möglichkeit, dass die eigene Anzeige mehrfach gesehen wird. Diese Möglichkeit variiert allerdings von Zeitschriften-Titel zu Zeitschriften-Titel. Eine Möglichkeit, um eine exaktere Werbemittel-Kontaktwahrscheinlichkeit (OTC) zu erfassen, wäre, mit dem LpA-Wert, dem LpS-Wert und dem SMK-Wert zu operieren. Zunächst eine kurze Erläuterung zu den unterschiedlichen Werten:

- Der Heftkontakt (LpA-Wert) gibt die Chance an, dass eine durchschnittliche Ausgabe eines Titels von einer Zielperson in die Hand genommen wurde, um darin zu blättern oder zu lesen. Über die Intensität der Handlungen wird keine Angabe gemacht.

3.3 Erforschung der Medianutzung

- Der Seiten-Kontakt (LpS-Wert) gibt die Chance an, dass eine durchschnittliche Seite in einer durchschnittlichen Ausgabe von einer Zielperson aufgeschlagen wird, um auf dieser Seite etwas anzusehen oder zu lesen.
- Der Seiten-Mehrfachkontakt (SMK) gibt die Chance an, dass eine durchschnittliche Seite in einer durchschnittlichen Ausgabe mehr als einmal aufgeschlagen wird, um auf dieser Seite etwas anzusehen oder zu lesen und führt so zur Seitenreichweite.

Wenn man davon ausginge, dass die Hälfte der Seiten einer Zeitschrift gelesen werden würden, dann bekäme diese Heftnutzung den Wert 0,5. Die Seiten-Kontaktchance ist das Ergebnis aus der Lesewahrscheinlichkeit eines Heftes (LpA-Wert) multipliziert mit der Seiten-Nutzungswahrscheinlichkeit. Das bedeutet, dass sich bei der Angabe, die Hälfte aller Seiten aufgeschlagen zu haben, ein Wert von 0,50 ergibt. Die Seiten-Mehrfachkontaktchance wäre wiederum das Ergebnis aus der Lesewahrscheinlichkeit eines Heftes (LpA) multipliziert mit der Summe aus Seiten-Nutzungswahrscheinlichkeit plus Seiten-Mehrfachnutzungswahrscheinlichkeit.

Dazu ein Beispiel

Eine Person gibt an, die Hälfte der Seiten aufgeschlagen zu haben, darüber hinaus ein Viertel der Seiten zweifach oder öfter.
Die Berechnung wäre dann wie folgt:

$$0{,}25 \ + \ (0{,}25 \times 2) = 0{,}75$$

Einfachkontakte Mehrfachkontakte Gesamtwert

Die ma 2000 Pressemedien II bildet wiederum einen sogenannten Kontaktquotienten. Der Kontaktquotient ist eine Art durchschnittliche Lesemenge für den LpA und gibt an, wie viel Prozent der Seiten einer durchschnittlichen Ausgabe von den LpA eines Titels gelesen werden.

$$\frac{\text{Summe der Seitenkontakte } (\text{WMK} = \text{Werbemittelkontaktchance})}{\text{Summe der Heftkontakte } (\text{WTK} = \text{Werbeträgerkontaktchance})} \times 100$$

Zur Ermittlung der Lesemenge dient die Lesemengen-Skala der ma. Ihre Kategorien sind:
- (fast) keine
- nur wenige
- ungefähr ein Viertel
- ungefähr die Hälfte
- ungefähr drei Viertel
- (fast) alle
- k. A.

Diese Vorgaben werden zur Beantwortung der Frage, wie viele Seiten eines bestimmten Titels aufgeschlagen wurden, um dort etwas anzusehen oder zu lesen, zur Auswahl angeboten.

Wenn der Kontaktquotient nach der Media Analyse bei einer bestimmten Zeitschrift beispielsweise 79,4 % beträgt, dann bedeutet das, die LpA (Leser pro Ausgabe) dieser Zeitschrift lesen im Durchschnitt 79,4 % der vorhandenen Seiten.

3.3.9 Internationale Media-Analysen

Im Gegensatz zu einer Vielzahl von nationalen Media- und Markt-Media-Analysen existieren relativ wenige international angelegte Analysen. Da bei vielen nationalen Analysen oft mit unterschiedlichen Messinstrumenten gearbeitet wird und auch unterschiedlichen Grundgesamtheiten erhoben werden, ist eine Vergleichbarkeit der Daten kaum möglich. Die länderübergreifenden Studien beziehen sich dabei primär auf Printmedien. Zudem sind sie überwiegend auf sozial höhere Schichten ausgerichtet. Protypisch dafür die frühere Studie „Allensbacher European First Class", die seit längerem nicht mehr publiziert wurde. Im Folgenden sollen einige der wichtigsten Studien kurz vorgestellt werden.

3.3.9.1 European Media und Marketing Survey (EMS)

Die EMS ist die erste multi nationale Studie, die Print- und TV-Nutzung erfasst. Seit 1995 werden in einem jährlichen Rhythmus bei Personen der Ober- und Mittelschicht Markt- und Mediadaten in 17 Ländern erhoben. Einbezogen Länder sind:

Belgien, Dänemark, Deutschland, Finnland, Frankreich, Griechenland, Großbritannien, Irland, Italien, Luxemburg, Niederlande, Norwegen, Österreich, Portugal, Schweden, Schweiz und Spanien.

Grundgesamtheit sind Personen in Haushalten mit einem Nettoeinkommen in Höhe dem doppelten durchschnittlichen Haushaltseinkommen in dem jeweiligen Land. Das entspricht ungefähr 20 % der Bevölkerung und insgesamt 40 Mio. Personen. Befragt werden jährlich rund 35.000 Personen in den Top-Haushalten per Telefoninterview (CATI). Die Federführung liegt bei dem niederländischen Interview-Institut Amsterdam. Aufgrund der unterschiedlichen Erhebungsmodalitäten sind die EMS-Reichweiten zwar international, nicht aber intermedial vergleichbar. Die TV-Nutzung wurde durch die tägliche und wöchentliche Beachtung während mindestens zwei Minuten erhoben. Für Zeitungen und Zeitschriften war dagegen das Durchblättern einer durchschnittlichen Ausgabe maßgebend.

Über 120 nationale und internationale Tageszeitungen, Zeitschriften und Bordmagazine sowie Fernsehsender werden in die Analyse mit einbezogen. Seit 2008 werden auch Websites mit in die Studie einbezogen (siehe Tab. 3.29). Das Informationsangebot umfasst zudem Angaben zur Markentreue (zwölf Kategorien) sowie die wöchentliche und tägliche Online-Nutzung.

3.3 Erforschung der Mediennutzung

Für eine nationale Mediaplanung ist die EMS irrelevant. Die Analyse liefert trotz einiger Defizite Einblicke in die Mediennutzung sozial bessergestellten Europäer. Sie kann sinnvoll für eine paneuropäische Kampagne, bei internationalen Printtiteln eingesetzt werden (vgl. www.medialine.de/deutsch/wissen/medialexikon).

Eine noch engere Zielgruppe definiert die EMS Select, sie umfasst nur die obersten 3 % der Bevölkerung und umfasst für die angesprochenen Länder nur eine Stichprobengröße von 9.000 Befragten.

Eine weitere spezielle EMS-Studie ist EMS-Africa, sie hat als Grundgesamtheit die obersten 15 % (nach Einkünften) in den größeren Städten in 5 afrikanischen Ländern, hier ist die Stichprobengröße 1.926.

3.3.9.2 Business Elite Survey (BE) (früher EBRS – European Business Redership Survey)

Die EBRS als Leseranalyse wird seit 1973 unter Europäischen Führungskräften durchgeführt und erscheint im Abstand von zwei und drei Jahren. Seit 2008 läuft sie unter der neuen Bezeichnung Business Elite Europe.

Damit fokussiert diese Studie Entscheider aus dem Wirtschafts- und Finanzbereich, andere Bereiche (z. B. Bildung, politischer Bereich) bleiben ausgeklammert (vgl. Tab. 3.30). Drei Aufgaben soll diese Studie erfüllen:
- Bestimmung der Europäischen Business Elite,
- Erhebung ihres Medienkonsums und ihres Entscheidungseinflusses und
- Unterstützung bei der medialen Planung für Business Executives.

Ins Leben gerufen wurde die Studie von der *Financial Times*. Inzwischen wird die Studie von verschiedenen Verlagen und Agenturen herausgegeben. Für die BE 2010 ist die Grundgesamtheit ca. 453.000 Führungskräfte in 62.000 mittelständischen oder großen Unternehmen in 17 Europäischen Ländern.

Einbezogene Länder sind: Österreich, Belgien, Dänemark, Finnland, Frankreich, Deutschland, Griechenland, Irland, Italien, Luxemburg, Niederlande, Norwegen, Portugal, Spanien, Schweden, Schweiz und Großbritannien.

Insgesamt wird die Nutzung von 16 internationalen und 399 nationalen Titeln abgefragt. Inhaltlich abgefragt wird neben der Mediennutzung die berufliche Funktion und Verantwortlichkeiten, Beteiligung an Einkaufsentscheidungen, internationale Geschäftsaktivitäten, Nutzung von Online- Informationsquellen, Geschäftsreisen, Sprachen, Alter, Nationalität und Einkommen.

Die Befragung erfolgt schriftlich mit Hilfe eines von den Befragten selbst auszufüllenden Fragebogens, der an rund 20.000 Personen verschickt wird. Dabei kann es zu sehr unterschiedlichen Responsequoten kommen, waren es z. B. bei der Studie 2000 eine Responsequote von 45 %, so betrug sie für 2006 nur noch 31 % und damit reduzierte sich die Anzahl der Befragten von 9.385 auf 7.266. Tabelle 3.31 zeigt Ergebnisse über die Printnutzung.

Tab. 3.29 Reichweitenwerte der EMS 2008 (http://www.synovate.com/news/article/extra/20080724/Toplinepressrelease_Final %20pdf %20- %20Adobe %20Acrobat %20Standard-1.pdf)

EMS Regular (top 13%) — PAN EUROPEAN PRINT

Reach (AIR)	EMS2007 (2005/2006) '000	%^	EMS2008 (2006/2007) '000	%^
Sample size/profile %>	31029	100	32059	100
Est. pop. '000/profile %>	36462	100	39665	100
Pan European print				
Financial Times	569	1,4	548	1,4
International Herald Tribune	124	0,3	129	0,3
USA Today	101	0,3	87	0,2
Wall Street Journal Europe	99	0,3	94	0,2
PE daily newspapers	831	2,1	793	2,0
BusinessWeek	257	0,7	246	0,6
The Economist	767	1,9	763	1,9
Newsweek	572	1,4	539	1,4
TIME	1072	2,7	1074	2,7
Forbes	163	0,4	171	0,4
Fortune	193	0,5	185	0,5
PE weeklies/fortnightlies	2449	6,2	2386	6,0
PE news/business print	2963	7,5	2866	7,2
Euromoney	177	0,4	217	0,5
Harvard Business Review	413	1,0	462	1,2
Institutional Investor	146	0,4	143	0,4
National Geographic (in English)	2196	5,6	2149	5,4
Reader's Digest (all versions)*	2463	6,2	-	-
Scientific American	495	1,3	451	1,1

3.3 Erforschung der Medianutzung

Tab. 3.30 Veränderungen in den Funktionsbeschreibungen der BE im Zeitverlauf. (Windle, R., o. J.)

1975	1986	1996	2006
Chief Executive	Chief Executive	Chief Executive	Chief Executive
	Deputy Chief Executive	Deputy Chief Executive	Deputy Chief Executive
Export Sales	Export sales	Export sales	Export sales
	Home Sales	Home Sales	Home Sales
			E-Commerce
	Marketing	Marketing	Marketing
	Advertising/PR	Advertising/PR	Advertising/PR
Finance	Finance	Finance	
		Deputy Head of Finance	Deputy Head of Finance
		Legal Affairs	Legal Affairs
		Premises/Property Management	Premises/Property Management
	Purchasing	Purchasing	Purchasing
Production	Production/Technical Services	Production/Technical Services	Production/Technical Services
		International Operations	International Operations
	Computing/DP	Computing/DP	Computing/DP
		Infomation Technology	IT/Telecommunication Systems
		Telecommunication Systems	
	Corporate Planing	Corporate Planing	Corporate Planing

Diese Studie ist auch der Ausgangspunkt für ähnliche Studien in unterschiedlichen Märkten.
- 1985: ABRS: Asia Business Review Survey – jetzt BEAsia
- 2000: CEBRS: Central European Business Review Survey
- 2006: United States Business Review Survey.

Ferner gibt es Studien für den südamerikanischen Raum (LatAmBRS) und für Middle East. Exemplarisch soll hier kurz die BEAsia vorgestellt werden. Auch die BE Asia ist primär ein Mediaplanungs-Tool. Grundgesamtheit der BEAsia 2009 umfasst ca. 240.000 Business Executives aus knapp 50.000 Unternehmen in den Metropolen der Staaten: Hongkong, Singapur, Indonesien, Malaysia, Philippinen, Südkorea, Taiwan und Thailand. Insgesamt knapp 10.000 Angeschriebene antworten auf die Fragen.

Tabelle 3.32 gibt einen kleinen Auszug aus der BEAsia wieder.

Themenfelder der BE Asia sind u. A.:
- Mediennutzung Print, TV und Online
- Funktion und Status
- Geschäftsreisen
- Entscheidungsbereich
- Wagenbesitz
- Einstellungen geschäftlich/privat
- Demografie.

3.3.10 Mediaforschung im BtB-Bereich

Im Rahmen der BtB-Mediawerbung lassen sich grob zwei Schwerpunkte differenzieren:
- die stärker absatzorientierte Werbung oder Produktwerbung in entsprechenden Fachzeitschriften und
- die Image- bzw. Unternehmenswerbung.

Die absatzwerbliche Kommunikation zeichnet sich dabei durch enger gefasste Zielgruppen (z. B. aktuelle und potentielle Kunden, die inhaltliche Fokussierung des Kundennutzen und der primären Zielrichtung der Absatzförderung aus.

Die Imagewerbung weist dagegen meist eine weiter gefasste Zielgruppe (z. B. Entscheider, Multiplikatoren) auf, das Unternehmen als Ganzes (z. B. Innovationskraft, Kundenorientierung, Qualität) und der Imageaufbau steht im Mittelpunkt (vgl. Fuchs 2003, S.87 f).

Für die Imagewerbung wird dabei für die Mediaplanung auf die LAE zurückgegriffen.

Im Gegensatz zu der Datenlage bei TV, Plakat, Publikumszeitschriften etc. ist im Bereich der Fachzeitschriften die Informationsbasis für die Mediaplanung oft relativ schlecht (siehe Abb. 3.13).

Der Fachzeitschriftenmarkt in Deutschland ist ein sehr umfangreicher und heterogener Markt. Mit über 3.800 Fachzeitschriften und einer Gesamtjahresauflage von knapp einer halben Milliarde Exemplaren in den verschiedensten Branchen liegt ein umfangreicher Pool an Werbeträgern für Anzeigenkunden im B2B Markt vor (siehe Abb. 3.14 und Abb. 3.15).

Allerdings werden davon nur ca. ein Drittel IVW geprüft (1.152) und für einen noch geringeren Teil gibt es entsprechende Reichweitenstudien, die für die Mediaplanung relevante Daten liefern (siehe Tab. 3.33).

Das heißt, viele Fachzeitschriften unterziehen sich also keiner systematischen und kontinuierlichen Analyse ihrer Auflagen und Verbreitung durch die IVW – Informationsgemeinschaft zur Feststellung der Verbreitung von Werbeträgern e.V. Aber auch Angaben

3.3 Erforschung der Medianutzung

Tab. 3.31 Reichweitenwerte der EBRS bzw. BE Europe. (Windle, R., o. J.),

	1975	1980	1984	1989	1993	1998	2002	2006
Financial Times	22,0 %	20,0 %	16,2 %	19,8 %	18,5 %	20,1 %	16,2 %	13,1 %
Frankfurter Allgemeine Zeitung	17,5 %	16,4 %	15,9 %	15,5 %	15,4 %	14,0 %	13,0 %	10,2 %
International Herald Tribune	2,0 %	3,0 %	2,8 %	4,3 %	2,9 %	3,0 %	2,7 %	2,5 %
USA Today	n/a	n/a	n/a	1,6 %	1,4 %	2,0 %	1,8 %	1,5 %
The Wall Street Journal Europe	n/a	n/a	2,0 %	4,2 %	4,0 %	4,3 %	3,4 %	2,8 %
Business Week	10,4 %	7,9 %	8,3 %	9,5 %	7,3 %	6,0 %	4,5 %	4,6 %
The Economist	9,4 %	8,2 %	7,4 %	11,4 %	10,4 %	10,4 %	8,4 %	10,5 %
Newsweek	6,8 %	5,8 %	6,5 %	6,4 %	5,4 %	5,2 %	4,3 %	4,4 %
Time	8,3 %	9,8 %	8,8 %	8,7 %	7,1 %	6,2 %	5,2 %	6,1 %
Fortune	6,6 %	5,7 %	5,8 %	6,8 %	4,5 %	4,0 %	3,9 %	3,2 %
Euromoney	n/a	n/a	n/a	4,3 %	3,8 %	3,7 %	2,2 %	2,5 %
Harvard Business Review	n/a	7,6 %	7,3 %	9,2 %	8,2 %	8,5 %	5,8 %	7,3 %

über die Struktur der Empfänger und Leser einer Fachzeitschrift sind häufig nicht vorhanden. Damit wird von vielen Fachzeitschriften und deren Verlagen eine von der Kommission Anzeigen-Marketing Fachzeitschriften (AMF) im Verband Deutsche Fachpresse formulierte Forderung nicht erfüllt: „In diesem Zusammenhang spielt die vertriebliche Komponente der Fachmedien eine ganz entscheidende Rolle, ist sie doch bei vielen Titeln die Kernkompetenz im Sinne der Definition und Erreichung von Entscheider-Zielgruppen. Vor diesem Hintergrund sind die Standards mit den Zielgruppenbeschreibungen elementarer Bestandteil einer attraktiven Titeldarstellung." (in: Deutsche Fachpresse, Kommission Anzeigen-Marketing Fachzeitschriften (AMF): AMF-Standard. Media-Informationen Fachzeitschriften, Frankfurt am Main 2003.) Allein schon diese ungenügende Datenlage macht es Werbung treibenden Unternehmen und Werbe-/Media-Agenturen oft unmöglich, eine transparente und objektive Mediaplanung vorzunehmen.

Wendet man sich den vorliegenden Untersuchungen zu, die über Reichweitenerhebungen Transparenz in den Fachzeitschriftenmarkt zu bringen versuchen, so ist auch hier eine gewisse grundlegende Problematik nicht zu verkennen: Die Träger von Studien zum medialen Nutzungsverhalten sind ganz unterschiedlicher Herkunft, in gewisser Weise kann von

Tab. 3.32 Average Issue Readership of Titles Measured in all Countries. (BE:Asia – The media Survey of Asias's Busniess Elite 2009–www.ipsos-mori.com/Assets/Docs/Publications/ MediaCT_BEAsia09SurveyResults_Oct09. Pdf)

	Total	INV. BUS. DECS.: USD 100K+	USD 600K+
Unweighted Base	9580	4494	2971
Weighted Base	238616	114330	76348
	100 %	46 %	32 %
Dailies			
Financial Times	28743	17276	12179
	12 %	15 %	16 %
International Herald Tribune	16437	9784	7150
	7 %	9 %	9 %
USA Today	10269	5764	4071
	4 %	5 %	5 %
The Wallstreet Journal Asia	40047	23798	16699
	17 %	21 %	22 %
Weeklies			
Businessweek	37147	21142	14744
	16 %	16 %	19 %
The Economist	40979	15034	18038
	17 %	22 %	24 %
Newsweek	48675	28181	19471
	20 %	25 %	26 %
Time	53576	29426	19828
	22 %	26 %	26 %

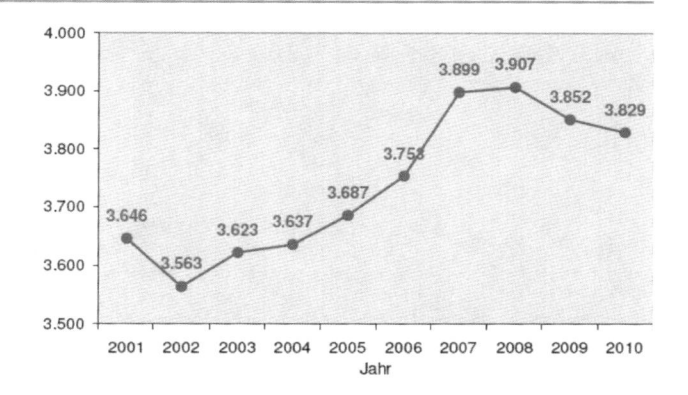

3.3 Erforschung der Medianutzung

Abb. 3.13 Entwicklung des Fachzeitschriftenmarktes. (http://www.deutsche-fachpresse.de/fileadmin/allgemein/bilder/branchenwissen/Fachpressestatistik_2010_FINAL.pdf)

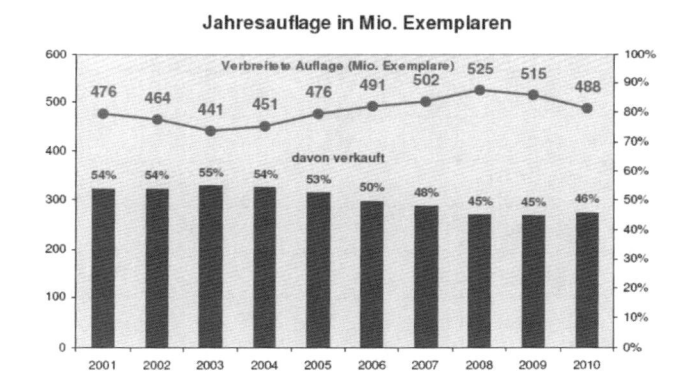

Abb. 3.14 Jahresauflagen der Fachzeitschriften. (http://www.deutsche-fachpresse.de/fileadmin/allgemein/bilder/branchenwissen/Fachpressestatistik_2010_FINAL.pdf)

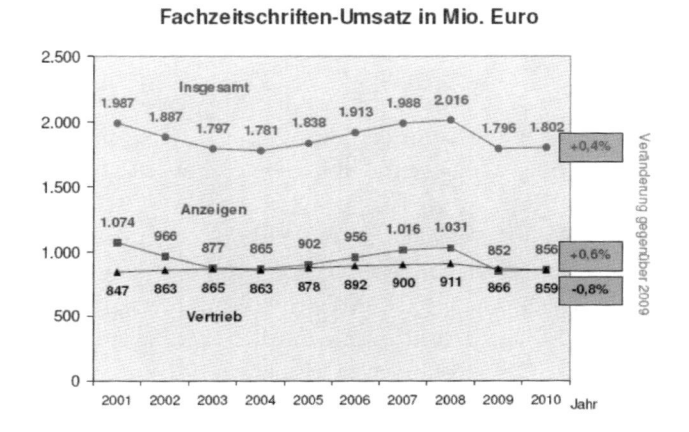

Abb. 3.15 Umsatz und Erlösstruktur der Fachzeitschriften (http://www.deutsche-fachpresse.de/fileadmin/allgemein/bilder/branchenwissen/Fachpressestatistik_2010_FINAL.pdf)

Tab. 3.33 IVW-geprüfte Fachzeitschriften nach Branchen. (IVW – Geschäftsbericht 2010/2011, http://daten.ivw.eu/download/pdf/ IVW-GB2010-2011.pdf

Anzahl der Titel

Sachgruppen der Fachzeitschriften	4. Quartal 2000	4. Quartal 2009	4. Quartal 2010
Wirtschaft allgemein	186	224	225
Konsumgüter	106	86	86
Fertigungsindustrie	183	203	197
Dienstleistungen	80	80	75
Bauen und Planen	157	163	158
Natur und Umwelt	86	83	81
Kunst und Kultur	13	9	9
Erziehung und Bildung	20	9	9
Wissenschaftliche Zeitschriften	15	9	9
Recht und Verwaltung	32	37	36
Medizin und Gesundheitswesen	145	195	191
Veterinärmedizin	6	9	9
Pharmazie	14	17	18
Freizeit und Hobby	32	25	20
Sonstige	19	31	29
Gesamt	1094	1180	1152

einer Atomisierung der Studienlandschaft gesprochen werden. Oft scheitern Reichweitenstudien nicht zuletzt an der Uneinigkeit derjenigen, die eigentlich Werbung treibenden Unternehmen und Agenturen sichere Planungsdaten zur Verfügung stellen sollten: den Verlagen selbst.

Bevor wir die etablierten Reichweitenstudien darstellen ist zusammenfassend festzustellen: Die Situation im B2B Bereich ist für Werbung treibende Unternehmen und Mediaagenturen alles andere als zufriedenstellend, ein zu großer Teil an notwendigen Informationen und Daten liegt für eine verlässliche Mediaplanung nicht vor. Hier ist mit Sicherheit ein Großteil an Arbeit noch zu leisten und die verantwortlichen Partner sind in die Pflicht zu nehmen.

3.3.10.1 Übersicht der Studien im B2B Bereich

In der folgenden Darstellung konzentrieren wir uns auf die öffentlich zur Verfügung stehenden Studien, die also nicht von Seiten der Werbung treibenden Unternehmen finanziert werden. Die meisten dieser öffentlich zugänglichen Studien in der B2B-Fachplanung sind Gemeinschaftsuntersuchungen, an der sich mehrere Verlage finanziell beteiligen. Zielsetzung ist hierbei, über eine gemeinsame verlagsseitige Finanzierung Transparenz in der Fachzeitschriftennutzung gegenüber den Werbung treibenden Kunden herzustellen. In diesen Studien werden die Leistungswerte der in die Analyse einbezogenen Fachzeitschriften in den jeweiligen Zielgruppen erhoben sowie weitere detaillierte Informationen über Leseverhalten und Nutzung. Zunehmend rückt auch die berufliche Internetnutzung in den Fokus der Studien.

Es gibt darüber hinaus auch Studien, die von einzelnen Verlagen in Auftrag gegeben werden und dem Ziel dienen, die eigene(n) Zeitschrift(en) in Ihrer Reichweitenstärke zu untermauern (z. B. Leseranalyse IEE – Automatisierung – Datentechnik). In diesen Studien werden dann oft auch neben der eigenen Zeitschrift auch die Reichweiten der Konkurrenztitel erhoben. Solche Studien haben sicherlich einen bestimmten Aussagewert, jedoch sind die Ergebnisse immer stark darauf hin zu überprüfen, welche Branchendefinition zu Grunde liegt und vor allem, auf welche Adressbasis zurückgegriffen wurde.

Große Unterschiede gibt es in der Erscheinungsweise der Studien (siehe Tab. 3.34). Nicht jede Studie ist auf eine regelmäßig wiederkehrende Basis gestellt, sondern die Durchführung kann auch in unregelmäßigen, zumeist zeitlich sehr großen Abständen erfolgen. Die Folge ist, dass die zur Verfügung gestellten Planungsdaten oft schon veraltet sind und für eine aktuelle Mediaplanung keine verlässliche Planungsgrundlage darstellen.

Zu den Studien, die auf eine regelmäßige Basis gestellt sind gehören die LA-MED, die das Medianutzungsverhalten im Bereich Arzneimittelwerbung untersucht, die agriMA als Reichweitenstudie in der Landwirtschaft und die agla a+b mit Fokus auf Architekten und Bauingenieure. Diese Studien werden im Folgenden ausführlicher dargestellt.

Als eine den verschiedenen Branchen übergeordnete Studie gilt die Leistungsanalyse Fachmedien. Sie ist keine Reichweitenstudie, gilt jedoch als wichtige Grundlagenstudie der B2B Kommunikation. Sie ist zum Abschluss des vorliegenden Abschnittes dargestellt.

3.3.10.2 LA-MED

Die Zielgruppe der verschreibungspflichtigen Arzneimittelwerbung sind in erster Linie Ärzte und Apotheker, nicht jedoch die Konsumenten selber. Die Praxis, dass Patienten ihre Arznei von einem Arzt verschrieben oder von einem Apotheker empfohlen bekommen und auch die Bestimmungen des Heilmittel-Werbegesetzes sind der Hintergrund dieser Konzentration des Marketings verschreibungs-pflichtiger Arzneimittel auf Business-Zielgruppen.

Um verlässliche Planungsdaten der einzusetzenden Printmedien für entsprechende Marketingkampagnen zu erhalten, wurde 1969 die Arbeitsgemeinschaft LA-MED

Tab. 3.34 Reichweitenstudien in der B2B Kommunikation

Studie	Herausgeber	Zielgruppe	Erscheinungs-Intervall	Aktuelle Studie	Nächster Erscheinungs-Termin
LA-MED API	Arbeitsgemeinschaft LA-MED	Allgemeinmediziner Praktiker Internisten	jährlich	2011	2012
LA-MED Facharztstudien		Niedergelassene Fachärzte und Fachärzte in Kliniken (Chef- oder Oberärzte) ZG: Kliniker (Chef-, Oberärzte, Stations-, oder Assistenzärzte)	2-jährlich	2010	2012
LA-DENT		Niedergelassene Zahnärzte Entscheider in Praxislaboren und gewerblichen Laboren	2-jährlich	2009	
LA-Dent-Zahntechnik			geplant 2-jährlich	2006	
LA-PHARM		Apothekenleiter, Approbierte Mitarbeiter, Pharmazeutisch-Technische-Assistenten (und Pharmazie-Ingenieure)	3-jährlich	2008	2011
agriMA	Arbeits-Gemeinschaft Organisations-gebundene Landpresse	Landwirte	3–4-jährlich	2009	
agla a+b	Arbeits-Gemeinschaft Leseranalyse Architekten und planende Bauingenieure	Architekten und Bauingenieure, die in den letzten 12 Monaten vor der Befragung im Hochbau planend tätig waren oder in den letzten zwölf Monaten mehrfach an Systementscheidungen oder Markenentscheidungen im Rahmen von Hochbauprojekten beteiligt waren	4–5-jährlich	2006	noch nichts bekannt

3.3 Erforschung der Medianutzung

Tab. 3.34 (Fortsetzung)

Studie	Herausgeber	Zielgruppe	Erscheinungs-Intervall	Aktuelle Studie	Nächster Erscheinungs-Termin
agla SHK	Arbeits-Gemeinschaft Leseranalyse Sanitär-Heizung-Klima	Professionelle Entscheider in Installationsbetrieben/Klempnereien, Großhandel, TGA-Fachplanungsabteilungen/-Fachingenieur-Büros	4–5-jährlich	2002	
LA Bau	Arbeits-Gemeinschaft Leseranalyse Baufach-Zeitschriften	Professionelle Entscheider im Bauhauptgewerbe: Hochbau, Tiefbau, Straßenbau	unregelmäßig	2003	noch nicht bekannt
LA ELFA	Leseranalyse Elektronik-Fachzeitschriften (Weka Fachzeit-Schriftenverlag)	Professionelle Entscheider im Fachbereich Elektronik		2005	
LAC	Leseranalyse Computerzeit-schriften	IT/TK-Entscheider		2008	
LA Farbe	Reichweitenanalyse Fachzeitschriften Maler, Lackierer, Stukkateure, Bodenverleger (Callwey Verlag)	Maler und Lackierer, Stukkateure und Bodenverleger, Raumausstatter	unregelmäßig	2000	noch nicht bekannt

Tab. 3.34 (Fortsetzung)

Studie	Herausgeber	Zielgruppe	Erscheinungs-Intervall	Aktuelle Studie	Nächster Erscheinungs-Termin
LA Pflege	Leseranalyse von Fachzeitschriften aus dem stationären und ambulanten Pflegebereich (Vincentz Network)	Geschäftsführer/ Geschäftsführende Inhaber, Pflegedienstleiter, Examinierte Pflegekräfte	2006		

Kommunikationsforschung im Gesundheitswesen e. V. gegründet und wird seit 1971 in fast jährlichem Rhythmus publiziert. Mitglieder der LA-MED sind Verlage, die pharmazeutische

Industrie sowie Agenturen. Die Verlage sind für die Finanzierung und Durchführung der Studie zuständig, die pharmazeutische Industrie für die Entwicklung des Studiendesigns, und Agenturen sind für die Publikation der Studienergebnisse sowie für Schulungen verantwortlich.

Das Design der Studie entspricht in den Grundlagen dem Standard der großen Markt-Media-Studien (MA, VA, AWA): Reichweite und Kontakthäufigkeit werden erhoben, außerdem wird deren Wachstum bei Mehrfachbelegung sowie bei externen Leserüberschneidungen ausgewiesen. Diese Informationen ermöglichen, diejenigen Titel für einen Mediaplan zu selektieren, die von der in der Mediaplanung angesteuerten Zielgruppe am häufigsten genutzt werden. Des Weiteren lassen sich den Zielgruppen-Reichweiten die Kosten der Anzeigenschaltungen gegenüberstellen, so dass auf diese Weise die Kontaktkosten pro Einschaltung und auch ganze Mediapläne evaluiert werden können.

Insgesamt werden unter dem Dach der LA-MED fünf Studien zum Mediennutzungsverhalten durchgeführt, die im Folgenden noch näher erläutert werden (s. a. Tab. 3.34).

3.3.10.3 LA-MED API

Die LA-MED API-Studie untersucht das Mediennutzungsverhalten von niedergelassenen Allgemeinmedizinern, Praktikern und Internisten. Hierfür werden 1.000 repräsentative persönlich- mündliche Befragungen in der Zielgruppe durchgeführt und repräsentiert ein Zielgruppenpotenzial von über 60.000 Ärzten und umfasst 2011 zwölf Fachzeitschriften. Die Studie wird jährlich erhoben. Obwohl es sich bei der LA-MED API-Studie in erster Linie um eine Reichweiten-Untersuchung medizinischer Fachtitel handelt, werden darüber hinaus auch qualitative Leistungsmerkmale, z. B. Daten zur Leser-Blatt-Bindung und

Nutzung von Fachinformationsquellen erhoben. Ab 2006 werden in dieser Studie neben Print-Angeboten auch Daten zur konkreten Nutzung von Internetangeboten ermittelt.

3.3.10.4 LA-MED Facharztstudie

Die LA-MED Facharztstudie befragt schriftlich im Abstand von zwei Jahren rund 2.700 niedergelassene Fachärzte sowie Chef- und Oberärzte der unterschiedlichen Facharztgruppen (Dermatologen, Gynäkologen, HNO-Ärzte, Internisten, Ärzte für Nervenheilkunde/Neurologie/Psychiater, Orthopäden, Pädiater, Urologen, Kliniker (Chefärzte/Oberärzte als auch Stations- und Assistenzärzte)) zu ihrem Mediennutzungsverhalten (insgesamt 87 Titel in der Studie 2010) (siehe Abb. 3.16). Auch diese repräsentative Erhebung ist hauptsächlich eine Reichweiten-Untersuchung medizinischer Fachtitel, die auf Fragen, wie viele der Fachärzte welche Titel lesen und in welcher Regelmäßigkeit, Antworten liefert Qualitativ wird z. B. die Leser-Blattbindung erhoben.

3.3.10.5 LA-DENT

Die LA-DENT Studie ist eine face-to-face Befragung von rund 500 repräsentativ ausgewählten niedergelassenen Zahnärzten primär zur Nutzung zahnärztlicher Fachtitel und wird zweijährlich durchgeführt. Wie bei allen LA-MED Studien handelt es sich auch bei der LA-DENT um eine Reichweitenanalyse, die zusätzlich auch qualitative Untersuchungsinhalte wie Leser-Blatt-Bindung beinhaltet (siehe Abb. 3.17). Darüber hinaus werden Daten zur Nutzung elektronischer Medien oder aller anderen Fachinformationsquellen erhoben.

3.3.10.6 LA-PHARM

Die LA-PHARM Studie untersucht das Mediennutzungsverhalten von Apothekenleitern, approbierten Mitarbeitern und Pharmazeutisch-Technischen-Assistenten und Pharmazie-Ingenieuren. Alle drei Jahre werden Daten von ca. 940 repräsentativ ausgewählten Personen dieser Zielgruppe in Form einer persönlich-mündlichen Befragung zur Nutzung von Apotheker-Fachtiteln erhoben. Sie repräsentieren damit beinahe eine Zielgruppe von 100.000 Personen. Neben der Nutzung der Printmedien sind in dieser Studie auch Informationen zur beruflichen Nutzung des Internets, zu Marketing- und Online-Aktivitäten der Apotheken und zu Fortbildungsaktivitäten des Apothekenpersonals zu finden.

3.3.10.7 LA-DENT Zahntechnik

Die LA-DENT Zahntechnik Studie wurde in 2006 zum ersten Mal durchgeführt. Hierzu werden 500 repräsentativ ausgewählte Zahntechnik-Entscheider in Zahntechnischen Laboren zum Lese- und Informationsverhalten im Hinblick auf zahntechnische Fachinformationen und Fachzeitschriften befragt. Mit dieser Studie kann ermittelt werden, welche zahntechnischen Fachzeitschriften die Entscheider in Zahntechnik-Betrieben lesen, wie ausgeprägt die Leser-Blatt-Bindung und die Nutzungsintensität ist. Diese Informationen helfen bei der Bewertung der Wirtschaftlichkeit eines Titels und somit bei einer zielgruppengenauen Anzeigenplatzierung.

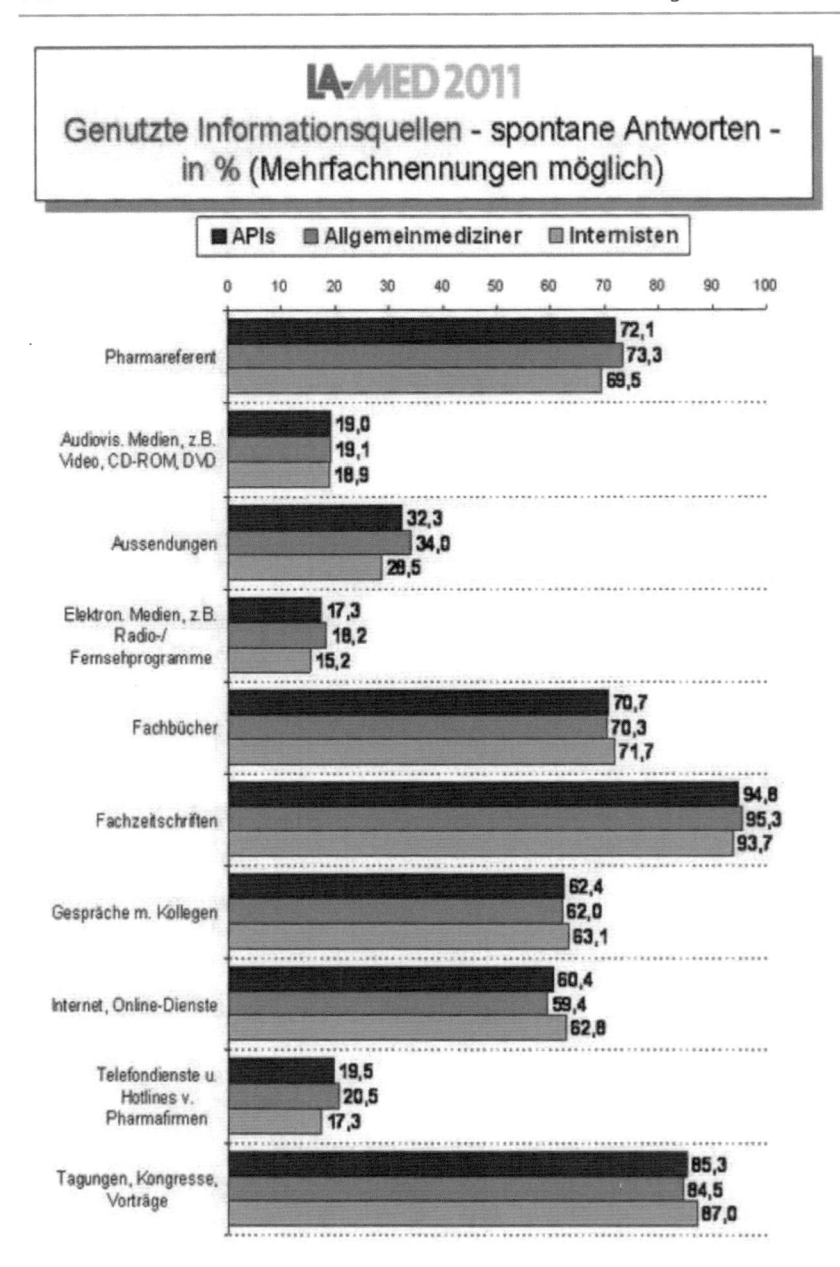

LA-MED 2011
Genutzte Informationsquellen - spontane Antworten - in % (Mehrfachnennungen möglich)

■ APIs ■ Allgemeinmediziner □ Internisten

Quelle	APIs	Allgemeinmediziner	Internisten
Pharmareferent	72,1	73,3	69,5
Audiovis. Medien, z.B. Video, CD-ROM, DVD	19,0	19,1	18,9
Aussendungen	32,3	34,0	29,5
Elektron. Medien, z.B. Radio-/Fernsehprogramme	17,3	16,2	15,2
Fachbücher	70,7	70,3	71,7
Fachzeitschriften	94,8	95,3	93,7
Gespräche m. Kollegen	62,4	62,0	63,1
Internet, Online-Dienste	60,4	59,4	62,8
Telefondienste u. Hotlines v. Pharmafirmen	19,5	20,5	17,3
Tagungen, Kongresse, Vorträge	85,3	84,5	87,0

Grundgesamtheit: niedergelassene APIs 63.636 (BRD)

Abb. 3.16 Genutzte Informationsquellen von Allgemeinmedizinern, Praktikern und Internisten. (LA-MED API 201)

3.3 Erforschung der Medianutzung

Leseranalyse zahnmedizinischer Fachmedien **LA-DENT 2009**

BRD gesamt
LpA-Reichweite in %
Niedergelassene Zahnärzte

Fachzeitschrift	Reichweite in %
Dental Barometer	17,6
Dental Magazin	29,8
Dental Spiegel	37,3
Der Freie Zahnarzt	57,7
DZW - Die Zahnarztwoche	44,1
DZZ - Dt. Zahnärztl. Zeitschr.	22,5
Spectator Dentistry	13,0
Teamwork	11,1
ZMK - Zahnhlkd., Manag., Kultur	45,6
Zm - Zahnärztliche Mitteilungen	73,2
ZP - Zahnarzt & Praxis**	19,8
ZWR - Das Deutsche Zahnärzteblatt	34,5
Dental Tribune*	18,5
Dentalzeitung*	21,8
Quintessenz*	26,2
ZWP - Zahnarzt Wirtschaft Praxis*	31,2

Grundgesamtheit: 55.799 niedergelassene Zahnärzte
*) Titel hat sich nicht an der Finanzierung der LA-DENT 2009 beteiligt, Ergebnisdaten wurden dennoch erhoben und ausgewiesen
**) Titel wurde im Abfragemodus „erscheint 8-mal-jährlich" angemeldet u. erhoben, tatsächliche Erscheinungsweise in 2009: 6xjährlich. Dies kann Einfluss auf die Reichweitenermittlung gehabt haben

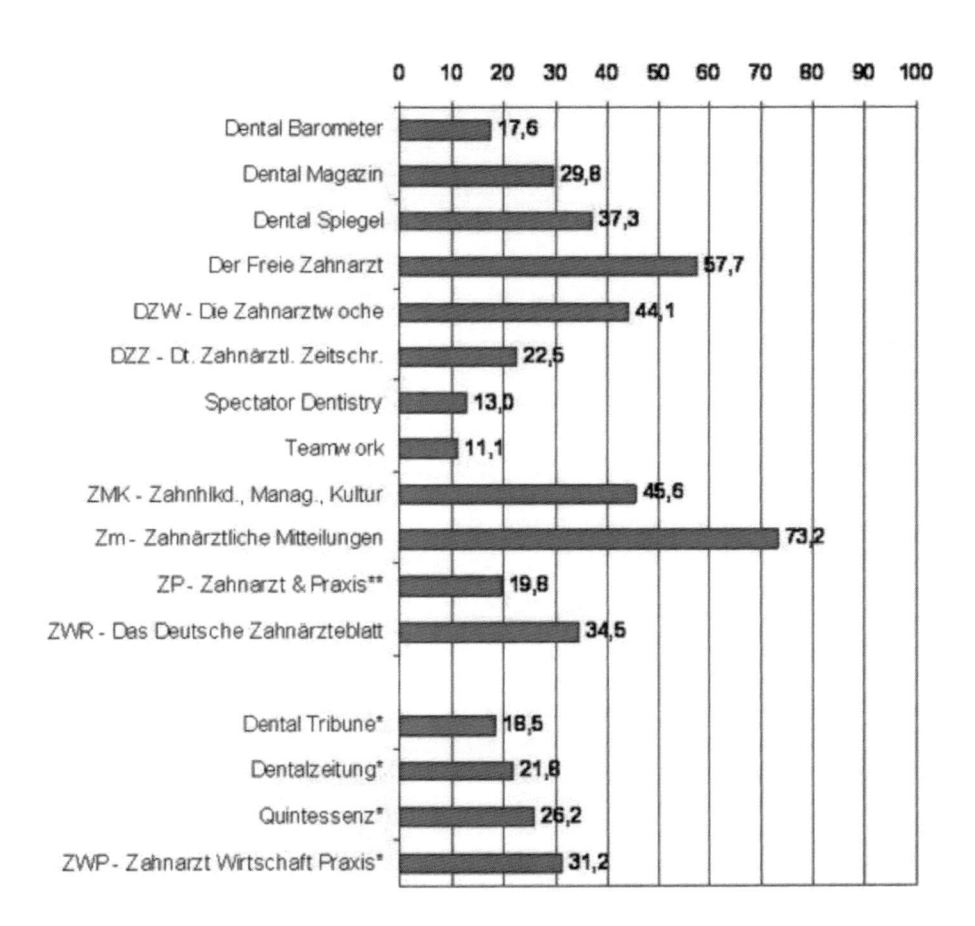

Abb. 3.17 LPA-Reichweitenwerte ausgewählter Fachzeitschriften. (LA Dent 2009)

3.3.10.8 agriMA

Die agriMA, die Untersuchung zum Lese-, Informations- und Entscheidungsverhalten von Landwirten wurde bereits fünf Mal durchgeführt. Nach der ersten Studie im Jahre 1995 folgten weitere Studien im Jahr 1998, 2002, 2005 und 2008/2009. Zur Grundgesamtheit der agriMA gehörten 2008/2009 277.000 landwirtschaftliche Betriebe mit mehr als 5 ha (Westdeutschland) und 50 ha (Deutschland Ost) in Deutschland. Im Jahre 1995 waren dies noch 398.000 Betriebe, was den Strukturwandel in der Landwirtschaft in Deutschland zu größeren und spezialisierten Betrieben aufzeigt. Befragt wurden knapp 3000 repräsentativ ausgewählte Landwirte in einem persönlich-mündlichen Interview.

Auftraggeber der agriMA ist eine Arbeitsgruppe aus Agrarfachverlagen und der landwirtschaftlichen Industrie. Erfasst wird in dieser Studie die Mediennutzung von 31 landwirtschaftlichen Fachzeitschriften, wozu Wochenblätter, überregionale Monatsmagazine und Spezialzeitschriften zählen (siehe Abb. 3.18). Neben diesen quantitativen Kennzahlen zur Reichweite werden darüber hinaus auch qualitative Daten wie z. B. Leseintensität, Lesedauer oder redaktionelle Kompetenz nach Themengebieten und Daten zur Leser-Blatt-Bindung erhoben. Weiterhin werden auch die Investitionsabsichten der Landwirte, Informations- und Entscheidungsverhalten, Internetnutzung ermittelt.

Die Ergebnisse der agriMA zeigen auf, wie wichtig es ist, Mediaplanung nach Zielgruppenkriterien vorzunehmen. Bei den großen und spezialisierten Betrieben ist im Durchschnitt die größte Investitionssumme an Landmaschinen und Betriebsmittel in den nächsten drei Jahren geplant, während viele von den kleineren Betrieben im Nebenerwerb geführt werden oder in Zukunft den Betrieb ganz einstellen werden. Gerade dieser starke Strukturwandel in Deutschland macht die agriMA zu einem wichtigen Planungstool für die Mediaplanung.

3.3.10.9 agla a+b

Die agla a+b – die Arbeitsgemeinschaft Leseranalyse Architekten und planende Bauingenieure – ist ein freiwilliger Zusammenschluss von sieben Verlagen mit zehn Fachzeitschriften, um Planungsdaten für Architektur- und Bauingenieurfachzeitschriften zur Verfügung zu stellen. Die agla a+b verfolgt das Ziel einer optimalen Markt- und Mediapräsenz innerhalb der Zielgruppe der Architekten und Bauingenieure. Zur Grundgesamtheit gehören 2006 100.300 Architekten und Bauingenieure in Deutschland, die in den letzten zwölf Monaten im Hochbau planend tätig waren oder in den letzten zwölf Monaten mehrfach an System-, Produkt- oder Markenentscheidungen im Rahmen von Hochbauprojekten beteiligt waren. Dazu wurden 2006 700 repräsentativ ausgewählte Architekten und 500 Bauingenieure in telefonischen Interviews (CATI) zum medialen Nutzungsverhalten befragt.

Neben den Basisergebnissen pro Titel (Bekanntheit, WLK, Kernleser, K1) werden weiterhin die Reichweiten der einzelnen Titel nach Branche, Betriebsgröße und Bauvolumen ausgewiesen. Auch qualitative Leistungsmerkmale wie Archivierungsverhalten, beruflicher Nutzen oder Leser-Blatt-Bindung werden dabei berücksichtigt, so dass insgesamt ein umfangreiches Datenmaterial zu den elf untersuchten Fachzeitschriften vorliegt. Die

3.3 Erforschung der Medianutzung

Reichweiten nach Betriebsgrößenklassen

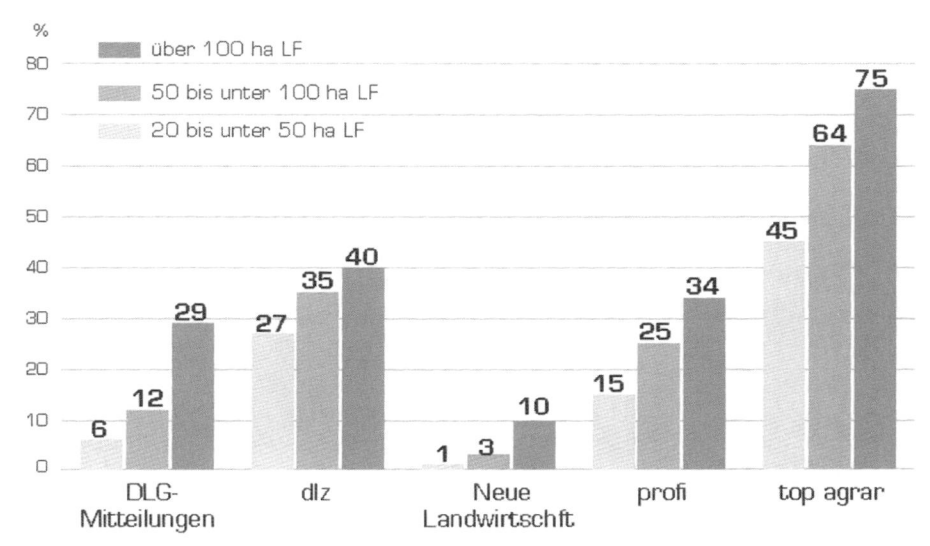

Abb. 3.18 Beispiel für Reichweiten der agriMA nach Betriebsgröße. (agriMA 2009, www.lv.de/agrarmediaservice/bilder/agrarmediafacts 2009.pdf)

Untersuchung bezieht auch die berufliche Onlinenutzung der Architekten und Bauingenieure mit ein. Allerdings wird die Onlinenutzung nur allgemein und nicht in Bezug auf einzelne Internet-Portale erhoben.

Neben einem allgemeinen Berichtsband stehen die Ergebnisse zusätzlich über die Zählprogramme der Verlage für die Mediaplanung zur Verfügung. So können genaue Zielgruppenanalysen vorgenommen, Rangreihen berechnet und Mediapläne evaluiert werden. Dieser Service der Mitgliedsverlage ist neben den einfachen Basisergebnissen der große Nutzen einer solchen Reichweitenstudie für die Anzeigen schaltenden Kunden und Mediaagenturen (siehe Abb. 3.19).

3.3.10.10 Leistungsanalyse Fachmedien

Die Leistungsanalyse Fachmedien erhebt zwar keine Reichweiten einzelner Fachzeitschriften, ist jedoch was den Stellenwert von Fachmedien in der B2B Kommunikation betrifft, eine wichtige Studie für die B2B Mediaplanung. Die Studie wird von der Deutschen Fachpresse in Auftrag gegeben. Bisher wurden vier Studien realisiert.

Die neueste Studie „Wirkungsanalyse Fachmedien 2006" ist eine Ergänzung der vorhergegangen Studien „Motivanalyse Fachmedien 2003" und „Leistungsanalyse Fachmedien 2001" bzw. „Leistungsanalyse Fachzeitschriften 1995". Während sich die Vorgänger-Studien hauptsächlich auf die Wichtigkeit der Fachmedien im Vergleich zu anderer

Quantitative Mediadaten / Reichweiten
Hochrechnung Leser einer durchschnittlichen Ausgabe (K1 in Tausend Personen)

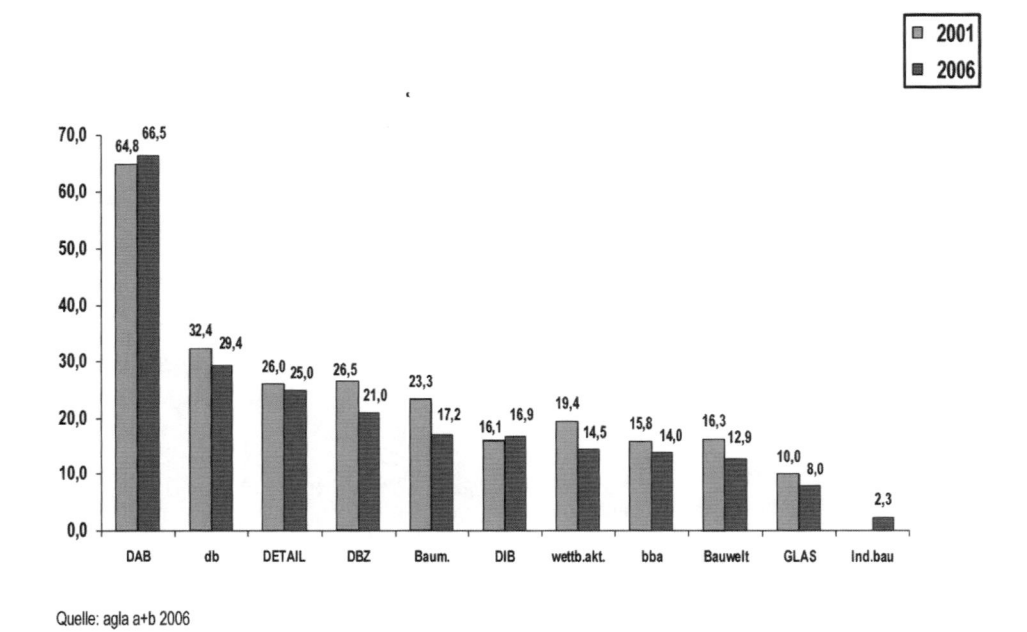

□ 2001
■ 2006

Zeitschrift	2001	2006
DAB	64,8	66,5
db	32,4	29,4
DETAIL	26,0	25,0
DBZ	26,5	21,0
Baum.	23,3	17,2
DIB	16,1	16,9
wettb.akt.	19,4	14,5
bba	15,8	14,0
Bauwelt	16,3	12,9
GLAS	10,0	8,0
Ind.bau		2,3

Quelle: agla a+b 2006

Abb. 3.19 Reichweiten der untersuchten Fachzeitschriften. (agal a+b 2006)

B2B-Kommunikation konzentrieren, liegt der Schwerpunkt der „Wirkungsanalyse Fachmedien 2006" bei der Funktionsweise von Fachmedien und Fachwerbung. Damit soll der sogenannte „Dreiklang der Argumentation für Fachmedien und Fachwerbung" vervollständigt werden.

Die Zielgruppe der Studien sind Professionelle Entscheider aus produzierendem Gewerbe, Handel und Dienstleistung. Hierbei handelt es sich neben Führungspersonal auch um Mitentscheider bei Anschaffungen oder Lieferanten-Auswahl.

Mit der Leistungsanalyse Fachmedien wird der Stellenwert der Fachzeitschriften im Vergleich zu herkömmlichen B2B-Kommunikationswegen wie Außendienst, Direktwerbung, Internet, Messen, und Wirtschaftspresse untersucht. Dabei interessiert besonders die Wichtigkeit dieser Informationsquellen während der professionellen Kaufentscheidung. Diese wird in fünf Phasen unterteilt:
1. Kontinuierliche Marktinformationen,

3.3 Erforschung der Medianutzung

2. Anstöße, Impulse, Bedarfserweckung,
3. Aktive Orientierung,
4. Angebotsvergleiche und Vorentscheidung,
5. Entscheidung.

Das Ergebnis der Leistungsanalyse Fachmedien 2001 verdeutlicht, dass die Fachzeitschriften in jeder Phase dieser Entscheidung die am häufigsten genutzte Informationsquelle darstellen.

In Ergänzung zur „Leistungsanalyse Fachmedien 2001", welche die starke Position der Fachzeitschriften in der B2B-Kommunikation aufzeigt, fokussiert die qualitative Studie „Motivanalyse Fachmedien 2003" auf die Gründe für diese starke Dominanz der Fachzeitschriften. Dabei stellen sich verschiedene Entscheider-Motive sowie Entscheider-Typen heraus.

Eine weitere Studie „Wirkungsanalyse Fachmedien 2006" ergänzt die Analyse zu Fachmedien, indem sie neben den Leistungsdaten auch die Wirkung von Werbung in Fachzeitschriften untersucht. Die Wirkungsanalyse Fachmedien 2006 gliedert sich in die drei Teile:
1. Nutzung der B2B-Medien,
2. Wechselwirkungen und Verstärkungsbeziehungen zwischen B2B-Medien,
3. Besonderheit von Fachwerbung.

Erstmals wurde auch die Nutzung von Online-B2B-Angeboten abgefragt.

Zuletzt ist die B2B-Entscheideranalyse 2010 erschienen, die das Informationsverhalten und die Mediennutzung professioneller Entscheider in den Mittelpunkt rückt. Über 2600 Screening-Interviews und 600 Hauptinterviews wurden telefonisch von TNS Emnid durchgeführt. Grundgesamtheit sind 7.2 Mio. professionelle Entscheider. Thematische Schwerpunkte sind u. A. Informationsquellen, Aktivierungsleistungen der Medien, Relevanz bei Kaufentscheidungen und das Image von BtB-Medien bei den Entscheidern (siehe Abb. 3.20).

3.3.11 Abschließende Beurteilung der Mediaforschung

Nachdem nun in den vorangegangenen Kapiteln einige der zahlreichen Analysen vorgestellt wurden, drängt sich zwangsläufig auch die Frage nach deren Relevanz auf. Prüfkriterien können sein:

- *Auftraggeber/Erfasste Medien:*
  Oftmals sind Auftraggeber und erfasste Medien identisch. In diesen Fällen spielt die Transparenz und die Qualität der Daten eine besondere Rolle, wenn die Informationen zur Beurteilung beitragen sollen. Des Weiteren ist hier entscheidend, in welchem Maße Prüfungen durch Dritte, wie z. B. den Zentralverband der deutschen Werbewirtschaft e.V., ermöglicht werden. Diese Situation findet man bei einer ganzen Reihe von Verlagen vor, die die Reichweiten ihrer Zeitschriften selbst erfassen. Beim Umgang mit solchen Daten ist Skepsis angebracht, da es sich in den meisten Fällen von Selbsterhebungen eher um Aspekte handelt die zwischen PR-Maßnahmen und klassischer Werbung

Nutzung von B-to-B-Medien: Welche Informationsquellen wurden in den letzten 12 Monaten beruflich genutzt?

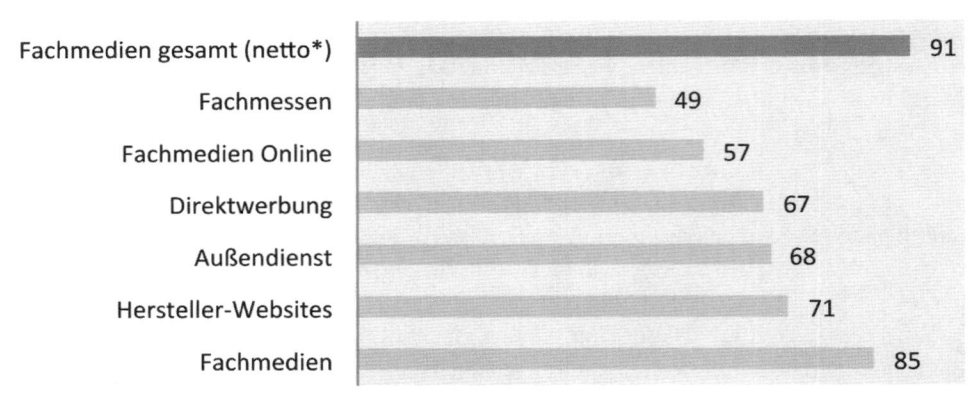

Quelle	Wert
Fachmedien gesamt (netto*)	91
Fachmessen	49
Fachmedien Online	57
Direktwerbung	67
Außendienst	68
Hersteller-Websites	71
Fachmedien	85

*Fachzeitschriften und/oder Fachmedien Online genutzt · Basis: =600. Angaben in %

Abb. 3.20 Infoquellen von BtB-Entscheider. (B2B-Entscheideranalyse 2010: Studien/B2B_Entscheideranalyse_Broschuere_Web.pdf)

anzusiedeln sind. Von Analysen im Sinne derer, die die Werbeträger buchen, kann kaum gesprochen werden. Es sollte auf jeden Fall die Empfehlung gelten, Analysen zu benutzen, die erstens öffentlich zugänglich sind und zweitens von mehreren Institutionen durchgeführt und kontrolliert werden.

- *Möglichkeit einer Einflussnahme,*
- der Institutionen auf die Resultate u. A. durch Fragestellungen, einbezogene Medien etc.).
- *Institutionen, welche die Erhebung durchführen,*
  im Hinblick auf die Seriosität der Untersuchung.
- *Größe und Zusammensetzung der Stichprobe:*
  Hier gilt es, die Frage zu beantworten, ob die eigene Zielgruppe innerhalb der Stichprobe ausreichend oft vertreten ist. Die Gesamtgröße der Stichprobe ist in diesem Falle eher zweitrangig.
- *Aussagekraft und Inhalt der Untersuchung:*
  Es geht darum, ob ausschließlich nach soziodemographischen Merkmalen beschrieben wird oder ob auch Ergebnisse über die immer wichtiger werdenden Angaben, über Besitz und Konsumverhalten sowie psychologische Beschreibungsmerkmale der Zielpersonen vorhanden sind.
- *Aktualität der Studie*
  wann war der Erhebungszeitraum und wann wurde die Studie publiziert. Angesichts der dynamischen Entwicklungen im Mediensystem und den damit einhergehenden Veränderungen im Nutzungsverhalten ist auf die Aktualität der Studien zu achten.

Die obigen Kriterien sollten, soweit sie noch nicht Bestandteil sind, unter dem Aspekt der Mindestanforderungen für Media-Untersuchungen betrachtet werden.

3.4 Entwicklung der Medien im Vergleich

1995 lag die durchschnittliche Verweildauer der deutschen Bevölkerung in den Medien Fernsehen, Hörfunk sowie Tageszeitungen bei etwa 430 Minuten täglich, zehn Jahre später, im Jahr 2005 wurden 600 Minuten erreicht. Im Jahr 2010 ergibt sich zwar ein leichter Rückgang, insgesamt zeigt sich jedoch ein insgesamt relativ hoher Zeitaufwand für die Nutzung der Massenmedien (siehe Tab. 3.35).

Der Mediengebrauch beansprucht mit ca. 10 Stunden täglich neben Schlafen und Arbeiten die meiste Zeit im Leben eines Menschen wobei ein Teil des Mediengebrauchs sicherlich zur Arbeit zählt.

Den neuesten Ergebnissen der erstmals 1964 durchgeführten Langzeitstudie „Massenkommunikation", hat das Fernsehen in den Jahren 1985 bis 1995 einen erheblichen Nutzungsschub erfahren. Primär ging diese Entwicklung von den Bevölkerungsgruppen aus, die sich am stärksten dem privaten Fernsehen zugewandt haben und es überdurchschnittlich nutzen. Die Bindung an das Medium Fernsehen ist wieder gestiegen. Insbesondere ist die Entscheidung für das Fernsehen als einziges Medium bei den „Privatfernseh-Fans" wesentlich gestiegen. Im Jahr 2010 zeigt diese Studie eine TV-Nutzungszeit von 220 Minuten Einen Einbruch hat dagegen die Hörfunknutzung erlebt (von 221 auf 187 Minuten).

Trotzdem machen diese beiden Klassiker insgesamt ungefähr zwei Drittel der gesamten Nutzungsdauer aus.

Eine deutliche Zunahme konnte das Internet verzeichnen. Die Nutzungsdauer steigt von 44 Minuten 2005 auf 85 Minuten 2010 und hat sich damit fast verdoppelt.

Abbildung 3.21 verdeutlicht diese Aussagen nochmals prozentual. Das Internet macht bereits 14 % des gesamten Medienkonsums aus im Vergleich zu 2005 als es nur 7 % waren. Die Printmedien zeigen leichte Verluste (Tageszeitungen von 5 % auf 4 % und Zeitschriften 2 % auf 1 %). Bei den jüngeren Zielgruppen der 14–29 Jährigen liegen dagegen TV, Radio und Internet beinahe gleichauf.

Zeitschriften, die in der Praxis der Mediaplanung eine sehr große Rolle spielen, sind offensichtlich im Rahmen der Gesamtnutzung von Medien ein eher unbedeutender Werbeträger. Tabelle 3.36 stellt die Werbeinvestitionen innerhalb der verschiedenen Mediagattungen dar. Wir erkennen von 2007 bis 2010 einen nennenswerten Rückgang der Gesamtinvestitionen. Die Tageszeitungen haben nicht nur absolut, sondern auch prozentual verloren. Hier wirkt sich auch der rückläufige Stellenmarkt aus, da diese Anzeigen in der Statistik enthalten sind. Zeitschriften verlieren trendgemäß, halten aber in etwa ihren Marktanteil. Fernsehen hat absolut verloren, aber seinen Marktanteil leicht ausgebaut, das gilt auch für Funk, aber auf deutlich geringerem Ausgangsniveau. Insgesamt haben die elektronischen Medien an Bedeutung gewinnen können. Die Plakatwerbung liegt, wie schon seit Jahren ungefähr bei einem Marktanteil von 4 %. Die

Tab. 3.35 Nutzungszeiten von Massenmedien. (ARD/ZDF Langzeitstudie Massenkommunikation 2010)

Nutzungsdauer der Medien 1970 bis 2010
Mo-So[1]), 5:00–24:00 Uhr BRD gesamt[2]), Pers. ab 14 Jahren, in Minuten

	1970	1974	1980	1985	1990	1995	2000	2005	2010
Fernsehen	113	125	125	121	135	158	185	220	220
Hörfunk	73	113	135	154	170	162	206	221	187
Tageszeitung	35	38	38	33	28	30	30	28	23
Internet	-	-	-	-	-	-	13	44	83
CD/LP/MC/MP3	-	-	15	14	14	14	36	45	35
Bücher	-	-	22	17	18	15	18	25	22
Zeitschriften	-	-	11	10	11	11	10	12	5
Video/DVD	-	-	-	2	4	3	4	5	6

[1]) Der Sonntag wurde erst ab 1990 in die Erhebung aufgenommen

[2]) Bis 1990 nur alte Bundesländer

Anteile der Medien am Medienzeitbudget (2005 / 2010):
- Fernsehen: 37% / 38%
- Radio: 37% / 32%
- Internet: 7% / 14%
- Tonträger: 8% / 6%
- Tageszeitung: 5% / 4%
- Bücher: 4% / 4%
- Zeitschriften: 2% / 1%
- Video/DVD: 1% / 1%

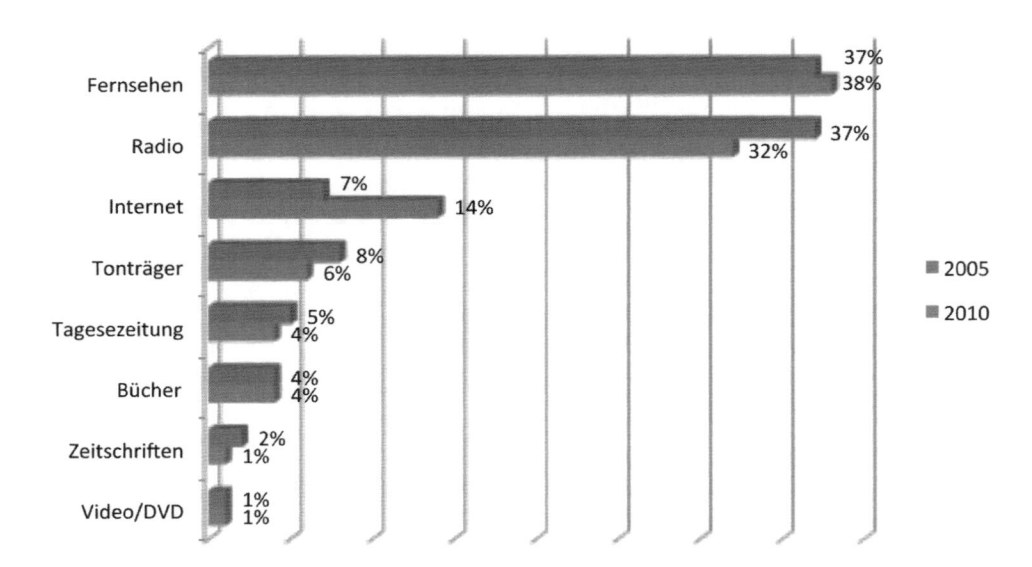

Abb. 3.21 Anteile der Medien am Medienzeitbudget 2010. (ARD/ZDF-Langzeitstudie Massenkommunikation 2010, www.comrepublic.com/2011/01/medienzeitbudget-tv-radio-internet-gleichauf-bei-den-jungen)

3.4 Entwicklung der Medien im Vergleich

Tab. 3.36 Netto-Werbeaufwendungen in den klassischen Werbemedien. (ZAW zaw.de/index.php?menuid=119)

Werbeträger	2007	Prozent	2008	Prozent	2009	Prozent	2010	Prozent
Fernsehen	4155,82	+ 1,0	4035,50	- 2,9	3639,60	- 9,8	3953,73	+ 8,6
Tageszeitungen	4567,40	+ 0,8	4373,40	- 4,2	3694,30	- 15,5	3637,80	- 1,5
Werbung per Post	3347,30	+ 0,9	3291,55	- 1,7	3080,51	- 6,4	2983,78	- 3,1
Anzeigenblätter	1971,00	+ 1,4	2008,00	+ 1,9	1966,00	- 2,1	2011,00	+ 2,3
Publikumszeitschriften	1822,48	- 1,8	1693,09	- 7,1	1408,65	- 16,8	1450,00	+ 2,9
Verzeichnis-Medien	1214,33	+ 1,3	1224,70	+ 0,9	1184,00	- 3,3	1154,60	- 2,5
Online-angebote	689,00	+ 39,2	754,00	+ 9,4	764,00	+ 1,3	861,00	+ 12,7
Fachzeitschriften	1016,00	+ 6,3	1031,00	+ 1,5	852,00	-17,4	860,00*	+ 1,0
Außenwerbung	820,37	+ 4,2	805,36	- 1,8	737,51	- 8,4	766,06	+ 3,9
Hörfunk	743,33	+ 9,2	719,77	- 3,2	678,49	- 5,7	692,06	+ 2,0
Wochen-/Sonntagszeitungen	269,70	+ 3,7	265,70	- 1,5	208,30	- 21,6	217,80	+ 4,6
Zeitungssupplements	89,50	- 0,4	86,80	- 3,0	81,90	- 5,6	85,80	+ 4,8
Filmtheater	106,20	- 9,6	76,65	- 27,8	71,60	- 6,6	74,51	+ 4,1
Gesamt	20812,43	+ 2,3	20365,52	- 2,1	18366,86	- 9,8	17888,14	+ 2,1

Netto: nach Abug vongen- und Materialrabatten sowie Mittlerprovisionen, Skonti, ohne Produktionskosten, *prognostizierter Wert für 2010
Quelle: ZAW-Jahrbuch "Werbung in Deutschland 2011"

Kinowerbung verliert weiter auf einem Niveau von 1 % Marktanteil, spielt also insgesamt keine bedeutende Rolle mehr.

Für die Medienplanung ist auch die Mediennutzung im Tagesverlauf relevant.

Die ARD/ZDF Langzeitstudie Massenkommunikation zeigt über viele Jahre einen relativ konstanten Verlauf (siehe Abb. 3.22). Lediglich das Internet hat – wie zu erwarten – ein höheres Niveau angenommen. Die Internet-Nutzung verläuft über den Tagesverlauf zeitlich gleichförmig. TV-Nutzung nimmt im Tagesverlauf stetig zu, stark am späten Nachmittag und erreicht zwischen 19.00 und 22.00 Uhr (sog. Primetime) den Höhepunkt, um dann schnell abzufallen. Radio ist ein Medium, das am Vormittag zwischen 7.00 und 12.00 Uhr die höchste Nutzung erfährt, dann langsam abfallend. Zeitung wird zwischen 7.00 und 10.00 Uhr morgens am intensivsten genutzte, vom Niveau her aber insgesamt abfallend.

Die Gesamtwerbeeinnahmen der Medien in Höhe von 18,75 Mrd. EUR (2010) machen 0,75 % des Brutto-Inlands-Produktes (BIP) aus. Insgesamt wurden für Werbung 29,53 Mrd. EUR ausgegeben. Darin sind dann auch Produktionskosten, Einnahmen der Werbeagenturen etc. enthalten. Das macht 1,20 % des BIP aus. 2001 lauteten die Werte 21,72 Mrd. EUR (1,03 % des BIP) Werbeeinnahmen der Medien und 31,49 Mrd. EUR (1,49 %) Werbeausgaben insgesamt (ZAW, 2006, S. 10 und ZAW 2011, S. 11).

Diese Werbeaufwendungen verteilen sich auf die verschiedene Branchen mit dem höchsten Werbeaufkommen wie folgt (siehe Tab. 3.37):

Es fällt auf, dass darunter vier Rubriken sind, die selber zu den Medien zählen, wovon die Werbung für Zeitungen den größten Anteil hat.

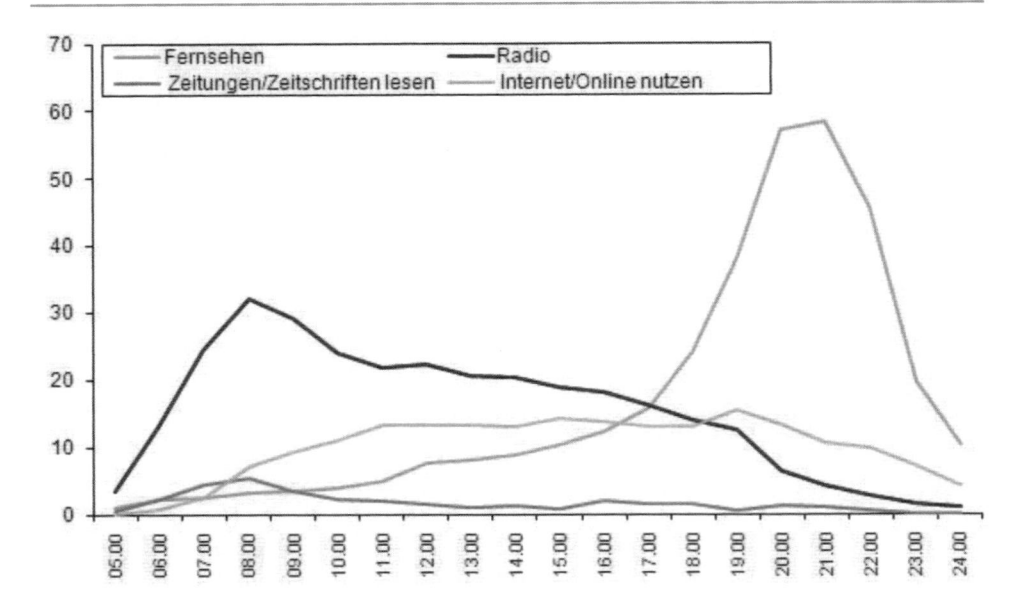

Abb. 3.22 Mediennutzung im Tagesverlauf. (ARD/ZDF-Langzeitstudie Massenkommunikation, www.ard-zdf-onlinestudie.de/index.php?id=222)

Tab. 3.37 Werbeinvestitionen nach Branche

Branche	Werbeinvestitionen in Mio. EUR O
Handels-Organisationen	2.949,3
Versandhandel	1.781,0
Pkw	1.485,2
Zeitungen-Werbung	1.318,0
Publikumszeitschriften-Werbung	901,7
Arzneimittel	782,7
Online-Dienstleistungen	777,9
Schokolade und Zuckerwaren	726,4
Sonst. Medien/Verlage	579,0
Mobilnetz	562,1
Möbel und Einrichtungen	516,1
Haarpflege	480,3
E-Commerce	479,2
Versicherungen	474,6
Bekleidung	471,3
TV-Werbung	457,8
Finanzdienstleistungen, Privatkunden	442,1
Unternehmenswerbung	391,2
Bier	378,8
Milchprodukte, Weiße Linie	373,3
Baustoffe und -zubehör	324,3
Alkoholfreie Getränke	312,9
Caritative Organisationen	308,1
Finanz/Firmen-Imagewerbung	297,6
Hotels und Gastronomie	296,7

Mediagattungen 4

4.1 Mediagattung Fernsehen

4.1.1 Einführung

„Das Fernsehen ist tot – es lebe das Fernsehen!" so könnte eine Schlagzeile des Jahres 2011 lauten. Widersprüchliche Befunde prägen das Bild des Mediums Fernsehen, das im Jahr 2010 erstmals zum stärksten Werbeträger wurde (hinsichtlich der Netto-Werbeeinnahmen; vgl. ZAW „Werbung in Deutschland 2011"). Trotz erheblicher medialer Konkurrenz um die Zuwendung der Nutzer v. a. durch Online-Medien erreichte die tägliche Nutzungsdauer für das Medium Fernsehen im Jahr 2010 mit 223 Minuten einen neuen Höchststand (Zubayr und Gerhard, 2011, S. 127). Gleichwohl wird das sogenannte „Leitmedium" Fernsehen als Werbeträger herausgefordert – nicht allein durch neue und konkurrierende Medientypen, sondern durch eine Reihe technischer Entwicklungen, die zu veränderten Nutzungsweisen des Fernsehens führen. Insbesondere die lineare Programmrezeption, die einer vorgegebenen Abfolge von Sendungen und Werbeblöcken folgt und allenfalls durch Um- oder Abschalten durchbrochen werden kann, emanzipiert sich in Richtung einer non-linearen Nutzung. Technische Hilfsmittel sind hier u. A. die verschiedenen Möglichkeiten Fernsehsendungen zu einem beliebigen Zeitpunkt „on demand" via Internet abzurufen – bspw. über die Mediatheken der Sender oder über Plattformen wie „youtube". Aber auch digitale Festplattenrekorder ermöglichen das um beliebig kurze Zeiträume verschobene Nutzen von Fernsehsendungen und das Ausblenden von Werbeblöcken. Die Notwendigkeit für eine bestimmte TV-Sendung ein ganz bestimmtes Zeitfenster im persönlichen Tagesablauf frei zu halten entfällt. Aus diesem Zugewinn an Freiheit und Autonomie für die Nutzer ergibt sich unter mediaplanerischen Gesichtspunkten eine Reihe von Fragen: Wie sind diese nicht-linearen Nutzungsformen im Rahmen der Reichweitenmessungen zu berücksichtigen? Kann im Zuge der „Medienkonvergenz"[1] noch von *Fernseh*nutzung gesprochen werden, wenn die Inhalte über das Internet abgerufen werden? Wird es in naher Zukunft noch Fernseh*sender* geben oder nur noch unterschiedliche Online-Abspielplattformen? Wie sind die Werbemittelkontaktchancen zu beurteilen, wenn mittels digitalem Festplattenrekorder die Werbeblöcke übersprungen werden können oder die Nutzer sich via Online-Plattform nur die sie interessierenden Sendungen „herauspicken" unter vollständiger Umgehung der klassischen Fernsehwerbung? Ist der 30-Sekunden-TV-Spot tot (vgl. Razorfish, Digital Brand Experience Report 2009) wie auch das Medium „Fernsehen" als Werbeträger generell? Der mit hohen Investitionen verbundene Übergang zur digitalen Übertragungstechnik und die ebenfalls extrem kostspielige Aufrüstung von Produktions-, Sende- und Empfangsgeräten auf den hochauflösenden HD-Standard (HDTV) mit der Möglichkeit neue faszinierende visuelle Erlebnisse zu vermitteln, sprechen jedoch gegen ein unmittelbar bevorstehendes Ende des Mediums „Fernsehen".

Aber nicht nur seine gesteigerte technische Attraktivität spricht für ein Weiterleben des Mediums Fernsehen – auch die Nutzungsbedürfnisse der Zuschauer verlangen danach: So dürfte beim Fernsehen das zielgerichtete und interessengeleitete Auswählen bestimmter Sendungen weit weniger wichtig sein als das überraschungsoffene Schauen, „was gerade läuft". Stärker als der Wunsch, sein eigener „Programmdirektor" zu sein, dürfte der entspannungsorientierte Wunsch sein sich „berieseln" zu lassen (vgl. Wirth und Schramm, 2005, S. 532). Dafür spricht auch die zunehmende Rolle des Fernsehens als „Nebenbeimedium" (vgl. Kuhlmann und Wolling, 2004): Dieser Nutzungsmodus, der begleitend zu anderen Tätigkeiten stattfindet (z. B. Hausarbeiten), wird eher einer senderseitig vorgegebenen Programmstruktur mit ihren Werbeunterbrechungen folgen als einem selbstzusammengestellten Programmmenü. Schwer zu ersetzen in seiner herkömmlichen linearen Angebots- und Nutzungsform ist das Fernsehen auch bei der Übertragung von Großereignissen in Echtzeit: Das zeitgleiche Erleben bspw. einer Königshochzeit oder das kollektive und spannungsgeladene Hinfiebern auf ein nicht vorhersehbares Ergebnis in Jetztzeit bspw. bei einer Bundestagswahl, einem Fußballspiel oder einem Songcontest, lässt sich nur schwer durch ein anderes Medium als das Fernsehen vermitteln. Die Verbindung von optischer Faszination, Live-Aktualität und dem Gefühl kollektiver Augenzeugen- und Zeitgenossenschaft im Medium Fernsehen wird wohl auch noch in den nächsten Jahren große Menschenmengen zu vorgegebenen Zeitpunkten zu einem räumlich dispersen Fernsehpublikum vereinen. Zu diesem Befund kommt auch die Unternehmensberatung Deloitte in ihrer Prognose „Technology, Media und Telecommunications Predictions 2011" und geht davon aus, dass das Fernsehen seinen Status als „Super-Medium" weltweit sogar noch steigern werde (Deloitte, 2010, S. 20) – nicht nur als Werbeträger, sondern auch als dasjenige Medium, das die Inhalte andere Medien am stärksten beeinflusse (ebd.). Auf welcher Art von Endgeräten – mit mobilen und interaktiven Funktionen oder als Hybridform mit

---

[1] Unter „Medienkonvergenz" versteht der Medien- und Kommunikationsbericht der Bundesregierung 2008 „das Zusammenwachsen von technischen Kommunikationsinfrastrukturen, Medieninhalten, Endgeräten sowie der Telekommunikations- und der Medienbranche" (ebd. S. 4).

dem Internet – Menschen das Fernsehprogramm nutzen werden, ist eine andere Frage. Es scheint jedoch so zu sein, dass das Fernsehen seinem Ruf als „immerneuem" Medium (Rusch, 2007, S. 277) auch weiterhin treu bleibt und das Rieplsche Gesetz bestätigt, demzufolge etablierte Medien durch neuere nicht ersetzt, sondern nur ergänzt werden (Vgl. kritisch dazu Faulstich, 2002, S. 159).

4.1.2 Öffentlich-rechtlich versus privat: Die Senderlandschaft in Deutschland

Das Rundfunksystem in Deutschland (Fernsehen und Hörfunk) ist „dual" organisiert, d. h. neben privatwirtschaftlichen Rundfunkunternehmen, die sich ganz überwiegend über Werbeeinnahmen finanzieren, gibt es die „öffentlich-rechtlichen" Sender, die als Anstalten des öffentlichen Rechts konzipiert sind. Zu den Charakteristika des öffentlich-rechtlichen Rundfunks in Deutschland zählen u. A. „Staatsferne, interne gesellschaftliche Kontrolle durch (…) Aufsichtsgremien (…), inhaltliche Vielfalt im Sinne eines die Grundversorgung umfassenden Programmangebots, Verbreitung dieses Angebots an wirklich jedermann (…) sowie nicht zuletzt eine weitgehend föderale Struktur." (ABC der ARD 2010) Ein weiteres wichtiges Merkmal ist die Mischfinanzierung der öffentlich-rechtlichen Sender aus gesetzlich eingetriebenen Gebühren und Werbeeinnahmen (ebd.). Durch diese zweite Einnahmequelle stehen die öffentlich-rechtlichen Sender nicht nur im Kampf um die Zuschauergunst im Wettbewerb mit den „privaten" Sendern, sondern auch auf dem Werbemarkt. Unter diesem Aspekt sind sie für das Thema „Mediaplanung" relevant. Die föderale Struktur der öffentlich-rechtlichen Sender spiegelt sich insbesondere bei den Sendern der ARD („Arbeitsgemeinschaft der öffentlich-rechtlichen Rundfunkanstalten der Bundesrepublik Deutschland") in ihrer weitgehend dezentralen Organisationsform wieder:
- Bayerischer Rundfunk – BR in München
- Hessischer Rundfunk – HR in Frankfurt
- Mitteldeutscher Rundfunk – MDR in Leipzig
- Norddeutscher Rundfunk – NDR in Hamburg
- Radio Berlin Brandenburg – RBB in Berlin und Potsdam
- Radio Bremen – RB in Bremen
- Saarländischer Rundfunk – SR in Saarbrücken
- Südwestrundfunk – SWR in Stuttgart
- Westdeutscher Rundfunk – WDR in Köln

Neben ihren regionalen Programmen bieten die ARD-Sender unter der Dachmarke „Das Erste" auch ein bundesweites Vollprogramm an. Ebenfalls bundesweit sendet das öffentlich-rechtliche Zweite Deutsche Fernsehen (ZDF) mit Sitz in Mainz. Gemeinsam betreiben ARD und ZDF die werbefreien Spartensender „Phoenix" (Information) und „ki.ka" (Programm für Kinder und Jugendliche). Beteiligt sind sie außerdem an den länderübergreifenden und ebenfalls werbefreien Kultursendern „arte" und „3Sat". Unter den Namen „ARDdigital" und „ZDFvision" bieten die beiden Sender darüber hinaus je drei digitale Spartenkanäle an. Der direkt aus dem Bundeshaushalt (also nicht über Rundfunkgebühren) finanzierte Auslandssender Deutsche Welle TV (DW-TV) mit seinem z. T. englischsprachigen Programm kann in begrenztem Umfang auch als Werbeträger gebucht werden.

Über keine Gebühreneinnahmen verfügen die „Privatsender" in Deutschland. Zu unterscheiden sind hier die frei empfangbaren und im Wesentlichen durch Werbung finanzierten Sender („Free-TV") von den werbefreien „Bezahlsendern" („Pay-TV"), bei denen das Programm verschlüsselt gesendet wird. Nur im Abonnement, d. h. für einen bestimmten Zeitraum, oder gegen ein Entgelt für jeden Nutzungsvorgang wird das Programm freigeschaltet und damit sicht- und hörbar („pay per view"). Bekanntester Pay-TV Sender in Deutschland ist „Sky" (vormals „Premiere") mit einem sportzentrierten Programm. Da die „Bezahlsender" aber für Fragen der Mediaplanung von geringem Belang sind, soll auf sie im Folgenden nicht mehr eingegangen werden.

In Deutschland gibt es bei den Privatsendern zwei große „Senderfamilien": Zum einen die ProSiebenSat.1 Media AG mit den Sendern Sat.1, ProSieben, kabel eins, sixx (zu je 100 %) und zum anderen die Mediengruppe RTL Deutschland, die Anteile an den Sendern RTL (100 %), RTL 2 (35,9 %), Super RTL (50 %), n-tv (100 %) und VOX (99,7 %) hat (vgl. Media Perspektiven Basisdaten 2010, S. 28). Dabei hatten die Programme von ProSiebenSat.1 im Jahr 2010 im Tagesdurchschnitt einen Marktanteil von 21,4 % (Quelle: AGF/GFK Fernsehforschung), die Programme der RTL Mediengruppe einen Marktanteil von 26,1 % (ebd.). Nimmt man die öffentlich-rechtlichen Sender (inkl. der dritten und der werbefreien Programme) mit einem Marktanteil von zusammen 43,1 % hinzu, so bedienen diese drei Senderfamilien gemeinsam mehr als 90 % des täglichen Fernsehkonsums. Die verbleibende Nutzungszeit von weniger als 10 % verteilt sich auf eine Reihe kleinerer (Sparten-) Sender (z. B. DAS Vierte, VIVA, MTV) und eine schier unüberschaubare Zahl kleiner und kleinster Sender mit z.T. lokal oder thematisch eingegrenzten Schwerpunkten (z. B. Kraichgau TV, Astro TV, Sonnenklar TV) sowie diverse Homeshopping-Kanäle. Insgesamt hat es in den letzten Jahren einen erheblichen Zuwachs an TV-Sendern gegeben (siehe Abb. 4.1).

Die Ursache dafür sind die Digitalisierung und die Erhöhung der verfügbaren Bandbreiten, so sind je nach technischer Ausstattung des Haushalts zwischen 35 bis 200 TV-Sender, teilweise bis zu 500 empfangbar. Neben den erwähnten digitalen Kanälen unter öffentlich-rechtlichem „Dach" ist dieser massive Ausbau insbesondere den privaten Sendern zuzuschreiben.

Während sich die Zahl der frei empfangbaren Sender in den letzten 20 Jahren etwa um den Faktor 10 erhöht hat, ist die tägliche TV-Nutzung im gleichen Zeitraum nur um das 1,65-fache gestiegen (siehe Abb. 4.2). Das bedeutet, dass eine nur maßvoll gestiegene Zuwendungsdauer sich auf sehr viel mehr Sender verteilen kann und somit jeder Sender im Durchschnitt weniger Aufmerksamkeit auf sich zieht. Dabei wächst die Zahl der genutzten Sender nur degressiv mit der Zunahme der technischen Reichweite, d. h. der potentiell verfügbaren Sender (vgl. Beisch und Engel, 2006, S. 375). Seine gesetzliche Grundlage hat das duale Rundfunksystem Deutschlands im „Rundfunkstaatsvertrag" mit

4.1 Mediagattung Fernsehen 163

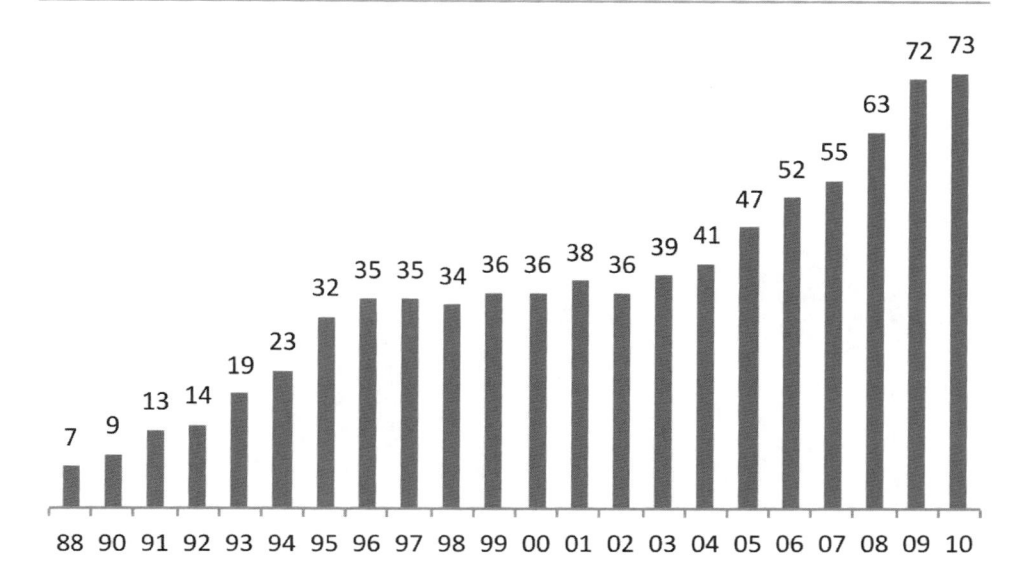

Abb. 4.1 Anzahl der frei empfangbaren TV-Sender in Deutschland von 1988 bis 2010 (jeweils 1. Januar). (AGF/GfK Fernsehforschung, pc#tvaktuell)

mehreren Änderungsverträgen. „Rundfunk" wird in diesen Zusammenhang als Oberbegriff für Fernsehen und Hörfunk (Radio) verwendet. Die Definition dieses Begriffs in § 2 setzt mit der Linearität, dem „zeitgleichen Empfang" und der „Verbreitung (…) entlang eines Sendeplans" Merkmale als grundlegend fest, die durch die eingangs erwähnten technischen Entwicklungen dabei sind hinfällig zu werden.[2] In der Präambel des Vertrags werden der öffentlich-rechtliche Rundfunk und der private Rundfunk gleichermaßen zur „freien individuellen und öffentlichen Meinungsbildung" sowie zur „Meinungsvielfalt verpflichtet", außerdem sollen sie der „Informationsvielfalt" und der Verstärkung des kulturellen Angebots dienen (ebd.). Rundfunk wird demnach – egal, ob öffentlich-rechtlich oder privat – primär normativ in seiner publizistischen Rolle zur Wahrung grundgesetzlich verankerter Grundrechte gesehen und nicht etwa zur Bedienung von Zielgruppenwünschen oder zur Erreichung wirtschaftlicher Ertragsziele. Wirtschaftliche Erwägungen lassen sich erst aus dem folgenden Satz herauslesen: „Beide Rundfunksysteme müssen in der Lage sein, den Anforderungen des nationalen und des internationalen Wettbewerbs zu entsprechen." (ebd.)

---

[2] „Rundfunk ist ein linearer Informations- und Kommunikationsdienst; er ist die für die Allgemeinheit und zum zeitgleichen Empfang bestimmte Veranstaltung und Verbreitung von Angeboten in Bewegtbild oder Ton entlang eines Sendeplans unter Benutzung elektromagnetischer Schwingungen. Der Begriff schließt Angebote ein, die verschlüsselt verbreitet werden oder gegen besonderes Entgelt empfangbar sind." (§ 2 13. RStV)

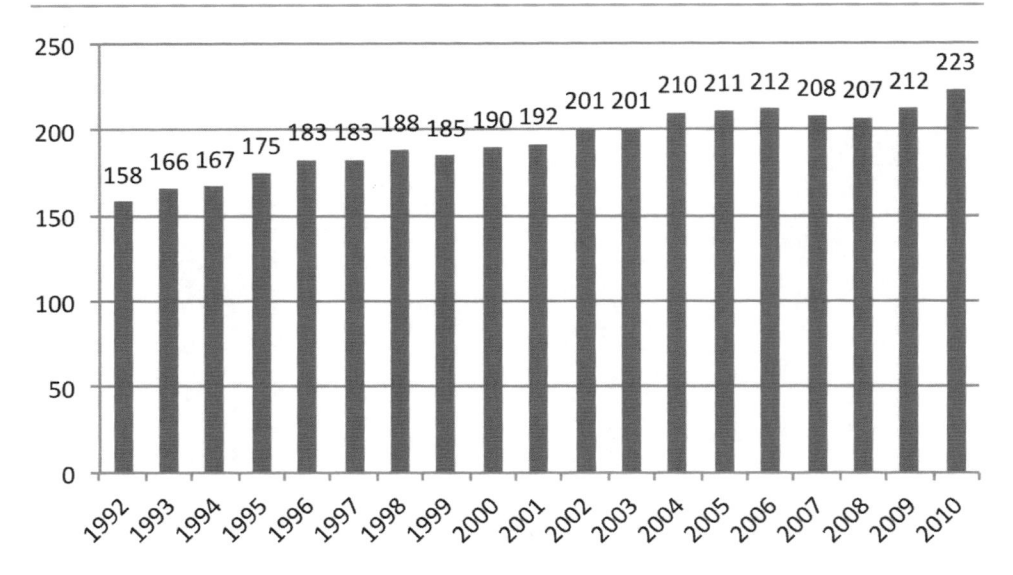

Abb. 4.2 Entwicklung der durchschnittlichen Fernsehdauer pro Tag zwischen 1992 und 2010. (Zuschauer ab 3 Jahren, Angaben in Minuten). (AGF/GfK, pc#tv bzw.TV Scope, bis 2000 Fernsehpanel (D), ab 2001 Fernsehpanel (D+EU))

Der eventuell paradox anmutende Versuch, das Grundrecht auf freie Meinungsäußerung durch ein Reglement des Rundfunkwesens zu schützen, ist vor dem Hintergrund der NS-Diktatur in Deutschland zu verstehen: Ein zentralistisches und gleichgeschaltetes Rundfunkwesen war damals wesentliches Propagandawerkzeug der NS-Ideologie. Einer Wiederholung dieses Missbrauchs soll insbesondere auch durch die Organisationsform des Rundfunkwesens in Deutschland vorgebeugt werden. Daher kommt ihrer dezentralen, föderalen Struktur eine besondere Rolle zu, bei der zentrale Einrichtungen auf Bundesebene (z. B. Deutschlandradio) klar als Ausnahme deklariert sind. Die dezentrale Struktur zeigt sich bei den öffentlich-rechtlichen Sendern in der Gliederung in neun Rundfunkanstalten. Für die Privatsender wurden als Kontrollinstanzen ebenfalls dezentrale Landesmedienanstalten geschaffen, die neben der Einhaltung der Richtlinien des Rundfunkstaatsvertrags über Konzentrationsentwicklungen wachen und sie ggf. verbieten. So soll der Gefahr einer zu großen Medien- und Meinungsmacht in der Hand eines einzelnen vorgebeugt und demgegenüber das Ideal der Meinungspluralität erreicht werden. Wesentlich für eine funktionsfähige Demokratie ist aber nicht nur die Meinungsfreiheit und die Meinungsvielfalt, sondern auch der *Zugang* aller Bürgerinnen und Bürger zu Informationen. Daher hat speziell der öffentlich- rechtliche Rundfunk auch den Auftrag, neben der „inhaltlichen Vielfalt" auch ein „die Grundversorgung" sicherndes Programmangebot zu gewährleisten und dieses Angebot „an wirklich jedermann" (s.o.) zu verbreiten. Die technischen Voraussetzung dafür können als gegeben betrachtet werden: In 96,9 % aller Haushalte war im Jahr 2010 ein Fernsehgerät vorhanden (Media Perspektiven Basisdaten 2010,

4.1 Mediagattung Fernsehen

S. 66), d. h. mit dem Medium Fernsehen kann nahezu die gesamte Bevölkerung erreicht werden (siehe Tab. 4.1).[3]

Der Auftrag zur Grundversorgung wird demnach erfüllt. Wie er jedoch inhaltlich erfüllt wird – insbesondere durch das Angebot von Informationssendungen, darin unterscheiden sich die öffentlich-rechtlichen Sender erheblich von den privaten. Ein Vergleich der Anteile von Informationssendungen am Gesamtprogramm macht dies deutlich (siehe Abb. 4.3).

Annähernd die Hälfte der gesamten Sendedauer des ZDF dient der Information, bei der ARD sind es über 40 %. Die privaten Sender kommen dagegen lediglich auf einen Informationsanteil von um die 20 %. Ein umgekehrtes Bild zeigt sich beim Werbeanteil: Hier liegen die Privaten vorn mit jeweils rund 15 % an der gesamten Sendedauer gegenüber 1,4 % (ZDF) und 1,3 % (ARD).

Unterschiede zwischen öffentlich-rechtlichen und privaten Sendern werden auch innerhalb des Informationsangebots deutlich, wenn man sich die thematischen Schwerpunktsetzungen der wichtigsten Nachrichtensendungen ansieht (siehe Abb. 4.4 und Abb. 4.5). Während der Anteil politischer und wirtschaftlicher Informationen an der (öffentlich-rechtlichen) „Tagesschau" knapp 60 % und bei den ebenfalls öffentlich-rechtlichen „heute"-Nachrichten knapp 50 % ausmacht, liegt er bei „RTL aktuell" bei 27 % und bei den „Sat.1 Nachrichten" bei 35 %. Klassische Boulevard-Themen (Human Interest, „Sex und Crime", Katastrophen, Sport u. Ä.) nehmen bei den Privaten dagegen zwischen 52 % (Sat.1) und 55 % (RTL) der Nachrichten ein, bei den öffentlich-rechtlichen nur 25 % (ARD) und 32 % (ZDF). Jenseits aller demokratietheoretischen Überlegungen gewinnen diese Unterschiede für die Werbewirtschaft Relevanz, da sie einen ersten Eindruck von den Programmstrukturen, dem redaktionellen Umfeld der Werbung und den Interessen ihrer Zielgruppen geben.

Auskunft über die Akzeptanz der unterschiedlichen Programmangebote bei den Zuschauern geben die Reichweiten und Marktanteile der Sender. Die 223 Minuten, die ein Deutscher jeden Tag im Durchschnitt vor dem Fernseher verbringt, verteilen sich sehr unterschiedlich auf die einzelnen Sender. Knapp 40 % können die öffentlich-rechtlichen Sender auf sich vereinigen, bei den privaten nimmt RTL die Spitzenposition ein (und ist auch insgesamt der reichweitenstärkste Sender), gefolgt von Sat.1.

Verschiebt man die Perspektive von den Sendern hin zu einzelnen Sendungen und betrachtet die zehn meistgesehenen Einzelsendungen eines Jahres, verweisen sie auf eine oben bereits erwähnte besondere Leistungsfähigkeit des Mediums Fernsehen: Die zehn meistgesehenen Einzelsendungen des Jahres 2010 waren Fußball-Live-Übertragungen – auf den Plätzen eins bis neun WM-Spiele, auf Platz 10 die EM-Qualifikation Deutschland-Türkei (Zubayr und Gerhard, 2011, S. 133). Dies mag in einem WM-Jahr wenig überraschend sein. Aber auch wenn man ergänzend das Jahr 2009 betrachtet, um diesen

---

[3] Wie eine Studie von „Nichtfernsehern" nahelegt, sind Menschen ohne TV-Gerät nicht unterprivilegiert, sondern haben sich bewusst gegen das Fernsehen entschieden (vgl. Sicking 2008). Jeder, der in Deutschland fernsehen möchte, hat demnach die Möglichkeit dazu.

Tab. 4.1 Technische Reichweiten der deutschen Fernsehsender 2010. (AGF/GfK Fernsehforschung, zitiert nach Media Perspektiven Basisdaten 2010, S. 4/5)

Sender	Fernseh-haushalte		Fernsehempfang über					
			Antenne		Kabel		Satellit	
	in Mio.	in %	in Mio.	in %	in Mio.	in %	in Mio.	in %
Gesamt	35,49	100,0	1,59	100,0	17,72	100,0	16,17	100,0
ARD	35,33	99,5	1,56	98,1	17,69	99,8	16,08	99,4
ZDF	35,37	99,7	1,57	98,7	17,66	99,7	16,14	99,8
Arte	33,64	94,8	1,54	96,9	16,76	94,6	15,34	94,9
3sat	34,92	98,4	1,53	96,2	17,44	98,4	15,95	98,6
Ki.Ka.	33,93	95,6	1,52	95,6	16,99	95,9	15,42	95,4
PHOENIX	33,12	93,3	1,52	95,6	16,58	93,6	15,01	92,8
BR-ALPHA	20,65	58,2	0,19	11,9	6,99	39,4	13,47	83,3
RTL	35,08	98,8	1,35	84,9	17,63	99,5	16,10	99,6
RTL II	34,79	98,0	1,33	83,6	17,48	98,6	15,97	98,8
Super RTL	34,38	96,9	1,31	82,4	17,19	97,0	15,88	98,2
VOX	34,96	98,5	1,34	83,4	17,60	99,3	16,02	99,1
Sat.1	34,97	98,5	1,34	83,4	17,62	99,4	16,02	99,1
ProSieben	34,81	98,1	1,34	83,4	17,55	99,0	15,92	98,5
kabel eins	34,73	98,1	1,34	83,4	17,49	98,7	15,90	98,3
N24	33,01	93,0	1,33	83,6	16,50	93,1	15,19	93,9
n-tv	32,16	90,6	0,19	11,9	16,40	92,6	15,57	96,3
EuroNews	16,05	45,2	0,11	6,9	7,88	44,5	8,06	49,8
Sport1	32,93	92,8	0,20	12,6	17,12	96,6	15,61	96,5
EUROSPORT	33,18	93,5	0,85	53,5	16,95	95,7	15,38	95,1
MTV	30,81	86,8	-	-	16,04	90,5	14,77	91,3
VIVA	31,74	89,4	0,47	29,6	16,41	92,6	14,86	91,9
9Live	28,00	78,9	0,43	27,0	13,34	75,3	14,22	87,9
Tele 5	31,53	88,8	0,98	61,6	15,11	85,3	15,44	95,5
Das Vierte	23,66	66,7	0,12	7,5	14,25	80,4	9,29	57,5
DMAX	28,05	79,0	-	-	13,31	75,1	14,74	91,2
Comedy Central	25,90	73,0	0,10	6,3	12,60	71,1	13,20	81,6

4.1 Mediagattung Fernsehen

■ Information ■ Werbung

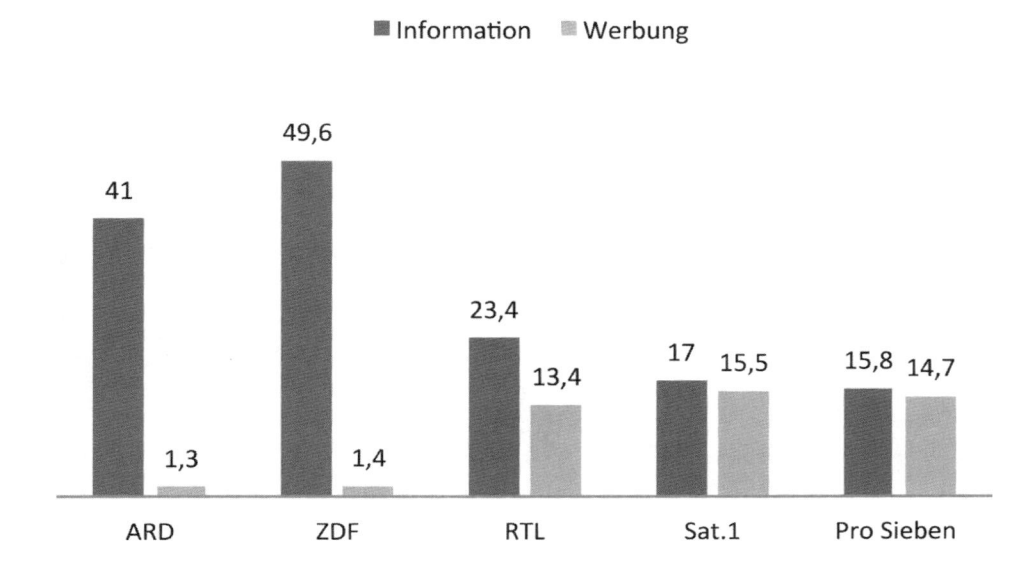

	ARD	ZDF	RTL	Sat.1	Pro Sieben
Info	41	49,6	23,4	17	15,8
Werb.	1,3	1,4	13,4	15,5	14,7

Abb. 4.3 Anteil von Information und Werbung am Gesamtprogramm in Prozent für das Jahr 2009. (Media Perspektiven Basisdaten 2010, S. 10 f. und S. 21 f.)

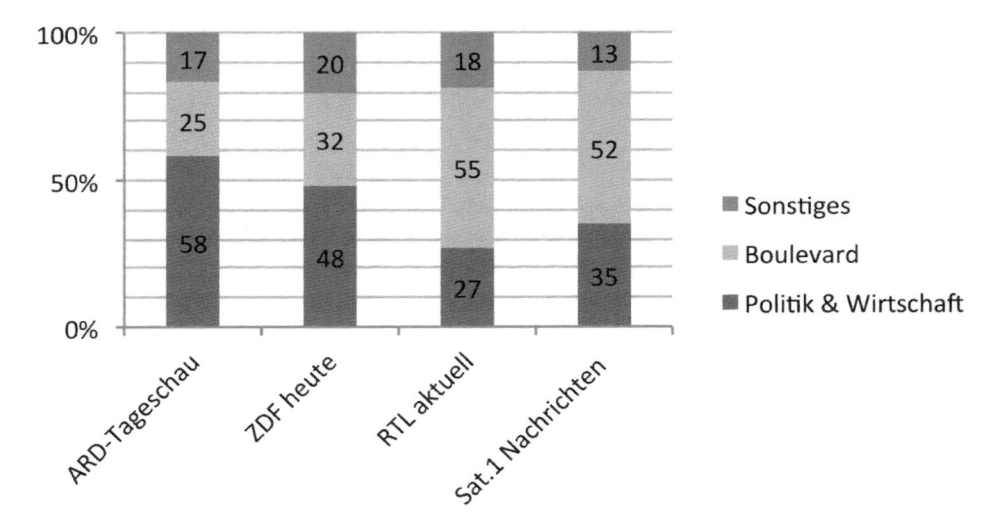

	ARD-Tagesschau	ZDF heute	RTL aktuell	Sat.1 Nachrichten
Sonstiges	17	20	18	13
Boulevard	25	32	55	52
Politik & Wirtschaft	58	48	27	35

Abb. 4.4 Themenstruktur der wichtigsten Nachrichtensendungen im Jahr 2009 in Prozent. (Media Perspektiven Basisdaten 2010, S. 23)

Abb. 4.5 Marktanteile der TV-Sender im Tagesdurchschnitt 2010, TV-Gesamt: 223 Minuten. (AGF/GfK Fernsehforschung; TV Scope, Fernsehpanel D + EU)

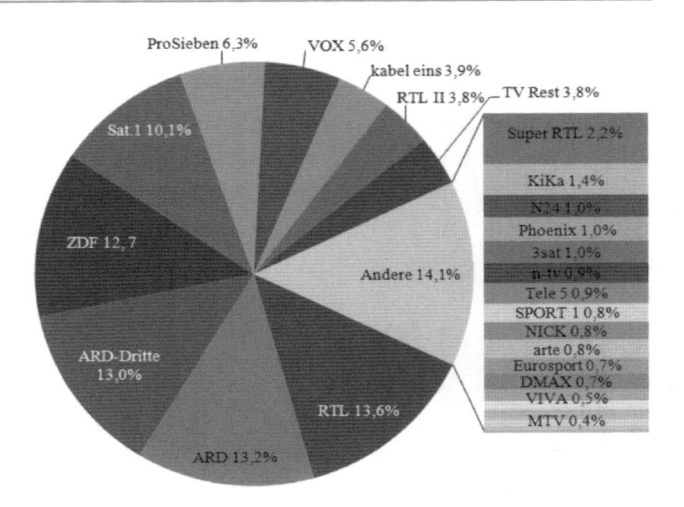

besonderen Effekt zu neutralisieren, ergibt sich ein ähnliches Bild: Außer auf den Plätzen zwei, fünf und zehn finden sich unter den zehn meistgesehenen Einzelsendungen sieben Live-Sportübertragungen (4 x Fußball, 3 x Boxen). Auf den Plätzen zwei und fünf finden sich ebenfalls Live-Sendungen (beide Male „Wetten, dass …?"), nur auf Platz 10 eine Sendung „aus der Konserve": Tatort (Zubayr und Gerhard, 2010, S. 111). Eine besondere Attraktivität des Fernsehens scheint also in der Live-Übertragung von (sportlichen) Großereignissen zu liegen – eine Funktion, die durch zeitversetztes Fernsehen nicht abgelöst werden kann. Weiterhin bemerkenswert ist, dass von den zehn meist gesehenen Einzelsendungen im Jahr 2010 alle und im Jahr 2009 sieben von den öffentlich-rechtlichen Sendern ausgestrahlt wurden – und dies in der weitgehend werbefreien Zeit nach 20 Uhr. Auch sortiert nach den unterschiedlichen Genres (ohne Differenzierung nach unterschiedlichen Zielgruppen) haben die öffentlich-rechtlichen Sender die Nase vorn: Unter den 30 meistgesehenen Informationssendungen des Jahres 2010 stammten 26 von ARD und ZDF (Zubayr und Gerhard, 2011, S. 135), die sieben meist gesehenen politischen Informationssendungen waren alle öffentlich-rechtlich (ebd.), von den 15 meistgesehenen Fernseh- und Spielfilmen lief nur einer auf einem Privatsender (ebd. S. 136) und von den 15 meist gesehenen Fernsehfilmreihen und -serien keine (ebd.). Lediglich bei den zehn meistgesehenen Unterhaltungssendungen kommt es zum Gleichstand zwischen ARD und ZDF auf der einen Seite und RTL auf der anderen (ebd. S. 137).

4.1.3 Werbezeiten und Werbeformen im Fernsehen

Art und Umfang der Werbung wird durch den Rundfunkstaatsvertrag geregelt. Generell muss Werbung als solche „leicht erkennbar und vom redaktionellen Inhalt unterscheidbar" sein (§ 7 RStV), sie darf „das übrige Programm inhaltlich und redaktionell nicht

Tab. 4.2 Eckdaten des Fernsehens aus dem Jahre 2011. (GWA, 2011, S. 13)

Fernsehen in Deutschland		Anzahl
Werbeführende Sender mit Empfangspotenzial > 60 %:		
national öffentl.-rechtl. Sender		2
national private Sender		20
Restliche empfangbare Sender:		705
– davon werbefrei und/oder reg. Empf.pot > 60 %		7
– davon Sender mit Empf.pot 10-60 %		159
– davon Sender mit Empf.pot. <10 %		529
Zuschauer gesamt/TV HH gesamt in Mio.		7,23/35,49
	Anteil an TV HH gesamt:	
Kabelhaushalte	50,1 %	17,77 Mio.
Satellitenhaushalte	45,4 %	16,12 Mio.
HH mit 2 + Fernsehgeräten	32,8 %	11,66 Mio.
HH mit Videogeräten	34,9 %	12,40 Mio.
Tagesreichweite in %		
– Erwachsene 14 bis 49	65,8 %	
– Frauen 14 bis 49	68,5 %	

beeinflussen" (ebd.), es dürfen „keine Techniken der unterschwelligen Beeinflussung eingesetzt werden" (ebd.) und es dürfen innerhalb der Werbemittel „keine Personen auftreten, die regelmäßig Nachrichtensendungen oder Sendungen zum politischen Zeitgeschehen vorstellen" (ebd.). Limitiert ist bei beiden Sendearten auch der Anteil, den die Werbung am Gesamtprogramm haben darf: Pro Sendestunde darf er maximal 20 %, d. h. 12 Minuten betragen (§ 16 und 45 RStV). Bei den öffentlich-rechtlichen Sendern ist überdies die die Gesamtwerbedauer pro Tag begrenzt: An Werktagen darf sie im Jahresdurchschnitt 20 Minuten nicht überschreiten (§ 16 RStV). Nach 20 Uhr, an Sonn- und Feiertagen sowie in den Dritten Fernsehprogrammen darf überhaupt keine Werbung geschaltet werden (ebd.). Gottesdienste und Kindersendungen dürfen nicht durch Werbung unterbrochen werden (§ 7a RStV). Durch unterschiedliche Gesetze (z. T. auf EU-Ebene) geregelt sind produktspezifische Werbebeschränkungen: Z. B. darf für Tabakprodukte keine Fernsehwerbung geschaltet werden, (rezeptfreie) Arzneimittel dürfen nur mit abschließenden Warn- und Aufklärungshinweisen gesendet werden und für Alkoholwerbung gilt eine Selbstverpflichtung der Hersteller, die sich auf die inhaltliche Gestaltung bezieht. In der Diskussion sind Restriktionen für die Bewerbung von stark fett- und zuckerhaltigen Lebensmitteln (vgl. www.werberat.de).

Generell muss die Fernsehwerbung zu Blöcken aus mehreren Spots zusammengefasst werden – „einzeln gesendete Werbe- und Teleshopping-Spots im Fernsehen müssen die Ausnahme bleiben" (§ 7a RStV). Für die Übertragung von Sportveranstaltung gilt dies jedoch nicht (ebd.). Bei den Werbeblöcken, die wie „Inseln" im Programmfluss ruhen, unterscheidet man zwischen „Scharnier-Inseln" und „Unterbrecher-Inseln": Scharnier-Inseln sind zwischen zwei unterschiedlichen Sendungen platziert, „Unterbrecher-Inseln" befinden sich innerhalb einer laufenden Sendung und „unterbrechen" sie (vgl. Karstens und Schütte, 2010, S. 258). Da der Zuschauer eher geneigt sein wird, einen Werbeblock *innerhalb* einer von ihm gesehenen Sendung zu „ertragen" als ihn an deren Ende noch „mitzunehmen", sind die Unterbrecher-Inseln aus Sicht der Werbewirtschaft attraktiver und erzielen auch höhere Preise als die Scharnier-Inseln (vgl. ebd. S. 322).

Für die Einfügung von Unterbrecher-Inseln in eine Sendung legt der Rundfunkstaatsvertrag fest, dass sie den „Zusammenhang von Sendungen unter Berücksichtigung der natürlichen Sendeunterbrechungen sowie der Dauer und der Art der Sendung nicht beeinträchtigen noch die Rechte von Rechteinhabern verletzen" (§ 7a RStV ebd.) dürfen. Nach Auslegung der Landesmedienanstalten bedeutet dies, dass die Werbeunterbrechung in „einem natürlichen Einschnitt der Sendung" zu erfolgen habe (Landesmedienanstalten 2010, Ziff. 6, Abs. 3), „der unabhängig von der Werbeschaltung auch als solcher für sich erkennbar ist" (ebd.). Weniger strenge Auflagen gelten für Serien, Reihen und Dokumentarfilme (§ 7a RStV), Sendungen für Kinder und Gottesdienstübertragungen dürfen dagegen gar nicht unterbrochen werden (ebd.).

In den Werbeinseln werden Spots von unterschiedlicher Länge geschaltet. Als „Klassiker" gilt der 30 Sekunden dauernde Einzelspot. Im Jahr 2010 entsprach dies auch der durchschnittlichen Länge aller ausgestrahlten Werbespots (ZAW, 2011, S. 315), einen so hohen Durchschnittswert verzeichnet die Statistik seit 2001 nicht – die durchschnittliche Spotlänge lag hier zwischen 22 und 25 Sekunden Der Zentralverband der deutschen Werbewirtschaft ZAW spricht daher von einer „ungewöhnlichen" Länge (ZAW, 2011, S. 317). Neben der erstmaligen Einnahme des Spitzenplatzes unter allen Werbeträgern spricht auch die Investition in längere (und damit teurere) Spots für eine Renaissance des Werbemediums Fernsehen. Auch die Gesamtzahl der Werbeminuten pro Jahr erreichte mit 1.910.372 im Jahr 2010 einen neuen Höchstwert – im Vorjahr lag dieser Wert noch bei 1.560.089 Minuten und im Jahr 2001 bei 987.125 (ZAW 2011, S. 315). Dass aber gleichzeitig die Gesamtzahl an Spots mit 3.797.271 durch die Zahlen der Jahre 2008 (3.988.978) und 2007 (3.853.651) übertroffen wird (ZAW 2011, S. 315), ist durch außergewöhnliche Durchschnittslänge der Spots im Jahr 2010 zu erklären. Der Trend, aus Kostengründen immer kürzere Spots zu schalten, scheint zumindest unterbrochen.

Neben dem in einen Werbeblock eingebundenen Einzelspot gibt es verschiedene Varianten und Sonderformen der Fernsehwerbung. Sie bemühen sich in unterschiedlicher Weise das grundlegende Dilemma der Fernsehwerbung zu lösen, das sich zum einen daraus ergibt, dass Werbung nahezu immer ein „Parasit" an der Aufmerksamkeit der Zuschauer ist: Kaum jemand sieht Fernsehen wegen der Werbung, Gegenstand des Interesses ist in der Regel das Programm, Werbung löst dagegen eher „Fluchtreflexe" aus (Umschalten, Raum verlassen, Nebenbeschäftigung). Zum andern wird das Dilemma durch den Rundfunkstaatsvertrag verschärft, der eine strikte Trennung von Programm und Werbung sowie eine klare Kennzeichnung von Werbung verlangt (§ 7 RStV). Zusammen mit seiner Vorgabe, dass einzeln gesendete Spots die Ausnahme bilden sollen (§ 7a), die Einbindung der Fernsehwerbung in Werbeblocks mithin die Regel sein soll, führt dies zu einer Art „Ghettoisierung" der Werbung in den Blocks. Durch die Entwicklung kreativer Werbeformate soll der „Abschiebung" der Fernsehwerbung in das „Ghetto" der Werbeblöcke begegnet werden. Ziel ist dabei die möglichst enge Verzahnung von Werbung und Programm, um so die Werbeflucht der Zuschauer möglichst gering zu halten. Eine populäre, senderseitig vorgenommene Maßnahme zur Anreicherung des Werbeblocks mit attraktiven Programminhalten sind die „Kürzestfilme" der „Mainzelmännchen", die das ZDF jeweils zwischen zwei Werbespots im Werbeblock ausstrahlt. Jenseits des in den Werbeblock eingebundenen Einzelspot haben sich weitere Varianten und Sonderformen der Fernsehwerbung herausgebildet. Sie lassen sich nach dem Grad ihrer Verzahnung mit dem redaktionellen Programm systematisieren. Folgende Einteilung bietet sich an, wobei die Verzahnung von oben nach unten zunimmt:

a. Einbindung in den Werbeblock
b. Programmsponsoring/Einzelspot
c. Parallele Sendung von Programm und Werbung („Split")
d. Redaktionelle Berichterstattung über ein Werbemittel
e. Produktplatzierung im Programm
f. Schleichwerbung

4.1.3.1 Einbindung in den Werbeblock

Spielart (a) ist die vom Rundfunkstaatsvertrag favorisierte Form der Fernsehwerbung. Aber auch hier gibt es neben dem „klassischen" Einzelspot eine Reihe von Varianten. So besteht z. B. die Möglichkeit statt eines einzelnen Spots einen „Tandemspot" zu schalten. Darunter versteht man laut „Arbeitsgemeinschaft Fernsehforschung" (AGF) „zwei oder mehrere Spots mit identischer oder sich ergänzender Werbebotschaft, die kurz aufeinander folgend innerhalb eines Werbeblocks ausgestrahlt werden." (AGF) Der zweite Spot hat entweder die Funktion, den Inhalt des ersten Spots fortzusetzen (bei unterschiedlicher Gestaltung) oder als Reminder des ersten Spots zu dienen (bei gleicher Gestaltung) und ihn stärker im Gedächtnis der Zuschauer zu verankern. Eine Sonderform stellen die sogenannten „Tagons" dar, die meist deutlich kürzer als der Basisspot und in der Regel direkt an ihn angehängt sind. Sie dienen häufig dazu auf Produktvarianten zu dem im Basisspot beworbenen Produkt hinzuweisen. Ebenfalls in einen Werbeblock eingebunden ist die zeitgleiche Ausstrahlung eines identischen Werbespots auf mehreren Sendern einer Senderfamilie. So bietet Sevenone Media unter dem Begriff „Roadblocking" die Möglichkeit, einen Spot zeitgleich auf den Sendern ProSieben, Sat 1, kabel eins und sixx laufen zu lassen. Auch diese Maßnahme trägt der Tatsache Rechnung, dass Werbung zu „Umschaltreflexen" führt

– bleibt der zappende Zuschauer jedoch innerhalb der Senderfamilie, entgeht er dem Spot nicht. Zusätzlich dürfte die Irritation, die durch die inhaltliche Kontinuität trotz Umschaltens ausgelöst wird, zu einer erhöhten Beachtung des Werbespots führen.

4.1.3.2 Programmsponsoring/Einzelspot

Eine stärkere Verzahnung von Programm und Werbung stellt Variante (b) dar: Hierunter kann zum einen der Einzelspot gefasst werden, der nicht ins „Ghetto" eines Werbeblocks abgeschoben wird, sondern als Solitär im Programm steht. Diese Positionierung, die laut Rundfunkstaatsvertrag nur eine „Ausnahme" (§ 7a) darstellen darf, entzieht sich durch die Kürze der Werbeunterbrechung eher der Werbeflucht als ein länger dauernder Werbeblock: Die Wahrscheinlichkeit, dass der Zuschauer Kontakt mit der Werbebotschaft hat, ist größer. Zum andern fallen in diese Kategorie unterschiedliche Arten des Sponsorings. Dabei wird die Werbebotschaft in Form einer Patronage inhaltlich an eine redaktionelle Sendung gekoppelt und auch zeitlich mit ihr verbunden. Beim Programm-Sponsoring wird beispielsweise die nachfolgende Sendung von einer Marke „präsentiert". Dies kann mit Hilfe eines „Opener", „Reminder" oder „Closer" Spots geschehen, d. h. zu Beginn, als Unterbrechung oder am Schluss der Sendung. Trotz des engen Bezugs zur Sendung bleibt der Werbespot eine eigenständige, abgegrenzte Einheit. Die Marke soll durch einen Imagetransfer von einem als attraktiv wahrgenommenen Sendeinhalt profitieren, durch die enge zeitliche Koppelung an das Programm wird die Gefahr der Werbevermeidung durch Umschalten verringert. In diese Kategorie ist bspw. auch die Werbeuhr während der letzten Sekunden vor den Nachrichten einzuordnen. Eng mit dem Programm verzahnt ist auch das „SloMo Sponsoring" im Rahmen von Sportübertragungen: Vor und nach einer Zeitlupeneinspielung erscheint das Markenlogo des werbetreibenden Unternehmens (vgl. ZAW, 2011, S. 326). Die Werbebotschaft wird dadurch Teil der redaktionellen Berichterstattung – jedoch in zeitlicher Trennung.

4.1.3.3 Parallele Sendung von Programm und Werbung („Split")

Aufgehoben ist die zeitliche Trennung bei der nächsten Steigerungsstufe der Verzahnung von Werbung und Programm – der Kategorie (c). Hierunter fallen verschiedene Split-Screen-Varianten, bei denen der Zuschauer das Programm und die Werbebotschaft gleichzeitig auf dem Bildschirm präsentiert bekommt. In ihrer TV-Werberichtlinie sprechen die Landesmedienanstalten von einer „Teilbelegung der ausgestrahlten Bilder (Split Screen)" und definieren sie als „parallele Ausstrahlung redaktioneller und werblicher Inhalte" (TV-WerbeRL § 3). „Ein Split Screen kann sowohl durch Spotwerbung in einem gesonderten Fenster als auch durch optisch hinterlegte Laufbandwerbung erfolgen." (ebd.) Rechtliche Grundlage bildet ein Passus im Rundfunkstaatsvertrag, der Split-Screen-Werbung ausdrücklich erlaubt, „wenn die Werbung vom übrigen Programm eindeutig optisch getrennt und als solche gekennzeichnet ist." (§ 7 RStV). Die Dauer der Split-Screen-Werbung wird komplett auf die zulässige Gesamtdauer der Werbung pro Stunde bzw. Tag angerechnet (ebd.). Der Vorteil von Split-Screen-Werbung ist, dass eine Werbeflucht nur um den Preis des Programmverzichts möglich ist. Skeptisch beurteilt werden muss dagegen das

Potenzial der Split-Screen-Werbung zum Imagetransfer von begleitendem Programm zur beworbenen Marke. Nachteilig wirkt sich möglicherweise aus, dass die Aufmerksamkeit des Zuschauers vollständig durch das Programm absorbiert wird. Auch hier bieten die Sender unterschiedliche Varianten an.

Vom „Programm-Split", bei dem sich Spot und laufendes Programm den Bildschirm teilen, über „Frame-Split" – die Werbebotschaft rahmt das Programm, „Crawl", bei dem die Werbebotschaft als Laufband am unteren Rand des Bildschirms erscheint, dem „Skyscraper", bei dem sich die Werbebotschaft als Text- oder Bildsäule an einem der seitlichen Bildschirmränder nach oben bewegt, dem „Move-Split", bei dem Programm und Werbebotschaft ihre Position auf dem Bildschirm wechseln, dem „Trailer-Split", bei dem die Werbebotschaft mit einem Programmtrailer kombiniert wird bis hin zum „Abspann-Split", bei dem die Werbebotschaft in den Abspann einer Sendung integriert wird – um nur einige der Möglichkeiten zu nennen (vgl. ZAW, 2011, S. 327 f.). Auch die „Werbeuhr", die den „Countdown" zu den nachfolgenden Nachrichten zählt und mit einem Werbehintergrund versehen werden kann, gehört zu dieser Kategorie.

4.1.3.4 Redaktionelle Berichterstattung über ein Werbemittel

Noch enger verzahnt sind Werbung und Programm in der Kategorie (d), bei der ein Produkt, eine Marke oder ein Werbemittel zum Gegenstand der redaktionellen Berichterstattung werden. Gemeint sind hier nicht Formen redaktioneller Berichterstattung, die kritisch und unabhängig eines der genannten Themen journalistisch-investigativ aufbereiten, sondern mediaplanerisch buchbare „Produkte" von TV-Sendern mit einem klar definierten Preis-Leistungsverhältnis und einer kommunikativen Ausrichtung am Interesse des werbungtreibenden Unternehmens. Als „Special Creations" bietet Sevenone Media, der Werbevermarkter von ProSieben Sat.1 z. B. die Möglichkeit der „Spotpremiere", bei der die Erstausstrahlung von Werbespots durch einen Trailer als solche besonders hervorgehoben wird und durch Hintergrundberichte bspw. vom Dreh des Spots angereichert wird. Eine andere Möglichkeit ist die sogenannte „Promostory", bei der um eine Marke oder ein Produkt eine redaktionell wirkende „Mini-Sendung" von mindestens 90 Sekunden Dauer gestaltet wird (vgl. ZAW, 2011, S. 326). Ebenfalls aus dem Angebot von Sevenone Media ist die Möglichkeit eines Gewinnspiels, bei dem das werbetreibende Unternehmen die Möglichkeit hat sein Produkt als Gewinn eines Quizes vorstellen zu lassen. Diesen Werbeformen ist gemeinsam, dass das Produkt, die Marke oder das Werbemittel quasi „ins Programm gehoben" und damit ins Zentrum der Zuschaueraufmerksamkeit gehoben werden. Sie sind somit nicht mehr bloß „Parasiten" an der Aufmerksamkeit der Zuschauer. Dennoch greift auch hier das Gebot des Rundfunkstaatsvertrags, dass Werbung stets als solche gekennzeichnet werden muss. Diese Form der Werbung muss durchgängig als „Dauerwerbesendung" kenntlich gemacht und zum Gesamtwerbebudget des Senders gerechnet werden (§ 7).

4.1.3.5 Produktplatzierung im Programm

Bei der nächsten Kategorie (e) kann man im engeren Sinn schon nicht mehr von „Werbung" reden, da es hier gar kein Werbemittel wie bspw. einen Spot gibt. Hier steht das Markenprodukt für sich allein und ist ins Programm „eingetaucht" – die Rede ist von der Produktplatzierung bzw. dem „Product Placement". Bei der – legalen – „Produktplatzierung im Programm" ist das Ideal (nahezu) vollständiger Tarnung von Werbung als Programminhalt fast erreicht. Sie wird abzugrenzen sein von der – illegalen – „Schleichwerbung" (Kategorie f). Nach einer Reihe von Skandalen, rechtlichen Unklarheiten und der Unausweichlichkeit bei realistischen Programmformaten auch Markenprodukte „in Szene" zu setzen, hat der Gesetzgeber mit der 13. Änderung des Rundfunkstaatsvertrags, die am 01.04.2010 in Kraft getreten ist, für mehr Rechtssicherheit gesorgt. Seit realitätsnahe Programme produziert werden – also quasi seit es Fernsehen gibt – ist es nahezu unausweichlich, dass Markenartikel im Bild zu sehen sind: Wenn der Kommissar ein Auto besteigt, kann es weder „irgendein" oder ein neutrales Auto sein, sondern es muss immer ein ganz konkretes Markenprodukt sein. Genauso wenig können Getränke, Zigaretten, elektronische Geräte, Modeartikel u. a. m. grundsätzlich kaschiert oder neutralisiert werden: Die Marke war immer schon Teil des Programms.[4] Je nach Handlungsverlauf wird sie mehr oder weniger stark in die Dramaturgie eingebaut (eine Automarke z. B. bei einer spannenden Verfolgungsjagd), mehr oder weniger stark ins Zentrum der Aufmerksamkeit gerückt (indem eine Marke im Dialog explizit benannt wird) und mehr oder weniger stark mit einem positiven Image aufgeladen (der Held raucht eine bestimmte Zigarettenmarke). Damit standen die Programmverantwortlichen schon immer vor der Entscheidung, aus mehreren Konkurrenzprodukten jeweils eines für einen bestimmten „Auftritt" zu „casten", und zugleich vor der Versuchung, sich diese Entscheidung von dem jeweiligen Markenhersteller „honorieren" zu lassen. Der Unausweichlichkeit einer Produktauswahl und der Verlockung einer Gegenleistung stand das strikte Verbot einer „Schleichwerbung" gegenüber. Die Novelle des Rundfunkstaatsvertrags brachte nun eine gewisse Lockerung innerhalb genau definierter Grenzen, die erlaubte „Produktplatzierungen" von unerlaubter „Schleichwerbung" trennen: Zulässig ist Produktplatzierung nur „in Kinofilmen, Filmen und Serien, Sportsendungen und Sendungen der leichten Unterhaltung, (…) sofern es sich nicht um Sendungen für Kinder handelt" (§ 44 RStV). Das Programmgenre der „leichten Unterhaltung" wird dabei ex negativo definiert: „Keine Sendungen der leichten Unterhaltung sind insbesondere Sendungen, die neben unterhaltenden Elementen im Wesentlichen informierenden Charakter haben, Verbrauchersendungen und Ratgebersendungen

---

[4] Um sich nicht dem Vorwurf der „Schleichwerbung" auszusetzen und um zahlenden Werbekunden, deren Spots in den Werbeblöcken laufen, keine unliebsame Konkurrenz zu machen, lassen einige Film- und Fernsehproduktionen gezielt „fiktive Produkte" produzieren. So berichtete „spiegel online", dass allein für „Gute Zeiten, schlechte Zeiten" wöchentlich zehn fiktive Produkte entwickelt und gestaltet würden: „Bier- oder Champagnerflaschen, Zeitschriften, Bücher, Zahncreme oder Verpackungen für Reiniger" (spon 2006).

4.1 Mediagattung Fernsehen

mit Unterhaltungselementen." (RStV § 15)[5] Grundsätzliche Voraussetzungen für erlaubtes Product Placement sind jedoch, dass die „redaktionelle Verantwortung und Unabhängigkeit hinsichtlich Inhalt und Sendeplatz (…) unbeeinträchtigt bleiben" (RStV § 7) – das produktplatzierende Unternehmen darf somit keinen Einfluss darauf nehmen, wie das Produkt in die Handlung eingebaut wird. Desweiteren darf nicht zum Kauf des Produkts aufgefordert werden, indem bspw. „verkaufsfördernde Hinweise" (ebd.) auf das Produkt gegeben werden. Auch darf das Produkt „nicht zu stark herausgestellt" (ebd.) – eine Maßgabe, die sicherlich Auslegungsfreiräume lässt. Die Landesmedienanstalten sehen hier Einzelfallprüfungen vor „anhand von Indizien (z. B. Art, Dauer und Intensität der Darstellung)" (TV-WerbeRL § 4). Ein vollständiges Verstecken der Markenbotschaft im Programm lässt der Gesetzgeber aber auch beim Product Placement nicht zu. Neben den genannten Verboten stellt der Rundfunkstaatsvertrag auch einige Gebote auf, damit der Zuschauer nicht im Unklaren bleibt über mögliche Vermarktungsinteressen von Seiten Dritter: „Auf eine Produktplatzierung ist eindeutig hinzuweisen. Sie ist zu Beginn und zum Ende einer Sendung sowie bei deren Fortsetzung nach einer Werbeunterbrechung (…) angemessen zu kennzeichnen." (RStV § 7). Die Angemessenheit der Kennzeichnung bestimmen die Landesmedienanstalten näher und legen fest, dass für mindestens drei Sekunden der Buchstabe „P" eingeblendet werden muss (TV-WerbeRL § 4). Außerdem muss ein erläuternder Hinweis „wie z. B. ‚Unterstützt durch Produktplatzierungen'" (ebd.) gegeben werden. Weitere „Kann-Vorschriften" der Richtlinie befinden sich an der Schwelle von der (tendenziell eher werbefeindlichen) Verbraucheraufklärung hin zur Eröffnung neuer – naturgemäß eher werbefreundlicher – Sponsoringmöglichkeiten: „Darüber hinaus kann auf den Produktplatzierer vor Beginn und/oder nach Ende der Sendung hingewiesen werden. Die zusätzliche Einblendung eines Markenlogos ist möglich. Weitere Hinweise im Teletext und/oder im Internet sind zulässig." (ebd.) Was als eine Art „Warnhinweis" gedacht war („Vorsicht: Diese Sendung enthält Produktbotschaften") schlägt um in eine weitere Form des Programmsponsorings. Bei eingekauften Fremdproduktionen entfällt die Kennzeichnungspflicht, „wenn nicht mit zumutbarem Aufwand ermittelbar ist, ob Produktplatzierung enthalten ist" (RStV § 7). An diesem Punkt wird deutlich, dass die TV-Sender ein mehr als nur ambivalentes Verhältnis zum Product Placement haben: Sind sie nicht an der Produktion der Sendung beteiligt, fließen die Erlöse für das Product Placement an ihnen vorbei direkt an die Produktionsfirmen – Product Placement ist eine Werbemöglichkeit, die zu Lasten der klassischen Werbemöglichkeiten gehen kann. Aus Sicht des werbungtreibenden Unternehmens kann Product Placement jedoch als eine Möglichkeit

---

[5] Eine weitergehende Differenzierung macht der Rundfunkstaatsvertrag abhängig davon, ob eine Sendung vom TV-Sender selbst bzw. von einem mit ihm verbundenen Unternehmen produziert wurde oder ob sie „eingekauft" wurde: Bei Eigenproduktionen darf das Product Placement nicht gegen Entgeltzahlungen erfolgen, erlaubt sind hier lediglich die kostenlose Bereitstellung von Waren und Dienstleistungen, „sofern es sich nicht um Nachrichten, Sendungen zum politischen Zeitgeschehen, Ratgeber und Verbrauchersendungen, Sendungen für Kinder oder Übertragungen von Gottesdiensten handelt." (§ 15 RStV).

betrachtet werden, Produkte und Marken im Zentrum der Publikumsaufmerksamkeit zu platzieren, in einem Umfeld, das – anders als der Werbeblock – weitgehend konkurrenzfrei ist und auch von Zielgruppen beachtet wird, die sonst für Fernsehwerbung „immun" sind.

4.1.3.6 Schleichwerbung

Jenseits der im Rundfunkstaatsvertrag definierten Grenzen beginnt die unerlaubte „Schleichwerbung" als illegale Kategorie (f) der Vermischung von Programm und Werbebotschaften. Ihre Merkmale lassen sich im Umkehrschluss aus den Merkmalen des erlaubten Product Placement ableiten: Schleichwerbung ist vollständig getarnt: Hinweise auf einen produkt- oder markenbezogenen Geldgeber werden nicht gemacht. Darüber ist nicht ausgeschlossen, dass dieser Geldgeber Einfluss auf Dramaturgie und Inhalte der Sendung genommen hat, um das Produkt möglichst vorteilhaft „in Szene" zu setzen. Dies kann sich bspw. an einer starken Herausstellung des Produkts zeigen wie bspw. auffälligen bildästhetischen Inszenierungen oder am Auftauchen von dezidiert werblichen und verkaufsfördernden Informationen innerhalb des Handlungsdialogs. Da entsprechende Abmachungen zwischen TV-Sender und produktplatzierendem Unternehmen der Natur der Sache nach „im Dunkeln" bleiben, ist die Rundfunkkontrolle auf Indizien angewiesen: „Ob die Erwähnung oder Darstellung von Waren, Dienstleistungen, Namen, Marken oder Tätigkeiten eines Herstellers von Waren oder eines Erbringers von Dienstleistungen im Programm vom Veranstalter absichtlich zu Werbezwecken vorgesehen ist und die Allgemeinheit hinsichtlich des eigentlichen Zwecks dieser Erwähnung oder Darstellung irreführen kann, ist im Einzelfall an Hand von Indizien (z. B. Intensität der Darstellung, Alleinstellungsindiz) festzustellen." (TV-WerbeRL § 4). Für Schlagzeilen sorgten in der Vergangenheit systematische Fälle unerlaubter Schleichwerbung bei der ARD-Vorabendserie „Marienhof" (FAZ 2.6.2005). Es stellt sich die Frage, ob die beiden letztgenannten Kategorien noch dem Bereich der „Werbung" zuzuordnen sind und noch in den Aufgabenbereich der Mediaplanung fallen. Kommunikationsmittel sind hier keine eigens gestalteten Werbemittel wie z. B. Spots, sondern das Produkt selbst. Die Grenzen zum Bereich der PR sind daher fließend, wenn auch ein wesentliches Merkmal von PR – die unbezahlte Aufnahme in den redaktionellen Teil eines Mediums – nicht gegeben ist.

4.1.3.7 Werbung auf Teletextseiten

Abschließend sei noch eine Sonderform der Fernsehwerbung erwähnt: Werbung auf Teletext-Seiten. Teletext nutzt die sogenannte „Austastlücke" bei der Übertragung des Fernsehbildes, um im Wesentlichen textbasierte Informationen, die mit grob gerasterten Grafiken angereichert werden können, zu vermitteln. Die großen TV-Sender vermarkten diese Plattform auch als Werbeträger, die Werbemittelgestaltung hat sich dabei an den limitierten Gestaltungsmöglichkeiten des Mediums zu orientieren. Sevenone Media bietet mit „iText" die Möglichkeit, klassische Werbespots auf Teletext zu „verlängern", d. h. Informationen zeitgleich zum ausgestrahlten Werbespot bereit zu stellen. Als „unterschätztes" und „wenig beachtetes Medium" (Geese, 2008, S. 568) wird Teletext beschrieben, da es aufgrund seiner reduzierten Gestaltungsmöglichkeiten und verschärft durch die Konkurrenz des Internets als altmodisch und wenig attraktiv gilt. Tatsächlich erfreut es sich aber einer stabilen Nutzerschaft, die im Jahr 2010 bei 16,21 Mio. pro Tag lag (Zubayr und Gerhard, 2011, S. 138). Die durchschnittliche Verweildauer betrug dabei 414 Sekunden. Rechnet man die Teletext-Nutzung in Visits als der Berechnungseinheit des Internets um, dann kommen die Teletext-Seiten der ARD im Jahr 2010 auf 300 Mio. Besuche, während die beiden sehr erfolgreichen Internetplattformen spiegel.de und bild.de im gleichen Zeitraum auf nur 128 bzw. 146 Mio. Visits kommen (ebd.). Die geringen Gestaltungsmöglichkeiten stellen sich überdies als Vorteil dar, da sie auch einen geringen Gestaltungsaufwand bedeuten.

4.1.4 Gestaltung und Produktion von TV-Spots

Die kreative Gestaltung von Werbemitteln, die die nach außen sichtbare Seite der Werbung darstellt und zu ihrem Ruf als Glitzer- und Glamourbranche beigetragen hat, bildet den blinden Fleck der Mediaplanung. Sie differenziert nicht nach unterschiedlichen Gestaltungselementen – egal, ob preisgekrönter Kreativspot oder inhaltlich überladener Reklamefilm: In der Perspektive der Mediaplanung unterscheiden sich die Kontakte und Reichweiten, die mit ihnen erzielt wurden, nicht. Inhalt, Gestaltung und Kreativität sind keine Kategorien, in denen die Mediaplanung denkt. Dass diese Größen aber durchaus die Werbewirkung und den Werbeerfolg beeinflussen, und nicht nur GRP´s, ist ebenso unbestritten. Es wäre daher eine systematische Untersuchung Wert, inwiefern die inhaltliche Gestaltung die Werbewirkung beeinflussen kann und welche Konsequenzen daraus für die Mediaplanung zu ziehen sind: Reicht bspw. bei besonders kreativen Spots eine geringere Kontaktdosis zur Erreichen des gleichen Werbeziels? Doch auch ohne schon auf Ergebnisse solcher Untersuchungen zurückgreifen zu können, lohnt sich vom Standpunkt der Mediaplanung ein Blick auf die Fragen von Gestaltung und Produktion von Werbespots – insbesondere unter dem Aspekt von Kosten und Vorlaufzeiten für Konzeption, Entwicklung und Umsetzung.

4.1.4.1 Gestaltung von Werbespots

Die Inhalte eines Werbespots werden in der Copy Strategy festgelegt. Die wichtigsten Punkte sind (a) der Consumer Benefit, (b) der Reason why und (c) die Tonality (vgl. Fuchs und Unger, 2007, S. 149 f.). Diese Punkte definieren das inhaltlich-thematische „Was" der Kommunikation (a+b), sowie das atmosphärisch-stilistische „Wie" (c), wobei das „Wie" den Markencharakter reflektieren sollte. Die Erfüllung dieser Vorgaben lässt sich meist recht leicht überprüfen – der Spot ist dann „on strategy". Darüber hinaus muss er aber noch weitere Kriterien erfüllen, die weit schwieriger zu definieren und zu überprüfen sind. Damit ein Spot nicht nur die Marketingstrategie erfüllt, sondern von der Zielgruppe in der Fülle anderer Werbebotschaften – die allesamt nur „Parasiten" ihrer Aufmerksamkeit sind, überhaupt wahrgenommen, akzeptiert und erinnert wird, muss er auch in gestalterischer Hinsicht „herausragend" sein. Die Kriterien lassen sich in zwei Untergruppen gliedern:

Zum einen sind dies sozialwissenschaftlich fundierte Wirkungsannahmen, zum andern rhetorisch-kreative Gestaltungsregeln. In der Kombination beider Richtungen sieht Werner Kroeber-Riel, der „Vater" der Konsumforschung, die „Formel für erfolgreiche Werbung" (Kroeber-Riel, 1991, S. 94). Er selbst hat sich unter dem Begriff der „Sozialtechnik" (ebd. S. 91) mit der erstgenannten Richtung beschäftigt und versteht darunter die „systematische Anwendung von sozialwissenschaftlichen oder verhaltenswissenschaftlichen Gesetzmäßigkeiten zur Gestaltung der sozialen Umwelt, insbesondere zur Beeinflussung von Menschen" (ebd.).[8] Bei der Gestaltung von Werbung gilt es nach Ansicht Kroeber-Riels mit Hilfe sozialtechnischer Regeln fünf Ziele zu erreichen: (1) Kontakt herstellen, (2) die Aufnahme der Werbebotschaft sichern, (3) Emotionen und Erlebniswerte vermitteln, (4) Verständnis erreichen und (5) im Gedächtnis verankern (Kroeber-Riel, 1991, S. 118 ff.). Mit welchen Gestaltungsmitteln diese Ziele zu erreichen sind, legt Kroeber-Riel ebenfalls dar. Eine Schlüsselrolle kommt dabei verschiedene Aktivierungstechniken zu (ebd. S. 121 ff.), mit deren Hilfe die Zuschauer in einen Zustand vorübergehender oder anhaltender Wachheit oder Erregung versetzt werden und sich dadurch einem Reiz zuwenden (ebd.). Den zweiten Faktor der „Formel für erfolgreiche Werbung" – die kreativen Regeln in ein nachvollziehbares und überprüfbares Kriteriensystem zu bringen, wirft weit größere Probleme auf – bewegt man sich doch hier in einem „Bereich höchster Unsicherheit und geschmäcklerischer Dynamik" (Jung und v. Matt, 2002, S. 140). Als höchste Entscheidungsinstanz wird hier oftmals das „Bauchgefühl" angesehen, d. h. ein intuitives Gespür für die richtige Lösung. So erfolgreich diese Gabe im Einzelfall vielleicht auch sein mag, so unbefriedigend ist es doch für die Beteiligten, deren Verdauungssystem in der Entscheidungshierarchie nachgeordnet ist oder die auf Grundlage eines fremden digestiven Systems nicht unerhebliche finanzielle Mittel für die Umsetzung eines Spots bewilligen sollen. Daher ist die Explikation von Beurteilungskriterien der kreativen Qualität von Spotideen hilfreich, da sie die Beurteilung kommunizierbar und nachvollziehbar machen. Ein solcher Beurteilungskatalog stammt von dem Werbekreativen und Agenturinhaber Jean-Remy von Matt (Schmidt und Spieß, 1994, S. 90, Fn. 92):

Beurteilung
„Erzählt der Spot eine packende Geschichte?
Bietet der Spot einen Überraschungseffekt?
Ist der Spot mit ein, zwei Sätzen beschreibbar?
Spricht der Spot mindestens ein Gefühl an?
Aktiviert der Spot das Hirn des Zuschauers?
Hat der Spot auch eine akustische Idee?
Sind die Schauspieler für den Spot wie geboren?
Darf der Regisseur bei dem Spot auch wirklich Regie führen?
Ist der Spot in der vorhandenen Zeit umsetzbar?
Ist der Spot mit dem vorhandenen Budget umsetzbar?"

Auf Grundlage einer multimethodischen Untersuchung im Auftrag von ip Deutschland, dem Werbevermarkter der RTL Gruppe, nennen die Autoren Preis, Weidlich und Verir sieben Erfolgsfaktoren für wirkungsvolle Werbung, die sozialtechnische und kreativrhetorische Aspekte vereinen:

Aktivierung: Der Spot sollte auffallen, aber nicht durch Übertreibung abstoßen. Er sollte auf einer überraschenden Idee aufbauen, die sich möglichst in einem Satz formulieren lässt.

Verständlichkeit: Inhalt und Darstellung des Spots sollten dem Verständnisniveau des Zielpublikums entsprechen. Bedeutungen sollten nicht erst erlernt oder erklärt werden müssen.

Involvement: Der Spot sollte den Zuschauer in das Geschehen mit einbeziehen: durch Spannung, Anteilnahme, Identifikation, Aktualität, Gefühle, Erwartung, Konflikt oder Humor.

Likeability: Der Spot sollte bei der Zielgruppe weder mit hoher Ablehnung noch mit großer Gleichgültigkeit aufgenommen werden, sondern ihr Interesse wecken.

Fokussierung: Der Spot sollte sich auf eine einzige, wesentliche Botschaft – das Nutzenversprechen der Marke – konzentrieren und dieses verständlich und klar vermitteln.

Markenbezug: Der Spot sollte formal und inhaltlich eine Beziehung zur Marke herstellen; die Marke sollte im Spot die Hauptrolle spielen und möglichst frühzeitig im Spot erscheinen.

Unverwechselbarkeit: Der Spot sollte sich von der Konkurrenzwerbung deutlich abheben und zur Profilierung der eigenen Botschaft beitragen. Dabei sind Key Visuals besonders nützlich." (ebd. S. 17).

Die Autoren wollen diese Regeln nicht als „Patentrezepte" verstanden wissen (ebd.), sie gehen aber davon aus, dass ihre Berücksichtigung die „Entstehung eines kreativen und erfolgreichen Werbespots sehr wahrscheinlich" (ebd.) werden lasse. Beurteilt und ausgezeichnet wird die kreative Qualität von Werbespots auf diversen nationalen und internationalen Kreativwettbewerben, von denen das alljährlich in Cannes stattfindende wohl das bedeutendste sein dürfte. Hier gibt es als eigene Wettbewerbskategorie auch die Disziplin „Media". Auch durch die mediale Platzierung kann die kreative Wirkung eines Spots gestärkt werden, indem bspw. das redaktionelle Umfeld berücksichtigt wird oder schnell auf aktuelle Themen reagiert wird.

4.1.4.2 Produktion von Werbespots

Entscheidender als die Gestaltung ist für die Mediaplanung jedoch die Produktion der Werbespots, da hier auch die für die Mediaplanung relevanten Parameter „Zeit" und „Geld" involviert sind. Zunächst zum Faktor „Geld": Die Produktion eines Werbespots ist teuer. Die Kosten müssen durch das Gesamtwerbebudget des werbetreibenden Unternehmens abgedeckt werden. Was in die Produktion eines Werbespots investiert wird, steht nicht mehr für den Einkauf von Medialeistung zur Verfügung. Die Frage, wie teuer die Produktion eines Spots ist, kann nur mit „das kommt ganz drauf an" beantwortet werden – nach oben sind keine Grenzen gesetzt. Die Gesamtkosten ergeben sich aus einer sehr detaillierten Kalkulation sämtlicher Einzelpositionen. Grundlage hierfür bildet das vom auftraggebenden Unternehmen freigegebene Storyboard: Sämtliche vor wie hinter der Kamera benötigten Personen und Gerätschaften (Technik und Requisiten) werden ermittelt, mit einem „Stückpreis" pro Tag quantifiziert und dann mit ihrem geschätzten Umfang („Stückzahl" und Zeitdauer) multipliziert. Hinzu kommen Post-Production (Schnitt, Ton, Spezialeffekte), Kosten für Rechte, (Dreh-) Genehmigungen und Versicherungen, sowie Reisekosten. Insbesondere der letzte Punkt kann erheblich ins Gewicht fallen, wenn bspw. aus Wettergründen in Südafrika gedreht werden soll. Aber auch die Rechte an einem bekannten Musikstück können sehr teuer sein. Hauptkostentreiber sind jedoch in der Regel die Honorare für Regisseure, Kameraleute und Schauspieler. Werden „Stars" engagiert werden, sind schnell extrem hohe Tagesgagen zu bezahlen. Zeit- und damit kostenaufwändig ist der Dreh mit Kindern und Tieren. Da die Gesamtkosten somit von einer Vielzahl von Faktoren abhängt („on location" vs. Studio, Stars und viele Komparsen vs. wenige „ordinary people"), ist es wenig sinnvoll, pauschal eine „Hausnummer" zu nennen – 100.000 EUR für einen 30-Sekunden-Spot sind jedenfalls nicht besonders viel Geld. Damit ist das Werbemedium „TV-Spot" für kleine und mittelständische Unternehmen i.d.R. als Werbeträger zu teuer. Die Produktionskosten rechnen sich üblicherweise nur für große Markenartikelhersteller.

Aus mediaplanerischer Sicht ist auch der Faktor „Zeit" relevant: Die Entwicklung und Umsetzung eines Werbespots erfordert eine Vorlaufzeit von mehreren Wochen bzw. Monaten, bis er „on air" gehen kann. Nach der kreativen Konzeptionsphase, die in enger Abstimmung mit dem werbetreibenden Unternehmen erfolgt und erst mit einer Freigabe abgeschlossen wird, erfolgt häufig ein Pretest: Da sowohl die Produktions- als auch die Schaltkosten erheblich sind, wird eine Layout-Version des Spots einem Testpublikum vorgeführt und auf seine Wirksamkeit überprüft. Oftmals wird daran anschließend eine erneute Konzeptionsphase nötig. Wurde schließlich eine Spotidee verabschiedet, wird das Storyboard an mehrere Produktionsfirmen verschickt, um Vergleichsangebote einzuholen. Wie oben dargelegt wurde, ist dies ein sehr detailgenauer und damit zeitraubender Prozess. Nach der Kalkulationsphase erfolgt die Entscheidung für einen Regisseur, der die Agentur und das auftraggebende Unternehmen beim Casting und Location Scouting unterstützt. Soll im Winterhalbjahr ein Spot in sommerlicher Landschaft gedreht werden, muss dazu die südliche Hemisphäre bereist werden. Auch um das Schlechtwetterrisiko in Mitteleuropa zu umgehen, kann es sinnvoll sein, in wettersicheren Regionen nach geeigneten Drehorten zu suchen. Im sogenannten Pre-Production-Meeting werden sodann sämtliche Details des Dreh zwischen Agentur, Produktionsfirma und Auftraggeber besprochen und festgelegt – von der Beleuchtung, dem Make-up der Hauptdarsteller bis zur Sockenfarbe der Komparsen. Nach den Dreharbeiten muss noch ausreichend Zeit für die Postproduction eingeplant werden. In dieser Phase wird der Spot geschnitten, vertont und mit Spezialeffekten angereichert. Wie bei der Frage nach den Kosten für einen Spot ist es schwierig, pauschale Aussagen darüber zu machen, wie lange es vom Briefing bis zur Ausstrahlung des fertigen Spots dauert. Die Produktionszeit ist jedoch weitaus länger als bspw. bei einem Hörfunkspot oder einer Print-Anzeige. Bei international operierenden

Unternehmen liegen im Rahmen globaler Markenkampagnen oftmals fertig produzierte Spots vor, die dann nur noch für den jeweiligen Markt adaptiert werden müssen – i.d.R. müssen die Sprachaufnahmen in der Landessprache neu aufgenommen werden und evtl. Produktverpackungen ausgetauscht werden. In diesen Fällen ist die Vorlaufzeit deutlich kürzer. Entscheidend für die Mediaplanung ist jedoch, dass sich das Werbemittel „TV-Spot" nicht kurzfristig einplanen lässt, sondern eine erhebliche Vorlaufzeit erfordert.

4.1.5 Buchungsmodalitäten und Medialeistungen

3.953.730.000 EUR betrugen im Jahr 2010 die Netto-Werbeeinnahmen des Fernsehens in Deutschland, das waren 21 % aller Werbeeinnahmen und 8,6 % mehr als im Vorjahr. Erstmalig kam das Fernsehen damit auf Platz 1 aller Werbeträger und verdrängte die Tageszeitung aus ihrer bisherigen Spitzenposition (ZAW, 2011, S. 17/19). Um ihre Werbezeiten zu vermarkten und sich einen möglichst großen Anteil von diesem „Werbekuchen" zu sichern, haben die größeren Sender eigene Vermarktungsgesellschaften gegründet. Für die ARD ist dies die „ARD Werbung Sales und Services GmbH", für das ZDF die „ZDF Werbefernsehen GmbH", für die Sender Sat.1, ProSieben, kabel eins, sixx der ProSiebenSat.1 Media AG die „Sevenone Media" und für die Sender RTL-Gruppe die „IP Deutschland" (siehe Abb. 4.6).

Im Vergleich zu privatrechtlichen Sendeanstalten oder zu anderen Medien wie Zeitschriften, ist die Buchung der Werbung bei den öffentlich-rechtlichen Fernsehanstalten stark reglementiert. Besonders eingeschränkt ist die Verfügbarkeit der Werbezeiten in der von den Fernsehnutzern am stärksten frequentierten Sendezeit (Prime Time 20:00 bis 23:00 Uhr), da hier ARD und ZDF nur sehr eingeschränkt Werbung schalten dürfen. Auch bei den Privatsendern ist die verfügbare Werbezeit gesetzlich begrenzt, allerdings ist sie hier nicht auf bestimmte Tageszeiten beschränkt. Bis zur Einführung des Privatfernsehens herrschte ein Nachfrageüberhang nach Werbezeiten im Fernsehen, das knappe Gut wurde eher zugeteilt als vermarktet, das TV-Media-Geschäft hatte den „Charakter eines Verwaltungsakts" (Karstens, und Schütte, 2010, S. 250). Mit dem Aufkommen der privaten Fernsehsender hat sich das Angebot an verfügbarer Werbezeit exorbitant ausgeweitet, der Verkäufermarkt wurde zum Käufermarkt. Dennoch leben ein paar Traditionen aus der Zeit der Knappheit fort. Dazu gehört das Denken und Planen im Rhythmus des Fernsehwerbejahres: Im Sommer präsentieren die Sender ihre Programmplanungen für das folgende Jahr. Damit einhergehend schätzen sie die zu erwartenden Einschaltquoten differenziert nach unterschiedlichen Zielgruppen. Auf dieser hypothetischen Grundlage legen die Sender die Preise für die einzelnen Werbeblöcke fest und nehmen die Media-Agenturen ihre Jahresbuchungen vor (vgl. ebd., S. 253 f.). Die Sender wiederum nehmen daraufhin Schätzungen für die erwartbare Erlössituation vor und daraus resultierend für die vermutlich zur Verfügung stehenden Produktionsbudgets (ebd. S. 255). Die Vergabe der knapp 4 Mrd. EUR Werbegelder an das Medium Fernsehen erfolgt demnach „hochspekulativ": Die Gegenleistung – also die Kontaktleistungen und Reichweiten der Programme

Abb. 4.6 Bruttowerbeeinnahmen der Sender in Mio. Euro im Jahr 2009. (Media Perspektiven Basisdaten 2010, S. 7 und 12)

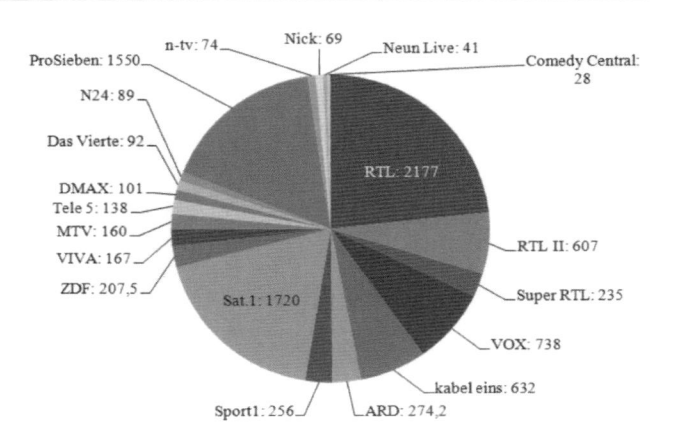

ProSieben: 1550
n-tv: 74
Nick: 69
Neun Live: 41
Comedy Central: 28
N24: 89
Das Vierte: 92
DMAX: 101
Tele 5: 138
MTV: 160
VIVA: 167
ZDF: 207,5
RTL: 2177
Sat.1: 1720
Sport1: 256
ARD: 274,2
kabel eins: 632
VOX: 738
Super RTL: 235
RTL II: 607

in bestimmten Zielgruppen – ist zum Zeitpunkt der Buchung eine reine Schätzung. Wie hoch sie tatsächlich ausfallen werden, hängt von einer Reihe, nur schwer zu kalkulierender Faktoren ab: Generell hat man es bei Medienprodukten mit Unikaten zu tun: Jede Ausgabe einer Zeitschrift, jede Folge einer TV-Serie, jede Übertragung eines Fußballspiels ist einzigartig. Verallgemeinerungen von einer Ausgabe einer Late-Night-Show zu einer anderen sind daher kaum möglich: Trotz eines gleichbleibenden Formatrahmens ändern sich die Inhalte, die performative Leistung der agierenden Personen und das Zuschauerinteresse, sodass sich die Einschaltquoten erheblich unterscheiden können. Dieser Unikat-Charakter ist grundsätzlich bei allen Medienprodukten gegeben. Beim Fernsehen – in seiner klassischen, zeitgebundenen Verbreitungsart zumindest – kommen weitere Faktoren hinzu, die zu einer erheblichen Diskrepanz zwischen prognostizierter und tatsächlicher Nutzung führen können wie z. B. das Wetter oder das zeitgleich ausgestrahlte Programm konkurrierender Sender. Aus diesen Unwägbarkeiten ergibt sich ein fortwährender Korrektur- und Feinjustierungsbedarf bei der TV-Mediaplanung, die Jahresbuchungen haben daher eher nur den Status einer „Option", an die sich mehrere Optimierungswellen anschließen (ebd. S. 254). Je näher eine Buchung an den Sendezeitpunkt eines Spots rückt, desto genauer ist das zeitgleich ausgestrahlte Programm der Konkurrenzsender bekannt und desto besser können die Einschaltquoten neu ins Programm aufgenommener Formate abgeschätzt werden. Entsprechend reagieren die Media-Agenturen mit Umbuchungen und Stornierungen, die bis zu sechs Wochen vor Ausstrahlung kostenlos vorgenommen werden können (ebd.), und die Sender ggf. mit Preisanpassungen. Der Optimierungsprozess auf Seiten der Media-Agenturen verläuft dabei immer fein granularer bis hin zur Auswahl einzelner Werbeinseln. Durch möglichst genaue Berücksichtigung der Rahmenbedingungen soll die Platzierung des einzelnen Spots optimiert und dadurch ein möglichst günstiger TKP erzielt werden. Auf Seiten der Sender bzw. ihrer Vermarktungsgesellschaften versucht die Werbezeitendisposition die Optimierungswünsche der Auftraggeber umzusetzen, stark nachgefragte Werbeinseln zuzuteilen (bspw. nach dem Gesamtauftragsvolumen eines

4.1 Mediagattung Fernsehen

Werbekunden) oder den Konkurrenzausschluss innerhalb eines Werbeblocks zu gewährleisten (ebd. S. 272). Im Rahmen der Optimierung kann auch der Versuch des „Narrow Casting" unternommen werden, indem ein Werbespot in einem thematisch ähnlichem Programmumfeld platziert wird (Bsp.: Im Anschluss an eine Sendung „Alles für die Katze" wird ein Spot für Katzenfutter ausgestrahlt.) Um Mediaplaner und -einkäufer schnellen und flexiblen Zugriff auf Programmänderungen, Reichweitenentwicklungen und aktuelle Angebote zu eröffnen, bieten Fernsehanstalten interaktive Informationssysteme oder direkten Online-Zugriff auf deren Datenbanken an. Damit bietet sich Mediaplanern die Möglichkeit, auf alle relevanten Informationen wie aktuell verfügbare Werbezeiten und -blöcke zuzugreifen, selbständig freie Werbezeiten zu ermitteln und Dispositionen vorzunehmen.

Unabhängig von saisonalen Schwankungen und spezifischen Programmumfeldern präsentieren sich die Preise für einen 30-Sekunden-Spot sehr breit gefächert – sowohl zwischen den Sendern, als auch zwischen einzelnen Zeitschienen. Hierin zeigen sich die unterschiedlichen Einschaltquoten der einzelnen Sender und Programmzeitpunkte (siehe Tab. 4.3).

Die Entwicklung der Spotpreise in den letzten Jahren war uneinheitlich. So konnten einzelne Sender ihre durchschnittlichen Preise kontinuierlich (Sat 1, VOX), andere erst innerhalb der letzten fünf Jahre (RTL, ProSieben, Kabel 1) erhöhen, während die öffentlich-rechtlichen Sender einen abgebremsten Rückgang verbuchen mussten (siehe Tab. 4.4).

Das Preis-Leistungs-Verhältnis der Sender wird erst deutlich, wenn man die Spotpreise mit der erzielten Reichweite kombiniert. Da die gesamte Fernsehnutzung im Jahresverlauf stark schwankt, ist hier die Reichweite immer in absoluten Zahlen und nicht prozentual zu betrachten: Eine Reichweite von 20 % umfasst im Sommer (wegen der verstärkten Outdoor-Aktivitäten) weitaus weniger Personen als im Winter – die entscheidende Maßeinheit ist daher der TKP, der die eingesetzten Kosten auf absolute Kontakte umlegt (vgl. Karstens/Schütte 2010, S. 256).

Die Tab. 4.5 zeigt die Reichweite in absoluten Zahlen für die Privatsender differenziert nach drei Zeitzonen (17.00 bis 20.00 Uhr, 20.00 bis 23.00 Uhr und als Residualkategorie 6.00 bis 1.00 Uhr), für die öffentlich-rechtlichen wird nur die Schiene 17.00 bis 20.00 Uhr ausgewiesen. Die jeweiligen Spotpreise fließen in die Berechnung des TKP ein, der somit angibt, wie viel 1.000 Kontakte mit der jeweiligen Zielgruppe zum angegebenen Zeitpunkt kosten. Die tabellarische Aufbereitung folgt der Logik des GWA, des Gesamtverbands der Werbeagenturen in Deutschland, die der Altersgruppe der 14- bis 49 Jährigen eine besondere Wertschätzung schenkt.[6]

---

[6] Im Zuge des demographischen Wandels und der zunehmenden Alterung der Gesellschaft verabschiede sich IP Deutschland, die Vermarktungsgesellschaft von RTL, von der Zielgruppe der 14–49-Jährigen, die bislang „wie in Stein gemeißelt" gewesen sei, meldet die FAZ (13.12.2010: „Wie alt ist alt?"). Zunächst solle die Zielgruppe der 20–59-Jährigen ergänzend ausgewiesen werden, dann ausschließlich. Eine Ausweitung auf 65 oder 69 Jahre sei denkbar – denn: „Kaufkräftiger als Teenager seien Rentner allemal" (ebd.) und das größere Volumen haben sie auch.

Tab. 4.3 Durchschnitts-Bruttopreise 2011 für 30 Sekunden (Jahresdurchschnitt). (GWA 2011, S. 38)

Sender	06.00–09.00	09.00–13.00	13.00–17.00	17.00–20.00	20.00–23.00	23.00–01.00	03.00–03.00
ARD	-	-	10.767	3.017	-	-	12.542
ZDF	-	-	8.809	15.012	-	-	13.137
RTL	2.723	6.660	15.720	26.243	53.455	19.033	16.380
SAT.1	2.657	5.413	9.680	16.659	31.422	8.758	11.331
ProSieben	1.867	4.543	6.797	19.604	36.729	11.109	11.186
RTL II	474	1.898	1.803	5.432	13.214	4.078	3.570
VOX	1.113	1.876	3.562	10.929	19.256	6.781	6.107
KABEL1	665	1.553	4.729	9.496	13.209	3.898	5.257
SuperRTL	871	1.079	1.520	2.352	4.025	1.053	2.047
SPORT1	236	2.178	1.956	1.472	1.574	1.309	977
N-TV	477	857	1.148	1.238	1.668	894	1.005
VIVA	132	1.186	1.667	2.213	2.529	1.373	1.662

Tab. 4.4 Preise 2011 im Vergleich zu 2003 und 2006. (vgl. GWA 2011, S. 38)

Sender	2003	2006	2011
ARD	15.777	13.373	12.542
ZDF	16.470	12.272	13.137
RTL	10.841	10.202	16.380
SAT.1	6.284	8.726	11.331
ProSieben	7.284	7.658	11.186
RTL2	1.971	2.753	3.570
VOX	1.799	3.227	6.107
KABEL1	2 229	2 434	5.257
SuperRTL	1.439	1.817	2.047
DSF	1 124	1 048	977
N-TV	918	651	1.005

4.1 Mediagattung Fernsehen

Tab. 4.5 Reichweiten des Werbefernsehens. (vgl. GWA, 2011, S. 39 ff.)

Sender	Zeitzonen	A Erw. ab 14 J. Mio.	TKP	B Männer 14–49 J. Mio.	TKP	C Frauen 14–49 J. Mio.	TKP
ARD	17.00-20.00	1,922	8,66	0,215	77,48	0,213	78,05
ZDF	17.00-20.00	2,866	5,31	0,158	96,04	0,232	65,44
RTL	17.00-20.00	1,931	13,15	0,332	78,86	0,709	35,80
	20.00-23.00	**3,049**	**17,17**	**0,656**	**79,77**	**1,072**	**48,86**
	06.00-01.00	1,360	13,26	0,274	65,74	0,501	35,37
SAT.1	17.00-20.00	1,651	9,76	0,213	75,60	0,407	39,59
	20.00-23.00	**1,759**	**17,80**	**0,418**	**74,91**	**0,579**	**54,06**
	06.00-01.00	1,113	10,29	0,186	61,78	0,298	38,45
Pro Sieben	17.00-20.00	0,862	20,62	0,388	45,86	0,329	53,97
	20.00-23.00	**1,387**	**24,94**	**0,532**	**65,04**	**0,593**	**58,32**
	06.00-01.00	0,622	19,46	0,257	47,04	0,256	47,32
RTL II	17.00-20.00	0,460	12,42	0,143	39,81	0,166	34,35
	20.00-23.00	**0,755**	**16,84**	**0,216**	**58,94**	**0,280**	**45,46**
	06.00-01.00	0,384	11,47	0,118	37,24	0,142	30,92
VOX	17.00-20.00	0,913	10,88	0,157	63,34	0,290	34,29
	20.00-23.00	**1,242**	**15,49**	**0,265**	**72,46**	**0,451**	**42,61**
	06.00-01.00	0,515	11,27	0,105	55,07	0,195	29,81
KABEL1	17.00-20.00	0,573	14,89	0,249	34,35	0,155	55,25
	20.00-23.00	**0,664**	**17,08**	**0,211**	**53,80**	**0,213**	**53,37**
	06.00-01.00	0,396	13,20	0,156	33,48	0,116	45,10
Super RTL	17.00-20.00	0,153	17,79	0,048	56,14	0,076	35,83
	20.00-23.00	**0,316**	**12,58**	**0,079**	**50,71**	**0,118**	**33,87**
	06.00-01.00	0,163	13,27	0,043	49,76	0,068	31,93
TELE 5	17.00-20.00	0,131	14,04	0,034	53,60	0,033	55,09
	20.00-23.00	**0,188**	**14,73**	**0,048**	**57,01**	**0,043**	**64,35**
	06.00-01.00	0,108	12,15	0,029	44,60	0,025	52,93
SPORT1	17.00-20.00	0,112	13,68	0,037	41,10	0,010	150,58
	20.00-23.00	**0,141**	**14,78**	**0,049**	**42,21**	**0,016**	**126,06**
	06.00-01.00	0,104	14,25	0,037	40,28	0,010	142.68
N-TV	17.00-20.00	0,079	14,91	0,024	49,81	0,009	129,86
	20.00-23.00	**0,112**	**13,26**	**0,037**	**40,29**	**0,018**	**82,86**
	06.00-01.00	0,083	11,92	0,026	38,68	0,011	89,19
N 24	17.00-20.00	0,081	14,60	0,030	39,22	0,010	115,28
	20.00-23.00	**0,126**	**14,84**	**0,049**	**38,23**	**0,020**	**91,98**
	06.00-01.00	0,087	12,47	0,034	31,56	0,013	86,10

Bemerkenswert ist ein Vergleich der Spalten A, B und C. Die Spalte A (Erwachsene ab 14 Jahren) umfasst sowohl die in Spalte B (Männer zwischen 14 und 49 Jahren) und in Spalte C (Frauen zwischen 14 und 49 Jahren) aufgeführten Personen sowie zusätzlich die Erwachsenen über 49 Jahren. Diese zusätzliche Gruppe der Personen über 49 Jahren macht bei den öffentlich-rechtlichen Sendern den „Löwenanteil" der Zuschauer aus: Knapp 1,5 Mio. Personen (etwa Dreiviertel aller Zuschauer) bei der ARD und knapp 2,5 Mio. Personen (fast 90 % aller Zuschauer) beim ZDF. Das „Herausrechnen" dieses erheblichen Teils der Gesamtzuschauer von ARD und ZDF führt dazu, dass sich die TKP-Werte in den Spalten B und C erheblich von dem TKP-Wert in Spalte A unterscheiden, da die gleichen Kosten bei Spalte A auf sehr viel mehr Zuschauer verteilt werden als bei den Spalten B und C. Betrachtet man dagegen die Zielgruppe 50+ als attraktiv, dann bieten einem ARD und ZDF sehr günstige TKP-Werte von bspw. 5,31 EUR pro 1.000 Kontakte. Auffallend ist weiterhin der deutlich höhere Anteil von Frauen unter den Zuschauern von RTL, was zu einem höheren TKP-Wert bei der Zielgruppe „Männer" führt. Auffallend sind auch die z. T. sehr hohen Unterschiede zwischen Männern und Frauen, die sich ebenfalls in hohen Unterschieden bei den TKP-Werten niederschlagen. Je nach Aufgabenstellung lassen sich für ganz unterschiedliche Zielgruppensegmente die jeweiligen TKP-Werte berechnen und vergleichen. Die hier exemplarisch aufgestellten Differenzierungen geben einen ersten Eindruck von der möglichen Spannbreite der TKP-Werte je nach Sender, Zeitschiene und Zielgruppensegment.

Die Tab. 4.3, 4.4 und 4.5 scheinen der augenfälligen Logik einer Preisliste zu entsprechen, bei der genau angegeben ist, welcher Preis für welche Leistung zu zahlen ist. Dass diese Logik hinsichtlich der Medialeistung zu hinterfragen ist, wurde oben bereits dargelegt. Aber auch hinsichtlich der angegebenen Preise ist die Situation keineswegs so eindeutig, wie es die Tabelle erwarten lässt. Insbesondere werden auf die veröffentlichten Tarife diverse Rabatte gewährt – für Großkunden, Frühbucher, Last-Minute-Bucher, Neukunden und treue Kunden etc. (vgl. *Karstens* und *Schütte*, 2010, S. 257). Darüber hinaus sehen verschiedene Agenturvergütungsmodelle vor, dass die Agenturleistungen über Provisionen honoriert werden, die die Sender aufzubringen haben. Dadurch kann die Brutto-Netto-Schere bis zu 43 % betragen (ebd. S. 258). Die beratende und treuhänderische Rolle, die eine Media-Agentur gegenüber dem werbetreibenden Unternehmen hat, gerät dadurch aber ins Wanken, dass sie von der „Gegenseite" Vorteile erhält. Zum Teil gewährten die Sender den Media-Agenturen auch sogenannte „Naturalrabatte", d. h. Freispots, die von den Mediaagenturen anderen Kunden berechnet wurden. Nach einer Reihe von Skandalen und Gerichtsverfahren sowie dem Einschreiten des Bundeskartellamts haben werbetreibende Unternehmen nun Anspruch auf Einblick in die Agenturrückvergütung und beanspruchen darüber hinaus auch einen Anteil an diesen „Kick-Backs" (WundV 2009). Die „Organisation Werbungtreibende im Markenverband" hat überdies einen „Code of Conduct" entwickelt, in dem festgelegt wird, dass die Agenturen „alle von den Medien erbrachten Zahlungen, Naturalleistungen, Vergünstigungen und gewährten Konditionen (u. a. Zahlungsziele), unabhängig davon, ob sie pauschal oder individuell erfolgen, verursachungsgerecht dem unterzeichnenden Werbungtreibenden zuordnen und mit ihm transparent abrechnen" werden (*OWM*, 2004). An der grundsätzlichen Gewährung von Rabatten und der sich daraus ergebenden Differenz von Brutto- und Netto-Werten hat sich aber nichts geändert. Verwandt mit den „Naturalrabatten" sind Bartering-Geschäfte, bei denen das werbetreibende Unternehmen dem TV-Sender eine von ihm produzierte Sendung kostenlos zur Verfügung stellt und dafür im Gegenzug kostenlose Werbezeiten erhält. Kritisch zu prüfen ist, inwieweit die vom werbetreibenden Unternehmen produzierte Sendung werbliche Inhalte verbreitet und insofern als Werbung oder Product Placement gekennzeichnet werden muss (siehe o.). Vorreiter von Bartering-Geschäften war in den USA der Waschmittelkonzern Procter und Gamble, dessen Sendungen durchaus um die von PundG produzierten Seifen- und Reinigungsmittel kreisten, weshalb sie als „Soap-Operas" bezeichnet wurden (vgl. Rota und Fuchs, 2007, S. 27 f.). Jenseits der klaren Gegenüberstellung von „Preis" und „Leistung" steht auch ein Vergütungsmodell, von dem Thomas Ebeling, Vorstand von ProSiebenSat1 Media AG berichtet: Bei dem Modell „media for revenue" bezahlen Unternehmen die gebuchten Werbezeiten mit Umsatzbeteiligungen und Geschäftsanteilen. Ebeling verbucht dadurch einen jährlichen operativen Betriebsgewinn (Ebitda) von 30 Mio. EUR , u. A. bei Zalando und 20 weiteren Unternehmen. Auch „Optionen auf ein Verkaufsrecht von Anteilen („Put") oder auf weitere Zukäufe in einigen Jahren („Call")" habe sich Ebeling im Gegenzug für Werbespots einräumen lassen (SZ-online, 01.07.2011).

Das Preis-Leistungs-Verhältnis transparenter zu machen versucht eine andere Strategie. Bemüht man sich im Zuge des Optimierungsprozesses die Medialeistung so einzukaufen, dass die Leistungswerte durch Platzierungseffekte optimiert werden, d. h. bei gegebenen Preisen ein Optimum an Reichweite und Kontaktwahrscheinlichkeit zu erwirtschaften ist, so versuchen Performance-Modelle bei gegebener Medialeistung den Preis zu optimieren – nach der Schaltung und nach Erfolg. Nach dem Vorbild der Internet-Werbung sollen auch im Bereich anderer Werbeträger messbare Erfolgskriterien über die Höhe der zu entrichtenden Schaltkosten entscheiden. Doch anders als beim Internet lässt sich beim Fernsehen nur schwer eine unmittelbare Erfolgsgröße angeben, die eindeutig dem Medium zuzurechnen wäre: Im Gegensatz bspw. zur „Klick-Rate" wirkt das Medium Fernsehen sehr viel indirekter – bis sich die Rezeption eines TV-Spots in eine messbare Kaufhandlung übersetzt, ist der Handlungsimpuls einer Reihe intervenierender Variablen ausgesetzt, die über Erfolg oder Misserfolg entscheiden – von der Warenverfügbarkeit, dem Konkurrenzangebot, der Produktqualität bis hin zum Preis. Genauso, wie eine Reihe weiterer Faktoren hinzukommen müssen, damit sich ein Spot in Handlung übersetzt, kann ein wirkungsvoller Spot durch eine Reihe hemmender Faktoren „ausgebremst" werden. Eine Kaufhandlung – und damit zusammenhängend – ein Absatz- oder Umsatzziel als Erfolg einem kommunikativen Stimulus zuschreiben zu wollen, ist daher ein schwieriges Unterfangen. Eine kürzere Wirkungskette führt vom Spot zu kommunikativen Wirkungszielen wie z. B. Markenbekanntheit, Recall oder Markensympathie. Diese Werte, die als Grundlage eines erfolgsbasierten Vergütungssystems herangezogen werden könnten, lassen sich jedoch nur durch aufwändige Befragungsmethoden bei wenigen ausgewählten Cases untersuchen und nicht flächendeckend als Basis der Mediaabrechnung (vgl. WundV22/2009). Erst im

Zuge einer stärkeren Einbeziehung des Rückkanals könnten performancebasierte Vergütungsmodelle auch beim Werbeträger Fernsehen eine höhere Marktreife erlangen.

4.1.6 Nutzer, Nutzungsformen und Wirkungen

4.1.6.1 Nutzerstruktur

Differenziert man die tägliche Zuwendungsdauer zum Medium Fernsehen nach den grundlegenden soziodemographischen Kriterien, dann lässt sich festhalten, dass der tägliche Fernsehkonsum umso höher ist, je älter, weniger gebildet[7] und einkommensschwacher eine Person ist, Frauen sehen mehr fern als Männer (siehe Tab. 4.6). Umgekehrt nimmt der Fernsehkonsum ab, je jünger eine Person ist, je höher ihre Bildung und ihr Einkommen sind (vgl. Gerhards und Klingler, 2009, S. 663). Die polemische Zuspitzung vom Fernsehen als „Unterschichtenmedium" hat demnach eine statistisch belegbare Grundlage (vgl. auch FAZ vom 17.08.11).

So unerfreulich dieser Befund für die Vermarktung des Mediums Fernsehens als Werbeträger ist, so einfach ist sie zu erklären: Das frei verfügbare Zeitbudget nimmt ab, je größer die zeitliche Beanspruchung durch den Beruf ist – entsprechend höher ist in der Regel auch das Einkommen. Ob die geringere Nutzungsdauer Bessergebildeter ebenfalls durch eine höhere zeitliche Beanspruchung durch den Beruf oder aber durch eine zu geringe intellektuelle Attraktivität des Fernsehens zu erklären ist, kann an dieser Stelle nicht entschieden werden. Hinsichtlich des Zusammenhangs von Alter und Sehdauer muss gefragt werden, ob es sich um einen Altersgruppen- oder einen Alterskoorteneffekt handelt: Steigt die Fernsehnutzung, wenn die jetzt Jungen älter werden (Altersgruppeneffekt) – m. a. W. führen die sich mit zunehmendem Alter ändernden Lebensumstände (Familien- und Berufssituation), (Freizeit-) Interessen und körperliche Zustände zu einem anderen Mediennutzungsverhalten? Oder behalten die verschiedenen Generationen ihre Mediennutzungsgewohnheiten zeit ihres Lebens bei (Kohorteneffekt) – wächst somit eine Generation von Fernsehabstinenzlern heran? Diese Frage ist u. A. deshalb nicht ganz einfach zu beantworten, da die möglichen Alterungseffekte in den letzten Jahren vom Auftreten einer Vielzahl neuer Medien (insbesondere des Internets) überlagert wurden, die zu einer – ebenfalls altersspezifischen – Verschiebung der Mediennutzungsmuster geführt haben (vgl. Media Perspektiven Basisdaten 2010, S. 84). Eine Langzeituntersuchung konnte zwar aufgrund von Mediensozialisationsprozessen – insbesondere in jüngeren Jahren – Kohorteneffekte der Mediennutzung nachweisen – „in erster Linie [wird der Umfang der Fernsehnutzung jedoch; B.M.] von einem starken Alterseffekt bestimmt" (Simon et al. 2011, S. 146): „Unabhängig von der Zugehörigkeit zu einer Generation sehen Jungendliche

---

[7] Der Zusammenhang von Bildung und Sehdauer bedarf einer Nuancierung: Der Peak der täglichen Sehdauer liegt nicht bei der Gruppe mit der niedrigsten formalen Bildung, sondern bei der Gruppe mit den zweitniedrigsten Abschlüssen – der Zusammenhang von Bildung und Sehdauer ist somit nur für die oberen drei Gruppen linear (Gerhards & Klingler 2009, S. 663).

4.1 Mediagattung Fernsehen

Tab. 4.6 Fernsehzuschauer nach soziodemographischen Gruppen. (AGF/GfK Fernsehforschung, TV Scope, durchschnittliche tägliche Sehdauer in Minuten)

Zielgruppe	Sehdauer 2010
Zuschauer ab 3 Jahre	223
Erwachsene ab 14 Jahre	237
Erwachsene 20–59 Jahre	221
Kinder 3–13 Jahre	93
Erwachsene 14–29 Jahre	142
Erwachsene 30–49 Jahre	224
Erwachsene 50–64 Jahre	274
Erwachsene ab 65 Jahren	306
Pers. in HH mit einem Haushaltsnettoeinkommen bis 1.000 EUR	341
Pers. in HH mit einem Haushaltsnettoeinkommen 1.000–2.000 EUR	261
Pers. in HH mit einem Haushaltsnettoeinkommen 2.000–3.000 EUR	188
Pers. in HH mit einem Haushaltsnettoeinkommen über 3.000 EUR	155

insgesamt deutlich weniger fern als ältere Menschen. Mit zunehmendem Alter steigt die Fernsehnutzung, und dies gilt auch für die hier untersuchten jüngeren Generationen, die zumindest zum Teil schon zur Internetgeneration gehören." (ebd.). Die oben genannten altersspezifischen Lebensumstände führen demnach zu einer stärkeren Hinwendung zum Fernsehen. Die gleiche Untersuchung identifizierte auch den Faktor „Bildung" als die „mit Abstand stärkste" Einflussgröße für die Fernsehnutzungsdauer (ebd. S. 143): „Mit zunehmender Bildung nimmt die Fernsehnutzung erheblich ab." (ebd.).

Diese generellen Befunde für das Medium Fernsehen lassen sich nun nach den einzelnen Sendern aufschlüsseln (siehe Tab. 4.7). Bemerkenswerterweise sind die Daten für die bildungsspezifische Verteilung der Zuschauer anders als in früheren Jahren nicht mehr frei verfügbar – über die Gründe kann nur spekuliert werden. Von den ohnehin schon überalterten Fernsehschauern schalten überproportional viele die öffentlich-rechtlichen Sender ein: Obwohl ihr Anteil an der Grundgesamtheit (Erwachsene über 14 Jahre) bei 21 % liegt, beträgt ihr Anteil bei ARD 35,2 % und beim ZDF 33,9 %. Eine moderat erhöhte Affinität bei jüngeren Zielgruppen hat RTL, bei Pro 7 und RTL II ist sie stark erhöht – diese beiden Sender werden von älteren Zielgruppen geradezu gemieden. Sat 1 bewegt sich nicht weit vom jeweiligen Altersdurchschnitt der Grundgesamtheit entfernt – dieser Sender scheint weit besser den Programmauftrag für die gesamte Bevölkerung zu erfüllen als die beiden gebührenfinanzierten Sender. Aus mediaplanerischer Sicht könnte man diesen

Tab. 4.7 Nutzerstrukturen des Werbefernsehens in Prozent. (Daten der GfK Fernsehforschung, zit. nach GWA 2011, S. 44/45)

Sender	Erw. ab 14 J.	Alter Erwachsener in Jahre						
		14–19	20–29	30–39	40–49	50–59	60–69	ab 70
GG	100,0	3,6	8,7	12,7	18,2	17,4	18,5	21,0
ARD	100,0	1,2	3,4	6,5	12,2	17,2	24,4	35,2
ZDF	100,0	1,1	2,8	6,0	12,2	18,2	25,9	33,9
RTL	100,0	5,0	12,2	16,6	23,4	17,3	14,4	11,1
SAT.1	100,0	3,5	7,8	11,6	22,2	18,9	18,5	17,5
Pro 7	100,0	11,3	25,0	24,1	21,5	10,6	4,9	2,6
RTL II	100,0	5,9	15,9	21,8	24,9	16,3	9,4	5,8
VOX	100,0	3,2	11,9	18,1	25,4	20,2	12,3	8,9
Kabel 1	100,0	5,0	16,8	22,1	24,4	16,2	10,2	10,2
Super RTL	100,0	9,8	13,3	22,0	24,6	12,1	11,0	7,3
Tele 5	100,0	2,5	6,4	20,1	22,1	22,9	17,2	8,6
SPORT1	100,0	4,6	9,3	11,6	19,8	17,3	19,1	18,3
N-TV	100,0	1,5	8,4	13,0	20,8	19,9	20,1	16,3
N 24	100,0	2,2	12,0	17,7	22,3	20,8	14,8	10,2

Sender	Erw. ab 14 J.	Nettoeinkommen in Tsd. Euro				Gebiet	
		bis 1	1–2	2–3	3+	Ost	West
G	100,0	18,1	41,2	24,2	16,5	22,4	77,6
ARD	100,0	15,0	35,3	24,4	17,3	19,2	80,8
ZDF	100,0	14,9	43,5	24,1	17,6	19,0	81,0
RTL	100,0	19,7	40,4	23,9	16,0	24,3	75,7
SAT.1	100,0	20,8	41,9	22,5	14,8	23,4	76,6
Pro 7	100,0	19,4	35,2	26,2	19,3	21,6	78,4

Befund aber auch als zu geringe alterszielgruppenspezifische Differenzierung bezeichnen. Welches Nutzerstrukturen am besten sind, hängt jedoch von der jeweiligen Problemstellung ab. Klare Schwerpunkte lassen sich nicht erkennen, wenn man die Zuschauer hinsichtlich ihres Einkommens differenziert und eine möglichst konsumkräftige Zielgruppe

4.1 Mediagattung Fernsehen

Tab. 4.7 (Fortsetzung)

Sender	Erw. ab 14 J.	Nettoeinkommen in Tsd. Euro				Gebiet	
		bis 1	1–2	2–3	3+	Ost	West
G	100,0	18,1	41,2	24,2	16,5	22,4	77,6
Tele 5	100,0	28,5	38,4	20,9	12,3	29,7	70,3
SPORT1	100,0	14,1	39,4	26,7	19,9	20,4	79,6
N-TV	100,0	17,3	40,4	23,3	19,0	19,0	81,0
N 24	100,0	18,5	39,0	24,0	18,6	19,3	80,7

(GG = Grundgesamtheit, Erw. 14+ Jahre: 65,13 Mio.)

ansprechen möchte: Kein Sender weist eine besondere Affinität zur einkommensstärksten Gruppe auf. Auffallend ist allein der Sender Tele 5, der einen überproportionalen Anteil an geringverdienenden Zuschauern hat. Keine besonderen Auffälligkeiten gibt es bei der Ost-West-Verteilung der Zuschauer – vor dem Fernseher scheint die deutsche Einheit mittlerweile Realität zu sein. Je nach kampagnenbezogener Problemstellung lassen sich die Nutzungszahlen für andere Zielgruppensegmente berechnen, sofern die Segmentierungskriterien bei der Untersuchung miterhoben wurden. Die für die Fernsehforschung wichtigste Datenbasis, die AGF/GfK-Fernsehforschung, erhebt neben den üblichen soziodemographischen Daten, verschiedenen Einstellungsitems, verhaltensbezogenen Variablen auch die Sinus-Milieus. Reichweiten und TKP´s können daher auch für diese Segmente berechnet werden.

4.1.6.2 Nutzungsformen

Interessant für die Werbewirtschaft ist nicht nur, wer vor dem Fernseher sitzt, sondern auch wie er davor sitzt, d. h. wie der Zuschauer das Medium Fernsehen nutzt. Zwei Aspekte sollen dabei hervorgehoben werden, die beide geeignet sind, die Vorstellung von der ungeteilten Aufmerksamkeitszuwendung zu erschüttern: fernsehbegleitende Tätigkeiten und Zapping. Auch wenn die meisten Wohnzimmereinrichtungen mit ihrer Zentrierung auf den Fernsehapparat einen anderen Eindruck erwecken – das Fernsehen steht nicht im Zentrum der Aufmerksamkeit seiner Nutzer. Drei wesentliche Arten an Fernsehbegleitbeschäftigung lassen sich unterscheiden: (a) Fernsehbegleitendes Sprechen, (b) Nebentätigkeiten und (c) parallele Mediennutzung. Unter linguistischen Aspekt haben Werner und Holly (2001) u. A. das (a) fernsehbegleitende Sprechen untersucht, das „weitgehend aus der bewussten Wahrnehmung ausgeblendet" ist (ebd. S. 13). Zu unterscheiden ist hier, ob sich die Kommunikation der Zuschauer untereinander auf das laufende Fernsehprogramm bezieht oder davon losgelöst anderen Themen zuwendet. Der zweite Fall wäre dann eher dem Bereich (b) Nebentätigkeit zuzuordnen. Unter dem Gesichtspunkt der Mediaplanung und der Werbewirkungsforschung wäre hinsichtlich des ersten Falls zu fragen, inwiefern die fernsehbezogene Kommunikation die medialen Botschaften verstärkt, konterkariert, ihr Aufmerksamkeit entzieht oder keinerlei Auswirkungen hat. Voraussetzung ist freilich, dass die Fernsehnutzung zu mehreren erfolgt. Anders sieht es dabei der nächsten Form von Aufmerksamkeitsreduzierung aus, den Nebentätigkeiten (b). Darunter fallen nichtkommunikative und nicht-mediale Tätigkeiten, denen bei eingeschaltetem Fernseher im gleichen Raum nachgegangen wird. Kuhlmann und Wolling (2004, S 409) kommen zu dem Befund, dass fast 30 % der Fernsehnutzung Nebenbeinutzung ist und halten fest: „Nebenbeifernsehen ist eine weit verbreitete Nutzungsform und dürfte vermutlich noch weiter zunehmen." (ebd.) Als hauptsächliche Nebenbeitätigkeiten nennen sie Gespräche (die hier einer eigenen Kategorie (a) zugeschlagen werden), Essen und Hausarbeit (ebd., vgl. auch Best und Breunig, 2011, S. 33). Insbesondere jüngere Personen neigen demnach zu einer Nebenbeinutzung des Fernsehens. Nebenbeisehen sei dabei primär ein „Nebenbeihören" (ebd.), das Fernsehen dient als akustische Hintergrundkulisse, d. h. der Nutzer selektiert aus den audiovisuellen Signalen des Fernsehens die auditiven heraus. Lassen die auditiven Reize erahnen, dass etwas Interessant kommt, lässt sich die visuelle Wahrnehmung mühelos „zuschalten" und so die volle Aufmerksamkeit auf die audiovisuelle Fernsehbotschaft richten. Dies gilt es bei der Gestaltung von Werbespots zu berücksichtigen, indem die Tonschiene gezielt zur Schaffung von Aufmerksamkeit eingesetzt wird. Fraglich ist, ob unter diese Fernsehbegleittätigkeiten auch der landläufig bekannte „Fernsehschlaf" zu rechnen sind – wissenschaftliche Untersuchungen zu diesem Phänomen sind dem Autor nicht bekannt. Tatsache ist jedoch, dass eine am AGF/GfK-Fernsehpanel teilnehmende Person, die sich korrekt als Zuschauer eingeloggt hat, dann aber in Schlummer verfällt (und sich eo ipso auch nicht abmeldet) als Zuschauer der eingeschalteten Sendung gezählt wird und deren Quote nach oben treibt. Als dritte Gruppe fernsehbegleitender Tätigkeiten soll schließlich (c) die „parallele Mediennutzung" aufgeführt werden, bei der die Nebentätigkeit neben dem Fernsehen in der Nutzung eines oder mehrerer weiterer Medien besteht. Zu unterscheiden ist die parallele Mediennutzung von der konvergenten Mediennutzung: „Während bei der konvergenten Mediennutzung nur ein Gerät genutzt wird, (…) werden bei der (…) parallelen Mediennutzung zwei verschiedene Geräte gleichzeitig genutzt." (Best und Breunig, 2011, S. 17) Die medienkonvergente Nutzung bedient sich daher meist des Computers, um bspw. via Internet TV-Sendungen anzusehen oder Radio zu hören und gleichzeitig weitere Online- oder Offline-Funktionen des Computers zu nutzen. Die Parallelnutzung macht beim Fernsehen ca. 10 % der Gesamtnutzung aus (ebd. S. 24), wichtigstes Zusatzmedium ist das Internet, gefolgt vom Radio (ebd.). Je nach Nutzergruppe variiert die Parallelnutzung, wobei jüngere, besser gebildete und besser verdienende Zuschauer eher zur Parallelnutzung neigen (ebd. S. 18 f. sowie S. 28). Parallelnutzer sind aber keine „Medien-Junkies" oder „Couch-Potatoes": Sie „besuchen zu einem größeren Anteil als die Gesamtbevölkerung Sportveranstaltungen, treiben eher Sport und gehen eher in Restaurants, Kneipen, Diskotheken oder ins Kino. Auch bekommen oder machen sie eher Besuche." (ebd. S. 29) Der idealtypische Parallelnutzer ist „relativ jung, hoch gebildet, eher männlich und lebt vornehmlich in einem modernen, effizienzorientierten oder ambitioniert kreativen Umfeld" (ebd. S. 21). Resümierend lässt sich zu den verschiedenen Arten der Nebentätigkeit festhalten, dass die bloße physische Anwesenheit vor dem Fernseher (und auch ihre Registrierung durch das AGF/GfK-Fernsehpanel) nicht gleichzusetzen ist mit einer vollständigen und aufmerksamen Hinwendung zu den durch das Fernsehen vermittelten Inhalten.

Überlagert werden können diese Fernsehbegleittätigkeiten durch eine weitere Nutzungsweise, die dem Fernsehen die ungeteilte Aufmerksamkeit entzieht: Das Zapping. Im Gegensatz zum Channel-Hopping oder Switchen hat das Zapping das Ziel der Werbevermeidung (vgl. Schenk und Ottler, 2004, S. 117). Voraussetzung für diese Form der hochgradig selektiven Fernsehnutzung war zum einen die Ausweitung des Programmangebots und zum andern das Aufkommen der Fernbedienung, die überhaupt erst ein komfortables Umschalten vom Fernsehsessel aus ermöglichte. Die methodische Antwort darauf war die Erhebung der Fernsehnutzung durch technisch-apparative Messverfahren anstelle von Befragungen, da die Vielzahl von Umschaltvorgängen an einem durchschnittlichen Fernsehabend in der Regel unterhalb der Erinnerungsschwelle liegen dürfte. Relevant für Werbewirtschaft und Mediaplanung ist das Zapping im Sinne von aktiver Werbevermeidung. Als „psychisches Zapping" bezeichnet man das „geistige Abschalten" bei weiterlaufendem TV-Programm und als „physisches Zapping" das Verlassen des Raumes, um der Werbung zu entgehen (vgl. Fuchs und Rota, 2007, S. 474).

Unterschiedlich sind die Erhebungsmethoden zum Zapping und damit zusammenhängend auch die Ergebnisse: So geben mehr als 50 % von Fernsehschauer auf Befragen an, bei Werbung umzuschalten. Telemetrische Messungen kommen auf Reichweitenverluste zwischen 10 und 14 % eines Werbeblocks im Vergleich zum Programm. Ebenfalls auf Basis telemetrischer Daten wurde ermittelt, dass ein Zuschauer durchschnittlich 18 % eines Werbeblocks durch Zapping vermeidet (Schenk und Ottler, 2004, S. 120 f.). Sichtbar wird daran ebenfalls eine Uneinheitlichkeit der Operationalisierung des Zapping-Begriffs. Eher verhalten kommunizieren die Vermarktungsgesellschaften der Sender und die Branchenverbände das Thema „Zapping": Trotz umfangreicher Forschungs- und Publikationstätigkeit findet das Stichwort „Zapping" wenig Berücksichtigung. Zu begegnen versuchen die Sender diesem Problem durch eine möglichst enge Verzahnung von Werbung und Programm, indem innovative Werbeformen – insbesondere verschiedene Splitscreen-Varianten angeboten werden.

Aus Sicht der werbetreibenden Unternehmen sollte versucht werden, durch Platzierungseffekte innerhalb des Werbeblocks die Gefahr des Weggezappt-Werdens zu verringern. So kommt den Spots in den Randpositionen eines Blocks eine größere Wahrscheinlichkeit zu beachtet zu werden als den Spots in der Mitte des Blocks (Primacy- bzw. Recency-Effekt) (vgl. Rossmann, 2004, S. 111). Eine weitere Möglichkeit besteht darin, einen Spot so attraktiv zu gestalten, dass der Zuschauer ihm freiwillig seine Aufmerksamkeit schenkt.

Das technische Überspringen oder Ausblenden von Werbung ermöglichen verschiedene Formen des zeitversetzten Fernsehens (siehe Tab. 4.8). Die bekanntesten sind Videoportale im Internet oder digitale Festplattenrecorder. Obwohl die Verbreitung

Tab. 4.8 Nutzung von zeitversetzten Fernsehsendungen 2010 (mindestens 1 x pro Woche, in Prozent). (Media Perspektiven Basisdaten 2010, S. 86)

Videoportale	20
DVD/Festplattenrecorder	12
Videorecorder	7
Online-Mediatheken	6
Auf PC TV-Karte/DVB-T-Stick Aufgezeichnetes anschauen	2
Videopodcasts	1
Online-Videorecorder	1

letztgenannter Geräte weiter stark zunehme, seien sie jedoch keine Bedrohung für die TV-Werbung, so die Unternehmensberatung Deloitte in ihrem Zukunftsbericht 2011 (ebd. S. 22 f.). Totale Werbevermeidung durch den digitalen Festplattenrecorder sei nur möglich, wenn die Zuschauer alle Sendungen aufzeichneten und beim Überspulen der Werbung die Augen schlössen – beides seien extrem unwahrscheinliche Annahmen (ebd. S. 23). Selbst bei der Werberezeption im Fastforward-Modus würden Zuschauer Schlüsselbilder behalten (ebd.). Sie gelte es daher zu optimieren (ebd.). Auch in Zukunft sei der zeitgleiche Fernsehkonsum aber die beliebteste Form der Fernsehnutzung (ebd.).

4.1.6.3 Wahrnehmung und Wirkungsmechanismen

Fernsehwerbung hat durch die Ansprache zweier Sinne, ihre dynamische Informationsdarbietung und ihre visuellen Reize eine sehr hohe Impactstärke. Dadurch eignet sie sich in besonderer Weise zur Aktivierung der Zuschauer – ein Ziel, dem wie oben dargelegt im Bereich der Werbekommunikation eine herausragende Rolle zukommt. Insbesondere die visuelle Informationsvermittlung bietet aus Sicht der Werbekommunikation weitere Vorteile: Mit Bildern lassen sich Informationen schnell vermitteln ohne dass diese zunächst mit Hilfe eines erlernten Codes dechiffriert werden müssten (wie etwa sprachliche Botschaften). Ihre fotorealistische Darstellungsweise vermittelt überdies einen sehr anschaulichen Eindruck vom Aussehen eines Produkts. Parallel zu dieser eher kognitiven Informationsvermittlung ermöglichen Bilder – bspw. durch den Einsatz von Primärreizen – auch starke emotionale Wirkungen, die bei der TV-Werbung durch die Tonebene (Musik, emotional Aufladung durch die Stimmfärbung bei gesprochenen Texten) noch gesteigert werden kann. Emotionalisierungseffekte ergeben sich auch durch die lineare Entfaltung der Informationen auf der Zeitachse: Selbst bei einen nur 30 Sekunden dauernden Spot lassen sich durch die zeitliche Abfolge des Geschehens (anders als bei statuarischen bzw. präsentativen Medien wie bspw. einer Zeitungsanzeige) Spannungsbögen, Überraschungseffekte, dramaturgische Steigerungen, Wendungen und Auflösungen inszenieren, die in der Lage sind den Zuschauer emotional „in Bann" zu schlagen. Die in der Zeit ablaufende Informationsvermittlung ist aber gleichzeitig für die kognitive Informationsaufnahme problematisch, da nicht der Rezipient, sondern das Medium die Zuwendungszeit bestimmt: Braucht der Zuschauer für den gedanklichen Nachvollzug einer Botschaft etwas länger, oder muss er sie mehrmals wahrnehmen, so hat er bei transitorischen Medien nicht die Möglichkeit dazu. Gleichwohl lässt sich festhalten, dass das Fernsehen kognitiv und emotional ansprechen kann.

Zur Systematisierung der Wirkmechanismen eignet sich daher das Elaboration-Likelihood-Modell, das von Petty und Cacioppo in den 1980er Jahren entwickelt wurde. Im Zentrum dieses Modells steht als Kommunikationsziel eine Einstellungsänderung. Es erklärt, wann eine rationale und wann eine emotionale Botschaftsgestaltung eher zum Kommunikationserfolg führt. Die rationale Gestaltung setzt ein hohes Involvement auf Seiten des Rezipienten voraus und einen klaren Vorteil auf Seiten des Produkts. Kommen beide Faktoren zusammen, lässt sich der Konsument durch Benennung des Produktvorteils argumentativ überzeugen. Fehlt mindestens einer die Faktoren – der Konsument ist nicht involviert und/oder das Produkt bietet keinen klaren Benefit oder kein wirkliches Alleinstellungsmerkmal, führt eine rationale Ansprache nicht zum Kommunikationserfolg – der „zentrale Weg" zur Einstellungsänderung kann nicht beschritten werden. In diesen Fällen, die bei gesättigten Märkten und übersättigten Konsumenten den Normalfall bilden dürften, bleibt nur der „periphere Weg" zur Einstellungsänderung. Statt durch rational begründete und nachvollziehbare Argumente zu überzeugen, versucht die Werbung emotional zu überreden. Ihre Überredungskraft gewinnt die Werbung aus den formalen Gestaltungsmitteln – der Attraktivität oder Bekanntheit der Testimonials, der emotionalen Grundstimmung, der Verwendung von Primärreizen (z. B. Erotik), eindrucksvollen Landschaften etc. und nicht aus produktbezogenen Inhalten der Botschaft. Die über den peripheren Weg erzielte Einstellungsänderung ist jedoch weniger dauerhaft und bedarf häufigerer Wiederholungen als die auf dem zentralen Weg erzielte Einstellungsänderung (vgl. Schenk und Ottler, 2004, S. 125 f., Fuchs und Unger 2007, S. 554, Gleich, 2009, S. 267). Für beide Wege ist das Medium Fernsehen bestens geeignet: Durch seine realitätsgetreue visuelle Anschaulichkeit ist es in der Lage rational zu überzeugen, durch seine multisensorische und dynamische Ansprache kann es emotional und suggestiv wirken.

Hinsichtlich des Involvements auf Seiten der Rezipierenden kann unterschieden werden zwischen einem produktbezogenen und einem medienbezogenen Involvement. Die bisherigen Ausführungen lassen den Schluss zu, dass aufgrund der eher entspannungsorientierten Nutzungsmotive, nicht unbeträchtlichen Begleittätigkeiten und intensivem Zappens das medienbezogene Involvement beim Fernsehen eher gering ist – verglichen etwa mit der Intensität der Zuwendung bei einer Tageszeitung. Auch das produktbezogene Involvement dürfte in einer Vielzahl von Fällen eher gering ausgeprägt sein, genauso wie die Mehrzahl der Produkte – insbesondere im Konsumgüterbereich – sich durch keine ausgeprägten oder alleinstellende Merkmale auszeichnen. Dies alles spricht dafür, dass in den weitaus meisten Fällen der periphere Weg zur Einstellungsänderung zu beschreiten sein wird – und das bedeutet: Die Werbung muss emotionalisieren (vgl. Kroeber-Riel, 1991, S. 68 ff., Gleich 2009, S. 267). Kroeber-Riel unterscheidet zwei Arten emotionaler Wirkungen: (a) Die Vermittlung emotionaler Erlebnisse und (b) das Erzielen einer atmosphärischen Stimmung (Kroeber-Riel, 1991, S. 147). Der Unterschied ergibt sich daraus, ob das emotionalisierende Gestaltungselement im Vordergrund oder im Hintergrund des Werbemittels steht. Eine emotionale (Hinter-) Grundstimmung (b) ist bei einem Werbespot immer gegeben – selbst wenn sie nüchtern, kühl und technokratisch ist. Sie kann jedoch gezielt in eine beabsichtigte Richtung gestaltet und mit der angestrebten Tonalität der Marke in Übereinstimmung gebracht werden. Stärker wirkt die Emotionalität, wenn sie (a) im Vordergrund des Spots steht – indem bspw. eine stark emotional aufgeladene Geschichte erzählt wird oder emotionale Schlüsselreize im Zentrum des Spots stehen. Durch die gemeinsame Darbietung emotionaler Reize und Markenelementen kommt es zu einer „emotionalen Konditionierung" (ebd. S. 150), bei der die Marke mit den entsprechenden emotionalen Erlebniswerten aufgeladen wird und sie für den Konsumenten in der Folge auch außerhalb der Werbung behält. Diese emotionale Aufladung beeinflusst die Präferenz für die Marke positiv und kann zu ihrem Verkaufserfolg beitragen (ebd.). Neuere empirische Studien zeigen eine grundsätzlich starke Kommunikationswirkung von emotionalen Werbestrategien (Gleich, 2010, S. 599), wobei nicht allein positive Emotionen zum Erreichen eines Kommunikationsziels beitragen: So kann bspw. im Rahmen einer Spendenwerbekampagne für Notleidende mit Hilfe negativer Emotionen das gewünschte Kommunikationsziel erreicht werden (ebd.). Auch die strenge Gegenüberstellung von zentralem und peripherem Weg zur Einstellungsänderung löst sich angesichts der starken Wirkung von Emotionen auf: Auch bei High-Involvement Produkten, die eine rationale Auseinandersetzung mit nachvollziehbaren Argumenten erfordern, konnten emotionale Reize die Wahrnehmung positiv beeinflussen – wenn sie zum Produkt passten. Bei inkongruenten Reizen gab es keine positive, aber auch keine negative Wirkung (ebd. S. 600). Untersucht wurde dies anhand erotischer Reize. Uneinheitlich erweist sich die Klassifikation der unterschiedlichen Emotionsarten. Neben den intensiv untersuchten emotionalen Reizen „Erotik" (vgl. Wirth und Lübkemann, 2004) und „Humor" (vgl. Behrens und Großerohde, 1999)[8], findet sich auch eine Differenzierungen in die Emotionsarten „Vorfreude, Behaglichkeit/Zufriedenheit, Zuneigung von anderen, Unterstützung/Mitgefühl von anderen, Vergnügen und Ehrfurcht/Erstaunen." (Gleich, 2010, S. 600), die zu je unterschiedlichen Verarbeitungsweisen und Effekten führen (ebd., S. 599). Aber auch innerhalb der etablierten Kategorien – bspw. „Humor" oder „Erotik" – lässt sich eine erhebliche, durch höchst persönliche Vorlieben beeinflusste Variationsbreite denken, so dass allgemeingültige Wirkungsannahmen nur schwer zu begründen sind. Modifiziert werden die emotionalen Wirkungen überdies durch Umfeld- bzw. Konstexteffekte: In einem erotischen Programmumfeld wirkt humorvolle Werbung bspw. weniger stark als in einem humoristischen (vgl. Jenzowsky, 2004): Emotionale Werbung sollte demnach in emotional

---

[8] Zu diskutieren wäre, inwieweit „Humor" den emotionalen Wirkungen zuzurechnen oder eher eine Sache des Intellekts ist. Eine empirische Untersuchung zeigt jedoch, dass Humor „deutlich stärker affektive Wirkungen als kognitive" entfaltet (Gleich, 2009, S. 272) und daher eher in Low-Involvement-Situationen einzusetzen ist (ebd.). Die gleiche Studie konstatiert, „dass Humor am effektivsten in audiovisuellen Medien eingesetzt werden kann." (ebd.)

gleichartige Programmumfelder eingebettet werden (ebd. S. 181). Auch die Erinnerungsleistung kann mit Hilfe emotionaler Reize erhöht werden (vgl. Wirth und Lübkemann 2004). Sie wird auch durch die Länge eines Spots beeinflusst: Längere Spots werden besser erinnert als kurze, wobei dieser Effekt bei informativen Spots größer als bei emotionalen Spots ist. Die Emotionalität gleicht den Effekt der Spotlänge zumindest partiell aus. Ob der Längeneffekt durch eine höhere Schaltfrequenz kompensiert werden kann, ist allerdings fraglich (vgl. ebd.).

Damit bewegt sich die Frage nach der Effektivität von Spots von Fragen der Gestaltung bereits zu mediaplanerischen Kategorien. Die Frage nach der Schaltfrequenz steht hier im Zentrum. Eine Reihe der genannten Wirkbedingungen (transitorische Informationsvermittlung, geringes mediales Involvement, hoher Grad an Nebenbeitätigkeiten, periphere Informationsvermittlung etc.) spricht für eine hohe Schaltfrequenz bei TV-Werbung. Eine Faustregel empfiehlt 500–550 GRP´s pro Monat bei Produktneueinführungen, d. h. im Durchschnitt ca. fünf Kontakte/Zielperson (beim unwahrscheinlichen Fall einer 100-prozentigen Zielgruppenabdeckung). Aber nicht nur aufgrund des in der Regel limitierten Budgets gilt der Satz „viel hilft viel" nicht. Zwar steigt der Lerneffekt zunächst mit wachsender Kontakthäufigkeit. Ab einem gewissen Punkt stellt sich jedoch Sättigung und Ermüdung ein, die zu einer negativen Bewertung der Botschaft führen können. Die spannende Frage bleibt, wann dieser „gewisse Punkt" erreicht ist, an dem jede zusätzliche Schaltung keinen positiven Ertrag mehr bringt, sondern negativ wirkt. Dies hängt von einer Vielzahl von Faktoren ab – der Komplexität der Botschaft, dem Involvement der Rezipienten, ihrer intellektuellen Leistungsfähigkeit etc. Entsprechend wird dieser Punkt früher oder später erreicht, entsprechend sind mehr oder weniger Kontakte nötig.

Resümierend lässt sich festhalten, dass die Wirkung von Fernsehwerbung von einer ganzen Reihe von Faktoren beeinflusst wird, die in höchst unterschiedlichen Ausprägungen auftreten und sich zudem untereinander beeinflussen. Generalisierende Aussagen über „Humor" oder „Erotik" in der Werbung müssen sich kritisch fragen lassen, um welcher Art Humor oder Erotik es sich im konkreten Fall handelt – zu groß ist die Gefahr, das aufgrund eines vermeintlich einheitlichen Begriffs Pampelmusen mit Bananen verglichen werden. Hinzu kommen überlagernde Effekte, die sich aus der Produktkategorie, der Marke, dem Involvement, den Eigenschaften der Rezipienten, den Positionierungseffekten innerhalb des Werbeblocks und den Kontextbedingungen sowohl des Programmumfelds als auch der Rezeptionssituation ergeben. Selbst vermeintlich präzise, da quantifizierbare Kennwerte der Mediaplanung, wie Spotlänge und Kontakthäufigkeit, werden von Effekten der Gestaltung modifiziert. Statt nach allgemeingültigem Rezeptwissen zu suchen, empfiehlt sich eher die Orientierung an Fallstudien. Dabei ist allerdings darauf zu achten, dass die herangezogenen Beispiele auch in den entscheidenden Parametern mit der eigenen Fragestellung übereinstimmen. Denn grundsätzlich gilt: Jede Situation ist anders und jede Kampagne ein Fall für sich.

4.2 Mediagattung Zeitschriften

4.2.1 Einleitung

Zeitschriften sind eine besonders vielfältige Werbeträgergattung. Sie besitzen per Definition die nachfolgenden wesentlichen Merkmale, die jeweils unterschiedlich stark ausgeprägt sind:
- Periodizität (fortgesetzte und regelmäßige Erscheinungsweise)
- Publizität (Öffentlichkeit)
- Aktualität (Gegenwartsbezug)
- Universalität (Verbreitung vielfältiger Wissensgebiete)

Die Publizität kann dabei durchaus auf einen bestimmten Nutzerkreis begrenzt, die Aktualität und die Universalität können abgeschwächt bis gar nicht vorhanden sein. Eine Begrenzung der Publizität ist beispielsweise bei Fachzeitschriften gegeben, die auf besondere Fach- und Interessensgebiete beschränkt sind, die Aktualität ist hierbei auf ein konkretes Sachgebiet bezogen. Die meisten Zeitschriften sind in der Regel speziell und nicht universell konzipiert.

Es gibt unterschiedliche Definitionen für das Medium „Zeitschrift". Stockmann (1982) beispielsweise verweigert eine Definition für Zeitschriften als „von Natur aus undefinierbar", und ihre einzige Gemeinsamkeit sei es, dass sie in den Statistiken unter dem Begriff „Zeitschriften" geführt werden. Silbermann definiert Zeitschriften als „ein fortlaufend und in regelmäßiger Folge erscheinendes Druckwerk ..., das einem umgrenzten Aufgabenbereich oder einer gesonderten Stoffdarbietung (Bild, Unterhaltung) dient" (vgl. Koschnik, 1995, S. 1939). Übereinkunft besteht darin, dass zwischen Publikums- und Fachzeitschriften zu unterscheiden ist. Der Auffassung, dass Zeitschriften solche Medien sind, die in der Media-Analyse unter dem Begriff „Zeitschriften" geführt werden, kann man sich durchaus anschließen. Es lassen sich jedoch einige Gemeinsamkeiten finden: Es handelt sich um gedruckte Medien, die sich an ein relativ breites Publikum wenden (mehr oder weniger spezifisch), die in regelmäßigen Abständen (vierteljährlich oder häufiger, aber nicht öfter als einmal in der Woche) erscheinen und gegen Entgelt erworben werden.

Die ersten Zeitschriften wurden um 1833 registriert. Im Jahre 1900 verkaufte die Berliner Illustrierte Zeitschrift als erster Titel über 100.000 Exemplare. Der Informationsgemeinschaft zur Feststellung der Verbreitung von Werbeträgern e.V. (IVW) wurden im IV. Quartal 2009 insgesamt 2.135 Zeitschriften gemeldet (im IV. Quartal 1999 waren ein 2.016 Zeitschriften), davon 877 Publikumszeitschriften (1999 waren es 839) und 1.180 Fachzeitschriften (in 1999 waren es 1.089) 78 Kundenzeitschriften (im Gegensatz zu 88 in 1999) gemeldet, denen eine verkaufte Gesamtauflage von 195,2 Mio. Exemplaren bescheinigt wurde (die Gesamtauflage in 1999 war 187, 26 Mio.). Wir finden also einen leichten Anstieg der Gesamtauflage, die Anzahl der Kundenzeitschriften ist rückläufig. Die Anzahl der Fachzeitschriften und insbesondere der Kundenzeitschriften stieg höher an, als die Gesamtauflage.

4.2 Mediagattung Zeitschriften

Eine Einteilung der Zeitschriften ist schwer, da sich das Zeitschriftenwesen seit dem vorigen Jahrhundert zu einer nahezu unüberschaubaren typologischen Vielfalt entwickelt hat. So haben neue Medien wie Fernsehen, Funk und Film die Entstehung neuer Zeitschriftengattungen mit sich gebracht. Der „Stamm-Leitfaden durch Presse und Werbung" gliedert Zeitschriften nach thematischen Gesichtspunkten in drei Bereiche und insgesamt 47 Sachgruppen (Stamm, 1997, S. 3a/2-8). Hierbei ist zu bemerken, dass die Bereiche der Special-Interest- und der General- Interest-Titel dem Oberbegriff der Publikumszeitschriften zuzuordnen sind.

Beispiel

Fachzeitschriften
Gruppe 1	Sozialwesen
Gruppe 2	Erziehung und Bildung
Gruppe 3	Gesundheitswesen, Medizin
Gruppe 4	Wirtschaft
Gruppe 5	Handel
Gruppe 6	Verkehr und Transport
Gruppe 7	Handwerk, Industrie und sonstiges Gewerbe
Gruppe 8	Land- und Forstwirtschaft, Gartenbau, Tierhaltung und Jagd
Gruppe 9	Behörden und Militär
Gruppe 10	Steuer-, wirtschafts- und rechtsberatende Berufe
Gruppe 11	Wissenschaften

Publikumszeitschriften/Special-Interest-Zeitschriften
Gruppe 12	Amtliche Blätter
Gruppe 13	Konfessionelle, parteipolitische und sonstige Arbeitnehmerzeitschriften
Gruppe 14	Jugend
Gruppe 15	Konfessionen
Gruppe 16	Kultur und Kunst
Gruppe 17	Kunden- und Hauszeitschriften
Gruppe 18	Politik
Gruppe 19	Sport
Gruppe 20	Auto und Motorrad
Gruppe 21	Reisen und Wandern
Gruppe 22	Hobbys
Gruppe 23	Frauen
Gruppe 24	Männer
Gruppe 25	Senioren
Gruppe 26	Homosexuelle und Lesbierinnen
Gruppe 27	Astrologie, Esoterik und Grenzwissenschaften
Gruppe 28	Feinschmecker und Genießer, Essen und Trinken
Gruppe 29	Populärwissenschaftliche Zeitschriften

Gruppe 30   Rätselzeitschriften
Gruppe 31   Verbraucherzeitschriften, Wirtschaftsmagazine, Geldanlage
Gruppe 32   Stadt- und Regionalmagazine
Gruppe 33   Veranstaltungsprogramme
Gruppe 34   Eltern und Familie
Gruppe 35   Haus, Wohnung und Garten
Gruppe 36   Tierfreunde
Gruppe 37   Gesundheit und Fitness
Gruppe 38   Unterhaltungselektronik und Bildschirmtext
Gruppe 39   Fasching und Karneval
Gruppe 40   Gefangenenzeitschriften
Gruppe 41   Weiter- und Erwachsenenbildung
Gruppe 42   Vertriebenenwesen
Gruppe 43   Haus- und Wohnungswesen
Gruppe 44   Heimat-, Landes- und Familienkunde
Gruppe 45   Zeitschriften mit sozialem Charakter
Gruppe 46   Sex und Erotik
Gruppe 47   Zeitungs- und Zeitschriftensupplemente

General-Interest-Zeitschriften
Von diesen Sachgruppen sind mehrere davon in Untergruppen unterteilt, z. B.
Gruppe 19   Sport
19/1   Sport allgemein
19/2   Ballsport
19/3   Golf, Bahnengolf
usw.

Einen Überblick über das Gesamtangebot an Zeitschriften liefert Tab. 4.9. Es wird deutlich, dass, obwohl der Anteil der Publikumszeitschriften an den insgesamt der IVW gemeldeten Titeln im IV. Quartal 2009 nur gut 41 % betrug, diese jedoch rund 67 % der verkauften Auflage aller Titel auf sich vereinen.

Der Zeitschriftenmarkt in der Bundesrepublik bot 2009 insgesamt (einschließlich der nicht der IVW-Kontrolle unterliegenden Titel) eine Auswahl von über 8.500 Zeitschriften. Dabei stellt die Fachpresse (wissenschaftliche Zeitschriften und Fachzeitschriften) die größte Zeitschriftengruppe dar, die Publikumszeitschriften stellen rund 43 % der erscheinenden Titel, die Kundenzeitschriften brachten es auf einen Anteil von lediglich 3,6 % der gesamten Zeitschriften (vgl. Tab. 4.10).

Es erscheinen derzeit oft neue Zeitschriften, andere werden eingestellt, insgesamt ist die Anzahl der erschienen Titel rückläufig, 2005 konnte von ungefähr 9.500 Titeln insgesamt ausgegangen werden.

Betrachtet man die Struktur der Leserschaft sowie deren Nutzerverhalten bezüglich aller in der ma erhobenen Zeitschriften, gelangt man zu der Erkenntnis, dass die

4.2 Mediagattung Zeitschriften

Tab. 4.9 Zeitschriften in Zahlen, IV. Quartal 2009 (IVW). (vgl. ZAW, 2010, S. 288–304)

	Verkaufte Auflage IV/2009 in Mio. Stück	Anteil an der Gesamtauflage in Prozent
Publikumszeitschriften	113.70	67,00
Fachzeitschriften	12,30	7,30
Kundenzeitschriften	43,40	25,70
Zeitschriften gesamt	169,40	100,00
	Der IVW gemeldete Titel in Stück	Anteil am Gesamtbestand in Prozent
Publikumszeitschriften	877	41,15
Fachzeitschriften	1.180	55,50
Kundenzeitschriften	78	3,55
Gesamtbestand	2.125	100,00

Tab. 4.10 Anzahl der Zeitschriften nach Gruppen gegliedert. (GWA, 2010, S. 13 und nach diversen telefonischen Auskünften)

Zeitschriftengruppe	Bestand 2.009	Anteil
Publikumszeitschriften	3.611	42,9 %
Fachpresse	4.513	53,5 %
- wissenschaftliche Zeitschriften	rund 2.210	26,2 %
- Fachzeitschriften	rund 2.310	27,3 %
Kundenzeitschriften	302	3,6 %
Zeitschriften gesamt	8.426	100 %

Nutzerschaften sehr nahe an die Struktur der Gesamtbevölkerung heranreichen. Eine weitergehende detaillierte Betrachtung nach soziodemographischen Merkmalen ist, bezogen auf alle Zeitschriften zusammen, nicht sinnvoll, da hieraus keine aussagekräftigen Ergebnisse gewonnen werden können. Vielmehr ist es notwendig, einzelne Zeitschriften/Zeitschriftengruppen zu betrachten, da diese zielgruppenübereinstimmende Profile aufweisen.

4.2.2 Klassifikation von Zeitschriften

In der Praxis hat sich die Typologisierung der Zeitschriften in Publikums-, Fach- und Kundenzeitschriften durchgesetzt (vgl. Abb. 4.7).

Die Unterteilung ist jedoch nicht immer leicht nachvollziehbar. Es gibt Publikumszeitschriften mit durchaus hohem fachlichen Anspruch. Wir kennen aber ebenso Fachzeitschriften, die keineswegs als besonders anspruchsvoll zu bezeichnen sind.

Noch problematischer ist die Unterteilung in General-Interest-Titel und Special-Interest-Titel. Auch diese Unterteilung ist keineswegs immer zwingend. Lediglich Kundenzeitschriften sind aufgrund ihrer Vertriebsform unzweifelhaft einzuordnen.

Letztendlich ist die Einordnung der Zeitschriften in die jeweilige Kategorie der Media-Analyse ausschlaggebend.

4.2.3 Publikumszeitschriften

Publikumszeitschriften sind an ein sehr breites Publikum gerichtet. Sie wenden sich dabei an eine Leserschaft, die unabhängig von Beruf, sozialer Stellung, politischer oder religiöser Bindung durch ihr gemeinsames Interesse an dem dargebotenen Inhalt an die Publikation gebunden ist. Die Inhalte sind an überwiegend aktuellen Themen orientiert, schließen aber auch allgemeinverständliche Informationen und Unterhaltung ein. Es handelt sich um regelmäßig erscheinende Druckerzeugnisse, üblicherweise wöchentlich, vierzehntägig oder monatlich.

Publikumszeitschriften lassen sich nach den verschiedensten Kategorien unterscheiden. Neben den „General-Interest-Titeln" gibt es noch die sogenannten „Special-Interest-Titel". Letztere konzentrieren sich auf klar abgegrenzte Sachgebiete. In ihrem redaktionellen Angebot weisen Spezialzeitschriften einen thematischen Schwerpunkt auf, der in jeder Ausgabe durchgängig behandelt wird. Die Leser mit ihrem persönlichen Informations-, Wissens- und Freizeitbedarf werden im privaten Lebensbereich angesprochen.

„Special-Interest-Titel" wenden sich mit spezieller Thematik, im Gegensatz zu Fachzeitschriften, an die breite Bevölkerung. Sie versuchen, fachliche Themen auf allgemeinverständliche Weise nahezubringen, und werden nicht berufsbedingt oder aus vorwiegend beruflichem Interesse genutzt (vgl. Koschnick, 1995, S. 1633).

Ungeachtet dessen ist eine genaue Definition von Publikumszeitschriften nicht exakt möglich. Vielmehr ist der Übergang zu den Fachzeitschriften mehr oder weniger fließend. Publikumszeitschriften und Fachzeitschriften unterscheiden sich durch das fachliche Anspruchsniveau des Verlages und der Zielgruppen voneinander. Auch die Abgrenzung zu den Wochenzeitungen wie z. B. „Auto-Bild" ist nicht eindeutig möglich. Solche Titel entsprechen in der Aufmachung und in einer Reihe von Merkmalen den Wochenzeitungen, aber preislich bilden sie eine Konkurrenz zu den entsprechenden Zeitschriften. Der Versuch, Publikumszeitschriften zu definieren und von anderen, eindeutig vergleichbaren

4.2 Mediagattung Zeitschriften

```
                           Zeitschriften
                                │
        ┌───────────────────────┼───────────────────────┐
Publikumszeitschriften    Fachzeitschriften    Kundenzeitschriften
        │
   ┌────┴────┐
General-Interest-  Special-Interest-
    Titel              Titel
```

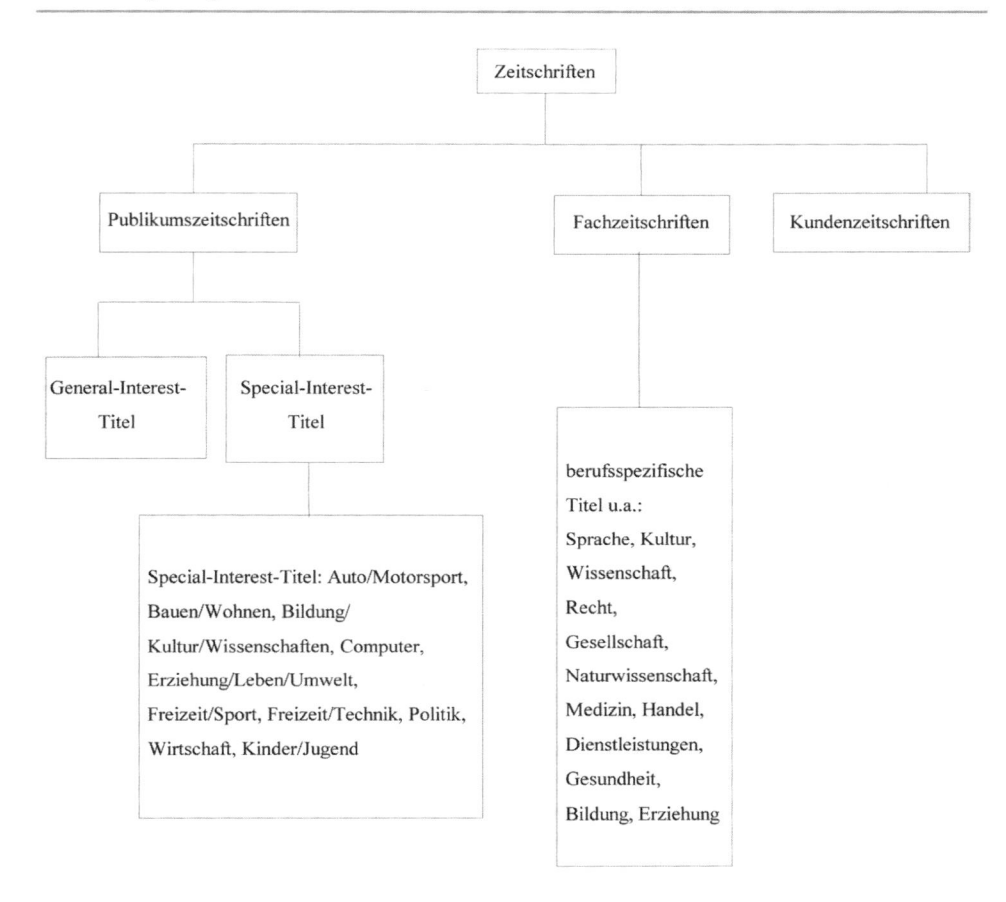

Special-Interest-Titel: Auto/Motorsport, Bauen/Wohnen, Bildung/Kultur/Wissenschaften, Computer, Erziehung/Leben/Umwelt, Freizeit/Sport, Freizeit/Technik, Politik, Wirtschaft, Kinder/Jugend

berufsspezifische Titel u.a.: Sprache, Kultur, Wissenschaft, Recht, Gesellschaft, Naturwissenschaft, Medizin, Handel, Dienstleistungen, Gesundheit, Bildung, Erziehung

Abb. 4.7 Klassifikation der Zeitschriften

Produkten abzugrenzen, muss aufgrund des besonders vielfältigen Angebots und dessen teilweise erhebliche Änderungen im Zeitverlauf scheitern.

War in den Jahr 1999 und 2000 noch eine stark positive Tendenz in der Entwicklung der Werbeumsätze festzustellen, sind die Folgejahre durch eine ebenso negative Entwicklung geprägt (vgl. Tab. 4.11). Gründe hierfür waren neben einer stärkeren Einbindung anderer Kommunikationsinstrumente in das Media-Mix der Agenturen und Werbungtreibenden auch die konjunkturelle Entwicklung in vielen Wirtschaftsbereichen, die offensichtlich den Bereich der Publikumszeitschriften in besonders starkem Maße getroffen hat.

4.2.3.1 Insertionsformen

Anzeigen können in den unterschiedlichsten Formaten und Variationen geschaltet werden, z. B. Hoch- oder Querformat, schwarzweiß oder mehrfarbig. Die Basisanzeige ist die 1/1 Seite schwarzweiß, entsprechende Bruchteile, wie z. B. 3/4 Seite, 1/4 Seite bis zur 1/64

Tab. 4.11 Nettowerbeumsätze Publikumszeitschriften. (ZAW, 2006, S. 271 und 2010, S. 281)

Publikums-zeitschriften	2003	2004	2005	2006	2007	2008	2009
Umsatz in Mio. Euro	1.862	1.839	1.791	1.856	1.822	1.693	1.409
Veränderung zum Vorjahr	-3,8 %	-1,2 %	-2,6 %	+3,6 %	-1,8 %	-7,1 %	-16,8 %

Seite sind möglich, aber auch mehrseitige Anzeigen. Neben den „klassischen" einseitigen bzw. doppelseitigen Anzeigen gibt es die verschiedensten Möglichkeiten der Kombination von Anzeigen. Eine Auswahl möglicher Anzeigenformate ist in Abb. 4.8 dargestellt.

Darüber hinaus können bei den Verlagen innerhalb der jeweiligen Zeitschriften verschiedene Platzierungen gebucht werden. So ist beispielsweise in einem Heft die erste, zweite oder dritte Umschlagseite buchbar. Des Weiteren können in einem Heft auch mehrere Anzeigen gebucht werden, die in einer ganz bestimmten Reihenfolge angeordnet werden. Dabei wird, über mehrere Schritte die Spannung aufbauend, zu einer Werbebotschaft hingeführt. Auch hier sind unterschiedliche Formate möglich. Wichtig ist, dass die Anzeigen im Heft dicht aufeinanderfolgen und jeweils auf den linken oder rechten Heftseiten platziert sind (vgl. Abb. 4.9).

Die von den meisten Zeitschriften angebotenen Sondermöglichkeiten werden nachfolgend dargestellt:

Ausschlagbare Seiten: in den Varianten links und/oder rechts ausschlagbar. Die ausschlagbaren Seiten sind auf der Vorder- und Rückseite zu gestalten, so dass beispielsweise die Belegung einer Doppelseite, links und rechts ausschlagbar, insgesamt sechs gestaltbare Anzeigenseiten liefert. Die ausschlagbaren Seiten müssen zudem nicht ganzseitig sein. Es kann die Werbebotschaft so gestaltet werden, dass durch Auf- und Zuklappen jeweils ein eigenständiges Anzeigenmotiv entsteht (vgl. Abb. 4.10).

Sonderformate: sind Anzeigen, die nicht den anzeigentariflichen Formattabellen zu entnehmen sind, wie z. B. Inselanzeigen, Treppe oder Diagonal-Treppe (vgl. Abb. 4.11). *Beihefter:* sind Drucksachen/Prospekte, die fest mit der Zeitschrift verbunden sind (vgl. *Postkarten-Beihefter:* werden in Verbindung mit Anzeigen mitgeheftet. Bei mehreren Postkarten sind Partner-Kombinationen (mehrere Werbungtreibende) möglich. Dies ist besonders für Handelsanzeigen mit Beteiligten verschiedener Branchen, die also nicht direkt konkurrieren, interessant. *Beilagen:* sind den Zeitschriften lose beigelegte Blätter, Karten oder Prospekte, die regional aufteilbar (im Branchenslang als „splitbar" bezeichnet) sind. *Beikleber:* sind auf Trägeranzeigen beigeklebte Postkarten, Broschüren, Briefumschläge mit Inhalt und andere Drucksachen. Der Beikleber kann mühelos abgelöst und genutzt *Sonderfarben:* Neben dem üblichen Vierfarbendruck besteht die Möglichkeit, bei entsprechend höheren Kosten Sonderfarben einzusetzen. Bestimmte Farbtöne (z. B. Orange), Metall- oder Leuchtfarben sind aus dem Vierfarbdruck nur schwer oder gar

4.2 Mediagattung Zeitschriften

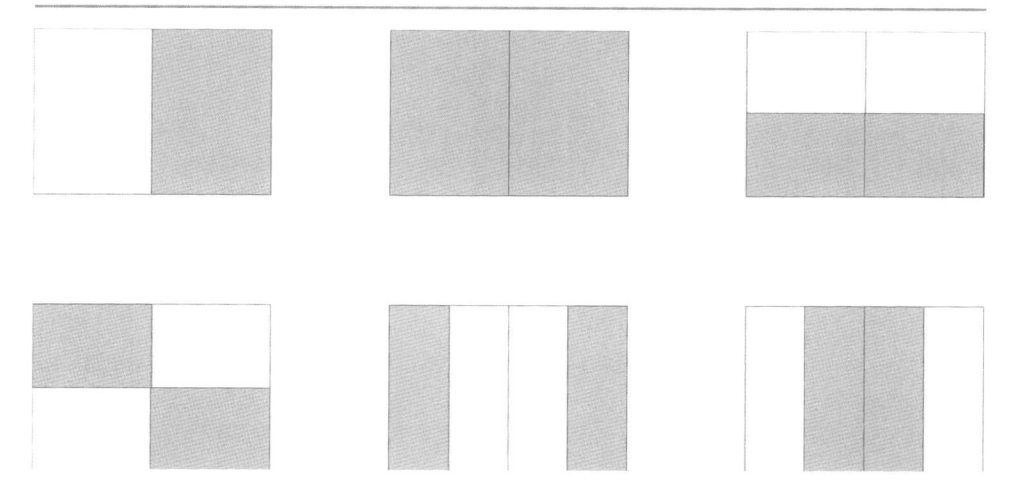

Abb. 4.8 Alternative Anzeigenformate

Abb. 4.9 Anzeigenfolge in einer Zeitschrift (unterschiedliche Formate) Endformate

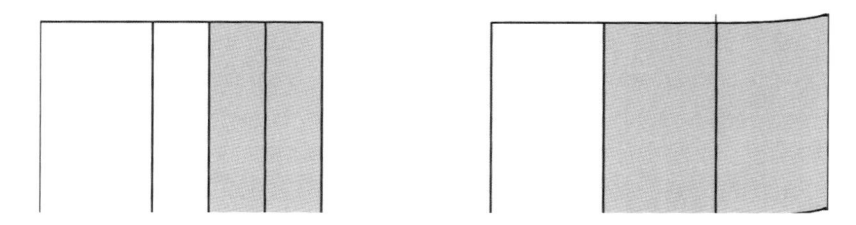

Abb. 4.10 Anzeige mit ausschlagbarer Seite

Abb. 4.11 Sonderformate

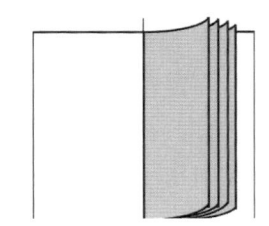

Abb. 4.12 Beihefter

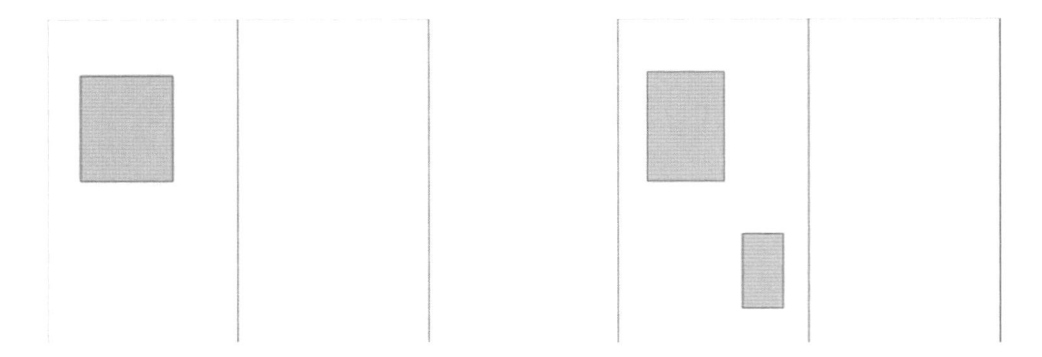

Abb. 4.13 Anzeige mit Postkarte/Briefumschlag

nicht zu erzielen. Wenn eine solche Farbe wichtig ist, empfiehlt sich diese als Zusatzfarbe. *Warenproben:* sind auf Trägeranzeigen aufgeklebte „Gegenstände". Viele Produktproben eignen sich dazu, in Zeitschriften eingearbeitet zu werden. Als Warenproben können beispielsweise Parfüms, Haarspülungen, Stoffe, Cremes u.v.m. verwendet werden. Man kann Duftproben auch direkt auf die bedruckte Anzeige aufbringen. Durch leichtes Reiben mit den Fingerspitzen wird der Duft bemerkbar (Duftlack). *Prospektanzeigen:* Ein mehrseitiger Prospekt wird in Verbindung mit einer Trägeranzeige beigeheftet.

Anzeigensplitt: bezeichnet als regionaler Split die Belegung einer Zeitschrift, bei der in verschiedenen Teilausgaben unterschiedliche Anzeigenmotive geschaltet werden. Diese Vorgehensweise ist national bei regionalen werblich unterstützten Testmärkten denkbar oder bei internationalen Zeitschriften z. B., innerhalb Europas, in verschiedenen Länderausgaben. Außerdem kennen wir den mechanischen Split, bei dem in einer Ausgabe unterschiedliche Motive eines Auftraggebers dargestellt werden, sowie den Partner-Split, bei dem mehrere Anzeigen mehrerer Partner über die gesamte Auflage verbreitet werden.

Teilbelegung: sind Belegungen eines Teils der Gesamtauflage einer Zeitschrift, bei nationalen Titeln z. B. nach Nielsengebieten oder nach einzelnen Bundesländern, bei internationalen Zeitschriften nach Länderausgaben, wie z. B. Österreich oder Schweiz.

4.2.3.2 Mediadaten

Verfügbarkeit des Mediums

Der Werbewirtschaft steht heute eine Vielzahl unterschiedlichster Titel von Publikumszeitschriften zur Verfügung. Die Zahl der Publikumszeitschriften beläuft sich der Deutschen Fachpresse zufolge auf über 3.500 Titel, die der IVW-geprüften Titel lag Ende 2009 auf 877 Publikumszeitschriften an. Begründet ist dieser Zuwachs insbesondere durch die Neuerscheinungen auf dem deutschen Zeitschriftenmarkt, die an neuen Interessensgebieten ausgerichtet sind (Computer, Freizeit, Gesundheit). 2001 wurde ein zeitweiliger Tiefststand erreicht (817), seitdem steigt die Anzahl der Publikumszeitschriften wieder an, bis auf den derzeitigen Stand von 877 IVW-kontrollierte Titel in 2009, Bei dieser Betrachtung darf nicht übersehen werden, dass ein Höchststand im Sommer 2007 mit 910 Titeln erreichte worden war. Abbildung 4.14 zeigt die zahlenmäßige Entwicklung der Titel von 2000 bis 2009.

Ein Teil der in der Bevölkerung verbreiteten Auflage wird bestimmten Nutzerkreisen aus verschiedenen Gründen kostenlos zur Verfügung gestellt. Daher weichen verbreitete und verkaufte Auflage voneinander ab.

Abbildung 4.15 stellt die zeitliche Entwicklung der verkauften und verbreiteten Auflage im Zeitverlauf von 2004 bis 2009, jeweils bezogen auf das IV Quartal dar.

Der Rückgang beider Auflagenwerte ist nicht dramatisch, was aber auffällt, ist die Kontinuität des Rückganges, der sich über einen Zeitraum von fünf Jahren dann doch als erheblich herausstellt.

Steuerbarkeit des Mediums

Die Nutzer von Publikumszeitschriften lassen sich nach soziodemographischen und psychographischen Merkmalen einteilen. Dieser wesentliche Vorteil kann in der Werbung genutzt werden, um einerseits die breite Bevölkerung anzusprechen und andererseits eine zielgruppenspezifische Ansprache zu erreichen. Aufgrund des vielfältigen Zeitschriftenangebotes läßt sich der Werbeeinsatz zeitlich ebenfalls gut steuern. Publikumszeitschriften können überregional, regional oder lokal belegt werden, allerdings sind Teilbelegungen in Zeitschriften relativ teuer.

Leistung/Reichweitendaten

Die Media-Analyse umfasst seit 2005 bis heue rund 180 verschiedene Publikumszeitschriften. Diese Titel erzielen eine Reichweite von rund 96 % in der Gesamtbevölkerung. Betrachtet man die Aktuellen Illustrierten (10 Titel), beträgt die Reichweite über 45 %, bei Programmzeitschriften (15 Titel) 65 % und bei wöchentlichen Frauenzeitschriften (rund 20 Titel) rund 30 Titel %. Diese Daten beziehen sich auf die einmalige Belegung eines Titels und dienen lediglich der Vergleichsmöglichkeit mit den später noch zu behandelnden Werbeträgern. In der Praxis ist die einmalige Belegung einer Zeitschrift jedoch unrealistisch. Vielmehr erfolgen mehrere Werbeeinschaltungen, die zu kumulierten Reichweitendaten führen. Aufgrund der Vielfalt der Zeitschriften ergibt sich nach zwölf Anzeigen pro

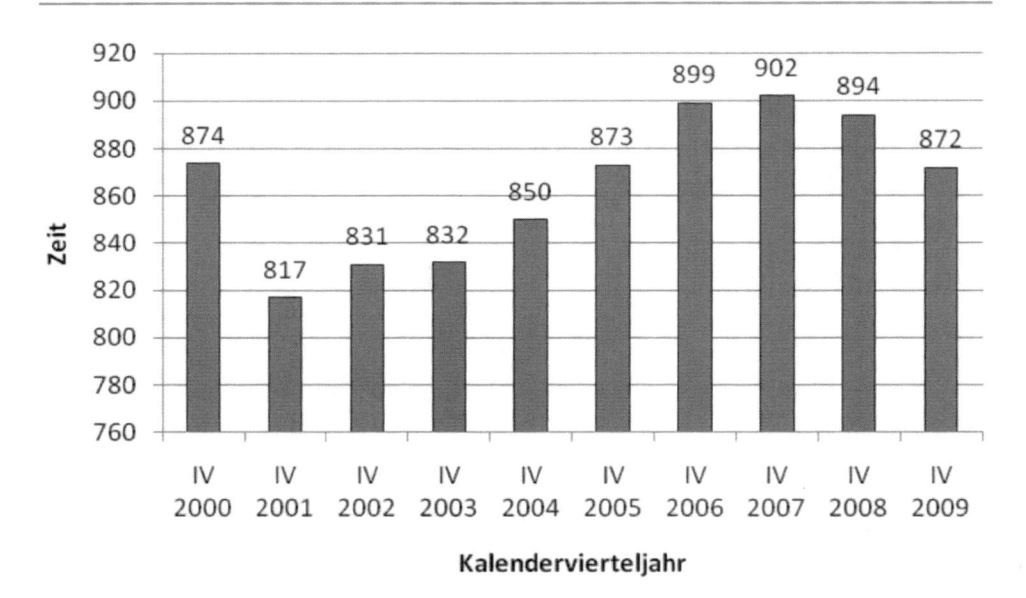

Abb. 4.14 Entwicklung der IVW-Publikumszeitschriften 2000 bis 2009 (IV. Quartal). (ZAW, 2010, S. 288)

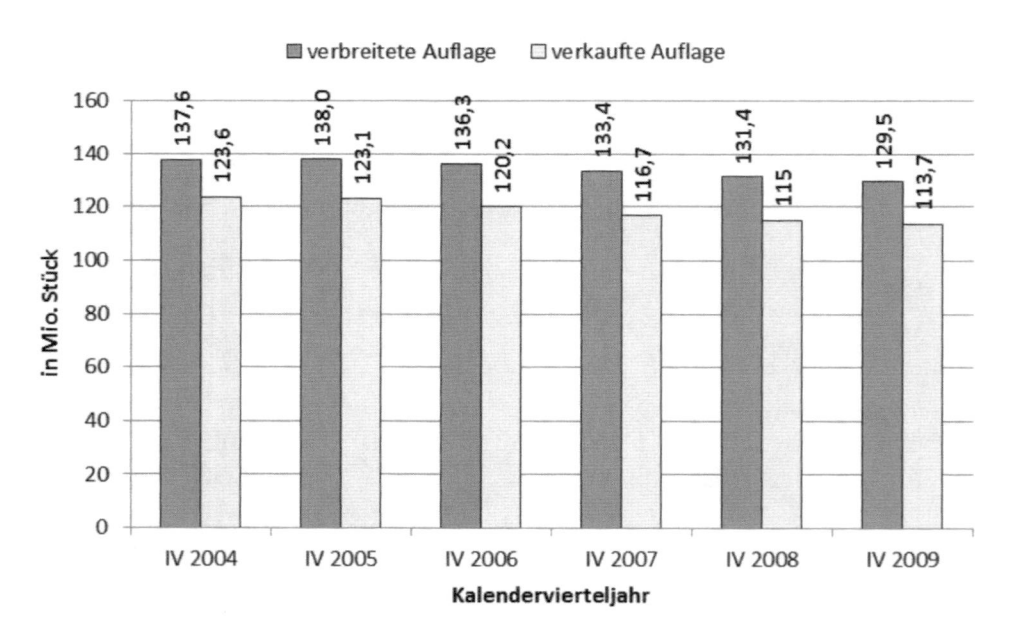

Abb. 4.15 Entwicklung der verkauften und verbreiteten Auflage bei Publikumszeitschriften 2004 bis 2009 (IV Quartal). (ZAW, 2010, S. 288, 299)

Titel ein Reichweitenanstieg zwischen 12 % und knapp 200 % je nach Zeitschriftengruppe. Es ist darauf hinzuweisen, dass es sich hierbei nur um eine grobe allgemeingültige Aussage handeln kann. Da die Daten sehr unterschiedlich sind, bedarf es einer Analyse einzelner im Einzelfall in Betracht kommenden Werbeträger. Es sei darauf hingewiesen, dass obige Prozentsätze mehr als 100 % ergeben, weil einzelne Personen nicht nur Aktuell Illustrierte oder nur Programmzeitschriften nutzen, sondern oft beides gemeinsam.

Anzeigenwerbung in Publikumszeitschriften baut also erreichbare Reichweiten über einen bestimmten Zeitraum auf. Naturgemäß sind hierbei die Vierwochentitel gegenüber den vierzehntägig oder wöchentlich erscheinenden Titeln im Nachteil. Aber auch wöchentlich erscheinende Titel werden nicht von allen Personen am ersten Verkaufstag gekauft und schon gar nicht sofort durchgelesen. Die Folge ist, dass selbst nach einer Woche noch nicht alle Personen erreicht worden sind. Regelmäßig genutzte Zeitschriften erzielen bereits bei der ersten Belegung hohe Reichweiten, der Reichweitenanstieg fällt daher bei zusätzlicher Belegung gering aus. Bei unregelmäßig genutzten Zeitschriften verhält es sich umgekehrt, der Reichweitenanstieg ist bei Mehrfachbelegung aufgrund immer neuer Leser relativ hoch.

Für die Mediaplanung steht neben der Basiswährung dem „Leser pro Ausgabe" (LpA)[9] seit Mitte der neunziger Jahre eine weitere Leistungsgröße zur Verfügung: der „Leser pro werbeführender Seite" (LpwS). Dieser Wert gibt an, wie hoch die Werbemittelkontaktchance ist, d. h., wie viele Leser die werbeführende Seite eines bestimmten Titels im Durchschnitt sehen. Als werbungführende Seiten gelten alle Seiten mit mindestens 25 % Anzeigenanteil, der redaktionelle Teil kann also bis zu 75 % betragen.

Nutzungskriterien/Wirkung

Publikumszeitschriften werden zu Hause genutzt, also in der Freizeit, aber auch im Verkehrsmittel, am Arbeitsplatz, im Wartezimmer oder im Urlaub. Die Nutzung von Zeitschriften liegt vollständig im Ermessen der Leser. Ort, Dauer und Zeitpunkt der Zeitschriftennutzung sind frei wählbar. Die Zeitschrift kann über einen längeren Zeitraum genutzt werden, abhängig ist dies im wesentlichen vom Erscheinungsintervall. Dies hat zum Ergebnis, dass der tatsächliche Kontakt mit der Anzeige wiederholt stattfinden kann. Beispielhaft sei hier die Programmzeitschrift genannt, die im günstigsten Fall eine Woche vor ihrer „Gültigkeit" gekauft und während ihrer gesamten „Gültigkeit" mehrfach durchgesehen wird. Es besteht somit die Wahrscheinlichkeit, dass der Leser ein und dieselbe Anzeige mehrmals wahrnimmt. Der Nutzer beschäftigt sich mit der von ihm gelesenen Zeitschrift in der Regel sehr bewusst und intensiv. Die Hinwendung zum Medium wird dabei kaum durch Nebenbeschäftigungen gestört. Appel, Weinstein et al. (1979) bzw. Appel, Weinstein et. al. (1980) sind der Meinung, dass die Hirnaktivität bei der Nutzung von Zeitschriften im Vergleich zu der Nutzung elektronischer Medien höher ist. Damit ist

---

[9] LpA: bezeichnet die Leserschaft einer durchschnittlichen Ausgabe einer Zeitschrift und errechnet sich aus der Nutzungswahrscheinlichkeit und der Leser pro Nummer

auch die Lernleistung bei Zeitschriften höher. Je intensiver die gedanklichen Aktivitäten stattfinden, desto bessere Erinnerungsleistung

Bei der Gestaltung von Anzeigen ist davon auszugehen, dass die Betrachtungszeit relativ kurz ist und im Durchschnitt 2 bis 5 Sekunden beträgt (vgl. Kroeber-Riel und Weinberg, 2003, S. 227 ff.). Relativiert wird dies jedoch dadurch, dass es sich hier um einen Durchschnittswert handelt. Entscheidend ist nicht, wie lange die Gesamtnutzerschaft einer Zeitschrift eine betreffende Anzeige im Durchschnitt betrachtet, sondern wie lange die Personen der Zielgruppe sich einer bestimmten Anzeige zuwenden.

Trotz dieses Einwandes sollten wir generell von einer eher kurzen Betrachtungszeit ausgehen. Der Mensch kann pro Sekunde nur etwa vier Informationseinheiten verarbeiten, womit deutlich wird, dass in vielen Fällen nur wenige Informationen durch eine Anzeige zu vermitteln sind. Bei der Gestaltung von Anzeigen ist daher wichtig, dass sie auf den ersten Blick in kurzer Zeit verständlich die zentrale Botschaft vermitteln und Interesse bei der Zielgruppe wecken. Wird dies erreicht, dann besteht eine gute Chance, bei einem Wiederholungskontakt zu einer intensiveren Hinwendung zu motivieren. Weiterhin besteht die Möglichkeit, dass auch eine längere Copy wenigstens teilweise gelesen und verarbeitet wird. Dies wird unterstützt, indem beispielsweise bereits in der Headline die persönliche Ansprache der Zielgruppe bzw. die Ansprache der interessierenden Themen erfolgt. Es zeigt sich, dass die Anzeige tatsächlich das einzige Medium in der Werbung ist, durch das sich auch umfangreiche Botschaften vermitteln lassen. Dennoch gilt:

Bei der Gestaltung von Anzeigen sollte Augenmerk darauf gelegt werden, dass zentraler Inhalt die einfache und schnell zu verarbeitende Botschaft ist. Darüber hinausgehende Informationen können einem späteren wiederholten Kontakt gewidmet sein.

Publikumszeitschriften haben den wesentlichen Vorteil, dass sehr genau ermittelt werden kann, welche Personen welche Zeitschriften nutzen. Somit besteht die Möglichkeit, sowohl eine zielgruppenspezifische als auch eine nahezu alle Bevölkerungsgruppen ansprechende Werbung durchzuführen. Die Personen werden dabei nach soziodemographischen Merkmalen wie Alter, Einkommen, Geschlecht, Beruf, Ausbildung usw. beschrieben. Kein anderes Medium der Massenkommunikation bietet eine vergleichbare Vielfalt und Genauigkeit in der Zielgruppenselektion aufgrund soziodemographischer Kriterien. Der Werbung Treibende kann sehr genau prüfen, ob die Leserschaft einer Publikumszeitschrift hinsichtlich soziodemographischer Merkmale mit seiner Zielgruppe übereinstimmt.

Neben der an soziodemographischen Merkmalen orientierten (quantitativen) Zielgruppensegmentierung besteht außerdem eine wichtige Segmentierungsmöglichkeit nach psychographischen Merkmalen wie Interessen, Bedürfnissen und Lebensstilen (qualitative Zielgruppensegmentierung).

Die Nutzerschaft einer Zeitschrift ist in besonderem Maße durch bestimmte Interessen gekennzeichnet, so dass sich auch zielgruppenspezifische Wünsche in der Wahl der Zeitschriften berücksichtigen lassen. Hierzu gibt es eine Reihe von Untersuchungen, die auf recht verlässlicher Basis Auskunft darüber geben, welche Personen (beschrieben nach soziodemographischen Merkmalen) welche Konsumwünsche haben. Ein Beispiel ist die „Typologie der Wünsche" von Burda. Die Kombination dieser beiden Untersuchungen

4.2 Mediagattung Zeitschriften

(Media-Analysen und Analysen von Konsumwünschen) liefert in der Mediaplanung Erkenntnisse darüber, welche Zeitschriften sich in besonderem Maße für die Werbung bestimmter Produkte eignen. Eine vergleichbar genaue Zuordnung der Zielgruppen, bezogen auf einzelne Titel, ist bei Tageszeitungen, Außenwerbung oder Funk und Fernsehen nicht möglich. Damit besteht bei der Werbung in Publikumszeitschriften in erheblichem Maße die Möglichkeit, Streuverluste zu vermeiden.

Im Folgenden werden Beispiele über die mögliche Leserschaftsstruktur ausgewählter Titel verschiedener Zeitschriftengattungen in der Media-Analyse gezeigt. Basis ist dabei die deutsche Wohnbevölkerung ab 14 Jahre in der BRD. Der Nutzungsindex der ausgewählten Bevölkerungsgruppen errechnet sich nach der Formel:

$$\frac{\text{Segmentreichweite}}{\text{Gesamtreichweite}}$$

Die Segmentreichweite umfasst dabei den Anteil der Nutzerschaft des Mediums innerhalb einer nach bestimmten Kriterien (z. B. Haushaltsnettoeinkommen) beschreibbaren Teilgesamtheit innerhalb der insgesamt von der ma erfassten Bevölkerung. Die Gesamtnutzerschaft wird immer mit Index 100 angesetzt, der Nutzungsindex wird als Affinität bezeichnet.

Beispiel

$$\frac{\text{Nutzerschaft 14}-19\text{-Jährige}}{\text{Gesamtnutzerschaft}} = \frac{11{,}5\ \%\ \text{Reichweite}}{17{,}7\ \%\ \text{Reichweite}} = \text{Nutzungsindex 65}$$

Bei einer vergleichenden Gegenüberstellung zweier Titel der Programmzeitschriftengruppe wird ersichtlich, dass es bereits innerhalb einer Gruppe erhebliche Unterschiede in der Nutzerschaft gibt.

Deutlich wird dies im ausgewählten Beispiel besonders an den Kriterien Alter und Tätigkeit. Während „Hörzu" besonders die höhere Altersgruppe sowie die nicht Berufstätigen und Rentner erreicht, sind bei der Zeitschrift „TV Spielfilm" die jüngere bis mittlere Altersgruppe sowie die in Ausbildung befindlichen Personen und Berufstätigen Kernnutzer. Ähnliche Unterschiede sind auch bei den hier gewählten Titeln von Frauenzeitschriften erkennbar. Die Nutzerschaft unterscheidet sich nicht nur im Alter und dem Kriterium der Tätigkeit, sondern auch beim Haushaltsnettoeinkommen. Während die „Freizeit-Revue" besonders die unteren Einkommensgruppen anspricht, sind dies bei der „Freundin" die oberen. Abschließend ist die Nutzerschaft an zwei weiteren Zeitschriftengruppen beispielhaft dargestellt. Aus der Gruppe der Aktuellen Illustrierten/Magazine zum Zeitgeschehen wurde die Zeitschrift „Stern", aus der Gruppe der Motorpresse die „Auto Bild" gewählt. Die Kernnutzerschaft des „Stern" setzt sich insbesondere aus der mittleren Altersgruppe zusammen. Vor allem berufstätige Personen mit einem hohen Einkommen und einer hohen Bildung werden gut erreicht. Die Zeitschrift „Auto Bild" wird insbesondere von Männern genutzt. Die Hauptnutzer gehören weiter der jüngeren Altersgruppe sowie den Gutverdienenden an und sind überwiegend berufstätig.

Die gezeigten Beispiele geben einen Einblick in die Verschiedenheit der Nutzerschaft von Zeitschriften (vgl. Abb. 4.16). Es wird sofort ersichtlich, dass die Nutzerschaft mit zunehmendem Alter steigt, daher sind auch Rentner und Pensionäre sehr stark enthalten. In der Einkommensstruktur der Nutzerschaft fällt auf, dass die höheren Einkommen etwas stärker vertreten sind, ebenso Einwohner in Großstädten. Die Ausschläge bei der Ausbildung sind nicht sehr stark.

Wir finden eine offensichtlich Alternative zur Programmzeitschrift A (vgl. Abb. 4.17), hier sind die jüngeren Personen deutlich stärker vertreten, Rentner und Pensionäre spielen praktisch keine Rolle, hinsichtlich der Einkommensstruktur zeigt sich ein ähnliches Bild, wie bei A, auch hier sind die höheren Einkommen deutlich stärker vertreten. Im Merkmal Ausbildung finden sich deutlich höhere Anteile für höhere Bildung. Wir finden eine etwas stärkere Nutzung durch Männer, als bei Typ A.

Es ist klar, dass bei einer Frauenzeitschrift der Anteil der Frauen höher ist, als der der Männer, dennoch ist ein nicht unerheblicher Anteil der Nutzer männlich (vgl. Abb. 4.18). Diese Frauenzeitschrift hat eine überdurchschnittlich alte Nutzerstruktur; sie wird eher von Personen mit geringerem Einkommen und unterdurchschnittlicher Formalbildung genutzt.

Bei der Frauenzeitschrift B (vgl. Abb. 4.19) ist der Anteil der (vermutlich) „mit"-lesenden Männer sehr gering. Diese Frauenzeitschrift weist eine wesentlich jüngere Nutzerstruktur auf, die Nutzerinnen sind überwiegend nicht berufstätig, bei dennoch überdurchschnittlich hohem Haushaltseinkommen und höherer Formalbildung. Ganz offensichtlich handelt es sich um die typische Zielgruppe: weiblich, haushaltsführend, nicht berufstätig. Nach Hochschulabschluss oder Abitur folgte die Phase der Familiengründung mit Kindern, ein beruflicher Wiedereinstieg ist (noch) nicht erfolgt. Die Nutzerschaft dieser Zeitschrift gibt also das Klischee der „Normalfamilie" wider.

Preise/Tarife

Ausgangspunkt für die Preisberechnung für Anzeigen in Zeitschriften ist grundsätzlich die 1/1 Seite schwarzweiß. Die Preise für kleinere Anzeigen entsprechen entweder genau dem Bruchteil des 1/1 Seitenpreises oder sind teurer (verlagsabhängig). Für farbige Anzeigen sind Mindestformate festgelegt. Hier wird entweder ein Farbgrundpreis in der Preisliste angegeben oder zum Schwarzweiß-Preis ein Farbaufschlag erhoben (= Prozentwert vom Schwarzweiß-Preis oder als absoluter Betrag in der Preisliste zu finden). Aufgrund des vielfältigen Angebots an Zeitschriften sind generelle Aussagen zu den Kosten kaum möglich. Für ganzseitige (sogenannte 1/1) Vierfarb-Anzeigen ergeben sich Preise von 48.158 für HörZu, (identisch für schwarzweiß) 77.11 für Bild am Sonntag (identisch für schwarzweiß) und 102.800 EUR für ADAC motorwelt. Das ist damit derzeit der höchste Anzeigenpreis für eine solche Anzeige. Die vergleichbare Vierfarb-Anzeige in AutoBild kostet 39.400. Eine Anzeige im Spiegel kostet 58.973. Schwarzweiß-Anzeigen kosten etwa 85 % der Vierfarb-Anzeigen. Diese Angaben beziehen sich auf nationale Belegungen,

4.2 Mediagattung Zeitschriften   213

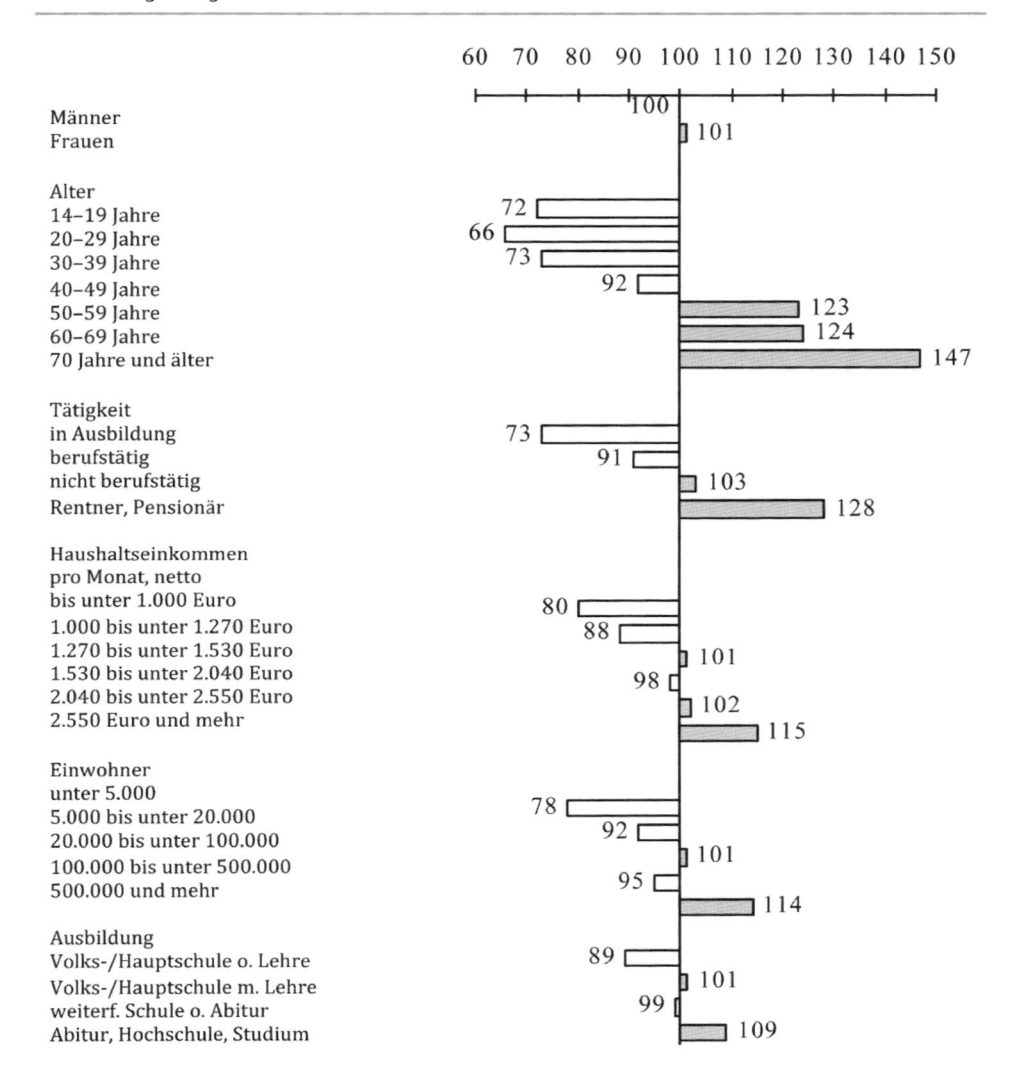

	60	70	80	90	100	110	120	130	140	150
Männer					100					
Frauen					101					
Alter										
14–19 Jahre		72								
20–29 Jahre	66									
30–39 Jahre		73								
40–49 Jahre				92						
50–59 Jahre							123			
60–69 Jahre							124			
70 Jahre und älter									147	
Tätigkeit										
in Ausbildung		73								
berufstätig				91						
nicht berufstätig					103					
Rentner, Pensionär							128			
Haushaltseinkommen pro Monat, netto										
bis unter 1.000 Euro			80							
1.000 bis unter 1.270 Euro			88							
1.270 bis unter 1.530 Euro					101					
1.530 bis unter 2.040 Euro				98						
2.040 bis unter 2.550 Euro					102					
2.550 Euro und mehr						115				
Einwohner										
unter 5.000			78							
5.000 bis unter 20.000				92						
20.000 bis unter 100.000					101					
100.000 bis unter 500.000				95						
500.000 und mehr						114				
Ausbildung										
Volks-/Hauptschule o. Lehre				89						
Volks-/Hauptschule m. Lehre					101					
weiterf. Schule o. Abitur				99						
Abitur, Hochschule, Studium						109				

Abb. 4.16 Mediennutzerschaft einer Programmzeitschrift Typ A

Teilbelegungen sind entsprechend billiger. Diese Anzeigenpreise beziehen sich auf das Jahr 2011. Die Preise sollen eine Vorstellung de Kosen einer Anzeigenkampagne vermitteln. Aus den Preisen darf nicht geschlossen werden, dass beispielsweise eine Anzeige in ADAC motorwelt teurer sei als eine Anzeige in AutoBild. Der hohe Anzeigenpreis im ADAC motorwelt resultiert aus der sehr hohen verkauften Auflage. Die Beurteilung der

	60	70	80	90	100	110	120	130	140	150

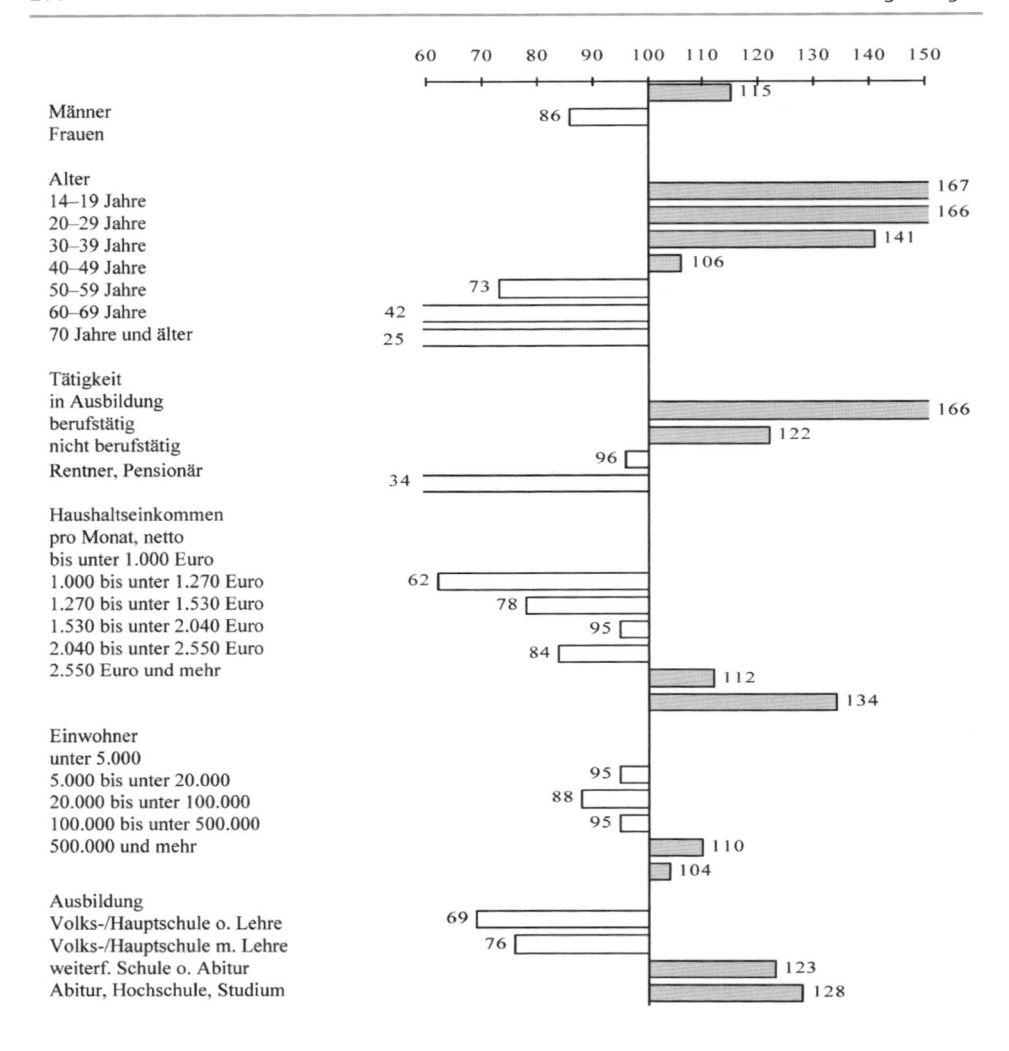

Männer: 115
Frauen: 86

Alter
14–19 Jahre: 167
20–29 Jahre: 166
30–39 Jahre: 141
40–49 Jahre: 106
50–59 Jahre: 73
60–69 Jahre: 42
70 Jahre und älter: 25

Tätigkeit
in Ausbildung: 166
berufstätig: 122
nicht berufstätig: 96
Rentner, Pensionär: 34

Haushaltseinkommen
pro Monat, netto
bis unter 1.000 Euro: 62
1.000 bis unter 1.270 Euro: 78
1.270 bis unter 1.530 Euro: 95
1.530 bis unter 2.040 Euro: 84
2.040 bis unter 2.550 Euro: 112
2.550 Euro und mehr: 134

Einwohner
unter 5.000: 95
5.000 bis unter 20.000: 88
20.000 bis unter 100.000: 95
100.000 bis unter 500.000: 110
500.000 und mehr: 104

Ausbildung
Volks-/Hauptschule o. Lehre: 69
Volks-/Hauptschule m. Lehre: 76
weiterf. Schule o. Abitur: 123
Abitur, Hochschule, Studium: 128

Abb. 4.17 Mediennutzerschaft einer Programmzeitschrift Typ B

Anzeigenpreise ergibt sich für das Werbung treibende Unternehmen alleine aus der Frage, wie viele Personen der eigenen Zielgruppe mit einer Anzeige erreicht werden. Ferner stellt sich immer die (selten empirisch abgesichert) zu beantwortende Frage, ob die Leseintensität der Nutzer von Heft zu Heft identisch ist. Lesen die vielen ADAC-Mitglieder, die das Heft zugeschickt bekommen, dieses mit der gleichen Intensität, wie die Käufer oder Abonnenten von AutoBild.

4.2 Mediagattung Zeitschriften 215

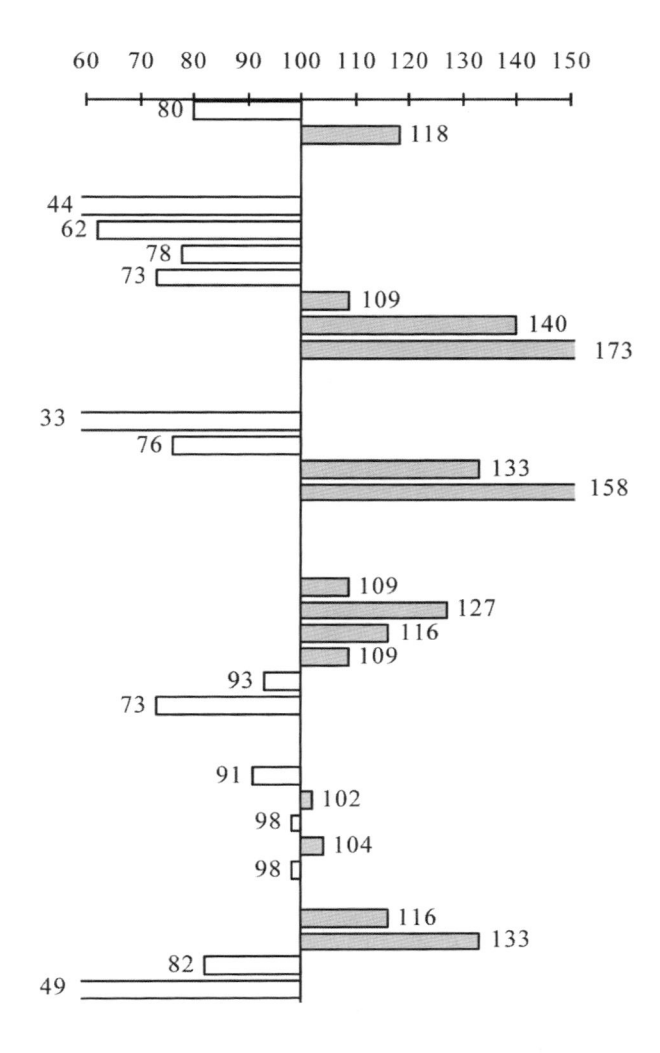

Abb. 4.18 Mediennutzerschaft Frauenzeitschrift Typ A

Aufgrund der weiter abnehmenden Preisdifferenz zwischen Vierfarb- und Schwarzweiß-Anzeigen werden von der Werbung treibenden Wirtschaft verstärkt Vierfarb-Anzeigen gebucht. Der Anteil ist zwischenzeitlich auf rund 60 % aller Anzeigen- und Beihefterseiten angewachsen. Einige Verlage (Springer) haben sogar identische Preise für Vierfarb- und Schwarzweiß-Anzeigen.

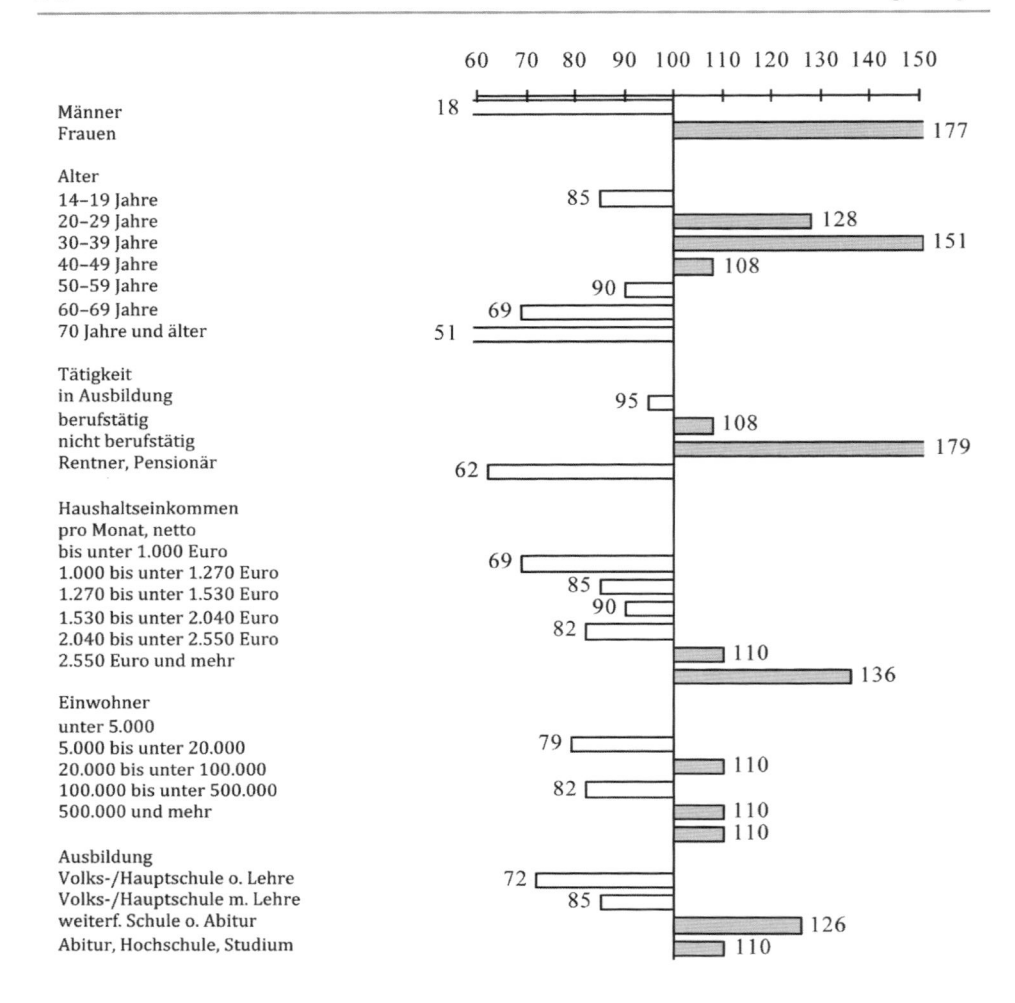

	60 70 80 90 100 110 120 130 140 150
Männer	18
Frauen	177
Alter	
14–19 Jahre	85
20–29 Jahre	128
30–39 Jahre	151
40–49 Jahre	108
50–59 Jahre	90
60–69 Jahre	69
70 Jahre und älter	51
Tätigkeit	
in Ausbildung	95
berufstätig	108
nicht berufstätig	179
Rentner, Pensionär	62
Haushaltseinkommen pro Monat, netto	
bis unter 1.000 Euro	69
1.000 bis unter 1.270 Euro	85
1.270 bis unter 1.530 Euro	90
1.530 bis unter 2.040 Euro	82
2.040 bis unter 2.550 Euro	110
2.550 Euro und mehr	136
Einwohner	
unter 5.000	79
5.000 bis unter 20.000	110
20.000 bis unter 100.000	82
100.000 bis unter 500.000	110
500.000 und mehr	110
Ausbildung	
Volks-/Hauptschule o. Lehre	72
Volks-/Hauptschule m. Lehre	85
weiterf. Schule o. Abitur	126
Abitur, Hochschule, Studium	110

Abb. 4.19 Mediennutzerschaft einer Frauenzeitschrift Typ B

Die Auflage einer Zeitschrift bildet grundsätzlich die Basis für die Preisgestaltung der Anzeigen. Um eine vergleichende Auflagenbewertung einzelner Titel durchführen zu können, bedient man sich des Tausenderpreises. Der Anzeigenpreis wird hier in Relation zum aktuellen Auflagenstand gesetzt. Der Tausenderpreis sagt in diesem Fall aus, wieviel die Werbung in 1.000 Exemplaren eines Titels kostet, und berechnet sich wie folgt:

$$\frac{\text{Anzeigenpreis} \times 1.000}{\text{Auflage}}$$

Bei der Auswahl des Zeitschriftentitels sollte nicht die Auflagenhöhe im Vordergrund stehen, sondern vielmehr die Nutzung der Zeitschrift durch die zu erreichende Zielgruppe.

4.2 Mediagattung Zeitschriften

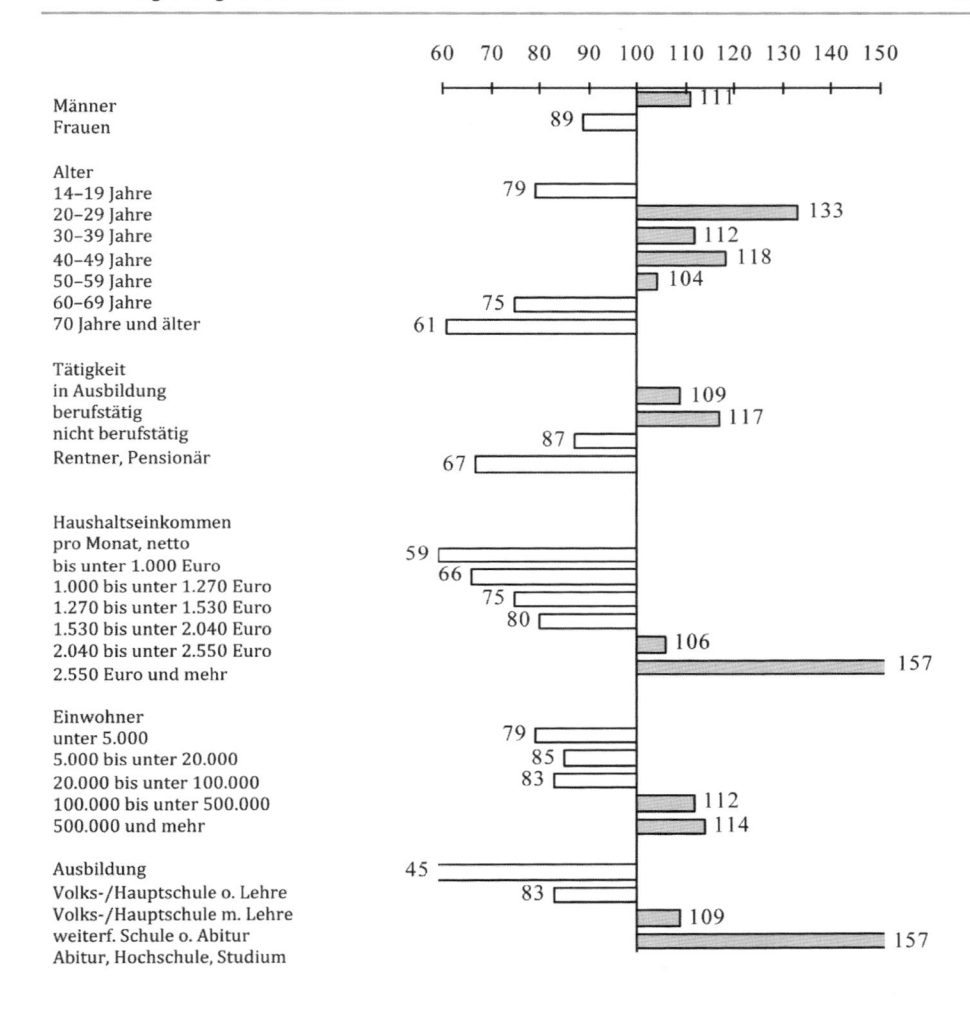

	60 70 80 90 100 110 120 130 140 150
Männer	111
Frauen	89

Alter	
14–19 Jahre	79
20–29 Jahre	133
30–39 Jahre	112
40–49 Jahre	118
50–59 Jahre	104
60–69 Jahre	75
70 Jahre und älter	61

Tätigkeit	
in Ausbildung	109
berufstätig	117
nicht berufstätig	87
Rentner, Pensionär	67

Haushaltseinkommen pro Monat, netto	
bis unter 1.000 Euro	59
1.000 bis unter 1.270 Euro	66
1.270 bis unter 1.530 Euro	75
1.530 bis unter 2.040 Euro	80
2.040 bis unter 2.550 Euro	106
2.550 Euro und mehr	157

Einwohner	
unter 5.000	79
5.000 bis unter 20.000	85
20.000 bis unter 100.000	83
100.000 bis unter 500.000	112
500.000 und mehr	114

Ausbildung	
Volks-/Hauptschule o. Lehre	45
Volks-/Hauptschule m. Lehre	83
weiterf. Schule o. Abitur	109
Abitur, Hochschule, Studium	157

Abb. 4.20 Mediennutzerschaft einer „Aktuellen Illustrierten" (Magazin)

Es kann somit auch die Auswahl auf auflagenschwächere Titel fallen. Eine weitere Möglichkeit, Kosten zu senken, sind die Schwarzweiß-Anzeigen mit Zusatzfarbe, deren Preise nur unwesentlich über denen der reinen Schwarzweiß-Anzeigen liegen. Manchmal lassen sich auch Titelkombinationen einzelner Verlage nutzen, durch die zusätzliche Rabatte möglich sind. Allerdings sollte auch hier bei der Titelauswahl nicht der Rabatt entscheidend sein, sondern vielmehr die Werbewirkung der einzelnen Zeitschrift.

Für den Vergleich mit anderen Werbeträgern spielt in der Mediaplanung der Tausendkontaktpreis (TKP) eine bedeutende Rolle. Er sagt aus, wieviel es kostet, 1.000 Kontakte mit dem betreffenden Mediaplan zu erzielen. Der durchschnittliche TKP für die Gesamtbevölkerung bei einseitigen Vierfarbanzeigen beträgt ca. 10 EUR.

	60	70	80	90	100	110	120	130	140	150

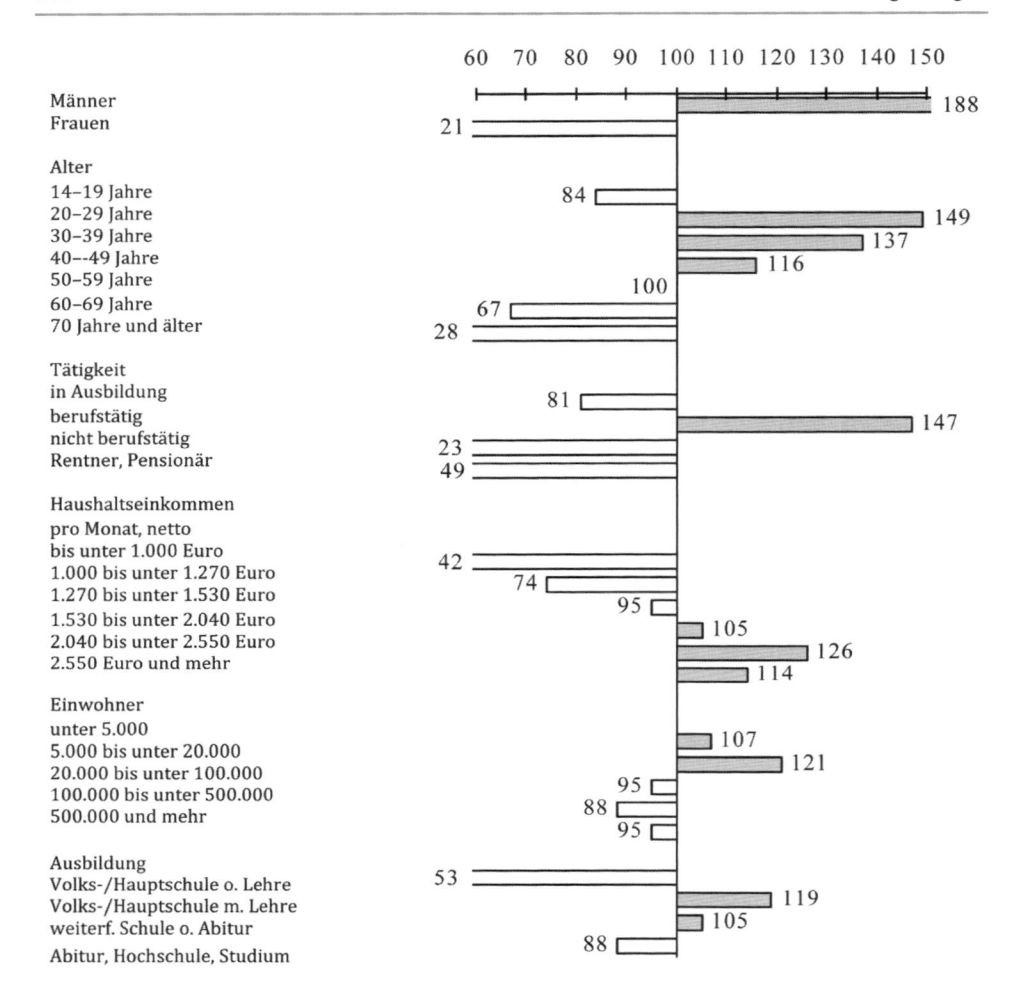

Männer — 188
Frauen — 21

Alter
14–19 Jahre — 84
20–29 Jahre — 149
30–39 Jahre — 137
40–49 Jahre — 116
50–59 Jahre — 100
60–69 Jahre — 67
70 Jahre und älter — 28

Tätigkeit
in Ausbildung — 81
berufstätig — 147
nicht berufstätig — 23
Rentner, Pensionär — 49

Haushaltseinkommen
pro Monat, netto
bis unter 1.000 Euro — 42
1.000 bis unter 1.270 Euro — 74
1.270 bis unter 1.530 Euro — 95
1.530 bis unter 2.040 Euro — 105
2.040 bis unter 2.550 Euro — 126
2.550 Euro und mehr — 114

Einwohner
unter 5.000 — 107
5.000 bis unter 20.000 — 121
20.000 bis unter 100.000 — 95
100.000 bis unter 500.000 — 88
500.000 und mehr — 95

Ausbildung
Volks-/Hauptschule o. Lehre — 53
Volks-/Hauptschule m. Lehre — 119
weiterf. Schule o. Abitur — 105
Abitur, Hochschule, Studium — 88

Abb. 4.21 Mediennutzerschaft einer Auto-Zeitschrift

4.2.4 Fachzeitschriften

Fachzeitschriften sind periodisch erscheinende Publikationen, die sich an bestimmte Berufsgruppen, bestimmte Funktionsträger oder anderweitig fachlich beschreibbare Zielgruppen wenden. Die Deutsche Fachpresse definiert den Begriff „Fachzeitschriften" wie folgt: „Fachzeitschriften sind periodisch erscheinende Publikationen, die mit der Absicht eines zeitlich unbegrenzten Erscheinens mindestens viermal jährlich herausgegeben

4.2 Mediagattung Zeitschriften

werden und sich vor allem mit beruflich relevanten Inhalten befassen. Unerheblich ist, ob diese Zeitschriften dabei unentgeltlich abgegeben werden oder nicht." (Vgl. ZAW, 2000, S. 233.)

Fachzeitschriften gehören neben wissenschaftlichen Zeitschriften zur Gattung der Fachpresse. Sie unterscheiden sich durch leichtere Verständlichkeit in ihrer inhaltlichen und gestalterischen Aufmachung von wissenschaftlichen Zeitschriften. Eine Abgrenzung zu Publikumszeitschriften ist nicht immer ganz einfach, da eine Reihe von Fachzeitschriften wie Publikumszeitschriften aufgemacht ist. Der Übergang ist, wie bereits erwähnt, mehr oder weniger fließend. Fachzeitschriften haben weniger Unterhaltungscharakter als Fachzeitschriften (Rogge, 2004, S. 194)

Die Fachverlage vollzogen hinsichtlich der Gestaltung ihrer Titel einige Veränderungen. Die Fachzeitschriften erhielten mehr Farbe, wurden mit Bildern und kürzeren Texten ausgestattet, und die Kommunikationsprofile der Titel wurden geschärft. Mit diesen Veränderungen verfolgt man das Ziel, dem Leser einen noch größeren Nutzwert zu bieten.

Bei der Betrachtung der Werbeumsatzerlöse lässt sich 2001 und 2001 ein erheblicher Einbruch verzeichnen, der vermutlich konjunkturell bedingt ist. Medizinische Fachzeitschriften haben einen Einbruch zu beklagen, weil die Branche einen großen Teil des Kommunikationsbudgets in Publikumswerbung überführt hat. Tabelle 4.12 stellt die Umsatzentwicklung der letzten vier Jahre dar.

Der deutliche Rückgang, nach einigen Jahren erkennbaren Wachstums, im Jahre 2009 um über 17 %t ist sicherlich konjunkturbedingt. Die dahinter sich verbergenden Gründe sind nachträglich nur hypothetisch zu ermitteln.

Eine Hypothese ist, dass der Werbung in Fachzeitschriften von den Werbung treibenden Unternehmen keine sehr große Bedeutung zugemessen wird. Man betreibt Werbung, wenn man glaubt, es sich leisten zu können, verzichtet aber auch schnell darauf, wenn Umsatzrückgänge das plausibel machen. Eine zweite Hypothese ist die Existenz einer Budgetierung in Prozent von realisierten oder zu erwartenden Umsätzen (diese Form der Budgetierung wird ausführlich bei Fuchs und Unger, 2007 kritisiert).

Zu Sicherung und zum Ausbau der Werbeleistung der Fachzeitschriften werden von der Deutschen Fachpresse große Anstrengungen unternommen. Zu erwähnen ist hier der Aufbau einer Internet-Mediadatenbank (www.fachpresse.de/media-info) zur Verbesserung der Transparenz. Die Datenbank liefert neben Daten zu den Verlagen und deren Produkten auch Leser- und Reichweitenanalysen. Die deutsche Fachpresse ist für die zukünftige Entwicklung optimistisch trotz des zunehmenden Wettbewerbsdrucks und der wachsenden Herausforderung durch die Weiterentwicklung technischer Kommunikationsmittel.

4.2.4.1 Insertionsformen

Die Insertionsformen in Fachzeitschriften entsprechen denen in Publikumszeitschriften. Daher sei an dieser Stelle auf Abschn. 4.2.3.1 verwiesen.

Tab. 4.12 Nettowerbeumsätze Fachzeitschriften. (vgl. ZAW, 2010, S. 293)

Fachzeitschriften	2006	2007	2008	2009
Umsatz in Mio. Euro	956,00,	1.016,0	1.031,00	852,00
Veränderung gegenüber Vorjahr	+ 6,0 %	+ 6,3 %	+ 1,5 %	- 17,4 %

4.2.4.2 Mediadaten

Verfügbarkeit des Mediums

Im Jahre 2009 wurden insgesamt 1180 Fachzeitschriften herausgegeben. Im letzten Quartal 2009 wurden insgesamt 12,30 Mio. Exemplare verkauft. Im Jahre 2005 gab es 1.081 Fachzeitschriften mit einer verkauften Auflage im letzten Quartal von 15,1 Mio. Exemplaren, die meisten Fachzeitschriften gab es 2008 mit 1.222 und einer Verkaufsauflage von 13,9 Mio. Exemplaren. Unabhängig von der Anzahl der Zeitschriften muss erkannt werden, dass die verkaufte Auflage seit 50 Jahren kontinuierlich rückläufig ist. Offensichtlich besteht das Geschäftsmodell aber eher in einer hohen verbreiteten Auflage, um über diesen Wert ein Anzeigengeschäft generieren zu können. Dafür spricht, dass die verbreitete Auflage um rund 80 % über der verkauften Auflage liegt. Bei wissenschaftlichen Titeln wird nur ein Drittel der Gesamtauflage im Durchschnitt kostenlos abgegeben, bei den nichtwissenschaftlichen Titeln dafür mehr als die Hälfte

Vergleicht man den Absatz mit den Zeitschriften hinsichtlich des Abonnementbezugs, so wird deutlich, dass die Fachpresse höhere Abonnementbezieher aufzuweisen hat als die Zeitschriften insgesamt. Der Einzelverkauf spielt bei der Fachpresse eine eher untergeordnete Rolle, bei den Zeitschriften insgesamt macht hingegen der Einzelverkauf rund 1/5 der Gesamtauflage aus

In Tab. 4.13 sind die Mediadaten der Pressestatistik 94 unter Berücksichtigung der Gliederung der Fach- und wissenschaftlichen Zeitschriften in sechs bzw. sieben Untergruppen gemäß der Arbeitsgemeinschaft Zeitschriftenverlage (AGZV) dargestellt.

Nach Abschaffung der amtlichen Pressestatistik werden nunmehr die Daten zur Fachpressestatistik über empirische Erhebungen in den Verlagen erhoben. Für den Bereich der Fachzeitschriften wurde dabei eine Zahl von 3.390 Titeln für 1998 ermittelt. Für diese Titel ergibt sich eine verbreitete Gesamtauflage von ca. 492 Mio. Exemplaren, davon rund 59 % oder 290 Mio. Exemplare als verkaufte Auflage.

Von den in der Pressestatistik 94 erfassten 1.837 Fachzeitschriftentitel wurden 963 IVW-geprüft. Die Anzahl der in 1994 der IVW gemeldeten Titel stieg bis Ende 1999 auf 1.089 an. Über die der IVW gemeldeten Titel liegen weiterhin detaillierte Informationen vor. Diese 1.089 Titel erreichten 1999 eine verkaufte Auflage von 17,2 Mio. Exemplaren Seit dem stagniert die Titelzahl praktisch, in 2002 sind 1.088 Titel gemeldet, mit einer verkauften Auflage von 17,1 Mio. Exemplaren. Von der verkauften Auflage wurden 12,82

Tab. 4.13 Mediadaten Fachzeitschriften der Pressestatistik 94. (vgl. Börsenverein des Deutschen Buchhandels e.V. 1996, S. 20)

	Zahl der Zeitschriftentitel	verbreitete Auflage[10]	verkaufte Auflage	unentgeltliche Verbreitung
Wissenschaftliche Zeitschriften	**1.752**	**11.874**	**8.131**	**3.743**
Sprach- und Kulturwissenschaften	128	303	273	30
Recht, Wirtschaft, Gesellschaft	556	4.350	3.517	833
Mathematik u. Naturwissenschaft	257	924	757	167
Medizin	510	4.069	2.192	1.876
Agrar-, Forst-, Ernährungs-wissenschaften	82	528	449	79
Ingenieurwissenschaften	219	1.701	943	757
Fachzeitschriften	**1.837**	**76.733**	**29.586**	**47.147**
Landwirt., Ernährung, Gartenbau	150	3.030	2.535	495
Industrie und Handwerk	528	10.325	4.105	6.220
Handel und Dienstleistungen	534	10.878	7.116	3.762
Öffentliche Verwaltung	118	4.064	2.158	1.906
Gesundheitswesen	176	44.167	10.853	33.314
Bildung und Erziehung	317	3.995	2.612	1.383
Sonstige	14	275	208	67
Fachpresse gesamt	**3.589**	**88.607**	**37.717**	**50.890**

Mio. im Abonnement (1999 13,47), 0,31 Mio. im Einzelverkauf (1999 0,40 Mio.) und 3,95 Mio. im Sonstigen Verkauf (1999 3,37 Mio.) abgesetzt.

Neuere Statistiken liegen nicht vor. Die Fachpresse-Statistik 2.000 geht von ca. 3.590 Titeln aus, die Gesamtauflage über das Jahr 2000 beläuft sich auf rund 500 Mio. Exemplaren, wovon rund 290 Mio. Exemplare als verkaufte Auflage gelten können, was rund 57 % der Gesamtauflage ausmacht. Der Markt für Fachzeitschriften erscheint extrem unübersichtlich. Für die einzelne Branche sind die Gesamtzahlen allerdings nicht relevant. In jeder einzelnen Branche sind die relevanten Titel und deren Auflagen relativ gut bekannt.

---

[10] Summe aller verkauften und unentgeltlich vertriebenen Exemplare einer Zeitung oder Zeitschrift = tatsächlich verbreitete Auflage tvA.

Es gibt eine große Anzahl einzelner Erhebungen, beispielsweise wurden die Fachzeitschriften und ihr Werbeumsatz erfasst, es ergab sich für die zehn bedeutendsten Werbeträger im Fachzeitschriftenmarkt folgendes Bild (Quelle: Die 200 größten deutschen Fachzeitschriften, HORIZONT, Heft 22/2008):
- Deutsches Ärzteblatt, Deutscher Ärzte-Verlag (Gesellschafter: BÄK, KBV): 50,7
- Lebensmittel Zeitung, Deutscher Fachverlag: 39,2
- TextilWirtschaft, Deutscher Fachverlag: 23,3
- Werben und Verkaufen, Europa Fachpresse Verlag (Tochtergesellschaft von Süddeutscher Verlag): 19,9
- Ärzte-Zeitung, Ärzte Zeitung Verlag (Springer Science+Business Media): 18,7
- Computerwoche, IDG Communications Media: 17,8
- Maschinenmarkt, Vogel Business Media: 14,7
- HORIZONT, Deutscher Fachverlag: 14,1
- Computer Reseller News, CMP-WEKA (50/50-Gemeinschaftsunternehmen von WEKA und UBM): 12,6
- DVZ Deutsche Logistik-Zeitung, DVV Media Group: 11,8

Die Anzahl der IVW-gemeldeten Fachzeitschriften ist in den letzten Jahren leicht gestiegen. Die verkaufte wie auch die insgesamt verbreitete Auflage ging im Vergleichszeitraum leicht aber kontinuierlich zurück. Nachfolgende Abb. 4.22 und 4.23 zeigen sowohl die Entwicklung der Anzahl der Titel als auch die Entwicklung der verbreiteten und verkauften Auflage im Zeitverlauf.

Steuerbarkeit des Mediums
Bei der Werbung in Fachzeitschriften lässt sich eine zielgruppengenaue Ansprache hinsichtlich zielgruppenspezifischer Merkmale wie Berufszugehörigkeit, Vereinsmitgliedschaft und Konfession realisieren. Über 90 % der Fachzeitschriften werden überregional vertrieben. Aufgrund der weiter zunehmenden Globalisierung und Präsenz der Fachverlage im Ausland eignen sich Fachzeitschriften auch für internationale Werbekampagnen.

Leistung/Reichweitendaten
Die Mediaplanung stellt sich aufgrund der fehlenden Datentransparenz schwierig dar. Dieser Fakt wird durch verschiedene Sachverhalte begründet. So ist zum einen die Definition einer einheitlichen Grundgesamtheit der Leser für die Ermittlung von Reichweiten bei Fachzeitschriften nicht möglich, da sie vorwiegend berufsgruppenspezifisch orientiert sind. In einigen Fällen können nur branchenspezifische Reichweiten bestimmt werden. Je genauer eine Fachzeitschrift ganz spezifische Marktlücken abdeckt, desto schlechter schneidet sie möglicherweise mit der Reichweite bei einer titelübergreifenden Pauschaldefinition der Grundgesamtheit ab. Ferner ist der Anteil der nicht IVW-geprüften Titel an der Fachpresse sehr hoch. Mediadaten stehen daher in nicht ausreichendem Maße zur Verfügung.

4.2 Mediagattung Zeitschriften

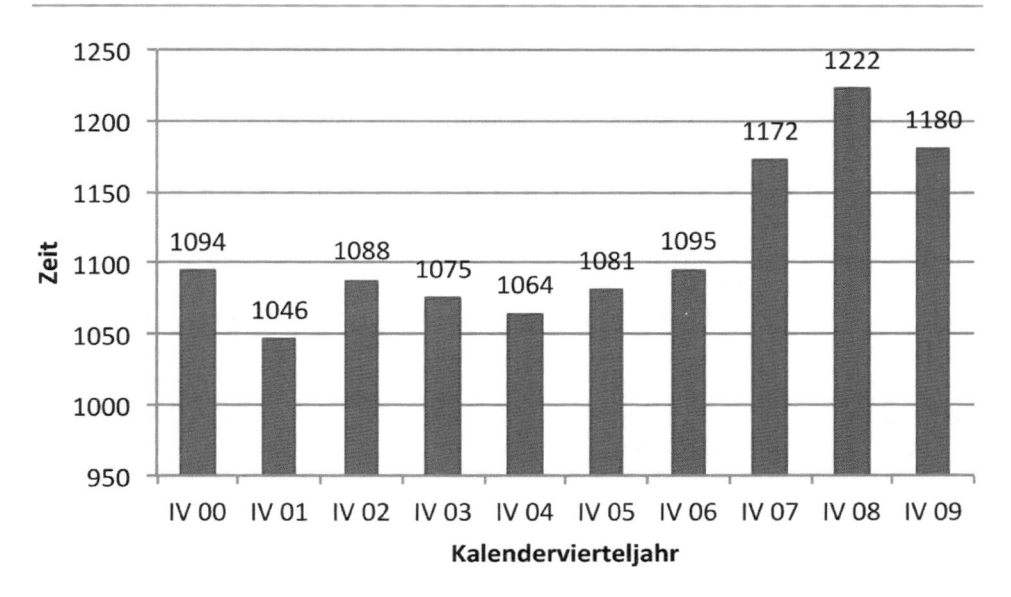

Abb. 4.22 Entwicklung der Anzahl der IVW-Fachzeitschriften 2000 bis 2009 (IV Quartal). (ZAW, 2010, S. 296, 297)

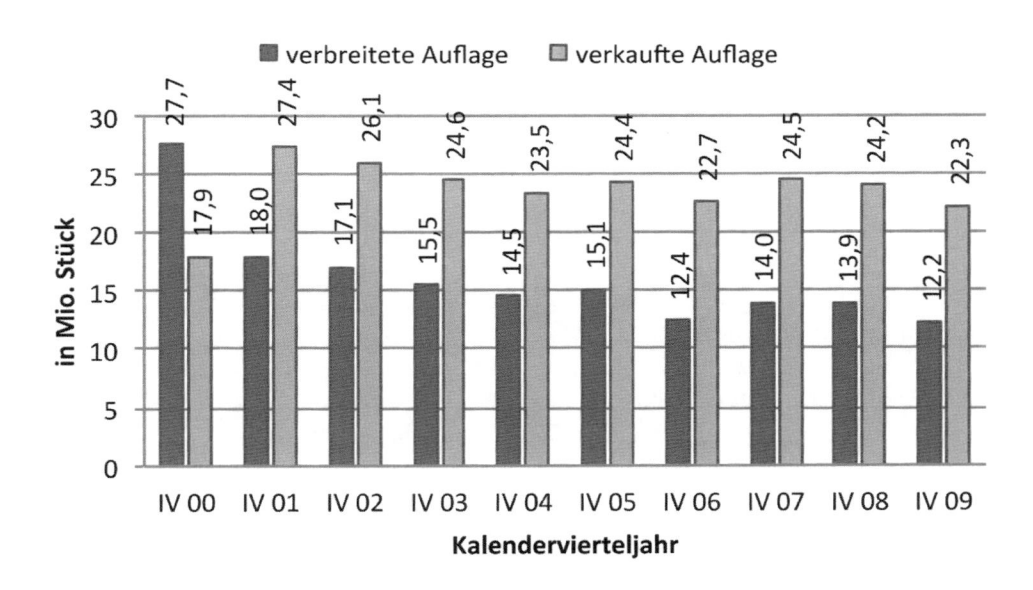

Abb. 4.23 Entwicklung der verkauften und verbreiteten Auflage bei Fachzeitschriften (IV Quartal). (ZAW, 2006, S. 293)

Nutzungskriterien/Wirkung

Die Nutzung der Fachzeitschrift ist unter berufsspezifischen Aspekten zu sehen. So hat sich als entscheidendes Zielgruppenmerkmal die Berufszugehörigkeit der Bezieher bei rund 80 % aller Titel erwiesen (vgl. Koschnik, 1995, S. 527). Die Nutzung der Fachzeitschriften erfolgt teilweise mit stark fachlichem Interesse, was sich auch auf die Anzeigen übertragen lässt, die z.T. als Berufs- oder Fachinformation angesehen werden. Dies führt in der Praxis oft dazu, dass häufig die von der Werbewirkungsforschung ableitbaren Erkenntnisse zur Gestaltung von Anzeigen bei Fachzeitschriften nicht umgesetzt werden, obwohl diese auch hier Gültigkeit haben; so weist Lasogga (1999) die überwiegend emotionale Anzeigenverarbeitung auch für Anzeigen in Fachzeitschriften nach.

Preise/Tarife

Aufgrund des vielfältigen Angebots an Fachzeitschriften und der großen Preisspanne bei der Anzeigenwerbung wird an dieser Stelle auf die Angabe von Preisen verzichtet. Verwiesen sei auf das Handbuch der Deutschen Werbeträger „Media-Daten Fachzeitschriften", welches ausführlich über die aktuellen Planungsdaten (Preise, Termine, technische Daten) informiert. Es erscheint mehrmals jährlich.

4.2.5 Kundenzeitschriften

Der Bundesverband Deutscher Kundenzeitschriftenverleger e.V. hat folgende Definition in seine Satzung aufgenommen: „Kundenzeitschriften sind periodisch erscheinende Zeitschriften belehrenden und unterhaltenden Inhalts, die der Verbraucherinformation, dem Kundenkontakt und der Werbung dienen und die Interessenten gegen Entgelt von Verlagen beziehen und zur Kundengewinnung und Kundenerhaltung kostenlos abgeben. Hauszeitschriften sind keine Kundenzeitschriften" (vgl. Koschnick, 1995, S. 999 ff.). Kundenzeitschriften unterliegen als kostenlose Zugabe den Bestimmungen der Zugabeverordnung.

Im Folgenden ist die Unterteilung (siehe Tab. 4.14) der Kundenzeitschriften lt. IVW nach Branchen dargestellt (vgl. ZAW, 1997, S. 218 f.).

Im 4. Quartal 2009 waren 75 Kundenzeitschriften der IVW angeschlossen. Sie erzielten eine verbreitete Auflage von 55,6 Mio. Exemplaren, von denen 43,4 Mio. an die Einzelhändler zur Weitergabe an ihre Kunden verkauft wurden. Abbildungen 4.24 und 4.25 zeigen die quantitative Entwicklung der Kundenzeitschriften im Zeitverlauf. Die Verbreitete Auflage unterlag danach doch erheblichen Schwankungen, während sich bei der verkauften Auflage eine kontinuierlichere Entwicklung zeigt.

Für viele deutsche Unternehmen bilden Kundenzeitschriften einen zunehmend wichtigen Bestandteil in der Marktkommunikation. Es wird seitens der Produkthersteller und Dienstleistungsanbieter versucht, Kunden mit Publikationen zu informieren und somit an das Unternehmen und dessen Produkte zu binden.

Kundenzeitschriften sind heute eine feste Größe der Einzelhandelswerbung und Verkaufsförderung. Die eigentliche Attraktivität ist die Präsenz des Mediums am Point of Sale.

Tab. 4.14 Kundenzeitschriften nach Branchen

Apotheken	Friseur
Ärzte	Hotel
Auto	Immobilien
Bahn und Flug	Kinder
Banken und Sparkassen	Lotterie
Bau und Heimwerker	Mütter
Blumen und Floristik	Musikhandel/
Buchhandel	Videotheken
Computer	Nahrungsmittel
Drogerie und Parfümerie	Reise
Elektrohandwerk	Tierhandlung

Kundenzeitschriften schließen bei Selbstbedienung bestehende Informationslücken und ergänzen im Bedienungsverkauf das Verkaufsgespräch.

Der überwiegende Teil der Leser sind Stammkunden. Kundenzeitschriften sind in besonderem Maße zur Pflege der Stammkundschaft geeignet. Anzeigen in Kundenzeitschriften besitzen bei den Lesern eine hohe Glaubwürdigkeit, und der redaktionellen Berichterstattung wird Beratungs- und Fachkompetenz zuerkannt.

Eine besondere Form der Kundenzeitschriften sind die an Großbetriebsformen des Handels oder an freiwillige Ketten gebundenen Kundenzeitschriften wie z. B. real oder Edeka. Häufig werden für Produktlistungen Werbekostenzuschüsse verlangt, teilweise also auch Werbung in den Kundenzeitschriften der Handelsorganisation. Diese Art der Werbung ist mediatechnisch kaum zu steuern, sie unterliegt vielmehr der Machtkonstellation zwischen Hersteller und Handel. Derartige Werbekostenzuschüsse sollten nicht aus dem Media-Budget, sondern aus dem Konditionenbudget finanziert werden, da sie nicht unbedingt den Marketinginteressen des zahlenden Unternehmens entsprechen. Wird nämlich das Media-Budget mit derartigen Zahlungen zu stark belastet, schwächt die Unternehmung die eigene Marktposition und stärkt die des Handels.

4.2.6 Online-Dienste

Im Internet oder in den Online-Diensten ist inzwischen eine Vielzahl von Publikumszeitschriften mit ihren redaktionellen Angeboten vertreten. Aufgrund ihrer Mischung aus Information und Aktualität, aus Service und Unterhaltung gehören sie zu den vielgenutzten World-Wide-Web-Seiten im Internet.

Die Publikumszeitschriften im VDZ stellen über „PZ-online" auch online-zugängliche Informationen mit den wichtigsten Preis-Leistungs-Daten zur Verfügung, die von Werbungtreibenden und Agenturen für die Werbeplanung genutzt werden können. Bislang

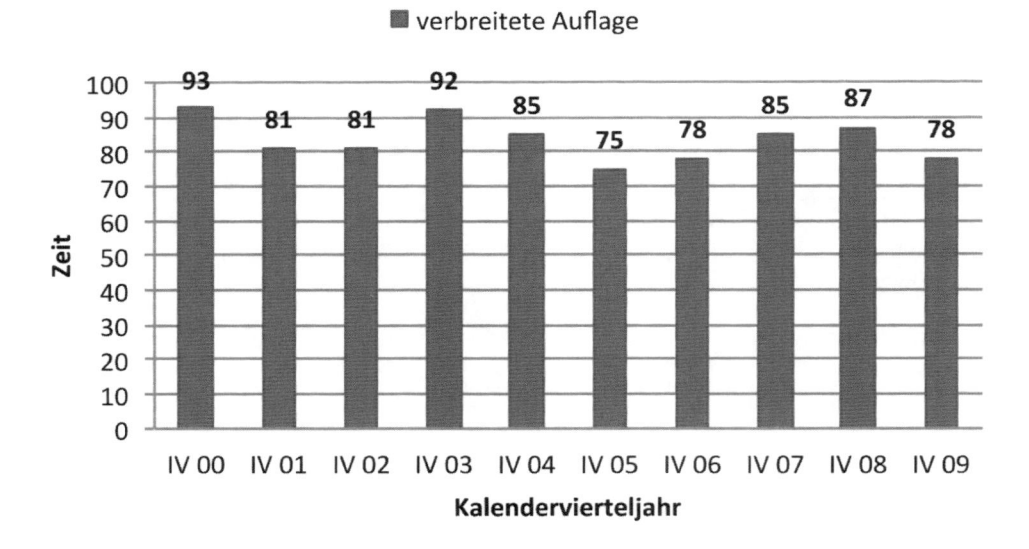

Abb. 4.24 Entwicklung der IVW-Kundenzeitschriften 2000 bis 2009 (IV. Quartal). (ZAW, 2010, S. 303, 304)

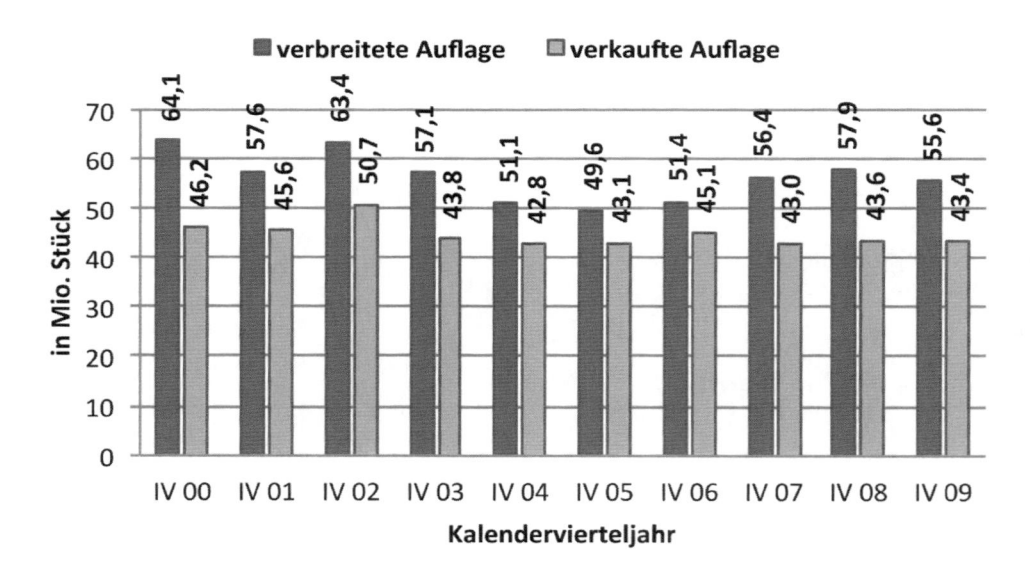

Abb. 4.25 Entwicklung der verkauften und verbreiteten Auflage bei Kundenzeitschriften 2000 bis 2009. (ZAW, 2010, S. 303, 304)

können sich die Zeitschriften, die im Internet mit ihren Angeboten vertreten sind, ausschließlich über Werbeeinnahmen refinanzieren.

Auch die Fachpressebranche ist als Ganzes am Electronic Publishing beteiligt. Mittlerweile stellen viele Verlage kompetente Fachinformationsangebote zur Verfügung. Electronic Publishing bietet die Möglichkeit der Geschäftsausweitung, die in vielen Bereichen der Informationsvermittlung entscheidende Vorteile gegenüber herkömmlichen, gedruckten Verfahren hat. Ob jedoch eine Substitution traditionell gedruckter Titel stattfinden wird, ist offen, mit einer spürbaren Verdrängung dürfte aufgrund des sich generell ändernden Informationsverhaltens aller am Wirtschaftsprozess beteiligten Personen ist wohl zu rechnen.

Grundvoraussetzungen für die Online-Medien als Werbeträger sind eine möglichst hohe Nutzung der neuen Medien sowie verlässliche und vergleichbare Daten über diese Nutzung. Der Anfang wurde mit der IVW-Kontrolle von Online-Medien gemacht, die Untersuchungsmethoden müssen jedoch noch weiterentwickelt werden, um als Ergebnis eindeutige Aussagen über die Leistungsfähigkeit der neuen Werbemedien zu erhalten.

4.2.7 Abschließende Beurteilung

Pressemedien sind starker Konkurrenz ausgesetzt. Hauptkonkurrent ist weiterhin das private und auch öffentlich-rechtliche Fernsehen. Obwohl die Werbeeinnahmen der Zeitschriften in den letzten Jahren absolut zugenommen haben, ist ihr Anteil an den gesamten Werbeeinnahmen gesunken. Betrug der Marktanteil der Publikumszeitschriften und Fachzeitschriften am Werbegeschäft 1995 noch 16 %, so ist er auf 14 % in 1999 zurückgegangen. Auf diesem Niveau hält sich der Anteil der Zeitschriften am Werbemarkt knapp, er betrug 2009 13 %, wobei 8 % auf die Publikumszeitschriften und 5 % auf die Fachzeitschriften entfallen. Ende der 90er Jahre war innerhalb der Verlage ein Wandel bei den Organisationsstrukturen zu vermelden hin zu einer klaren Zielgruppenorientierung und weg von der Medienorientierung. Die genaue Kenntnis der Zielgruppe gilt als der entscheidende Wettbewerbsfaktor.

Bei Zeitschriften ist in hohem Maße eine sehr genaue Zielgruppenansprache möglich. Die Streuverluste sind dadurch gering.

Aufgrund der sich immer mehr schließenden Preisschere zwischen Schwarzweiß- und Farb-Anzeigen wird in Zeitschriften verstärkt mehr Farbe eingesetzt. Darüber hinaus nimmt der Einsatz von Bildern zu, und die Texte werden kürzer. Dem Leser soll damit ein noch höherer Nutzwert geboten werden.

Im Zeitschriftenbereich besteht ein starker Wettbewerb um die Gunst von Lesern und Anzeigenkunden. Von dieser Entwicklung sind die „General-Interest-Titel" stärker betroffen als andere Zeitschriftengattungen. Innerhalb der Publikumszeitschriften hält der Trend zu „Special-Interest-Titeln" weiter an. Die wirtschaftliche Entwicklung, die sich ändernden Lebensgewohnheiten, der Wandel in der Arbeitswelt (z. B. mehr Freiräume), die zunehmende Bedeutung des Freizeitsektors, die demographische Entwicklung der

Gesamtbevölkerung, all dies sind sich vollziehende Veränderungen, die entscheidenden Einfluss auf den Zeitschriftenmarkt haben bzw. künftig haben werden. Die Lebensgewohnheiten ändern sich. Zeitschriften werden selektiver genutzt, Special-interest-Titel werden noch weiter an Bedeutung zunehmen mit der Folge einer starken Medienbindung.

Im Bereich der Fachzeitschriften werden von der Deutschen Fachpresse große Anstrengungen zur Verbesserung der Transparenz unternommen. Zu nennen ist hier der Aufbau einer Internet-Mediendatenbank, die dem Nutzer kostenlos Mediadaten zur Verfügung stellt. Aufgrund der Vielfalt der Fachzeitschriften und der komplexen Möglichkeiten differenzierter Zielgruppenansprache ist die Mediaplanung aber auch heute noch schwierig.

Werbung Treibende wissen um die unterschiedlichen Fähigkeiten von Werbemitteln in den verschiedenen Mediagattungen und werden daher oftmals nicht nur einen Werbeträger für die Realisierung ihrer Marketingziele wählen. In der Praxis ist es üblich, sich für eine entsprechende Kombination von Werbeträgern zu entscheiden, die im Media-Mix die mögliche Werbewirkung steigern kann. Zeitschriften dienen hierbei als Basis- sowie Ergänzungsmedium. Als klassische Werbeträgerkombinationen gelten Plakat und Zeitschriften sowie TV und Zeitschriften. In diesen Fällen werden die Zeitschriften als Ergänzungsmedium eingesetzt. Bei erstgenannter Kombination wäre der Einsatz auch als Basismedium möglich.

4.3 Mediagattung Zeitungen

4.3.1 Einführung

Im 16. Jahrhundert erschienen erstmals Einblatt- oder Mehrblattdrucke, die zu besonderen Anlässen wie z. B. Messen herausgegeben wurden. Im 18. Jahrhundert wurden zum ersten Mal Zeitungen unseres heutigen Typs veröffentlicht, die auch erstmals Anzeigen enthielten. Zu den bedeutendsten Zeitungen zählt die 1721 gegründete Vossische Zeitung (1934 eingestellt). 1754 erschien die erste Handelsanzeige in der Vossischen Zeitung. Der technische und wirtschaftliche Fortschritt des 19. Jahrhunderts steigerte den Wert der Anzeige als Werbemittel.

Die Zeitungslandschaft hat sich in Deutschland nach der Wiedervereinigung grundlegend geändert. 20 ostdeutsche Zeitungen aus der Konkursmasse der DDR wurden von 16 westdeutschen Verlagen einverleibt. Heute ist die ostdeutsche Presse fest in westdeutscher Hand. Die alten DDR-Zeitungen brauchten nach der Einführung der D-Mark dringend Kooperations- und Investitionspartner. Für westdeutsche Verlage waren dabei die ehemaligen SED-Bezirkszeitungen besonders interessant, da sie traumhafte Auflagen hatten. So verkaufte beispielsweise die „Freie Presse" in Chemnitz 607.000 Exemplare, die „Sächsische Zeitung" hatte 527.000 verkaufte Exemplare aufzuweisen. Hingegen lagen um 1995 die durchschnittlichen Zeitungsauflagen im Westen der Republik zwischen 100.000 und 300.000 Exemplaren (Koschnick, 1995, S. 1951 f.).

4.3.1.1 Rückgang von Auflage und Werbeerlösen bei der Tagespresse!

Bei Tageszeitungen in eine relativ langanhaltende Phase des Rückganges der Auflagen und Werbeerlösen zu verzeichnen. In der Langzeitbetrachtung von 1995 bis 2010 haben die Kaufzeitungen 33 % Auflagenrückgang zu verzeichnen, die Abonnementzeitungen um 20,1 % und die Sonntagszeitungen gingen in der Auflage um 30 % zurück. (Röper, 2010,, S. 218). Die Werbeerlöse erreichten im Jahre 2000 für die Tagespresse 6,5 Mrd. EUR, 2008 lagen sie bei 4,4 Mrd. EUR. Im Jahre 2009 lagen die Erlöse bei 3,7 Mrd. EUR (ebenda).

Zeitungen können nach verschiedenen Unterscheidungskriterien eingeteilt werden. Üblicherweise sind dies neben der Erscheinungsweise (täglich, wöchentlich) die Vertriebsart (Abonnementzeitungen, Kaufzeitungen) und das Verbreitungsgebiet (lokal, regional, überregional). Manchmal wird auch eine Unterscheidung nach dem redaktionellen Konzept vorgenommen. Um das Interesse jugendlicher Zielgruppen wieder zu erlangen wurden so über 100 eigene Angebote entwickelt.

Viele Zeitungen arbeiten mit Spezialtiteln oder neuen Produkten daran, bei jungen Lesern verlorene Reichweiten wieder auszugleichen. Dabei handelt es sich im Wesentlichen um Zeitungen in reduziertem Format und günstigem Preis oder um Beilagen in den klassischen Zeitungen, die speziell für junge Zielgruppen gestaltet werden.

Die Nettowerbe-Umsätze der Tageszeitungen sind kontinuierlich rückläufig, das wird deutlich, wenn wir hervorheben, dass im Jahr 2000 der Nettowerbeumsatz der Zeitungen insgesamt 6,5 Mrd. EUR erreichte. Tabelle 4.15 zeigt die Entwicklung der Werbumsätze in den letzten Jahren bei den Tageszeitungen von 2002 bis 2009 Immerhin schien die Entwicklung der Jahre 2004 und 2007 angenähert stabil. Als besonders rückläufig hat sich im Anzeigengeschäft der Tageszeitungen dann jedoch in den Folgejahren 2008 und in besonderem Maße im Jahr 2009 erwiesen.

Wie sich das Werbeaufkommen in lokalen und regionalen Abonnementzeitungen zusammensetzt, geht aus Abb. 4.26 hervor. Berechnungsgrundlage sind danach die Anzeigenmillimeter, also die gebuchte Werbefläche. Es geht also um eine mengenmäßige Aussage. Der Gesamtrückgang beträgt im Vergleich zum Vorjahr 12,4 %, wertmäßig sind es (siehe Tab. 4.14) 15,5 %. Das zeigt dass die Millimeterpreise gesunken sind. Betrachtet nach Anzeigensparten weisen die Stellenanzeigen im Vergleich zum Vorjahr mit einem Minus von 40,1 % den größten Rückgang auf. Weitere überdurchschnittliche Rückgänge weisen die Markenartikel auf (-22,7 %), die KFZ-Hersteller (-27,0 %) [es ist unbestritten, dass es sich dabei auch um Markenartikel handelt, diese werden hier aber gesondert ausgewiesen]), der Immobiliensektor (-18,7 %) und der Kfz-Markt (-15,9 %).

4.3.2 Klassifikation der Zeitungen

In Abb. 4.27 ist eine mögliche Unterscheidung von Zeitungen dargestellt: Wochenzeitungen lassen sich außerdem nach ihrem redaktionellen Konzept unterscheiden, nämlich nach Wirtschaftszeitungen, konfessionellen Zeitungen und allgemein informierenden und unterhaltenden Zeitungen.

Tab. 4.15 Nettowerbeumsätze Zeitungen (in Mio. Euro). (ZAW, 2005, S. 231 und ZAW, 2010, S. 249)

Werbeträger	2002	2003	2004	2005
Tageszeitungen	4.936,70	4.454,90	4.502,30	4.418,30
Veränderung gegenüber Vorjahr	− 12,5 %	− 9,8 %	+ 1,1 %	− 1,9 %
Werbeträger	2006	2007	2008	2009
Tageszeitungen	4.532,90	4.567,40	4.373,40	3,694,30
Veränderung gegenüber Vorjahr	+ 1,3 %	+ 0,8 %	− 4,2 %	− 15,5 %

Abb. 4.26 Struktur der Anzeigenwerbung in lokalen und regionalen Abonnementzeitungen, 2009. (ZAW, 2010, S. 252)

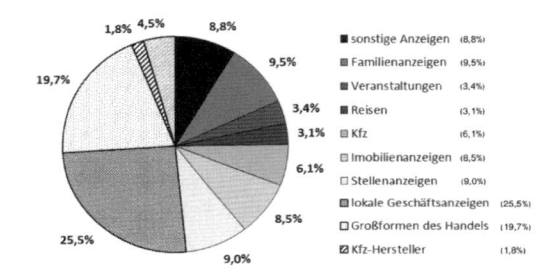

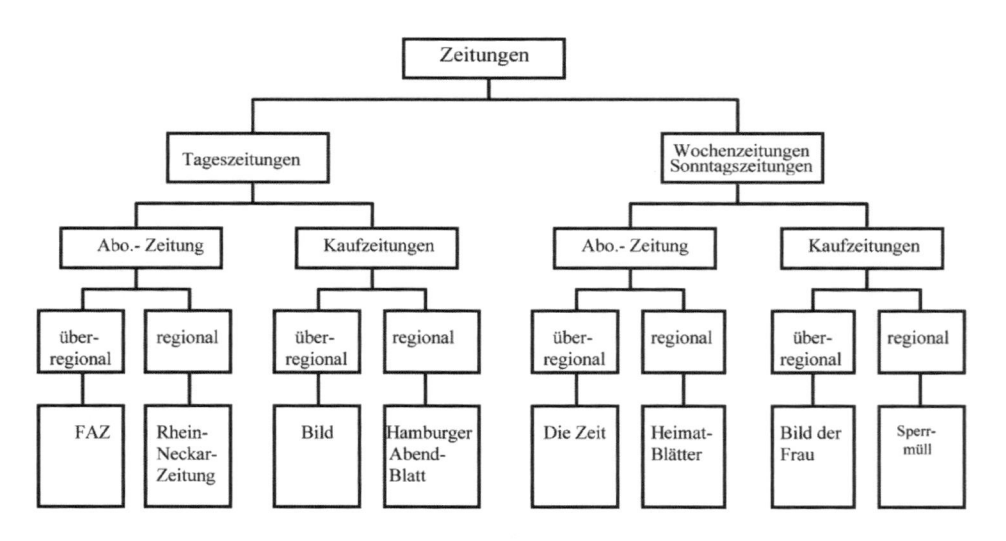

- sonstige Anzeigen (8,8%)
- Familienanzeigen (9,5%)
- Veranstaltungen (3,4%)
- Reisen (3,1%)
- Kfz (6,1%)
- Imobilienanzeigen (8,5%)
- Stellenanzeigen (9,0%)
- lokale Geschäftsanzeigen (25,5%)
- Großformen des Handels (19,7%)
- Kfz-Hersteller (1,8%)

Abb. 4.27 Klassifikation der Tageszeitungen

4.3 Mediagattung Zeitungen

Weitere Beispiele zu den Tageszeitungen:
- lokale/regionale Abonnementzeitungen: Mannheimer Morgen, Sächsische Zeitung, Hannoversche Allgemeine
- überregionale Abonnementzeitungen: Die Welt, FAZ (Frankfurter Allgemeine Zeitung), Handelsblatt
- regionale Kaufzeitungen: Hamburger Morgenpost
- überregionale Kaufzeitungen: „Bild"-Zeitung

Weitere Beispiele zu den Wochen- und Sonntagszeitungen:
- regionale Abonnementzeitungen: Berliner Morgenpost
- überregionale Abonnementzeitungen: Welt am Sonntag, FAZ am Sonntag
- regionale Kaufzeitungen: Morgenpost am Sonntag
- überregionale Kaufzeitungen: Bild am Sonntag

Das Zeitungsangebot weist 2009 folgende Struktur auf:
- 351 Tageszeitungen insgesamt (2006: 353), davon:
  - 333 lokale und regionale Abo-Zeitungen (2006: 334)
  - 10 überregionale Zeitungen (2006: 10)
  - 8 Kaufzeitungen (sog. Straßenverkauf) (2006: 9)
  - 33 wöchentlich erscheinende Zeitungen (2006: 34), davon:
  - 6 Sonntagszeitungen (2006: 6)
  - 27 Wochenzeitungen (2006: 28)

Das Angebot ist also über den Vergleichszeitraum recht stabil.

4.3.3 Insertionsformen

Zeitungsanzeigen können in den unterschiedlichsten Formaten und Platzierungen sowie Farben gebucht werden. Die Platzierung kann beispielsweise auf der Titelseite, der Rückseite oder im Textteil erfolgen. Es gibt folgende Werbemöglichkeiten:

Standardanzeigen können schwarzweiß oder 2-, 3- und 4-farbig bzw. mit weiteren Zusatzfarben gedruckt werden. Aus Abb. 4.28 sind die unterschiedlichen Anzeigenformate im Satzspiegel in Zeitungen ersichtlich.

Neben den Grundformen sind folgende verschiedene Sonderformen von Anzeigen möglich:

Blatthohe Anzeigen: laufen über die maximale Höhe; werden aufgrund ihres großen Formates allein neben dem redaktionellen Teil einer Seite platziert, grenzen aber nur mit einer Seite an den redaktionellen Teil an.

Blattbreite Anzeigen: laufen über die maximale Breite; sind in der Regel am Fuß einer redaktionellen Seite platziert; fast alle Zeitungen verlangen eine Mindesthöhe, die von Titel zu Titel unterschiedlich ist.

Eckfeldanzeigen: sind im Textteil von zwei Seiten redaktionellem Text umgeben; stehen oft als einzige Anzeigen auf der Seite; verlagsabhängige Mindestgröße von 1/4 bis 1/3 Seite.

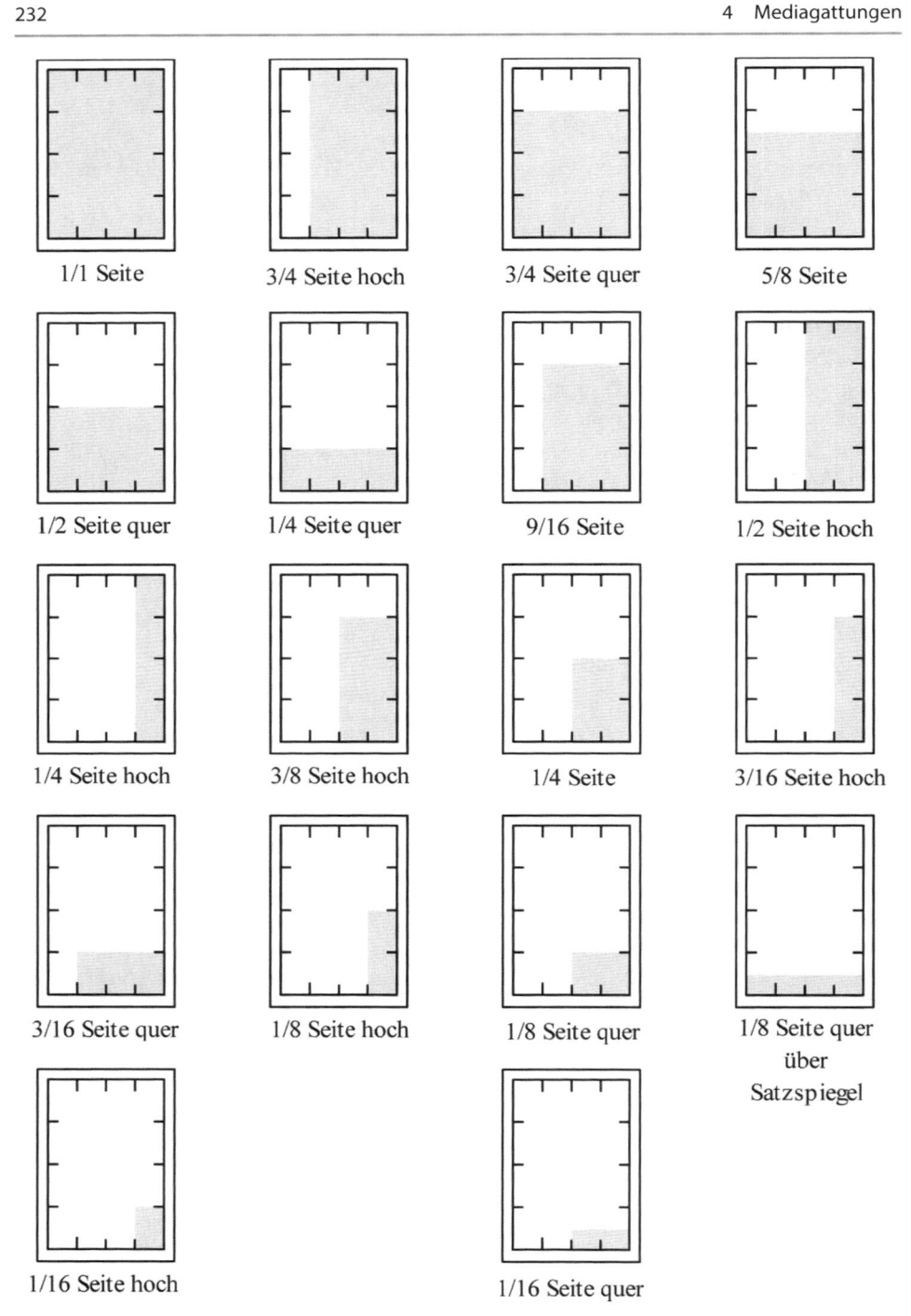

1/1 Seite	3/4 Seite hoch	3/4 Seite quer	5/8 Seite
1/2 Seite quer	1/4 Seite quer	9/16 Seite	1/2 Seite hoch
1/4 Seite hoch	3/8 Seite hoch	1/4 Seite	3/16 Seite hoch
3/16 Seite quer	1/8 Seite hoch	1/8 Seite quer	1/8 Seite quer über Satzspiegel
1/16 Seite hoch		1/16 Seite quer	

Abb. 4.28 Anzeigenformate im Satzspiegel

4.3 Mediagattung Zeitungen

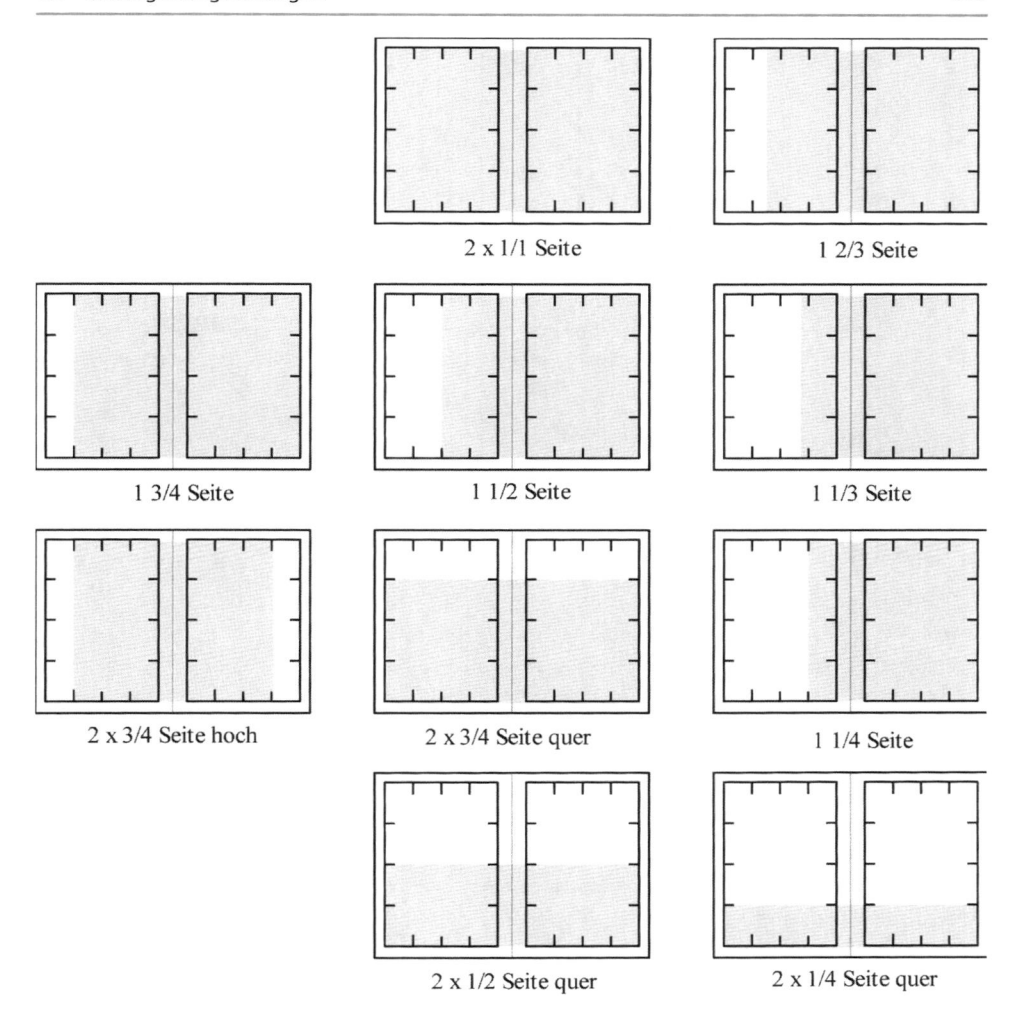

[Figure showing advertising formats: 2 x 1/1 Seite, 1 2/3 Seite, 1 3/4 Seite, 1 1/2 Seite, 1 1/3 Seite, 2 x 3/4 Seite hoch, 2 x 3/4 Seite quer, 1 1/4 Seite, 2 x 1/2 Seite quer, 2 x 1/4 Seite quer]

Abb. 4.29 Anzeigenformate (Bunddurchdruck). (Schneider und Pflaum, 1993, S. 254)

Inselanzeigen: sind von vier Seiten redaktionellem Text umgeben; verlagsabhängige Vorschriften über Höhe einer Spaltenbreite; teurer Textteiltarif.

Panoramaanzeigen (= Bunddurchdruckanzeigen): laufen auf zwei gegenüberliegenden Seiten über den Bund; Bund zählt als Zusatzspalte (vgl. Abb. 4.29).

Prospektbeilagen: sind herausnehmbare Zeitungsbögen; teilweise mit Warenproben.

Rubrizierte Anzeigen: Kleinanzeigen, die ihrem Inhalt gemäß bestimmten Rubriken zugeordnet werden, z. B. Stellenanzeigen.

Schattenanzeigen: Ein Motiv wird als Hintergrund (Fond) auf die entsprechende Zeitungsseite und der redaktionelle Text über diesen Fond gedruckt.

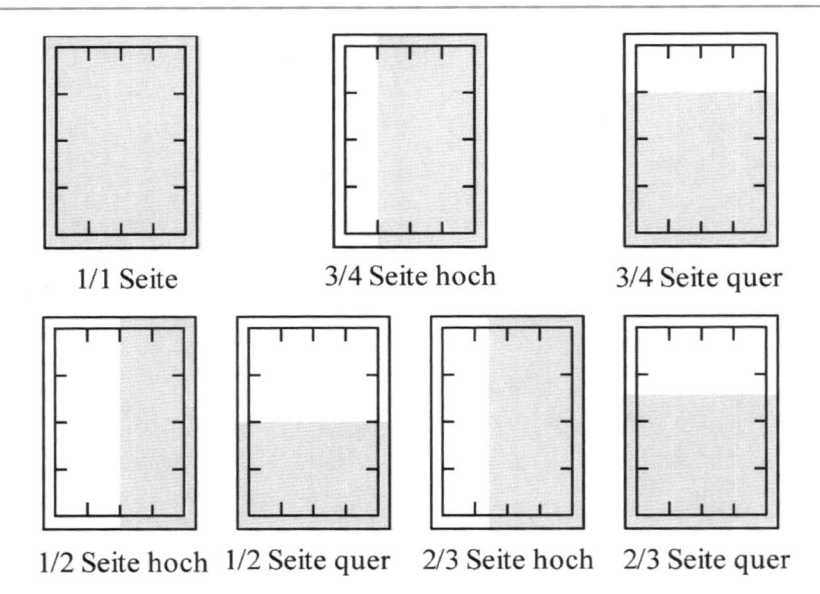

Abb. 4.30 Anzeigenformate (Anschnitt). (Schneider und Pflaum, 1993, S. 254)

Textteilanzeigen: sind von drei Seiten redaktionellem Text umgeben; der Textteiltarif liegt deutlich über dem normalen Anzeigentarif.

Teilbelegungen: Diese Möglichkeiten bestehen nur bei überregionalen Zeitungen mit Regionalausgaben.

Titelkopfanzeigen: befinden sich auf der ersten Seite direkt neben dem Titel mit hoher Beachtung (Huth und Pflaum, 2005, S. 175).

Alle verschiedenen Anzeigenformate können auch im Anschnitt gedruckt werden, sie laufen dann über den Satzspiegel hinaus bis zum Papierrand. Hierfür wird ein Aufpreis auf den normalen Anzeigentarif verlangt. Abbildung 4.30 zeigt Beispiele für mögliche Anzeigenformate.

4.3.4 Mediadaten

4.3.4.1 Nutzerschaften:

Die Tageszeitungen erreichen ihre höchste Reichweite bei 40- bis 69-jährigen Lesern, diese machen je nach Titel zwischen 77 % und 85 % der erzielten Reichweite aus. Die über 70-Jährigen lesen zu über 83 % täglich Zeitung, bei den 30- bis 39-Jährigen sind das nur 70 %, die 20- bis 29-Jährigen zu über 60 % und die 14- bis 19-Jährigen nicht ganz 50 %. Hier liegt ein zukünftiges Problem für Zeitungen, denn diese Altersklasse wird möglicherweise auch später nicht so intensiv Zeitung lesen, wie die heute älteren Zielgruppen.

4.3 Mediagattung Zeitungen

Tab. 4.16 Zeitungen 2005 und 2009 im Vergleich nach Auflagenzahlen (ZAW 2006, S. 235 und 2010, S. 256)

Gesamtauflage Zeitungen	2005	2009
Einschließlich Wochen- und Sonntagszeitungen	27,4 Mio.	25,3
Tageszeitungen insgesamt	21,7 Mio.	20,0
Davon:		
lokale und regionale Abo-Zeitungen	15,2 Mio.	14,1
überregionale Tageszeitungen	1,7 Mio.	1,6
Straßenverkaufszeitungen	4,9 Mio.	4,3
Sonntagszeitungen	3,8 Mio.	3,4
Wochenzeitungen	1,9 Mio.	1,9

4.3.4.2 Verfügbarkeit des Mediums

Deutschland ist ein Zeitungsland. Tag für Tag werden rund 22 Mio. Tageszeitungen (inkl. Sonntagszeitungen) sowie über 2 Mio. Wochenzeitungen gelesen. Die Höhe der verkauften Auflage ist Ausdruck des großen Leserinteresses an gedruckten Zeitungsinformationen. Den Lesern steht eine große Angebotsvielfalt verschiedener Zeitungen zur Verfügung. In Deutschland kommen auf je 1.000 Einwohner 300 Zeitungsexemplare. Tabelle 4.16 zeigt das Angebot an Zeitungen sowie deren verkaufte Auflagen im Überblick.

Die IVW erfasste im IV. Quartal 2009 insgesamt 351 Tageszeitungen (inkl. Sonntagszeitungen) sowie 27 Wochenzeitungen. Damit ging der Bestand an IVW-gemeldeten Titeln, verglichen mit dem Vorjahr, zurück. In den Abb. 4.31 und 4.32 ist die Entwicklung der IVW-Zeitungen von 1995 bis 2009 dargestellt.

Die Anzahl der Tageszeitungen sinkt kontinuierlich, was auf zwei Gründe zurückzuführen ist: a) Verlagszusammenschlüsse und b) rückläufige Nutzung von Tageszeitungen und damit einhergehend rückläufige Werbeumsätze.

Die IVW-erfassten Tageszeitungs-Titel verbuchten im vierten Quartal 2009 eine verkaufte Auflage von 22,8 Mio. (1999 waren es 28,5 Mio.; 2002 hingegen 27,1 Mio.) Exemplaren pro Tag, von denen 15,02 Mio. (1999: 18,09; 2002: 17,34) abonniert waren. 6,53 Mio. entfielen auf den Einzelverkauf (1999: 9,91 Mio.) und 0,63 Mio. auf den sogenannten Sonstigen Verkauf (1999 waren es 0,53). Der Rückgang im Vergleich zum Vorjahr 2008 (23,39 Mio. verkaufte Titel) war bei den Abonnements geringer (- 1,9 %) als im Einzelverkauf (- 4,3 %).

Die verkaufte Auflage der 25 IVW-Wochenzeitungen lag zum gleichen Zeitpunkt bei 1,9 Mio. Exemplaren pro Ausgabe. Davon entfielen auf Abonnements 1,57 Mio. (in 1999: 1,52 Mio.), auf den Einzelverkauf 0,14 Mio. (1999: 0,22 Mio.) und 0,15 Mio. auf die im

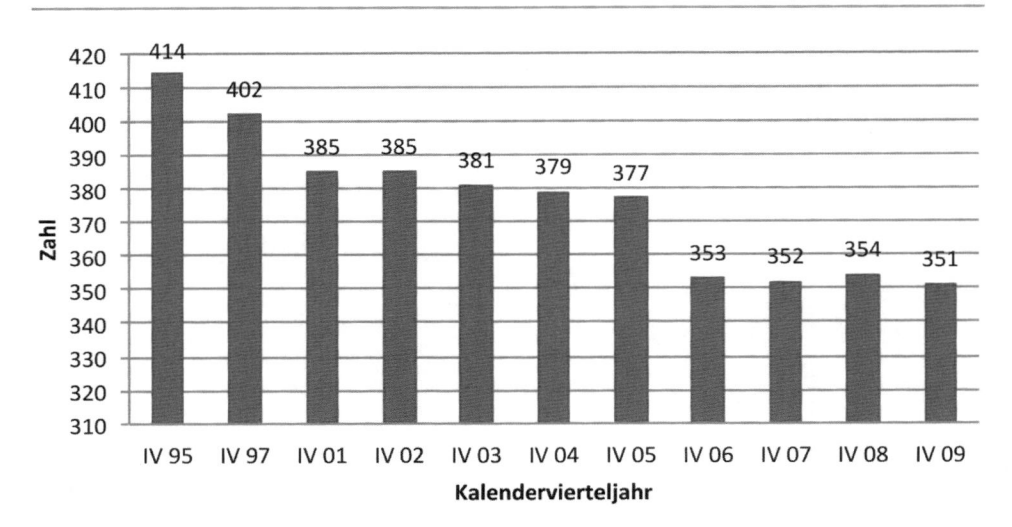

Abb. 4.31 Entwicklung der IVW-Tageszeitungen 1995 bis 2005 (IV. Quartal). (ZAW, 2006, S. 249 und 3010, S. 256)

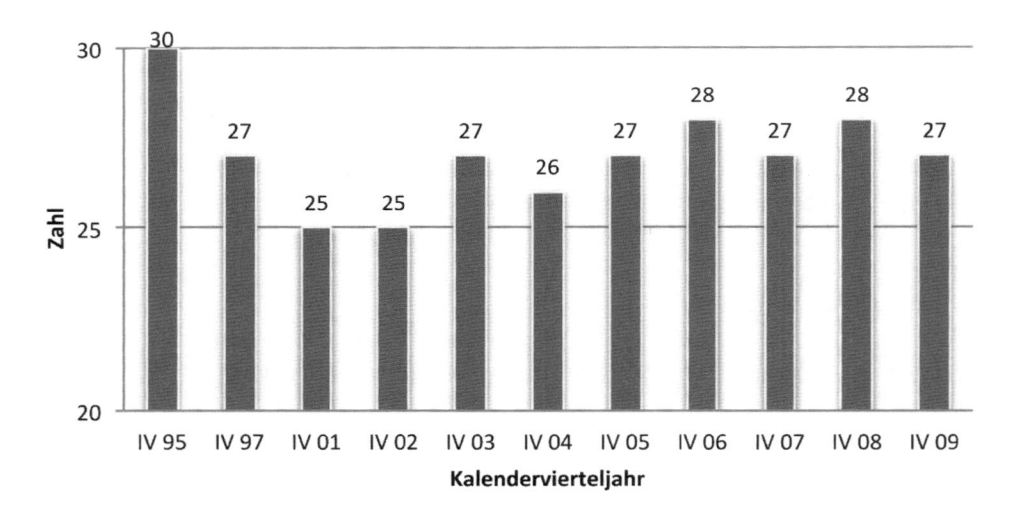

Abb. 4.32 Entwicklung der IVW-Wochenzeitungen 1995 bis 2009 (IV. Quartal). (ZAW, 2006, S. 252 und 2010, S. 256

4.3 Mediagattung Zeitungen

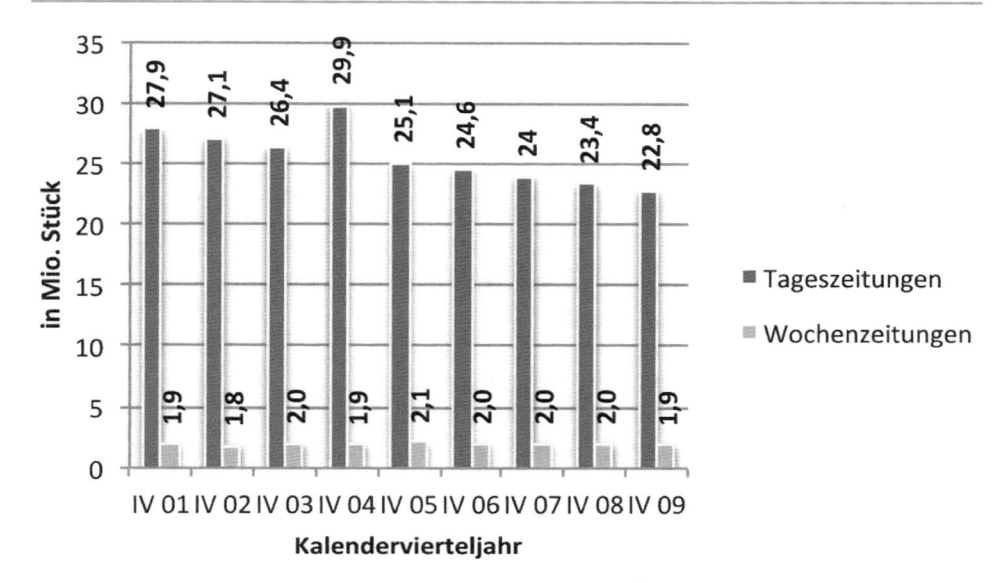

Abb. 4.33 Entwicklung der verkauften Auflage bei Tages- und Wochenzeitungen. (ZAW, 2010, S. 265 und 264)

Sonstigen Verkauf abgesetzten Stücke (1999: 0,30 Mio.). Dazu kommen noch 0,04 Mio. Exemplare im „Bordverkauf". Die Entwicklung der verkauften Auflage der Tages- und Wochenzeitungen wird in Abb. 4.33 gezeigt. Auf die Darstellung der verbreiteten Auflage kann jeweils verzichtet werden, da sie der verkauften Auflage nahezu entspricht.

Die Daten zeigen insgesamt einen kontinuierlichen Rückgang für Tageszeitungen (übrigens schon seit 1992, was aus der Abbildung nicht ersichtlich ist). Während die Wochenzeitungen ihre Auflage bei rund 2,0 Mio. Exemplaren stabilisiert haben.

Mit der Verbreitungs-Analyse Tageszeitungen (VA) stehen den Werbung Treibenden und den Werbeagenturen Planungsdaten für rund 350 Tageszeitungen für alle deutschen Gemeinden zur Verfügung. Sie enthält die verkaufte Auflage der teilnehmenden Titel erstmals für alle deutschen Gemeinden, also auch diejenigen unter 3.000 Einwohnern. Früher erstreckte sich die Erhebung auf Gemeinden ab 3.000 Einwohner. Die Zahlen für kleinere Gemeinden wurden als Kreisrest zusammengefasst und gemeldet. Damit stehen der Werbung treibenden Wirtschaft die Verbreitungsdaten der Zeitungen flächendeckend zur Verfügung (vgl. ZAW, 2000, S. 214 ff.).

4.3.4.3 Steuerbarkeit des Mediums

Tageszeitungen können je nach ihrem Verbreitungsgebiet für örtliche, regionale oder überregionale Werbemaßnahmen eingesetzt werden. Die Werbung ist sehr gut zeitlich differenzierbar und eignet sich somit hervorragend zur Unterstützung kurzfristiger Verkaufsaktivitäten, zur Durchführung und Unterstützung lokaler Testmärkte bzw. zur Übermittlung aktueller Informationen. Dazu kommt die hervorragende regionale Differenzierungsmöglichkeit mit Ausnahme der überregionalen Zeitungen, die jedoch, bezogen auf größere Regionen, ebenfalls Teilbelegungen ermöglichen.

4.3.4.4 Leistung/Reichweitendaten:

Die Tageszeitungen gelten derzeit noch als reichweitenstarkes Informationsmedium auf den lokalen Märkten und im bundesweiten Medienmarkt. Die Bedeutung bei der Versorgung der Bevölkerung mit Informationen ist weiterhin gegeben, nimmt jedoch ab. 71,4 % (2005 waren es noch 74,8 %) aller Deutschen über 14 Jahre, also 46,3 (2005: 48,5) Mio. Bürger, lesen täglich eine Tageszeitung. Bei Frauen liegt die tägliche Reichweite bei 69,4 % (73,3 %) und bei Männern bei 73,5 % (76,4 %) (vgl. ZAW, 2010, S. 257 und 2006, S. 238)

Unter den Tageszeitungen sind die regionalen Abonnementzeitungen mit 59,1 % (2005: 63,6 %) bzw. 38,3 Mio. täglichen Lesern pro Ausgabe (2005 waren es 41,2 Mio. tgl. .Leser) die reichweitenstärkste Gattung, gefolgt von den Kaufzeitungen mit 21,0 % bzw. 13,6 Mio. täglichen Lesern (2005 waren es 21,5 % und 13,9 Mio. tgl. Leser) den überregionalen Abonnementzeitungen mit 5,5 % bzw. 3,6 Mio. täglichen Lesern (hier finden sich im Vergleich zu den letzten 5 Jahren kaum Schwankungen). Bei einer Belegung von zwölf Ausgaben ist bei regionalen Tageszeitungen der Reichweitenzuwachs geringer als bei überregionalen Tageszeitungen oder Kaufzeitungen, da die Nutzerschaft Tag für Tag weitgehend identisch ist. Er schwankt in der Regel zwischen 110 und 180 %. Bei überregionalen Tageszeitungen ist ein Reichweitenanstieg von 200–260 %, bei Kaufzeitungen von 175–210 % erzielbar.

4.3.4.5 Nutzungskriterien/Wirkung

Die Wirkung der Werbung in Tageszeitungen ist äußerst kurzfristig. Im Gegensatz zu Publikumszeitschriften haben Tageszeitungen eine äußerst kurze Nutzungsdauer, die in der Regel auf einen Tag beschränkt ist. Bei Wochenzeitungen sind die Nutzung und somit auch die Werbewirkung etwas längerfristiger.

Die Durchsetzung der Werbewirkung erfolgt bei Tageszeitungen äußerst schnell, mehr als 80 % der Nutzer werden bereits am Tage des Erscheinens erreicht. Der Leser bestimmt selbst, wann und wo er seine Zeitung liest. Der Zeitpunkt der Nutzung ist unterschiedlich über den Tag verteilt. Die Tageszeitung wird von einigen Lesern in Verkehrsmitteln auf dem Weg zur Arbeit, in der Arbeitspause oder zu Hause nach Feierabend gelesen. Vielfach wird die Zeitung frühmorgens beim Frühstück zu Hause zur Vorbereitung auf den Tag genutzt. Viele haushaltsführende Frauen nutzen regionale Tageszeitungen vormittags vor dem Einkauf und hier wohl auch den Anzeigenteil als konkrete Einkaufshilfe. Diese Tendenz trifft aber stärker auf ältere, weniger auf jüngere weibliche haushaltsführende Personen zu. Nur rund ein Viertel der Leser insgesamt geben an, ihre Zeitung bereits bis 12 Uhr gelesen zu haben.

Neben der Personengruppe, die von Zeitungen erreicht wird, ist auch die Art und Weise der Nutzung ausschlaggebend für die Werbewirkung dieses Mediums. Tageszeitungen sind ein „Gemeinschaftsgut". Rund 85 % der Leser teilen ihr Zeitungsexemplar mit anderen

4.3 Mediagattung Zeitungen

Personen. Im Durchschnitt wird jedes Exemplar einer regionalen Abonnementzeitung von zwei bis drei Lesern genutzt (genau 2,5 Personen).

Rund die Hälfte der Leser konzentriert sich einmal am Tag auf das Lesen ihrer Zeitung, gut ein Drittel der Leser nutzt sie zweimal am Tag und rund ein Achtel dreimal und öfter. Die Mehrfachnutzung erhöht die Kontaktchancen von Anzeigen in Zeitungen. Für die Beurteilung der Intensität der Nutzung einer Zeitung sind die Lesedauer und die Lesemenge zwei wesentliche Leistungsdaten. Im Bundesdurchschnitt beträgt die Lesedauer für eine regionale Abonnementzeitung rund 40 Minuten, unabhängig davon, ob der Titel im Norden oder Süden, Westen oder Osten Deutschlands erscheint. Tendenziell lesen Frauen etwa genauso lange wie Männer, ältere Menschen etwas länger als die jüngeren.

Die Nutzungsintensität ist in den letzten Jahren trotz des zunehmenden Medien- und Freizeitangebots weitgehend unverändert geblieben. Rund 2/3 der Leser von Zeitungen konzentrieren sich auf die Lektüre, ohne sich mit anderen Dingen zu beschäftigen. Bei den älteren Lesern ist dieser Anteil sogar noch höher (vgl. Regionalpresse-Studie „Nutzungsstile und Nutzungsgewohnheiten"). Vergleicht man die Konzentration der Zeitungsnutzung mit der Konzentration der Fernsehnutzung, so kann ohne Zweifel festgestellt werden, dass die Konzentration auf die Zeitung während der Nutzung höher ist, als das beispielsweise beim TV der Fall ist, und das gilt insbesondere für Zeiten, in denen TV-Werbung ausgestrahlt wird.

Das Maß an Glaubwürdigkeit ist sehr hoch, u. A. aufgrund der besonderen Vertrautheit zwischen Leser und Zeitung. Die Zeitungen besitzen einen deutlichen Glaubwürdigkeitsvorsprung vor den meisten anderen Medien mit Ausnahme des öffentlich-rechtlichen Hörfunks und Fernsehens. Diese reichen noch knapp an die Glaubwürdigkeit von Zeitungen heran. Die Glaubwürdigkeit der redaktionellen Teile setzt sich auch bei der Glaubwürdigkeit der werblichen Inhalte fort. Untersuchungen der Regionalpresse (z. B. Gärtner und Holicki, 1995) zeigen, dass knapp die Hälfte der Bevölkerung Anzeigen als genauso wichtig empfindet wie die redaktionellen Berichte. Tageszeitungen eignen sich daher besonders, Informationen über erklärungsbedürftige Produkte zu kommunizieren. Werbebotschaften werden von Tageszeitungslesern aufgrund einer starken Bindung an ihr Medium als besonders informativ empfunden.

Generell finden Anzeigen in Zeitungen eine starke Beachtung bei den Lesern. Frauen nehmen Handelsanzeigen etwas häufiger wahr als Männer. Das hängt damit zusammen, dass die Anzeigen als Planungshilfe für den Einkauf, der nach wie vor häufiger von Frauen erledigt wird, genutzt werden (vgl. Regionalpresse e.V., 1994, S. 4 ff.). Bei den anderen Werbebereichen gibt es keine nennenswerten Unterschiede.

Diese aus den 90er-Jahren stammenden Studien werden allerdings durch sich änderndes Rollenverhalten von Männern und Frauen in Partnerschaften relativiert. Dazu kommt ein sich änderndes Kaufverhalten in Folge der verlängerten Ladenöffnungszeiten. Wir können im Jahre 2010 nicht mehr ohne weiteres von dem tradierten Rollenverhalten ausgehen, wonach das Einkaufen in erster Linie vormittags von nicht berufstätigen haushaltsführenden, fast immer weiblichen Personen durchgeführt wird, und diese das Lesen der Anzeigen in Tageszeitungen vor dem Einkauf als eine wichtige Einkaufshilfe ansehen. Das trifft sicher noch auf weite Teile der Bevölkerung zu, nimmt aber ab. Männer sind stärker an den Haushalt betreffenden Einkaufsentscheidungen beteiligt, viele Berufstätige kaufen nach der Arbeit am Abend ein, ohne dass direkt vorher Anzeigen in Tageszeitungen gelesen werden konnten. Die längeren Ladenöffnungszeiten (kaum noch wird vor 20.00 Uhr geschlossen, sehr oft um 22.00 Uhr, gelegentlich erst um 24.00 Uhr) verändern das Einkaufsverhalten nachhaltig, die Tageszeitung verliert damit ihre Rolle als Informationsträger für sogenannte „Hausfrauen". Große Handelsketten tragen dem Rechnung indem sich fast ganz aus der Anzeigenwerbung zurückziehen. Edeka hat eine Publikumszeitschrift, die flächendeckend an Haushalte verteilt wird. Bedeutende Werbekunden der Tageszeitungen (Aldi, Lidl) könnten durchaus in Erwägung ziehen, die Kundeninformation auf hauseigenes Prospektmaterial zu konzentrieren. Das hätte für Tageszeitungen dramatische Auswirkungen.

4.3.4.6 Tageszeitungen (gesamt)

Männer nutzen die Tageszeitungen nach wie vor häufiger als Frauen. Der prozentuale Anteil der Männer liegt bei 71,4 %, der Anteil bei den Frauen bei 67,4 %.

Tageszeitungen finden ihre größte Nutzerschaft bei den höheren Altersgruppen. Bei den Jugendlichen ist die Nutzung in den letzten Jahren stetig zurückgegangen. Besonders stark war der Rückgang bei den 14 bis 19-Jährigen, gefolgt von der Altersgruppe der 20 bis 29-Jährigen. In Abb. 4.34 ist die Entwicklung der Nutzerschaft von Tageszeitungen im Zeitverlauf dargestellt. 69 % ist der Durchschnittswert in der Gesamtbevölkerung.

Nach Altersgruppen betrachtet, erreichen die Tageszeitungen ihre höchste Reichweite traditionell bei den über 40-jährigen Lesern, nämlich zwischen 71,2 und 82,0 %. Von den über 70-Jährigen greifen 82 % regelmäßig zur Tageszeitung, und bei den 30- bis 39-Jährigen sind nur noch 63,2 %. Die Tageszeitung wird von den jüngeren Altersgruppen im Vergleich weniger und zudem weniger regelmäßig Zeitung gelesen. Von den 20- bis 29-Jährigen werden 53,3 % durch die Zeitung erreicht, bei den 14- bis 19-Jährigen sind es immerhin gut 42,3 %. Auffällig ist der stetige Rückgang über alle Altersgruppen.

Berufstätige nutzen Tageszeitungen etwas häufiger als die nicht berufstätige Bevölkerung, Rentner und Pensionäre sind deutlich überrepräsentiert. Zeitungsleser gehören zu den Gutverdienenden. Personen mit einem Hauhaltsnettoeinkommen von mehr als 2.550 EUR werden überdurchschnittlich erreicht. Vergleichbare Werte werden in den Einkommensklassen von 1.530 bis 2.550 EUR und 2.040 bis 2.550 EUR erzielt. Die Nutzung in mittleren Städten sowie teilweise in Großstädten mit mehr als 500.000 Einwohnern ist hoch. Hinsichtlich der Ausbildung ist festzustellen, dass Personen mit einem Volks-/Hauptschulabschluss mit Lehre bzw. Abitur oder Hochschulstudium deutlich besser erreicht werden.

4.3.4.7 Regionale Abonnementzeitungen

Regionale Abonnementzeitungen haben für den Erhalt tagesaktueller Informationen in der Bevölkerung eine herausragende Stellung. Wurden bisher mehr Männer als Frauen von regionalen Abonnementzeitungen erreicht, hat sich seit 1996 eine Trendwende vollzogen.

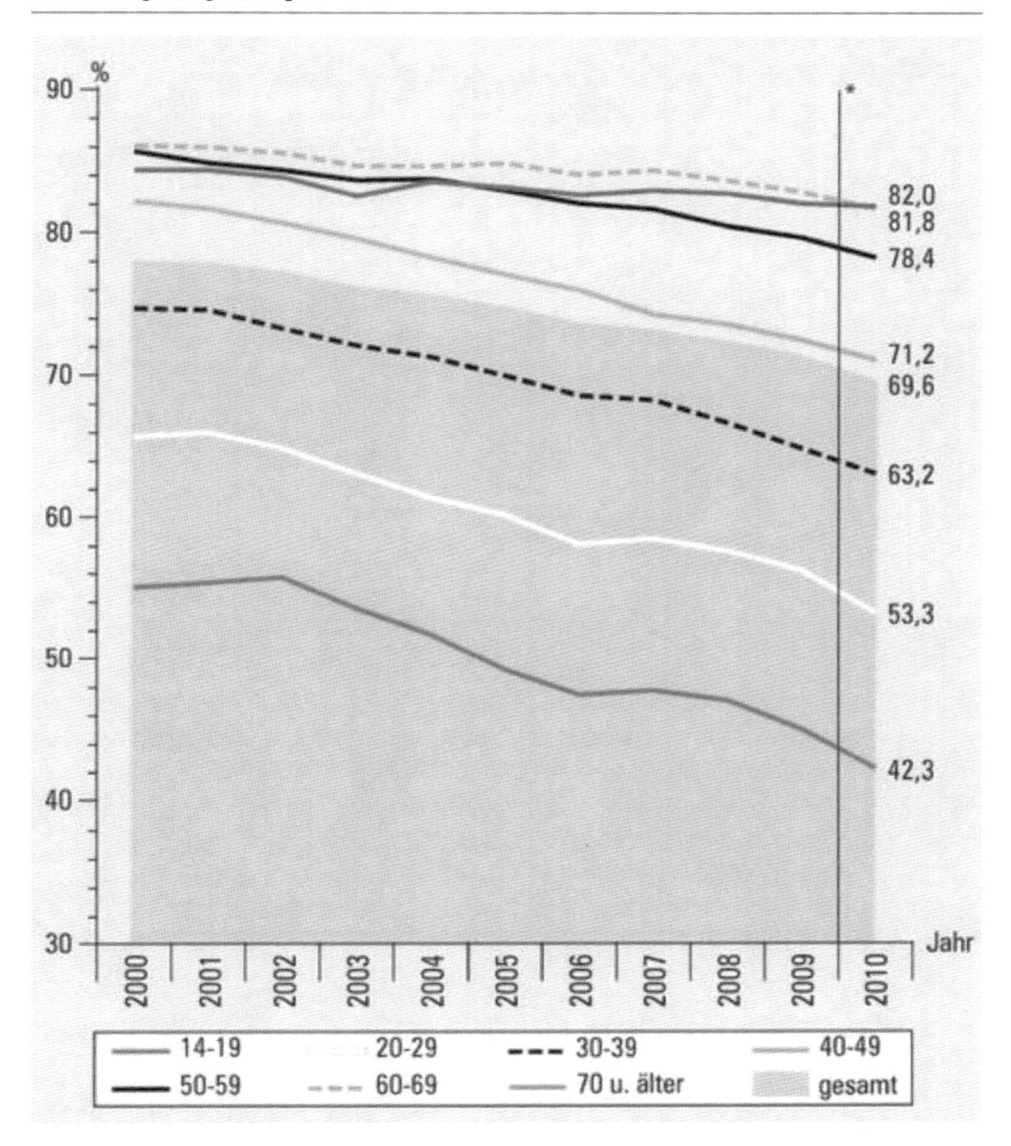

4.3 Mediagattung Zeitungen

Abb. 4.34 Entwicklung der Reichweiten von Tageszeitungen (2000–2010). (Bund Deutscher Zeitungsverleger, BDZV, 2010, o. S.)

Der Anteil der Frauen ist auch im Jahr 2000 mit 68,5 % höher als der Anteil der Männer mit 67,7 %.

Regionale Abonnementzeitungen werden von den höheren Altersgruppen weitaus mehr genutzt als von den Jugendlichen. Eine besonders intensive Nutzung kann darüber hinaus auch im mittleren Alterssegment festgestellt werden (zur Entwicklung vgl. Abb.

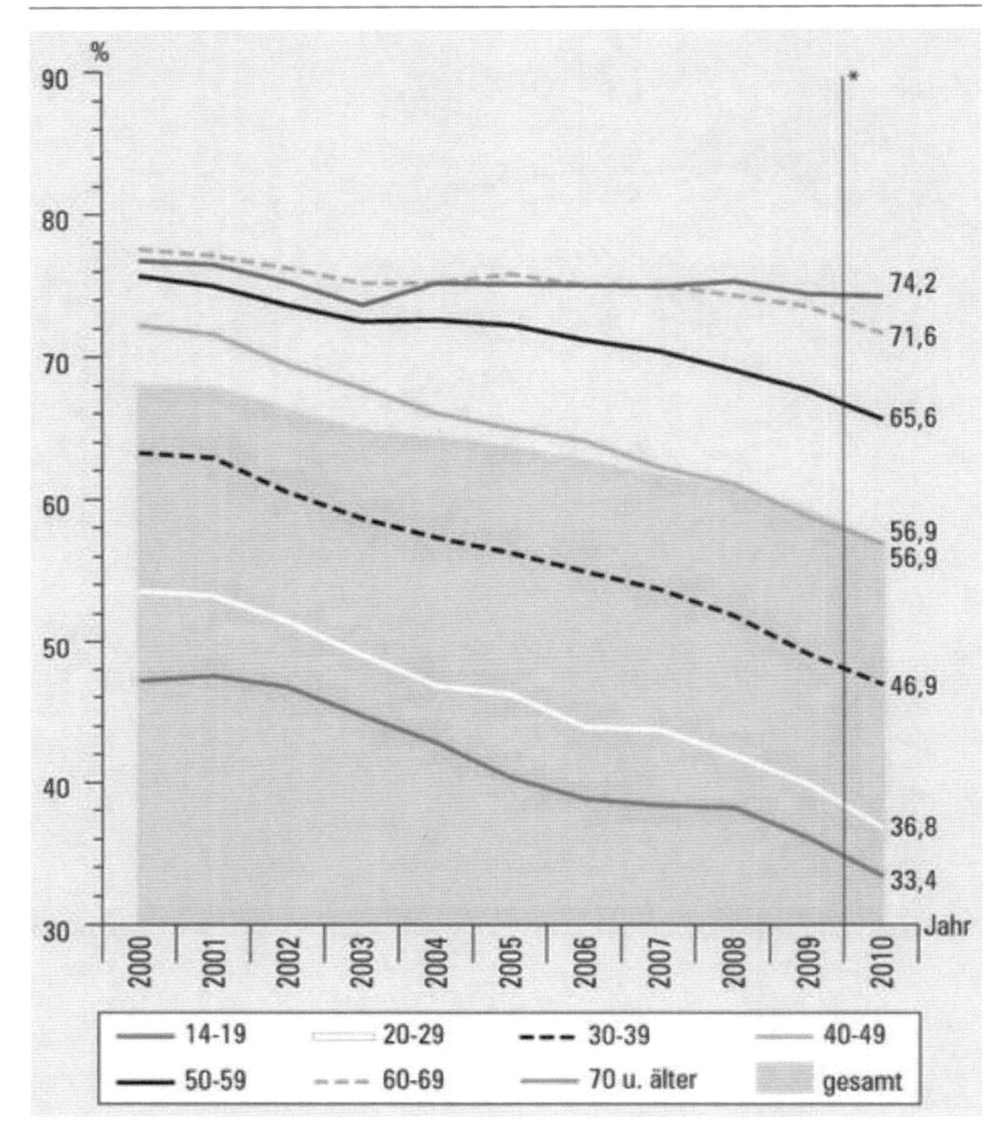

Abb. 4.35 Entwicklung der Reichweiten bei regionalen Abo-Zeitungen (2000–2010). (BDZV, 2010, o. S.)

4.35). Regionale Abonnementzeitungen werden von Berufstätigen, aber überwiegend von Rentnern und Pensionären gelesen. Der hohe Anteil der nicht Berufstätigen ist damit zu begründen, dass diese Personen die Zeitung zu Hause in der Familie mitnutzen. In Haushalten mit einem mittleren bis hohen Nettoeinkommen werden regionale Abonnementzeitungen zum Teil überdurchschnittlich genutzt. Wie bei den Tageszeitungen generell ist

4.3 Mediagattung Zeitungen   243

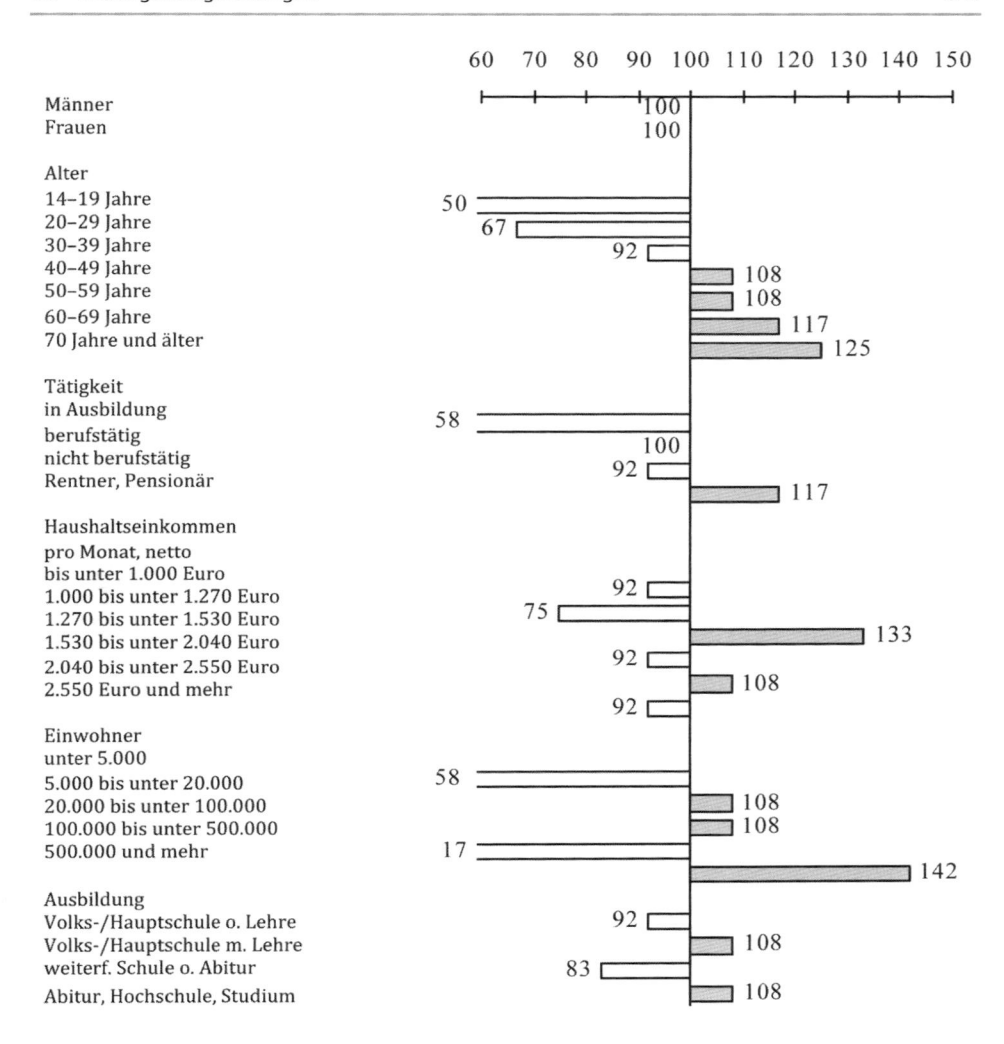

	60 70 80 90 100 110 120 130 140 150
Männer	100
Frauen	100
Alter	
14–19 Jahre	50
20–29 Jahre	67
30–39 Jahre	92
40–49 Jahre	108
50–59 Jahre	108
60–69 Jahre	117
70 Jahre und älter	125
Tätigkeit	
in Ausbildung	58
berufstätig	100
nicht berufstätig	92
Rentner, Pensionär	117
Haushaltseinkommen pro Monat, netto	
bis unter 1.000 Euro	92
1.000 bis unter 1.270 Euro	75
1.270 bis unter 1.530 Euro	133
1.530 bis unter 2.040 Euro	92
2.040 bis unter 2.550 Euro	108
2.550 Euro und mehr	92
Einwohner	
unter 5.000	58
5.000 bis unter 20.000	108
20.000 bis unter 100.000	108
100.000 bis unter 500.000	17
500.000 und mehr	142
Ausbildung	
Volks-/Hauptschule o. Lehre	92
Volks-/Hauptschule m. Lehre	108
weiterf. Schule o. Abitur	83
Abitur, Hochschule, Studium	108

Abb. 4.36 Mediennutzerschaft einer typischen regionalen Abonnementzeitung

auch bei den regionalen Abonnementzeitungen die Erreichbarkeit in mittleren Städten sowie Ballungsräumen/Großstädten hoch. Betrachtet man den Bereich der Ausbildung, kann festgestellt werden, dass ebenfalls die Höhergebildeten Abonnementzeitungen stärker nutzen. In Abb. 4.36 ist das Nutzungsverhalten der Leser einer typischen regionalen Abonnementzeitung graphisch dargestellt.

4.3.4.8 Überregionale Tageszeitungen

Überregionale Tageszeitungen erzielen in Deutschland eine Reichweite von knapp 6,0 %. Männer werden mit 6,8 % weiterhin deutlich besser erreicht als Frauen mit 4,4 %. Neben der Altersgruppe der 40–59-Jährigen werden auch die 20–39-Jährigen, wenn auch etwas weniger, überdurchschnittlich gut erreicht. Die Leser von überregionalen Tageszeitungen zeichnen sich durch eine gute Schulbildung (Abitur oder Studium) aus. So verwundert es nicht, dass Selbständige und freie Unternehmer sowie leitende Angestellte und höhere Beamte besonders gut erreicht werden. Neben der Gruppe der Berufstätigen nutzen auch die sich in der Ausbildung befindlichen Personen die überregionalen Tageszeitungen besonders stark. Überdurchschnittlich hoch ist die Nutzerschaft in Haushalten mit einem Nettoeinkommen von 2.550 EUR und mehr. Von überregionalen Tageszeitungen werden überwiegend die Leser in Großstädten mit mehr als 500.000 Einwohnern erreicht. Zusammenfassend ist aus Abb. 4.37 das Nutzerschaftsprofil von überregionalen Tageszeitungen am Beispiel der „Frankfurter Allgemeine Zeitung" ersichtlich.

4.3.4.9 Kaufzeitungen

Bundesweit nutzt nur rund ein Fünftel der Bevölkerung Kaufzeitungen. Bemerkenswert ist der Unterschied in der Nutzung von Männern und Frauen. Männer werden im Gegensatz zu Frauen weit überdurchschnittlich erreicht.

Bei Kaufzeitungen wird die mittlere Altersgruppe der 40–59-Jährigen am besten erreicht. Dagegen ist die ältere Bevölkerungsgruppe (70 Jahre und älter) schwächer zu erreichen. Kaufzeitungen werden von den Berufstätigen sowie den Lesern der mittleren Einkommensklassen (1.000 bis 2.040 EUR) überdurchschnittlich genutzt. Die Kernleserschaft der Kaufzeitungen finden wir, wie bei den überregionalen Tageszeitungen, vor allem in Großstädten mit mehr als 500.000 Einwohnern. Aber auch in kleineren Städten werden Kaufzeitungen regelmäßig genutzt. Die Leserschaft besteht überwiegend aus Facharbeitern und Arbeitern. Abbildung 4.38 verdeutlicht die Nutzerschaft von Kaufzeitungen am Beispiel der „Bild" im Überblick.

Auffällig bei der FAZ ist das Übergewicht an männlichen Lesern, es überwiegt die Berufstätigkeit, und es überwiegen die hohen Einkommen, sowie Leser in Großstädten und mit gehobener Bildung.

Die Leserschaft der „Bild" ist eher männlich, tendenziell etwas älter, in Ausbildung befindliche Leser sind unterrepräsentiert, ebenso Leser mit hoher Formalbildung, was nicht verwundert.

Es ist ersichtlich, dass mit der Tageszeitung alle soziodemographischen Gruppen erreicht werden können.

4.3.4.10 Preise/Tarife:

Grundlage für die Berechnung von Anzeigen ist der Millimeterpreis. Die Anzeigenberechnung erfolgt dabei nach folgender Formel:

4.3 Mediagattung Zeitungen

	60 70 80 90 100 110 120 130 140 150
Männer	129
Frauen	71

Alter	
14–19 Jahre	57
20–29 Jahre	107
30–39 Jahre	114
40–49 Jahre	114
50–59 Jahre	129
60–69 Jahre	86
70 Jahre und älter	64

Tätigkeit	
in Ausbildung	114
berufstätig	129
nicht berufstätig	50
Rentner, Pensionär	64

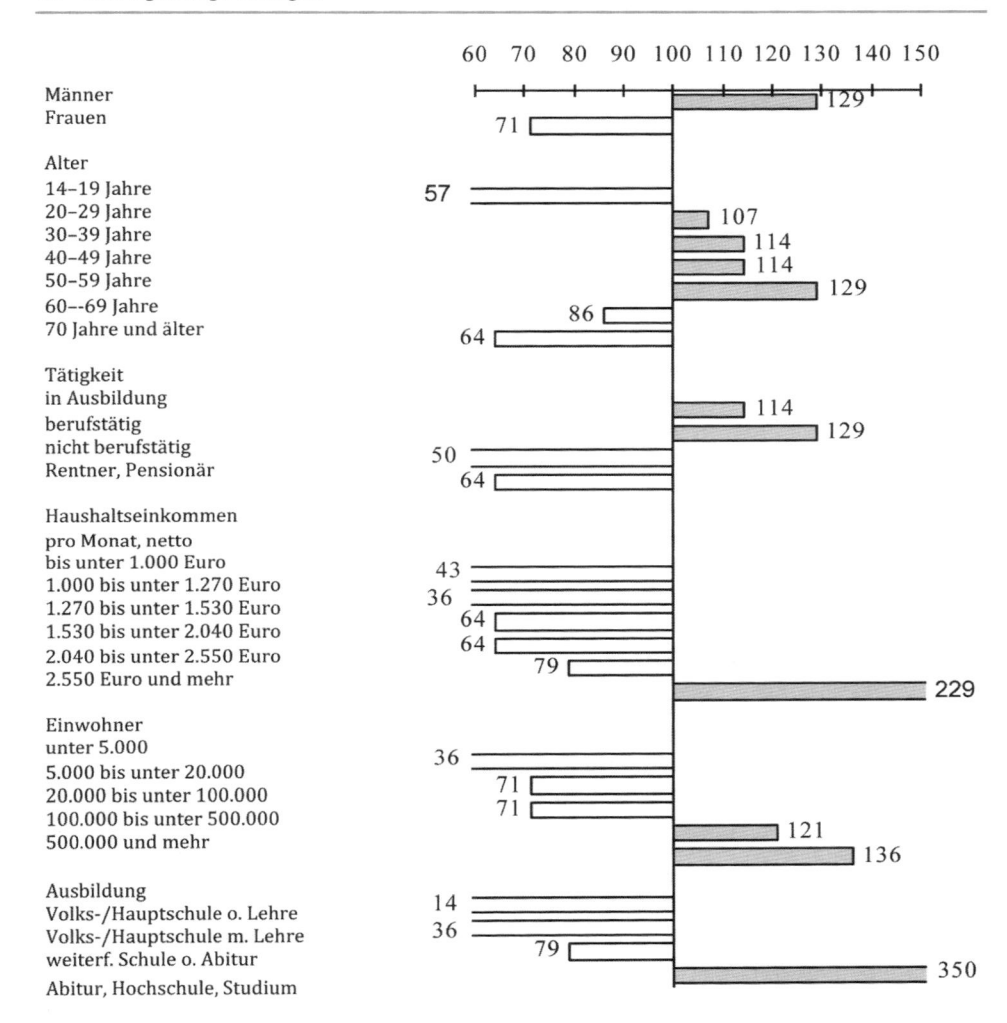

Haushaltseinkommen pro Monat, netto	
bis unter 1.000 Euro	43
1.000 bis unter 1.270 Euro	36
1.270 bis unter 1.530 Euro	64
1.530 bis unter 2.040 Euro	64
2.040 bis unter 2.550 Euro	79
2.550 Euro und mehr	229

Einwohner	
unter 5.000	36
5.000 bis unter 20.000	71
20.000 bis unter 100.000	71
100.000 bis unter 500.000	121
500.000 und mehr	136

Ausbildung	
Volks-/Hauptschule o. Lehre	14
Volks-/Hauptschule m. Lehre	36
weiterf. Schule o. Abitur	79
Abitur, Hochschule, Studium	350

Abb. 4.37 Mediennutzerschaft einer überregionalen Tageszeitung

---

Millimeterpreis x Spaltenanzahl x Höhe

Der Millimetergrundpreis bezieht sich auf eine Spaltenbreite und einen Millimeter Höhe im Anzeigenteil. Tabelle 4.17 gibt einen Überblick über die Preise für Anzeigenwerbung in regionalen Tageszeitungen. Es wird deutlich, dass es teilweise erhebliche regionale Unterschiede hinsichtlich der Grundpreise für Anzeigen gibt. Die in verschiedenen Nielsengebieten genannten Zahlen von Zeitungen (z. B. die bei Nielsen I und II genannten

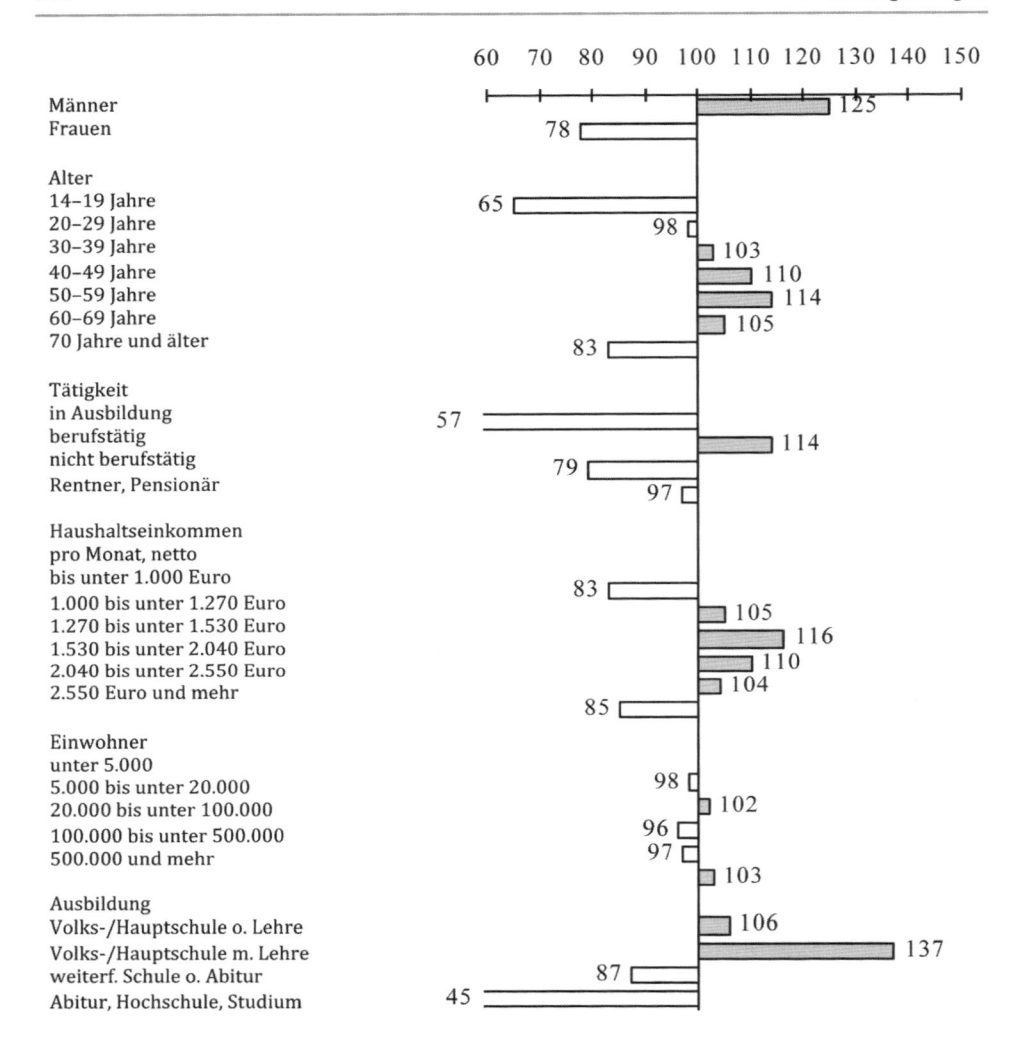

	60 70 80 90 100 110 120 130 140 150
Männer	125
Frauen	78
Alter	
14–19 Jahre	65
20–29 Jahre	98
30–39 Jahre	103
40–49 Jahre	110
50–59 Jahre	114
60–69 Jahre	105
70 Jahre und älter	83
Tätigkeit	
in Ausbildung	57
berufstätig	114
nicht berufstätig	79
Rentner, Pensionär	97
Haushaltseinkommen pro Monat, netto	
bis unter 1.000 Euro	83
1.000 bis unter 1.270 Euro	105
1.270 bis unter 1.530 Euro	116
1.530 bis unter 2.040 Euro	110
2.040 bis unter 2.550 Euro	104
2.550 Euro und mehr	85
Einwohner	
unter 5.000	98
5.000 bis unter 20.000	102
20.000 bis unter 100.000	96
100.000 bis unter 500.000	97
500.000 und mehr	103
Ausbildung	
Volks-/Hauptschule o. Lehre	106
Volks-/Hauptschule m. Lehre	137
weiterf. Schule o. Abitur	87
Abitur, Hochschule, Studium	45

Abb. 4.38 Mediennutzerschaft einer Kaufzeitung am Beispiel der „Bild"

Zahlen von 15 bzw. 6) sind keine Summen aus den dort genannten Bundesländern, vielmehr handelt es sich um Titel, die in einem ganzen Nielsengebiet bezogen werden können, mit den jeweils dazugehörigen Leistungs- und Kostenwerten.

Die Werbung in Zeitungen ist, verglichen mit anderen Medien, teurer, bietet dafür aber eine relativ hohe Haushaltsabdeckung. Der 1.000-Leserpreis liegt nach Nielsengebieten zwischen 48 EUR und 74 EUR. Die sinkenden verkauften Auflagen zeigen jedoch, dass die

4.3 Mediagattung Zeitungen

Tab. 4.17 Regionale Tageszeitungen – maximale Belegungseinheiten nach Bundesländern/Nielsengebieten. (Reichweiten, bezogen auf Personen ab 14 Jahren). (GWA, 2010, S. 16 f.)

	Anzahl Zeitungen	Verkaufte Auflage in 1.000 Mo–Fr	Reichweite MA09 in %	Reichweite MA 09 in Mio.	mm-Grundpreis sw (Mo–Fr) in EUR	Grundpreis 1/1 Seite sw (Mo–Fr) in EUR	1.000-Leser-Preis 1/1 S. sw in EUR
Schleswig-Holstein,	8	533.131	58,0	1,33	31,01	95.838	72,06
Hamburg	5	351.390	37,6	0,50	14.14	52.477	104,95
Bremen	3	238.902	66,3	0,34	10,97	36.385	107,02
Niedersachsen	17	1.641.412	64,5	4,11	81,32	228.000	60,34
Nielsen I	15	**2.522.080**	**60,9**	**6,38**	**119,28**	**373.895**	**58,60**
Nordrhein-Westfalen	6	3.065.936	55,9	7,75	129.96	410.135	52,92
Nielsen II							
Hessen	11	1.092.167	58,9	2,73	50,47	149.551	54,78
Rheinland-Pfalz	7	678.077	57,8	1,86	27,57	93.211	50,11
Saarland	1	142.906	55,3	0,46	6,06	20.361	44,26
Nielsen III a	10	**1.852.796**	**57,5**	**4,99**	**77.39**	**240.097**	**48,12**
Baden-Württemberg	17	2.043.475	57,4	4,62	98,32	312.528	67,65
Nielsen III b							
Bayern	15	**2.390.301**	**60,6**	**5,84**	**87,50**	**295.341**	**50,57**
Nielsen IV							
Berlin	5	478.782	**35,5**	**0,92**	**17,99**	**68.339**	**74,28**
Nielsen V							
Mecklenburg-Vorpommern	4	337.845	55,3	0,82	17,61	59.169	72,16
Brandenburg	7	385.395	46,9	1,04	23,16	78.601	75,58
Sachsen-Anhalt	3	466.166	60,7	1,29	23,11	76.405	59,23
Nielsen VI	11	**1.160.291**	**53,5**	**3,11**	**60,75**	**203.625**	**65,47**
Thüringen	3	425.909	58,1	1,17	23,20	79.405	67,91
Sachsen	10	787,201	54,2	2,00	39,67	141.702	70,85
Nielsen VII	7	**1.227.362**	**55,6**	**3,17**	**62,62**	**219.946**	**69,38**
Gesamtdeutschland	74	14.153.859	57,8	37,44	643,87	2.091.331	55,86

Haushaltsabdeckung kontinuierlich, wenn auch leicht abnimmt. Ein dauerhafter Vorteil der Werbung in regionalen Tageszeitungen liegt in der präzisen regionalen Steuerung.

Aufgrund der unterschiedlichsten in Deutschland üblichen Zeitungsformate und deren Aufteilung in verschiedene Spaltenzahlen weichen die Millimeter, die auf einer Seite untergebracht werden können, zum Teil beträchtlich voneinander ab. Diese Uneinheitlichkeit bei den Formaten sowie die Vielzahl der bis in kleinste Regionen verbreiteten Zeitungen machen die Planung dieses Mediums sehr aufwendig. Daher sind Computerprogramme (z. B. „MDS – Media Dialog System" vom Axel-Springer-Verlag) entwickelt worden, welche diese Datenvielfalt schnell für die Planung verfügbar machen.

4.3.5 Online-Dienste

Online-Kommunikation könnte der wesentliche Wettbewerber für die Tageszeitungen sein. Gerade jüngere Personen nutzen weniger die Tageszeitung zur täglichen Information, dafür mehr das Internet.

Während Anfang 1995 kaum deutschsprachige Publikationen im „World Wide Web" vertreten waren, gab es 1996 bereits unzählige Fachpublikationen, ein Dutzend Publikumszeitschriften, ein halbes Dutzend Wochenzeitungen und rund 50 Tageszeitungen (vgl. BDZV, 1996, S. 158 f.). Das Angebot hat sich bis zum heutigen Zeitpunkt deutlich erhöht.

Laut Expertenmeinung werden gedruckte Medien auch in Zukunft eine bedeutende Rolle im Wettbewerb der Medien spielen. Aber es besteht kein Zweifel daran, dass gleichzeitig auch die Bedeutung der Online-Dienste weiter wächst.

Elektronisch aufbereitete Angebote haben den Vorteil, dass sie ihre potentiellen Kunden noch aktueller und schneller erreichen. Die Nutzer steuern die Botschaften im Netz aus eigenem Antrieb entsprechend den individuellen Interessen und Bedürfnissen an. Mit Online-Medien lassen sich ganz spezifische und tiefergehende Inhalte übermitteln, wie z. B. Detailinformationen (bspw. Ausstattungsdetails), Vertriebsinformationen (z. B. über das Händlernetz), Direktvertrieb, Darstellung virtueller Ausstellungsräume (z. B. Pkws) oder Informationen zur Produktverfügbarkeit (für z. B. Buchungen).

Aufgrund der Konkurrenz, die einerseits von Branchenfremden, die online mit Inhalten auftreten, welche das Kerngeschäft von Zeitungen darstellen (z. B. Anzeigenmarkt oder Stellenanzeigen), ausgeht und andererseits von den Inserenten der Zeitungen, die eigene WWW-Seiten unterhalten, sind die Zeitungsverlage gezwungen, sich ebenfalls online zu präsentieren. Ein weiterer Grund ist die Chance, über elektronische Kommunikation wieder verstärkt jüngere Zielgruppen zu erreichen, die Spaß an der Nutzung haben und bei der Zeitungsleserschaft zurückgehen. Die Netto-Werbeumsätze sind von 2001 bis 2007 fast kontinuierlich zweistellig gewachsen, wie aus Tab. 4.18 ersichtlich ist. Erst ab 2008 flachen die Zusatzraten etwas ab.

Das deutliche Wachstum scheint gebremst, dazu passen auch einige wenige Beispiele aus der Online-Werbung.

4.3 Mediagattung Zeitungen

Tab. 4.18 Netto-Werbeumsätze der Online-Angebote. (ZAW, 2006, S. 336 und 2010, S. 15 in Mio. EUR)

	2001	2002	2003	2004	2005
Werbeumsätze	185	227	246	271	332
Veränderungen in Prozent	+ 21	+ 23	+ 8	+ 10	23
	2006	2007	2008	2009	
Werbeumsätze	495	689	754	764	
Veränderungen in Prozent	+ 49	+ 39	+ 9	+ 1	

Die am stärksten im Online Werbenden Unternehmen haben ihre Werbeaufwendungen deutlich gesenkt. Das bedeutendste im Internet werbende Unternehmen eBay hat seine Online-Werbung von 31 Mio. EUR auf 8,1 Mio. EUR um rund 74 % gesenkt. Auch Microsoft kürzte seinen Online-Etat um 20 % auf 7,4 Mio. EUR, die Deutsche Telekom um 27 % auf 6,9 Mio. EUR . Andererseits haben auch einige Unternehmen ihre Online-Aufwendungen gesteigert.

Es ist auffällig, dass es unter den Top-30 Online werbenden Unternehmen erhebliche Schwankungen gibt. 16 Unternehmen sind in 2009 neu, nur 14 waren auch im Vorjahr schon unter den Top-30 (vgl. ZAW, 2010, S. 329).

Online-Kommunikation scheint, realistisch betrachtet, für den klassischen Werbebereich bis auf wenige Branchen weiterhin nicht von hervorragender Bedeutung zu sein, was sich selbstverständlich erheblich ändern kann. Die aktuellen Nutzerstrukturen finden sich in Tab. 4.19. 68,8 % der Gesamtbevölkerung hat Online-Zugang. Nur die Gruppe der über 60-Jährigen ist zu unter 50 % online. Als Online-Nutzung gilt, Online-Nutzung innerhalb der letzten vier Wochen.

Für das sogenannte Senioren-Marketing wäre eine genauere Aufteilung der über 60-Jährigen wünschenswert. Aber diese Erkenntnis hat sich in den aktuell verfügbaren Media-Studien noch nicht genügend durchgesetzt.

Die Menge (sog. „Visits") und die Art der Nutzung (Anklicken von Links) von Internetseiten werden durch die IVW kontrolliert.

4.3.6 Abschließende Beurteilung

Tageszeitungen liegen bei den Nettowerbeumsätzen im Jahre 2009 erstmals nicht mehr an erster Stelle. Sie sind zusammen mit dem Fernsehen der größte Werbeträger in Deutschland. Die starke Konkurrenz der audio-visuellen Medien führte in den letzten Jahren dazu, dass der Anteil der Tageszeitungen am Werbemarkt zurückging. Betrug der Markenanteil im Jahre 1987 noch 37 %, so schien er sich in den Jahren 1997 bis 2000 mit 28 % zu stabilisieren, nahm dann jedoch wieder kontinuierlich auf bis zu 22 % im Jahre 2005 ab. Im

Tab. 4.19 Online-Zugang nach Personenmarkmalen (van Eimeren und Frees, 2010, S. 335)

Personenmerkmale	Prozent mit Online-Zugang
männlich	75,1
weiblich	62,8
14 – 29 J.	99,1
30 – 49 J	86,1
50 – 59 J.	69,4
40 – 49 J.	80,2
60 J. +	28,2

Jahre 2009 sank der Marktanteil auf 20 %. Im Vergleichszeitraum stieg der Anteil von TV auf ebenfalls 20 % (vgl. ZAW, 2010, S. 17).

Ungeachtet dessen sind Tageszeitungen immer noch ein wichtiges Informationsmedium. Ihre individuelle Verfügbarkeit, der starke lokale und regionale Bezug machen sie für die Leser offensichtlich von erheblicher Bedeutung. Das Problem der Tageszeitungen liegt im geänderten Informationsverhalten jüngerer Zielgruppen, die sich zunehmend über das Internet informieren.

Zeitungen haben bei ihren Lesern eine hohe Glaubwürdigkeit, weisen eine relativ starke Nutzung der werblichen Inhalte auf und stimulieren das tägliche Einkaufsverhalten. Das Vertrauen in die Zeitung wirkt sich positiv auf die Werbemaßnahmen aus. Der hohe Stellenwert der Tageszeitungen, und hier insbesondere der lokalen und regionalen Abonnement-Zeitungen, spiegelt sich auch in der hohen Reichweite in der Gesamtbevölkerung wider, wobei letztlich alle soziodemographischen Gruppen erreicht werden.

Zeitungen sind der klassische Werbeträger des Handels. Über Anzeigen und Prospektbeilagen können Informationen über Angebote und Serviceleistungen gut an breite Konsumentenkreise kommuniziert werden. Darüber hinaus eignen sich Zeitungen für die Vermittlung von Informationen über erklärungsbedürftige Produkte.

Im Vergleich zu allen anderen Printwerbeträger haben Anzeigen in Zeitungen die höchste Aktualität. Zeitungsanzeigen werden als Ergänzungsmedium bei Produktneueinführungen, in Testmärkten und für aktuelle Kundeninformationen eingesetzt. Nur selten dienen Zeitungen für Markenartikelwerbung als reines Basismedium. Der Handel (insbesondere bekannte Discountketten) setzen regionale Abonnement-Tageszeitungen neben Handzetteln als wesentliches Werbemedium ein.

Die Bedeutung der Zeitung als Werbeträger resultiert allerdings auch aus Personalanzeigen. Dieser Bereich kommt für andere Werbeträgergattungen praktisch nicht in

4.4 Mediagattung Außenwerbung

Betracht, was Zeitungen als Werbeträger etwas vorteilhafter erscheinen lässt, als es ihrer Bedeutung innerhalb der klassischen Werbung entspricht.

4.4 Mediagattung Außenwerbung

4.4.1 Einführung

Unter Außenwerbung versteht man werbliche Aktivitäten, die außerhalb geschlossener Gebäude durchgeführt werden. Als alternativer Begriff wird zunehmend von Out-of-Home Media gesprochen. Zur klassischen Außenwerbung zählen die Plakatwerbung, die Lichtwerbung, die Verkehrsmittelwerbung und seit jüngster Zeit auch die elektronischen Medien. Durch die begriffliche Ausdehnung in Out-of-Home-Media können auch weitere Plakatierungs- und Kommunikationsformate darunter subsumiert werden (Ambient Media). Innerhalb der genannten Bereiche hat die Plakatwerbung derzeit noch die größte Bedeutung. Die Plakatierung ist mit die älteste Form der schriftlichen Werbung und geht bis in das alte Ägypten zurück. In Deutschland verbindet man die klassische Form der Außenwerbung mit Herrn Ernst Litfaß, Berlin, der 1855 die ersten Litfaßsäulen aufstellte (vgl. Hofsäss und Engel, 2003, S.344). Im Jahre 1898 gab es die erste Lichtwerbereklame über dem Potsdamer Platz in Berlin für „Leipnitz Cakes", die erste bewegliche Lichtwerbereklame 1912 ebenfalls in Berlin für „Kupferberg".

Die Verkehrsmittelwerbung hat ihren Ursprung im 19. Jahrhundert. Die Entwicklung der Technik schuf die Voraussetzungen für die Mobilität von jedermann. Anfangs wurde an Pferdedroschken, die in Großstädten im Linienverkehr eingesetzt wurden, geworben, bis 1866 die königliche Eisenbahndirektion die Wagen der dritten Klasse zur „geschäftlichen Ankündigung" freigab. Bekannt sind auch die Künstlerplakate u. A. von Henri de Toulouse-Lautrec, die Ende des 19. Jahrhunderts in Frankreich entstanden.

In Deutschland hat die Plakatwerbung seit 2001 einen konstanten Anteil am Werbeaufkommen von 4 %. Aufteilung und Entwicklung ergeben sich aus Tab. 4.26. Von 1997 bis 2001 zeigt sich ein erhebliches Wachstum, der 2002 eingetretene Rückgang wurde bis 2005 wieder kompensiert und konnte anschließend wieder gesteigert werden, erhielt jedoch wie viele andere Werbeträgergattungen erneut speziell 2009 (minus 8,4 %) einen Dämpfer und gewinnt 2010 wieder leicht an Fahrt (plus 3,9 %).

Außenwerbung liegt demnach aktuell im allgemeinen Trend der reduzierten medialen Werbeaufwendungen. Das zeigen die Umsatzzahlen der Jahre 2008 und 2009. Umsatzeinbußen treten dabei überwiegend bei den Anschlagarten Riesenposter, Allgemeinstellen und Transportmedien auf. Positive Entwicklungen zeigen sich vor allem im digitalen Bereich. Außenwerbung ist keinesfalls nur ein Medium für die großen Markenartikelhersteller. Sie bietet gerade auch kleinen und mittelständischen Anbietern von Produkten und Dienstleistungen vielfältige Möglichkeiten, mit ihrer Werbung groß herauszukommen.

Die aktuellen Entwicklungen, dargestellt ab 1997 verdeutlicht Tab. 4.20.

Tab. 4.20 Nettoumsätze in der Außenwerbung 1997 bis 2010 (in Mio. Euro). (ZAW, 2000, S. 300 und 2003, S. 360, 2006, S. 369, 2009, S.386 sowie 2011, S. 380)

	1997	2001	2005	2007	2009	2010	Veränd. 09//10 in %
Allgemeiner Anschlag	36,0	38,4	37,4	33,60	26,02	24,	-4,8
Ganzsäulen	32,9	37,6	30,8	29,78	29,78	24,84	-1,6
Großflächen	231,5	289,9	310,0	354,30	311,92	320,37	+2,7
4/1-Bogen-Plakate City-Light-Poster, City-Poster	145,1	220,5	229,3	226,64	187,67	209,49	+11,6
Verkehrsmittel-Werbung	67,0	81,1	64,9	58,86	59,90	57,57	-3,9
Riesenposter		44,2	35,0	30,84	39,24	30,13	-23,2
Dauerwerbung		34,7	44,4	46,78	53,66	53,29	-0,68
Elektronische Außenwerbung		8,1	13,8	20,07	24,51	33,80	+37,9
Klein-/Spezial-stellen		5,2	3,4	16,50	9,68		
Gesamt	512,5	759,7	769,1	820,37	737,51	766,06	+3,9

Die sogenannte „Litfaßsäule" ist der klassische Werbeträger der Außenwerbung. Heute dominieren die Großfläche und das City-Light-Poster. In den letzten Jahren wurden immer wieder innovative Formate wie Superposter, Blow-ups oder Megalights entwickelt. Für die regionale Werbung spielt insbesondere die Verkehrsmittelwerbung eine bedeutende Rolle.

Lange Zeit gab es in der Außenwerbung keine verlässlichen Planungsdaten. Im Jahre 1994 standen mit der vom Fachverband Außenwerbung e.V. in Auftrag gegebenen Plakat-Media-Analyse erstmals umfangreiche Daten zur Rahmenplanung des Mediums Plakat zu Verfügung.

1995 beschlossen die FAW-Mitgliedsunternehmen die Zusammenarbeit mit der GfK Marktforschung in Nürnberg. Ziel dieser Zusammenarbeit ist die Bewertung der Großflächen nach der Kontaktleistung durch die GfK. Als Ergebnis erhält man den G-Wert, ein neuer Qualitätsmaßstab für die Plakatwerbung. Der G-Wert soll Transparenz schaffen und die Anschlagunternehmen in die Lage versetzen, eine Mindestqualität der angebotenen Großflächen sicherzustellen.

Seit 2004 erfasst ma erfasst in Zusammenarbeit mit dem Fachverband Außenwerbung e. V. (FAW) die Plakatwahrnehmung systematisch auf der Grundlage von Passantenströmen,

4.4 Mediagattung Außenwerbung

Abb. 4.39 Erscheinungsformen der Außenwerbung. (in Anlehnung an Schneider und Pflaum, 1993, S. 277)

```
                          Außenwerbung
                               |
            ┌──────────────────┴──────────────────┐
      Stationäre                              Bewegliche
     Außenwerbung                            Außenwerbung
            |                                     |
            |                          ┌──────────┴──────────┐
         Plakate                 Verkehrsmittel-         Werbung an
                                    werbung              Personen
            |
   ┌────────┴────────────────────────────┐
   Allgemeine                  Spezialstellen und Sonderformen:
 Anschlagstelle,               Wartehallen- und Lichtwerbung,
  Ganzstellen,                 City-Light-Poster, Prismaton,
  Großflächen                   digitale Außenwerbung,
```

die anhand repräsentativer Umfragen ermittelt werden. In der zweiten 2007 durchgeführten MAPlakat (PMA) wurde erstmals eine technische Messung mittels GPS durchgeführt.

4.4.2 Klassifikation der Außenwerbung

Geht man von dem Begriff Out-of-Home aus, kann zwischen der klassischen Außenwerbung und Ambient Media differenziert werden. In Abb. 4.39 ist eine mögliche Klassifizierung der Außenwerbung dargestellt, die weit mehr umfasst als lediglich Plakatwerbung. Insbesondere die Verkehrsmittelwerbung spielt eine nicht unerhebliche Rolle.

4.4.3 Stationäre Außenwerbung

4.4.3.1 Möglichkeiten der Außenwerbung

Für die Werbung stehen den Werbungtreibenden vielfältige Möglichkeiten zur Verfügung:
- *Allgemeinstellen:*
  - Hierbei handelt es sich um Säulen und Tafeln, die der Plakatwerbung mehrerer Werbungtreibenden vorbehalten sind und daher die unterschiedlichsten Informationen enthalten. In Deutschland sind ca. 33.000 Allgemeinstellen vorhanden. Diese befinden sich in der Regel auf öffentlichen Plätzen, wobei Pachtverträge mit den zuständigen Kommunen geschlossen werden. Allgemeinstellen sind wie ein gleichmäßig

geknüpftes Netz über jeden Ort verteilt (Netzprinzip). Die Belegung erfolgt grundsätzlich im Netz für jeden Ort bzw. jede Stadt allein, in Großstädten sind zwischenzeitlich auch Teilbelegungen möglich (vgl. DSM, o. J.). Das Klebeintervall ist dekadisch.[11] Zur Anwendung kommen 1/1- bis 6/1-Bogen-Plakate bei einer Säulengröße zwischen 2,60 m – 3,60 m Höhe und 3,60 m – 4,30 m Breite. Als Tafeln orientieren sie sich am Großflächenformat mit einer Breite von 3,56 m und einer Höhe von 2,52 m.

- *Ganzstelle:*
  - Dies sind Werbeflächen (vorzugsweise Säulen mit einer Höhe zwischen 2,60 m und 3,60 m), die dem Anschlag jeweils nur eines Werbungtreibenden dienen. Die knapp 17.000 Ganzstellen bieten dadurch den Vorteil, dass unabhängig von der Blickrichtung des Betrachters die Werbebotschaft rundum sichtbar ist. Sie befinden sich vor allem an hochfrequentierten Straßen und Plätzen, in den Innenstädten sowie in Zentren des Einkaufs und stehen in der Regel auch auf öffentlichem Boden. Die Belegung erfolgt dekadisch für Ortsnetze oder einzelne Säulen mit 6 x 4/1-, 3 x 6/1- oder 3 x 8/1-Bogen-Plakaten. In Ballungsräumen stehen die größten Säulen mit einer Höhe von ca. 3,60 m und einem Umfang von ca. 4,30 m. Das sind rund 15,5 qm Werbefläche je Säule.
  - Dem allgemeinen Trend folgend, werden Ganzstellen auch als verglaste Leuchtsäulen angeboten mit dem Ziel, durch die Hinterleuchtung der Plakate die Wirkung und Dauer der Werbebotschaft deutlich zu steigern (vgl. DSM, o. J.).
- *Großflächen:*
  - Großflächen bestehen ausschließlich in der Form von Tafeln (Normgröße 356 x 252 cm). Insgesamt sind 162.000 Standorte in Deutschland verfügbar, davon ca. 25.000 Flächen für eine verbrauchernahe Werbung am Point of Sale (FAW, 2007, S.8). Auch sie dienen dem Anschlag nur eines Werbungtreibenden. Im Gegensatz zu den bereits behandelten Anschlagstellen stehen Großflächen in der Regel auf privatem Grund. Großflächen sind auf das gesamte Stadtgebiet verteilt. Im Straßenbereich erfolgt die Belegung pro Ort einzeln oder nach Planzahlen. Im Verbrauchermarktbereich sind Großflächen einzeln oder nach Belegungsempfehlung buchbar pro Ort oder Verbrauchermarkt, nach Marktketten oder Verbrauchermarkt-Organisationen selektierbar. Das Buchungsintervall beträgt mindestens eine Dekade. Dem Werbungtreibenden steht dabei eine 18/1-Bogen-Werbefläche (18 x DIN A1) zur Verfügung, d. h. ca. 356 x 252 cm = rund 9 qm. Anwendung finden hier 6/1-, 8/1- und 9/1-Bogen-Plakate.
  - Auch Großflächen werden zwischenzeitlich be- oder hinterleuchtet (sog. City-Light-Boards oder Megalights – ca. 12.700 Standorte in Deutschland) angeboten und bieten damit eine Nutzungsdauer von 24 h. Eine weitere Besonderheit ist die teilweise Ausstattung mit einem Motivwechsel im 5-Sekunden-Takt. Eine weitere Möglichkeit sind die sogenannten City Stars, die beleuchtet auf einem Monofuß stehend an stark befahrenen Ein- und Ausfallstraßen platziert sind.
- *City-Light-Poster (auch als Cityflächen bezeichnet):*

---

[11] Dekade: Belegungszeiträume für den Plakatanschlag, i.d.R. 10 bzw. 11 Tage.

4.4 Mediagattung Außenwerbung

- Hierbei handelt es sich um beleuchtete Vitrinen mit einem Format von ca. 119 x 175 cm (4/1-Bogen). Bedingt durch den Vitrinenrahmen, werden von allen vier Plakaträndern jeweils ca. 2 cm abgedeckt, so dass sich eine Sichtfläche von 115 x 171 cm ergibt. Die Plakate sind hinter Glas geschützt. City-Light-Poster findet man im Straßenbereich an Wartehallen öffentlicher Verkehrsmittel und Stadtinformationsanlagen sowie Fußgängerzonen. Belegt werden muß mindestens 1 Netz pro Ort mit Festauftrag12. Die City-Light-Poster im Verbrauchermarktbereich können nach einzelnen Verbrauchermarkt-Organisationen bis hin zur Selektion einzelner Verbrauchermärkte gebucht werden. Es erfolgt im Wechsel die Belegung der Innen- und Außenseiten der Vitrinen, eine Vollbelegung ist möglich. Die Belegung erfolgt dabei nicht nach den sonst üblichen Dekaden, sondern nach Wochen. Der Bestand der insgesamt knapp 110.000 Standorte konzentriert sich dabei auf Städte ab 50.000 Einwohner.
- *Kleintafeln*:
  - Bei Kleintafeln handelt es sich um Anschlagstellen in den Formaten 119 x 252 cm (6/1-Bogen) bzw. 119 x 168 cm (4/1-Bogen). Kleintafeln stehen in der Regel auf privatem Boden, insbesondere vor Einkaufszentren und Supermärkten und ermöglichen den Anschlag von vier bis sechs Bogen.
- *Spezialstellen:*
  - Unter Spezialstellen werden alle Anschlagstellen zusammengefasst, die nicht den genau beschriebenen Gruppen der Allgemein- und Ganzstellen sowie der Großflächen zugeordnet werden können. Spezialstellen können dabei Säulen, Tafeln, Flächen oder beleuchtete oder unbeleuchtete Vitrinen sein, die im Hinblick auf Format, Errichtungs- oder Anbringungsdauer, Verwendungsmöglichkeit, Standort oder sonstiger Besonderheiten Abweichungen aufweisen. Eine Klassifikation ist daher nicht möglich (vgl. DSM, 2001a, S. 16).
  - Zu den Spezialstellen zählen u. A. Bauzäune, Sonderaufsteller zu Messen, Häuserwände, Uhrensäulen, Brücken.
- *Superposter:*
  - Superposter sind Tafeln (Größe: 5,31 m breit und 3,78 m hoch), die nur einem Werbungtreibenden vorbehalten sind. Sie befinden sich mindestens 2 m über der Straße und sind überwiegend beleuchtet. Dem Werbungtreibenden steht dabei eine 40/1-Bogen-Werbefläche (rund 20 qm) zur Verfügung. Die ca. 1.200 Standorte in rund 110 deutschen Städten können einzeln im Dekadenrythmus wie auch als Monats- und Dauerbelegung gebucht werden.
- *Riesenposter: (Blow-up, Giganto oder Mega-Poster)*
  - Hier handelt es sich um bedruckte Kunststoffplanen oder Vinylnetze, die eine Größe bis zu 1.000 qm² erreichen und nur einem Werbungtreibenden vorbehalten sind.

---

[12] Festauftrag: Ein Werbe- oder Mediaauftrag, für den der Auftraggeber ein Rücktrittsrecht nicht geltend macht bzw. nur in Fällen höherer Gewalt geltend machen kann (vgl. Koschnick, 2003, S. 910). In Großstädten ist auch eine Belegung von Teilnetzen möglich.

Sie findet man an besonders sorgfältig ausgewählten Standorten. Die „Lebensdauer" dieser „Plakate" beträgt zwei bis fünf Jahre.

- *Digitale Außenwerbung (Infoscreens, Videoboards)*
  - Hierbei handelt es sich um Screens oder Großbildprojektoren unterschiedlicher Größe mit einem hohen Maß an Flexibilität (u. A. Zeit, Ort, Rotation) vor allem an Flughäfen, Bahnhöfen, an wichtigen Ein- und Ausfallstraßen oder am PoS. Werbliche Motive sind in ein redaktionelles Umfeld integriert (z. B. Nachrichten, Wetterprognosen, Cartoons etc.) (vgl. hierzu Abschn. 4.4.3.5).

Es gibt in der Außenwerbung die Möglichkeit sehr spektakulärer Auftritte. Hofsäss und Engel (2003, S. 346) zeigen die Verhüllung der Gedächtniskirche mit Werbeplakaten von L`OREAL.

In den Abbildungen (siehe Abb. 4.40 bis 4.43) sind Beispiele und Modelle für einzelne Anschlagarten dargestellt.

4.4.3.2 Plakatformate

Den Plakatformaten liegt die DIN-Reihe zugrunde. Ausgangspunkt aller Formate und der Berechnung für allgemeine Anschlagstellen ist der 1/1-Bogen (DIN A1). Die Plakate müssen diesem Format bzw. einem Vielfachen davon entsprechen oder darin teilbar sein (vgl. Abb. 4.40; Schneider und Pflaum, 1993, S. 278). Das Format der City-Light-Poster ist ein Sonderformat und beträgt 120 x 176 cm.

Die Angabe der Plakatformate erfolgt dabei üblicherweise sowohl in Bogengröße als auch in cm, wobei die erste Zahl immer die Breite angibt.

4.4.3.3 Mediadaten

Verfügbarkeit des Mediums
Tabelle 4.21. zeigt das Angebot an Werbeflächen in Deutschland, Stand 2009/2010)

Steuerbarkeit des Mediums
Selektionsmöglichkeiten bestehen nach Verkaufs- oder Postleitzahlgebieten, nach Städten und Kreisen, nach Bundesländern oder Nielsengebieten. Anschlagstellen können national, regional, örtlich bis hin zu einzelnen Stellen gebucht werden. Der Werbungtreibende hat die Möglichkeit, das Plakatformat, den Werbeträger sowie den Zeitraum für den Plakatanschlag frei zu wählen und somit seinen Mediazielen anzupassen. Allgemeinstellen begünstigen regionale und lokale Steuerung durch Belegung einzelner Orte/Städte. Die zeitliche Steuerbarkeit ist aufgrund der Mindestbelegungsdauern (eine Dekade bzw. teilw. eine Woche) eingeschränkt. Allgemein spricht Außenwerbung den Querschnitt der mobilen Gesellschaft an, eine differenziertere Zielgruppenselektion ist daher nur sehr eingeschränkt möglich z. B. durch Auswahl der Standorte (vgl. Schnettler und Wendt 2007, S.202)

4.4 Mediagattung Außenwerbung

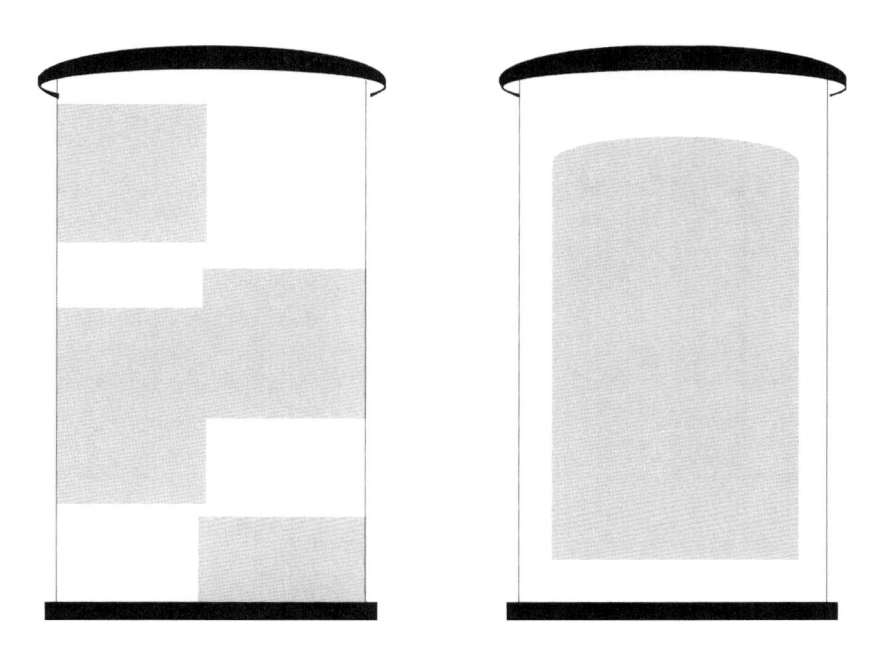

Abb. 4.40 Modell Anschlagsäulen

Abb. 4.41 Modell Großfläche

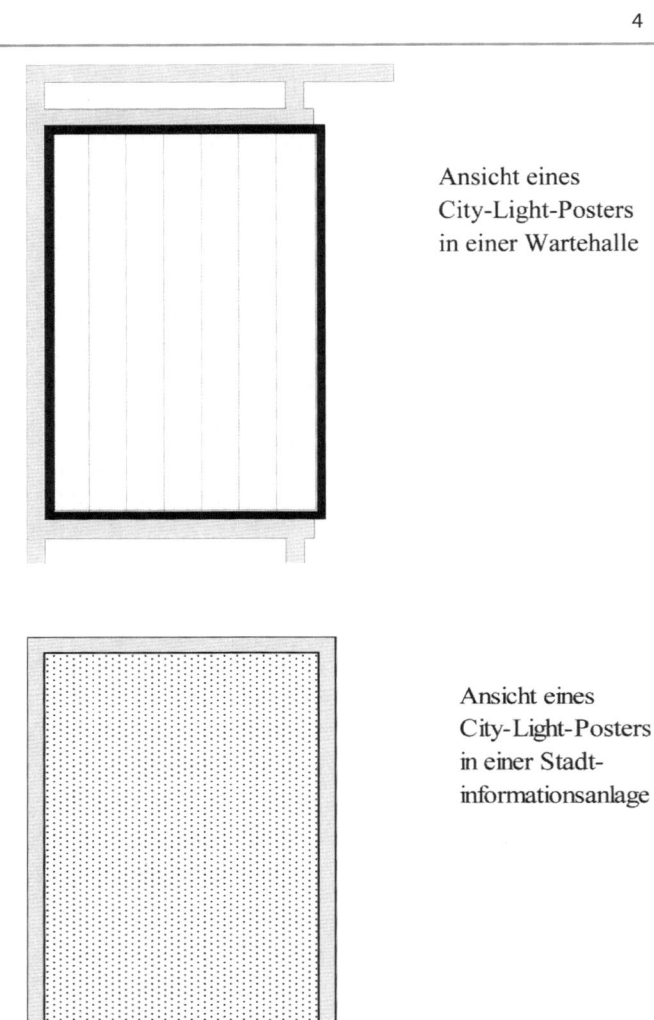

Ansicht eines
City-Light-Posters
in einer Wartehalle

Ansicht eines
City-Light-Posters
in einer Stadt-
informationsanlage

Abb. 4.42 Modell City-Light-Poster

Leistung/Reichweitendaten

Mit der Plakat-Media-Analyse, die vom Fachverband Außenwerbung e.V. in Auftrag gegeben wurde, lassen sich relativ gut gesicherte Leistungswerte in Form personenbezogener Nutzungsdaten zum Medium Plakat ermitteln. Die PMA ermöglicht es, alle relevanten Mediadaten wie Reichweite, Anzahl der Kontakte pro erreichter Person (OTS) und pro 100 Personen (GRP) sowie Tausender-Kontakt-Preis (TKP) zu ermitteln. Ergänzt um demographische Zielgruppenmerkmale und Konsumgewohnheiten werden zahlreiche Auswertungs- und Anwendungsmöglichkeiten für Belegungen der Werbeträger Großfläche,

4.4 Mediagattung Außenwerbung

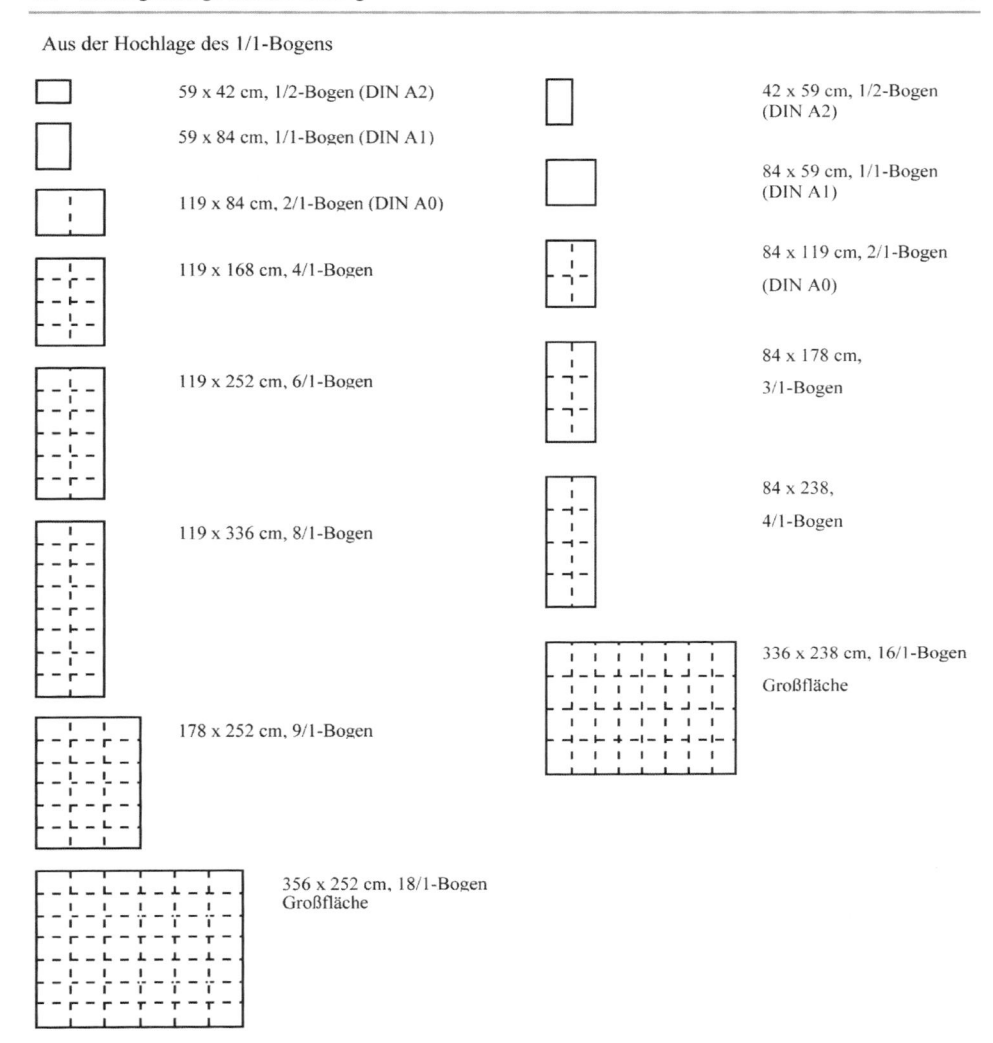

Aus der Hochlage des 1/1-Bogens

□	59 x 42 cm, 1/2-Bogen (DIN A2)
□	59 x 84 cm, 1/1-Bogen (DIN A1)
	119 x 84 cm, 2/1-Bogen (DIN A0)
	119 x 168 cm, 4/1-Bogen
	119 x 252 cm, 6/1-Bogen
	119 x 336 cm, 8/1-Bogen
	178 x 252 cm, 9/1-Bogen
	356 x 252 cm, 18/1-Bogen Großfläche

□	42 x 59 cm, 1/2-Bogen (DIN A2)
□	84 x 59 cm, 1/1-Bogen (DIN A1)
	84 x 119 cm, 2/1-Bogen (DIN A0)
	84 x 178 cm, 3/1-Bogen
	84 x 238, 4/1-Bogen
	336 x 238 cm, 16/1-Bogen Großfläche

Abb. 4.43 Plakatformate (Beispiele). (GWA, 2001, S. 71, Schneider und Pflaum, 1993, S. 279)

Ganzstelle und City-Light-Poster geboten. Mit der PMA 2010 (ma Plakat) werden Reichweiten und Kontakte für die Stellenarten Großflächen, Ganzsäulen und City-Light-Poster auf elektronischem Wege ermittelt. Die Grundgesamtheit wurde auf die deutschsprachige Bevölkerung in Privathaushalten am Ort der Hauptwohnung in der Bundesrepublik Deutschland ab 14 Jahren ausgeweitet. (agma, 2010, S.2). Grundlage dabei ist das Mobilitätsverhalten der Bevölkerung. Die von einer repräsentativ ausgewählten Stichprobe zurückgelegten Wege werden über einen Zeitraum von sieben Tagen mittels GPS gemessen und in einem räumlichen Kontext mit dem Werbeträgerbestand gestellt. Der Kontaktbegriff der PMA ist der „Plakatseher pro Stelle" (PpS), der als Werbemittelkontaktchance

Tab. 4.21 Werbeflächen in Deutschland (ZAW, 2010/2011, S. 386, S.381

Art des Werbeträgers	Anzahl
Großflächen	162 057
City-Light-Poster	109 740
Allgemeinstellen	33 021
Ganzsäulen	15 072
Mega-Lights/City-Light-Boards	15 098
Riesenposter	922
Anzahl der Werbeflächen gesamt	339 411

definiert wurde. Dabei handelt es sich um einen sichtbarkeitsgewichteten Passagekontakt mit einer einzelnen Stelle und damit ist der PpS als Werbemittelkontaktchance einzustufen. Mit dem PpS existiert damit ein einheitlicher und zudem crossmedial vergleichbarer Kontaktbegriff für das Medium Plakat (ZAW, 2011, S. 385).

Zudem wurde mit der ma Plakat erstmals eine Software eingesetzt, die die Wege der Probanden kartenbasiert erfasst (Triptracer). Zudem wurden bei der ma Plakat die Bestände der Werbeträger (Großfläche, Ganzsäule, Mega-Light-Poster/City-Light-Poster) aktualisiert.

Der Belegungszeitraum beträgt für Großflächen und Ganzstellen durchschnittlich 10,5 Tage, für City-Light-Poster eine Woche. Die sich hieraus ergebenden Leistungswerte bei Belegung aller verfügbaren Stellen („Vollbelegung") in Städten ab 20.000 Einwohnern (bzw. Mega-Light-Poster 100.000 und City-Light-Poster 50.000 Einwohner) sind in Abb. 4.44 dargestellt.

Die Ergebnisse zeigen, dass z. B. bei Belegung aller vorhandenen Großflächen ca. 84 % der Gesamtbevölkerung mindestens einmal pro Woche erreicht werden. Bei City-Light-Poster sind es immerhin noch deutlich über 60 %, bei Ganzsäulen ca. 2/3 der Bevölkerung.

Nutzungskriterien/Wirkung

Aus der ma Plakat 2010 geht hervor, dass mit der Plakatwerbung hohe Kontaktchancen in der Bevölkerung realisiert werden können.

Abbildung 4.45 zeigt, dass bei einer Vollbelegung auch relativ hohe Kontaktzahlen zu generieren sind:

Aus den Kontakten pro erreichte Person kann man nun auf die Kontakte pro Person in der Gesamtbevölkerung schließen. Der Zusammenhang stellt sich dabei wie folgt dar:

4.4 Mediagattung Außenwerbung

Abb. 4.44 Reichweiten-Plakatanschlag (Grundgesamtheit: Deutschsprachige Bevölkerung ab 14 Jahre). (Medialine o. J.: ma Plakat 2010)

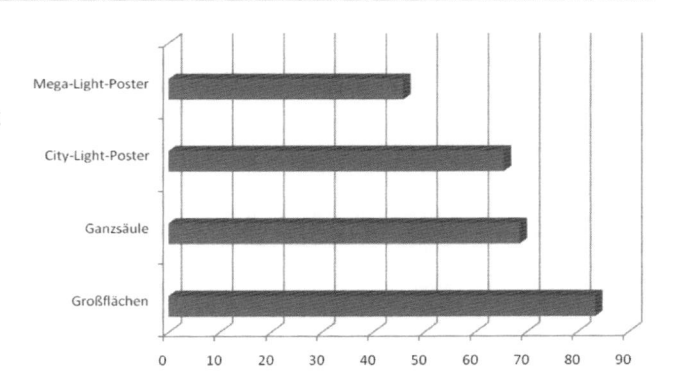

Abb. 4.45 Anzahl Kontakte pro erreichter Person bei Vollbelegung. (Medialine o. J.: ma Plakat 2010)

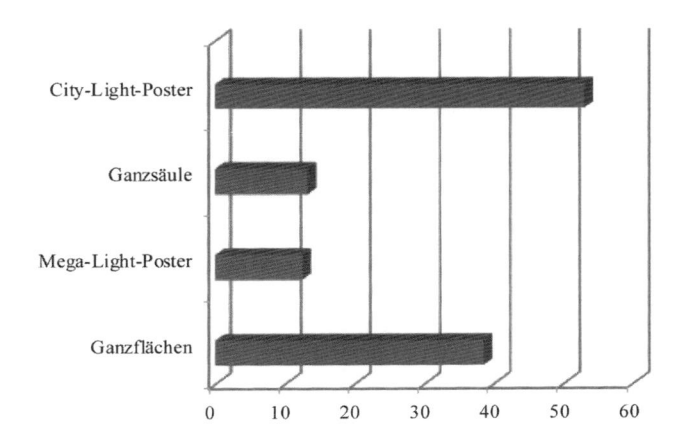

Reichweite x Kontakte pro erreichter Person	=	Kontakte pro Person in der Gesamtbevölkerung

Aus den Ergebnissen der Vollbelegung lassen sich auch die Leistungswerte für Teilbelegungen errechnen. Hierbei sinken die Reichweite und die Kontaktzahlen entsprechend ab. Ungeachtet dessen ist es in der Praxis üblich, bei den verschiedenen Anschlagarten Teilbelegungen durchzuführen. Grund hierfür ist, dass sich bei der Belegung nur eines Teiles der zur Verfügung stehenden Flächen bereits sehr gute Reichweiten und Kontaktzahlen erzielen lassen. Ferner ist mit dem gegebenen Budget die Ausdehnung des Belegungszeitraumes auf mehrere Dekaden möglich. Auch aufgrund der in der Praxis bestehenden Nachfrage nach Werbeflächen lässt sich eine Belegung aller verfügbaren Flächen nicht realisieren.

Abb. 4.46 Anschlagstellen-Reichweiten Großfläche nach Intensität der Belegung (intensiver Werbedruck: 1:2000, normal hoher Werbedruck 1:3000, mittlerer Werbedruck 1:4000 und niedriger Werbedruck 1: 5000). (Medialine o. J.: ma Plakat 2010)

- niedriger Werbdedruck: 46,3
- mittlerer Werbedruck: 53,2
- normaler Werbedruck: 61,1
- intensiver Werbedruck: 71,4
- Vollbelegung: 83,4

Abb. 4.47 Reichweiten Großflächen nach Altersstruktur und Werbedruck. (Medialine o. J.: ma Plakat 2010)

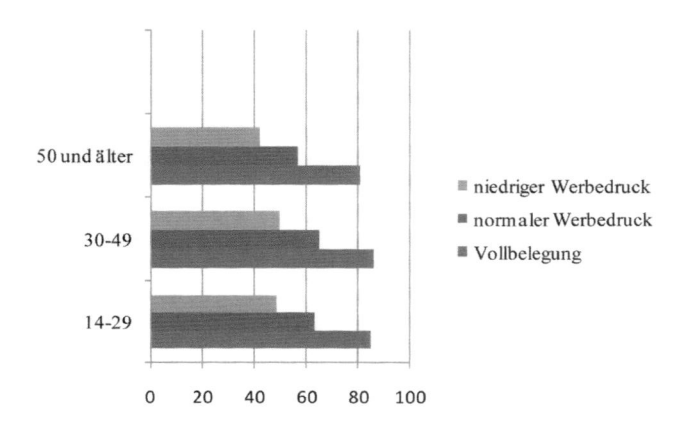

Abb. 4.48 Reichweiten von Ganzsäulen nach Altersstruktur und Werbedruck. (Medialine o. J.: ma Plakat 2010)

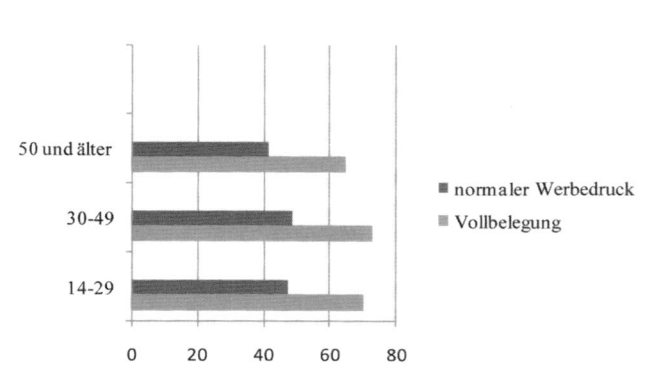

Die Abbildungen 4.46 bis 4.50 zeigen für die verschiedenen Anschlagstellen die Auswirkung der Teilbelegung auf die Leistungswerte für eine Dekade bei Großfläche und Ganzstelle, für eine Woche bei City-Light-Poster.

Beispielsweise sinkt bei einem Wechsel von Vollbelegung von Großflächen auf eine Belegung im Verhältnis eine Fläche auf 3.000 Einwohner die Reichweite von 83,4 % auf

4.4 Mediagattung Außenwerbung

Abb. 4.49 Reichweiten Großflächen nach Bildung und Werbedruck. (Medialine o. J.: ma Plakat 2010)

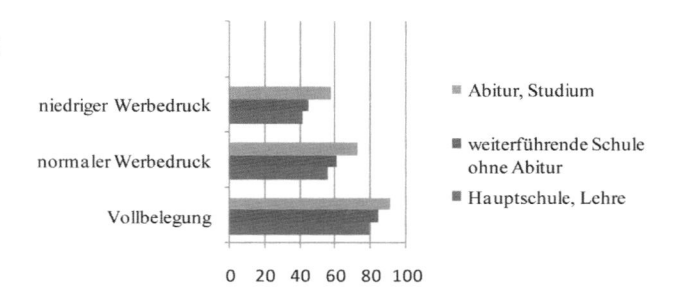

Abb. 4.50 Reichweiten Großflächen nach Ortsgrößen und Werbedruck. (Medialine o. J.: ma Plakat 2010)

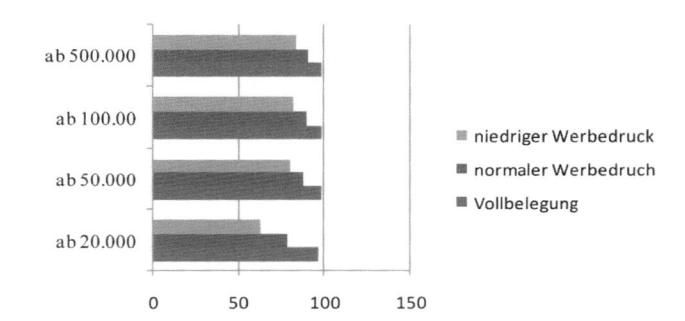

53,2 %. Das bedeutet, dass bei dieser Teilbelegung insgesamt 53,2 % der Bevölkerung innerhalb der letzten Dekade mindestens eine Anschlagstelle sahen, die mit der Großflächen-Kampagne belegt wurde (vgl. Abb. 4.47).

Tendenziell werden jüngere Zielgruppen durch die Außenwerbung besser erreicht, am besten wird dabei die Alterskategorie zwischen 30 und 49 erreicht. Bei Vollbelegung werden 86,2 % aus dieser Gruppe erreicht, die über 50-Jährigen nur zu 80,5 %. Diese Struktur ändert sich auch bei geringerem Werbedruck nicht (vgl. auch Abb. 4-43).

Jüngere Menschen nehmen Plakatflächen stärker und öfter wahr als ältere Personen. Berufstätige und Personen, die sich in Ausbildung befinden, werden besser erreicht als Nichtberufstätige und Rentner. So werden z. B. die Gruppen in Ausbildung und Berufstätige bei einer Vollbelegung der Großflächen zu 86,8 % bzw. 85,3 % erreicht, Rentner und nicht Berufstätige dagegen nur zu 83,0 % bzw. 78,3 %. Mit zunehmendem Bildungsgrad steigen auch Reichweite und Kontakthäufigkeit mit Anschlagstellen. Schließlich werden Personen in mittelgroßen und großen Städten besser erreicht als in Kleinstädten. Die hier genannten demographischen Faktoren dargelegten Erkenntnisse werden anhand der Abb. 4.49 und Abb. 4.50 noch einmal verdeutlicht.

Plakatwerbung eignet sich in besonderer Form für einfache und klare Botschaften. Die Aufnahme der Botschaft erfolgt normalerweise ohne direkte Hinwendung, sondern eher zufällig und unbewusst. Anderseits ist der Kontakt mit dem Medium für die Personen praktisch nicht vermeidbar. Am besten sind prägnante Bildinformationen zu vermitteln. Aus der kurzen und oberflächlichen Informationsverarbeitung kann man jedoch nicht schließen, dass Plakatwerbung nur für „Low-Involvement"-Produkte geeignet wäre. Es kommt lediglich auf eine leicht verarbeitbare, attraktive Gestaltung an. Die Botschaft muss auf sehr wenige, am besten bildlich darstellbare Elemente reduziert werden (vgl. Unger und Fuchs, 2007, S. 212).

Mit Plakatwerbung können hohe Kontaktchancen zum Verbraucher realisiert werden. Plakat ist daher ein ideales Medium zur Steigerung des Bekanntheitsgrades der beworbenen Produkte oder Dienstleistungen, ja sogar eine ideale Ergänzung zu TV- oder Printkampagnen beispielsweise bei Produkteinführungen. Plakat kann als Ergänzungsmedium zu allen anderen Werbeträgergattungen eingesetzt werden, insbesondere zu Medien, die gleichfalls durch Bilder werben, also Zeitschriften und Fernsehen; es kann aber auch als einziges, als Basismedium eingesetzt werden.

Aufgrund spezifischer Wirkungskriterien ist Plakatwerbung besonders zur Unterstützung verkaufsbezogener Maßnahmen geeignet. Sie wird jedoch nur oberflächlich wahrgenommen und bleibt daher auch nur kurzfristig im Gedächtnis. Das Plakat eignet sich besonders zur Ansprache kurz vor dem möglichen Kauf, also in der Nähe der großen Verbrauchermärkte. Dieser Mechanismus funktioniert jedoch nur dann, wenn die Plakatwerbung auf bereits gelernte Aussagen trifft, die eine latente Kaufbereitschaft reaktivieren. Diese muss durch vorherige Werbemaßnahmen geschaffen worden sein. Im Markt selber können dann charakteristische Gestaltungselemente noch einmal in der Verkaufsförderung aufgegriffen werden (vgl. Unger und Fuchs, 2007, S. 212f.).

Preise/Tarife
Die Buchung des Plakatanschlags für Großflächen, Ganzsäulen, Allgemeinstellen und Superposter erfolgt nach einem jährlichen Terminplan, der aus in Werbezeiträume eingeteilte Dekaden besteht. Dieses Schaltintervall garantiert den Mehrfachkontakt des Plakatanschlags zum Kunden. Der normale Werbezeitraum beträgt zehn Tage, teilweise gibt es auch Dekaden von elf Tagen, zum Anfang und Ende eines Jahres auch 14 Tage. Um einen durchgehenden Plakatanschlag zu gewährleisten, ist der Plakatanschlag in drei Blöcke (A, B und C) eingeteilt. Plakatiert wird über eine oder mehrere Dekaden. Tabelle 4.22. zeigt den aktuellen Dekadenplan für das Jahr 2011.(www.stroeer.de). Der Buchungszeitraum bei City-Light-Postern beträgt dagegen eine Woche.

Die genannten Termine können geringfügigen Veränderungen unterliegen – aus technischen Gründen kann die Plakatierung jeweils einen Tag früher oder später beginnen und enden. Die Unterteilung der Dekaden in die Starttermine A, B und C entspricht logisch festgelegten Gebieten.

Tabelle 4.23 zeigt, in welcher Spanne sich die Tagespreise für die jeweiligen Anschlagstellen bewegen. Durch die Vielzahl der Anschlagstellen ergeben sich jedoch ständig Änderungen, so dass diese Aufstellung lediglich einen Anhaltspunkt geben kann. Aktuelle Daten sind bei den entsprechenden Dienstleistern und Agenturen zu erfragen.

4.4 Mediagattung Außenwerbung

Tab. 4.22 Dekadenplan 2011

Dekade		Starttermin A	Tage	Starttermin B	Tage	Starttermin C	Tage		Woche	
1	1	Di 28.12. - 10.01.	14	Fr 31.12. - 13.01.	14	Di 04.01. - 17.01.	14	1	Di	04.01. - 10.01.
	2	Di 11.01. - 20.01.	10	Fr 14.01. - 24.01.	11	Di 18.01. - 27.01.	10	2	Di	11.01. - 17.01.
								3	Di	18.01. - 24.01.
								4	Di	25.01. - 31.01.
2	3	Fr 21.01. - 31.01.	11	Di 25.01. - 03.02.	10	Fr 28.01. - 07.02.	11	5	Di	01.02. - 07.02.
	4	Di 01.02. - 10.02.	10	Fr 04.02. - 14.02.	11	Di 08.02. - 17.02.	10	6	Di	08.02. - 14.02.
	5	Fr 11.02. - 21.02.	11	Di 15.02. - 24.02	10	Fr 18.02. - 28.02.	11	7	Di	15.02. - 21.02.
								8	Di	22.02. - 28.02.
3	6	Di 22.02. - 03.03.	10	Fr 25.02. - 07.03.	11	Di 01.03. - 10.03.	10	9	Di	01.03. - 07.03.
	7	Fr 04.03. - 14.03.	11	Di 08.03. -17.03.	10	Fr 11.03. - 21.03.	11	10	Di	08.03. - 14.03.
	8	Di 15.03. - 24.03.	10	Fr 18.03. - 28.03.	11	Di 22.03. - 31.03.	10	11	Di	15.03. - 21.03.
								12	Di	22.03 - 28.03.
4	9	Fr 25.03. - 04.04.	10	Di 29.03. - 07.04.	10	Fr 01.04. - 11.04.	10	13	Di	29.03. - 04.04.
	10	Di 05.04. - 14.04.	10	Fr 08.04. - 18.04.	11	Di 12.04. - 21.04.	10	14	Di	05.04. - 11.04.
	11	Fr 15.04. - 25.04.	11	Di 19.04. - 28.04.	10	Fr 22.04. - 02.05.	11	15	Di	12.04. - 18.07.
								16	Di	19.04. - 25.04.
								17	Di	26.04.- 02.05.
5	12	Di 25.04. - 05.05.	10	Fr 29.04. - 09.05.	11	Di 03.05. - 12.05.	10	18	Di	03.05. - 09.05.
	13	Fr 06.05. - 16.05.	11	Di 10.05. - 19.05.	10	Fr 13.05. - 23.05.	11	19	Di	10.05. - 16.05.
	14	Di 17.05. - 26.05.	10	Fr 20.05. - 30.05.	11	Di 24.05. - 02.06.	10	20	Di	17.05. - 23.05.
								21	Di	24.05. - 30.05.
6	15	Fr 27.05. - 06.06.	11	Di 31.05. - 09.06.	10	Fr 03.06. - 13.06.	11	22	Di	31.05. - 06.06.
	16	Di 07.06. - 16.06.	10	Fr 10.06. - 20.06.	11	Di 14.06. - 23.06.	10	23	Di	07.06. - 13.06.
	17	Fr 17.06. - 27.06.	11	Di 21.06. - 30.06.	10	Fr 24.06. - 04.07.	11	24	Di	14.06. - 20.06.
								25	Di	21.06. - 27.06.
7	18	Di 28.06. - 07.07.	10	Fr 01.07. - 11.07.	11	Di 05.07. - 14.07.	10	26	Di	28.06. - 04.07.
	19	Fr 08.07. - 18.07.	11	Di 12.07. - 21.07.	10	Fr 15.07. - 25.07.	11	27	Di	05.07. - 11.07.
	20	Di 19.07. - 28.07.	10	Fr 22.07. - 01.08.	11	Di 26.07. - 04.08.	10	28	Di	12.07. - 18.07.
								29	Di	19.07. - 25.07.
								30	Di	26.07. - 01.08.
8	21	Fr 29.07. - 08.08.	11	Di 02.08. - 11.08.	10	Fr 05.08. - 15.08.	11	31	Di	02.08. - 08.08.
	22	Di 09.08. - 19.08.	10	Fr 12.08. - 22.08.	11	Di 16.08. - 25.08.	10	32	Di	09.08. - 15.08.
	23	Fr 20.8. - 29.08.	11	Di 23.08. - 01.09.	10	Fr 26.08. - 05.09.	11	33	Di	16.08. - 22.08.
								34	Di	23.08. - 29.08
9	24	Di 30.08. - 08.09.	10	Fr 02.09. - 12.09.	11	Di 06.09. - 15.09.	10	35	Di	30.08. - 05.09.
	25	Fr 09.09. - 19.09.	11	Di 13.09. - 22.09.	10	Fr 16.09. - 26.09.	11	36	Di	06.09. - 12.09.
	26	Di 20.09. - 29.09.	10	Fr 23.09. - 03.10.	11	Di 27.09. - 06.10.	10	37	Di	13.09. - 19.09.
								38	Di	20.09. - 26.09.
								39	Di	27.09. - 03.10.
10	27	Fr 30.09. - 10.10.	11	Di 04.10. - 13.10.	10	Fr 07.10. - 17.10.	11	40	Di	04.10. - 10.10.
	28	Di 11.10. - 21.10.	10	Fr 14.10. - 24.10.	11	Di 18.10. - 27.10.	10	41	Di	11.10. - 17.10.
	29	Fr 22.10. - 31.10.	11	Di 25.10. - 03.11.	10	Fr 28.10. - 07.11.	11	42	Di	18.10. - 24.10.
								43	Di	25.10. - 31.10.
11	30	Di 01.11. - 10.11.	10	Fr 04.11. - 14.11.	11	Di 08.11. - 17.11.	10	44	Di	01.11. - 07.11.
	31	Fr 11.11. - 21.11.	11	Di 15.11 - 24.11.	10	Fr 18.11. - 28.11.	11	45	Di	08.11. - 14.11.
	32	Di 22.11. - 01.12.	10	Fr 25.11. - 06.12.	11	Di 29.11 - 08.12.	10	46	Di	15.11. - 21.11.
								47	Di	22.11. - 28.11.
12	33	Fr 02.12. - 15.12.	14	Di 06.12. - 19.12.	14	Fr 09.12. - 22.12.	14	48	Di	29.11. - 05.12.
	34	Fr 16.12. - 29.12.	14	Di 20.12. - 02.01.	14	Fr 23.12. - 05.01.	14	49	Di	06.12. - 12.12.
								50	Di	13.12. - 19.12.
								51	Di	20.12. - 26.12.
								52	Di	27.12. - 02.01.

Tab. 4.23 Schaltkosten Plakatwerbung. (Fachverband Außenwerbung e.V., Kurzportrait 2010, S. 4)

Werbeträger	Durchschnittspreise pro Tag
Allgemeinstelle	0,68 EUR
Ganzsäule	16,28 EUR
Großfläche	12,13 EUR
City-Light-Poster	14,03 EUR
Superposter	38,83 EUR

Alle Preise verstehen sich als Nettopreise und sind reine Mediakosten, so dass die Kosten für die Produktion der Plakate gesondert aufzuwenden sind.

Die Preisspannen ergeben sich aufgrund einer Preisgestaltung in Abhängigkeit von Ortsgrößenklassen, Standort der Anschlagstellen (z. B. Flughafen Frankfurt, U-Bahn München), Qualität des Plakatanschlags (z. B. unbeleuchtet oder beleuchtet) sowie dem Gesetz von Angebot und Nachfrage.

Die Berechnung der Schaltkosten für den Plakatanschlag wird wie folgt vorgenommen:
Allgemeine Anschlagstellen:
Bogen-Tagespreis (1/1) x Anzahl der Bögen x Anzahl der belegten Stellen x Tage
Ganzstellen und Großflächen:
Preis für komplette Stelle x Anzahl der belegten Stellen x Tage
City-Light-Poster:
Preis für komplette Stelle (einseitig) x Anzahl der belegten Stellen x Tage

Dabei existieren je nach Nielsengebiet erhebliche Kostenunterschiede. Für eine 10tägige Kampagne in Nielsen V bis VII, in der beispielsweise alle Ganzsäulen mit einer Quote von 1:10.000 Einwohner belegt werden sollen, wären rund 135.500,- EUR erforderlich. Die Allgemeinstelle zählt zu den preiswertesten Formen der Plakatwerbung.

Die Wahl der Anschlagform (d. h. Allgemeinstelle, Ganzsäule, Großfläche oder City-Light-Poster) ist im Wesentlichen von der Kosten-Nutzen-Relation abhängig. Der anspruchsvollste Werbeauftritt ist heute mit den City-Light-Postern zu erreichen. Sie sind in ihrer Wirksamkeit wohl am intensivsten. Wird der Werbeauftritt auf Allgemeinstellen mit anderen Werbungtreibenden geteilt, kann man auch nur auf geteilte Aufmerksamkeit hoffen. Ob das durch die reduzierten Kosten kompensiert wird, erscheint fraglich.

4.4.3.4 G-Wert und Plakatseher pro Stelle (PpS)

Früher wurde die städtespezifische Belegungsdichte der Außenwerbung nach dem Verhältnis von Einwohnerzahl zu Plakatstellen geplant (z. B. eine Stelle pro 3.000 Einwohner). Dies war mit gewissen Qualitätsrisiken verbunden: Man belegte zwar viele leistungsfähige

4.4 Mediagattung Außenwerbung

Plakatstellen, aber es waren auch immer Stellen dabei, deren Leistung unbefriedigend war. Diese Risiken können zwischenzeitlich ausgeschlossen werden. Für die Einschätzung der Leistungsfähigkeit des Plakatanschlags steht dem Werbungtreibenden heute der G-Wert[13] zur Verfügung. Mit dem G-Wert ist ein Planungsinstrument zur Optimierung der Werbewirkung geschaffen worden.

G-Werte machen die Qualität der Werbefläche transparent und steigern die Effizienz der Außenwerbung. Dieses Verfahren bzw. das zugrundeliegende Bewertungsmodell wurde von der GfK-Marktforschung in Nürnberg entwickelt. Die Messmethode der GfK beruht auf dem Kriterium der Kontaktleistung einer Werbefläche.

Der G-Wert gibt an, wie viele Passanten sich innerhalb einer Stunde an ein durchschnittlich aufmerksamkeitsstarkes Plakat an einer bestimmten Werbefläche erinnern können (Anzahl der erinnerungswirksamen Werbemittelkontakte).

In Zukunft (ab 2012) wird der neue Leistungsnachweis für Außenwerbung durch den „Plakatseher pro Stelle" ausgedrückt. Diese intramediale Plakatwährung PpS ist laut Definition der Arbeitsgemeinschaft Media-Analyse „der sichtbarkeitsgewichtete Passagekontakt mit einer einzelnen Plakatstelle und somit als Werbemittelkontaktchance einzustufen (www.absatzwirtschaft.de./content/_t=ft, p=1003214,70718). Die Angabe erfolgt als Kontaktsumme eines Werbeträgers pro Tag. Die Sichtbarkeits-Gewichtung wird bei dieser Berechnung der Leistungswerte durch die qualifizierenden Stellenstandort-Parameter berücksichtigt. Jede Plakatstelle erhält einen individuellen Faktor (k-Wert). Dieser k-Wert beinhaltet für jede Plakatstelle Wirk-Parameter, welche die Qualität des Werbeträgers beschreiben. Als Wirkparameter fließen ein:
- Winkel zur Fahrbahn
- Plakatstellen im Umfeld
- Kontaktchancendauer
- Situationskomplexität
- Umfeldkomplexität
- Minimaler seitlicher Abstand zur Fahrbahn
- Beleuchtung

Weist z. B. die Großfläche einen durchschnittlichen k-Wert von 0,25 auf, müssen mindestens vier Großflächen „kontaktet" werden, um in die Reichweite mit einem Kontakt einfließen zu können (ma Plakat 2010).

Methodisch basiert der PpS auf einem Drei-Säulen-Modell:
- ma-Plakat: Interviews und GPS (12.000 GPS-Messungen zur Erhebung der Mobilitätsdaten im Zeitablauf von 7 Tagen) und CATI (31.000 Interviews – Last Day Recalls)
- Frequenzatlas (Modellierungsverfahren zur Ermittlung der durchschnittlichen Passantenzahl für jeden Straßenabschnitt)
- Plakatstellen (280.000 Werbeträger mit individueller wahrnehmungswirksamer Standortbewertung).

---

[13] Das G wurde von der GfK deshalb in der Bezeichnung G-Wert gewählt, weil in diesem Wert die Gesamtheit aller relevanten Passantenarten und Passantenströme berücksichtigt wird.

Mit dem PpS als Werbemittlkontaktchance existiert damit erstmals ein einheitlicher und zudem crossmedial vergleichbarer Kontaktbegriff für das Medium Plakat.

4.4.3.5 Elektronische Medien

Gab es bisher im Bereich der Außenwerbung nur die Plakatwerbung in verschiedenen Ausprägungen, die Verkehrsmittelwerbung und die Lichtwerbung, so ist seit einigen Jahren die Werbung über elektronische Medien möglich, und die Entwicklung geht weiter. Technischer Fortschritt und sinkende Kosten unterstützen den Trend. Elektronische Medien wie Infoscreen, Videotafeln/-boards, Trainscreen oder LED-Display haben die deutschen Städte erobert. Man findet sie vor allem in Wartebereichen des öffentlichen Nahverkehrs wie U- und S-Bahnhöfen, Fußgängerzonen, in U-Bahn-Wagen (Trainscreen[14]), in Flughäfen und Bahnhöfen. Diese Bereiche zeichnen sich durch ein hohes Personenaufkommen, lange Kontaktchancen, gute Einsehbarkeit, geringe Situations- und Umfeldkomplexität aus. Sie sind nahezu idealtypisch als Werbestandort. Dort wecken sie nicht nur das Interesse der mobilen Zielgruppe, sondern sind selbst in Bewegung.

Infoscreen zählt zu den wohl interessantesten Innovationen in der Außenwerbung. Es stellt ein Informations- und Werbemedium mit computergesteuerter Großbildtechnik (350 cm x 264 cm) dar, welches ein tägliches Programm präsentiert. Dieses besteht zu 60 % aus redaktionellen Informationen (z. B. Nachrichten aus Politik, Wirtschaft und Sport, Wettervorhersagen, Veranstaltungs- und Fernsehtipps) bzw. Unterhaltung (z. B. Cartoons). Der Werbeanteil liegt bei maximal 40 %. Werbung ist also nur ein Teil eines ganzen Programms, das permanent aktualisiert wird. Die Werbebotschaft kann durch Standbilder oder bewegte Spots kommuniziert werden. Der Infoscreen zeichnet sich durch seine gestalterische und zeitliche Flexibilität, seine Kontaktqualität, das redaktionelle Werbumfeld und seine Ästhetik aus. Der Spot-Sekundenpreis beträgt ca. 0,045 EUR je Exposition und Großbildfläche an Wochentagen, Wochenendpreise sind oft kostengünstiger. Bei Belegung von 17 Großflächen z. B. in Berlin mit einem 8-Sekunden-Spot bei 108 Einblendungen am Tag entstehen bei einem Sekundenpreis von 0,045 EUR Schaltkosten von ca. 660 EUR.

Die Belegungsfrequenzen:
- Einfach: 108 Wiederholungen pro Tag und Fläche
- Doppelt: 216 Wiederholungen pro Tag und Fläche
- Dreifach: 324 Wiederholungen pro Tag und Fläche

Die sogenannten „Train-Infoscreens" sind Flachbildschirme mit 18-Zoll-Bildschirmdiagonale (ca. 46 cm) und befinden sich direkt in den U-Bahnen. Auf ihnen wird nach bewährtem Muster ein Programm aus redaktionellen Informationen, Unterhaltung und Werbung (bis zu 50 %), ergänzt um Informationen über Streckenverlauf, Umsteigemöglichkeiten, Haltestellen u. Ä. gezeigt.

Über die sogenannten Videoboards wird eine Mischung aus Wirtschaftsnews, Regionalnachrichten, Wetter und Werbung angeboten. Die hochauflösenden LED-Bildschirme

---

[14] Z. B. werden in den Städten Hamburg, Hannover und Stuttgart mit dem „Fahrgastfernsehen" täglich bis zu 1 Mio. Fahrgäste erreicht (vgl. www.publicbroadcast.de/konzept.html.).

(Formate bis zu 80 m² groß) stehen an exponierten, hochfrequentierten Standorten in Metropolen. Die Werbespots können während der Ausstrahlung in kürzester Zeit geändert und aktualisiert werden. Die Preise sind u. A. abhängig von den Wiederholungen pro Tag, dem Standort und der Spotlänge, sie werden als Preise pro Woche angegeben. Allerdings ist dieser Markt stark fragmentiert, viele Anbieter haben nur ein Board im Angebot.

Die Wochenpreise bewegen sich bei einem 10-Sekunden-Spot und 150 Einblendungen pro Tag zwischen 430 EUR und 920 EUR, bei 300 Einblendungen pro Tag zwischen 760 EUR und 1.640 EUR. Aktuelle Daten sind bei den Dienstleistern und Agenturen zu erfragen.

Die Möglichkeiten der elektronischen Außenwerbung werden zunehmend ausdifferenzierter. So bietet z. B. der AdWalk vor allem in Flughäfen eine entsprechende Präsenz auf häufig genutzten Laufstrecken. Fünf hochformatige, digitale Bildschirme hintereinander angeordnet begleiten den Passanten. Aktuell plant derzeit ein großer Dienstleister der Außenwerbung einen „Out-Of-Home-Channel" (siehe Abb. 4.51). Rund 200 Bahnhöfe sollen mit einem neuen digitalen Werbeträger ausgestattet werden. 1.000 solcher Info-Steelen (mit 60 bis 82 Zoll Displays) sollen bis Ende 2012 installiert werden.

Elektronische Medien haben den Vorteil, dass Daten und Informationen in Sekundenschnelle aktualisiert werden können. Mit den elektronischen Outdoor-Medien wird nicht wie bei der klassischen Plakatwerbung nur Werbung angeboten, sondern auch ein attraktives redaktionelles Umfeld geschaffen. Außenwerbung wird zur Außenkommunikation.

4.4.4 Bewegliche Außenwerbung – Verkehrsmittelwerbung

4.4.4.1 Möglichkeiten der Verkehrsmittelwerbung

Bei der Verkehrsmittelwerbung stehen der werbungtreibenden Wirtschaft verschiedene Werbemöglichkeiten an Omnibussen, Straßenbahnen, S- und U-Bahnen zur Verfügung. Die nachfolgenden Abbildungen zeigen die unterschiedlichen Gestaltungsarten der Werbeträger sowohl als Außenanbringung als auch als Innenanbringung und gibt ca. Auskünfte über die Mietpreise. Die Mietpreise in EUR werden pro Monat und Fahrzeug berechnet. Sie sind abhängig von Einsatzgebiet/-ort, Fahrzeugart (z. B. Niederflurfahrzeuge), Anbieter sowie Belegungsart (z. B. inklusive oder exklusive Dachkranz oder Heckfläche). Die hier angegebenen Preise verstehen sich als Durchschnittspreise.

Die Abb. 4.52 bis 4.61 zeigen Beispiele der Außenanbringung.

4.4.4.2 Mediadaten

Verfügbarkeit des Mediums
Für die Werbung an Verkehrsmitteln steht ein umfangreiches Werbeträgerangebot zur Verfügung. Aufgrund des häufig wechselnden Fahrzeugbestandes sowie der teilweise nicht

Abb. 4.51 Out-of-Home-Channel (Medialine o. J.: ma Plakat 2010)

Abb. 4.52 Ganzgestaltung. (www.verkehrswerbung.de/ueberblick/platzierungsmoeglichkeit/?a=10) (Medialine o. J.: ma Plakat 2010)

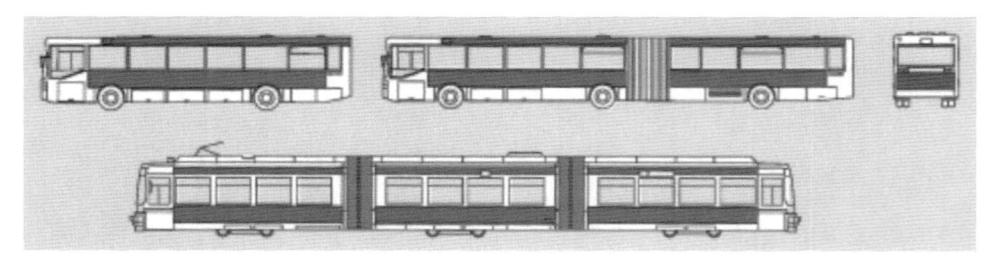

Abb. 4.53 Teilgestaltung. (ebd.)

4.4 Mediagattung Außenwerbung

Abb. 4.54 Heckflächenwerbung. (ebd.)

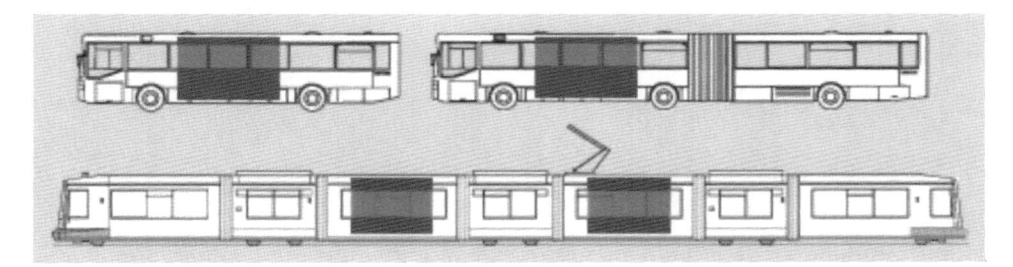

Abb. 4.55 Traffic Board. (ebd.)

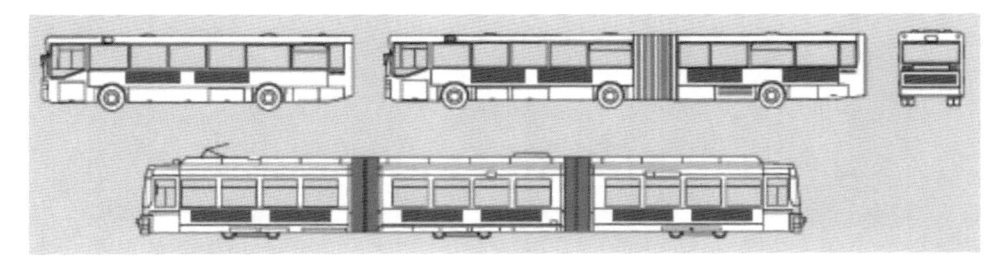

Abb. 4.56 Traffic Banner. (ebd.)

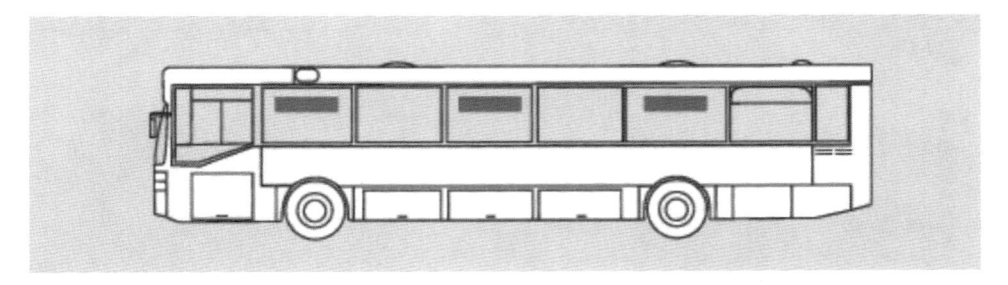

Abb. 4.57 Fensterwerbung. (ebd.)

Abb. 4.58 Deckenflächenplakate (Dachrundungen werden mit Plakaten belegt). (ebd.)

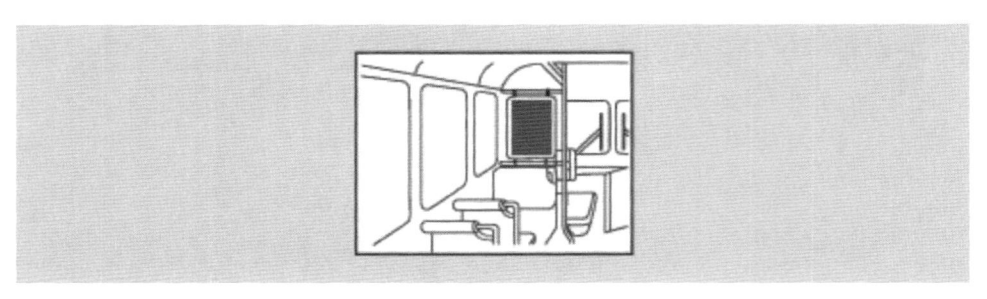

Abb. 4.59 Fahrertrennwandplakat. (ebd.)

Abb. 4.60 Heckscheibenplakate. (Quelle siehe Abb. 4.52)

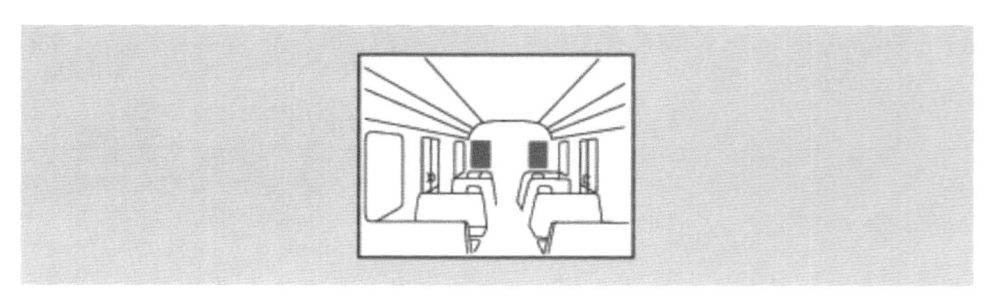

Abb. 4.61 Stirnwandplakate (Trennwand zwischen den Wagen kann mit einem oder zwei Plakaten bestückt werden, hauptsächlich bei S- und U-Bahnen). (Quelle siehe Abb. 4.52)

veröffentlichten Daten sind Aussagen über die Anzahl der vorhandenen Werbeträger nicht möglich.

Steuerbarkeit des Mediums
Verkehrsmittelwerbung kann genau in den Orten oder Regionen eingesetzt werden, in denen sich die Zielgruppe befindet. Darüber hinaus sind auch nationale Image- oder Produktkampagnen möglich. Je nach Anzahl der belegten Busse und Bahnen ist die Werbung in der ganzen Stadt präsent.

Leistung/Reichweitendaten
Mit der Plakat-Media-Analyse gibt es heute ein Instrument zur Planung und Bewertung der Medialeistung der Außenwerbung in den Bereichen Großfläche, Ganzstelle und City-Light-Poster. Auch für den Bereich der Verkehrsmittelwerbung bestand auf Seiten der Werbungtreibenden sowie des Fachverbandes Außenwerbung e.V. (FAW) nunmehr der Wunsch, Leistungsdaten zu erhalten. Die Ergebnisse der daraufhin in Auftrag gegebenen Studie werden im Folgenden dargestellt (Transportmedien, Leistungsstudie 2006).

Verkehrsmittelwerbung erzielt hohe Reichweiten. So gehören z. B. eine Bus Ganzgestaltung mehr als die Hälfte der erwachsenen Bevölkerung (ab 14 Jahren) zum weitesten Seherkreis, dies gilt auch die Straßenbahn-Ganzgestaltung. Auch hinsichtlich der Kontaktfrequenz weist die Verkehrsmittelwerbung beachtliche Leistungen auf. So führt z. B. in Hamburg bei einer Standardbelegung eines Busses mit Ganzbelegung zu 15 Kontakten.

Besonders wahrgenommen wird diese Werbeform natürlich auf dem Weg zur Arbeit, zum Einkaufen und auf dem Weg zu Freizeitaktivitäten. Damit erreicht sie primär mobile Zielgruppen überdurchschnittlich. Überdurchschnittlich wird die berufstätige Bevölkerung.

Die dominierende Einflussgröße für die Reichweite ist die Belegungsdichte. Die Belegungsdichte setzt sich aus den Planungskriterien Umfang und Laufzeit zusammen. Der Umfang einer Werbekampagne ist die Anzahl der eingesetzten Fahrzeuge, während als Laufzeit der Belegungszeitraum gilt. Eine auf drei Jahre angelegte Langzeitstudie Anfang der 90er-Jahre hatte gezeigt, dass bei extrem hoher Belegungsdichte auch gleich zu Beginn überdurchschnittlich hohe Reichweiten von bis zu 63 % erreicht werden. Im Gegensatz dazu lag die Reichweite bei sehr niedriger Belegungsdichte nur bei rund 31 %. Im weiteren Zeitverlauf kehrt sich dieses Verhältnis allerdings um. Beginnt eine Werbekampagne mit einer sehr niedrigen Belegungsdichte, so können über einen längeren Zeitraum große Reichweitenzuwächse verzeichnet werden, während bei Kampagnen, die mit einer sehr hohen Belegungsdichte beginnen, der Reichweitenanstieg geringer ausfällt. Der Grund liegt darin, dass bei hoher Belegungsdichte bereits zu Beginn überdurchschnittliche Reichweiten erzielt werden.

Darüber hinaus wird die Reichweite von der Gestaltung der Werbefläche bestimmt. So liefert beispielsweise die Ganzbemalung einen wesentlich höheren Beitrag zur Reichweite als die Rumpfflächenwerbung. Ein Grund ist darin zu sehen, dass die Ganzbemalung im Gegensatz zur Rumpfflächenbemalung als weitaus sympathischer empfunden wird. Jedoch kann eine sympathisch gestaltete Rumpfflächenwerbung ebenso erfolgreich sein wie eine Ganzbemalung. Letztlich scheint die Reichweite auch von der Fahrzeugart beeinflusst zu werden. Hier kann ein leichter Wirkungsvorsprung bei den Bahnen vor den Bussen festgestellt werden, der sich bei längerer Laufzeit der Kampagne jedoch reduziert. Die geringere Effizienz der Busse lasst sich also durch eine längere Laufzeit, aber auch durch Ganzbemalung nahezu kompensieren (vgl. FAW, 1992, S. 4 ff.).

Nutzungskriterien/Wirkung
Verkehrsmittelwerbung ist für fast alle Produkte und Dienstleistungen geeignet, eine besonders hohe Wirksamkeit ist jedoch für Einzelhandels- und Dienstleistungsbetriebe mit lokaler oder regionaler Bedeutung zu verzeichnen, gefolgt von Markenwerbung für Güter und Dienstleistungen. Bei den Gütern haben besondere Bedeutung die Güter des täglichen Bedarfs, z. B. Lebens- und Genussmittel sowie Getränke.

Die Verkehrsmittelwerbung trägt zu einer ästhetischen Aufwertung des Werbeträgers bei und findet somit positive Resonanz. Die sonst als eher „nüchtern" empfundenen Verkehrsmittel werden durch die Werbung „lebendiger". Die Werbung wird nicht nur als originell und abwechslungsreich erlebt, sondern auch als klare sachliche Information verstanden. Sie ist so prägnant, dass sich die meisten Personen an Produkt- und Firmennamen erinnern können. Sie gilt als unterhaltend, und darüber hinaus werden die Auswirkungen der Werbeeinnahmen auf den Fahrpreis gerühmt. Die Werbebotschaften auf Bussen und Bahnen gehören neben der Plakatwerbung, die direkt an Verbrauchermärkten platziert ist, zu den letzten Werbeträgern, die noch vor dem Point of Sale wahrgenommen werden. Sie lösen Produktinteresse und Kaufimpulse direkt auf dem Weg zur Verkaufsstelle aus. Die Werbung auf Bussen und Bahnen besitzt zudem etwas, was nur noch wenige Medien für sich beanspruchen können: Akzeptanz und Sympathie der Betrachter. Verkehrsmittelwerbung wird vor allem in Wartesituationen, beispielsweise an Haltestellen oder an Verkehrsampeln, wahrgenommen. Sie fällt auf, da sie sich bewegt, und setzt sich ausgezeichnet vom Umfeld ab.

Verkehrsmittelwerbung erreicht praktisch alle Gruppen der Bevölkerung. Allerdings weisen diejenigen Personen, die die Werbung an Bussen und Bahnen besonders stark beachten, ganz bestimmte soziodemographische und persönlichkeitspsychologische Eigenschaften auf.

Durch Verkehrsmittelwerbung werden überdurchschnittlich junge Menschen unter 40 Jahren erreicht, insbesondere Männer und Personen, die berufstätig oder in Ausbildung sind. Die Wirkung der Verkehrsmittelwerbung ist eng verbunden mit der Mobilität von Personen. Bei Menschen mit überdurchschnittlicher Mobilität, die sich längere Zeit draußen aufhalten, regelmäßig Freizeitaktivitäten außer Haus nachgehen und öffentliche Verkehrsmittel benutzen, ist die Wirkung höher als bei jenen, die nicht in diesem Umfang mobil sind.

Bei den erreichten Menschen hat der Konsum einen hohen Stellenwert, das Interesse an Produktinformationen ist hoch und verbunden mit der Tendenz, innovative Angebote zu nutzen. Neueinführungen von Produkten oder Dienstleistungen werden so schneller erkannt. Die konsumstarken Personen haben ein größeres Interesse an Ereignissen des lokalen Umfeldes. Sie sind mehr in die Kommunikation mit der Umwelt eingebunden, nutzen verstärkt auch andere Kommunikationsmedien und begegnen der Werbung generell positiv (vgl. FAW, 1994, S. 5 ff.)

Preise/Tarife
Verkehrsmittelwerbung wird normalerweise für Laufzeiten ab einem Jahr angeboten. Die Buchung von kürzeren Zeiträumen ist möglich (evtl. mit Kurzzeitaufschlägen auf den Preis). Empfohlen wird grundsätzlich eine Laufzeit von drei Jahren, um die monatlichen Gesamtkosten einschließlich der einmaligen Investitionskosten für die Anbringung der Werbung möglichst gering zu halten. Es gilt der Grundsatz: Je länger die Werbung durch die Stadt rollt, desto günstiger fährt man, und desto mehr Kontakte werden gesammelt. Die Mietpreise, welche für die unterschiedlichen Möglichkeiten der Verkehrsmittelwerbung im Durchschnitt aufzuwenden sind, werden in Abb. 4.51 dargestellt.

4.4.5 Ambient Media

Vorreiter des Einsatzes von Ambient Media ist Großbritannien. Aber bereits Anfang der 90er Jahre wurden auch in Deutschland bereits solche - damals noch als Sonderwerbeformen titulierte - Maßnahmen eingesetzt. Hier tauchten zunächst in den Großstädten vereinzelt und dann flächendeckend Gratiskarten und später Toilettenwerbung in Szenenkneipen auf. Ende der 90er Jahre wurde dann der englische Begriff Ambient Media auch in Deutschland für diese Kommunikationsformen eingeführt. Ambient Media lassen in Anlehnung an den Fachverband Ambient Media als Medienformate, die im Out-of-Home Bereich der Zielgruppe planbar konsumiert werden, definieren. (Wehlheit, 2005, S. 32). Die ZAW weist für 2010 (gemeinsam mit Dauerwerbung, Klein- und Spezialstellen) einen Nettowerbeumsatz von ca. 65 Mio. EUR auf (ZAW, 2011, S. 380).

Damit lassen sich drei Schlüsselbegriffe zur Charakterisierung von Ambient Media heranziehen: Ambient, Out-of-Home und planbar.

- Ambient: Der Begriff Ambiente bedeutet allgemein Umwelt, Atmosphäre, Milieu, die eine Persönlichkeit oder ein Kunstwerk umgibt. Für Ambient Media bedeutet dies, dass der Focus auf das direkte Lebensumfeld der Zielpersonen gelegt wird. Die Botschaft und das Kommunikationsmittel müssen sich in das Ambiente der Zielpersonen einfügen und können auf diesem Weg diese direkt erreichen. Dadurch greifen die Ambient Media auch die wichtigen Aspekte des Ausgehens und des veränderten Freizeitverhaltens auf.
- Out-of-Home: Der Begriff Out-of-Home beschreibt den direkten Bezug zum Lebensumfeld der Zielgruppe außerhalb der eigenen vier Wände. Bis dato stand der Begriff „Out-of-Home" für die klassische Außenwerbung, heute umfasst er jedoch auch weitere Erlebnisfelder wie Kneipen, Fitness-Studios etc.

Abb. 4.62 Out-of-Home-Werbung

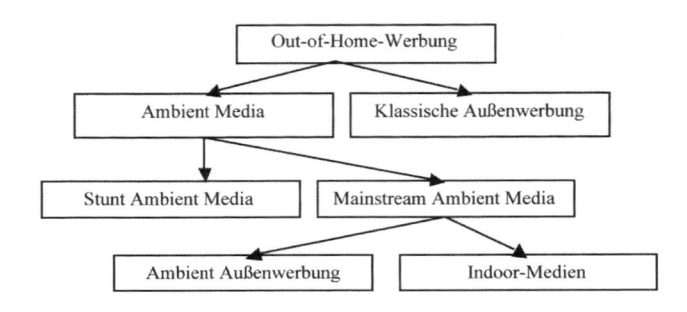

```
                      Out-of-Home-Werbung
                     /                    \
          Ambient Media              Klassische Außenwerbung
           /        \
  Stunt Ambient Media   Mainstream Ambient Media
                        /                    \
              Ambient Außenwerbung      Indoor-Medien
```

- Planbar: Ambient Media kann bewusst geplant werden. Jedoch lassen sich im Vergleich zu den klassischen Medien kaum Tausender-Kontaktpreise oder ähnliche Größen im Vorfeld bestimmen.

Ziel von Ambient Media-Maßnahmen ist es, Menschen möglichst gezielt und kompetent zu erreichen. Der Schwerpunkt liegt verstärkt in der Kontaktqualität und weniger auf der Kontaktquantität. Bei vielen dieser Aktivitäten stehen vor allem jüngere Zielgruppen im Mittelpunkt.

Der Ambient Media Fachverband nennt folgende Merkmale und Vorteile dieser Medien:
- starke Aufmerksamkeit
- lange Kontaktzeit und hohe Kontaktqualität
- nachhaltige Erinnerungswerte
- geringe Streuverluste
- Erhöhung des Bekanntheitsgrades
- wirken im direkten Lebensumfeld der Zielpersonen
- gute Werbeakzeptanz
- Steigerung der Produkt- und Markensympathie
- ungewöhnliche und beliebte Werbeformen
- haptisches Erlebnis (Fachverband Ambient Media 2006).

Ambient Media werden manchmal auch als kleine Tochter der Außenwerbung bezeichnet. Geht man davon aus, dann kann man Ambient Media als Teilbereich der Out-of-Home-Medien einordnen .

Ambient Media lassen sich dann noch weiter differenzieren in Stunt Ambient Media und Mainstream Ambient Media.

Mainstream Ambient Media umfassen Indoormedien und Außenwerbung.

Poster zeichnen sich durch außergewöhnliche Formate und ungewöhnliche Lokalitäten (z. B. Szenelokal, WC, Fitness-Studios, Universitäten) aus.

Im Outdoorbereich sind häufig XXL Wallposter vorzufinden. Mobile Poster können z. B. Sandwich-Men oder Promobikes sein.

Screens umfassen unterschiedlichste Formen bewegter Bilder oder Projektionen im Out-of-Home-Bereich -Aerials: darunter versteht man luftbewegliche Werbeformen wie Zeppeline und Heißluftballone.

Distributives sind begreifbare und mitnehmbare Werbeartikel wie Bierdeckel und Postkarten.

Bei Stunt Ambient Media handelt es sich um einzigartige Plakate oder sonstige Installationen z. B. ein Auto das scheinbar ein Hauswand hochfährt. Solche Stunts sind in der Regel nicht wiederholbar. Ziele solcher Aktionen sind, neben dem erhöhten Maß an Aufmerksamkeit, Publicity und Mund-zu-Mund-Werbung. Ein Weg um Aufmerksamkeit zu erzielen ist das genaue Gegenteil von dem zu zeigen, was die Menschen gewohnt sind z. B. ein Auto an der Decke.

4.4.5.1 Formate von Ambient Media

Anhand der zielgruppenspezifischen Lebensräume – auch als Location bezeichnet – lassen sich sieben Formate unterscheiden:
- Point of Transportation (auch Point of Travel genannt): Hier überschneiden sich die Möglichkeiten der klassischen Außenwerbung mit Ambient Media-Aktionen. Aber es existieren vielfältige darüber hinausgehende Werbemöglichkeiten, z. B. hat Meister Proper einen Zebrastreifen in reinstes Weiß umgesetzt mit dem Bild von Meister Proper versehen.
- Der Point of Leisure umfasst den gesamten Bereich der Freizeitlokationen. Beispiele sind hierfür Getränkeuntersetzer, Gratispostkarten, Toilettenwerbung etc.
- Point of Sports umfassen Fitnessclubs, Tennishallen, saisonale sportive Lokationen wie Skigebiete. Auch hier finden sich vielfältige Möglichkeiten werbliche Botschaften zu platzieren, z. B. gebrandete Golflöcher, Aufsteller, Spindwerbung etc.
- Roadside: hier finden Aktionen auf dem Weg der Zielgruppe z. B. am Straßenrand, Telefonzellen oder an Bushaltestellen statt. Während der Fußballweltmeisterschaft unterquerte man z. B. auf dem Weg zum Münchner Flughafen den Torhüter Oliver Kahn. Eine andere Möglichkeit ist z. B. Werbung an Zapfsäulen an Tankstellen.
- Point of Sale: Auch hier bieten sich überraschende Möglichkeiten der Kommunikation z. B. durch Obst-Branding, kreativ gestaltete Einkaufstaschen etc.
- Point of Education: Hierunter fallen Schulen und Universitäten und deren Umfeld. Im reinen schulischen Bereich ist allerdings aus rechtlichen Gesichtspunkten die Umsetzung von Ambient Media-Aktionen noch problematisch. Im universitären Bereich bieten sich dagegen mit Floor-Graphics, Gratispostkarten etc. bereits eine Vielzahl von Möglichkeiten.
- Other: ist eine Art Sammelbecken, darunter können z. B. Krankenhäuser oder Bibliotheken fallen.

Sowohl die Strukturierung von Ambient Media nach Mainstream Ambient Media und Stunt Ambient Media als auch die Differenzierung nach Lebensumfelder zeigt einerseits die Vielfältigkeit der Möglichkeiten, aber auch die Problematik diese Vielfalt in klare Kategorien zu unterteilen. So überschneiden sich oft die einzelnen Lebensumfelder - ein Schwimmbad kann einerseits ein Point of Leisure sein oder aber auch ein Point of Sports.

4.4.5.2 Vor- und Nachteile von Ambient Media

So faszinierend diese Möglichkeiten des Ambient Media-Formates auch sind, zu diskutieren ist, jedoch welche Argumente für die Nutzung bzw. gegen die Nutzung dieser Form der Zielpersonenansprache sprechen.

Als Pro-Argumente lassen sich vor allem nennen:
- Ambient Media kann bereits mit sehr geringem Budget umgesetzt werden. Insbesondere durch gelungene Stunt Ambient Media-Aktionen kann man kostengünstig eine Vielzahl von Personen erreichen - insbesondere wenn Medien darüber berichten.
- Ambient Media lebt zudem in vielen Fällen von der Mund-zu-Mund-Werbung – diese ist einerseits kostengünstig andererseits höchst effektiv.
- Durch die vielfältige Verankerung in der Alltagsumwelt kann sich niemand Ambient Media entziehen.
- Aufmerksamkeitsstärke und Überraschungseffekte der Aktionen, diese ist allerdings abhängig von der kreativen Idee, die dahinter steckt.
- Es können relativ exakte Wirkungsbereiche definiert werden. Steht eine Zielgruppe fest, kann die Werbebotschaft mit Hilfe von Ambient Media zielgerichtet dorthin transportiert werden, wo sich die anzusprechende Zielgruppe aufhält.
- Aufgrund der der Vielseitigkeit und Flexibilität kann Ambient Media auch Zielgruppen erreichen, die mit klassischen Medien nur sehr schwer zu erreichen sind.

Die positiven Eigenschaften von Ambient Media wurden vom Fachverband wie folgt zusammenfassend dargestellt: „Ambient Media schafft qualitativ hochwertige und nachhaltige Kontakte, da sie freiwillig und daher positiv konsumiert wird. Ambient Media verlängert die klassische Kampagne direkt in die anvisierte, meist schwierig zugängliche Zielgruppe der jungen urbanen Erwachsenen, die mit klassischen Medien meist nur unzureichend erreicht werden. Darüber hinaus wir Ambient Media zunehmend planbar, nachvollziehbar und qualitativ hochwertig." (Anacker, 2006)

Aber auch Nachteile oder Risiken lassen sich für Ambient Media anführen:
- Messbarkeit: Durch die Individualität von Ambient Media-Aktionen fällt es schwer, eine einheitliche Erfolgsmessung durchzuführen. Kennwerte wie z. B. Reichweite, Opportunity to Contact (OTC), Tausenderpreise sind nur schwer festzustellen. Seit 2005 versucht die Ambient Media Analyse (AMA) hier Defizite zu beseitigen. Die AMA verfolgt das Ziel, den Media-Agenturen und ihren Kunden eine aussagekräftigere Entscheidungsgrundlage für Ambient Media anzubieten. Dazu werden 2.500 Personen zwischen 14 und 65 Jahren befragt. Die Ambient Media Analyse 2009 erfasst Bekanntheit, Weitester Seherkreis, letzten Kontakt und die Kontakthäufigkeit (www.medialine 2010)
- Negative Reaktionen der Zielpersonen: In dem gleichen Maße wie Ambient Media durch Überraschungseffekte Aufmerksamkeit gewinnt, dringt sie gleichzeitig auch – unter Umständen unangenehm – in das Leben der Zielgruppen ein. Diese als Penetration wahrgenommenen Botschaften können zu nicht intendierten negativen Reaktionen führen. Zudem besteht natürlich auch das Risiko, dass die Aktion nicht als positiv bewertet wird („cool"), sondern als „uncool", nicht der Marke entsprechend.

4.4 Mediagattung Außenwerbung

- In vielen Fällen erreicht man durch die stark reduzierte Botschaft und die große Zuspitzung nur eine kleine Anzahl an Personen nachhaltig. Deshalb ist Ambient Media nicht als flächendeckendes Medium geeignet, kann aber unterstützend eingesetzt werden und die Marke aktualisieren.

Oft wurden in der Vergangenheit Ambient Media-Maßnahmen noch als „i-Tüpfelchen" auf dem i oder als nette Werbeidee gesehen. Aber nicht nur die steigenden Ausgaben für Ambient Media zeigen, dass dieser Sektor im Wachsen begriffen ist. In einer Studie des Fachverbandes Ambient Media wurde die zukünftige Akzeptanz und Entwicklung von Experten bewertet. Daraus ergab sich, dass

- 80 % der Mediaagenturen,
- 92 % der Spezialvermittler,
- 85 % der Werbeagenturen und
- 76 % der Unternehmen

von einer steigenden Bedeutung von Ambient Media ausgehen.

Wo klassische Werbung sich oftmals über hohen Werbedruck und große Reichweiten versucht sich in das Leben der Konsumenten und Zielgruppen zu drängen, schleicht Ambient Media über das Alltagsumfeld mitten ins Leben der Zielpersonen.

Trotzdem ist zu berücksichtigen, dass Ambient Media nicht für sich alleine stehen sollte. Diese dynamische Werbeform eignet sich sehr gut zur Ergänzung von anderen kommunikativen Aktivitäten eines Unternehmens und kann als flankierende Maßnahme eingesetzt werden. Denn Ambient Media setzt oft dort ein, wo klassische Medien an ihre Grenzen stoßen.

Aber auch für Ambient Media bedarf es trotz seiner angestrebten Überraschungseffekte und Wahrnehmungswirkungen einer exakten Planung und einer hohen Präzision in der Durchführung. Man muss sich nicht nur über die Zielgruppe im Klaren sein, sondern auch genaue Informationen über deren Aktivitäten und das Umfeld sammeln, um die anvisierten Zielpersonen auch im richtigen Moment am richtigen Ort mit der richtigen Botschaft zu erreichen. Ambient Media muss der Zielgruppe etwas geben. Zudem müssen die Aktionen so gestaltet sein, dass sie nicht nur unterhaltsam, sondern auch relevant und vor allem exakt einer Marke zuordenbar sind.

Ambient Media wird in Zukunft bei vielen Kampagnen integraler Bestandteil sein. Ambient Media fordert Werbetreibende heraus, ihre Kreativität zu entfalten und sich intensiv mit ihrer Zielgruppe zu beschäftigen.

Werbung sollte in Zukunft nicht als störend empfunden werden, sondern die Botschaften sollten unterhaltsam an die Zielpersonen herangetragen werden. Ambient Media-Aktivitäten sind ein Schritt in dieser Richtung: „Ambient Media überrascht, anstatt zu belästigen". (www.lookads.de, 2010)

4.4.6 Abschließende Beurteilung

Nachdem die Plakatwerbung lange Zeit bei vielen Werbeagenturen und Werbungtreibenden als wenig transparentes und schwierig zu planendes Medium galt, liegen heute durch mehrere Projekte und Untersuchungen verlässliche Daten über die Leistungsfähigkeit der Plakatwerbung vor. Die Leistungswerte werden den heutigen Ansprüchen für die Mediaplanung gerecht, können die Transparenz des Mediums Plakat entscheidend verbessern, bilden eine wertvolle Grundlage für Mediaentscheidungen und geben Sicherheit bei der Planung und Abwicklung von Plakatkampagnen.

Die jahrelang dominierende Stellung der Plakate in der Außenwerbung ist in den letzten Jahren ergänzt worden durch die Installation der City-Flächen und der City-Light-Poster. Hiermit ist beim Medium Plakat die Wende von der Quantität zur Qualität vollzogen worden. CLPs sind dabei in wenigen Jahren zum attraktivsten und erfolgreichsten Plakat-Werbeträger in Deutschland geworden. Die von innen beleuchteten Vitrinen erzielen eine hohe Werbewirkung, besonders durch die brillante Darstellung, und sorgen für Intensiv-Kontakte mit dem Wartenden. Die Plakate sind hinter Glas vor Witterungseinflüssen geschützt und bleiben wegen der laufenden Reinigung und Wartung der Glasflächen immer gut sichtbar (vgl. DSR, 1994).

Durch die unterschiedlichen Selektions- und Buchungsmöglichkeiten lassen sich in der Plakatwerbung hohe Reichweiten realisieren, die Streuverluste sind relativ gering. Das Medium Plakat bietet vielfältige Einsatzmöglichkeiten, und es wird eine schnelle Wirkung erreicht. Auch die technische Qualität der Werbeträger wird immer mehr verbessert. Beleuchtung, Verglasung, leimfreie Anbringung der Plakate und neue Druck- und Fototechniken zur Verbesserung der optischen Qualität werden die Produktpräsentation und die Aufmerksamkeitseinwirkung zunehmend optimieren. Diese Weiterentwicklungen werden eine immer kurzfristigere und kostengünstigere Umsetzung von Kampagnen ermöglichen.

Plakatanschlag kann sowohl Basismedium als auch Ergänzungsmedium sein. In der Kombination mit TV als Basismedium kann Plakatanschlag der Produktaktualisierung dienen. Vorstellbar ist aber auch, Plakat- mit Anzeigenwerbung zu kombinieren bzw. Plakatwerbung als einziges Medium einzusetzen. In beiden letztgenannten Fällen fungiert das Plakat als Basismedium.

Neben der klassischen Plakatwerbung ist auch die Verkehrsmittelwerbung, als Teilbereich der Außenwerbung, von Bedeutung. Allen Vorteilen voran steht die hohe Reichweite des Mediums, seine Akzeptanz und Sympathie beim Betrachter und die besondere Zielgruppenqualität. Überzeugend ist auch das günstige Preis-Leistungs-Verhältnis und die problemlose Umsetzung fast aller Werbeideen. Die Verkehrsmittelwerbung hat im Bereich der Außenwerbung ein eigenständiges Profil entwickelt.

Im Bereich der Außenwerbung sind in den letzten Jahren, ergänzend zur Plakat- und Verkehrsmittelwerbung, elektronische Medien hinzugetreten. Mit den elektronischen Outdoor-Medien wird der Schritt von der Außenwerbung zur Außenkommunikation vollzogen, weil nicht nur Werbung angeboten wird, sondern auch ein umfangreiches

Programm und vielfältige Informationen. Durch die neuen elektronischen Möglichkeiten der Außenwerbung ergeben sich zudem neue interessante Schalt-Optionen hinsichtlich Aktualität und Flexibilität der Schaltung. Ambient Media eröffnen zudem die Chance die Zielgruppen in neuen Umfeldern kontext-adäquat anzusprechen.

Charakteristisch für die Außenwerbung ist, dass sie sich für nahezu alle Arten von Werbungtreibenden anbietet, für örtlich/regionale Kampagnen ebenso wie für international einheitliche Werbekampagnen.

4.5 Mediagattung Hörfunk

4.5.1 Einführung

Der Hörfunk liegt auf Platz 10 der Werbeträger und gehört damit zu den eher „kleinen" Werbemedien. Trotz seines hohen Alters – in Deutschland gibt es seit 1923 Hörfunk – und der zunehmenden Konkurrenz durch „jüngere" Medien scheint das Radio den Deutschen aber sehr „ans Herz" gewachsen zu sein. Auf die Frage, welches Medium sie stark oder sehr stark vermissen würden, nannte eine Mehrheit von 52 % das Radio – Fernsehen (45 %), Tageszeitung (42 %) und Internet (38 %) kamen auf geringere Werte (Media Perspektiven Basisdaten 2010, S. 68). Radio gilt als ein Informationsmedium, das für die unmittelbare Aneignung von Aktuellem und Neuem genutzt wird. Radio wird allerdings auch als Begleitmedium betrachtet, das als Stimmungsmodulator zur Erhaltung des psychischen Wohlbefindens im Arbeits- und Freizeitbereich eingesetzt wird (vgl. ebd. S. 69). Im Gegensatz zu anderen Mediagattungen ist das Radio nicht auf die exklusive Hinwendung angewiesen. Das Radio kann aufgrund seines speziellen Charakters und seiner Mobilität problemlos mit verschiedensten anderen Tätigkeiten im Arbeits- und Freizeitbereich kombiniert werden. Vor allem hat das Radio eine besondere Nähe zum Einkaufen: Radio wird beim Schreiben des Einkaufszettels und auf dem Weg zum Einkaufen gehört – und damit automatisch auch die Hörfunkwerbung. Anders als die TV-Werbung, deren Prime-Time in den Abendstunden nach Geschäftsschluss liegt, wird das Medium Hörfunk in unmittelbarer zeitlicher Nähe zum Kaufakt genutzt – und kann ihn beeinflussen. Hörfunkwerbung ist daher bestens geeignet, die Erinnerung an Marken- und Produktnamen direkt vor der Kaufhandlung aufzufrischen. Nach der ma 2011 erreicht der Hörfunk täglich 76,9 % der Bevölkerung. Daher eignet sich das Medium Radio besonders für einen schnellen Aufbau von Werbedruck und für eine breite Penetration der Werbebotschaft, so beispielsweise bei Produktneueinführungen oder als Ankündigung von Promotionaktionen. Aufgrund der akustischen Informationsvermittlung lassen sich mit dem Radio insbesondere Marken- und Produktnamen oder Claims bekanntmachen. Als ergänzendes Sekundärmedium eignet sich Funk vor allem zur schnellen Reaktivierung bereits gelernter Botschaften, die zuvor durch andere Medien wie Fernsehen und Print bekannt gemacht wurden. Ein großer Vorzug des Werbemediums Hörfunk besteht in seiner zeitlich und regional fein auszusteuernden Einsetzbarkeit: Auch kleine, regional begrenzte Märkte lassen sich ohne Streuverluste gut mit Radiowerbung abdecken. Die Einsetzbarkeit während des ganzen Tages erlaubt zum einen die Identifikation besonders günstiger Zeitpunkte im Tagesverlauf der Zielpersonen, zum andern aber durch die Möglichkeit konzentrierter Schaltungen in kurzen Zeiträumen den Aufbau eines sehr intensiven Werbedrucks. Beides ermöglicht effektive Mediastrategien insbesondere bei kurzfristigen Kampagnen.

4.5.2 Die Hörfunklandschaft in Deutschland

4.5.2.1 Technische Reichweite und Übertragungskanäle

Im Vergleich zum Vorjahr ging im Jahr 2010 die Zahl der angemeldeten Rundfunkgeräte erstmals zurück. Gleichwohl kommt auf zwei Bundesbürger ein angemeldetes Radiogerät. Da nicht angemeldete Geräte (z. B. Zweitgeräte oder Autoradio) nicht erfasst werden, dürfte die tatsächliche Zahl an Empfangsgeräten weitaus höher liegen. Es kann davon ausgegangen werden, dass jeder Haushalt in Deutschland über ein Radiogerät verfügt und die technische Reichweite bei 100 % liegt.

Die Verbreitung von Fernseh- und Hörfunkprogrammen erfolgt terrestrisch, über Satellit, durch Breitbandverteilnetze (Kabel) sowie über Internet. Während die ersten drei Verbreitungswege sich sowohl digitaler als auch analoger Signale bedienen können, basiert die Hörfunknutzung via Internet auf digitalen Signalen. Unter „DAB" (Digital Audio Broadcast) oder „Digital Radio" versteht man die Verbreitung digitaler Radioprogramme jenseits des Internets. Die digitale Hörfunkverbreitung liefert nicht nur eine bessere Klangqualität, sondern auch eine Reihe von Zusatzinformationen wie z. B. EPG-Daten, Informationen zur laufenden Sendung, Wetter- und Verkehrsnachrichten, bis hin zu bewegten Bildern (vgl. SWR 2011). Auch Werbespots könnten mit begleitenden Signalen in Wort, Ton und (Bewegt-) Bild angereichert werden. Voraussetzung dafür sind spezielle Empfangsgeräte, die bislang aber noch nicht sehr verbreitet sind (vgl. ALM 2010, S. 192 f.). Zum 1. August 2011 startete der neue Übertragungsstandard DAB+ (ebd.). Langfristig könnte DAB+ die Hörfunkübertragung über Ultrakurzwelle (UKW) ersetzen. Verschiedene, in der Vergangenheit angesetzte Termine für das Abschalten von UKW (z. B. 2010 und 2015) wurden aber bislang immer ausgesetzt.

4.5.2.2 Öffentlich-rechtlichen vs. private Hörfunk-Programme

Wie auch das Fernsehen ist der Hörfunk in Deutschland dual strukturiert: Privatwirtschaftlich organisierte und sich selbst durch Werbung finanzierende, kommerzielle Radiosender stehen neben den sogenannten „öffentlich-rechtlichen" Sendern, die zwar auch über Werbeeinnahmen verfügen, sich aber überwiegend durch Rundfunkgebühren finanzieren. Zusammen mit dem Fernsehen wird der Hörfunk als „Rundfunk" bezeichnet und unterliegt dem „Rundfunkstaatsvertrag", der sowohl für die privaten wie die öffentlich-rechtlichen Sender gilt. Seinen Ursprung hat die besondere Reglementierung des Rundfunkwesens in Deutschland (im Gegensatz bspw. zum Zeitungsbereich) in den

4.5 Mediagattung Hörfunk

Tab. 4.24 Entwicklung angemeldeter Rundfunkgeräte. (Media Perspektiven, Basisdaten, 2010, S. 6)

Jahr	Anzahl Geräte	Jahr	Anzahl Geräte
1924	99.000	1992	28.600.000
1926	1.022.000	1994	35.740.000
1930	3.000.000	1995	36.200.000
1971	19.600.000	1996	36.800.000
1972	19.900.000	1997	37.020.000
1973	20.300.000	1999	38.823.000
1977	21.900.000	2000	39.160.000
1979	22.400.000	2001	39.730.000
1980	22.900.000	2002	40.250.000
1981	23.600.000	2004	41.630.000
1983	24.600.000	2005	42.170.000
1984	25.000.000	2006	42.510.000
1986	25.900.000	2007	42.770.000
1987	26.400.000	2008	43.040.000
1988	26.900.000	2009	43.060.000
1989	26.900.000	2010	42.880.000
1990	27.400.000		

Erfahrungen der Nazi-Diktatur, die den Rundfunk als Propaganda-Instrument nutzte. Besondere Kontrollmechanismen sollen u. A. Meinungspluralität, Staatsferne und eine Grundversorgung mit Informationen sicher stellen (vgl. hier Abschn. 4.1.2). Um eine zentralisierte Monopolstellung eines Rundfunksenders zu verhindern, spielt auch die föderale Struktur des Rundfunks in Deutschland eine wesentliche Rolle. Sie zeigt sich bei der Gliederung des öffentlich-rechtlichen Rundfunks in die neun Landesrundfunkanstalten der „Arbeitsgemeinschaft der öffentlich-rechtlichen Rundfunkanstalten der Bundesrepublik Deutschland" (ARD) und bei der Aufteilung der Zuständigkeiten für die privaten Sender je nach Bundesland in 14 Landesmedienanstalten[15] als Aufsichtsbehörden. Jede der neun ARD Landerundfunkanstalten sendet eine Reihe unterschiedlicher Hörfunkprogramme, die verschiedene Programmschwerpunkte (Aktuelles, Wortbeiträge, Unterhaltung) haben und sich dadurch (insbesondere auch durch ihre spezifische „Musikfarbe") an unterschiedliche Zielgruppen richten. Zum Teil wenden sie sich auch an regionale Teilgebiete des Zuständigkeitsbereichs der jeweiligen Rundfunkanstalt – z. B. „SWR 1 Baden-Württemberg" und „SWR 1 Rheinland-Pfalz". Zeitlich begrenzt ausgestrahlte Regionalprogramme bezeichnet man als „Fensterprogramme" – bspw. „SWR 4 Radio Stuttgart" oder „SWR 4 Radio Tübingen". Um das Nachtprogramm zu bestreiten, gibt es innerhalb der

---

[15] Da Berlin und Brandenburg sowie Hamburg und Schleswig-Holstein jeweils über eine gemeinsame Landesmedienanstalt verfügen, gibt es in Deutschland 14 Anstalten bei 16 Bundesländern.

Tab. 4.25 Übersicht öffentlich-rechtliche Anstalten und ihre Hörfunkprogramme. (Arbeitsgemeinschaft der ARD Werbegesellschaften, 2011)

Bayerischer Rundfunk (BR)	Bayern 1 Bayern 2 Bayern 3 BR Klassik BR 5 aktuell Bayern plus
Hessischer Rundfunk (HR)	hr 1 hr 2 Kultur hr 3 hr 4 You fm hr iNFO
Mitteldeutscher Rundfunk (MDR)	MDR INFO MDR SPUTNIK OnAir Channel MDR Figaro MDR Radio Thüringen/Sachsen-Anhalt/ Sachsen MDR Jump MDR Klassik
Norddeutscher Rundfunk NDR)	N-Joy NDR 2 NDR Kultur NDR Info NDR 1 Niedersachsen/Welle Nord/Radio MV
Radio Berlin Brandenburg (RBB)	radioBerlin 88,8 Fritz Radioeins Antenne Brandenburg Kulturradio
Radio Bremen (RB)	Bremen Eins Nordwestradio Bremen Vier
Saarländischer Rundfunk (SR)	SR 1 Europawelle SR 2 KulturRadio SR 3 Saarlandwelle 103.7 UnserDing
Südwestrundfunk (SWR)	SWR 1 Baden-Württemberg/Rheinland-Pfalz SWR 2 SWR 3 SWR 4 Baden-Württemberg/Rheinland-Pfalz Das Ding SWR Cont.ra

4.5 Mediagattung Hörfunk

Tab. 4.25 (Fortsetzung)

Westdeutscher Rundfunk (WDR)	1Live
	WDR 2
	WDR 3
	WDR 4
	WDR 5
	Funkhaus Europa
Deutsche Welle	Deutsche Welle
Deutschlandradio	Deutschlandfunk
	Deutschlandradio Kultur

Tab. 4.26 Die Top Ten der Privatradios in Deutschland. (Media Perspektiven Basisdaten 2010, Personen ab 10 J. (D+EU), Mo–So)

Ausgewählte starke Privatradios	Tagesreichweite in %
radio NRW	6,7
ANTENNE BAYERN	4,8
Bayern Funkpaket	3,5
radio ffn	2,3
Hit-Radio Antenne	1,6
Hit-Radio ANTENNE 1	1,4
RPR1.	1,3
RSH RadioSchleswig-Holstein	1,2
Klassik Radio	1,1
Radio Regenbogen	1,1

ARD-Sender verschiedene Kooperationen. Neben diesen föderal ausgerichteten Programmen gehört zur ARD noch das Auslandsradio „Deutsche Welle" sowie das deutschlandweit sendende „Deutschlandradio" (an dem auch das ZDF beteiligt ist) und das die beiden werbefreien Programme „Deutschlandradio Kultur" und „Deutschlandfunk" sendet.

Insgesamt stehen über 40 einzelne ARD-Sender zur Verfügung, in denen Werbung gebucht werden. Um trotz der regionalen Gliederung der öffentlich-rechtlichen Sender auch bundesweite Hörfunkkampagnen schalten zu können, bietet die Vermarktungsgesellschaft der ARD, die AS&S GmbH zahlreiche Kombinationsmöglichkeiten von Einzelsendern – „Kombis" – zur Buchung an (mehr dazu unter Abschn. 4.5.5).

Auch die Landschaft der Privatsender ist durch regionale und lokale Kleinteiligkeit geprägt – sowohl was die gesendeten Programme, als auch, was die Eigentümerstruktur betrifft. Die Dachorganisation der für die Kontrolle und Lizenzvergabe zuständigen Landesmedienanstalten konstatiert in ihrem Jahrbuch 2010/11, dass die „Eigentümerstruktur in Deutschlands Privatradiolandschaft (…) von großer Vielfalt geprägt" ist (ALM 2010, S. 199). Insgesamt seien „schätzungsweise 600 Gesellschafter bei einem lokalen oder landesweitern Sender engagiert. Die Bandbreite der Anteilseigner reicht dabei vom international tätigen Medienkonzern über regionale Verlage, Verbände und Institutionen bis hin zu Privatpersonen." (ebd.) Diese Zersplitterung der Eigentümerstruktur rechnen sich die Landesmedienanstalten als Erfolg an, da sie als Garant für Angebotsvielfalt und Meinungspluralität angesehen werden kann. Die Landesmedienanstalten achten aber nicht nur darauf, dass sich nicht allzu viel „Medienmacht" in einer Hand ballt, d. h. dass ein Eigentümer über eine markt- und meinungsbeherrschende Sendemacht verfügt, sondern auch über die inhaltliche Ausgestaltung der Hörfunkprogramme. So ist die Lizenzvergabe üblicherweise mit Auflagen verbunden – wie z. B. „Mindestwortprogramm im Tagesprogramm, ausgewogene Beachtung bedeutsamer politischer, weltanschaulicher und gesellschaftlicher Gruppen (…), durchschnittliche tägliche Mindestsendezeit für regionale Berichterstattung" u. a. m. (von zur Mühlen 2007, S. 16). Die Programmgestaltung orientiert sich damit nicht allein an den zu Vermarktungszwecken identifizierten mutmaßlichen Wünschen und Bedürfnissen der vom Sender ausgewählten (Werbe-) Zielgruppen, sondern auch an übergeordneten im Sinne der Meinungsvielfalt und der freiheitlich-demokratischen Grundordnung als wertvoll erachteten Zielen.

Neben einigen Sendern mit überregionalem Verbreitungsgebiet (insbesondere über Kabel und Satellit, z. B. Klassik Radio) sind die Sendegebiete der privaten Hörfunksender regional und lokal eingegrenzt. Einige landesweit empfangbare Sender bündeln unter ihrem Dach eine Vielzahl von lokalen Stationen – so z. B. Radio NRW, das das Rahmenprogramm für 45 Lokalradios liefert. In der Summe ist Radio NRW der reichweitenstärkste Privatsender in Deutschland.

Die Zahl der Radiosender hat in den letzten Jahren stark zugenommen. Dies ist nahezu ausschließlich auf den Zuwachs bei den privaten Sendern zurückzuführen. Deren Zahl stieg zwischen 1994 und 2011 um fast 50 % (siehe Abb. 4.63).

Da sich die tägliche Nutzungsdauer in den letzten 20 Jahren aber nicht parallel zum Senderzuwachs entwickelt hat – von 2005 bis 2010 ist sie sogar rückläufig (vgl. Abb. 4.64), verteilt sich eine insgesamt abnehmende tägliche Zuwendungsdauer auf immer mehr Sender. Die Folge: Die einzelnen Sender erhalten im Durchschnitt einen geringeren Anteil der Gesamtnutzungsdauer und entsprechend auch von den (ebenfalls nicht proportional gestiegenen) Werbeaufwendungen. Für die Mediaplanung bedeutet die Zersplitterung der Senderlandschaft einen erhöhten Planungsaufwand.

4.5 Mediagattung Hörfunk

Abb. 4.63 Entwicklung der Zahl der Hörfunksender in Deutschland 1994–2011. (ma 1994–ma 2011 Radio I, zit. nach ZAW 2011, S. 333)

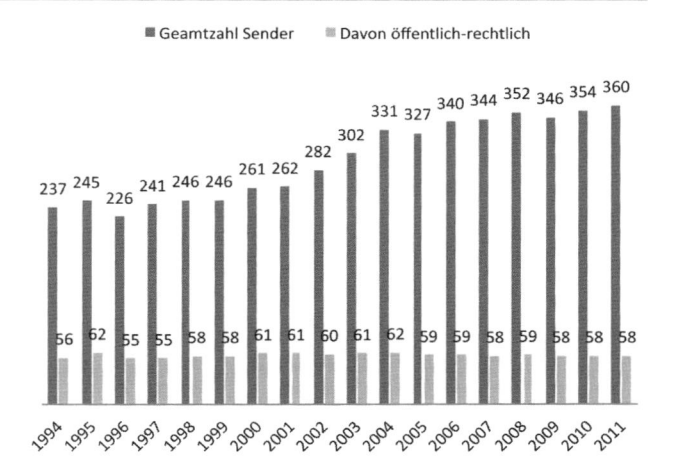

Gesamtzahl Sender: 237, 245, 226, 241, 246, 246, 261, 262, 282, 302, 331, 327, 340, 344, 352, 346, 354, 360 (1994–2011)
Davon öffentlich-rechtlich: 56, 62, 55, 55, 58, 58, 61, 61, 60, 61, 62, 59, 59, 58, 59, 58, 58, 58

Abb. 4.64 Entwicklung der Hörfunknutzung (Mo–So, 5.00–24.00 Uhr, Pers. ab 14 J. in Minuten/Tag). (Media Perspektiven Basisdaten 2011, S. 68)

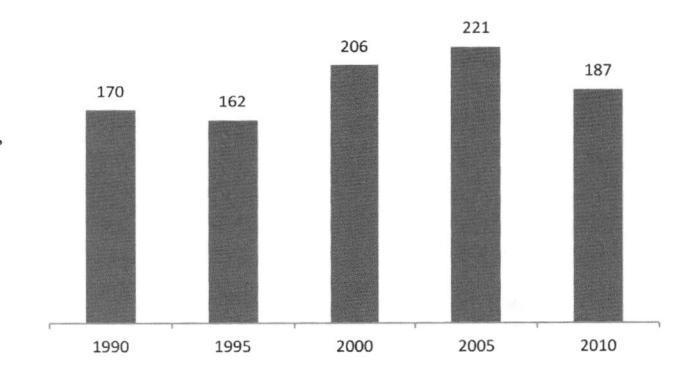

1990: 170; 1995: 162; 2000: 206; 2005: 221; 2010: 187

Anders als die Fernsehnutzung zeichnet sich der Hörfunkkonsum aber durch eine hohe Sendertreue aus. Trotz der stark gestiegenen Auswahlmöglichkeiten für die Hörer ist die Zahl der pro Person genutzten Sender nicht wesentlich gestiegen. So stiegt die Zahl der durchschnittlich genutzten Radiosender von 1,3 pro Person im Jahr 1987 bei einer Programmauswahl zwischen 44 Sendern auf durchschnittlich 1,6 Sender pro Person im Jahr 2011 bei einer um mehr als das achtfache gestiegenen Auswahlmöglichkeit zwischen 367 Sendern (AS und S 2011a). Die meisten Hörer haben ihren „Stammsender" fest im Radiogerät programmiert und halten ihm über längere Zeit – sowohl im Tagesverlauf als auch über längere Zeiträume – die Treue.

Hinsichtlich der Nettoreichweite liegen die öffentlich-rechtlichen Sender in der Publikumsgunst vor den Privatsendern. Diese Verteilung hat sich in den letzten Jahren

Tab. 4.27 Nettoreichweite Hörfunk in Deutschland in Prozent. (ZAW 2011, S. 333 auf Basis der ma Radio)

	Öffentlich-Rechtlicher	Privater Hörfunk	Gesamt (Netto)
ma 2002	50,6	44,7	79,3
ma 2003	51,4	44,2	79,4
ma 2004	51,6	43,3	78,8
ma 2005	52,7	43,8	79,7
ma 2006	51,2	42,8	77,9
ma 2007	50,4	42,3	77,1
ma 2008	50,1	42,5	76,8
ma 2009	50,2	41,1	76,2
ma 2010	50,2	41,7	76,3
ma 2011	51,1	41,8	76,9

verfestigt.[16] Insgesamt kann von einer stabilen Verteilung der Reichweiten ausgegangen werden, was sich durch die hohe Sendertreue erklärt.

4.5.2.3 Programminhalte und Formate

Neben der Unterscheidung in öffentlich-rechtlich vs. private Hörfunksender und der regionalen bzw. lokalen Ausdifferenzierung spielt die Programmstruktur bzw. die „Programmfarbe" eine wesentliche Rolle zur Charakterisierung der einzelnen Sender. Die Programmfarbe reflektiert über die inhaltliche Ausrichtung des Programms – insbesondere ihres Wortanteils und ihres vorrangigen Musikstils – zugleich die anvisierte Zielgruppe: Die Charakterisierung eines Senders als „Jugendradio" impliziert somit einen bestimmten Ausschnitt aus dem Gesamtsektrum aller Musikrichtungen, einen eher geringen Wortanteil sowie einen bestimmten Moderationsstil, der sich aus der Orientierung an der Zielgruppe „Jugendliche" ergibt. Etablierte Programmfarben sind z. B. „Info-Sender", „Oldie-Sender" oder „Stadt-Radio" (vgl. Falk 2011, S. 64). Eine noch stärkere Schematisierung von Programminhalten und Musikstilen erfolgt unter dem Begriff des

---

[16] Da sich im Laufe der Jahre die Grundgesamtheiten verändert haben, lassen die Reichweitenveränderungen im Jahresvergleich keine Rückschlüsse auf Hörergewinne oder -verluste zu (vgl. ZAW 2011, S. 333). Da es sich um Nettoreichweiten handelt, addieren sich die Einzelreichweiten von öffentlich-rechtlichen Sendern und Privatsendern innerhalb eines Jahres nicht zur Gesamtnettoreichweite.

4.5 Mediagattung Hörfunk

"Formatradios" bzw. der "Radioformate". Ein Radioformat legt die "Hauptbestandteile eines Programms wie Musik, Moderation, News oder Service" fest (Mediadaten 2011, S. 4). Die Grenzen zwischen den einzelnen Formaten sind dabei fließend (ebd.). Gänge Radioformate sind (vgl. ebd.):

Adult Contemporary (AC):
- "Popmusikstandards der letzten Jahrzehnte bis heute: Orientierung am breiten Massengeschmack, melodisch geprägt, leicht durchhörbar, drei oder vier Titel ohne Unterbrechung. Kurze Moderationen, Gewinnspiele zur Hörerbindung, Informationen nur in kurzen Serviceberichten (News, Wetter; Verkehrsmeldungen). Zielgruppe 25–49 Jahre." (ebd.) Ausdifferenzierung in verschiedene Varianten.

Album Oriented Rock (AOR):
- "Musikintensives Format mit breiter, rockmusikorientierter Playlist. Titelselektion teilweise weniger bekannter Künstler. Nachrichten und Informationen stehen weniger im Vordergrund. Zielgruppe: 18 bis 34 Jahre, eher männliche Hörer." (ebd.) Weitere Ausdifferenzierung in "Classic Rock", "Hard/heavy Rock" und "Soft Rock" möglich (ebd.).

Alternative:
- "Entwickelt sich aus einem Anti-Format heraus. Schwerpunkt auf unbekannten Titeln aus einem breiten Musikspektrum, Szeneberichte und aktuelle Informationen zum Tagesgeschehen. Zielgruppe: 18-34 Jahre, Studenten, junge Informationsorientierte." (ebd.)

Contemporary Hit Radio (CHR):
- "Aktuelle, schnellere Charthits, begrenzte Playlist, Top 40, keine Oldies, lange Musikstrecken, schnelle Titelrotation. Geringer Informationsteil, knappe, dynamisch-aggressive oder witzige Moderation, häufige Promotionaktivitäten oder Gewinnspiele. Zielgruppe: 14-24 Jahre, konsumfreudige junge Menschen." (ebd.) Weitere Differenzierungen möglich.

Country:
- "Beliebte Musiktitel aus dem Countrybereich. Eher wenig anspruchsvolle redaktionelle Inhalte, unaufgeregte Moderation, mittlere Promotionaktivitäten. Teilweise Konzentration auf deutsche oder auf amerikanische Titel. Zielgruppe: 30–50 Jahre." (ebd. S. 5)

Info/News/Talk:
- "Hoher Wortanteil, Nachrichten und Informationen zu einer breiten Palette von Themen. Starke Hörerbeteiligung durch Call-In-Shows z. B. bei Studiogästen. Zielgruppe: 35–50 Jahre, Informationsinteressierte." (ebd.)

Jazz:
- "Beliebte Musiktitel aus dem Jazzbereich, teilweise anspruchsvolle redaktionelle Inhalte, kultivierte Moderation, nur geringe Promotionaktivitäten. Zielgruppe: 30–60 Jahre, verstärkt gebildete Besserverdiener." (ebd.)

- Klassik:
- „Beliebte Stücke der klassischen Musik, Konzerte, Sinfonien, Opern und Operetten. Redaktionelle Inhalte mit anspruchsvoller Moderation, nur geringe Promotionaktivitäten. Zielgruppe über 30 Jahre, verstärkt Besserverdiener." (ebd.)

Melodie-Schlager:
- „Deutsche Schlager, Evergreens und Volksmusik, konservative Moderation, hohe Promotionaktivitäten zur Hörerbindung. Zielgruppe 40-60 Jahre, durchschnittlich konservativ." (ebd.)

Middle of the Road (MOR):
- „Klassisches Vollprogramm mit einer ausgewogenen Mischung von Musik und Information, nationale und internationale möglichst harmonisch-melodiöse Musik. Breites Spektrum an Nachrichten und Informationen, zum Teil auf hohem Niveau sowie zielgruppenorientierte Sendungen. Ruhige und sachliche Moderation. Zielgruppe 35-55 Jahre, durchschnittlich konservativ." (ebd.)

Oldies:
- „Mischung aus internationalen und nationalen Oldies und Evergreens, ruhige Moderation, nur geringe Promotionaktivitäten. Zielgruppe über 40 Jahre, ‚Junggebliebene'." (ebd.)

Urban Contemporary (UC):
- „Mix aus Black Music, ruhigen Soultiteln und Clubmusik, auch längere Titel, gutgelaunte Moderationen, oft von DJ´s, Nachrichten eher unbedeutend, Trend und Szene-Berichte, häufige Promotionaktivitäten. Zielgruppe 18-34 Jahre, jung, konsumfreudig, trendorientiert." (ebd.)

Als weitere Formate haben sich „Black Music", „Dance" und „Soul/Funk" (ebd.) etabliert, die sich über die Musikrichtungen definieren.

Die standardisierte Programmgestaltung entlang etablierter Radioformate dient einer größtmöglichen Orientierung an den Hörbedürfnissen von Zielgruppen, die dadurch möglichst eng an das Programm gebunden werden sollen. Dadurch soll das Zielgruppenprofil des Senders geschärft und seine Attraktivität auf dem Werbemarkt erhöht werden. Entsprechend kann der bevorzugte Musikstil und das präferierte Radioformat zur Zielgruppendefinition und Mediaselektion genutzt werden. Das Denken in Radioformaten zeigt den hohen Professionalisierungsgrad der Radiogestaltung, der sich bis hin zum Moderationsstil erstreckt. Selbst launige Moderationen folgen einer marktorientierten Strategie und sind nicht der persönlichen Tagesform individueller Personen überlassen – genauso wenig wie die Musikauswahl. Sie reflektieren vielmehr die Rolle des Radios als Werbeträger, bei dem das Programm die Funktion hat, genau definierte Werbezielgruppen zum Zuhören zu verleiten.

4.5.3 Werbezeiten und Werbeformen im Hörfunk

4.5.3.1 Rechtliche Grundlagen

Wie auch beim Fernsehen steckt der Rundfunkstaatsvertrag den Rahmen für Werbung im Hörfunk ab. Da die allgemeinen Rahmenbedingungen bereits beim Werbeträger „Fernsehen" Abschn. 4.1.3) behandelt wurden, wird im Folgenden nur noch auf hörfunkspezifische Besonderheiten eingegangen. Sie wurden präzisiert in den „Gemeinsame Richtlinien der Landesmedienanstalten für die Werbung, die Produktplatzierung, das Sponsoring und das Teleshopping im Fernsehen" (WerbeRL/HÖRFUNK). Damit Radiowerbung vom übrigen Programm getrennt und leicht unterscheidbar (§ 7 RSTV) ist, muss sie zu Beginn „durch ein akustisches Signal (Werbejingle, Ansage) eindeutig gekennzeichnet" sein (WerbeRL/Hörunk, Zif. 3, Abs. 1). An Sonn- und Feiertagen darf keine Werbung ausgestrahlt werden (§ 16 RStV). Die täglich erlaubte Gesamtmenge an Hörfunkwerbung ist bei den öffentlich-rechtlichen Sendern föderal geregelt: „Die Länder sind berechtigt, den Landesrundfunkanstalten bis zu 90 Minuten werktäglich im Jahresdurchschnitt Werbung im Hörfunk einzuräumen" (ebd.), davon abweichende Regelungen sind möglich. Siefmütterlich wird die Dauer der Hörfunkwerbung bei den privaten Anbietern behandelt: Der einschlägige Paragraf 45 des Rundfunkstaatsvertrags, auf den sich auch die Werberichtlinie „Hörfunk" der Landesmedienanstalten kommentarlos bezieht, spricht nur von „Fernsehwerbung" – pro Stunde dürfen demnach nur 20 % der Sendezeit für Spotwerbung verwendet werden.

4.5.3.2 Spotwerbung

Die klassische Form der Hörfunkwerbung ist der Einzelspot, der in einem Werbeblock eingebunden ist. Wie auch bei der Fernsehwerbung gibt es die Möglichkeit des Tandemspots, bei dem zwei zusammengehörende Spots zeitlich getrennt voneinander ausgestrahlt werden: Je nach Art der Bezugnahme aufeinander, kann der erste den zweiten Ankündigen („Teaser-Spot") oder der zweite an den ersten erinnern („Reminder"). Die „ARD-Werbung SALES & SERVICES GmbH" (AS&S) bietet unter dem Label des „Attention Triple Spot" die Möglichkeit einem klassischen Spot sowohl einen Teaser-Spot vorauszuschalten und ihm einen Reminder folgen zu lassen (www.ard-werbung.de). Es kann auch zweimal der gleiche Spot in einem Werbeblock ausgestrahlt werden („Doppelspot"). Zwischen den Spots werden i.d.R. andere Werbespots ausgestrahlt. Eine weitere Möglichkeit, im Hörfunk zu werben, ist die Ausstrahlung einer Live-Durchsage. Dabei handelt es sich um Kurzreportagen zu speziellen Anlässen wie beispielsweise Unterstützung der Verkaufsförderung im Einzelhandel (vgl. Unger, 1989, S. 324 f.).

4.5.3.3 Sonderwerbeformen

Neben den bereits erwähnten Spots bieten Rundfunkanstalten zusätzlich eine Reihe verschiedener Werbesonderformen an – so z. B.:
Umfeldplatzierung:
- Durch die Auswahl bestimmter Themenumfelder lassen sich Zielgruppen noch gezielter erreichen, da spezielle Themen Hörer mit bestimmten Interessen versammeln.

Daher kann ein zum Umfeld passendes Produkt auf mehr Aufmerksamkeit stoßen. So können im Umfeld von Sportübertragungen Knabberartikel auf besondere Aufmerksamkeit stoßen.

Themenorientierte Spots:
- Dabei handelt es sich um eine Steigerung der Umfeldplatzierung. Passend zu den jeweiligen Umfeldern werden bestimmte Motive produziert und eingebunden. Plazierungsmöglichkeiten: Verkehr, Kino, Wetter, Bundesliga, Veranstaltungshinweise, Reisen.

Sponsoring:
- Sponsorwerbung erfolgt außerhalb der Werbeblöcke im redaktionellen Programmumfeld, so dass sich für den Sponsor eine Alleinstellung ergibt. Sie lässt sich auf das gesponserte Umfeld abstimmen. Sponsor-Hinweise können direkt vor und/oder nach hörerrelevanten Informationen liegen. Sponsoring bietet sich für die Bereiche Wetter, Horoskop, Hitparade, Verkehr, Sport, Börse, Gesundheit und Gewinnspiele an. Nicht erlaubt sind Anregungen zum Verkauf oder Kauf, Nennung von Produkteigenschaften oder -beschreibungen, Hinweise auf Bezugsquellen oder Verfügbarkeit. Werbespots innerhalb gesponserter Sendungen sind allerdings möglich.

Als Special wird beispielsweise Sponsoring von Konzert-Präsentationen angeboten. HIT RADIO FFH produziert einen Programmtrailer in Absprache mit dem Konzertveranstalter.

> **Beispiel einer Durchsage**
> „HIT RADIO FFH holt Rihanna nach Hessen! Ein Konzert-Tipp ermöglicht von Nescafé".

Rubriken-Sponsoring sind kurze Wortbeiträge mit einer Länge von ca. 75 Sekunden, die periodisch (täglich oder wöchentlich) im Programm verankert sind.

> **Beispiel**
> „...der DAX schließt zum Fixing fester...! Ein Service ihrer Sparkassen in Hessen."

Weitere Rubriken, die gesponsert werden können, sind: Sport-Telex, Wetter-Telex, Game-Parade, Staupilot, Frühstückshit oder Horoskop.

4.5.3.4 POS-Radio

Hörfunkwerbung kann auch in sogenannten „Instore-Radios" geschaltet werden. Dabei handelt es sich um Radioprogramme, die ausschließlich in Supermärkten und anderen Verkaufsorten ausgestrahlt werden. Der Vorteil für die Werbekunden: Die Konsumenten sind gerade beim Einkaufen – dichter an die Kaufhandlung kommt kaum ein Werbemedium. Und die Konsumenten können sich der Beschallung nicht entziehen. Durch die relativ niedrigen Investitionen (Anschaffungskosten für Empfangsanlage ca. 1.500 EUR, jährliche Abonnementgebühren etwa 200 EUR) hat sich Instore-Radio im Einzelhandel relativ schnell durchgesetzt. Die Einzelhandelsunternehmen, die Ladenfunk senden, werden i.d.R. an den Werbeeinnahmen der Anbieter beteiligt. Laut POS-Marketing-Report wird dem Ladenradio aber nur von 6 % der Befragten ein „sehr großer" oder „großer" Einfluss auf das Kaufverhalten zugesprochen (Horizont43/2010). Als Marktführer unter den elektronischen Instore-Medien gilt die P.O.S. Medien in Kiel, die in rund 50 % der Supermärkte ihr Einkaufsradio mit stündlichen Nachrichten und durchgehender Moderation sendet.

4.5.4 Gestaltung und Produktion von Hörfunkspots

Der Hörfunkspot nimmt die „Aschenputtel-Rolle" unter den Werbeträgern ein. Aufgrund seiner monosensualen Darbietungsform gilt er – zumal im Zeitalter des „iconic turn" – als wenig attraktives Werbemittel. Dies führt bei der Aufgabenverteilung in den Kreativabteilungen der Agenturen oftmals dazu, dass das Schreiben eines Hörfunkspots als nachrangige Aufgabe betrachtet wird, weshalb ihr nicht ausreichend Zeit und Sorgfalt gewidmet wird. Die sich daraus ergebende fragwürdige Qualität vieler Hörfunkspots tat ein Übriges, um den Ruf dieses Werbemittels weiter zu verschlechtern. Im Buchtitel „Wenn Ohren kotzen. Ein Handbuch für den strategischen Einsatz von Radio-Werbung." (von Peter Hofmann) wird diese Negativeinschätzung auf den Punkt gebracht. Durch Kreativwettbewerbe speziell für Hörfunkspots (z. B. die „Radiostars" von AS&S und der „Ramses" von RMS) versuchen die großen Hörfunkwerbezeitenvermarkter dem entgegenzusteuern – damit die Ohren auch mal etwas zum „Schmunzeln" bekommen.

4.5.4.1 Gestaltung von Hörfunkspots

Dem Medium Hörfunk steht nur eine Sinnesebene für die Gestaltung zur Verfügung – die akustische. Zu den akustischen Gestaltungselementen zählen zunächst Sprache, Geräusche und Musik, die sich weiter differenzieren lassen: Bei der Sprache sind der Text als der gesprochene Inhalt, die Stimmqualität, die Intonation, der Dialekt, die Lautstärke und die Emotionalität zu unterscheiden. Die Geräusche lassen sich hinsichtlich ihrer Intensität (Vorder- oder Hintergrund) und hinsichtlich ihrer Quelle unterscheiden.[17] Das Gestaltungselement „Musik" lässt sich weiter auffächern in gesungene Sprache, rein instrumentelle Musik und Kurzmelodien mit Marken- oder Erkennungscharakter („Jingles"). Den Jingles kann eine wichtige Funktion bei der Markenbildung und bei der „Verlinkung" eines Hörfunkspots mit einer TV-Kampagne zukommen. Die Musikelemente können eigens für eine Marke komponiert werden. Es kann aber auch auf bereits existierende Musikstücke zurückgegriffen werden. Insbesondere bei sehr bekannten Kompositionen können hier sehr hohe Kosten für den Erwerb der Rechte entstehen. Ein weiteres, wichtiges

---

[17] Da der Hörfunk gerade auch im Auto genutzt wird, fordert der Deutsche Werberat im Bemühen um eine Vermeidung von Verkehrsunfällen dazu auf, die Verwendung „kritischer" Geräusche bei der Gestaltung von Hörfunkspots zu unterlassen. Darunter fallen „heftige Bremsgeräusche, insbesondere quietschende Reifen, Crash- und Unfallgeräusche (…), aggressive Hupgeräusche, Einblendung von Martinshörnern" (Deutscher Werberat 2011, S. 83).

Gestaltungselement soll nicht übergangen werden: Die Stille. Inmitten eines durchgängigen Klangteppichs kann ein kurzer Moment der Stille herausragen und für Aufmerksamkeit sorgen.

Der dramaturgische Aufbau des Spots gilt als weiterer Erfolgsfaktor für die Werbewirkung. Dabei werden zwei klassische Ansätze unterschieden: Um die Aufmerksamkeit zu Beginn des Spots nachhaltig zu erwecken, werden die Anreize am Anfang des Spots präsentiert. Im Unterschied dazu wird im Rahmen eines spannungssteigernden Spots die wichtigste Botschaft zum Schluss plaziert. Bei der Handlungsdramaturgie lassen sich grob Monolog, Dialog bzw. szenische Darstellung und die direkte Höreransprache unterscheiden. Neben der Dramaturgie und der klanglichen Wirkung spielt die Glaubwürdigkeit durch sachlich richtige und wirklichkeitsnahe Darstellung eine entscheidende Rolle. Dazu gehören Aspekte wie seriöse Persönlichkeiten, glaubwürdige Testimonials und überzeugende Dialoge. Für eine positive Bewertung des Spots und bessere Erinnerungsleistungen sorgen Prominente, d. h. bekannte Sprecher, sowie der Einsatz von Dialekt (Gaßner 2007, S. 175 f.). Auch im Funk spielt die emotionale Ansprache eine bedeutende Rolle. Sie lässt sich insbesondere durch die Musik erzielen. Der Einsatz aufmerksamkeitserweckender Elemente und von Emotionalität sollen dabei im Einklang mit dem jeweiligen Produkt stehen und sozusagen zur zentralen Aussage hinführen und nicht durch eigenständige Gestaltung ablenken. Dass auch Hörfunkwerbung visuell wirken kann, untersucht Radio Marketing Service unter dem Stichwort „visual transfer". Die Studien ergaben, dass verschiedene Gestaltungselemente eines Hörfunkspots (insbesondere Jingle) bei den Hörern Bilder aus den zugehörigen TV-Spots hervorrufen konnten. Zum Teil war auch die verbale Gestaltung eines Hörfunkspots in der Lage, in den Hörern eigenständige „innere Bilder" hervorzurufen.[18]

4.5.4.2 Produktion von Hörfunkspots

Im Vergleich zur Herstellung von TV-Spots ist die Produktion von Hörfunkspots wenig aufwändig, kostengünstig und schnell. Oftmals bieten die privaten Radiostationen die Möglichkeit, in ihren Tonstudios Spotproduktionen durchzuführen – ein Sprecher und ein Skript genügen dann. Solche simplen Spots können durchaus ihre Wirkung erzielen.[19] Dadurch ist es auch für kleine und kleinste Werbetreibende mit geringem Werbebudget möglich im Radio zu werben. Aufgrund des regionalen oder sogar lokalen Sendegebiets ist der Werbeträger Hörfunk daher für kleine Anbieter mit lokalem Wirkungskreis hochattraktiv. Aufwand und Kosten lasen sich jedoch beliebig steigern. Hauptkostentreiber sind die Gagen für berühmte Sprecher und die Nutzungsrechte für Musikstücke. Auch

---

[18] Da der Hörfunk gerade auch im Auto genutzt wird, fordert der Deutsche Werberat im Bemühen um eine Vermeidung von Verkehrsunfällen dazu auf, die Verwendung „kritischer" Geräusche bei der Gestaltung von Hörfunkspots zu unterlassen. Darunter fallen „heftige Bremsgeräusche, insbesondere quietschende Reifen, Crash- und Unfallgeräusche (…), aggressive Hupgeräusche, Einblendung von Martinshörnern" (Deutscher Werberat 2011, S. 83).

[19] siehe http://www.rms.de/forschung/forschung/kreation/radio-erzeugt-bilderwelten/ Zugriff am 29.09.11

der Zeitaufwand steigt damit, da Prominente nicht problemlos verfügbar sind und auch die Rechterecherche und -verhandlung zeitaufwändig sein können. Durch leistungsfähige Standleitungen ist es möglich, Sprecher aus Tonstudios in einer anderen Stadt zuzuschalten – so lassen sich Reisekosten reduzieren. Professionelle Tonstudios verfügen über ein Geräuschearchiv und sind auch in der Lage, Musikstücke zu komponieren. Der geringe Produktionsaufwand von Hörfunkspots ermöglicht zudem ein Maß an Aktualität, das anderen Werbeträgern verwehrt bleibt. So können einfache Spots oder „Live-Reader" auf aktuelle Ereignisse Bezug nehmen oder kurzfristig Promotionaktionen ankündigen.

4.5.5 Buchungsmodalitäten und Medialeistungen

692.000.000 EUR flossen im Jahr 2010 in Hörfunkwerbung, das sind 3,69 % der Gesamt-Netto-Werbeeinnahmen aller Werbeträger in Deutschland. Damit liegt der Hörfunk auf Platz 10 aller Werbeträger – hinter Online-Werbung, Fachzeitschriften und Außenwerbung, jedoch vor Wochen- und Sonntagszeitungen, Zeitungssupplements und Kinos (ZAW 2011, S. 17). Im Vergleich zum Vorjahr konnte der Hörfunk damit ein Plus von 2 % verbuchen, zum bislang stärksten Jahr 2007 bedeutet es jedoch einen Rückgang um 51 Mio. EUR. Tabelle 4.36 zeigt die absolute Entwicklung der Nettowerbeaufwendungen im Radio von 1998 bis 2010 bezogen auf die von der ma erhobenen rund 50 öffentlich-rechtlichen und rund 185 privaten Sendern.

4.5.5.1 Vermarktungsgesellschaften und Kombis

Die regionale bzw. lokale Zersplitterung der Hörfunklandschaft, die aus politischen Gründen gewünscht ist, bietet aus mediaplanerischer Sicht Vor- und Nachteile. Der Hauptvorteil ist die sehr große Fähigkeit des Werbeträgers Hörfunk zur regionalen Aussteuerung. Wie oben bereits erwähnt eignet sich der Hörfunk (auch aufgrund der geringen Produktionskosten für Radiowerbung) in besondere Weise für regionale oder lokale Werbetreibende mit geringem Werbebudget. Die Vermarktung der Werbezeiten erfolgt durch die einzelnen Sender. Jeder Werbungtreibende kann bei dem Lokalsender vor Ort Werbezeiten buchen. Auch die öffentlich-rechtlichen Landesrundfunkanstalten vermarkten ihre Werbezeiten regional und haben dafür spezielle Tochtergesellschaften (z. B. SWR Media Services). Zum Nachteil könnte die regionale Zersplitterung werden, wenn flächendeckende Kampagnen geplant werde sollen. Das werbetreibende Unternehmen bzw. seine Mediaagentur müsste dann aus einem „Fleckenteppich" von Einzelreichweiten die erwünschte Gesamtreichweite „zusammenstückeln" und dann bei einer Fülle kleiner und kleinster Radiostationen buchen und abrechnen. Doch sowohl die mediaplanerische Mühsal des „Zusammenklaubens" von Einzelreichweiten als auch der administrative Aufwand bei der Buchung und Abrechnung wird vermieden durch zwei „Konstruktionen": Zum einen durch eine Bündelung der Vermarktungsaktivitäten für flächendeckende (d. h. in der Regel bundesweite) Werbekampagnen bei wenigen Vermarktungsgesellschaften, zum andern durch die

Tab. 4.28 Entwicklung der Nettowerbeaufwendungen im Bereich Radio. (ZAW 2003, S. 312, ZAW 2006, S. 314, ZAW 2011, S. 330)

Jahr	Nettowerbeaufwendung im Radio in Mio. Euro
1998	604
1999	691
2000	733
2001	678
2002	595
2003	579
2004	618
2005	664
2006	680
2007	743
2008	720
2009	678
2010	692

Bündelung einzelner Sender zu sogenannten „Kombis", d. h. „Kombinationen", die en bloc gebucht werden können.

Die beiden größten Vermarktungsgesellschaften sind die AS&S Radio GmbH und die „Radio Marketing Service" (RMS). Die AS&S Radio GmbH ist eine Tochtergesellschaft der neun Landesrundfunkanstalten der ARD und bündelt die bundesweite Vermarktung der ARD-Hörfunksender sowie einiger Privatsender. Insgesamt hat die AS&S Radio GmbH knapp 50 Einzelsender im Angebot, die zu einer Vielzahl von Kombis verknüpft werden können. Von den 692 Mio. EUR Gesamt-Netto-Werbeeinnahmen des Werbeträgers Hörfunk im Jahr 2010 entfielen 238 Mio. EUR auf die Sender, die über die AS&S Radio GmbH gebucht werden können. 386 Mio. EUR konnten die knapp 37 Sender und 33 Kombinationen verbuchen, die von Radio Marketing Service vermarket werden. Auf Platz 3 hinsichtlich der Netto-Werbeeinnahmen kommt „Studio Gong" mit 80 Einzelsendern und 13 Kombis, danach folgt Energy Media.

Für die betreuten Sender übernehmen die Vermarktungsgesellschaften zentrale Aufgaben wie Marketing, Hörerforschung und Sendezeitenverkauf, d. h. sie wickeln alle Vorgänge rund um die Werbezeitenvermarktung ab – vom Buchungsauftrag über die

4.5 Mediagattung Hörfunk

Auftragsbestätigung bis hin zur Rechnung nationaler und überregionaler Sendezeiten. Für Werbetreibende und Mediaagenturen ergibt sich dadurch der Vorteil, sich bei Belegungen mehrerer Programme nicht mit einer Vielzahl von Werbegesellschaften in Verbindung setzen zu müssen, sondern die Verhandlungen und Buchungen zentral an einer Anlaufstelle durchführen zu können.

Darüber hinaus bieten die zentralen Vermarktungsgesellschaften aber auch noch die Möglichkeit der Senderkombinationen – der bereits erwähnten „Kombis": Unter Kombis wird die Bündelung mehrerer Zielgruppenprogramme zu einem Gesamtpaket verstanden. Ein Hörfunkspot wird dann in der gleichen Sendestunde in allen zur Kombi gehörenden Sendern ausgestrahlt. Mit Radio-Kombis wird das Ziel verfolgt, durch Bündelung mehrerer Programme eine flächendeckende Ausstrahlung und damit eine Zielgruppenansprache in unterschiedlichen Sendegebieten zu erreichen. Die meisten Kombis bündeln Sender nach ihrem Verbreitungsgebiet – so lassen sich Kombis für ganz Deutschland, Teilgebiete (z. B. Norddeutschland) oder einzelne Regionen (z. B. einzelne Bundesländer, Ballungsräume oder Nielsengebiete) buchen. Es lassen sich aber auch Kombis für bestimmte Zielgruppen oder Themengebiete buchen, so z. B. Werbezeiten in mehreren Sendern im Umfeld von Sport- oder Wirtschaftsnachrichten (vgl. Bertsch 2007, S. 70 f.). Nach dem gleichen Schema wie für einzelne Programme erfolgt die Abrechnung der Werbezeit für Kombis nach Sekunden. Die Preise – immer für 1 und 30 Sekunden ausgeschrieben – beziehen sich bei Kombis auf alle im Gesamtpaket enthaltenen Programme. In der Regel ist mit der Buchung einer Radio-Kombi auch ein Rabatt-Vorteil verbunden, sodass die Schaltkosten günstiger sind als die Summe der Einzelbuchungen (vgl. Bertsch 2007, S. 70).

Die AS&S Radio Nord-Citykombi setzt einen Schwerpunkt auf Hamburg, Bremen und die Ballungsräume Niedersachsens. Mit ihrer Kombination der Sender „Bremen vier", „Radio 21", „alster radio – 106!8 rock´n pop" und „Energy Hamburg" verspricht sie „junge, urbane Käufer" zu erreichen. Sie wird überproportional von den 20-49-Jährigen genutzt, die in Städten über 500.000 Einwohnern leben. Die durchschnittliche Reichweite beträgt 204.000 Personen (Quelle: AS&S).

Mit der AS&S Radio Deutschland-Kombi 40+ sollen die sogenannten „Best Ager", d. h. Personen zwischen 40 und 69 Jahren in ganz Deutschland erreicht werden. Dazu werden 24 Einzelsender kombiniert, die eine ähnliche Musikausrichtung haben („Middle of the road", „Schlager" oder „Evergreens"). Zu den Sendern gehören u. A. RTL Radio, NDR 2, Radio 21, WDR 4, hr 1, hr 4, SWR 1 RP, SWR 4 RP, SWR 1 BW, SWR 4 BW, Bayern 1, radioBerlin 88,8, Radio Paradiso, JazzRadio, Radio Brocken, Radio Paloma. Tatsächlich hat diese Kombi einen Schwerpunkt bei der Zielgruppe 60+. Insgesamt kommt sie auf eine durchschnittliche Reichweite von 6,7 Mio. Hörern (Quelle: AS&S).

Radio Marketing Service bietet mit „RMS Young Stars Digital" eine Kombination von 13 urbanen Jungendsendern aus ganz Deutschland und 62 Programmen, die nur online verbreitet werden und daher ebenfalls eine hohe Affinität zu jugendlichen Zielgruppen haben. Zu den Sendern gehören u. A. 100,6 Motor FM, Star FM 87,9, 98,8 Kiss FM, bigFM Hot Music Radio, delta Radio, Energy Sachsen, Rockland, sunshine live. Die Durchschnittsreichweite beträgt 6,38 Mio. Hörer in der Zielgruppe der 14–49-Jährigen.

Bei Studio Gong kann man als Kombi das „Easy Funkpaket" buchen, das ebenfalls sog „Best Ager" – in diesem Fall Personen zwischen 30 und 59 Jahren – anspricht, die überwiegend in bayerischen Städten leben. Zu diesem Zweck werden sieben Einzelsender kombiniert – darunter Charivari.fm, Radio F und Radio Arabella, die ein zielgruppenaffines Musikformat gemeinsam haben. Zusammen kommen sie in der Kombi auf eine durchschnittliche Reichweite von 146.000 Hörern (GWA 2011).

Durch die Belegung bestimmter Sender oder -gruppierungen und die Auswahl bestimmter Sendezeiten ist eine Optimierung der Kampagnenplanung möglich. So lassen sich durch eine gezielte Auswahl bestimmter Sendezeiten als besonders günstig identifizierte Zeitpunkte im Tagesablauf der Zielgruppe ansteuern. Häufig ist das Radio das Medium, welches unmittelbar vor einer Kaufhandlung genutzt wird – wenn es bspw. auf dem Weg zum Einkaufen im Auto gehört wird. Durch die Möglichkeit Hörfunk zeitlich differenziert auszusteuern, lassen sich hier Wirkungsvorteile erzielen.

4.5.5.2 Spotpreise und Medialeistungen

Entsprechende der sehr heterogenen Senderlandschaft in Deutschland mit sehr kleinen lokal oder regional begrenzten Sendern, Spartensendern für sehr spezielle Zielgruppensegmente, großen, reichweitenstarken Landesssendern und – nimmt man einzelne Kombis hinzu – Senderkombinationen mit einer bundesweiten Abdeckung, unterscheiden sich auch die Schaltkosten für einen durchschnittlichen 30-Sekunden-Werbespot. Eine weitere Differenzierung ergibt sich durch die Tageszeit: Da die stärkste Radionutzung in den Morgenstunden stattfindet, sind hier die Preise auch am höchsten (siehe Tab. 4.29).

Wie günstig die Schaltung in einem Sender ist, zeigt sich jedoch erst, wenn man die Kosten zur Leistung ins Verhältnis setzt. Dies zeigt Tab. 4.30 exemplarisch für ausgewählte Sender. Neben dem durchschnittlichen Preis für einen 30 Sekundenspot und der Reichweite wird als Kombinationswert aus Kosten- und Leistungsdaten der TKP ausgewiesen – für die Gesamtbevölkerung und differenziert nach Männern und Frauen.

Die AS&S Radio Deutschlandkombi kommt so – trotz ihres hohen Spotpreises auf relativ günstige TKP-Werte. Vermeintlich billige Kombis wie z. B. Energy City Kombi West mit einem Spotpreis von 400EUR weisen dagegen einen hohen TKP-Wert von 4,38 EUR auf. Zur Erinnerung: Der Tausendkontaktpreis errechnet sich analog zu den anderen Werbeträgern, in dem die Schaltkosten mit 1.000 multipliziert werden und durch die Nettoreichweite dividiert werden. Doch während in obenstehender Tabelle die Nettoreichweite in der Grundgesamt als Basis herangezogen wird, interessiert in der konkreten Mediaplanung der TKP bezogen auf die Reichweite in der Zielgruppe.

$$\frac{\text{Kosten in EUR} \times 1.000 \text{ Hörer}}{\text{Nettoreichweite in der Zielgruppe}}$$

Dadurch können sich erhebliche Verschiebungen bei den Werten ergeben, die innerhalb einer Einzelauswertung betrachtet werden müssen.

Tab. 4.29 Hörfunk Preise ausgewählter Sender und Kombinationen 2011. (GWA, 2011, S. 50–52)

Sender	durchschnittliche Std. 6–18 Uhr, 30 Sekunden	Montag bis Samstag Zeitsegment/Durchschnittspreise für 30 Sekunden			
AS&S Radio Dtl.-Kombi	18.325	28.812	16.925	13.070	14.493
RMS Super Kombi	20.152	32.759	18.363	14.309	15.178
ROCKLANDplus	355	580	327	245	266
Klassik Radio	720	660	830	660	730
RTL Radio	400	487	376	345	392
Energy City Kombi West	400	603	342	318	337
RMS West Kombi	16.965	27.561	15.466	12.179	12.655
R.SH Radio Schlesw.-Holst.	821	1.323	838	542	581
Radio Hamburg	740	1.047	798	547	542
Radio ffn	1.329	2.122	1.257	1.007	932
Bremen Vier	365	582	350	272	181
Funk Kombi Nord	4.165	6.480	4.015	3.117	3.048
(WDR) 1Live	2.657	3.280	2.837	2.492	2.020
WDR 2	1.443	2.485	1.298	852	1.135
hr 1	310	375	313	264	288
SWR 3	2.505	3.555	2.215	1.960	2.290
RPR 1	632	1.140	463	408	517
Radio-Kombi BW	2.850	4.025	2.693	2.287	2.395
Radio Regenbogen	618	849	608	503	511
Bayern 1	1.974	2.915	2.108	1.442	1.431
Antenne Bayern	2.680	4.657	2.220	2.012	1.832
Bayern-Funkpaket	1.696	2.945	1.432	1.092	1.315
95,5 Charivari	200	238	198	172	191
Antenne Brandenburg	503	638	585	403	384
Energy Berlin	255	358	218	213	230
Fritz	378	473	407	318	315

Tab 4.29 (Fortsetzung)

Sender	durchschnittliche Std. 6–18 Uhr, 30 Sekunden	Montag bis Samstag Zeitsegment/Durchschnittspreise für 30 Sekunden			
105,5 Spreeradio	259	388	268	187	195
MDR 1 Die Zielgruppe	1.485	1.837	1.858	1.308	935
RMS Ost Kombi	2.191	3.425	2.065	1.577	1.200
Hit-Radio RTL Sachsen	285	458	222	185	274
Radio Brocken	259	303	264	231	237
Radiokombi Sachsen	941	1.558	822	622	763

Tab. 4.30 Reichweiten (RW) u. Tausend-Kontakt-Preise (TKP) für eine durchschnittliche Stunde zwischen 6.00–18.00 Uhr. (GWA, 2010, S. 55–58)

Sender	30-Sekunden- Preis für ⌀ Std. in EUR	E 14+ 70,51 Mio.		Männer 34,44 Mio.		Frauen 36,07 Mio.	
		RW Mio.	TKP in EUR	RW Mio.	TKP in EUR	RW Mio.	TKP in EUR
AS&S Radio Dtl.-Kombi	18.325	11,302	1,51	5,837	2,90	5,465	3,17
RMS SUPER KOMBI	20.152	8,443	2,21	4,367	4,23	4,076	4,61
Klassik Radio	720	0,203	3,55	0,095	7,59	0,108	6,66
RTL RADIO	400	0,169	2,37	0,095	4,23	0,074	5,37
Energy City Kombi West	400	0,091	4,38	0,054	7,35	0,073	10,82
RMS West Kombi	16.965	6,908	2,28	3,529	4,43	3,378	4,68
R.SH Radio Schl.-Holst.	821	0,247	3,32	0,129	6,36	0,118	6,96
Radio Hamburg	740	0,195	3,79	0,105	7,06	0,091	8,16
Radio ffn	1.329	0,456	2,91	0,230	5,77	0,226	5,89
Bremen Vier	365	0,124	2,95	0,070	5,24	0,054	6,76
Funk Kombi Nord	4.165	1,374	2,80	0,696	5,45	0,677	5,77
(WDR) 1Live	2.657	0,955	2,78	0,535	4,96	0,419	6,34

4.5 Mediagattung Hörfunk

Tab. 4.30 (Fortsetzung)

Sender	30-Sekunden- Preis für ⌀ Std. in EUR	E 14+ 70,51 Mio.		Männer 34,44 Mio.		Frauen 36,07 Mio.	
		RW Mio.	TKP in EUR	RW Mio.	TKP in EUR	RW Mio.	TKP in EUR
hr 1	310	0,171	1,81	0,108	2,87	0,063	4,90
SWR 3	2.505	1,026	2,44	0,543	4,61	0,483	5,19
RPR 1	632	0,264	2,39	0,124	5,10	0,141	4,50
Radio-Kombi BW	2.850	1,167	2,31	0,618	4,35	0,549	4,90
Radio Regenbogen	618	0,189	3,26	0,088	7,05	0,102	6,06
Bayern 1	1.974	1,258	1,57	0,623	3,17	0,635	3,11
Antenne Bayern	2.680	1,110	2,41	0,572	4,68	0,538	4,98
Bayern-Funkpaket	1.696	0,798	2,00	0,414	3,83	0,384	4,17
Radio Charivari	200	0,049	4,09	0,020	9,76	0,028	7,05
Antenne Brandenburg	503	0,234	2,15	0,099	5,05	0,135	3,73
Energy Berlin	255	0,066	3,88	0,030	8,41	0,035	7,20
Fritz	378	0,105	3,60	0,077	4,93	0,029	13,25

4.5.6 Nutzer, Nutzungsformen und Wirkungen

4.5.6.1 Nutzerstruktur

Die sehr hohe Abdeckung nahezu der gesamten Bevölkerung durch das Medium „Radio" zeigt oben stehende Tabelle. Mehr als Dreiviertel aller Deutschen schaltet jeden Tag das Radio ein. Eine leichte Tendenz lässt sich zu einer verstärkten Nutzung durch ältere und besser gebildete Personen feststellen. Die Unterschiede zwischen Männern und Frauen sind nicht auffallend. Im Vergleich zum Jahr 2004 hat die Hörfunknutzung in 2010 in fast allen Segmenten leicht abgenommen – dies dürfte durch den zeitgleich starken Anstieg bei der Internetnutzung zu erklären sein. Noch etwas differenzierter lässt sich Nutzerstruktur betrachten, wenn man die tägliche Nutzungsdauer in Minuten zwischen den Nutzersegmenten und im Zeitvergleich einander gegenüber stellt (siehe Tab. 4. 32). Die tägliche Nutzungsdauer hat in fast allen Segmenten von 2004 bis 2010 abgenommen – in der Gesamtbevölkerung um fast eine halbe Stunde. Der mögliche Grund wurde oben bereits genannt.

Tab. 4.31 Hörer pro Tag in % nach demographischer Zuordnung. (ma 2004 und 2010)

	2004	2010
Gesamt im Durchschnitt	79	77
Männer	80	78
Frauen	79	76
Alter in Jahren		
14 – 19	75	68
20 – 29	75	70
30 – 39	82	76
40 – 49	84	81
50 – 59	84	81
60 – 69	80	83
70 und älter	70	77
Bildung		
Schüler einer allgemeinbildenden Schule	75	66
Haupt/Volksschulabschluss ohne Lehre	70	65
Haupt/Volksschulabschluss mit Lehre	79	80
Weiterführende Schule	83	80
Fach/Hochschulreife ohne Studium	78	77
Fach/Hochschulreife mit Studium	81	81
Beruf		
In Ausbildung	75	66
Berufstätig	83	80
Rentner/Pensionär	75	79
Nicht berufstätig	77	72

Es gab auch Zuwächse – insbesondere bei den älteren Nutzergruppen. Der Zusammenhang zwischen Bildungsniveau und Dauer der Hörfunknutzung ist nicht linear: Einen gewissen Peak gibt es bei mittleren Bildungsabschlüssen.

Perspektivisch für die Zukunft des Mediums Hörfunk interessant ist ein Befund, den die die Studie „Jugend, Information, (Multi-) Media 2011" des medienpädagogischen Forschungsverbund Südwest (JIM 2011) zum Medienumgang 12 bis 19-Jähriger zutage fördert: Demnach stieg die Hörfunknutzung Jugendlicher 2010 im Vergleich zum Vorjahr um 4 % (JIM 2011, S. 20). Mehr als die Hälfte der männlichen und fast zwei Drittel der weiblichen Jugendlichen bezeichneten das Radio als „wichtig" oder „sehr wichtig" (ebd. S. 15).

Ein noch differenzierteres Bild zeigt sich erwartungsgemäß, wenn man die Nutzerstruktur nicht nur pauschal für das Medium „Hörfunk" betrachtet, sondern sich die Hörerstruktur der einzelnen Sender und Kombis ansieht (siehe Tab. 4.33). Während einzelne Sender(-kombis) die Gesamtbevölkerung annähernd repräsentieren, eignen sich andere durch ihre Schwerpunktsetzung in einzelnen Segmenten für eine spitzere Zielgruppenansprache.

4.5 Mediagattung Hörfunk

Tab. 4.32 Demographische Hörerschaft/Nutzungsdauer in Minuten. (ma 2004 und 2010)

	2004	2010
Gesamt im Durchschnitt	196	168
Männer	199	193
Frauen	194	180
Alter in Jahren		
14 – 19	122	115
20 – 29	185	163
30 – 39	221	193
40 – 49	225	212
50 – 59	222	222
60 – 69	200	211
70 und älter	150	180
Bildung		
Schüler einer allgemeinbildenden Schule	98	68
Haupt/Volksschulabschluss ohne Lehre	176	170
Haupt/Volksschulabschluss mit Lehre	207	216
Weiterführende Schule	223	212
Fach/Hochschulreife ohne Studium	170	171
Fach/Hochschulreife mit Studium	160	166
Beruf		
In Ausbildung	124	99
Berufstätig	223	208
Rentner/Pensionär	174	194
Nicht berufstätig	193	181

Die AS&S Deutschland Kombi bildet hinsichtlich Geschlecht und Altersgruppen in etwa die deutsche Gesamtbevölkerung ab, Energy City Kombi West und Energy Sachsen haben dagegen einen klaren Schwerpunkt bei der Zielgruppe der 20 bis 29-Jährigen, Rocklandplus, hr 1, Fritz und 100,6 Motor FM bei männlichen Hörern und Radio Charivari bei weiblichen Hörern. Weitere Schwerpunkte können Einzelauswertungen nach spezielleren Publikumssegmenten zeigen, so dass je nach definierter Zielgruppe geeignete Sender (-kombinationen) ausgewählt werden können.

4.5.6.2 Nutzungsformen

Wann? Wo? Wie? sind die Leitfragen, mit denen sich die Nutzungsformen des Mediums Radio differenzieren lassen. Dabei stehen „wann" und „wo" für Zeit und Ort des Radiohörens und „wie" etwas weniger offenkundig für die verwendeten Empfangsgeräte, die Zahl

Tab. 4.33 Strukturanteile der Hörfunksender und -kombis in Prozent (Basis: BRD gesamt, durchschnittliche Stunde (6.00–18.00 Uhr). Erwachsene ab 14 Jahren). (GWA 2011, S. 6 und S. 59–64)

Sender	Netto-RW in Mio.	Geschlecht in %		Alter in Jahren in %					
Gesamtbevölkerung	81,802	49	51	6	12	12	17	14	11	15
AS&S Radio Dtl.-Kombi	11,302	52	48	4	11	14	20	17	17	17
RMS SUPER KOMBI	8,443	52	48	7	16	20	27	19	8	4
Rocklandplus	0,100	63	37	5	20	26	28	18	3	0
Klassik Radio	0,203	47	53	3	7	10	10	14	22	35
RTL RADIO	0,169	56	44	4	13	11	23	23	18	8
Energy City Kombi West	0,091	60	40	12	34	22	22	7	2	1
RMS West Kombi	6,908	51	49	7	15	20	27	18	8	4
Funk-Kombi Nord	1,374	51	49	6	16	22	29	18	6	3
R.SH Radio Schlesw.Hol.	0,247	52	48	4	9	21	29	25	7	6
Radio Hamburg	0,195	54	46	5	15	19	38	11	6	7
radio ffn	0,456	50	50	6	21	25	28	15	4	1
Bremen Vier	0,124	56	44	5	23	30	27	8	5	2
Radio NRW	1,510	52	48	5	10	19	28	20	12	6
Eins Live	0,955	56	44	11	27	26	23	10	2	1
Hit Radio FFH	0,468	49	51	6	12	19	29	22	8	5
hr 1	0,171	63	37	2	6	18	20	29	16	10
SWR 3	1,026	53	47	6	13	22	31	15	8	6
SWR 1 BW	0,396	55	44	2	8	15	22	22	20	11
Radio Regenbogen	0,189	46	54	5	13	19	29	20	8	6
Antenne Bayern	1,110	51	49	9	16	22	30	16	5	2
Bayern 1	1,258	50	50	1	3	5	8	22	28	33
Bayern Funkpaket	0,798	52	48	6	17	17	24	23	9	6
Radio Charivari	0,049	42	58	1	8	19	39	25	6	2

Tab. 4.33 (Fortsetzung)

Sender	Netto-RW in Mio.	Geschlecht in %		Alter in Jahren in %						
104,6 RTL Berlin	0,159	48	52	4	18	24	34	112	7	1
105,5 Spreeradio	0,109	51	49	1	7	13	26	24	17	12
Energy Berlin	0,066	46	54	11	23	27	26	10	2	3
Fritz	0,105	73	27	3	32	21	35	6	2	2
100,6 Motor FM	0.011	62	38	3	24	17	18	14	18	7
MDR 1 Die Zielgruppe	0,764	48	52	1	5	4	11	19	29	32
Radio Brocken	0,125	51	49	7	16	13	24	29	8	4
Energy Sachsen	0,060	58	42	19	38	23	14	5	2	1
MDR 1 Radio Sachsen	0,449	49	51	0	6	4	7	19	31	33

Männer = M / Frauen = F

der genutzten Sender und Begleittätigkeiten. Zunächst zur Nutzungszeit. Hier ist zwischen der Radionutzung im Tages- und im Wochenverlauf zu unterscheiden.

Im Tagesverlauf hat das Radio traditionsgemäß eine Reichweitenspitze in den Vormittagsstunden zwischen 7 und 12 Uhr (vgl. Gattringer und Klingler 2011, S. 450). Dabei handelt es sich eher um eine „breite Spitze" (ebd.), die durch zwei unterschiedliche Hörergruppen gebildet wird: Zum einen frühaufstehende Berufstätige und Schüler, zum andern ältere Vormittagshörer (ebd.). Während der frühere Teil des Peaks durch die Berufstätigen und Schüler[20] hervorgerufen wird, die verstärkt zwischen 6 und 8 Uhr zuhause beim Frühstück oder unterwegs im Auto Radio hören, wird der spätere Teil des Reichweitenpeaks durch ältere Radiohörer gebildet, die das Radio eher zuhause – bspw. während der Hausarbeit – nutzen. Einen kleineren Peak bei Schülern gibt es am Nachmittag, wenn sie aus der Schule zurückgekommen sind und vermutlich bei den Hausaufgaben Radio hören. Je nach Zielgruppe liegt in diesen Zeiten die Primetime für den Werbefunk. Das Publikum des Radios ist somit nicht als fixe Größe zu betrachten, da sich seine Zusammensetzung im Tagesablauf ändert.

---

[20] Diesem Peak entspricht auch eine subjektiv empfundene Wichtigkeit des Medium Radio beim Aufstehen und Frühstücken im Erleben von 12-19 Jährigen (JIM 2011, S. 16).

Tab. 4.34 Reichweiten des Werbefunks nach ausgewählten Zeitabschnitten. (GWA, 2011, S. 54)

	Reichweiten in %							
	⌀ Std. 6-18	6–7 Uhr	7–8 Uhr	9–10 Uhr	11–12 Uhr	13–14 Uhr	15–16 Uhr	17–18 Uhr
Geschlecht								
Männer	28,2	26,9	33,2	29,0	25,5	25,0	23,3	22,6
Frauen	25,9	23,3	31,0	28,7	25,6	23,0	19,1	18,8
Erwachsene 14–49	27,2	29,5	32,7	26,0	23,7	24,3	22,9	22,4
HHF (Haushaltsführend)14–49	27,7	28,4	33,4	27,5	25,3	24,8	23,1	21,6
Alter								
14–19 Jahre	18,1	26,5	22,5	13,9	12,8	17,2	16,0	15,5
20–29 Jahre	24,0	23,0	26,9	23,2	21,4	21,7	20,7	21,3
30–39 Jahre	29,7	29,0	36,4	28,9	26,7	26,6	24,2	23,4
40–49 Jahre	31,3	35,6	38,1	30,6	27,4	27,3	26,4	25,1
50–59 Jahre	29,9	30,1	35,3	31,2	27,8	26,9	24,4	23,3
60–69 Jahre	27,4	16,5	30,4	34,6	29,9	23,8	19,1	18,9
70 + Jahre	22,8	11,7	28,0	31,5	26,0	19,9	13,2	13,5
Bildung								
Schüler in allgemeinb. Schulen	15,6	25,9	20,1	8,2	9,9	15,4	14,2	13,7
Haupt-/Volkssch. (m./o. Lehre)	27,2	21,5	31,3	32,0	28,4	25,1	20,7	18,5
Weiterf. Schule (ohne Abi/ Fach-/ HS-reife o. Studium)	28,6	28,2	33,3	29,0	26,0	25,1	23,4	23,1
Fach-/HS-Reife m. Studium	25,8	27,0	35,0	25,0	20,3	20,0	18,4	22,9
Mtl. HH Nettoeinkommen								
bis 1.000 EUR	20,5	15,4	24,2	23,8	21,5	18,0	14,7	13,9
1.000–1.500 EUR	24,2	18,3	28,1	28,7	25,3	21,7	18,0	16,9
1.500–2.000 EUR	25,7	21,8	29,8	29,2	25,5	22,5	19,4	19,2
2.000–2.500 EUR	28,0	26,0	32,1	30,8	27,1	25,5	22,6	20,4
2.500 EUR +	29,7	30,8	36,2	29,3	26,1	26,3	24,0	24,4

Betrachtet man die Radionutzung im Wochenverlauf, dann ändert sich sowohl die Höhe als auch der Zeitpunkt des Peaks. Generell wird das Radio am Wochenende weniger genutzt als unter der Woche und im Tagesverlauf später: Zwar hat es seine größte Reichweite auch am Wochenende in den Morgenstunden, aber zwei bis drei Stunden später

4.5 Mediagattung Hörfunk

Abb. 4.65 Hörfunknutzung im Tagesverlauf: Reichweite des Werbefunks, pro Ø Stunde 6–18 Uhr. (GWA, 2011, S. 54)

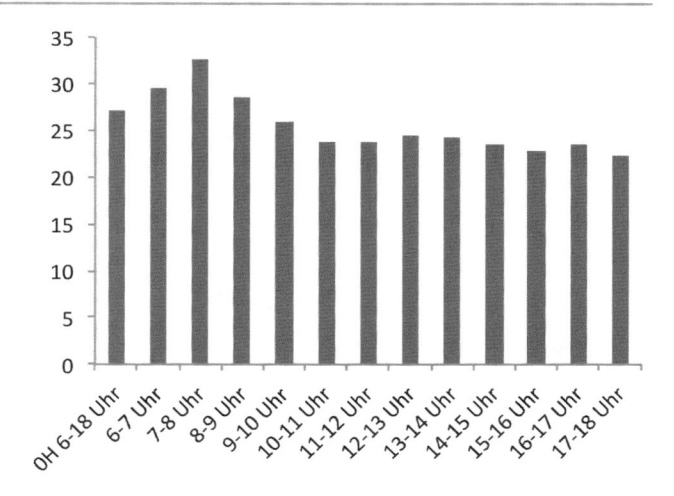

Tab. 4.35 Reichweiten und Hördauer im Wochenverlauf. (Basis: ma 2011 II, Gattringer und Klingler 2011, S. 449)

	Montag–Sonntag	Montag–Freitag	Samstag	Sonntag
Tagesreichweite in %	77	79,3	74,7	68,1
Hördauer in Min.	186	199	167	136
Verweildauer in Min.	241	251	223	200

(ebd. S. 450). Die durchschnittliche Tagesreichweite ist am Samstag deutlich niedriger als unter der Woche und am Sonntag nochmals niedriger (siehe Tab. 4.35).

Am Samstag wird etwa eine halbe Stunde weniger und am Sonntag rund eine ganze Stunde weniger Radio gehört als unter der Woche (Hördauer). Dies spricht dafür, dass das Radio stark im Zusammenhang mit „Pflichten" genutzt wird und weniger in Entspannungszeiten.

Die oben stehende Tabelle differenziert zwischen „Hördauer" und „Verweildauer": Während die Hördauer ein statistischer Wert ist, der sich auf die Grundgesamtheit bezieht und somit auch Nicht-Hörer mitzählt, bilden bei der „Verweildauer" nur diejenigen Personen die Bezugsgröße, die in dem jeweiligen Zeitabschnitt das Medium auch tatsächlich genutzt haben.

Radio als Vorläufer „mobiler Medien" wird nicht nur zuhause genutzt, sondern auch „außer Haus", d. h. unterwegs – zumeist im Auto. Zwar hat das Zuhause-Hören eine höhere Tagesreichweite (60,2 %) als das Außer-Haus-Hören (46,3 %) und auch eine längere Hördauer (104 Minuten vs. 81 Minuten), bei der Verweildauer hat das Außer-Haus-Hören

Tab. 4.36 Anteile der Radionutzung im Haus und außer Haus. (Basis: ma 2011 II, Gattringer und Klingler 2011, S. 447)

	Gesamt	im Haus	außer Haus
Personen ab 10 Jahre	100	56	44
10–29 Jahre	100	40	60
30–49 Jahre	100	43	56
Ab 50 Jahre	100	72	27
Schüler in allgemeinbildender Schule	100	66	33
Haupt-/Volksschulabschluss ohne Lehre	100	68	31
Haupt-/Volksschulabschluss mit Lehre	100	62	37
Weiterführende Schule/Mittlere Reife	100	48	51
Fach-/Hochschulreife ohne Studium	100	46	53
Fach-/Hochschulreife mit Studium	100	55	43
In Ausbildung	100	50	49
Berufstätig	100	41	58
Rentner/Pensionär	100	85	14
Nicht berufstätig	100	79	20

jedoch einen leichten Vorsprung von 174 Minuten gegenüber 172 Minuten beim Im-Haus-Hören (ebd. S. 446). Betrachtet man überdies das Verhältnis „im Haus" vs. „außer Haus" aufgeschlüsselt nach unterschiedlichen Hörersegmenten, dann treten Zielgruppen hervor, die das Radio überwiegend mobil nutzen. Insbesondere die Altersgruppe 10 bis 29 Jahre, sowie Berufstätige nutzen das Radio überwiegend außer Haus (siehe Tab. 4.36). Aber auch innerhalb der Gruppe der vornehmlich Im-Haus-Nutzer gibt es erhebliche Unterschiede: Während die Aufteilung allgemein bei 56 % zu 44 % für die Im-Haus-Nutzung liegt, hören die Über-50-Jährigen, sowie Nicht-Berufstätige und Rentner/Pensionäre zu einem weitaus geringeren Anteil auch außer Haus-Radio – z.T. nur zu 14 %. Das ist wenig überraschend, da man davon ausgehen kann, dass diese Gruppen generell „häuslicher" sind (vgl. ebd. S. 447).

Betrachtet man nun, welche Endgeräte für Radionutzung verwendet werden (und geht damit zur Frage nach dem „Wie" des Radiohörens über), dann zeigt sich, dass das Autoradio nach wie vor das wichtigste Endgerät für die „Out-of-Home"-Nutzung des Hörfunks ist.

4.5 Mediagattung Hörfunk

Abb. 4.66 Empfangswege Radio: In den letzten 14 Tagen genutzt, in Prozent. (TNS Emnid)

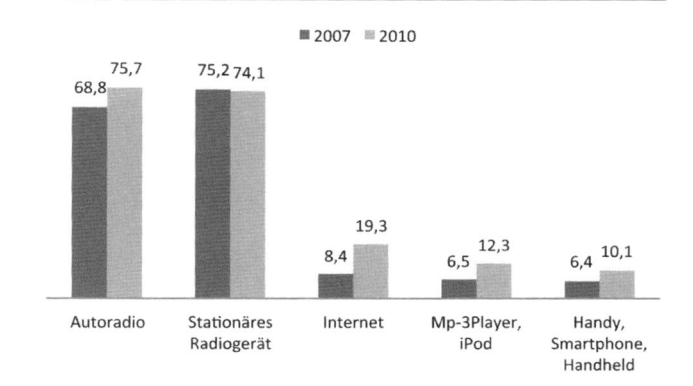

	2007	2010
Autoradio	68,8	75,7
Stationäres Radiogerät	75,2	74,1
Internet	8,4	19,3
Mp-3Player, iPod	6,5	12,3
Handy, Smartphone, Handheld	6,4	10,1

Für die Werbewirtschaft relevant ist dies, da die Nutzung des Werbefunks damit auch im Auto auf dem Weg zum Einkauf genutzt wird. Damit besteht mit dem Werbeträger Hörfunk die Möglichkeit, eine Werbebotschaft in unmittelbare zeitliche Nähe zum Kaufakt zu setzen. Starke Zuwachsraten verzeichnet die Radionutzung über das Internet, über mobile Endgeräte wie Handy oder Smartphone und zeitungebunden über Podcasts, die über einen (ebenfalls mobil nutzbaren) Mp3-Player bzw. iPod genutzt werden können. Internet, Handy bzw. Smartphone stellen dabei lediglich weitere Empfangsmöglichkeiten für das linear ausgestrahlte Radioprogramm mit seinen Werbeunterbrechungen dar. Via Mp3-Player lassen sich dagegen einzelne Hörfunkbeiträge zeitunabhängig und meist werbefrei nutzen, nachdem sie aus dem Internet heruntergeladen wurden.

Diese Verknüpfung von Hörfunk und Internet bzw. von Hörfunk und Handy hat sich gegenwärtig noch nicht voll etabliert. Betrachtet man aber die technischen Voraussetzungen dafür – das Vorhandensein eines Internetanschlusses bzw. den Besitz eines internetfähigen Handys – dann bietet diese Form der Hörfunknutzung ein erhebliches Wachstumspotenzial (siehe Tab. 4.37). Obwohl fast 80 % der Grundgesamtheit einen Internetanschluss haben, nutzen nur 5,5 % diese Möglichkeit des Radioempfangs mehrmals wöchentlich. Insbesondere jüngeren und männlichen Nutzern kommt dabei eine Vorreiterrolle zu. Erhebliches Ausbaupotenzial bietet die Hörfunknutzung über internetfähige Handys: Bereits 40,6 % der Bevölkerung ab 10 Jahren besitzen ein solches Gerät, aber weniger als ein Prozent nutzen es zum Radiohören. Eine Schlüsselrolle kommt dabei sicherlich der Entwicklung der Tarife für die mobile Internetnutzung zu.

Es stellt sich die Frage, wie sich eine möglicherweise stärkere Nutzung von Internet und Handy zum Radiohören auf die Sendertreue auswirken wird. Generell ist die Hörfunknutzung im Gegensatz zur TV-Nutzung durch geringere Senderwechsel geprägt.

Das für Sender wie werbetreibende Unternehmen gleichermaßen lästige Phänomen des „Zappens" ist beim Hörfunk kaum gegeben. Bezogen auf eine durchschnittliche Viertelstunde wird in 94 % aller Fälle nur ein Sender genutzt, zwei Sender werden in 4 % der Fälle, drei Sender in 1,3 % der Fälle und nur in 0,6 % der Fälle werden vier und mehr Sender genutzt (Korch/Roos-Greulich 2011, S. 47, zit. nach Gattringer und Klingler 2011, S. 445).

Tab. 4.37 Radionutzung über Internet und Handy 2010 und 2011; Mo–So, Basis: Deutschsprachige Bevölkerung ab 10 Jahren. (Basis: ma 2011 II. Gattringer und Klingler 2011, S. 454)

	Ab 10 J.	14–29 J.	Männer ab 14 J.	Frauen ab 14 J.
Besitz				
Internetanschluss	79,1	97,2	82,7	74,1
internetfähiges Handy	40,6	65,6	45,6	35,6
Radionutzung über PC/Notebook				
Überhaupt	28,8	52,9	36,3	22,5
mehrmals pro Woche	5,5	11,5	7,6	3,7
einmal/mehrmals pro Monat	7,8	14,6	10,1	5,7
Radionutzung über internetfähiges Handy				
Überhaupt	3,5	8,3	4,9	2,2
mehrmals pro Woche	0,8	2,1	1,1	0,5
einmal/mehrmals pro Monat	1,1	2,8	1,1	0,5

Die Hörfunknutzung zeichnet sich demnach durch eine hohe Sendertreue aus. So nutzen die Hörer in Deutschland im Durchschnitt 1,6 Sender, rund 60 % aller Hörer nutzen nur ein Programm.

Leichte Verschiebungen gibt es bei den Altersgruppen (siehe Tab. 4.38): die mittleren Altersgruppen zwischen 20 und 59 Jahren nutzen mehr Sender als die ganz jungen (10–19 Jahre) und die älteren (über 60 Jahre) Segmente. Möglicherweise kann dies auf den höheren Anteil berufstätiger Autofahrer in den mittleren Altersgruppen zurückgeführt werden: Die Nutzung mehrerer Sender wird begünstigt durch ein Radiogerät mit Stationstasten wie es beim Autoradio üblich ist. Auch die Hörfunknutzung via Internet und Handy bietet diese Möglichkeit. Ein häufiger Senderwechsel ermöglicht dabei auch eine leichtere Werbevermeidung.

Von den durchschnittlich 186 Minuten, die das Radio täglich genutzt wird, wird ein erheblicher Teil von anderen Tätigkeiten begleitet. Knapp eine halbe Stunde wird beim Radiohören zugleich gegessen (oder umgekehrt), ebenfalls während einer halben Stunde begleitet das Radio die Tätigkeit des Autofahrens.

4.5 Mediagattung Hörfunk

Tab. 4.38 Radiohören und Begleittätigkeiten, Mo–So, Deutschsprachige Bevölkerung 10+, BRD gesamt. (Basis: ma 2010 Radio II. Media Perspektiven Basisdaten 2010, S. 81)

Radio hören und …	Hördauer in Minuten
Essen	29
Arbeit im Haus	34
Arbeit außer Haus	42
Autofahren	30
Sonstige Tätigkeiten	41
Im Haus gesamt	108
Außer Haus gesamt	76
	Reichweite in %
Essen	48,4
Arbeit im Haus	23,1
Arbeit außer Haus	10,3
Autofahren	37,9
Sonstige Tätigkeiten	29,2
Im Haus gesamt	60,8
Außer Haus gesamt	44,7

Tab. 4.39 Senderbindung nach Altersgruppen 2010 und 2011. Mo–So, BRD gesamt, Basis: Deutschsprachige Bevölkerung ab 10 Jahren. (Basis: ma 2010 II, 2011 II. Gattringer und Klingler 2011, S. 453)

Anzahl Programme der Tagesreichweite

Altersgruppen	Gesamt	10–19	20–29	30–39	40–49	50–59	60–69	70 +
1 Programm	61,0	62,5	53,0	53,9	54,0	58,1	67,6	79,4
2 Programme	25,8	27,7	28,3	28,3	28,8	28,4	23,2	15,9
3 oder mehr Programme	13,2	9,8	18,7	17,7	17,2	13,5	9,2	4,6
Ø aller Hörer	1,6	1,5	1,8	1,8	1,7	1,6	1,5	1,3

Etwa jeder zweite Angehörige der Grundgesamtheit hört an einem durchschnittlichen Tag beim Essen Radio, knapp ein Viertel bei Arbeiten zuhause und mehr als ein Drittel beim Autofahren.

4.5.6.3 Wahrnehmung und Wirkungsmechanismen

Die Wirkungsweise eines Mediums wird ganz wesentlich durch seine Nutzungsformen und seine Darstellungsmöglichkeiten geprägt. Zunächst zu den Nutzungsformen des Mediums Hörfunk: Sie sind dadurch gekennzeichnet, dass „Radio in der Regel nebenbei, ohne gerichtete Aufmerksamkeit" gehört wird (Wild 2010, S. 288). Im Vergleich mit anderen Werbeträgern, wie z. B. Printmedien, wird dies oftmals als Nachteil für die Werbewirkung angesehen (vgl. ebd.). Die gemeinsame Interessensvertretung privatwirtschaftlicher und öffentlich-rechtlicher Radiosender „Radiozentrale" führte zusammen mit dem Werbezeitenvermarkter AS&S eine experimentelle Studie durch, um zu klären, „ob Radiowerbung eine gerichtete Aufmerksamkeit braucht oder (...) nebenbei wirkt" (ebd.). In einem Laborexperiment wurden den Probanden vier Hörfunkspots vorgespielt, während sie gleichzeitig durch eine Aufgabe abgelenkt wurden. Die Werbewirkung wurde durch das implizite Verfahren der Reaktionszeitmessung erfasst, bei dem die Probanden die Produktmarken auf einem Bildschirm sahen und per Tastendruck ihren Kaufwunsch bzw. ihre Ablehnung angeben konnten (ebd. S. 290). Es zeigte sich, dass bei 75 % der untersuchten Spots der Kaufimpuls um 8 % höher lag als bei der Kontrollgruppe. Die Autoren der Studie kommen zu dem Schluss, dass „Radiowerbung (…) implizite, verstärkende Kaufimpulse selbst beim Nebenbeihören" setzt (ebd. S. 290). Neben der Wirkung auf den Kaufimpuls wurde sodann untersucht, ob nebenbei gehörte Hörfunkwerbung „auch imagebildend und imageverändernd" wirkt (ebd.). Dazu wurde den Probanden auf dem Bildschirm zusätzlich zum Markennamen das Statement „spricht mich an" vorgelegt. Bei der Experimentalgruppe zeigte sich über alle Spots ein Zuwachs von knapp 12 % (ebd. S. 291). Die Autoren folgern daraus: „Beiläufige Radiokontakte machen die beworbenen Produkte also implizit attraktiver" (ebd.). Abschließend fassen sie die Erkenntnisse der Studie so zusammen: „Radiowerbung wirkt also auf entscheidende Prozesse im Gehirn, die letztendlich das Kaufverhalten beeinflussen. Diese Wirkungen treten auch dann auf, wenn Spotkontakte nebenbei passieren und die Hörer abgelenkt sind – Radio wirkt implizit." (ebd. S. 294 f.) Diese Befunde sind nicht nur hinsichtlich ihrer Methodik (Laborexperiment mit lediglich behauptetem Kaufimpuls), sondern auch mit Blick auf die Interessen der Auftraggeber kritisch zu reflektieren.

Die Ergebnisse zur impliziten Werbewirkung lassen sich jedoch mit den geradezu schon klassischen Untersuchungen von Festinger und Maccoby aus den 1960er Jahren in Verbindung bringen: Sie konnten nämlich zeigen (1964), dass eine gewisse Ablenkung während einer kommunikativen Beeinflussung die Wirkung der Beeinflussung erhöhen kann (in Experimenten wurde eine verbale Beeinflussung mit einem nicht passenden Film kombiniert, verglichen wurde die Kommunikationswirkung mit einer Beeinflussung verbaler Art mit passendem Film). In einer anderen Untersuchung zeigten Haaland und Venkatesan (1968) jedoch, dass das Ausmaß der Ablenkung diesen Effekt wieder ausgleicht,

4.5 Mediagattung Hörfunk

denn bei sehr starker Ablenkung erfolgt eine deutlich schwächere Beeinflussung als ohne Ablenkung (vgl. auch Venkatesan und Haaland, 1968). Die relativ schwache Ablenkung der Untersuchung von Festinger und Maccoby führte offensichtlich dazu, dass die Versuchspersonen zwar die Botschaft verstanden, jedoch nicht in der Lage waren, sich kritisch mit ihr auseinanderzusetzen – ein für die Werbekommunikation idealer Zustand.

Die Nebenbeinutzung des Hörfunks wird dadurch erleichtert, dass das Radio nur den auditiven Wahrnehmungskanal beansprucht und der Sehsinn dadurch offen bleibt für die begleitende „Haupttätigkeit" wie z. B. Autofahren oder Arbeiten erledigen. Für die Vermittlungsmöglichkeiten des Mediums Hörfunk erweist sich dies jedoch als Problem, da der Hörsinn dem Sehsinn gegenüber in vielfältiger Hinsicht als unterlegen betrachtet wird – sowohl in der alltäglichen Orientierung als auch in der Marketingkommunikation. Das Aussehen eines Produkts, seine Verwendungsweise, das visuelle Erscheinungsbild der Marke (Logo, Corporate Design), das Image (!) einer Marke, Kampagnencharaktere u. a. m. lassen sich nicht oder nur sehr eingeschränkt rein auditiv vermitteln. Unter dem Stichwort „Visual Transfer" wird jedoch die Möglichkeit diskutiert, mit Hilfe von Hörfunkspots Kampagnenbilder in den Köpfen der Hörer wach zu rufen (vgl. Wild 2007, S. 124). Die Kampagnenbilder müssen zuvor durch eine TV- oder Kinokampagne gelernt werden. Über eine akustische „Klammer", d. h. charakteristische Soundelemente wie z. B. Jingle, Musikstücke oder eine charakteristische Sprecherstimme, die sowohl im visuellen, als auch im auditiven Spot vorkommen, sollen die Bildwelten auch durch den Hörfunkspot allein im Rezipienten hervorgerufen werden. Untersuchungen im Auftrag des Werbezeitenvermarkters RMS konnten diesen Effekt belegen. Neben der Übertragung von Kampagnenbildern wurde auch das Hervorrufen individueller, d. h. nicht mit der Kampagne zusammenhängender Bilder sowie das Auslösen geschmackliche Empfindungen als positive Wirkung von Hörfunkspots konstatiert (ebd.). Generell eignen sich die auditiven Gestaltungsmittel – insbesondere Musik und Stimmqualität – gut zur Vermittlung emotionaler Erlebniswerte (vgl. Roth 2005, S. 21). Hörfunk kann daher nicht nur zur rationalen Vermittlung sachlicher Informationen auf der Texteebene eingesetzt werden, sondern auch zur Emotionalisierung und so – entsprechend dem Elaboration-Likelihood-Modell (vgl. Abschn. 4.1.6.3) – zur Einstellungsänderung bei geringem Involvement der Zielpersonen und geringen objektiven Produktvorteilen beitragen (vgl. Roth 2005 S. 125). Notwendig ist dafür, dass die Marke mit dem akustischen Reiz verknüpft wird (ebd. S. 243), dies lässt sich durch eine „häufige Wiederholung des akustischen Reizes im Zusammenhang mit der Marke" (ebd.) erzielen.

Damit gelangt man zu der für die Mediaplanung entscheidende Frage nach der erforderlichen Kontaktdosis. Wirkungsuntersuchungen von Radiomonokampagnen zeigen für die Parameter „gestützte/ungestützte Werbeerinnerung" und „Markenverwendung", dass jeder Radiokontakt zu einem stetigen Wachstum der Werbewirkung beiträgt. Wear-out- oder Sättingseffekte zeigten sich dabei nicht. Für die Bemessung der Hörfunkkontakte gilt hier demnach: Viel hilft viel. Bei den Wirkungsparametern „Markenpräferenz" und „ungestützte Markenbekanntheit" zeigten sich jedoch Sättigungspunkte ab etwa zwölf Kontakten (Wild 2007, S. 135 f.): „75 Prozent der in einem Vierwochen-Zeitraum realisierbaren

Werbewirkung wird mit etwa dem 12. Kontakt erreicht. Umgerechnet bedeutet dies, dass mit im Schnitt drei Kontakten pro Woche sich in einem Monat 75 Prozent der möglichen Werbewirkung erzielen lassen." (ebd. S. 136) Demnach sind auch reine Hörfunkkampagnen in der Lage Markenbewusstsein zu schaffen.

Setzt man Radiowerbung im Verbund mit anderen Werbeträgern – insbesondere dem Fernsehen – ein, dann erzielt man in der Regel einen Reichweitenzuwachs (ebd. S. 137). Untersuchungen zeigten, dass etwa 8 % der Zielpersonen von Mixkampagnen exklusiv über das Radio erreicht werden, ca. 50 % ausschließlich über TV und knapp ein Viertel über beide Medien (ebd.). Aber nicht nur hinsichtlich des Reichweitenzuwachses wirkt sich die Hörfunkunterstützung positiv aus: Der additive Einsatz von Radiowerbung zusätzlich zur TV-Werbung führt zu einer Verdoppelung der spontanen Werbeerinnerung im Vergleich zu reinen TV-Kampagnen (ebd.). Auch hinsichtlich der Wirkparameter „spontane Markenbekanntheit" und „Kauf- und Verwendungsneigung" führt eine Hörfunkunterstützung zu einer deutlichen Steigerung der Wirkung (ebd.). Radiowerbung wird daher als kostengünstige Möglichkeit betrachtet, um die Werbewirkung der TV-Kontakte zu steigern. Als empfehlenswert wird daher ein Kontakt-Mischungsverhältnis von 1:1 zwischen Hörfunk und TV angesehen (ebd. S. 138).

Ein Planungsbeispiel der AS&S Radio GmbH zeigt die Leistungswerte einer Hörfunkkampagne für die Zielgruppe „Personen 14–39 Jahre" (AS&S 2011b). Als Basis wird die Hörfunkkombi AS&S Deutschland-Kombi Young und Online belegt, die um weitere regionale Sender und Kombis ergänzt wird. Angestrebt werden eine Netto-Reichweite von mindesten 50-60 %, drei bis vier Durchschnittskontakte (OTH) und mindestens 200 GRP pro Woche. Bei Schaltkosten von 252.479 EUR (Tarif 2012) lassen sich in einer Woche 160 Schaltungen eines 30-Sekunden-Spots realisieren. Diese Aufwendungen erbringen als Medialeistungen eine Netto-Reichweite von 55,4 %, das entspricht 13,8 Mio. Zielpersonen (bei einem Zielgruppenpotenzial von 24,9 Mio. Personen). Insgesamt werden 52, 5 Mio. Kontakte erzielt, woraus ein OTH-Wert von 3,8 und ein TKP von 4,81 EUR resultiert. Der GRP liegt bei 211, d. h. auf 100 Zielpersonen entfallen im Durchschnitt 211 Kontakte. Da beim GRP die Gesamtzahl der erzielten Kontakte auf die gesamte Zielgruppe verteilt wird – und nicht lediglich auf den tatsächlich erreichten Teil der Zielgruppe (= die Nettoreichweite), ist der GRP:100 kleiner als die Durchschnittskontaktzahl (vgl. Abschn. 3.2.4.2). Mit rund einer Viertel Mio. EUR lassen sich somit die vorgegebenen Medianziele erreichen. Erstreckt man den Kampagnenzeitraum auf vier Wochen und vervierfacht entsprechend die Schaltfrequenz auf 640, dann ergeben sich Netto-Schaltkosten von 992.664 EUR (Brutto: 1.009.915 EUR), die zu einer Vervierfachung der Kontakte (21 Mio.) und einer Vervierfachung des GRP-Wertes (845) führen, aber nur zu einem Zuwachs der Nettoreichweite um zwölf Prozentpunkte auf 67,4 %. Aufgrund der hohen internen Überschneidung der belegten Sender und Kombis kommt es zu somit zu einer stärkeren Kontaktkumulation. Da Kosten und erzielte Kontakte proportional steigen, bleibt der TKP gleich.

4.6 Mediagattung Kino

4.6.1 Einführung

Kino ist ein Medium, welches wie kaum ein anderes von den sich verändernden Lebensgewohnheiten und dem Programmangebot abhängig ist. Dies wird deutlich, wenn man sich die Entwicklung in den letzten Jahren – vor allem seit Beginn des Fernsehens in der Bundesrepublik – betrachtet. Während wir zu Beginn der 50er Jahre noch ansteigende Besucherzahlen verzeichnen konnten, nahmen diese mit dem aufkommenden Fernsehen ab. Ein weiterer Grund hierfür ist darin zu sehen, dass in den Filmtheatern kaum noch zugkräftige Spielfilme angeboten wurden. Die Filmwirtschaft erkannte sehr spät die sich drastisch vollziehenden Veränderungen und das allgemein zurückgehende Interesse und versuchte in den 70er Jahren durch kräftige Investitionen nach amerikanischem Vorbild dieser Entwicklung entgegenzuwirken. Die großen, unrentabel gewordenen Säle wurden in mehrere kleine Abspielstätten parzelliert mit dem Ergebnis unbequemer und nicht filmgerechter Filmvorführungseinheiten. Dies führte dazu, dass sowohl die Film- als auch Kinokultur gleichermaßen zerstört wurde. Das Image der Kinos sank (vgl. Baacke, Schäfer und Vollbrecht, 1994, S. 62 f.).

Erst die Erkenntnis, den Besuchern mehr Komfort anzubieten in Form von bequemen Sitzen, guter Ausstattung der Filmtheater, Klimaanlagen, Getränkeservice usw. einerseits und einem attraktiven Spielfilmangebot andererseits, führte in den letzten Jahren dazu, dass die Filmtheater wieder ansteigende Besucherzahlen zu verzeichnen hatten, die jedoch in den letzten Jahren wieder sehr stark abgenommen haben.

Es bleibt jedoch festzuhalten: Wir haben eine Mediagattung mit deutlich sinkender Nutzerschaft vor uns, die nur 1 % des Werbeaufkommens auf sich vereinigen kann. Wenn wir dem noch die neuen Möglichkeiten der TV-Technik gegenüberstellen, dann ist die Zukunft des Kinos eher kritisch zu sehen. Erwähnt seien Flachbildschirme, die auch sehr große Bildflächen in Privathaushalten etablieren können, also „Kinoerlebnis zu Hause" ermöglichen, und das ist in Verbindung mit der Möglichkeit zu sehen, praktisch jeden Spielfilm zu jeder Zeit aus einem potentiellen Angebot abrufen zu können.

Die Werbeumsätze sanken von 172,36 Mio. EUR in 1999 auf 132,39 Mio. EUR in 2005. Die Besucherzahlen lagen 1999 bei149,0 Mio. 2001 bei 177,9 Mio. sanken jedoch bis 2005 auf 127,3 Mio. Kinowerbung steht damit für die meisten Zielgruppen vor einem Reichweitenproblem. Personen ab. In der BRD gibt es rund 3.600 Kinos.

4.6.2 Klassifikation der Filmtheater

Die Filmtheater werden in nachstehende Kategorien unterteilt (vgl. FDW Werbung im Kino e.V., 2001):
- Normalkino:

- Hier wird ein breitgefächertes Programm mit allen publikumsinteressanten Spielfilmen gezeigt. Sie gibt es in Groß-, Mittel- als auch Kleinstädten und sie repräsentieren den überwiegenden Teil aller Kinos.
- Filmkunstkino:
  - Diese Kinos spielen anspruchsvolle Filmprogramme und werden von entsprechend interessierten Kinogängern besucht (gehören häufig zur „Gilde Deutscher Filmkunsttheater").
- Programmkino:
  - Kinos mit feststehendem Monatsprogramm, wo täglich mehrere Spielfilme gezeigt werden.
- Autokino:
  - Es werden Spielfilme aller Art gezeigt. Wir finden ein gemischtes Publikum or. Sie findet man besonders in Randgebieten von Großstädten mit einem großen Einzugsgebiet.
- Sex- und Pornokino:
  - Eindeutiges Programm mit Besuchern aus allen Bevölkerungsschichten ab 18 Jahren.
- Truppenkino:
  - Diese Theater findet man innerhalb oder in unmittelbarer Nähe von Kasernen und Fliegerhorsten. Sie werden überwiegend von Soldaten besucht.
- Mehrzweckspielstätten:
  - Spielstätten, die meist in Diskotheken oder Freizeitparks gelegen sind, wo neben Spielfilmen ein breitgefächertes Programm gezeigt wird.
- Multiplexkino:
  - Diese Theater zeigen ein breitgefächertes, dem der Normal-/Familienkinos vergleichbares Programm. Sie umfassen mindestens sieben Kinosäle und 1.500 Sitzplätze. Multiplexkinos findet man in Groß- und mittelgroßen Städten mit einem großen Einzugsgebiet. Neben den Spielfilmen bieten sie auch gastronomische und/oder andere Freizeitmöglichkeiten an.
- Cityplexkino:
  - Kleinere, jedoch ebenso moderne und hinsichtlich Technik und Komfort mit Multiplexkinos vergleichbare Kinocenter in der Innenstadt. Diese Theater sind mit drei bis sechs Kinosälen ausgestattet. Sie werden nicht von allen Werbeverwaltungen ausgewiesen.
  - 1-$-Kino:Kinos, die Filme kurz vor der Videoauswertung (i. d. R. drei bis vier Monate nach Bundesstart) zu besonders günstigen Eintrittspreisen von 1,30 EUR bis 2,55 EUR vorführen.
- IMAX-Kino:
  - In diesen Theatern werden spezielle Filme in bisher noch nie da gewesener Qualität auf überdimensional großen und gekrümmten Leinwänden (bis zu 1.000 qm) vorgeführt. Einige Filme werden in 3D vorgeführt, was das Tragen einer Spezialbrille erforderlich macht.

4.6.3 IMAX-Theater

Die Generation der IMAX-Kinos hielt im Jahre 1992 Einzug in Deutschland. Das neue System wurde von der kanadischen Firma IMAX entwickelt. IMAX sind die größten Filmtheater der Welt mit riesigen Leinwänden (z. B. 20 x 26 m) und einem 6-Kanal-Tonsystem mit 22.000 Watt. Das IMAX-Bild ist zehnmal größer als das herkömmliche 35 mm Bild und dreimal so groß wie ein 70 mm Standardbild. Die umwerfende Größe eines IMAX-Filmbildes zusammen mit der einzigartigen IMAX-Projektionstechnik ist der Schlüssel zu der außergewöhnlichen Schärfe und Klarheit des IMAX-Films. Neben den IMAX-Classic und den IMAX-3D mit Projektionsflächen von ca. 20 x 26 m = 520 qm, gibt es auch den IMAX-Dome mit einer Rundleinwand, die einen Durchmesser von bis zu 27 m und damit rund 800 qm Filmfläche hat.

Derzeit gibt es in Deutschland zwölf IMAX-Theater. Die angebotenen Filme haben informativen, belehrenden und unterhaltenden Charakter. Im Mittelpunkt des filmischen Geschehens stehen die Natur und technische Präsentationen. Selten überschreiten IMAX-Filme allerdings eine Dauer von 45 Minuten Die Herstellung von IMAX-Filmen ist sehr aufwendig und teuer (rd. 135.000 USD je Film), das Filmangebot daher beschränkt. IMAX-Kinos werden deshalb auch mittelfristig keine Konkurrenz für die Kinowirtschaft in Deutschland sein (vgl. Imax Corporation, 1987, S. 6 ff. und Imax Corporation, 1994).

4.6.4 Multiplexe

Es gibt sehr unterschiedliche Definitionen des Begriffs „Multiplexe", verstanden beispielsweise als Amphitheater mit gleicher technischer Ausgestaltung, bestimmter Leinwandgröße usw. Die Filmförderungsanstalt (FFA) in Berlin definiert seit 1991 den Multiplexbegriff als Kino*neu*bauten mit wenigstens 9 Sälen (ab 1994 wenigstens 7 Säle), mit speziellen Nebengeschäften sowie Parkplatzangebot bzw. Nahverkehrsanbindung (vgl. FFA, 1996, S. 1).

Multiplex-Kinos vereinen sieben bis 18 verschiedene Vorführräume unter einem Dach, die sich durch einen hohen Standard an Technik und Komfort auszeichnen. Darüber hinaus folgen Multiplexe dem Konzept eines Freizeitraumes, in dem das Kino nicht ausschließlich im Mittelpunkt steht, sondern Lockmittel ist für die weiteren Offerten wie z. B. Boutiquen, Bowling, Bars und Restaurants. Ziel ist es, die Freizeitwünsche vor und nach dem Kinobesuch in einem Gesamtangebot abzudecken, ein neues Kinoerlebnis zu schaffen und somit die Nebeneinkünfte aus dem Warenverkauf zu einer Haupteinnahmequelle zu machen.

Zur Entwicklung der ersten Multiplexe kam es im Jahre 1976 in den USA. In Europa wurde dieses Konzept erstmals 1985 umgesetzt und zunächst nur in Großbritannien. Erst seit 1990 begann man auch in Deutschland mit der Realisierung dieser Kinoart. Aufgrund der enormen Investitionskosten von teilweise über 50 Mio. EUR finden wir Multiplexe vor allem in Großstädten und Ballungsräumen wegen des großen Einzugsgebietes.

Derzeit zählen wir in Deutschland 128 Multiplexe mit 1.162 Leinwänden (Stand 2000), Tendenz steigend! Die Entwicklung der Multiplexe verlief dabei sehr unterschiedlich. Eröffneten in den Jahren 1990 bis 1996 insgesamt 30 Multiplexe, waren es von 1997 bis 2000 mit insgesamt 98 mehr als dreimal so viele.

Der Neuigkeitseffekt der Multiplexe zeigt bis etwa zum dritten bzw. vierten Jahr nach Eröffnung Steigerungseffekte im Besuch und entsprechenden Umsatz. Nach einer Phase der Stabilisierung sind in der Folgezeit zum Teil deutlich rückläufige Besucher- und Umsatzzahlen festzustellen. Insbesondere die Multiplexe der 1. bis 6. Generation haben mit diesem Problem zu kämpfen. Der Multiplexbesuch stieg von 3,2 % am Gesamtbestand in 1991 auf 14,6 % in 1996 und 40,4 % in 2000, der Umsatz im gleichen Zeitraum von 4,0 % am Gesamtumsatz über 17,1 % in 1996 auf 44,2 %. In 1991 vereinigten somit 2,2 % aller bundesdeutschen Kinosäle 3,2 % aller Besucher, in 1996 7,5 % aller Säle bereits 14,6 % aller Besucher und in 2000 26,8 % aller Säle erstaunliche 40,4 % aller Besucher auf sich.

Konnte bei den Multiplexen ein Besuchs- und Umsatzwachstum verzeichnet werden, standen dem bei den Umfeldkinos in sehr unterschiedlichem Umfang Einbrüche in diesen Bereichen gegenüber. Auch der Bestand an Umfeldkinos hat sich sehr unterschiedlich entwickelt. Während in einigen Umfeldregionen der Kinobestand zurückging, konnten in anderen Regionen Zuwächse festgestellt werden (vgl. FFA, 1996, S. 11 ff).

Eine Befragung der Betreiber der 316 im Jahr 2000 geschlossenen Kinos hinsichtlich der Schließungsgründe ergab, dass bei rund 14 % bzw. 43 Kinos die „Konkurrenz der Multiplexe" der Grund für die Schließung war. Hauptgrund mit deutlichen 50 % war die „Unrentabilität", die „Zweckentfremdung" mit 10 % wurde als dritter Grund genannt (vgl. FFA, 2001a, S. 5).

4.6.5 Möglichkeiten der Kinowerbung

Für die Werbung in Filmtheatern stehen den Werbungtreibenden unterschiedliche Werbeformen zur Verfügung:

4.6.5.1 Diapositiv
Gebräuchlich sind Standard-Diapositive aus Glas mit Rahmen.
- Dia-Formate:
  - „Kleinbild"-Format: 5 x 5 cm (Außengröße gerahmt)
  - „Normal"-Format: 8,5 x 8,5 cm (Außengröße gerahmt)
  - „Rollei"-Format: 7 x 7 cm (Außengröße gerahmt)

Mindesteinschaltung: 1 Monat
Mindestberechnung: 1 Monat
Standzeiten stumm: ca. 10 Sekunden
Standzeiten tönend: ca. 20 Sekunden
- Tonträger:
  - Kassette oder Tonband je nach technischer Ausstattung der Kinos

- Einschaltpreise:
  - Die Einschaltpreise gelten für den Einsatz von stummen Dias. Für den Einsatz von tönenden Dias erhöhen sich die Staffelpreise je nach Kino um 50–100 %.

Bei Abschluss über mehrere Monate im gleichen Theater werden i. d. R. günstigere Staffelpreise ab sechs oder zwölf Monaten gewährt.

4.6.5.2 Dia auf Film (DaF)

Infolge der Automatisierung der Filmvorführung ist die Vorführung von Stand-Diapositiven mit speziellem Diaprojektor in vielen Kinos technisch nicht mehr möglich. Dort läuft alles auf Film. Das „Dia auf Film" ist ein abgefilmtes Standbild mit oder ohne Text und Ton und wird über den Filmprojektor wie ein Dia vorgeführt.

Die Dia-Formate, Mindesteinschaltung, Berechnung usw. sind mit dem „normalen Diapositiv" identisch. Für den Einsatz in mehreren Theatern sind entsprechende Duplikate der Diapositive und Tonträger bzw. Dia-auf-Film-Kopien erforderlich.

4.6.5.3 Kinospot

Als „Kinospot" bezeichnet man die Umsetzung eines Stand-Diapositivs in gefilmte Einzelphasen (z. B. einlaufende Schrift, Einblendungen von Motiven usw.), Technik: Realfilm, Trick oder beide Möglichkeiten. Der Kinospot ist mit einem vereinfachten stummen oder tönenden Kurzfilm vergleichbar. Er wird über einen laufenden Monat in dem jeweiligen Kino vorgeführt und nicht in Spielwochen.

- Mindesteinschaltung:
  - 12 Monate Turnuseinschaltung (monatlicher Wechsel) durch mehrere Kinos ist möglich.
- Mindestlänge:
  - 6 m = 13 sek.
- Höchstlänge:
  - 12 m = 29 sek.
- Berechnung:
  - monatlich
- Einschaltpreise:
  - Grundpreis ist gültig für einen 6 m langen Kinospot pro Monat. Bei längeren Kinospots ist die tatsächliche Länge Berechnungsgrundlage.

Für den Einsatz von Kinospots sind pro Theater mehrere Kopien erforderlich (zu erfragen über die Werbeverwaltungen).

4.6.5.4 Werbefilm

- Mindesteinschaltung:
  - 1 Spielwoche (zurzeit Donnerstag bis Mittwoch)
- Mindestberechnung:
  - 1 Spielwoche
- Mindestlänge:

- 20 m (= 44 sek. bei 35-mm-Kinofilm) bzw. 14 m
- 1 m 35 mm-Kinofilm = 2,2 sek.
- 1 sek. 35 mm-Kinofilm = 24 Bilder

Die Filme im Fernsehen haben eine Bildfrequenz von 25 Bildern/Sekunden
Bei der Wiedergabe im Kino wird daraus eine Bildfrequenz von 24 Bildern/Sekunde

Einschaltpreise: Die Einschaltpreise basieren auf der von der IVW veröffentlichten Besucherstaffel der einzelnen Filmtheater. Die Preise in den Preislisten beziehen sich auf die Einschaltung eines Werbefilms pro Meter und Woche. Ab bestimmten Werbefilmlängen werden Längenrabatte, bei Mengenabschlüssen pro Theater und Jahr werden Mengenrabatte gewährt.

Werbefilme werden allgemein in 35 mm als sogenannte „Normalfilme" mit Lichtton vorgeführt.

Die im Kino gezeigten Werbefilme müssen vor ihrem Einsatz der Freiwilligen Selbstkontrolle der Filmwirtschaft (FSK) zur Prüfung vorgelegt werden. Sie entscheidet über die altersgerechten Einsatzmöglichkeiten mit folgenden FSK-Freigaben:
- freigegeben ohne Altersbeschränkung;
- freigegeben ab 6 Jahre;
- freigegeben ab 12 Jahre;
- freigegeben ab 16 Jahre;
- freigegeben nicht unter 18 Jahren.

Jedem Werbefilm bzw. jeder -kopie muss eine Freigabekarte der Freiwilligen Selbstkontrolle der Filmwirtschaft beigefügt werden. Ein Anspruch auf Vorführung von Werbefilmen zu allen Vorstellungen besteht nur, wenn eine Freigabe „ohne Altersbeschränkung" vorliegt.

Für die Werbung im Kino hat sich das Breitwand-Format mit einem Seitenverhältnis von 1 x 1,85 (Höhe : Breite), auch „U.S. wide Format" genannt, durchgesetzt. Es gewährleistet, dass das Bildmotiv in voller Höhe auf der Leinwand erscheint. Das heute noch als Normal-Format bezeichnete Bild mit einem Seitenverhältnis von 1 x 1,37 wird nicht mehr genutzt und gilt als veraltet. Das sogenannte Zwischen-Format mit einem Seitenverhältnis von 1 x 1,66 wird häufig noch verwendet. Hierbei besteht jedoch die Gefahr, dass nicht das komplette Bildmotiv auf der Leinwand erscheint. Dies tritt dann ein, wenn das Kino die gesamte Vorführung im Breitwandformat ausstrahlt. In diesen Fällen gehen bei Filmen im Format 1:1,66 vom oberen und unteren Bildrand Ausschnitte verloren.

Die Wiedergabe des Spielfilmtones erfolgt in den deutschen Filmtheatern mit sieben unterschiedlichen Tonsystemen. Es gibt dabei drei analoge (analoger Lichtton, Mono, analoger Dolby-Ton = Dolby Stereo bzw. Dolby Stereo SR) sowie vier digitale Lichttonformate (Dolby Digital, Dolby Digital Surround EX, DTS/SDDS und THX). Der Einsatz von DTS- und SDDS-Kopien für Werbung im Kino ist nicht möglich. Für Werbefilme gilt, dass nur noch Dolby-SR-Kopien (SR = Spectral Recording) produziert und vorgeführt werden. Zur Qualitätssteigerung ist auch eine Abmischung in Dolby Digital oder Dolby Digital Surround EX möglich (vgl. FDW Werbung im Kino e.V., 2001).

4.6.6 Durchführung der Kinowerbung

Die Filmtheater in Deutschland haben Ausschließlichkeitsverträge mit sogenannten Werbeverwaltungen, die sich mit der Durchführung der Kinowerbung befassen. Die Werbeverwaltungen haben dabei die vertragliche Pflicht übernommen, die Werbefläche – also die Leinwand – für Werbefilme allein oder auch Diapositive den Werbung Treibenden anzubieten. Gleichzeitig haben sie dabei das alleinige Recht übernommen, Aufträge für ihre Pachttheater anzunehmen.

Die Werbeverwaltungen übernehmen also die komplette Abwicklung der Einschaltaufträge in ihren Vertragstheatern, von der Produktion der Werbemittel bis zur Durchführung der Einschaltaufträge. Die Aufträge werden mit dem Theaterbesitzer abgerechnet, der einen vertraglich fixierten Teil der Abrechnungssumme erhält.

Die Betreuung der regionalen Werbung Treibenden erfolgt über geschultes Außendienstpersonal der Werbeverwaltungen, welche die Interessenten über die Möglichkeiten der Einschaltung beraten. Zur Platzierung überregionaler Kinokampagnen wenden sich Werbung Treibende bzw. Werbeagenturen an Spezialmittler, die über entsprechende Unterlagen, wie z. B. Theaterkarteien, Kenntnisse über Besucherzahlen und Qualität der einzelnen Kinos sowie Fachkräfte für die Disposition verfügen und die Kinowerbung zu Originalpreisen zentral über die jeweiligen Werbeverwaltungen in den Kinos platzieren. Die Spezialmittler sind oftmals auch gleichzeitig als Werbeverwaltungen tätig (vgl. Abb. 4.67).

Die Zusammenarbeit zwischen Auftraggeber und Auftragnehmer wird im Wesentlichen geregelt durch die „Allgemeinen Geschäftsbedingungen für die Werbung in Filmtheatern". Hierbei ist zu beachten, dass die allgemeinen Geschäftsbedingungen als Empfehlung zu verstehen sind. Es bleibt den Vertragsparteien vorbehalten, abweichende Vereinbarungen zu treffen, soweit es sich nicht um die Tarifpreise für die Einschaltung handelt.

Von entscheidender Bedeutung bei der Vorbereitung eines Werbefilmeinsatzes ist die Auswahl der Theater. Um dieser Aufgabe gerecht zu werden, bedarf es guter Kenntnisse des Theaterparks, um bei möglichst geringen Einschaltquoten hohe Besucherzahlen zu erreichen. Wichtige Kriterien bei der Theaterauswahl sind dabei unter anderem (vgl. FDW Werbung im Kino e.V., 2001):

- IVW-Mitgliedschaft,
- Einschaltpreis (wird pro Meter und Woche genannt),
- Tausenderpreis (Kosten pro 1.000 Besucher),
- Theaterkategorien,
- Ortsgrößenklasse,
- Region.

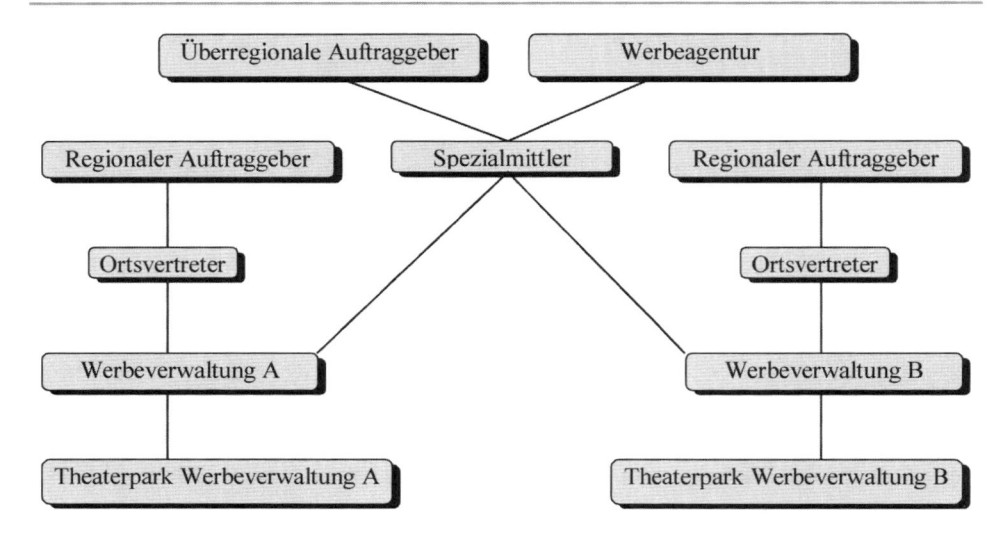

Abb. 4.67 Wie gelangt Werbung ins Kino

4.6.7 Mediadaten

4.6.7.1 Verfügbarkeit des Mediums

Das Kino ist heute mehr als je zuvor starker Konkurrenz ausgesetzt. Neben dem Fernsehen, das die Besucherzahlen drastisch sinken ließ, ist dies auch schon seit längerer Zeit der existierende Videomarkt. Neben den Kaufvideos und -DVDs spielt auch das Verleihgeschäft eine nicht unwesentliche Rolle. Der im Videogeschäft zu verzeichnende Aufwärtstrend ist insbesondere auf die Entwicklung des DVD-Marktes zurückzuführen. Problematisch ist bei den Videotheken die 6monatige Sperrfrist für Erfolgsfilme, die oftmals unterschritten wird. Zu nennen sind auch die unterschiedlichen Freizeitangebote, neue Sportarten wie z. B. Snowboarding oder Skating sowie das neu angebrochene Zeitalter der kommerziellen Fernsehprogramme (PayTV, Digitales Fernsehen gegen direkte Bezahlung), die mit attraktiven Spielfilmangeboten werben, Flachbildschirme und ähnliches mehr.

4.6.7.2 Steuerbarkeit des Mediums

Selektionsmöglichkeiten sind nach Theaterkategorien, Nielsen-Gebieten, Regionen, Städten bis zum einzelnen Theater möglich. Kinowerbung lässt sich grundsätzlich zeitlich sowie regional gut bis sehr gut steuern. Eine besonders hohe Nachfrage besteht jedoch für die Monate Januar bis März und August bis Dezember, als auch in Städten mit über 500.000 Einwohnern und in den Multiplexen. Hier kann es deshalb zu einem eingeschränkten Angebot kommen.

4.6.7.3 Nutzungskriterien/Wirkung

Der Zeitpunkt der Kontaktmöglichkeit mit der Werbung ist auf die Ausstrahlung im Kino begrenzt. Andererseits ist die Hinwendung sehr bewusst und kaum durch „Nebentätigkeiten" gestört. Der Besucher kann sich dem Bild praktisch nicht entziehen. Die Nutzerselektion ist nur bedingt möglich durch die Auswahl der Werbeausstrahlung entsprechend des Hauptfilmes und durch Selektion nach Kinogattungen.

Die Möglichkeit der Informationsvermittlung ist gut. Sie ist abhängig von der Wahl der Art der Kinowerbung. Längere Werbefilme im Kino erreichen z.T. das Niveau anspruchsvoller Kurzfilme. Die Werbedarbietung erfolgt in emotionaler Atmosphäre und erlaubt durch die Darstellungsmöglichkeiten in Bild (farbig), Ton und Text eine ideale multisensorische Ansprache.

Werbung im Kino hat die Funktion, Stimmungsgehalte und Atmosphäre zu vermitteln, Kino dient der Unterhaltung und Erholung. Handhabungen können sehr gut demonstriert werden. Die Werbemittelkontaktchance ist im Allgemeinen flüchtig und besteht bis zum nächsten Kinobesuch lediglich aus einem kurzen Kontakt.

Einer im Auftrag der FDW Werbung im Kino e.V. durchgeführten Studie zufolge ist die Erinnerungsleistung von Werbung im Kino beeindruckend hoch. 94 % erinnern sich an mindestens einen Werbefilm, 80 % an mindestens drei Werbefilme und zwei Drittel sogar an mindestens fünf Werbefilme. Die Erinnerungsleistung ist dabei bei allen Altersgruppen, bei Frauen und Männern sowie über alle Bildungsgrade und Einkommensstufen hinweg durchgehend hoch. Kinowerbung hinterlässt bei allen Zielgruppen einen ähnlich starken Eindruck (vgl. PR und Forschungsgesellschaft Werbung im Kino m.b.H., 2000b, S. 22 ff). Die Wirkung der Kinowerbung ist recht intensiv und kann bei entsprechend eigenständiger Ansprache durchaus langfristig im Gedächtnis bleiben. Infolge der möglichen längeren Werbefilme (im Vergleich zum Fernsehen) und der intensiv emotionalen Ansprache sind langfristige Wirkungen möglich. Je intensiver eine Botschaft aufgenommen wird, umso stärker ist die Informationsspeicherung.

4.6.8 Abschließende Beurteilung

Kino kann nur für bestimmte Zielgruppen und Anlässe als Basismedium dienen. Es kann für bestimmte Produkte ein Ergänzungsmedium in einem komplexen Media-Mix darstellen. Die Zukunft als Werbeträgergattung ist angesichts neuer Entwicklungen in der Medientechnik kritisch zu sehen. Die günstigen Wirkungsmerkmale können die Reichweitenproblematik nicht kompensieren. Im Grunde genommen steht Kino vor einer großen Marketing-Herausforderung. Die Bürger der entwickelten Gesellschaften suchen anspruchsvolle Freizeitgestaltung. Kino könnte als integrierter Bestandteil anspruchsvoller Freizeitangebote noch eine Zukunft haben. Zukünftige Kinobetreiber kann man sich als Betreiber komplexer Freizeit- und Unterhaltungszentren vorstellen. Hier hinein könnte auch Werbung integriert werden.

Im Jahre 2010 spielte Kinowerbung eine extrem untergeordnete Rolle in der Gesamtwerbung. Das hätte auch Anlass sein können, diese Mediagattung gar nicht mehr zu berücksichtigen. Andererseits sind derzeit Veränderungen absehbar, die darauf hinauslaufen, dass Kinobetreiber vollkommen neue Formen von Kinoangeboten betreiben, mit denen ein sehr anspruchsvolles Publikum auf gehobenem Niveau unterhalten und damit für Kinobesuche gewonnen werden soll. Diese Entwicklungen sind abzuwarten. Daher sind auch derzeitige Nutzerdaten praktisch irrelevant für die Mediaplanung. Es muss die zukünftige Entwicklung abgewartet und berücksichtigt werden.

4.7 Werbeträger Online-Medien

Die Entwicklung der Medienlandschaft vollzieht sich in großen Schritten und mit einer enormen Dynamik. Dabei hat insbesondere die Online-Kommunikation als Kommunikationsplattform beigetragen. Wurden vor 15 Jahren Informationen, Nachrichten und Unterhaltung im Wesentlichen durch die klassischen Medien distribuiert, vollzog sich in dieser Zeitspanne eine Trendwende.

Das Internet wird von der Bevölkerung als wichtiges Medium angesehen. Der Medienkonsum fokussiert sich nicht mehr nur auf die klassischen Medien, sondern verstärkt werden Online-Medien genutzt (vgl. Specht und Theobald 2010, S. 2).

Die Kommunikation ist dadurch nicht nur potentiell interaktiver, sondern auch mobiler geworden. Die bisherigen Massenmedien, ob Zeitung, Kino, Hörfunk oder TV, boten nur die Chance für eine Einbahnstraßen-Kommunikation; eine eindimensionale und lineare Sender-Empfänger-Situation.

Das Sender-Empfänger-Prinzip ändert sich durch die digitalen Medien. Die Nutzer haben die Möglichkeit gewünschte Inhalte aufzurufen, weiterzuleiten, zu bewerten, zu kommentieren und selbst Inhalte ins Netz zu stellen. „Die digitale Kommunikation ist heute mehrdimensional, multidirektional, multisensorisch, synchron und asynchron zugleich und definiert damit eine Medienkategorie der Quartärmedien" (Haisch 2011, S. 82).

Mit der zunehmenden Verbreitung des Internets wurde dieses Medium auch für die werbetreibenden Unternehmen – auch aufgrund seiner spezifischen Eigenschaften – immer interessanter. Dies findet auch immer stärker seinen Niederschlag in der Entwicklung der Verteilung der Mediabudgets. So stieg der Anteil des Internets zwischen 2006 von 8,7 % auf 19,2 % im Jahr 2010. Und es wird eine weitere Zunahme prognostiziert (vgl. Abb. 4.68).

4.7.1 Die Entwicklung des Internets

Die Geschichte des Internets begann vor etwa 40 Jahren in den USA. Damals sollte es im Zuge des Kalten Krieges als ein dezentral konzeptioniertes Informationssystem zur Lösung militärisch-logistischer Probleme dienen. 1969 ließ die Forschungsabteilung des Pentagon

4.7 Werbeträger Online-Medien

Entwicklung des Bruttowerbekuchens im Zeitvergleich

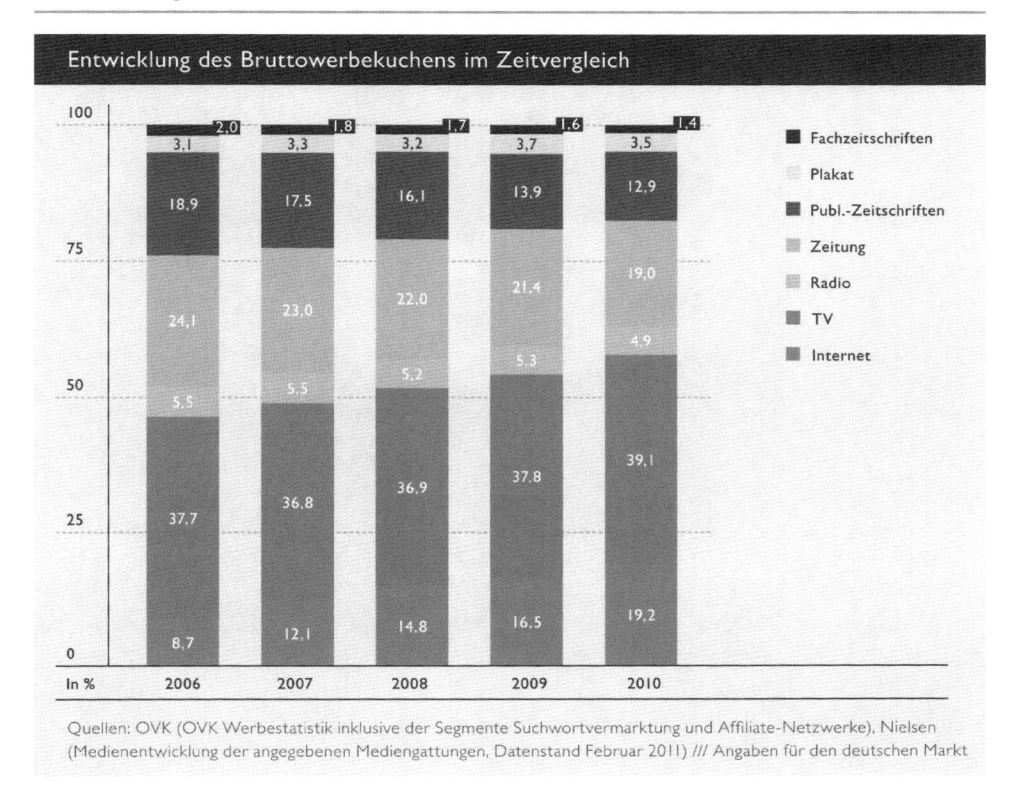

In %	2006	2007	2008	2009	2010	
Fachzeitschriften	2,0	1,8	1,7	1,6	1,4	
Plakat	3,1	3,3	3,2	3,7	3,5	
Publ.-Zeitschriften	18,9	17,5	16,1	13,9	12,9	
Zeitung	24,1	23,0	22,0	21,4	19,0	
Radio	5,5	5,5	5,2	5,3	4,9	
TV	37,7	36,8	36,9	37,8	39,1	
Internet	8,7	12,1	14,8	16,5	19,2	

Quellen: OVK (OVK Werbestatistik inklusive der Segmente Suchwortvermarktung und Affiliate-Netzwerke), Nielsen (Medienentwicklung der angegebenen Mediengattungen, Datenstand Februar 2011) /// Angaben für den deutschen Markt

Abb. 4.68 Entwicklung des Bruttowerbe-Spendings im Zeitvergleich. (BVDW, 2011/1, S. 7)

Wissenschaftler der University of California den ersten Netzknoten installieren. Übriggeblieben ist aus dieser Zeit das Internet, das bis heute keine zentrale Verwaltungsstelle und -station besitzt und dazu geführt hat, dass es als völlig unkontrollierbar gilt (vgl. Wolff, 1996, S. 48).

Heute wird das Internet als das größte existierende Netzwerk der Netzwerke mit einer Vielzahl von Diensten und Angeboten betrachtet. Das Medium Internet ermöglicht neben unterschiedlichen Kommunikationsmöglichkeiten zwischen Personen auch zum ersten Mal einen interaktiven Umgang mit verschiedensten Informationsarten. Über dieses dezentrale Netzwerk können mit Hilfe eines Personal Computers in nur wenigen Sekunden Informationen in der ganzen Welt verschickt oder von überall sonst auf der Welt, unabhängig des Dateiformats, abgerufen werden.

Da im Internet eine Vielzahl verschieden arbeitender Dienste vorhanden ist, die sich auch in ihrem Erscheinungsbild und ihrer Bedienungsoberfläche unterscheiden, bedeutet dies für den Nutzer, dass er sich verschiedene Befehlsstrukturen merken müsste, wenn er mit diversen Diensten arbeiten wollte. Für eine komfortable Arbeitsweise im Internet

Abb. 4.69 Reichweite Internet. (Basis: 112.443 Fälle deutschsprachige Wohnbevölkerung in Deutschland ab 14 Jahre, AGOF e.V./internet facts 2011-05)

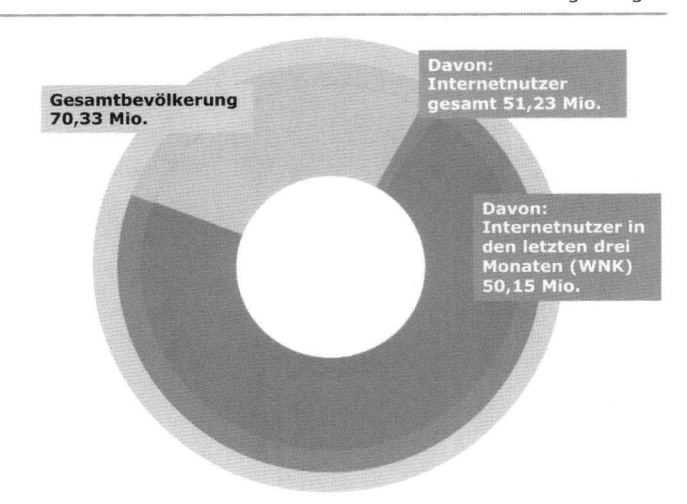

Gesamtbevölkerung 70,33 Mio.

Davon: Internetnutzer gesamt 51,23 Mio.

Davon: Internetnutzer in den letzten drei Monaten (WNK) 50,15 Mio.

wurde daher seit 1991 der Versuch unternommen, weite Teile des Internets unter einer speziellen Oberfläche, der WWW-Oberfläche, zu vereinheitlichen.

Das World Wide Web (WWW) wurde vom Europäischen Labor für Teilchenphysik in Genf entwickelt und stellt eine Dokumentensammlung dar, auf die unter einer einheitlichen Oberfläche zugegriffen werden kann. Das World Wide Web (WWW oder kurz Web) stellt somit ein weiteres Angebot im Internet dar, das für das komfortable und einfache Arbeiten im Internet immer mehr an Bedeutung gewinnt.

Ein weitere Evolution des Internets stellt das sogenannte Web 2.0 bzw. die sogenannten Social Media dar. „Social Media refers to activities, practices, and behaviors among communities of people who gather online to share information, knowledge, and opinions using conversational media. Conversational media are Web-based applications that make it possible to create and easily transmit content in the form of pictures, videos, and audios" (Safko und Brake 2009, S. 6).

Social Media unterscheiden sich von den klassischen Massenmedien dadurch, dass sie auf Interaktionen und gegenseitigen Austausch beruhen und die User ihre Inhalte größtenteils selbst erstellen. Social Communities (z. B. Facebook, Xing) Videoportale, Blogs, Fotosammlungen und Informationsplattformen (z. B. Wikipedia) sind heute etablierte Kommunikationsplattformen. Allerdings ist zu bemerken, dass die Zuwachsraten im Vergleich zu früheren Jahren abgenommen haben (vgl. hierzu Tab. 4.40).

Die Nutzung von Wissens-, Videoportalen und insbesondere Communities stehen dabei bei Social Media-Applikationen im Fokus des Interesses der User.

Insgesamt ist die Onlinenutzung stetig angestiegen – nicht nur in der Reichweite in der Gesamtbevölkerung (von 6,5 % 1997 auf 73,3 % 2011), sondern auch in der Verweildauer,

4.7 Werbeträger Online-Medien

Tab. 4.40 Web 2.0: Gelegentliche und regelmäßige Nutzung 2007 bis 2011. Angaben in Prozent. (ARD/ZDF-Onlinestudie 2011)

	gelegentlich (zumindest selten)					regelmäßig (zumindest wöchentlich)				
	2007	2008	2009	2010	2011	2007	2008	2009	2010	2011
Wikipedia	47	60	65	73	70	20	25	28	31	29
Videoportale (z. B. YouTube)	34	51	52	58	58	14	21	26	30	31
private Netzwerke u. Communities	15	25	34	39	42	6	18*	24*	34*	35**
Fotosammlungen, Communities	15	23	25	19	18	2	4	7	2	3
berufliche Netzwerke u. Communities	10	6	9	7	6	4	2*	5*	5*	3
Weblogs	11	6	8	7	7	3	2	3	2	1
Lesezeichensammlungen	3	3	4	2	-	-	1	2	1	-
virtuelle Spielewelten	3	5	-	-	-	2	2	-	-	-
Twitter	-	-	-	3	3	-	-	-	1	-

Lange – mehr als zwei Stunden – und an beinahe allen Tagen der Woche sind die Internetnutzer 2011 im Netz, allerdings zeigt sich auch, dass eine gewisse Sättigung eingetreten ist. Seit 2009 hat sich die Nutzungsintensität kaum mehr gesteigert.

Bei einem relativ neuen Medium ist die Struktur der Nutzerschaft von großem Interesse. War das Medium Internet anfangs (1997) noch sehr männlich dominiert und eher von jüngeren Zielgruppen genutzt, so passt sich die Nutzerstruktur sehr langsam der Bevölkerungsstruktur an (siehe Abb. 4.70).

Allerdings gibt es weiterhin strukturelle Abweichungen von der Gesamtbevölkerung. So sind weniger als die Hälfte der über 60-Jährigen im Netz. Auch der Bildungsgrad und die Berufstätigkeit haben noch einen gewissen Einfluss auf die Online-Aktivitäten.

4.7.2 Online-Werbemöglichkeiten im Überblick

Die dynamische Entwicklung der Online-Medien bietet heute eine Vielzahl von Kommunikationsmöglichkeiten für Werbetreibende mit ihren Bezugsgruppen in Kontakt zu

Abb. 4.70 Soziodemografie der Internetnutzer im Vergleich zur Gesamtbevölkerung. (Basis: 101.207 Fälle (Internetnutzer letzte 3 Monate) / 112.443 Fälle (deutschsprachige Wohnbevölkerung in Deutschland ab 14 Jahren) / Angaben in Prozent. AGOF e.V. / internet facts 2011-05)

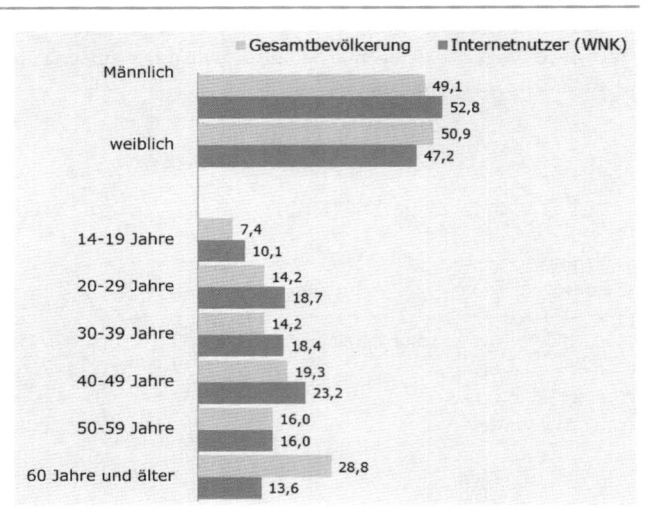

treten. Die klassische Bannerwerbung (vgl. Abschn. 4.7.3) macht dabei einen beträchtlichen Teil der Investitionen in die Online-Werbung aus. Dies belegten die Zahlen des Online-Vermarkterkreis des Bundesverbandes der digitalen Wirtschaft (BVDW). In seinem Online-Report 2011/02 weist er folgende Investitionen in die Online-Werbung aus (siehe Abb. 4.71, OVK Werbestatistik 2008 bis 2012 mit Prognose für 2011):

Trotz des wirtschaftlich problematischen Jahres 2009 stiegen die Investitionen um 16 % auf 4,2 Mrd. EUR und wuchsen 2010 deutlich um 26 % auf 6,2 Mrd. EUR o. Davon entfällt ein großer Teil auf die klassische Bannerwerbung (3,7 Mrd. EUR), knapp über 2 Mrd. auf die Suchwortvermarktung (Search Engine Advertising) und 377 Mio. EUR auf Affiliate Programme.

Der Begriff Online-Werbung wird dabei heute sehr unterschiedlich gebraucht. Manche Autoren rechnen dazu z. B. auch Suchmaschinen-Optimierung, Affiliate Marketing oder E-Mail-Marketing. Für andere gehört nur die Platzierung von Werbemitteln (im Besonderen von Bannern) auf Internetseiten dazu (vgl. Lammenett 2009, S. 122).

4.7.3 Online-Werbung

Die Umsätze für die Online-Werbung sind permanent – allerdings mit sehr unterschiedlichen Wachstumsraten – in den letzten zehn Jahren gewachsen.
Die Netto-Werbeumsätze stellen sich wie folgt dar:
Online-Werbung zeichnet sich durch einige Spezifika aus:
- Hohe grundsätzliche internationale Präsenz und Reichweite. Meist haben Corporate Websites dabei die größte Reichweite.
- Hohe Verfügbarkeit – rund um die Uhr an 365 Tagen des Jahres.

4.7 Werbeträger Online-Medien

Tab. 4.41 Durchschnittliche Verweildauer bei der Online-Nutzung. (ARD/ZDF-Onlinestudie 2011)

	1997	2001	2005	2009	2010	2011
Verweildauer Mo–So in Minuten/Tag	76	107	123	136	136	137
Durchschn. Anzahl Tage pro Woche	3,3	4,3	4,5	5,4	5,7	5,6

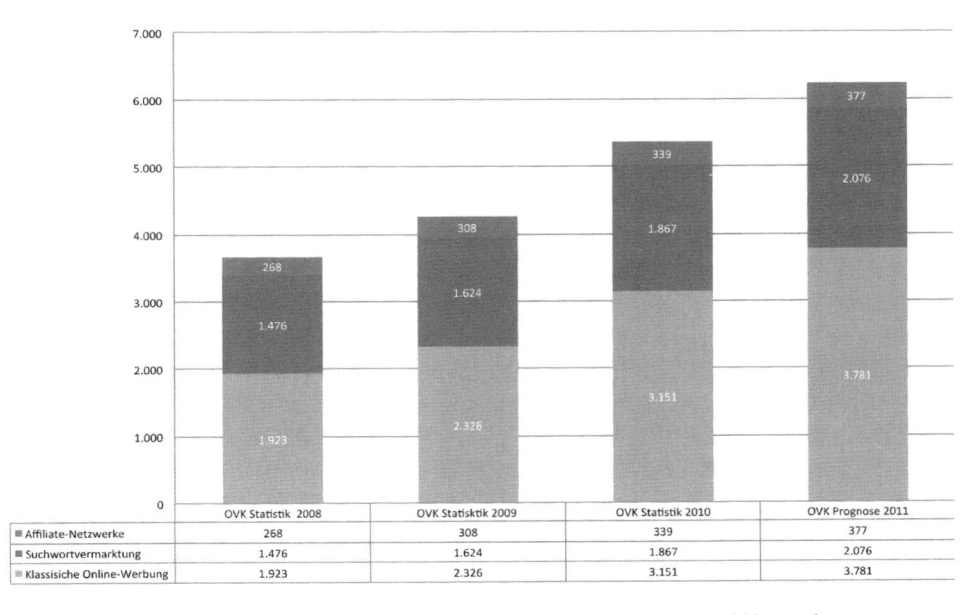

	OVK Statistik 2008	OVK Statisktik 2009	OVK Statistik 2010	OVK Prognose 2011
Affiliate-Netzwerke	268	308	339	377
Suchwortvermarktung	1.476	1.624	1.867	2.076
Klassische Online-Werbung	1.923	2.326	3.151	3.781

Abb. 4.71 Entwicklung der Investitionen in Affiliate-, Suchmaschinen- und klassische Internetwerbung. (OVK Onlinereport 2011/2).

Tab. 4.42 Netto-Werbeumsätze der Online-Angebote. (ZAW; 2006, S. 336 und ZAW, 2010, S. 340)

	2000	2001	2002	2003	2004	2005
Werbeumsätze in Mio. EUR	153	185	227	246	271	332
Veränderung in %	+ 100	+ 21	+ 23	+ 8	+10	+ 23
	2006	2007	2008	2009	2010	
Werbeumsätze in Mio. EUR	495	689	754	764	861	
Veränderung in %	+ 49	+ 39	+ 9	+ 1,3	+ 12,7	

- Oft niedrige Einstiegskosten, allerdings sind den Entwicklungs- und Schaltkosten nach oben auch beinahe keine Grenzen gesetzt.
- Hohe Flexibilität, Werbemittel können kurzfristig modifiziert und an aktuelle Gegebenheiten angepasst werden.
- Personalisierung und Individualisierung in der Ansprache.
- Interaktionsmöglichkeiten sind gegeben.
- Beinahe unbegrenztes Platzangebot für Informationen und Unterhaltung
- Kombination unterschiedlicher Kommunikationsmodi (z. B. Synchrone und asynchrone Kommunikationsform). (Vgl. hierzu auch Kreutzer, 2012, S. 158 ff).

4.7.3.1 Zielplanung

Mit Online-Marketing lässt sich eine Vielzahl von sehr unterschiedlichen Zielen anvisieren. Bereits 1996 nannten Altobelli und Hoffmann folgende Ziele:
Ziele mit Absatzbezug:
- Distribution von Software über das Medium Online
- Verkauf von Produkten und Dienstleistungen
- Online-Durchführung der Dienstleistung
- Ziele mit Produkt- bzw. Servicebezug:
- Vorstellung des Produktes bzw. der Dienstleistung
- Vorstellung der Serviceleistungen

Ziele mit Verkaufsbezug:
- Verkaufsberatung
- Information über das Vertriebssystem
- Ziele mit Unternehmensbezug:
- Bereitstellung von Firmeninformationen
- Vorstellung der Kommunikation der Unternehmung
- Zuständigkeitsfelder

4.7 Werbeträger Online-Medien

- Projektdarstellungen

Ziele mit Kommunikationsbezug:
- Kommunikation mit Nutzern
- Ziele mit Personalmarketing:
- Stellenausschreibung

Ziele mit Bekanntheitsbezug:
- Klassische PR-Kampagnen
- Positive Einstellung zu Marken und Unternehmung schaffen

Bei Online-Medien handelt es sich um eine Mediengattung aus dem Multimediabereich. Online-Werbung kann sich aus einer Kombination von Text, Bild und Toninhalten auf digitaler Basis zusammensetzen. Inzwischen lassen sich alle Arten von klassischen Medieninhalten in Online-Umgebungen replizieren. Generell sind online somit sämtliche Inhalte möglich, die zuvor in traditionellen Print- und TV-Bereichen getrennt angeboten wurden. Online-Medien werden oftmals aufgrund ihres interaktiven Potenzials, der Möglichkeiten zum direkten Beschaffungsvorgang durch den Konsumenten und verstärkte Werbewirkungspotenziale durch Interaktivität als Werbeträger der Zukunft bezeichnet.

Online-Werbung im WWW kann in zwei Aktivitäten zerlegt werden. Einmal in den Aufbau, die Betreuung und die Pflege einer eigenständigen Unternehmenspräsenz, einer sogenannten „Web-Site" (Web-Seite) oder auch Homepage genannt, und Aktivitäten, die einerseits auf die eigene Homepage hinweisen sollen und andererseits als eigenständige mediale Werbeform auftreten können.

Bei Online-Werbung erfolgt der Zugang zu den Medieninhalten völlig anders als bei den klassischen Medien. Die Nutzer, auch User genannt, müssen die Unternehmenspräsenz im WWW über eine bestimmte Adressierung finden. Daher sollten Werbetreibende die User auf ihre Existenz und Adresse aufmerksam machen.

4.7.3.2 Unternehmenspräsenz

Die Werbewirkung der Unternehmenspräsenz unterliegt üblicherweise der Maxime: Der User, der die Web-Seite besucht hat und zur Zielgruppe gehört, muss zu einem weiteren Besuch der Web-Seite animiert werden, wenn der gewünschte Werbeerfolg durch diesen Besuch noch nicht erreicht wurde. Entsprechend dieser Zielformulierung sollte die Gestaltung der Web-Seite erfolgen. Typische Inhalte einer Web-Seite sind: Unternehmensinformationen, Infos über die angebotenen Produkte und Dienstleistungen sowie weitere, ergänzende Marketing-Komponenten. Je nach Erklärungsbedürftigkeit des Angebots können detailliertere Informationen geliefert werden, die vom Nutzer individuell selektierbar sind.

Die vollständige Betreuung der Internet-Marketingaktivität durch eine Agentur gilt als nicht empfehlenswert. Der Aufbau einer Web-Seite von der Konzeptionierung bis hin zur Programmierung kann von einer Agentur übernommen werden. Wohingegen die Betreuung und Pflege der wichtigsten Aspekte im Unternehmen erfolgen sollte. Betreuung im Sinne des Internets heißt unter anderem, dass Kundenanfragen per E-Mail innerhalb von 24 Stunden beantwortet sein sollten, da sonst die User ungeduldig werden.

Als eines der häufigsten Probleme des Internet-Marketing gilt die Auffindbarkeit einer Web-Seite im WWW. Da der Zugang zu den WWW-Inhalten und damit zu der Unternehmenspräsenz selektiv erfolgt, ergibt sich die Notwendigkeit, die Web-Seite zu bewerben. Um auf die Existenz einer Web-Seite aufmerksam zu machen, eignen sich sowohl traditionelle Kommunikationsmaßnahmen als auch Online-Site-Promotion. Dabei hat die Online-Site-Promotion wie die klassische Werbung den Charakter des zufälligen Werbekontakts wie beispielsweise im Fernsehen. Im Rahmen der klassischen Kommunikationsmaßnahmen sollte neben der Postadresse, Telefon- und Faxnummer auch die E-Mail und die Adresse der Homepage genannt werden. Das gilt beispielsweise für herkömmliche Print-Anzeigen, Rundfunkspots, Briefpapier, Visitenkarten und andere Kommunikationsmittel.

Online-Site-Promotion kann durch Platzierung von Marken- und Firmenlogos oder durch sogenannte Banner, d. h. kleine Werbeanzeigen, auf stark frequentierten Seiten im WWW erfolgen. Zu den stark frequentierten Seiten (Highly Frequented Sites, kurz HFS) im WWW zählen beispielsweise die Web-Seiten von Suchmaschinen, Datenbanken oder die der Online-Zeitungen und -Zeitschriften. Dabei handelt es sich um sogenannte virtuelle Orte, die von Nutzern regelmäßig aufgesucht werden.

4.7.3.3 Werbe-Banner

Bei der Bannerwerbung wird eine werbliche Botschaft als interaktive Werbefläche in eine fremde Website eingebunden. Diese Einbindung kann einerseits durch eine Berücksichtigung im Layout oder durch eine (zeitlich befristete) Überlagerung der Site durch den Banner erfolgen.

Werbebanner lassen sich nach folgenden Kriterien klassifizieren:
- Größe und Form: hier steht den Nachfragern eine Vielzahl von unterschiedlichsten Alternativen zur Verfügung (mit den unterschiedlichsten Namen).
- Animationsgrad hier kann zwischen statischen, animierten und Rich-Media-Arten differenziert werden.
- Position in der der Internet-Seite: im redaktionellen Teil oder an dessen Rand, InText-Werbung, über bzw. unter der betrachteten Seite.
- Zeitpunkt der Einblendung: wann soll die Werbung erscheinen (vgl. Kreutzer 2012, S. 161 ff.)

Bannerformate
Heutzutage stehen Werbetreibenden eine beinahe unbegrenzte Anzahl von Werbeformen bzw. -formaten im Internet zur Verfügung. Leider allerdings mit oft auch unterschiedlichen Bezeichnungen.

Die aktuell am häufigsten eingesetzten Formate zeigt Abb. 4.72.

Dabei wird das Angebot immer unübersichtlicher. Um die Kosten und die Ineffizienz im Zusammenhang mit der Planung, dem Einkauf und der Kreation von Online-Werbung zu reduzieren, setzt sich der Arbeitskreis AD Technology Standards des OVK

4.7 Werbeträger Online-Medien

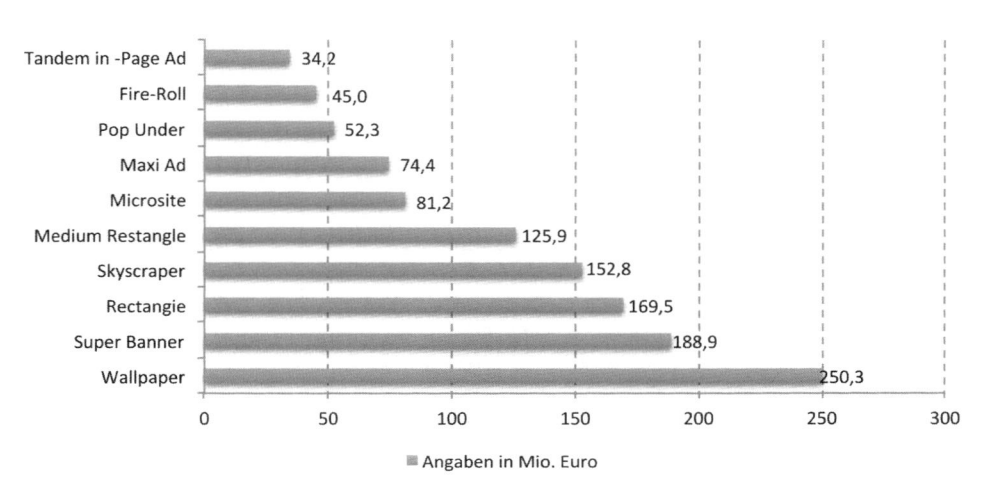

Top-10 Werbeformate nach Bruttoinvestitionen im Gesamtjahr 2010

Werbeformat	Mio. Euro
Tandem in -Page Ad	34,2
Fire-Roll	45,0
Pop Under	52,3
Maxi Ad	74,4
Microsite	81,2
Medium Restangle	125,9
Skyscraper	152,8
Rectangie	169,5
Super Banner	188,9
Wallpaper	250,3

Angaben in Mio. Euro

Abb. 4.72 Top-Werbeformate 2010. (OVK Online-Report 2011/1, S. 9)

(Online-Vermarkterkreis) für eine Standardisierung der Werbemittel ein. Abb. 4.73 gibt diese Kategorisierung der Werbeformen wieder.
Grundsätzlich wird dabei zwischen In–Stream Video Ads und In-Page Ads differenziert. Bei den Videos Ads wird dann weiter unterschieden in:
- Linear Video Ads (Pre-Roll, Post-Roll, Interactive Video Ad): Pre-. Mid- und Post-Rolls sind mit TV-Spots zu vergleichen. Es wird vor, zwischen oder nach dem Video Content abgespielt. Dieser läuft linear ab, d. h. das Ad läuft nie zeitgleich mit dem Video Content. Bei Interactive Video Ads besteht im Unterschied zum TV-Spot die Möglichkeit zur Interaktion (z. B. der Aufruf an einem Gewinnspiel teilzunehmen) (siehe Abb. 4.74).
- Non-Linear-Videos (Overlay Ad, Branded Player) (siehe Abb. 4.75). Diese Formen überlappen partiell einen Teil eines Videos und sie laufen parallel zum Video-Content und beanspruchen damit nicht die volle Aufmerksamkeit des Nutzers.

Bei den In-Page Ads wird unterschieden in:
- Premium Ad Package (Pushdown Ad, Maxi Ad, Banderole Ad, Halfpage Ad): Diese Werbeformen können als Richtlinien/Frames verstanden werden, die zum deutschen Markt passen. Entwickelt wurde das Universal Ad Package durch das US-amerikanische Interactice Advertising Bureau (IAB). Beim Pushdown Ad öffnet sich das Format bei dem Besuch einer Seite, schiebt die ganze Seite nach unten und schafft so mehr Platz für die Werbung. Beim Maxi Ad liegt der Banner auf der ganzen Seite. Bei der Banderole Ad legt sich ein bedrucktes Papiertransparent über die Seite und bewegt sich beim Scrollen mit. Die Halfpage Ad wird direkt und prominent in die Seitenstruktur eingepasst.

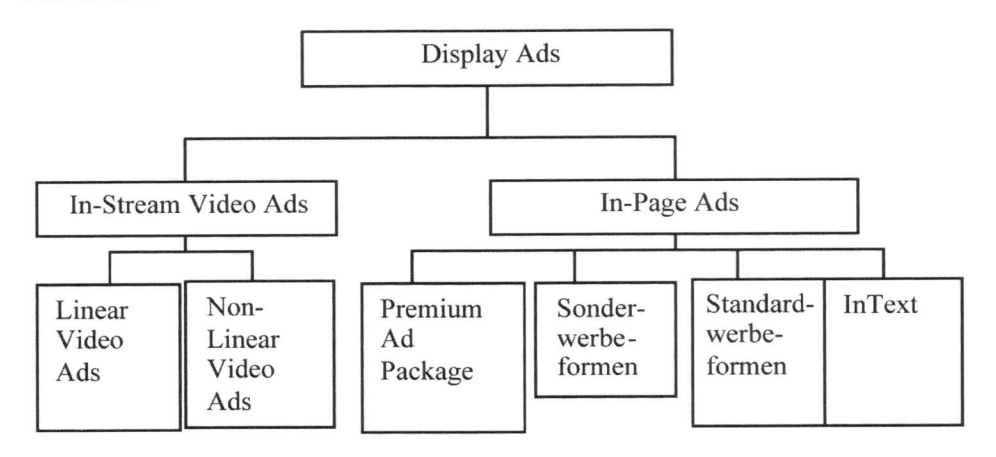

```
                          ┌──────────────┐
                          │  Display Ads │
                          └──────┬───────┘
                ┌────────────────┴────────────────┐
        ┌───────────────────┐              ┌──────────────┐
        │ In-Stream Video Ads│              │  In-Page Ads │
        └─────────┬─────────┘              └──────┬───────┘
         ┌───────┴───────┐        ┌─────────┬────┴────┬──────────┬────────┐
    ┌────────┐  ┌─────────┐  ┌─────────┐ ┌────────┐ ┌─────────┐ ┌────────┐
    │ Linear │  │  Non-   │  │ Premium │ │ Sonder-│ │Standard-│ │ InText │
    │ Video  │  │ Linear  │  │   Ad    │ │ werbe- │ │ werbe-  │ │        │
    │  Ads   │  │ Video   │  │ Package │ │ formen │ │ formen  │ │        │
    │        │  │  Ads    │  │         │ │        │ │         │ │        │
    └────────┘  └─────────┘  └─────────┘ └────────┘ └─────────┘ └────────┘
```

Abb. 4.73 OVK-Kategorisierung der OnlineWerbeformen. (ovk2. bvdw.org /online-werbung/ werbeformen.html)

Abb. 4.74 Einsatzmöglichkeiten von Linear Video Ads

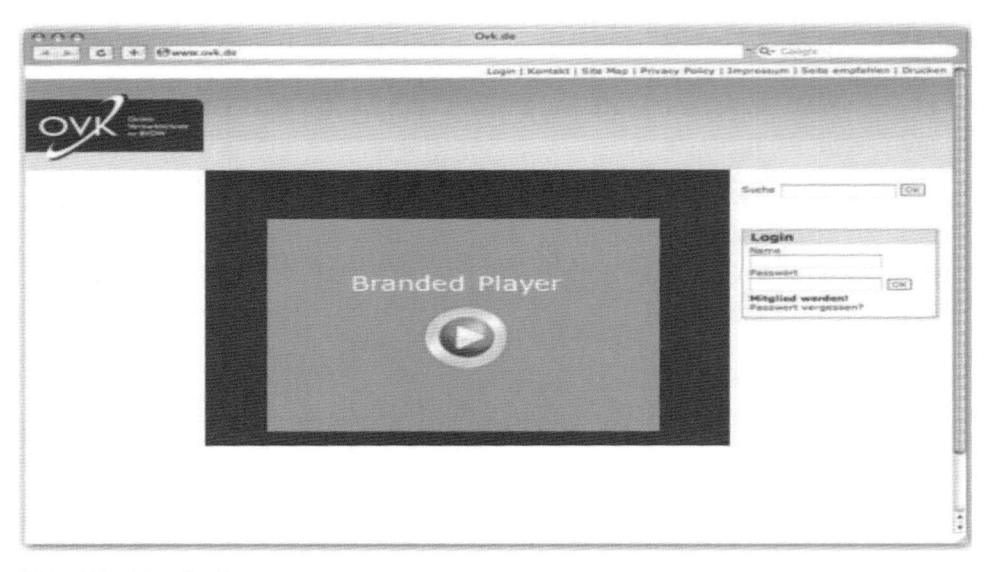

Abb. 4.75 Branded Layer

Tab. 4.43 Spezifikationen und Anlieferung der Werbemittel. (http://ovk2.bvdw.org/online-werbung/werbeformen/display-ad/in-page-ad/standar werbeformen.html)

Format	Pixel	Gewicht	Mögliche Formate
Pushdown Ad	(728 bis Seitenbreite) x 90 (728 bis Seitenbreite) x 300	80K	GIF/JPG/Flash
Maxi Ad	640 x 480	80K	GIF/JPG/Flash
Banderole Ad	770 x 250	40K	GIF/JPG/Flash
Half Page Ad	300 x 600	40K	GIF/JPG/Flash

- Sonderwerbeformen bieten neue und kreative Möglichkeiten Werbemittel zu gestalten und zu integrieren. Hier bieten die einzelnen Vermarkter auch weitere Sonderformate an. Einige Möglichkeiten sind DHTML, Streaming Ads, Wallpaper, Interstitial, Microsite und Sponsoring. Das Wallpaper z. B. umrahmt den redaktionellen Inhalt an der oberen und rechten Website, ohne den eigentlichen Content zu verdecken (vgl. Specht und Theobald 2010, S. 35).
- Standardwerbeformate – dazu gehören u. A. Full Banner, Super Banner, Expandable Super Banner, Rectangle, Medium Rectangle, Standard Skyscraper, Expandable Skyscraper, Universal Flash Layer). Beispiele für Standardformate (siehe Abb. 4.76 bis 4.79):
- In-Text (In-Text MPU, In-Text Billboard, In-Text-Logo, In-Text-Video) Bei diesem Formattyp werden im Content von Websites die vom Werbetreibenden vorgegebenen Begriffe identifiziert und in doppelt unterstrichenen Hyperlinks umformatiert. Bei Mouseover öffnet sich ein Anzeigen-Layer mit entsprechenden Werbe- und Zusatzinformationen.

Reichweiten der Bannerwerbung
Die Medialeistungen bzw. die Online-Nutzungsdaten können aktuell unter www.Pz-online.de abgerufen werden. Diese Nutzungsdaten werden in monatlicher Frequenz sämtlicher IVW-geprüfter Online-Medien publiziert. Dabei werden u. A. die Visits und Page-Impressions aus dem Original IVW-Datenbestand ausgewiesen. Dabei können 1684 Titel, 54 Vermarktungsgemeinschaften und 66 Netzwerke abgerufen werden (Stand Nov. 2011).

Nach dem OVK-Online-Bericht 2011/1 ist z. B. T-Online mit einer Reichweite von über 26 Mio. Usern in einem durchschnittlichen Monat das reichweitenstärkste Medium. Abbildung 4.81 gibt einen Überblick über die Top-Angebote.

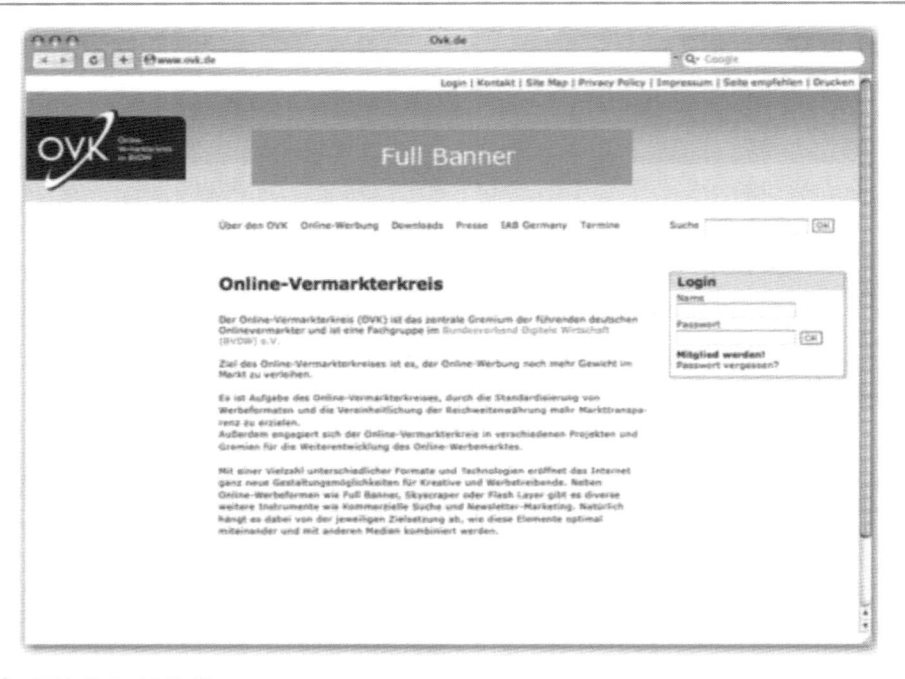

Abb. 4.76 Beispiel Fullbanner

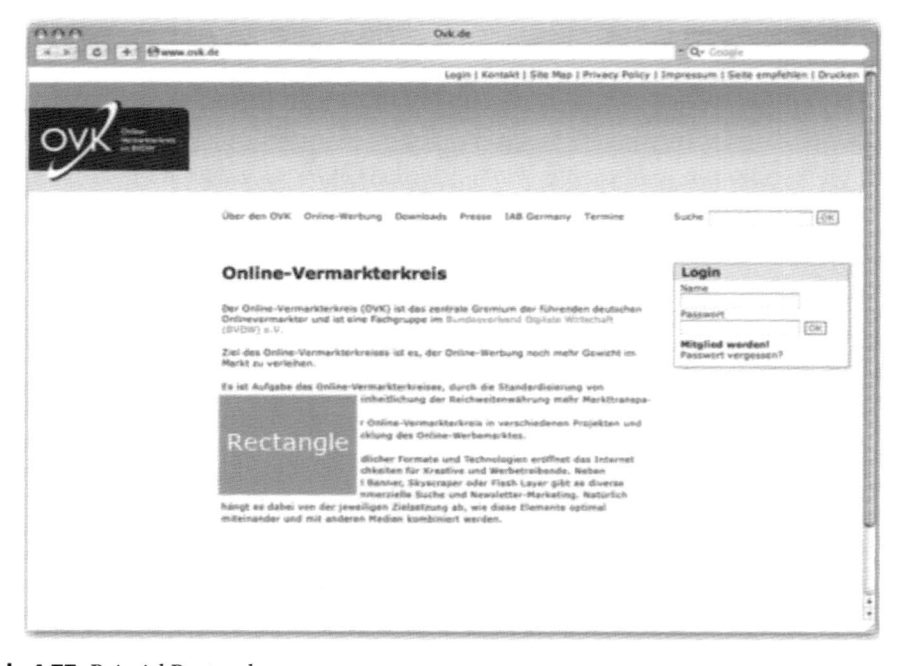

Abb. 4.77 Beispiel Rectangle

4.7 Werbeträger Online-Medien

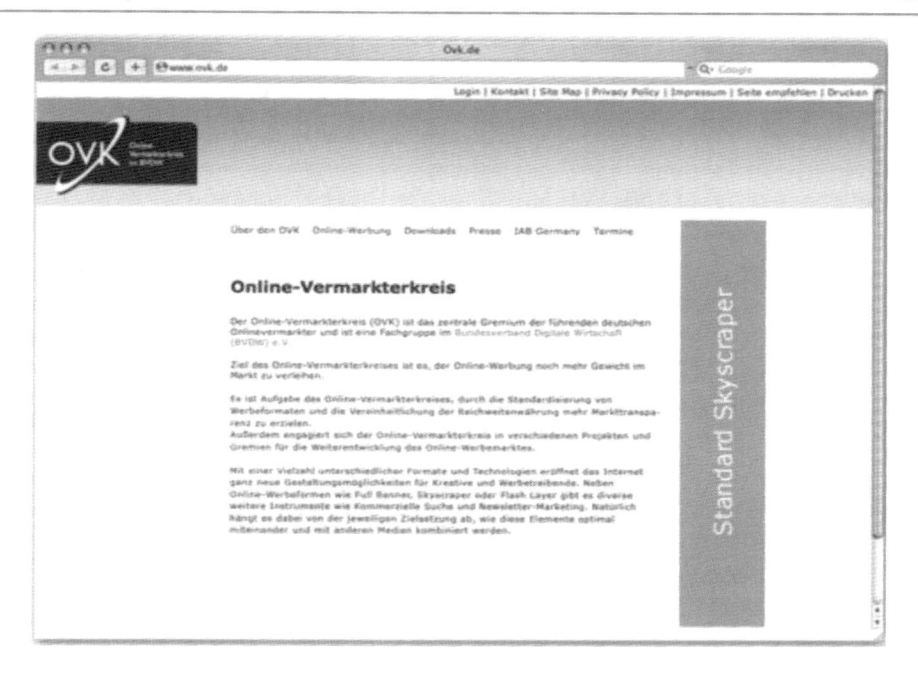

Abb. 4.78 Beispiel Skyscraper

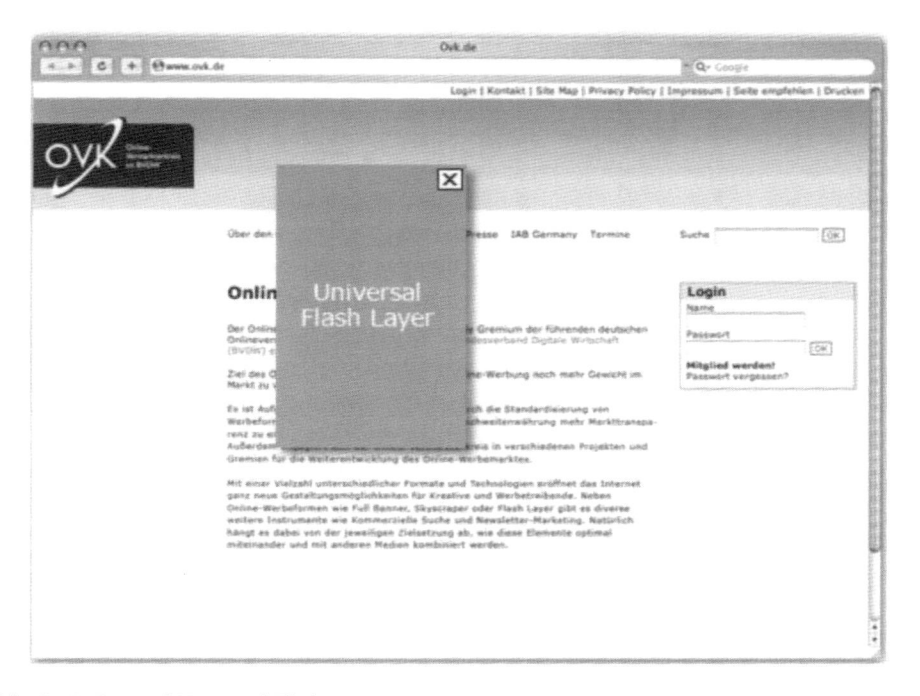

Abb. 4.79 Beispiel Universal Flash Layer

Tab. 4.44 Spezifikationen und Anlieferung der Standardwerbeformate. (http://ovk2.bvdw.org/online-werbung/werbeformen/display-ad/in-page-ad/standardwerbeformen.html)

Format	Pixel	Gewicht	Mögliche Formate
Full Banner	468 x 60	40K	GIF/JPG/Flash
Super Banner*	728 x 90	40K	GIF/JPG/Flash
Expandable Super Banner	728 x 300 (90)	40K	GIF/JPG/Flash
Rectangle*	180 x 150	40K	GIF/JPG/Flash
Medium Rectangle*	300 x 250	40K	GIF/JPG/Flash
Standard Skyscraper	120 x 600	40K	GIF/JPG/Flash
Wide Skyscraper*	160 x 600 200 x 600	40K	GIF/JPG/Flash
Expandable Skyscraper	420(160) x 600	40K	GIF/JPG/Flash
Universal Flash Layer	400 x 400	40K	Flash
Flash Layer	individuell	40K	Flash

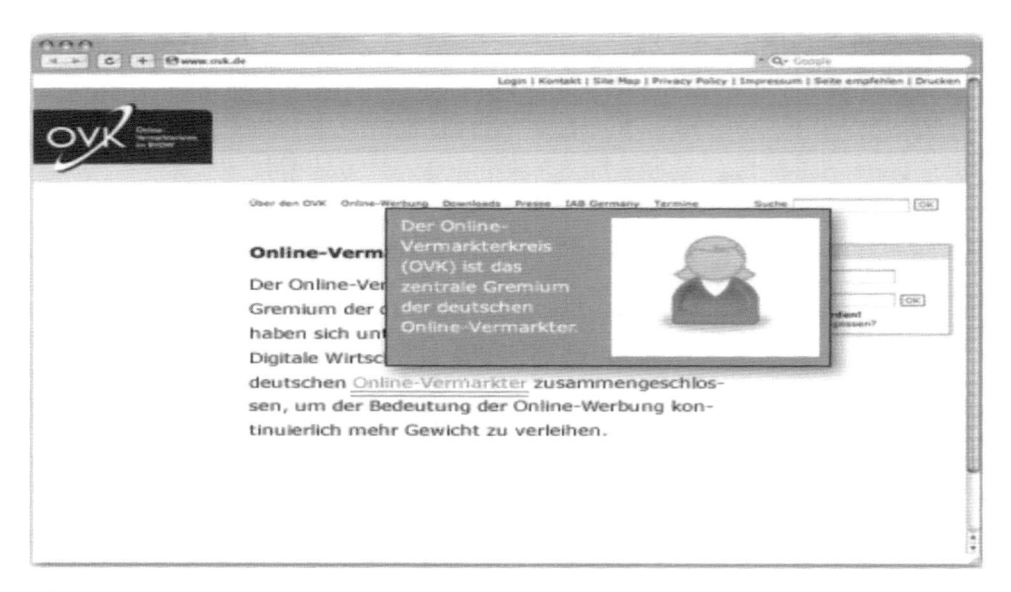

Abb. 4.80 Beispiel für In-Text

4.7 Werbeträger Online-Medien

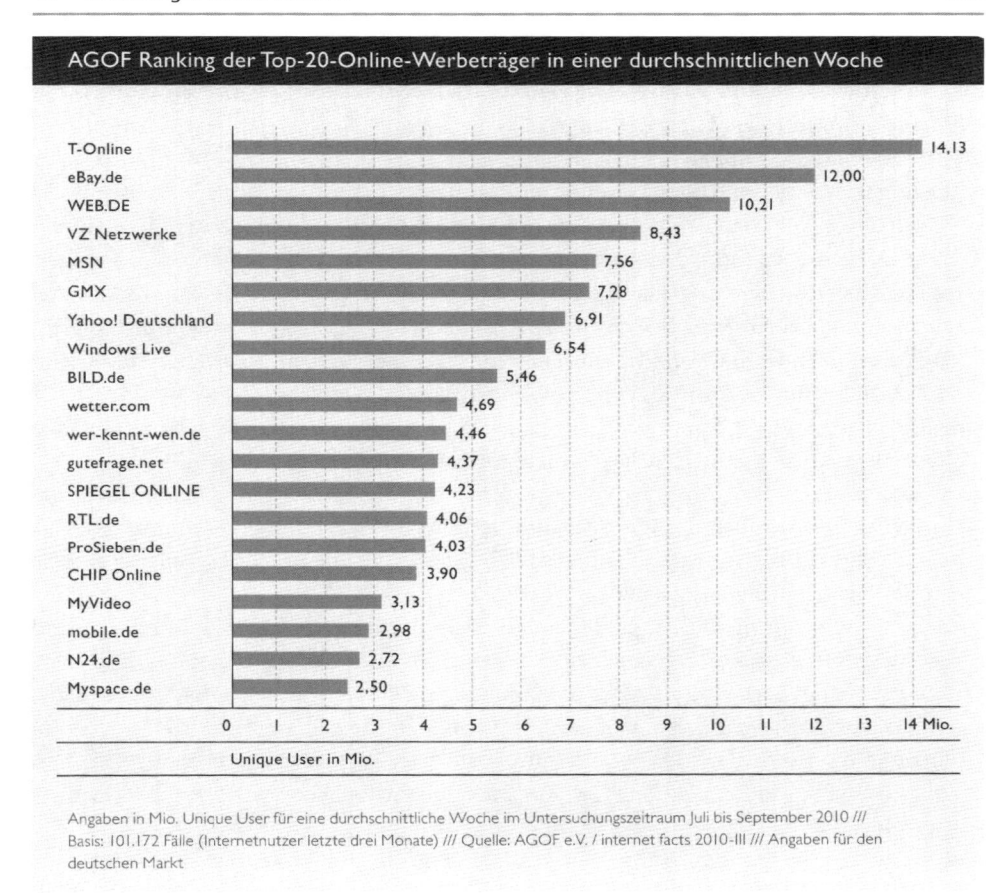

AGOF Ranking der Top-20-Online-Werbeträger in einer durchschnittlichen Woche

Werbeträger	Unique User in Mio.
T-Online	14,13
eBay.de	12,00
WEB.DE	10,21
VZ Netzwerke	8,43
MSN	7,56
GMX	7,28
Yahoo! Deutschland	6,91
Windows Live	6,54
BILD.de	5,46
wetter.com	4,69
wer-kennt-wen.de	4,46
gutefrage.net	4,37
SPIEGEL ONLINE	4,23
RTL.de	4,06
ProSieben.de	4,03
CHIP Online	3,90
MyVideo	3,13
mobile.de	2,98
N24.de	2,72
Myspace.de	2,50

Angaben in Mio. Unique User für eine durchschnittliche Woche im Untersuchungszeitraum Juli bis September 2010 /// Basis: 101.172 Fälle (Internetnutzer letzte drei Monate) /// Quelle: AGOF e.V. / internet facts 2010-III /// Angaben für den deutschen Markt

Abb. 4.81 Reichweitenstarke Online-Werbeträger. (OVK Online-Report 2011/1)

Targeting
Targeting umfasst die zielgruppenorientierte Einblendung von Werbebannern auf Webseiten. Ziel ist es, die Zielgruppen im Netz direkt zu erreichen um Streuverluste zu reduzieren und um damit die Effektivität und Effizienz von Online-Kampagnen zu erhöhen.

Dies wird ermöglicht durch die Rückkanalfähigkeit des Internets – dies erlaubt die Analyse des Verhaltens des Users im Netz – diese „Fährten" werden quasi in Echtzeit analysiert und zu Zielgruppen-Clustern verdichtet (vgl. hierzu w&v guide Online-Marketing: Targeting, November 2008). Dazu werden für beinahe alle unterschiedlichen Targeting-Formen sogenannte Cookies verwendet. Ein möglicher positiver Nutzen für die User ist, dass sie relevante Werbung erhalten.

Die Entwicklung dieser Mediasteuerungsinstrumente beginnt mit dem relativ einfachen technischen Targeting, dies basiert auf technischen Voraussetzungen (z. B. Bandbreite, Browsertyp, Nutzungszeiten) des Users, soziodemografische Merkmale bzw. die

Interessen des Nutzers finden keine Berücksichtigung. Zu dem technischen Targeting zählt der OVK auch das Frequency Capping (kontrollierte Auslieferung eines Werbemittels pro Unique User nach Anzahl und Zeiteinheit).

Weitere Targeting-Optionen sind:
- Regionales Targeting (Geo-Targeting): Diese Form basiert auf der IP-Adresse – die Steuerung erfolgt nach Regionen bzw. Ballungsräumen. Dadurch kann eine regionalspezifische Auslieferung der Werbemittel erfolgen.
- Sprachbasiertes Targeting: Darunter fallen Suchwort-Targeting (liefert das Werbemittel aus, wenn ein definierter Begriff in ein Formularfeld eingetragen wird), wortbasiertes Targeting (blendet die Werbung ein, wenn im Text einer Webpage ein definierter Begriff steht) und semantisches Targeting (Einschaltung des Werbemittels, wenn alle Wörter einer Page einem definierten Thema entsprechen). Der Vorteil für werbetreibende Unternehmen ist die Ansprache in einem thematisch passenden Umfeld.
- Soziodemografisches Targeting (Profile Targeting) basiert auf der Nutzung soziodemografischer Angaben der User, die diese z. B. beim Einrichten eines Nutzeraccounts auf einer Website bereitstellen. Auch soziale Netzwerke wie Facebook generieren eine große Menge nutzerspezifischer Informationen.
- Behavioral Targeting: Im Fokus stehen das bisherige Surfverhalten, die Interessen und Einstellungen der User (vgl. auch Abb. 4.83). Nach einer Studie von Yan (2009) führt das Behavorial Targeting zu einer Steigerung der Effizienz, insbesondere, wenn dabei auf das kurzfristige Surfverhalten der Internetuser Bezug genommen wird.
- Retargeting: Hierbei wird ein Werbemittel an diejenigen User ausgeliefert, die schon einmal eine bestimmte Aktion (z. B. Klick auf ein entsprechendes Werbemittel) ausgeführt haben.
- Predictive Behavioral Targeting: Basis für diese Form des Targetings sind Informationen, die auf Befragungen, Algorithmen und maschinellen Lernverfahren über den User generiert worden sind (z. B. Angaben zu Soziodemografie, Interessen und Lebensstil). Ein nichtbefragter Nutzer wird als interessiert eingestuft, wenn sein Surfverhalten einem befragten und interessierten User hinreichend ähnlich ist (vgl. hierzu auch BDVW, o. J.).

Abbildung 4.83 veranschaulicht dabei das grundsätzliche Vorgehen im Behavioral-Targeting:

Der Ablauf gliedert sich dabei in drei Schritte:
1. Schritt: Beim Surfen hinterlässt der User „Abdrücke" (wo er ist, was ihn interessiert etc.) – Cookies auf den Rechnern halten diese Informationen anonym fest.
2. Schritt: Das Targetingsystem errechnet aus den anonymen Nutzerinfos und anderen Quellen (z. B. Befragungen) Zielgruppencluster. Diese sind dann werblich direkt über den Adserver adressierbar.
3. Schritt: Die Werbung wird entsprechend den Zielgruppenmerkmalen an den User ausgeliefert. Ziel: das richtige Werbemittel für die richtige Zielgruppe zur richtigen Zeit.

Verschiedene Targeting-Tools der unterschiedlichen Vermarkter sind dabei auf dem Markt und konkurrieren miteinander. Zu beachten beim Targeting ist zudem, dass wenn

4.7 Werbeträger Online-Medien

Nettoreichweiten der Online-Vermarkter im OVK

Vermarkter	Reichweite in % (bezogen auf Internet-User letzte drei Monate)	Nettoreichweite in Mio. Unique User
Axel Springer Media Impact	45,4	22,98
BAUER MEDIA	9,7	4,93
eBay Advertising Group	49,9	25,30
G+J Electronic Media Sales	37,7	19,12
Hi-media Deutschland	31,8	16,10
InteractiveMedia CCSP	62,9	31,85
IP Deutschland	51,6	26,13
iq digital	36,9	18,70
MAIRDUMONT MEDIA	11,0	5,60
Microsoft Advertising	43,2	21,91
netpoint media	9,7	4,91
OMS	39,9	20,22
SevenOne Media	53,9	27,30
SPIEGEL QC	27,1	13,75
TOMORROW FOCUS MEDIA	60,7	30,74
Unister Media	32,7	16,58
United Internet Media	52,3	26,49
Yahoo! Deutschland	46,2	23,42
	Durchschnittlicher Monat	

Angaben in Mio. Unique User und Prozent für einen durchschnittlichen Monat im Untersuchungszeitraum Juli bis September 2010 /// Basis: 101.172 Fälle (Internetnutzer letzte drei Monate) /// Quelle: AGOF e.V. / internet facts 2010-III /// Angaben für den deutschen Markt

Abb. 4.82 Beispiele für Nettoreichweite. (OVK Online-Report 2011/1)

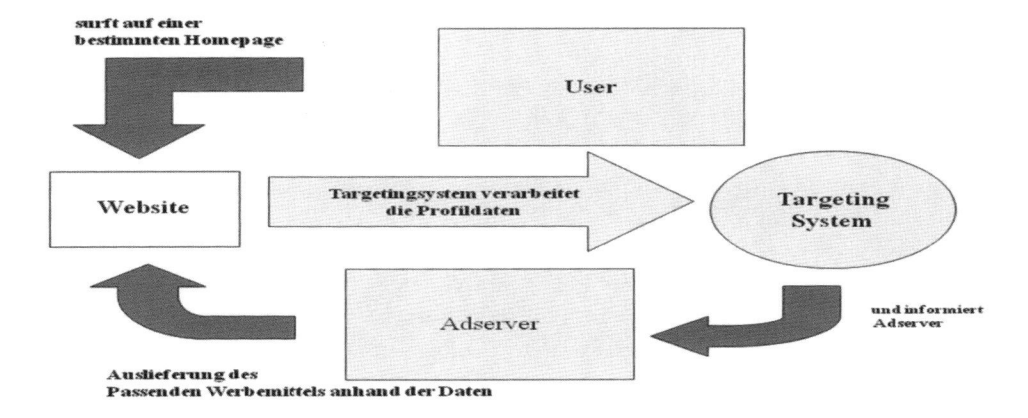

Abb. 4.83 Grundlegende Funktionsweise eines Targeting-Systems. (w&v guide Online-Marketing: Targeting, November 2008)

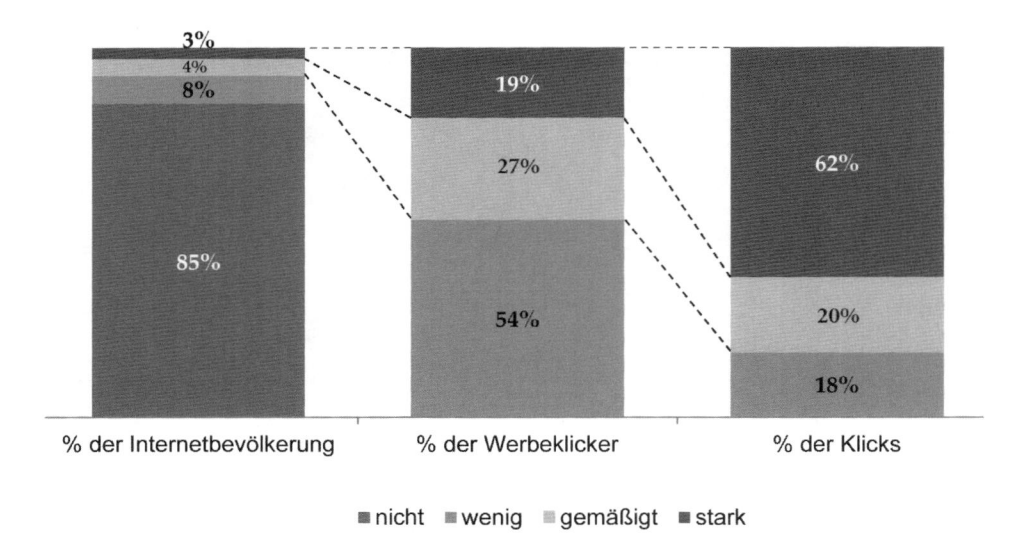

Abb. 4.84 Klickverhalten amerikanischer User. (comScore: http://file.oe24.at/werbung/Brand %20 Advertising %20Online %20in %20Germany_deutsch.pdf)

zu viele Filter eingebaut werden, die Reichweitenwerte relativ schnell deutlich reduziert werden. Zudem müssen auch Aspekte des Datenschutzes beachtet werden (vgl. Hass und Willbrandt 2011, S. 19).

Messgrößen und Kostenkennzahlen der Online-Werbung

Da Werbetreibende nur aufgrund einheitlicher Kriterien und Verfahren verschiedene Online-Angebote vergleichen und beurteilen können, erfordert kommerzielle Internetwerbung, wie auch alle anderen Medien, eine einheitliche und eindeutige Definition der Verbreitungs- und Werbekontaktmessung. Wichtigste Größen sind (vgl. hierzu Kreutzer 2012, S. 185 ff):

- Page-Impressions/Page Views: Anzahl der Aufrufe einer Website durch User, diese Kennzahl dokumentiert damit die Reichweite. Bei der Nettoreichweite werden die Mehrfachabrufe einer Site durch einen Besucher – innerhalb eines bestimmten Zeitfensters – nicht berücksichtigt. Page-Impressions sagen aber noch nichts darüber aus, ob der User auch das Werbemittel gesehen hat oder nicht. Der OTC-Wert ergibt sich aus der Relation der Page-Impressions sowie der Anzahl der Unique User.
- Ad-Impressions/Ad-Views: Diese Kennzahl soll den Sichtkontakt mit dem jeweiligen Werbemittel angeben, jedoch wird dieser nicht erfasst. Denn je nach Erfassungsverfahren wird zum Teil die Anforderung des Werbemittels gezählt (egal ob der User bei

Abbildung 5: Weltweite Klickraten

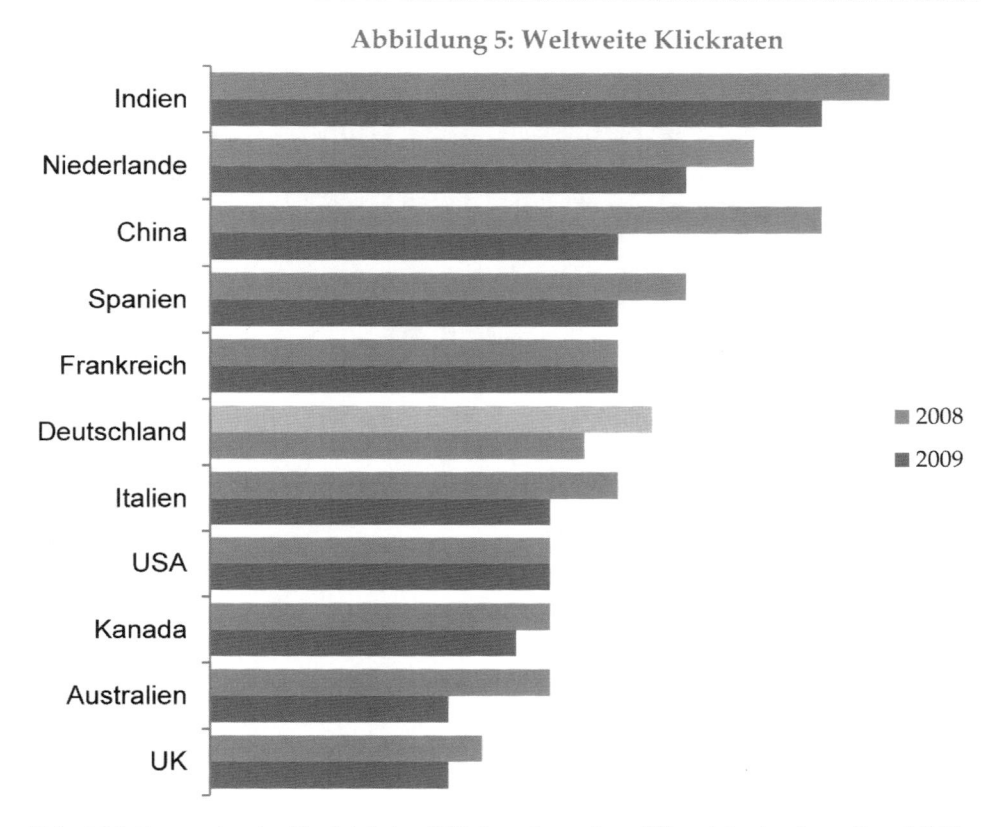

Land	2008 / 2009
Indien	
Niederlande	
China	
Spanien	
Frankreich	
Deutschland	
Italien	
USA	
Kanada	
Australien	
UK	

Abb. 4.85 Internationaler Vergleich der CTR. (comScore: http://file.oe24.at/werbung/Brand %20Advertising %20Online %20in %20Germany_deutsch.pdf)

Tab. 4.45 Click-Through-Raten unterschiedlicher Werbemittel. (http://file.oe24.at/werbung/Brand %20Advertising %20Online %20in %20Germany_deutsch.pdf)

Durchschnittliche Klickraten von Tomorrow Focus 2010	CTR in %
Banderole Ad	0,86
Wallpaper	0,56
Panorama Ad	0,44
Super Banner	0,15
Medium Tectangle	0,11
Skyscrapper	0,08

der Auslieferung noch auf der Site ist oder nicht) oder nur eine abgeschlossene Auslieferung.
- Ad-Clicks/Klicks: Erfasst die Klickzahlen auf das Werbemittel.
- Click-Through-Rate (CTR): Diese wird prozentual ermittelt indem man die Anzahl der Klicks durch die Anzahl der Page-Impressions teilt. Diese Kennzahl soll eine Aussage erlauben über die Effizienz der geschalteten Werbemittel. Diese Kennzahlen können differenziert nach Tagen, Werbeformen oder Motiven abgerufen werden. Zu beachten ist, dass eine amerikanische Studie von comScore für den amerikanischen Markt festgestellt hat, dass nur 8 % der Internet-User für 85 % aller Klicks verantwortlich ist (vgl. Buddenberg 2011, S. 256). Auch die aktuellen Daten verdeutlichen dieses disproportionale Klickverhalten einiger weniger User.

Tab. 4.45 vergleicht die unterschiedlichen Click-Through-Raten unterschiedlicher Werbebanner.
- Site-Stickiness/Verweildauer: Gibt die durchschnittliche Verweildauer eines Users auf einer Website an. Diese wird gemessen mittels Mausbewegungen, Klicks und Blättern.
- Conversation-Rates: Zeigt prozentual wie viele Online-Besucher eine gewünschte Handlung gezeigt haben. Dies kann z. B. sowohl ein Kauf, als auch eine Weiterempfehlung, die Umwandlung eines unbekannten Users in einen Interessenten sein.
- Wichtige Kostenkennzahlen sind (vgl. Kreutzer 2012, S. 187 f):
- Cost-per-Mille (CPM, Tausender-Kontakt-Preis)/Kosten pro 1.000 Impressions. Dabei muss das Unternehmen einen bestimmten Betrag pro 1.000 erzielter Kontakte zahlen. In den klassischen Medien (z. B. Zeitungen, Zeitschriften) kann die Anzahl der Kontakte nur prognostiziert werden, anders dagegen bei den Online-Medien, dort kann auf Basis des CPM direkt eingekauft werden, denn die Auslieferung des Werbemittels wird nach Erreichen einer definierten Zielgröße gestoppt. Die CPM variieren beträchtlich je nach Werbeform und Werbeträger von 1 EUR bis zu 100 EUR.
- Cost-per-Click (CPC): Bei diesem Verfahren muss der Werbetreibende pro erzielten Klick (korrespondierend mit dem Seitenaufruf) eines Nutzers auf ein Online-Werbemittel einen definierten Betrag bezahlen.
- Cost per Lead (CPO), Pay per Sale (PPS): Hier zahlt das werbetreibende Unternehmen, wenn es zu einem Kaufabschluss kommt, dabei ist der Betrag pro Kunde an den Online-Partner zu zahlen.
- Cost per Action (CPA)/Cost per Conversion: Bei diesem Verfahren muss ein definierter Preis bezahlt werden, wenn ein definiertes Verhalten (z. B. Teilnahme an einem Wettbewerb) gezeigt hat. Dieser Verfahren kann dann sinnvoll eingesetzt werden, wenn ein Ziel anvisiert wird, das nicht durch die o.g. Verfahren abgedeckt ist.
- Kosten per Zeitintervall: Es können auch – unabhängig von der erzielten Nutzungsintensität – pro Tag, Woche oder Monat bestimmte Beträge vereinbart werden. Besonders die Platzierungen auf den Startseiten der großen Portale (wie z. B. BILD.de oder Spiegel.de) werden nach einem Festpreis gebucht, dabei handelt es sich dann häufig um großformatige, aufmerksamkeitsstarke Werbemittel.

4.7 Werbeträger Online-Medien

SPIEGEL ONLINE

Angebot

Laufzeit:	August 2011 - Mai 2012
Elemente:	**Spezial:** - "powered by" + Kundenlogo - Wallpaper (alternativ: Skyscraper und Banner) Bei zugehörigen Fotostrecken: - Wallpaper (alternativ: Skyscraper) - Content Ad (jedes 5. Bild) - "powered by" + Kundenlogo **Ressort:** - Teaser mit "powered by" + Kundenlogo
Medialeistung:	Spezial: 600.000 PIs (auf das Wallpaper) Ressort: 26.000.000 PIs (auf den Teaser)
Kosten:	**96.000,- Euro, abzgl. Kunden-Rabatt, abzgl. AE**

Abb. 4.86 Spiegel online-Angebot für eine Champions-League-Saison. (http://www.spiegel-qc.de/deutsch/media/dokumente/themen/online/spon/spon_sport_champions_league_20112012.pdf)

Abbildung 4.86 zeigt ein Angebot von Spiegel online für die Champions-League-Saison 2011/2012.
Buddenberg (2011, S. 256ff) nennt folgende Größen als wichtige Einflussvariablen für die Wirkung der klassischen Online-Werbung:
- Klickrate: Wird oft als wichtigster Indikator für den Erfolg einer Online-Kampagne herangezogen. Allerdings ist auch die Aussagekraft dieser Größe beschränkt.
- Variable Werbemittel: Farbe, Größe, aufmerksamkeitsstarke Elemente, Ton, Modalität des Werbemittels (z. B. Bewegtbild) haben Einfluss auf die Klickraten.
- Kontaktmenge: Ähnlich wie in der klassischen Werbung geht man auch hier von einem S-förmigen Kurvenverlauf aus. Allerdings sinkt die Klickwahrscheinlichkeit bei mehrmaligem Kontakt relativ schnell ab. Nach viermaligem Kontakt sinkt die Wahrscheinlichkeit für einen Klick auf weniger als ein Prozent. Man spricht dann auch von einem Banner Burnout. Mit dem Frequency Capping steht in der Online-Werbung ein wirksames Tool zur Optimierung der Kontaktmenge zur Verfügung. Durch das Setzen von Cookies kann ein AdServer bestimmen, wie häufig er bereits ein Werbemittel an einen

Kunden ausgeliefert hat und ab einer bestimmten Kontaktmenge die Auslieferung beenden.
- Wirkungsvariable Umfeld: Nach Meinung von Buddenberg hat das Umfeld (z. B. Qualität des journalistischen Umfeldes) keinen bzw. nur einen geringen Einfluss auf die Wirkung. Targeting-Aktivitäten sind seiner Ansicht hier viel wirksamer.
- Als weitere Variable nennt Buddenberg u. A. Eigenschaften des Werbetreibenden (u. A. Image, Bekanntheit), und Zielpersonen-Merkmale (z. B. Produktinteresse, Einstellungen).

4.7.3.4 InGame-Advertising

Generell versteht man unter InGame-Advertising die Platzierung von werblichen Botschaften in oder über Computerspielen. Werbetreibenden ist möglich ihre Botschaft über statische Bilder, Bewegtbilder und/oder Sounds zu transferieren. Bereits seit zehn Jahren tauchen Marken in den unterschiedlichsten Spielen auf. Das Spiel „Need for Speed" verwendete beispielsweise bereits früh Automarken. Der Markt für InGame-Advertising ist in den letzten Jahren deutlich gewachsen. Wurden 2005 erst 4 Mio. EUR investiert so waren es 2010 bereits 49 Mio. EUR und es wird ein weiteres überdurchschnittliches Wachstum erwartet (vgl. Tab. 4.46).

Diese zunehmende Beliebtheit basiert auch auf der relativ hohen Akzeptanz von Werbung bei den Nutzern (vgl. Thomas und Stammermann 2007). Bei den Spielern von Computerspielen handelt es sich mittlerweile um relativ breites Publikum. (circa 25 Mio. Spieler in der Bundesrepublik Deutschland). „Computer- und Videospiele werden von beinahe allen Bevölkerungssegmenten genutzt: in allen Altersgruppen, in allen Einkommensgruppen, in allen Bildungsschichten, in Single-, Mehrpersonen- und Familienhaushalten – überall wird gespielt." (Jung von Matt 2006).

Die Studie „Spielplatz Deutschland (Jung von Matt 2006) clustert die Vielzahl der Spieler in:
- Freizeitspieler (ca. 54 %): Mit einem Durchschnittsalter von 44 Jahren nutzt er die Spiele nur als eine Freizeitaktivität zum zerstreuenden Zeitvertrieb.
- Der Gewohnheitsspieler (24 %): Spiele sind für diesen Typ eine selbstverständliche Alternative zur Nutzung anderer Medien.
- Der Intensivspieler (5 %) Entspricht vielen Klischees am ehesten – dieser Typ spielt am häufigsten, aber selten alleine.
- Der Denkspieler (11 %): Er sucht beim Spielen nach einer Herausforderung und nicht nach Zerstreuung.
- Der Fantasiespieler (6 %): Er ist an virtuellen Welten interessiert, schlüpft in andere Rollen, die ihm das reale Leben kaum bietet.

Unter InGame-Advertising wird neben den nachfolgend beschriebenen Möglichkeiten auch das Placement von Produkten und Marken zusammengefasst.. Im Wesentlichen unterscheidet man desweiteren das statische InGame-Advertising (SIGA) und das dynamische InGame-Advertising (DIGA).

4.7 Werbeträger Online-Medien

Tab. 4.46 Entwicklung der Investitionen in InGame-Advertising. (German Entertainment and Media Outlook 2010-2014, Price WaterhouseCoopers)

	Werbung in Videospielen (in Mio. EUR)	Veränderung in %
2005	4	---
2006	22	450
2007	34	54,3
2008	45	32,4
2009	49	8,9
2010	54	10,2
2011	62	14,8
2012	72	16,1
2013	81	12,5
2014	89	9,9

Bei SIGA handelt es sich um eine dauerhafte Integration der Werbebotschaft in das Spiel. Schon während der Entwicklung des Spiels werden Werbeplätze ausgeschrieben. Ein nachträgliches Entfernen der Werbung ist kaum möglich. Ziel der Publisher ist es oft, so viele Werbeverträge wie möglich und damit Botschaften bzw. Marken zu integrieren.

Nachteilig an dieser Form des InGame-Advertising ist eine oft zeitintensive Planungsphase, keine Möglichkeit zur Aktualisierung bzw. der Rücknahme der Werbemittel und keine fixen Preisregelungen.

Dynamisches InGame-Advertising eröffnet die Möglichkeit Werbung terminiert und über einen bestimmten Zeitraum in ein Spiel zu integrieren. Der Einsatz von DIGA erfolgt über feste Platzhalter, die mit entsprechenden Werbemitteln bestückt werden können. Die Abrechnung erfolgt über einen Adserver, der ein exaktes Targeting und eine kontaktgenaue Abrechnung ermöglicht. Voraussetzung hierfür ist eine entsprechende Online-Fähigkeit. Seit der neuen Generation der Spielekonsolen (z. B. Sony Play Station 3, Nintendo Wi) besteht diese Möglichkeit. Vorteile des DIGA sind u. A. die Echtzeitmessungen der hergestellten Werbekontakte, und der nachträgliche Austausch der Werbung, die Passung der InGame-Werbung mit aktuellen Kampagnen. Die Zukunft wird dabei verstärkt in die Richtung des dynamischen InGame-Advertising gehen.

Wichtige Werbeformen des InGame-Advertsing sind:
- Billboards: Dies ist die älteste Form der Werbung in Computerspielen. Diese erscheinen im Spiel meist in Form von Plakatwänden, Werbetafeln oder Bannern. Durch den

Abb. 4.87 Beispiel (1) für InGame-Advertising

Abb. 4.88 Beispiel (2) für InGame-Advertising

4.7 Werbeträger Online-Medien

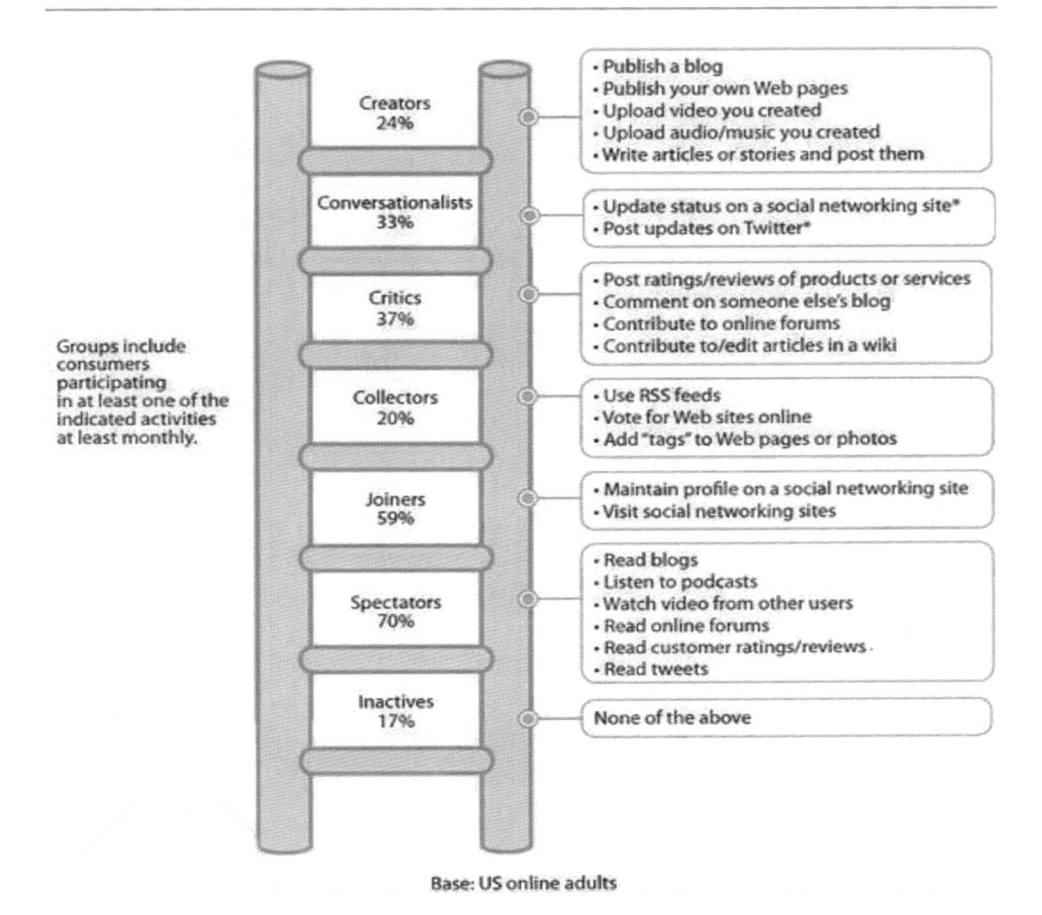

```
Creators 24%
  • Publish a blog
  • Publish your own Web pages
  • Upload video you created
  • Upload audio/music you created
  • Write articles or stories and post them

Conversationalists 33%
  • Update status on a social networking site*
  • Post updates on Twitter*

Critics 37%
  • Post ratings/reviews of products or services
  • Comment on someone else's blog
  • Contribute to online forums
  • Contribute to/edit articles in a wiki

Collectors 20%
  • Use RSS feeds
  • Vote for Web sites online
  • Add "tags" to Web pages or photos

Joiners 59%
  • Maintain profile on a social networking site
  • Visit social networking sites

Spectators 70%
  • Read blogs
  • Listen to podcasts
  • Watch video from other users
  • Read online forums
  • Read customer ratings/reviews
  • Read tweets

Inactives 17%
  None of the above
```

Groups include consumers participating in at least one of the indicated activities at least monthly.

Base: US online adults

Abb. 4.89 Typologie Social Media User. (http://mokono.blog.de/2010/01/20/forrester-erweitert-social-technographics-modell-7833235/)

Einsatz von Billboards wird das Spiel für den User realistischer. Bei der Gestaltung ist darauf zu achten, dass diese aufgrund der oft nur sehr kurzen Betrachtungsmöglichkeit sehr prägnant gestaltet sind und den Spielfluss nicht stören.

- Hoarding/Logo: Das sind Plakatwände oder andere Werbeformen (z. B. Aufkleber auf Autos) auf denen nur das Logo oder das Markenzeichen zu sehen ist (vgl. IGA Worldwide, 2007) . Somit kann damit nur ein Kontakt zur Marke generiert werden und keine Werbebotschaften.
- Video: Diese werden auf billboard-ähnlichen Leinwänden präsentiert. Da der technische Aufwand (noch) relativ groß ist, wird diese Möglichkeit noch relativ selten genutzt. Videos können während der Ladezeit oder des Menüs eingespielt werden.

- Eine Berechnung eines Tausenderpreises ist bei SIGA nicht möglich, eine Orientierung bieten die Verkaufszahlen des Spieles. Da aber die Käufer das Spiel x-mal nutzen können, ist eine exakte Berechnung nicht möglich.

Anders bei DIGA. Bedingt durch die 2-Wege-Kommunikation. Um als vollwertiger Kontakt (Ad Impression) gezählt werden zu können, müssen bestimmte Faktoren erfüllt sein, dies können z. B. Betrachtungswinkel, Größe und Betrachtungszeit sein.

4.7.3.5 Werbung in Social Communities

Unter Social Media werden Online-Medien und -Technologien verstanden, die es den Usern erlauben einen Informationsaustausch (user generated content), eine Interaktion online durchzuführen (vgl. z. B. Zarilla 2010, S.6 f). Dabei steht die Herstellung und der Austausch von selbst geschaffenen Informationen im Fokus. Zu Social Media gehören neben den sozialen Netzwerken und Media-Sharing-Plattformen (z. B. Youtube) auch Blogs, Online-Foren, Wikis, Podcasts etc.).

Es existiert eine Vielzahl thematisch verschiedener Arten von Communities. Eine Möglichkeit diese zu strukturieren, ist die Einordnung nach den drei Dimensionen Interessen-, Regional- und Altersspezifität, eine andere Möglichkeit wäre z. B. nach Berufs- und Privatsphäre (Xing, Facebook).

Eine Typologie von Forrester (Social-Technographics-Profiles) differenziert folgende Social Media User für die Bundesrepublik Deutschland (Mehrfach-Nennungen möglich):

- Kreatoren (Creatoren): Mit 9 % trägt dieser Typus mit eigenen Beiträgen (z. B. Blogs und eigene Websites, Artikel, Videos) wesentlich zum User Generated Content bei.
- Unterhalter (Conversationalists): Diese User aktualisieren ihre Profile in den sozialen Netzwerken und posten auch Tweets. 9 % können diesem Typus zugeordnet werden.
- Kritiker (Critics): 12 % bewerten oder besprechen Produkte, kommentieren Blogs oder arbeiten bei Wikis mit.
- Sammler (Collectors): nur 4 Prozent lassen sich diesem Typ zuordnen, sie abonnieren RSS-Feeds, Voten bei Websites und fügen Fotos und auf Websites Tags hinzu.
- Mitmacher (Joiners): Mit 21 % der drittgrößte Gruppierung, sie haben Profile auf sozialen Netzwerken und besuchen diese auch.
- Zuschauer (Spectators): Die zweitgrößte Gruppierung mit 38 % liest Blogs oder Twitterbeiträge, beachtet Bewertungen und sieht sich Videos oder Podcast anderer an.
- Inaktive (Inactives): Mit 52 % die größte Gruppe, sie zeichnen sich durch keine Aktivitäten in sozialen Netzwerken aus.

Facebook ist aktuell das beliebteste und am schnellsten wachsende soziale Netzwerk im sozialen Bereich. Deshalb sollen für dieses Netzwerk die wichtigsten Vermarktungsmöglichkeiten aufgezeigt werden.

Mitte 2010 waren rund 9,2 Mio. deutsche Nutzern registriert, das entsprach im Vergleich zum Vorjahr einem Wachstum von über 8 %. Die Facebook-Nutzer sind noch relativ jung. Im Mai 2010 waren die Altersgruppen 18–24 Jahre und 25–34 Jahren deutlich in der Überzahl (siehe Abb. 4.90).

4.7 Werbeträger Online-Medien 351

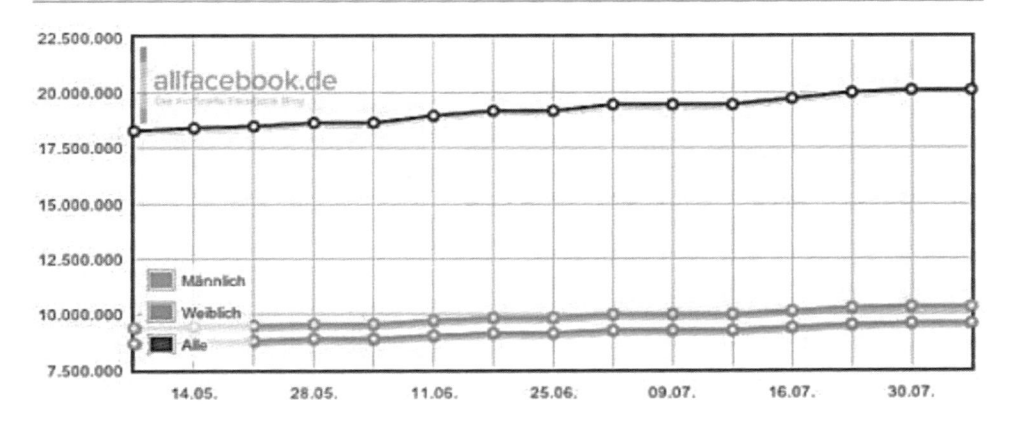

Abb. 4.90 Facebook User: Mit Stand zum 1.8.2010 weist der Facebook Ad Manager 20.109.760 aktive Nutzer für Deutschland aus. (http://allfacebook.de/tag/nutzerzahlen)

Laut der Innofact Studie (2010) sind zwei Drittel der Nutzer bereits mit einem Unternehmen über diese Plattform in Kontakt gekommen. Am häufigsten werden dabei Markenprofile besucht (32,4 %), aber auch über Werbeanzeigen kommt ein Kontakt zustande (28,8 %). Als wichtigster Beweggrund für diese Kontaktaufnahme wird die Absicht geäußert, Sympathie zu bestimmten Marken und Produkten öffentlich zum Ausdruck zu bringen.
Facebook bietet Unternehmen die folgenden Kommunikationsmöglichkeiten an:
- Fan-Page: „Eine Profil-Seite stellt ein einfaches Instrument zum Customer Relationship Management dar. So können die Fans der Marke bzw. des Unternehmens über Neuigkeiten informiert werden, es können Maßnahmen zur Identifikation der Fans mit der Marke eingesetzt werden und Statistiken über die Fans generiert werden" (Klees, 2009). Eine Fan-Page auf Facebook ist allerdings nicht als zweite Corporate Website zu verstehen, sondern eher als ein Push-Kanal – über den Interessantes mitgeteilt werden kann (vgl. Kreutzer 2012, S. 367). Dadurch können prominente und attraktive Marken durchaus hohe Reichweiten erreichen. So hat z. B. adidas Original knapp 3 Mio. Fans. Attraktive Inhalte einer Facebook-Page können u. A. sein: exklusive Sonderangebote, Informationen, Events und Services. Voting-Prozesse, Einbindung in Kreativprozesse (sowohl für Kommunikation als auch für Angebote), Mitmach-Aktionen (vgl. Wiewer und Anweiler 2019, S. 2).
- Facebook-Gruppen: Aus Unternehmenssicht ist eine Gruppe der Vorreiter einer Fanpage. Im Normalfall kann jedes Mitglied eine Gruppe zu jedem beliebigen Thema eröffnen und bestimmen wer beitreten darf, ob Inhalte veröffentlicht werden oder nur den Gruppenmitgliedern zugänglich sind. Innerhalb einer Gruppe kommunizieren die Mitglieder jedoch eher untereinander als mit dem Unternehmen.
- Anzeigen: Facebook bietet die Möglichkeit, innerhalb des Netzwerkes Anzeigen zu schalten. Jedoch erlauben Facebook-Anzeigen (Ads) relativ wenig Gestaltungsfreiheit. Das vorgeschriebene Layout umfasst immer einen Titel, einen Medieninhalt (Bild oder

Video) und einen Text (allerdings beschränkt) sowie optional eine Nutzerinteraktion. Ein großer Vorteil stellt die zielgruppengenaue Ansprache und die damit verknüpfte Minimierung der Streuverluste dar. Werbetreibende Unternehmen steht dabei eine Vielzahl von Filtern zur Verfügung (z. B. Alter, Ort, Geburtstag, Geschlecht, Sprache, Schlüsselwörter, Interessen, Ausbildung, Arbeitsplatz, Beziehungsstatus). Unternehmen haben im Wesentlichen zwei unterschiedliche Anzeigenoptionen:

– Eine einfache Version ist die „Self Service Ads", diese kann jeder, der eine eigene Facebook Fanpage hat über den Facebook Ad Manager selbst erstellen, buchen und steuern. Sie erscheinen auf allen Seiten innerhalb von Facebook in der rechten Spalte als eine von drei übereinander platzierten Anzeigen. Der User hat die Möglichkeit den „gefällt mir"-Button oder die Anzeige direkt anzuklicken. Zahlungsoptionen sind pro Klick (CPC) oder pro tausend Impressionen (CPM) zu wählen. Aktuelle Preise finden sich unter www.facebookmarketing.de.
– „Home-Page-Ads": Diese werden auf der Startseite der Mitglieder platziert. Hierzu bedarf es des Kontaktes zum Sales Team und eines gewissen Mindestumsatzes. Die Gestaltungsmöglichkeiten sind hier allerdings höher. Die Anzeige wird in ein Feld integriert, das die Anzahl und eine Auswahl an Namen der Freunde, die bereits Fan des jeweiligen Facebook Unternehmensprofils sind, enthält. Zudem bietet diese Anzeigenform die Option einer Nutzerinteraktion. Diese spezielle Form bezeichnet man auch als Engagement Ads. Verschiedene Interaktionsmöglichkeiten sind hier gegeben. Häufig benutzt wird die Fan Engagement Ad, welche es dem User erlaubt durch Klicken des „gefällt mir Buttons" auf der Anzeige direkt Fan zu werden. Eine Alternative dazu wäre z. B. das Video Comment Engagement Ad. Dabei können Videos aus der Anzeige heraus angeschaut werden und auch noch gleichzeitig kommentiert werden.
– Facebook stellt mehrere Filter für eine zielgruppengerechte Selektion zur Verfügung, dazu zählen u. A. Ort/Region, Alter, Geburtstag, Keywords, Bildung, Beruf, Sprachen, Verbindungen.
– Die Anzeigenplätze werden dabei im Rahmen eines Auktionsverfahrens vergeben. Die Werbetreibenden mit dem höchsten Angebot erhalten dabei die attraktivsten Stellen. Dabei können dann die Zahlungsvarianten CPC oder CPM eingesetzt werden. Zusätzlich erfolgt eine Überprüfung der Anzeige hinsichtlich der Werberichtlinien von Facebook. (vgl. Kreutzer 2012, S. 372).
– Kennzahlen für den Erfolg der Anzeigenschaltung sind u. A. die Anzahl der Impressions oder der erzielten Klicks. Demografische Auswertungen verdeutlichen, welche Personen die Anzeige gesehen haben. Profilorientierte Analysen liefern Erkenntnisse hinsichtlich der Interessen der erreichten Personen. Ergebnisorientierte Auswertungen verdeutlichen z. B. welche Kunden gewonnen werden konnten.

Weitere Möglichkeiten, die Facebook Unternehmen bietet sind die Einspeisung von Applikationen. Alle Apps die von mehr als fünf Nutzern installiert werden, erscheinen nach Themen geordnet im Anwendungsverzeichnis www.facebook.com/apps. Auch Social

Plugins eröffnen Unternehmen die Möglichkeit die Unternehmenswebsite mit Facebook zu verknüpfen (vgl. Braun 2010, S. 34).

4.7.3.6 Suchmaschinen-Werbung – Search Engine Advertising (SEA)

Das Finden einer Homepage eines Unternehmens, einer Marke, eines Angebotes über Suchmaschinen hat hohe Relevanz im Rahmen der Online-Kommunikation eines Unternehmens. Es werden normalerweise zwei Konzepte im Bereich des Suchmaschinen-Marketings differenziert:

- Search Engine Optimization: Hierunter fallen alle Maßnahmen, die darauf abzielen, das eigene Angebot auf den vorderen Plätzen der organischen Trefferlisten der Suchmaschine zu platzieren. Dazu gehören sogenannte On-Site-Maßnahmen (diese werden auf der zu optimierenden Website durchgeführt) und Off-Site-Aktivitäten (diese werden auf anderen Websites und Online-Plattformen realisiert).
- Search Engine-Advertising/(KeywordAdvertising): Darunter wird die Platzierung von kleinen Anzeigen gegen Bezahlung auf den ersten Seiten einer Suchmaschinen bezeichnet (vgl. Abb. 4.92).

In Deutschland konzentrieren sich die meisten Search Engine Marketing-Aktivitäten (SEM) auf Google, bedingt durch seinen extrem hohen Marktanteil von über 90 %, YAHOO oder BING (Microsoft) und andere Suchmaschinen spielen derzeit kaum eine Rolle. Dieser Wert kommt auch daher zustande, dass T-Online, Web.de und AOL keinen eigenen Suchroboter nutzen, sondern die Technik und die Suchergebnisse von Google übernehmen (vgl. Abb. 4.91).

SEA (eine andere Bezeichnung ist Keyword-Advertising) bietet den Vorteil, dass die Anzeigen dann erscheinen, wenn sich der User bereits mit definierten Inhalten (Keywords) beschäftigt und somit von einem grundsätzlichen Interesse ausgegangen werden kann.

- Wesentliche Aufgaben und Entscheidungsfelder im SEA sind:
  - Festlegung der relevanten Suchbegriffe (hier bietet z. B. Google eine entsprechende Hilfestellung)
  - Gestaltung der Online-Werbemittel
  - Festlegung des maximalen Budgets für die Buchung der Kampagne
  - Festlegung der zu belegenden Suchmaschinen (vgl. Kreutzer 2012, S.207)

Die Anzeigen bei Google werden als AdWords bezeichnet (bei Yahoo – Yahoo Sponsored Search). Adwords sind eine seit bereits Oktober 2001 von Google eingeführte Werbeform. im Suchmaschinenmarketing.

- In drei unterschiedlichen Netzwerken können Google Adwords geschaltet werden:
  - Suchseiten (google.de, google.com)
  - Such-Werbenetzwerk
  - Display-Netzwerk.

Google erweitert und differenziert permanent seine Möglichkeiten für werbeführende Unternehmen.

Abbildung 4.92 zeigt die Platzierung der Google AdWords – sie befinden sich über bzw. rechts neben den Ergebnissen der organischen Suche. Ideal ist es dabei, mit den Anzeigen

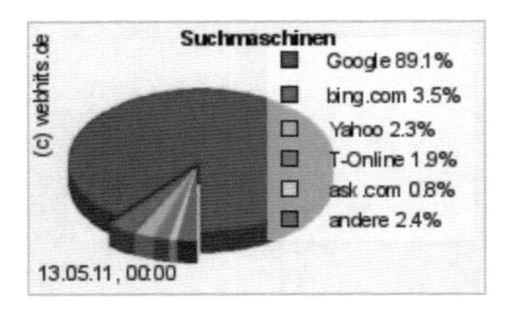

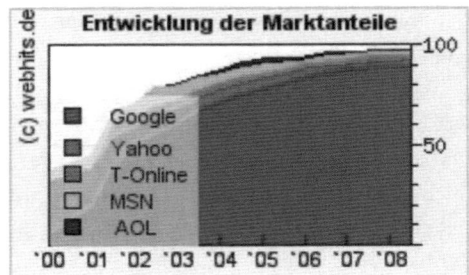

Abb. 4.91 Suchmaschinennutzung. (http://www.seo-besser.de/seo-blog/aktuelle-marktanteile-der-suchmaschinen-in-deutschland-mai-2011)

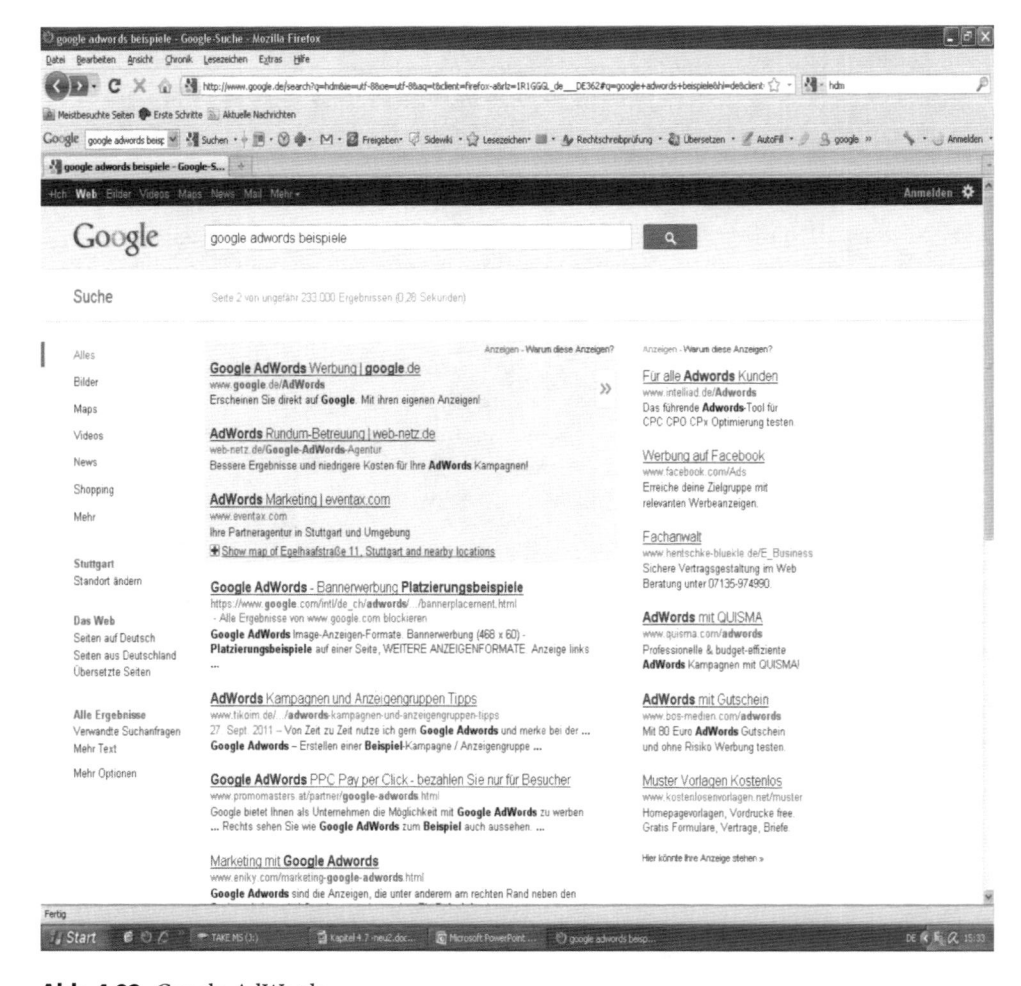

Abb. 4.92 Google-AdWords

auf der ersten bzw. den ersten Seiten zu erscheinen. Diese favorisierten Plätze müssen über Auktionen ersteigert werden. Die Unternehmen, die die höchsten Gebote für einen Anzeigenplatz abgeben, werden an den attraktivsten Platzierungen neben den organischen Suchergebnissen positioniert. Damit ist die Höhe des Angebotes abhängig von der Wettbewerbsintensität und bei Google zudem von der Relevanz des Keywords. Neben dem Angebotspreis wirken sich allerdings auch die Klick-Attraktivität der Anzeige auf die Platzierung aus. wGoogle Adwords sind in der Standardvariante Textanzeigen. Sie bestehen im Normalfall aus einer Überschrift (max. 25 Zeichen), zwei Textzeilen (max. jeweils 35 Zeichen), einer Anzeigen-URL (max. 35 Zeichen) und einer nicht sichtbaren Ziel-URL. Neben dieser Form gibt es noch sogenannte lokale Anzeigen (auch Textanzeigen) mit additiven Informationen über den Standort des werbetreibenden Unternehmens. Weitere verfügbare Formate sind Imageanzeigen (statisch und animiert) und die Video-Anzeige (Click-to-Play und In-Stream). Die beiden letztgenannten Formate sind nur im Content-Werbenetzwerk von Google möglich.

Aufgrund dieser restriktiven Gestaltungsmöglichkeiten muss sehr genau überlegt werden, welche Begriffe attraktiv und überzeugend für die User sind. Dabei sollten die Keywords in den Text integriert werden (vgl. Willkommer 2009).

Im Vergleich zur Wahrnehmung der Ergebnisse der ersten Plätze der organischen Suche (ca. 100 %) ist die Wahrscheinlichkeit der Wahrnehmung der Anzeige deutlich geringer. So nehmen nur ca. 50 % der User die erste rechts platzierte Anzeige wahr, die fünfte wird nur noch von ca. 10 % betrachtet (vgl. Kreutzer 2012, S. 198).

Die Bezahlmodalität beim Keyword-Advertising unterscheidet sich deutlich denen bei den klassischen Medien und auch vielen Online-Varianten. Eine Vergütung fällt nur dann an, wenn User die Anzeigen anklicken und somit ein gewisses Interesse an dem jeweiligen Angebot aufweisen. Die Schaltung der Anzeigen orientiert sich an einem durch das Unternehmen festgelegten Tagesbudget und den maximalen Kosten für einen Klick. Wobei bei den Klickkosten eine erhebliche Bandbreite besteht (zwischen 0,05 bis bald 50 EUR o). Google bietet beim Anmeldevorgang den Kunden eine besondere Dienstleistung – einen Traffic-Estimator Kostenschätzer.

Zur Messung des Erfolges werden auch hier die üblichen Kennzahlen wie Page-Impressions oder Cost-per-Click benutzt. Der Rang gibt additiv an, welche Position die Anzeige im Durchschnitt erreicht hat. Auch hier kann eine Conversation-Rate ermittelt werden. Dadurch können dann auch die Kosten pro Tag ermittelt werden. Haben z. B. 10 Personen die gewünschte Handlung ausgeführt und müssen für jeden Click 1,60 bezahlt werden, ergeben sich Gesamtkosten pro Tag von 16 EUR. Solche Auswertungen können dann für die unterschiedlichen Keywords und regionalen Schwerpunkte ausgeführt werden (vgl. Kreutzer 2012, S. 210).

4.7.4 Zukunftsperspektiven

Online-Kommunikation und Digitalisierung der Medienwelt stellen für die Werbung neue Herausforderungen dar. Durch die Dynamik dieser Entwicklung – permanent entstehen neue Möglichkeiten und Modifikationen der werblichen Kommunikation im Online-Bereich – resultiert die Notwendigkeit sich laufend über diese neue Optionen zu informieren und sie auf ihre Chancen und Risiken, die sie bieten, hin zu überprüfen. Dies auch unter der Berücksichtigung der Veränderungen des Informations- und Kommunikationsverhaltens der Zielpersonen. Die Mediaplanung wird dadurch komplexer, dynamischer und aktueller und die Herausforderungen für den Mediaplaner größer.

Online-Werbung wird in Zukunft noch an Relevanz gewinnen und für viele Unternehmen wird Online-Kommunikation zum Leit-Instrument. Insbesondere in der Ansprache jüngerer Stakeholder-Gruppierungen ist dies heute schon der Fall.

Dabei kann es durchaus Unterschiede in den einzelnen Branchen geben. So werden nach einer Studie (FOMA 2011) insbesondere der Handel und Versand, Ernährung, Körperpflege, Gesundheit und Pharmazie, Getränke, Textilien und Dienstleistungen verstärkt in den Bereich Online-Werbung investieren.

Eine weitere Herausforderung für die Mediaplanung wird in der Vernetzung von klassischer und Online-Kommunikation bestehen, sowohl in inhaltlicher, zeitlicher und dramaturgischer Sicht. Nach einer Studie von Tomorrow Focus Media werden insbesondere Crossmedia/Mehrkanal-Kampagnen an Bedeutung gewinnen (vgl. Abb. 4.94).

Weitere Trends, die diese Studie prognostiziert, sind eine weiter wachsende Bedeutung des Targetings und des Mobile Marketings (vgl. auch Abb. 4.94). Aber auch App-Advertising ist in Zukunft von zunehmender Relevanz.

Versteht man Online-Werbung noch als Push-Instrument, also als Stimulus, als Botschaft den das werbetreibende Unternehmen an eine Person richtet, so muss bei dieser Kommunikationsform das Reaktions- bzw. Interaktionspotenzial der Zielperson mit eingeplant und berücksichtigt werden (u. A. Pull-Kommunikation). Bei der Online-Kommunikation kann aus einem Empfänger ein kommunikativer Prosument werden, mit allen Chancen (z. B. virales Marketing) aber auch Gefahren (z. B. publizieren negativer Kommentare). Damit wird aber auch die Kommunikation im Onlinebereich für Unternehmen nicht mehr vollkommen steuerbar.

4.7 Werbeträger Online-Medien

„Wie schätzen Sie die Bedeutung von mehrkanaligen/crossmedialen-Kampagnen ein?"

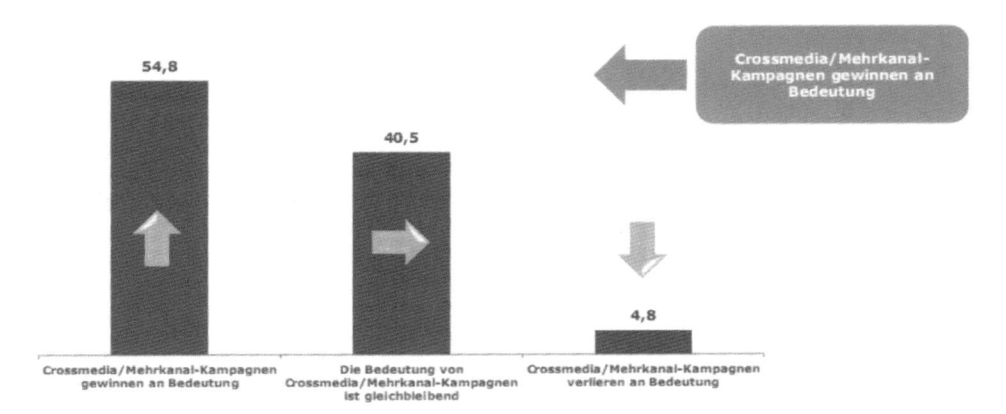

Abb. 4.93 Zunehmende Bedeutung von crossmedialen Kampagnen (Tommorrow Focus Media 2011)

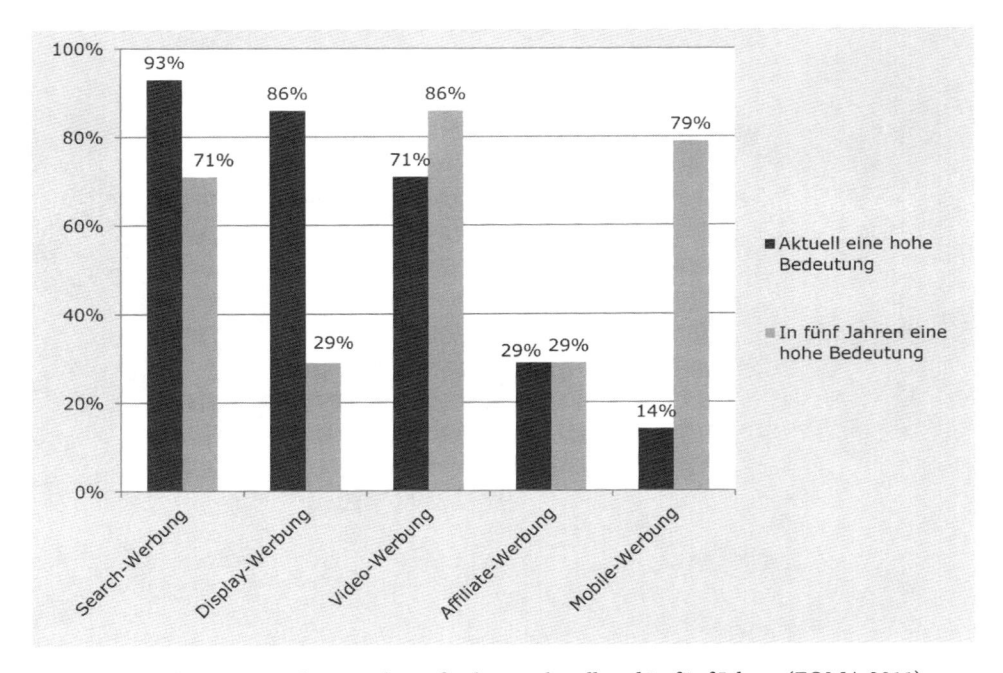

Abb. 4.94 Bedeutung einzelner Werbemaßnahmen aktuell und in fünf Jahren (FOMA 2011)

Intermediavergleich 5

5.1 Intermediavergleich innerhalb klassischer Werbeträger

Die Frage nach der Wahl der Werbeträgergattungen ist ein wesentliches Problem innerhalb der Werbestrategie. Die vergleichende Beurteilung möglicher Werbeträgergattungen wird als Intermediavergleich bezeichnet. In der Marketing-Realität wird dieses Problem sehr emotional und oft ideologisch erörtert. Die folgenden Ausführungen sollen dazu dienen, den Vergleich auf weitgehend rationaler Basis durchzuführen. Diesbezüglich sollen die derzeit in der Konsumgüterwerbung wesentlichen Mediagattungen berücksichtigt werden:
- Publikumszeitschriften
- Fernsehen (TV)
- Funk
- Außenwerbung
- Zeitungen
- Online-Kommunikation

Im Mittelpunkt der Betrachtung steht dabei niemals, das beste Medium zu finden, sondern das in einer bestimmten Situation beste Medium. Häufig wird ein Media-Mix als optimale Empfehlung das Ergebnis aller planerischen Überlegungen sein.

Um den Intermedia-Vergleich durchführen zu können, sind die Kriterien festzulegen, anhand derer die verschiedenen Werbeträgergattungen beurteilt werden sollen.

5.1.1 Publikumszeitschriften

Dieser Werbeträger hat den wesentlichen Vorteil, dass je nach Auswahl der Titel sowohl zielgruppenspezifische Werbung, aber auch eine nahezu alle Bevölkerungsgruppen ansprechende Media-Strategie realisierbar ist. Die Möglichkeit einer Segmentierung anhand soziodemographischer Kriterien ist schon lange üblich, dazu kommt nunmehr in stärkerem Maße auch die Möglichkeit einer Segmentierung nach psychographischen Merkmalen. Beispiele dafür liefert eine Vielzahl qualitativ ausgerichteter Media-Analysen. Die Nutzung von Zeitschriften liegt vollständig im Ermessen des Lesers. Ort, Zeitpunkt und Dauer der Zeitschriftennutzung sind vom Leser frei wählbar, wiederholte Nutzung ist bei vielen Zeitschriften die Regel. Hierüber lag bisher für die Mediaplanung kein ausreichendes Untersuchungsmaterial vor. Die Kontaktqualität ist im Vergleich zwischen verschiedenen Publikumszeitschriften vermutlich höchst unterschiedlich.

Die Beschäftigung mit Zeitschriften erfolgt in aller Regel sehr intensiv. So finden Appel et al. (1979), bzw. Weinstein et al. (1980), dass die Hirnaktivität bei der Nutzung von Zeitschriften höher ist als bei der Nutzung elektronischer Medien. Das bedeutet, dass die Lernleistung bei Zeitschriften höher ist. Je intensiver die gedanklichen Aktivitäten ausfallen, umso bessere Erinnerungsleistung sind erzielbar. Schon die Wahrnehmung eines Reizes selbst ist bei höherer Hirnaktivität eher gewährleistet. Lange Zeit war es umstritten, von hirnelektrischen Messungen auf gedankliche Vorgänge zu schlussfolgern. Eine Studie von Rösler (1982) zeigt jedoch, dass erhebliche Korrelationen zwischen hirnelektrisch gewonnenen Daten und kognitiven Prozessen existieren.

Bei der Gestaltung von Anzeigen ist zu beachten, dass wir normalerweise von einer relativ kurzen Betrachtungszeit ausgehen müssen, Kroeber-Riel und Weinberg (2003, S. 76) referieren diverse Untersuchungen mit durchschnittlich gemessenen Betrachtungszeiten zwischen 0,6 Sekunden für eine halbe Seite und 4,1 Sekunden für Doppelseiten. Dem kann jedoch entgegengehalten werden, dass es sich dabei um Durchschnittswerte handelt. Es interessiert natürlich nicht, wie lange die gesamte Nutzerschaft einer Zeitschrift eine betreffende Anzeige im Durchschnitt betrachtet, sondern, wie lange die Personen der Zielgruppe sich einer bestimmten Anzeige zuwenden.

Aber wie lange ist das? Darüber gibt es keinerlei allgemeingültige Informationen. Generell sollten wir jedoch trotz dieses Einwandes von einer normalerweise eher kurzen Betrachtungszeit ausgehen. Wenn man berücksichtigt, dass der Mensch pro Sekunde nur etwa vier Informationseinheiten verarbeiten kann, dann wird deutlich, wie wenig Informationen in vielen Fällen durch eine Anzeige vermittelbar sind. Die Anzeige sollte auf jeden Fall so gestaltet sein, dass sie auf den ersten Blick in kurzer Zeit bei Verarbeitung von vielleicht 20 Informationseinheiten die zentrale Botschaft zu vermitteln in der Lage ist. Nun treten jedoch zwei weitere mögliche Effekte auf:

1. Der wiederholte Kontakt mit dem Werbemittel, in diesem Fall also der Anzeige, erfolgt häufig schon innerhalb des gleichen Werbeträgers, d. h., eine Ausgabe einer Zeitschrift wird öfter durchgeblättert. Die Häufigkeit der jeweiligen Heftnutzung schwankt allerdings zwischen verschiedenen Zeitschriften recht stark. Das ist mediatechnisch bekanntlich deshalb recht problematisch, als dass sich der Kontaktwert (Opportunity to See, OTS) lediglich auf die Heftnutzung bezieht.

Wenn eine Anzeige auf den ersten Blick eine, wenn auch kurze, verständliche und interessierende Botschaft vermittelt, dann besteht gute Chance, bei einem Wiederholungskontakt zu einer intensiveren Hinwendung zu motivieren. Jetzt hat auch eine argumentative Copy gute Chancen, wenigstens teilweise gelesen und verarbeitet zu werden

– und das bei relativ hoher Hirnaktivität. Nun zeigt sich, dass die Anzeige tatsächlich das einzige Medium in der Werbung ist, durch das sich auch umfangreichere Botschaften vermitteln lassen. Dennoch gilt:

Anzeigen sollten so gestaltet sein, dass sie eine einfache und auf den ersten Blick schnell zu verarbeitende Botschaft enthalten. Das sollte der zentrale Inhalt der Anzeige sein. Zusätzliche Informationen können einem späteren wiederholten Kontakt gewidmet sein.

2. Es gibt Themen, die tatsächlich auf Interesse stoßen; bei denen die Headline dermaßen anspricht, dass auch eine längere Copy gelesen wird. Entscheidend dafür ist, dass die Anzeige auf den ersten Blick sehr stark anspricht und intensives Interesse weckt. Persönliche Ansprache der Zielgruppe und die Ansprache der interessierenden Thematik schon in der Headline können ein solches Informationsbedürfnis wecken.

Allerdings sollte man sich niemals darauf verlassen, dass es gerade die eigene Anzeige ist, welche auf überdurchschnittliche zeitliche Hinwendung stößt. Wenn eine bestimmte Konzeption dieses verlangt, dann sollte das Resultat durch einen Werbemittel-Pretest abgesichert werden.

Schließlich gibt es Zeitschriften, sogenannte „Special-Interest"-Titel, bei denen auch Anzeigen als vom Leser gesuchte Informationen zu verstehen sind. Hier ist das Feld für stark informativ gestaltete Anzeigen.

Anzeigenwerbung in Publikumszeitschriften baut die lt. Media-Analyse erreichbare Reichweite über einen bestimmten Zeitraum auf. Hierbei sind Vierwochen-Titel naturgemäß gegenüber vierzehntägig oder wöchentlich erscheinenden Titeln im Nachteil. Das ist insbesondere dann zu beachten, wenn zeitlich fixierte Marketing-Ziele zu unterstützen sind. Nicht einmal alle Nutzer einer bestimmten Nummer nutzen diese im Erscheinungsintervall. Das führt dazu, dass ein Teil der rechnerischen Reichweite verlorengehen kann (Weihnachten, Ostern, Sommerschlussverkauf), wenn insb. Vierwochen-Titel gebucht werden, die erst kurz (d. h. ein bis zwei Wochen) vor diesen Terminen erscheinen.

Während ein vierwöchig erscheinender Titel bei zweimalig nacheinander erfolgender Schaltung die erreichten Personen maximal zweimal in 8 Wochen erreicht, geschieht das bei einem wöchentlich erscheinenden Titel schon innerhalb von 2 Wochen bzw. ist die Zielgruppe in 8 Wochen noch öfter ansprechbar. Diese Argumentation bezieht sich selbstverständlich auf die derzeit gültige „Mediawährung", also den OTS als Werbeträgerkontakt. Das ist aber durchaus vertretbar, derzeit spricht nichts dafür, dass ein Vierwochen-Titel innerhalb der 4 Wochen seines Erscheinens um so viel öfter in die Hand genommen wird, als es bei einem Wochentitel der Fall ist; wenn überhaupt eine häufigere Nutzung angenommen werden kann.

5.1.2 Werbefernsehen

Wir wollen uns hier nicht mit den Buchungsmodalitäten, Zuteilungsproblemen und der Tatsache unterschiedlicher, vom Werbenden nur hinzunehmender Reichweiten pro Block bei ARD und ZDF beschäftigen, weil diese Fragen durch zunehmende Bedeutung anderer Kanäle an Relevanz verloren haben.

Neben der Reglementierung der Werbezeiten bei ARD und ZDF auf bestimmte Tageszeiten gibt es sehr viele Sender, in denen die Ausstrahlung von Werbung zu allen Tageszeiten möglich ist. Einige wenige Sender erreichen ein spezielles Publikum: Musik-, Sport-, Nachrichtensender usw. Dazu kommt aber die Möglichkeit, in allen Sendern durch Auswahl von Sendezeiten bestimmte Zielgruppen anzusprechen. Es werden nicht einzelne Sender an bestimmten Tagen gebucht, sondern bestimmte Programminseln innerhalb eines Senders. Mit diesen können recht gut beschreibbare Zielgruppen und Marktsegmente erreicht werden.

Insgesamt ist die Nutzerschaft des Fernsehens im Durchschnitt älter als die Gesamtbevölkerung. Insbesondere Personen über 60 Jahren nutzen das Fernsehen weit überdurchschnittlich. Personengruppen zwischen 20 und 49 Jahren werden stark unterdurchschnittlich erreicht. Haushalte mit einem relativ niedrigen Haushalts-Netto-Einkommen nutzen Fernsehen überdurchschnittlich. Schließlich sind „Nicht-Berufstätige", Rentner und Pensionäre über das Fernsehen deutlich häufiger anzusprechen als Berufstätige und in Ausbildung Befindliche. Zu bestimmten Sendezeiten gibt es aber erhebliche Unterschiede.

Besonders die Nutzung des Fernsehens während der Werbedarbietungen ist nicht unproblematisch. Es ist noch viel zu wenig darüber bekannt, was Zuschauer während des Werbefernsehens wirklich tun. Wieviel Prozent setzen sich tatsächlich der Werbung aus, welchen Nebenbeschäftigungen wird nachgegangen, wird der Raum verlassen, und welche Bedeutung hat das „Zapping"?

Wichtig ist, dass nach derzeitiger Mediawährung die ausgewiesenen Reichweiten des Fernsehens nicht den tatsächlichen Werbemittelkontakten entsprechen, sondern deutlich überhöht sind, weil viele Personen zwar als Seher ausgewiesen werden, ohne dass diese eine Möglichkeit dazu haben, die Werbung zu sehen.

Nach dem Stand der Mediawirkungsforschung können wir derzeit davon ausgehen, dass alleine etwa 20 % der Seher durch Um- oder Ausschalten aus einem Werbeblock „aussteigen". Die Streuung liegt vermutlich zwischen 15 % und 30 %. „Zapping" tritt in Kabelhaushalten tendenziell stärker auf. Da die Messung der Seheranteile der Sender zwischenzeitlich mit Hilfe der GfK-Fernsehforschung sekundengenau erfolgt, ist das Problem des „Zapping" messbar geworden.

TV ist ein Medium mit eher passiver Informationsaufnahme. Das führt zu einer relativ oberflächlichen Beeinflussung. Eine derartige Beeinflussung bedarf häufiger Wiederholung. Da oberflächliches Lernen zudem mit relativ schnellem Vergessen einhergeht, sind Werbepausen im Fernsehen äußerst problematisch. Das gilt insbesondere für Produkte des täglichen Bedarfs, denen Konsumenten wenig Interesse entgegenbringen. Das bedeutet, dass für TV-Werbung immer ein vergleichsweise hohes Budget erforderlich ist.

Ein zunehmendes Problem für TV ist aus der Perspektive der Mediaplanung in der zunehmenden Anzahl von TV-Programmen zu sehen, wodurch die Planbarkeit auch infolge der damit einhergehenden Fragmentierung der Nutzerschaften erschwert wird.

5.1.3 Hörfunkwerbung

Hörfunk ist eine Mediagattung, die in besonderem Maße mit geringem „Stimulus Involvement" behaftet ist. Im Gegensatz zu TV ist bei Hörfunkwerbung durch Belegung bestimmter Sendergruppierungen und Einfluss auf die Zeiten der Ausstrahlung die Zielgruppenselektion möglich. Die Altersgruppe der überdurchschnittlichen Nutzer beginnt bereits bei 14 Jahren und geht gleichfalls bis 49 Jahre. Auch die dritten ARD-Programme weisen tendenziell eine jüngere Nutzerstruktur auf als die übrigen ARD-Programme. Hörfunk ist in den vergangenen Jahren durch regional recht bedeutende Sender in der Buchung unübersichtlicher geworden.

Durch Belegung bestimmter Programme und Sendezeiten ist eine Selektion nach Alter, Zielgruppe, Geschlecht und Berufstätigkeit möglich. Bei den verschiedenen Sendern bestehen ferner Unterschiede in der zeitlichen Nutzung. In den Morgenstunden werden berufstätige Autofahrer (männlich und weiblich) bevorzugt erreicht, vormittags Haushaltsführende und nachmittags Jugendliche.

Das Problem der Ablenkung durch Nebenbeschäftigung während des Hörens ist allerdings bei Hörfunk noch größer als beim Werbefernsehen. Hörfunk ist ein Medium, das in starkem Maße „nebenbei" genutzt wird. Aufgrund des besonders oberflächlichen Kontaktes führt die Beeinflussung durch Hörfunk nur zu kurzfristiger Wirkung und unterliegt einem besonders schnellen Vergessen. Insgesamt ist die Beeinflussung nur sehr oberflächlicher Natur. Diese Tatbestände erfordern eine möglichst häufige Ansprache. Was oberflächlich gelernt wird, bedarf entsprechend häufiger Wiederholung.

Zudem ist Hörfunk nicht dazu in der Lage, selbst innere Bilder zu produzieren. Bekanntlich ist das Entstehen gedanklicher Vorstellungsbilder (auch als „Imagery" bezeichnet) ein wesentlicher Faktor für erfolgreiche Werbung (vgl. Kroeber-Riel, Weinberg und Gröppel-Klein, 2009 S. 614 ff. und. Hörfunkwerbung ist nur dazu geeignet, innere Bilder, die durch bildbetonte Werbung in TV oder Publikumszeitschriften produziert worden sind, zu reproduzieren.

Hörfunk ist besonders zu schneller Reaktivierung bereits gelernter Botschaften geeignet. Botschaften, die vorher durch andere Medien, in allererster Linie durch Fernsehen und Anzeigenwerbung, gelernt wurden, können durch Hörfunkwerbung schnell „wieder in das Gedächtnis zurückgerufen werden". Durch Hörfunkwerbung ist eine relativ schnelle Durchdringung der gewünschten Zielgruppe möglich. Bei entsprechend hoher Schalthäufigkeit führt die Hörfunkwerbung dann auch zu recht schneller Bekanntmachung von Marken, Ideen, Produkten oder Herstellern und ermöglicht gleichermaßen eine ggf. schnelle Reaktivierung vormals gelernter Botschaften. Aufgrund des hohen Unterhaltungswertes wird dem Hörfunk ein hoher Anmutungswert zugeschrieben, der Hörer ist emotional sensibilisiert und entsprechend ansprechbar. In seiner ganzen Gestaltung ist das Medium selber von hoher Aktualität. Dieser Aktualitätscharakter ist auch auf die Funkwerbung durch entsprechende Gestaltung der Botschaft übertragbar, auch wenn diese tatsächlich Monate vorher gebucht und produziert werden müsste. Die Eignung der Hörfunkwerbung zur Durchsetzung von Werbebotschaften mit hohem Aktualitätswert wird durch die schnell realisierbar hohe Reichweite begünstigt. Hörfunk ist ein Medium, das insgesamt einen sehr aktuellen Charakter hat, das gilt für das Programm, das auf höchster Aktualität begründet ist (ein Beispiel liefert Bessel, 2010, S. 52), ebenso wie für die Werbung, in der ebenso auf aktuelle Tatbestände Bezug genommen werden kann.

Hörfunk wird in der Praxis selten als Basismedium im Media-Mix eingesetzt, sondern meist als Ergänzungsmedium, wenngleich dazu auch entgegengesetzte Annahmen vertreten werden.

Aufgrund der schnellen Wirksamkeit der Hörfunkwerbung und der Möglichkeit einer starken Konzentration auf relativ kurze Zeiträume ist Hörfunk auch besonders geeignet, kurzfristig durchzuführende Maßnahmen im Rahmen der Verkaufsförderung zu begleiten. Das setzt voraus, dass innerhalb des Sendegebietes eines Senders genügend Verkaufsstellen an der Verkaufsförderungsaktion beteiligt werden oder auch wenige besonders bedeutsame Verkaufspunkte, beispielsweise große Verbrauchermärkte, die dann innerhalb der Werbung auch direkt genannt werden können.

Möglich ist auch eine Kombination der Hörfunkwerbung in diesem Zusammenhang mit Ladendurchsagen in den jeweiligen Geschäften. Der diesbezüglich mögliche flexible Einsatz der Hörfunkwerbung wird in Zukunft bei weiterer Verbreitung privater Sender noch erweitert.

5.1.4 Plakatwerbung

Plakatierung eignet sich besonders für die Ansprache jüngerer Zielgruppen. Personengruppen zwischen 14 und 39 Jahren werden deutlich überdurchschnittlich stark erreicht, Personengruppen ab 40 Jahren unterdurchschnittlich. Die Unterschiede werden umso gravierender, je jünger bzw. älter die Zielgruppe ist. Berufstätige werden besser erreicht als Nichtberufstätige, und schließlich werden Personen in Städten über 500.00 Einwohner deutlich überdurchschnittlich und in Orten unter 5.000 Einwohnern deutlich unterdurchschnittlich gut erreicht. Hinsichtlich der Einkommen gibt es keine nennenswerten Unterschiede.

Plakatwerbung eignet sich in besonderem Maße für einfache und klare Botschaften. Am besten sind prägnante Bildinformationen zu vermitteln. Die Aufnahme der Botschaft erfolgt normalerweise ohne direkte Hinwendung, sondern eher zufällig. Andererseits ist der Kontakt mit dem Medium für die Personen praktisch nicht vermeidbar. Allerdings wäre es verfehlt, aus kurzer und oberflächlicher Informationsverarbeitung zu schließen, Plakatwerbung wäre nur für „Low-Involvement"-Produkte geeignet. Es kommt lediglich auf eine leicht verarbeitbare, attraktive Gestaltung an. Die Botschaft muss auf sehr wenige, am besten bildlich darstellbare Elemente reduziert werden. Dann kann das Plakat als Ergänzungsmedium zu allen anderen Werbeträgergattungen eingesetzt werden, insbesondere zu Medien, die gleichfalls durch Bilder werben, also Zeitschriften und Fernsehen; kann aber ebenso als einziges, als Basismedium eingesetzt werden.

Auch aufgrund spezifischer Wirkungskriterien ist Plakatwerbung besonders zur Unterstützung verkaufsbezogener Maßnahmen geeignet. Infolge der oberflächlichen Wahrnehmung ist die Gedächtnisleistung lediglich kurzfristig. Das Plakat eignet sich als Ansprache kurz vor dem möglichen Kauf, also in der Nähe der großen Verbrauchermärkte. Dieser Mechanismus funktioniert jedoch nur dann, wenn die Plakatwerbung auf bereits gelernte Aussagen trifft, die lediglich eine latente Kaufbereitschaft reaktivieren. Diese muss durch vorherige Werbemaßnahmen geschaffen worden sein. Im Markt selber können dann charakteristische Gestaltungselemente noch einmal in der Verkaufsförderung aufgegriffen werden.

Zur Darstellung der Plakatwerbung ist die große Verbreitung von unterschiedlichen Leuchtplakaten zu beachten. Das macht den Einsatz der Plakatwerbung in den Einkaufszonen der Großstädte möglich und den Einsatz der „klassischen" Plakatwerbung unabhängig von Jahreszeiten. Die Beleuchtung erlaubt eine wesentlich intensivere und attraktivere Gestaltung als herkömmliche „klassische" Plakatwerbung.

5.1.5 Werbung in Zeitungen

Werbung in Zeitungen ist zeitlich sehr gut differenziert einsetzbar und eignet sich damit hervorragend zur Unterstützung kurzfristiger Verkaufsaktivitäten. Dazu kommt die sehr gute regionale Differenzierungsmöglichkeit (Ausnahme überregionale Zeitungen, die jedoch, bezogen auf größere Regionen, gleichfalls Teilbelegungen ermöglichen). In Zukunft ist auch mit immer mehr verbessertem Farbdruck in Zeitungen zu rechnen.
Die Wirkung der Werbung in Tageszeitungen ist äußerst kurzfristig. Tageszeitungen haben (im Gegensatz zu Publikumszeitschriften) eine äußerst kurze Nutzungsdauer, die in der Regel auf einen Tag beschränkt ist. Bei Wochenzeitungen sind die Nutzung und damit auch die Werbewirkung etwas längerfristig. Die Durchsetzung der Werbewirkung erfolgt bei Tageszeitungen äußerst schnell, über 80 % der Nutzer werden am Tage des Erscheinens erreicht. Der Zeitpunkt der Nutzung ist unterschiedlich über den Tag verteilt. Insbesondere haushaltsführende Personen, die nicht berufstätig sind, nutzen die regionale Tageszeitung vormittags vor dem Einkauf und hier auch den Anzeigenteil durchaus als konkrete Einkaufshilfe. Aufgrund des sich ändernden Rollenverhaltens in Familien und bei zusammenlebenden Paaren spielt dieser Aspekt aber in der Zeitungswerbung eine zunehmend geringer werdende Rolle.

Die Wirkung verschiedener Anzeigenkategorien ist unterschiedlich, je nachdem, ob es sich um reine Markenartikelanzeigen, um Anzeigen des Einzelhandels oder um Partnerschaftsanzeigen (Anzeigen für Markenartikel bei Nennung von Einzelhandelsfachgeschäften) handelt. Hils (1982) stellt einige Untersuchungen zu diesem Thema vor, mit folgenden Resultaten:

Bei reinen Markenartikelanzeigen bemerken nur jeweils 33 % der Männer und Frauen Marke und Firma, bei Partnerschaftsanzeigen (Handel und Anbieter von Markenartikeln als „Partner") 32 % der Männer und 37 % der Frauen, bei Einzelhandelsanzeigen

34 % der Männer, aber 49 % der Frauen. Der Beachtungsanstieg bei Frauen liegt also bei rund 50 %. Offensichtlich liegt das daran, dass Anzeigen des Einzelhandels als konkrete Einkaufshilfe dienen, diesen Effekt können reine Markenartikelanzeigen nicht liefern. Dass ein ähnlicher Wirkungsverlauf bei Männern nicht zu beobachten ist, liegt offensichtlich daran, dass Männer (noch) nicht in vergleichbarem Maße am täglichen Einkauf beteiligt waren. Für das Management der Marktkommunikation der Markenartikel wäre es also auf jeden Fall vorteilhaft, entsprechende Kampagnen gemeinsam mit dem Handel zu realisieren. Um die Wirkungskombination mit der laufenden „klassischen" Werbung optimal zu nutzen, ist es in der Praxis vorteilhaft, dem Handel fertige Druckunterlagen zur Verfügung zu stellen, die in der Gestaltung und den Aussagen möglichst vollständig der eigenen Werbung und „Copy Strategy" entsprechen. Es ist üblich, dass die Lieferanten der Markenartikel dem Handel sogenannte Werbekostenzuschüsse zahlen, damit dieser die regionale Werbung in Tageszeitungen durchführt. Es muss dabei im Interesse des Managements (des Markenartikels) liegen, kommunikativ möglichst stark davon zu profitieren, und das gelingt um so eher, umso stärker die Aussagen in der Handelswerbung den eigenen Werbeaussagen entsprechen. Durch die Lieferung fertiger Druckunterlagen ist die Wahrscheinlichkeit dafür recht hoch.

Diese Ausführungen zur Wirkung von Partnerschaftsanzeigen sind auf die Belegung bei regional erscheinenden Tageszeitungen bezogen. Überregional erscheinende Tageszeitungen sind, abgesehen von der Erscheinungshäufigkeit, hinsichtlich der Werbewirkung ähnlich zu beurteilen wie Zeitschriften.

Der Handel bewirbt normalerweise in seinen Anzeigen gleichzeitig mehrere Produkte. Für die Hersteller kommt es darauf an, dass das eigene Produkt möglichst mit einer Abbildung versehen wird. Der Handel versucht häufig, seine Mehrproduktanzeigen durch Abbildungen „aufzulockern". Derartige Bilder können jedoch in so starkem Maße die Aufmerksamkeit auf sich ziehen, dass die Wahrnehmung der anderen Produkte deutlich reduziert wird, was sich u. A. durch die Methode der Blickaufzeichnung zeigen lässt (vgl. von Keitz, 1986, S. 112, allgemein zur Blickaufzeichnung Raab, Unger und Unger, 2009, S. 137–141). Es lässt sich außerdem noch aufzeigen, dass die Wahrnehmungsleistung mit der Größe der Anzeigen steigt, jedoch geringer als der Größenzuwachs.

5.1.6 Internet

Durch das Internet wurden weitere Möglichkeiten für das Marketing eröffnet: Internet-Shopping, Virtual Marketing, virtuelle Unternehmungen und Hochschulen sind dafür einige Beispiele. Unter dem Terminus „Online-Marketing" werden alle Aktivitäten auf der Basis interaktiver elektronischer Medien zusammengefasst. In der Interaktivität kann das wirklich innovative Potenzial der Online-Marketing-Kommunikation gesehen werden.

Die Besonderheiten der Online-Kommunikation sind in folgenden Aspekten zu finden.
- Multifunktionalität (es sind unterschiedliche Kommunikationsebenen möglich, Massenkommunikation und interaktive Individualkommunikation, es ist reine Kommunikation möglich und der Vertrieb von Produkten aller Art),

5.1 Intermediavergleich innerhalb klassischer Werbeträger

- Interaktivität,
- Multimedialität (es ist die Gestaltung von Text, Graphik, Bildern, Audio- und Videosequenzen möglich),
- Datenmächtigkeit (damit ist die praktisch unbegrenzte weltweit abrufbare Informationsmenge gemeint) und
- raum-zeitlicher Unbegrenztheit.

Internet ist ein Werbemedium, ein Verkaufsmedium und ein Servicemedium. Kundenberatung, Beziehungsgestaltung und Beschwerdemanagement lassen sich über das Internet gestalten und abwickeln. Teilweise ist die Kontaktqualität wesentlich besser als in herkömmlichen Medien. Die Ursachen dafür sind in der Interaktivität und der Möglichkeit audiovisueller Ansprache zu suchen. Das Involvement der Mediennutzer wird durch die spielerische Beschäftigung und die (teilweise) bewusste Auseinandersetzung mit den kommunikativen Inhalten gesteigert. Dazu kommt die Möglichkeit für das Marketing, die Botschaftsinhalte laufend zu aktualisieren. Es finden sich folgende Basiskonzepte der Online-Marketing-Kommunikation:

- Die „Information Site", womit der eigenständige Auftritt einer Unternehmung mit einer Eingangsseite gemeint ist. Hierarchisch geordnet finden Nutzer untergeordnete Seiten mit angebotenen Informationen. Bei der Gestaltung finden sich praktisch keine Beschränkungen. Zu berücksichtigen sind unterschiedliche Kosten für die Bereitstellung der „Information Site". Die Kosten für die Bereitstellung einer solchen Seite unterliegen erheblichen Differenzen, beginnend bei rund 25 EUR einmaligen Kosten und extrem geringen monatlichen Gebühren.
- Werbe-Banner; dies sind kleine Grafiken auf Internetseiten, die Nutzer anklicken können, um so weitere Informationen über die beworbenen Produkte zu erfahren. Werbe-Banner können auf eigenen Seiten oder auf Seiten anderer Internetbetreiber gegen Honorar platziert werden. Es scheint wichtig, dabei das mediale Umfeld stärker zu berücksichtigen als bei klassischer Anzeigenwerbung. Es sollen Personen, die – weil sie sich für ein bestimmtes Thema interessieren – eine „Information Site" aufsuchen, dort weitere Produktinformationen auf Werbe-Bannern finden und motiviert sein, diese Banner anzuklicken. Ein einfaches Beispiel: Es können auf „Information Sites" Tournee-Daten von Künstlern/Künstlerinnen abgefragt werden, und auf der gleichen Site finden sich Banner über CDs von Künstlern ähnlicher Kategorie.
- Online-Shopping; bezieht sich auf den Verkauf von Produkten über das Internet. Es gibt inzwischen Ansätze, auch Produkte des täglichen Bedarfs über das Internet zu verkaufen, um so der zunehmenden Handelskonzentration im Konsumgütersektor zu entgehen. Der Kaufpreis bei Online-Shopping wird bei T-Online über die Telefonrechnung bezahlt, die Telekom tritt also als Inkassounternehmen auf. Sicherheitsprobleme bei direkter Bezahlung über Online-Konten, Kreditkarten etc. sind bis heute noch nicht zur vollständigen Zufriedenheit gelöst, entsprechende Entwicklungen sind aber absehbar.
- Electronic-Publishing; hiermit sind Möglichkeiten der Veröffentlichung von herkömmlichen Printmedien über das Internet gemeint. Derzeit ist eine Vielzahl von Zeitschriftenverlagen im Internet vertreten. Langfristig wird sich die Ergänzung gedruckter

Zeitschriften etablieren, denkbar ist sehr langfristig sogar die Substitution von Printmedien durch das Internet.

Für die Beurteilung der Medialeistung des Internet liegen inzwischen umfassende Nutzerdaten vor. Abgesehen von Zielgruppen über 60 Jahre scheint das Internet inzwischen alle Bevölkerungsbereiche zu erreichen. Lediglich im Bereich der nicht berufstätigen und älteren Zielgruppen sind Defizite in der Medialeistung vorhanden.

Hinsichtlich der Werbeerfolgskontrolle ergeben sich unter einer Voraussetzung wenig Probleme bei der Erfassung des ökonomischen Erfolgs: Es muss möglich sein, die Kommunikation unmittelbar mit einem Bestellvorgang zu verknüpfen. Dann ist Internet-Kommunikation diesbezüglich mit Anzeigenwerbung vergleichbar, die einen direkten Response ermöglichen.

Allerdings besteht auch dann die Möglichkeit, dass Bestellvorgänge auf andere Ursachen zurückzuführen sind als auf die Internet-Kommunikation. Das ist das klassische Problem der Messung des Umsatzanteiles, der auf Kommunikationsmaßnahmen (oder andere einzelne Funktionsbereiche im Marketing) zurückzuführen ist.

Online-Kommunikation wird den Bereich der anderen Kommunikationsinstrumente ergänzen, bisher jedoch nur sehr selten ein alleiniger Werbeträger sein können. Da sich viele Verbraucher in sehr vielen Bereichen des Konsums, insbesondere vor wichtigen Kaufentscheidungen immer stärker aktiv über das Internet informieren, ist diesem Aspekt hohe Aufmerksamkeit zu widmen. Besonders dafür relevante Bereiche dafür lassen sich kaum definieren, da für alle Konsumbereiche im Internet eine umfassende Information möglich ist

5.1.7 Gestaltung im Media-Mix

Es gibt einige klassische Kombinationen im Media-Mix, die sich durch Beziehungen in der Gestaltung ergeben. Besonders enge Beziehungen ergeben sich zwischen Plakat und Anzeige. Plakatwerbung lässt sich meistens direkt in Anzeigenwerbung transferieren. Umgekehrt ist das nicht immer möglich. Manchmal ist eine zusätzliche Verdichtung der Botschaft notwendig, um eine Anzeige als Plakat zu verwenden. Anzeigenwerbung lässt sich sehr gut auf die Plakatwerbung direkt vor Verbrauchermärkten aufgreifen.

Zwischen gedruckten Medien und TV-Werbefilmen sind gleichfalls gute Beziehungen konstruierbar. Auch ein Werbefilm erzeugt „innere Bilder" beim Konsumenten (Kroeber-Riel, Weinberg und Gröppel-Klein 2009 S. 390 ff. u. 397 ff.), die in Anzeigen oder Plakaten wieder auftauchen können. Das können markante Personen und Sätze sein, ebenso bestimmte Schlüsselszenen. Ein guter Werbefilm sollte eigentlich sowieso derartige Elemente beinhalten, die als „Quasi-Standbild" beim Betrachter haftenbleiben. Dann lässt sich auch die Fernsehwerbung in Plakatwerbung wiederum vor Märkten transferieren. Die häufige Media-Kombination TV/Publikumszeitschriften hängt in ihrer Wirksamkeit von solchen markanten Bildern ab.

Schließlich bietet es sich an, Funk und Fernsehen miteinander zu kombinieren. Der „Sound" im TV greift die Funkwerbung auf, ebenso das gesprochene Wort, ein „Jingle" oder eine Melodie. Der einzelne TV-Spot wirkt vergleichsweise intensiver. Die häufige Schaltfrequenz bei Funk kann dem Vergessen entgegenwirken.

Bei allen Kombinationsmöglichkeiten und der dadurch möglichen Wirkungssteigerung ist dennoch eine Gestaltung notwendig, die den Eigenarten der jeweiligen Werbeträgergattung Rechnung trägt. Bekanntermaßen ist eine leichte Variation sogar von Vorteil.

5.2 Der Vergleich: Publikumszeitschriften versus TV

Insbesondere die unterschiedliche Werbewirkung von TV und Anzeigen in Zeitschriften ist Gegenstand vieler, teilweise kontrovers geführter Diskussionen und Untersuchungen. In einer frühen Untersuchung vergleichen Grass und Wallace (1974) die Wirkung involvierter gegenüber nicht involvierten Konsumenten hinsichtlich erfolgter Lernleistung (Erinnerung von Aussagen der Werbung und Marken-Recall). Sie finden eine Überlegenheit der TV-Werbung vor Anzeigenwerbung bei interessierten Betrachtern. Daraus resultiert der bekannte Ausdruck des „Low-Involvement"-Mediums TV.

5.2.1 Aktivierung und kognitive Wirkung in TV und Print

Die Wirkung des Fernsehens wird am stärksten durch die Aktivierung beeinflusst. Die Wirkung der Zeitschriftenanzeige wird am stärksten von kognitiven Erwägungen beeinflusst. „Fernsehen befriedigt den emotionalen Bereich. Es sorgt für Entspannung und Generierung von Gefühlen und Stimmungen. Print ist das Medium des alltäglichen Lebens und daher für kognitive Informationen mehr geeignet." Diese Feststellung wird von einer Reihe hirnphysiologischer Untersuchungen belegt, in denen insbesondere hinsichtlich des Recall Vorteile bei Zeitschriften gesehen wurden:

Weinstein et al. (1980) ermitteln Zusammenhänge zwischen Werbewirkung und dem verstärkten Auftreten von Gehirnwellen durch das Messen der Frequenz von Gehirnwellen bei Zeitschriften- und Fernsehwerbung als Stimulus:

Lesen von Werbung in Zeitschriften führt zu mehr Gehirnaktivität als das Sehen von Werbung im Fernsehen, d. h., Anzeigen lösen konzentriertere Aufmerksamkeit aus als Fernsehspots.

Werbung in Zeitschriften spricht deutlich mehr den kognitiven Bereich an als das Gefühl. Das bedeutet: intensiveres Erfassen und besseres Behalten. Werbung, die höhere Gehirnwellen und damit höhere Gehirn-Aktivität auslöst, wird auch besser erinnert (vgl. Weinstein et al., 1980).

Krugman (1975, 1977) untersucht die Werbewirksamkeit entsprechend medizinischer Erkenntnis über die Gehirnfunktion durch Messung von Augenbewegungen und Gehirnströmen beim Lesen von Zeitschriften und beim Fernsehen. Die Untersuchung fußt auf der Annahme, dass die menschlichen Gehirnbereiche relativ unabhängig voneinander funktionieren (sie ergänzen sich aber gegenseitig): Ein Teil speichert Wissen und reproduziert das Gespeicherte analog seiner logischen Verknüpfung in „Folge-Ketten". Demgegenüber sind andere Bereiche mehr für die gefühlsmäßigen, nicht linearen Sinneseindrücke zuständig. Während erstere stärker die detaillierten Erträge von Lernprozessen ausgeben, reflektieren die anderen Bereiche nur ganzheitliche „Erinnerungsklumpen" (Bilder), die nicht präzise strukturiert sind.

5.2.2 Fernsehen und die Frage der Ablenkung

Venkatesan und Haaland (1968) untersuchten in zwei Experimenten die Wirkung geteilter Aufmerksamkeit, also der Ablenkung, während der Werbesendung im Fernsehen. In der ersten Studie wurde die Wirkung auf die reine Erinnerung (Recall) gemessen.
Eine Gruppe von Versuchspersonen wurde ausschließlich der Werbung ausgesetzt und unterlag keinerlei Ablenkungen. Eine zweite Gruppe wurde visuell abgelenkt, eine dritte mit einer ablenkenden Tätigkeit. Die vierte Gruppe schließlich unterlag der stärksten Ablenkung, nämlich einer Kombination von visueller und verhaltensmäßiger Ablenkung. Die Resultate sind in Tab. 5.1 wiedergegeben.

Es muss lediglich darauf hingewiesen werden, dass die relativ hohen Recall-Werte aus der Experimentalsituation resultieren, die in realen Werbewirkungsmessungen als Werbemittel-Pretest nicht realisiert werden. Entscheidend ist aber der Trend, der eindeutig nachvollziehbar ist. Der relativ hohe Produkt-Recall bei der verhaltensmäßigen Ablenkung ist kein Trost, denn es bleibt ein niedriger Marken-Recall (weniger als 50 % im Vergleich zur Kontrollgruppe). Produkt-Recall ohne Erinnerung an die Marke ist als Werbewirkung ziemlich nutzlos. In realen Werbewirkungsmessungen würden offensichtlich nicht mehr messbar niedrige Recall-Werte entstehen.

In einer zweiten Studie (Venkatesan und Haaland, 1968) wurde das Maß der Beeinflussung unter den gleichen Bedingungen gemessen, also nicht die Erinnerung, sondern die Wirkung auf Einstellungen. Allerdings ist der Aussagewert des Recall in Theorie und Praxis der Marketing-Kommunikation umstritten. Recall-Werte korrelieren stark positiv mit vorab bereits bestehender Markenbekanntheit und können daher nicht eindeutig etwas über die Qualität der einzelnen Kommunikations-Instrumente aussagen. Wissenschaftlich gesehen besteht eine Variablen-Konfundierung zwischen zwei Einflussfaktoren auf die Kommunikationswirkung: Vorhandene Markenbekanntheit einerseits und Gestaltung der Kommunikations-Instrumente andererseits. Daher wird diese zweite Studie den Problemen der Marketing-Kommunikation wohl eher gerecht. Indiziert ergaben sich die Resultate in Tab. 5.2.

Die Beeinflussungsstärke sank also bei stärkster Ablenkung auf fast ein Drittel der ursprünglichen Stärke.

Bei nur schwacher Ablenkung fanden Festinger und Maccoby (1964) unter bestimmten Bedingungen höhere Beeinflussung unter der Bedingung „Ablenkung". Diese bekannte Untersuchung war aber nicht explizit auf Werbung bezogen und betraf doch etwas

Tab. 5.1 Recall-Werte bei unterschiedlicher Ablenkung. (Venkatesan und Haaland, 1968, S. 203 f.)

	Produkt-Recall	Marken-Recall
Kontrollgruppe (keine Ablenkung)	96 %	95 %
Visuelle Ablenkung	51 %	42 %
Verhaltensmäßige Ablenkung	82 %	37 %
Kombination beider Ablenkungen	10 %	7 %

Tab. 5.2 Beeinflussungsstärke bei unterschiedlicher Ablenkung. (Venkatesan und Haaland, 1968, S. 203 f.)

	Beeinflussungsstärke
Kontrollgruppe (keine Ablenkung)	100
Visuelle Ablenkung	0,677
Verhaltensmäßige Ablenkung	0,529
Kombination, visuelle und verhaltensmäßige Ablenkung	0,343

komplexere Themen, als es in der Werbung zu erwarten ist. Außerdem erfolgte lediglich eine sehr moderate Ablenkung. Wahrscheinlich kommt es daher tatsächlich auf das Ausmaß ablenkender Tätigkeiten an. Somit kommt es für die Werbestrategie darauf an, die Ablenkung durch Auswahl der Werbeträger zu reduzieren und die verbleibende Ablenkung durch möglichst starke Aktivierung auslösende Gestaltung zu kompensieren.

Die derzeit vorliegenden Forschungsresultate lassen sich vereinfacht folgendermaßen zusammenfassen: Tätigkeiten während der Sendung von Werbespots im TV stören Wahrnehmung und Erinnern. Das Ausmaß der Erinnerung an die Fernsehwerbung korreliert negativ mit dem Ausmaß der Ablenkung. Auch daraus lässt sich ableiten, dass sich zur Übermittlung komplexer Botschaften die Anzeige besser eignet, während sich der TV-Spot besonders gut für die Übermittlung einfacher Botschaften eignet.

Je mehr Informationen in einer Werbung zu vermitteln sind, umso eher ist danach die Anzeige besser geeignet als TV-Werbung. Das gilt ebenso für relativ hochpreisige Güter und Dienstleistungen. Je mehr sich eine Werbung an eine Zielgruppe wendet, die grundsätzlich kaufwillig ist (das lässt sich bei den Produkten des täglichen Bedarfs sagen, deren Konsum weit verbreitet ist), umso eher scheinen beide Medien wirkungsgleich zu sein. Sie können dann auf den ersten Blick ausschließlich unter Kostengesichtspunkten ausgewählt werden. Auf den zweiten Blick wäre in erster Linie an ein Media-Mix zu denken, das aus TV und Print-Werbung besteht.

Bei Werbung, die Nichtverwender anspricht und diese zum Kauf anregen soll, wird TV-Werbung schneller die Werbebotschaft an uninteressierte und nicht motivierte Personen herantragen, also die schwach „involvierten" Personen.

5.3 Synergie-Effekte in der Mediastrategie – die Kombination Anzeigen- und TV-Werbung

5.3.1 Positive und negative Folgen durch Wiederholung

Wir kennen zwei gegenläufige Effekte durch Wiederholung: einen positiven Lerneffekt, wonach zunehmende Wiederholung zu positiven Einstellungen und Sympathie führt. Dieser positive Effekt durch Gewöhnung ist bekanntermaßen durch starke Kontinuität in der Marktkommunikation zu nutzen. Werbung muss danach besonders leicht wiedererkennbar sein. Es lassen sich jedoch ebenso empirische Befunde dafür nachweisen, dass häufige Wiederholung durch eintretende Redundanz zu verminderter Akzeptanz führt, wir finden also einen negativen Effekt durch Wiederholung. Beide Effekte werden neuerdings durch die „Cognitive-Response"-Forschung gestützt (vgl. Petty und Cacioppo, 1986).

Der tatsächlich eintretende Werbe-Effekt wird durch beide Tendenzen beeinflusst und liegt quasi als Netto-Effekt zwischen beiden. Aus praktischer Erfahrung heraus ist davon auszugehen, dass dieser kaum negativ wird, allenfalls ist ab einem bestimmten Maß an Wiederholung mit keiner weiteren positiven Zunahme der Werbewirkung zu rechnen. Ein negativer Netto-Effekt durch Wiederholung ist vermutlich nur zu erwarten, wenn sich die häufige Wiederholung praktisch identischer Werbung auf einen sehr kurzen Zeitraum konzentriert. Diese Möglichkeit ist allerdings keinesfalls auszuschließen, wenn der gleiche TV-Spot, beispielsweise im Rahmen von Übertragungen von Sportveranstaltungen (Tennisturniere), im Privatfernsehen an einem Abend sehr häufig wiederholt wird. Die Häufigkeit, mit der im Privatfernsehen im Laufe eines Abends das Programm durch Werbung unterbrochen wird, lässt es durchaus zu, dass eine Art Übersättigung eintritt.

Werbestrategisch kommt es darauf an, den positiven Gewöhnungseffekt möglichst weitgehend zu nutzen. Das geschieht durch langfristig wirksame „Copy-Strategies". Durch Variation innerhalb des durch die „Copy-Strategy" vorgegebenen Rahmens, durch Motivwechsel bei Anzeigen und Spotwechsel, kann der negative Redundanz-Effekt weitgehend vermieden werden. Konstanz bei ausreichender Variation ist der Weg zu langfristig optimaler Werbewirkung (vgl. dazu Fuchs und Unger, 2007)

Ein Weg dazu bietet sich durch ein sinnvolles Media-Mix an. Die denkbaren Kombinationen von TV- und Zeitschriftenwerbung einerseits oder TV- und Hörfunkwerbung andererseits liefern solche Möglichkeiten. Bei TV und Zeitschriften lassen sich

5.3 Synergie-Effekte in der Mediastrategie – die Kombination Anzeigen- und TV-Werbung

charakteristische visuelle Reize in beiden Mediagattungen darstellen und kombinieren. Bei TV und Hörfunk trifft dies bekanntermaßen auf akustische Signalreize (z. B. „Jingles") zu. Bei der ebenfalls denkbaren Kombination von Zeitschriften mit Plakatwerbung wird dem Redundanz-Effekt nicht in gleichem Maße (wenn überhaupt) entgegengewirkt, da die Gestaltung praktisch identisch sein dürfte.

Zwischen gedruckten Medien und Werbefilmen sind gute Beziehungen herzustellen. Werbefilme erzeugen beim Betrachter „innere Bilder" im Gedächtnis, die in Anzeigen oder auch auf Plakaten wieder aufgegriffen werden können. Das können markante Personen oder Schlüsselszenen sein. Ein guter Werbefilm sollte eigentlich grundsätzlich derartige Elemente beinhalten, die als „Quasi-Standbild" beim Betrachter gut haftenbleiben. Dann lässt sich die Fernsehwerbung in Printmedien transferieren. Die häufige und sinnvolle Media-Kombination „TV-Publikumszeitschriften" hängt in ihrer Wirksamkeit von solchen markanten Bildern ab. Derartige Kombinationen wirken natürlich nur dann, wenn mit beiden Mediagattungen die gleichen Bevölkerungsgruppen erreicht werden.

Die hier empfohlene Strategie der Kombination von Mediagattungen zur Realisation leicht wiedererkennbarer Werbung in jedoch unterschiedlicher Darbietungsform funktioniert aber nur dann, wenn die Nutzerschaft der gewählten Mediagattungen weitestgehend identisch ist. Da TV ein Massenmedium ist, können nur entsprechend auflagenstarke Zeitschriften den hier beschriebenen Effekt hervorrufen. Eine Ausnahme ist lediglich denkbar, wenn TV-Werbung in ganz bestimmten interessenspezifischen Programmteilen der Privatsender platziert wird. Dann könnten entsprechend interessenspezifische Zeitschriftentitel ergänzend ausgewählt werden (Beispiel: Autorennen/Motorsport-Zeitschriften).

Es erscheint unsinnig, TV-Werbung mit breitem Publikum mit „imagefördernden" höherwertigen Zeitschriften zu kombinieren, da der gewünschte Multiplikator-Effekt so nicht zustande kommt. Die Nutzerschaften sind nicht ausreichend deckungsgleich. Der mögliche Imagegewinn wird nur bei einer kleinen Nutzerschaft (der gehobenen Titel) realisiert. Abgesehen davon ist ein Imagegewinn durch Auswahl bestimmter höherwertiger Titel keineswegs ausreichend belegt. Wenn überhaupt, dann ist das Image einer Zeitschrift bei der Nutzerschaft selber relevant, das sich durch Leser-Blatt-Bindung und ähnliche Parameter messen lässt.

Man mag argumentieren, dass durch die Kombination eines Massenmediums wie TV mit speziellen Zeitschriften, die eine spezifische, nicht durch TV erreichbare Nutzerschaft abdecken, Reichweitengewinne realisierbar werden. Das ist ohne Zweifel richtig. Andererseits dürften diese Reichweitengewinne gegenüber der durch TV bereits realisierten Reichweite eher marginal sein, so dass eine Wirkungssteigerung bei vorhandener Reichweite (also den bereits durch TV erreichten Personen) vorzuziehen sein müsste. Daher ist die Kontaktintensität, die Kontaktdosis zu steigern. Abbildung 5.1 macht diese Argumentation deutlich.

Die Abbildung „TV und gehobene Publikumszeitschriften" stellt dar, wie eine große Reichweite, durch TV-Werbung erzielt, durch marginale Reichweitengewinne ergänzt wird. Der Werbedruck im Bereich der durch TV Umworbenen wird nicht bzw. durch

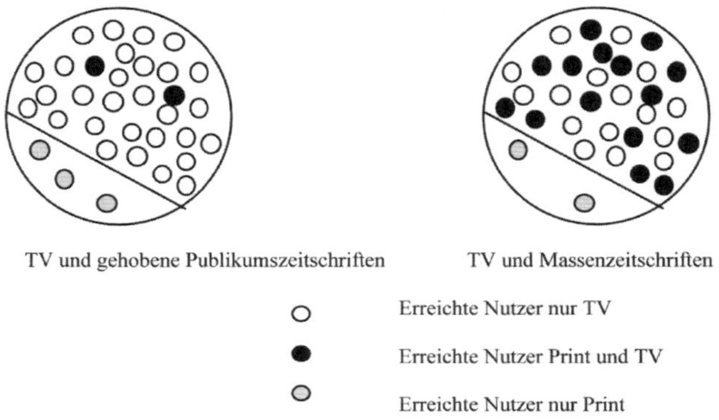

Abb. 5.1 TV und gehobene Publikumszeitschriften und TV und Massenzeitschriften

TV und gehobene Publikumszeitschriften   TV und Massenzeitschriften

○   Erreichte Nutzer nur TV

●   Erreichte Nutzer Print und TV

○   Erreichte Nutzer nur Print

Nutzer beider Mediagattungen nur marginal erhöht. Abbildung „TV und Massenzeitschriften" zeigt die Konzentration auf das Massenpublikum bei Maximierung des Werbedrucks.

Wir halten als erstes Fazit fest: Die Kombination gleichermaßen reichweitenstarker Mediagattungen ist nach dem heutigen Stand der Erkenntnis ein sehr empfehlenswerter Weg zur Wirkungssteigerung der Werbung.

Es ist von großer Bedeutung, darauf zu achten, dass die Nutzerschaften der einzelnen Werbeträger innerhalb der unterschiedlichen Mediagattungen weitestgehend identisch sind, um einmal tatsächlich Synergie-Effekte zu realisieren und andererseits unwirksame Reichweite zu vermeiden. Letzteres geschieht dann, wenn ein großer Teil der in der Gesamtreichweite ausgewiesenen Personen nur durch eine Werbeträgergattung erreicht wird, jedoch dadurch nicht häufig genug, um Kommunikationswirkung zu erzeugen.

Abbildung 5.1 illustriert, dass bei der Kombination des TV mit Massenzeitschriften die meisten Nutzer durch TV und Print erreicht werden, also Synergien realisiert werden. Die Kombination des TV mit „gehobenen" Titeln im Zeitschriftensektor führt dazu, dass nur wenige Personen über beide Mediagattungen erreicht werten, es werden also kaum Synergien realisiert. Der dafür erreichte Reichweitengewinn ist aber nur gering, was in der Natur der sogenannten „gehobenen" Zeitschriftentitel liegt.

5.3.2 Die Untersuchung von Tannenbaum (1967)

Schon vor zwanzig Jahren führte Tannenbaum Untersuchungen durch, die sich direkt auf unser Problem anwenden lassen. Es zeigte sich, dass sich Kommunikationswirkung durch Variation von Botschaften und Absender (z. B. Marke) erhöhen lässt. In diesem Fall wurden vier Versuchsgruppen unterschiedlichen Kommunikationsstrategien ausgesetzt:

5.3 Synergie-Effekte in der Mediastrategie – die Kombination Anzeigen- und TV-Werbung

Tab. 5.3 Versuchsaufbau nach Tannenbaum. (Tannenbaum, 1967, S. 271 ff.)

	Gleicher Absender mehrmals	Verschiedene Absender
Gleiche Botschaftsgestaltung Mehrmals	1) schwächste Wirkung	3) gute Wirkung
Variation in der Botschaftsgestaltung	2) gute Wirkung	4) höchste Wirkung

Gruppe 1 erhielt die gleiche Botschaft von dem gleichen Absender mehrmals und zeigte die geringste Einstellungsänderung. Gruppe 2 erhielt unterschiedliche Botschaften (mit prinzipiell der gleichen Einstellungsänderungsabsicht), jedoch von dem gleichen Absender (siehe Tab. 5.3). Diese Gruppe zeigte das zweitschwächste Maß an Einstellungsänderung. Eine dritte Gruppe wurde der gleichen Botschaft aus unterschiedlichen Quellen ausgesetzt; hier zeigte sich das zweitstärkste Maß an Einstellungsänderung. Die stärkste Einstellungsänderung konnte jedoch erzielt werden, wenn unterschiedliche Kommunikationsinhalte (die tendenziell dennoch in die gleiche Richtung zielten) von verschiedenen Absendern erteilt wurden.

In die Werbepraxis übertragen, bedeutet dies, dass die Gruppe 1 sich in einer Situation befindet, vergleichbar mit der von Konsumenten, die mehrmals gleichen Anzeigen oder TV- resp. Funkspots ausgesetzt sind. Die zweite Gruppe ist vergleichbar mit einer Situation, in der zwar die Botschaftsform geändert wird, jedoch der Absender der gleiche bleibt. Dies ist der Fall, wenn Werbetreibende sich verschiedener Medien bedienen und die gleiche Aussage abgewandelt in Print-, TV-, Funk-Medien gesendet wird. Wir müssen beachten, dass der Absender hier immer der gleiche ist, aus der Sicht des Konsumenten nämlich die Werbung betreibende Firma und nicht das Medium. Die Gruppe 3 ist schwierig in die Werbepraxis übertragbar. Wir müssten uns einen Fall vorstellen, in welchem exakt identische Botschaften von verschiedenen Sendern zu erhalten sind. Dies könnte dann der Fall sein, wenn sich Werbeaussagen und die Aussagen von unabhängigen Testinstituten exakt gleichen.

Die vierte Gruppe liefert uns einen Ansatz für eine weitere Steigerung der Kommunikationswirkung durch die Kombination von Werbung mit „Product Publicity", also redaktionellen Auslobungen von Produkten in den Medien. In diesem Fall erhält der Konsument die Botschaft nämlich aus seiner Perspektive von zwei unterschiedlichen Quellen: dem Markenartikel und der neutral erscheinenden Redaktion der Zeitschrift. Auch die hier dargestellten Effekte lassen sich nur erreichen, wenn jeweils identische Nutzerschaften angesprochen werden.

Wir halten als zweites Fazit fest: Der positive Effekt durch Kombination von Mediagattungen mit deckungsgleichen Zielgruppen ist durch „Product Publicity" noch steigerungsfähig. „Product Publicity" als Form der Marktkommunikation reicht aber nur in extrem seltenen Fällen aus, im Konsumgüter-Marketing für Markenartikel, möchte man sagen, „grundsätzlich nicht". Vielmehr bedarf es des Aufgreifens der zentralen Aussage in komprimierter Form in anschließend häufig zu wiederholende Werbung.

Anhang: Praxisbeispiel Süddeutsche Zeitung

Eric Mantei

Laufbahner.de
Das neue Stellenportal der Süddeutschen Zeitung

Hintergrund

Der Süddeutsche Verlag ist ein Münchner Traditionsunternehmen und modernes Medienhaus zugleich. Hervorgegangen aus dem Verlag der Süddeutschen Zeitung hat sich das Unternehmen seit seiner Gründung in der Nachkriegszeit zu einem der großen deutschen Medienhäuser entwickelt. Neben der Süddeutschen Zeitung gehören noch zahlreiche Unternehmen aus den Bereichen Fachinformationen, Regionalzeitungen, elektronische Medien, Technik und Dienstleistungen zum Süddeutschen Verlag.

Die Süddeutsche Zeitung als Kernprodukt des Verlags ist nach Reichweite die größte überregionale Qualitäts-Tageszeitung Deutschlands. Mit einer verkauften Auflage von 436.997 Exemplaren täglich (IVW I/2011 Montag bis Samstag) erreicht die Süddeutsche Zeitung 1,27 Mio. Leser. Mit 83 Prozent Abo- und Einzelverkauf-Anteil weist sie den höchsten Anteil beim so genannten „harten Verkauf" aller überregionalen Tageszeitungen in Deutschland auf. Darüber hinaus sind die Überschneidungen zwischen den Lesern der Süddeutschen Zeitung und den Lesern anderer überregionaler Tageszeitungen gering: Sie liegen zwischen drei Prozent und sechs Prozent (ma 2010).

Abbildung A1 stellt die größten, überregionalen Qualitäts-Tageszeitungen in Deutschland in ihren verkauften Auflagen gegenüber.

Das Geschäftsmodell im Zeitungsmarkt ist grundlegend durch die Dualität aus Vertriebs- und Anzeigenerlösen bestimmt. Neben den Erlösen aus Abonnements, Einzelverkäufen und weiteren Vertriebsformen ist das Anzeigengeschäft die zentrale Erlösquelle im Zeitungsmarkt. Der Anzeigenmarkt wird dabei in Teilmärkte untergliedert. So findet zumeist eine Trennung nach Rubrikenmärkten beziehungsweise in Form von zusammengeführten Themen statt. Beispiele hierfür sind der Stellenmarkt für Arbeitgeber- und

Arbeitnehmerinserate, der Immobilienmarkt, Automobilmarkt oder auch der Einzelhandel.

Bis zur Etablierung der digitalen Medien war der Stellenmarkt mit Abstand eines der meist gebuchten Umfelder im Anzeigengeschäft. So kam es in den erfolgreichen Geschäftsjahren zu dem Engpass, dass aufgrund von Ausbuchungen Anfragen für Anzeigenschaltungen abgelehnt werden mussten. Die Blattplanung hatte ihre Kapazitätsgrenzen erreicht. Diese erfolgreichen Jahre im Zeitungsgeschäft dürften in Zukunft unerreichbar bleiben vor dem Hintergrund eines sich verändernden Mediennutzungs- und werbeverhalten. So gehen aktuelle Studien davon aus, dass die Online Medien bis 2014 die bis dato führenden Medien Fernsehen und Tageszeitungen nach Werbeaufkommen ablösen werden. Abbildung A2 stellt die nationalen Brutto-Investitionen nach Medien im Frühjahr 2011 gegenüber.

Nebst den generell hohen Umsatzeinbußen im Anzeigengeschäft der Zeitungsverlage verliert insbesondere der Stellenmarkt in den letzten Jahren kontinuierlich an Werberelevanz aufgrund von digitalen Substituten, was sich jedoch tendenziell auf alle Rubrikenmärkte adaptieren lässt. Potenzielle Anzeigenkunden werben aufgrund des sich verändernden Mediennutzungsverhaltens sowie aus Kosteneinsparungsgründen vornehmlich dort, wo sie auf ebenso potenzielle Bewerber treffen: Im Internet. So konzentriert sich das Angebot bedeutsamer Stellenportale auf wenige große Anbieter, die in den letzten Jahren aufgrund von Zu- und Aufkäufen zu einer Marktkonsolidierung beigetragen haben. So heißen die größten digitalen Jobbörsen Monster, Stepstone oder auch Stellenanzeigen.de. Neben diesen besteht eine Vielzahl an unterschiedlichen Spezialangeboten mit dem Fokus auf spitze Zielgruppen, die die Orientierung für Stellensuchende wie auch für Personalverantwortliche auf Unternehmensseite umso schwieriger gestalten (siehe Ausblick).

Die oben aufgeführten Marktteilnehmer auf Anbieterseite verstehen sich als Jobbörsen, die sich und ihr Angebot über kostenpflichtige Stellenanzeigen finanzieren. So buchen Arbeitgeber Stellenanzeigen für einen bestimmten Zeitraum mit diversen Filterkriterien. Interessenten recherchieren entsprechend ihren Kriterien – wie z. B. Berufsbezeichnung, Branche, Lokalität, Unternehmen oder auch Gehaltsniveau – und erhalten daraufhin eine Feinauswahl an Angeboten, die nebst der Detailanzeige zumeist auch den direkten Kontakt mit dem Inserenten über Kontaktformulare ermöglichen.

Ausgangssituation

Die Süddeutsche Zeitung hat das Potenzial der Jobbörsen als Substitut für klassische Stellenanzeigen erkannt und nebst dem bestehenden Online-Angebot ein digitales Produkt entwickelt, das Stellensuchende und Arbeitgeber über eine neue und vollautomatisierte Matching-Technologie zusammenführen soll. So besuchen Interessenten das Online-Stellenportal nicht erst im Moment ihrer aktiven Suche, sondern nutzen es regelmäßig und wiederkehrend für ihre perspektivische Berufsplanung. Für Arbeitgeber wird diese

Verkaufte Auflagen

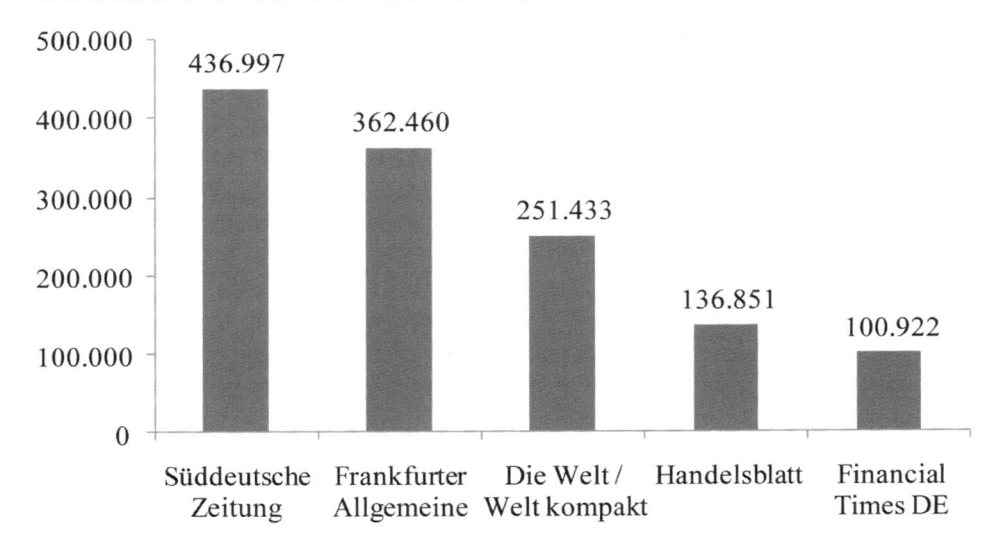

Zeitung	Auflage
Süddeutsche Zeitung	436.997
Frankfurter Allgemeine	362.460
Die Welt / Welt kompakt	251.433
Handelsblatt	136.851
Financial Times DE	100.922

Abb. A1 Verkaufte Auflagen, IVW Basis Montag-Samstag, I. Quartal 2011. (www.ivw.de)

neuartige Form des Personal Marketings dem mittelfristigen Trend des Employer Branding gerecht (siehe Ausblick).

Nach dem Motto „Zusammenarbeiten beginnt mit uns" wurde die Marke Laufbahner entwickelt, die losgelöst vom Online-Angebot der Süddeutschen Zeitung ein eigenständiges Stellenportal darstellt. Für die Bewerbung von Laufbahner.de wurde im Jahr 2009 eine breit angelegte Marketingkampagne lanciert, die die Marke insbesondere bei Stellensuchenden bekannt machen sollte. Kernziel war und ist die Registrierung von Stellensuchenden als Erfolgsfaktor für die Akquise von buchenden Anzeigenkunden. Je mehr Interessenten sich auf der Plattform anmelden und diese regelmäßig wiederbesuchen, desto attraktiver ist das Angebot auch für Arbeitgeber, die hierüber ihre Anzeigen und Selbstdarstellung gegen Gebühr inserieren. Die folgenden Teilschritte verdeutlichen den Prozess der Zieldefinition sowie Kampagnenplanung und -exekution im Rahmen einer umfassenden Marketingstrategie.

Zielsetzung

Mit der Vergabe des Marketing-Etats an die Serviceplan Agenturgruppe wurden die folgenden Zielsetzungen definiert, die die Grundlage für den kommunikativen Leistungsnachweis bildeten.
- Einführung und Bekanntmachung der Marke Laufbahner.de
- 200.000 bis 300.000 Besucher im ersten Quartal nach Portal-Launch
- 600.000 Unique User* mit ein bis zwei Visits pro Monat nach zwölf Monaten

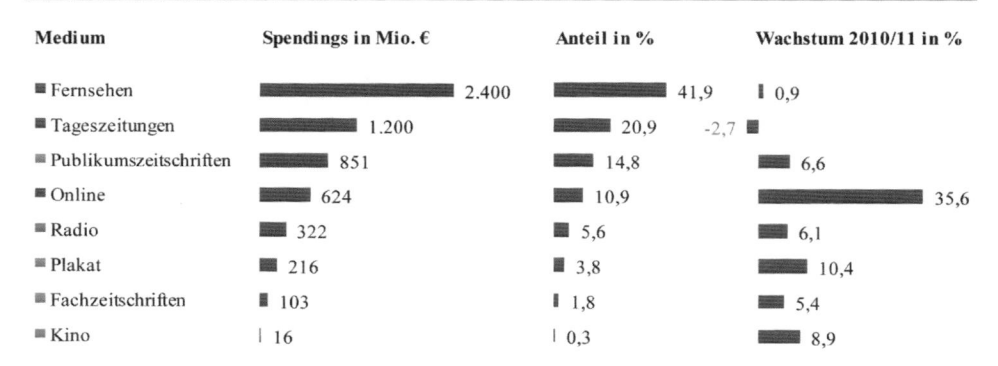

Medium	Spendings in Mio. €	Anteil in %	Wachstum 2010/11 in %
Fernsehen	2.400	41,9	0,9
Tageszeitungen	1.200	20,9	-2,7
Publikumszeitschriften	851	14,8	6,6
Online	624	10,9	35,6
Radio	322	5,6	6,1
Plakat	216	3,8	10,4
Fachzeitschriften	103	1,8	5,4
Kino	16	0,3	8,9

Abb. A2 Nationaler Werbemarkt nach Spendings, Anteil und Wachstum. (Nielsen Report April 2011)

- Bis 2.000 Unternehmenskunden im ersten Jahr
- Differenzierungsmerkmale deutlich machen
- * Unique User: Eindeutiger Besuch eines Online-Angebots in einem definierten Zeitraum über ein Endgerät

Aufgabenstellung

Im Rahmen der Auftragsvergabe wurden vom Marketing der Süddeutschen Zeitung die folgenden Anforderungen notiert:
- Erarbeitung von innovativen, tragfähigen Kampagnenideen, die begeistern und alleinstellend sind
- Ineinandergreifende und aufeinander aufbauende Kommunikationsmaßnahmen
- Stringente Deklinierbarkeit über alle Medien, das heißt Skalierbarkeit über alle Marketing-Kanäle
- Ausarbeitung u. A. folgender Maßnahmen:
- Wortmarke für Laufbahner.de
- On- und Offline-Umsetzungen (Business-to-Business sowie Business-to-Consumer)
- Weitere Below-the-Line-Kommunikation
- Unter Ausnutzen aller interaktiven Möglichkeiten

Dem Anforderungskatalog ist zu entnehmen, dass nebst der medialen Ansprache ein grundlegendes Markenbild erarbeitet werden sollte, dessen Realisierung hier jedoch nicht näher beleuchtet wird. So wird an dieser Stelle vorausgesetzt, dass das Markenbild und die dafür notwendigen Maßnahmen bereits realisiert wurden. Bevor also die kommunikative Leitidee für die Bewerbung von Laufbahner.de erläutert wird, soll im Folgenden die Serviceplan Agenturgruppe kurz vorgestellt werden.

Serviceplan Agenturgruppe

Serviceplan ist die größte deutsche inhabergeführte Kommunikationsagentur, die mit derzeit über 25 Spezialagenturen national sowie international für ihre Kunden tätig wird. 1972 gegründet konzentrierte sich der Firmengründer Dr. Peter Haller zunächst auf das klassische Werbeagentur-Geschäft, das 1983 um die Sparte der strategischen Kommunikationsplanung erweitert wurde. Letzteres versteht sich als Mediaagentur. Die so genannte Mediaplus Gruppe als Teil der Serviceplan Holding ist seitdem eine der drei Säulen und berät Kunden in der strategischen Kommunikationsplanung – also der zumeist intermedialen, vernetzten, werblichen Kommunikation für Marken und Produkte.

Mediaplanung aus Agentursicht

Stellt sich die Frage, was eine Mediaagentur im Kern leistet: Mediaplaner sehen sich als die „Logistiker der Werbung". Sie transportieren die kreative Werbebotschaft (Layout, Motiv und Werbemittel) über geeignete Wege (Medien und Werbeträger) zu den potenziellen Verbrauchern beziehungsweise Abnehmern (Rezipienten und Konsumenten). Es geht um den effektiven (größte Reichweite) und effizienten (günstigste Maßnahme) Transport der Werbung mit den für den Fall am besten geeigneten Medien zur definierten Zielgruppe. Kurzbündig formuliert erfährt der Werbungtreibende in drei Ebenen entscheidende Leistungen für die Exekution seiner Marketingziele: Beratung, Preisvorteile und Auslagerung der hierfür notwendigen Abwicklungsschritte.

Innerhalb des Beratungsprozess werden unter anderem folgende Leistungen erbracht: Marktanalyse, Wettbewerbsbeobachtung, Titelbewertungen, Angebotsbewertungen, Medien-, Einsatz- und/oder Budgetdefinition sowie die Mediaplanung als solches. Die Preisvorteile in zweiter Instanz ergeben sich aus den folgenden Positionen: Weitergabe der Agenturprovision (siehe Terminologie der Mediaplanung) und aller kundenbezogenen Rabatte, Preisverhandlungen in allen Medien, Zielvereinbarungen mit selbigen sowie aufgrund von Buchungsvorläufen gewährte Skonti. Die Auslagerung von Marketingaufgaben erfolgt in dritter Ebene: Angebotsprüfung, Beauftragung der Medien, Produktionskoordination mit der Kreativagentur, Einschaltkontrolle, Reklamationen, Abrechnung sowie Berichtswesen und Bewertungen.

Mediaagenturen lassen sich in zwei grundlegende Lager unterscheiden: Beratungs- und Einkaufsagenturen. Erstere bieten dem Werbekunden einen allumfänglichen Service von der Medienbewertung und -beratung, über die Mediaplanung bis hin zum Berichtswesen und der Erstellung von Handlungsempfehlungen. Beratungsagenturen bieten dem Kunden somit eine breitere und aufwändigere Leistungspalette an, die mit zumeist höheren Honoraren vergütet und refinanziert wird. Einkaufsagenturen hingegen konzentrieren sich zumeist auf die Bündelung von Media-Etats diverser Kunden, um gegenüber den Medien höhere Volumenrabatte zu erzielen und diese anteilig an die Werbekunden weiterzureichen.

In Folge der zunehmend fragmentierten Medien- und Werbemärkte werden Beratungsleistungen für Werbungtreibende immer relevanter. Selbige stehen jedoch zunehmend unter Druck, da Werbeaktivitäten immer mehr durch die Einkaufs- statt durch die Marketingabteilungen hinterfragt und gesteuert werden. So konvergieren die beiden genannten Agenturtypen aufgrund des zunehmenden Leistungsdrucks immer mehr ineinander, um Beratungs- und Einkaufsleistungen aus einer Hand anzubieten.

Bevor die Mediaplanung für Laufbahner.de und die hierfür notwendigen Teilschritte erläutert werden, erfolgt zunächst eine grundlegende Einführung in die Terminologie der Mediaplanung.

Terminologie der Mediaplanung

Die Mediaplanung ist gekennzeichnet durch eine Vielzahl an Leistungswerten, Abkürzungen und Begrifflichkeiten. Es würde zu weit führen, sie an dieser Stelle in Gänze aufzulisten und zu beschreiben. Da es sich bei der Mediaplanung jedoch im Wesentlichen um die Anwendung des ökonomischen Prinzips handelt, soll hier kurzbündig der Weg vom Medienangebot bis hin zum Einkauf aufgezeigt werden.

Die Basis des Angebotswesens sind die so genannten Mediadaten der Medienanbieter. Sie beinhalten nebst einer Selbstdarstellung des Mediums – beispielsweise einer Tageszeitung – die Schaltkosten je Anzeigenformat. Die Grundeinheit wird hierbei als Tarifpreis bezeichnet. Dieser fungiert als Basispreis abzüglich zu gewährender Rabatte nach Tarif sowie nach Verhandlung. Bei letzterem spricht man von den so genannten außertariflichen Rabatten. So taxiert ein Medienanbieter seine Anzeigenformate – beispielsweise eine vollformatige Vier-Farb-Anzeige – mit einem bestimmten Preis. Dieser gilt für alle Interessenten als Basispreis. Er wird als der Tarifpreis bezeichnet, da er einen festen Preis für eine klar definierte Werbeeinheit darstellt. Dieser Tarifpreis ist um tarifliche Rabatte reduzierfähig. Also Rabatte, die aufgrund von Mengen- oder auch Malstaffeln gewährt werden. Eine Mengenstaffel kann z. B. Rabatte nach Abnahme gewisser Formatvolumina nach sich ziehen. Anzeigen haben demnach ein bestimmtes Volumen, das sich aus Höhe multipliziert um die Breite sowie die Schaltfrequenzen ergibt. Bei den Malstaffeln handelt es sich hingegen um Rabattstufen, die unter Abnahme von zunehmenden Schaltfrequenzen gewährt werden. Darüber hinaus gewähren mittlerweile alle Medienanbieter so genannte außertarifliche Rabatte. Das sind Rabatte, die aufgrund von Verhandlungsleistungen zwischen den Medien, dem Werbungtreibenden oder auch den vermittelnden Agenturen gewährt werden. Aufgrund der angestrebten Verhandlungsleistung sind außertarifliche Rabatte nicht in den Mediadaten enthalten.

Tarifpreise als Basis der Angebotskalkulation fungieren als so genannte Bruttopreise. Die daraufhin gewährten Rabatte bilden nach deren Abzug das so genannte Kunden-Netto. Das ist der Preis, den der Werbungtreibende bei direkter Buchung gegenüber dem Medium zu zahlen hat. Hiervon gehen noch marktübliche Skonti ab, sofern diese vom Anbieter gewährt werden. Auch wenn sich Skonti zumeist im kleinen einstelligen Prozentbereich bewegen, so fungieren sie aufgrund der generell hohen Medienvolumina als Hebel für sichtbare Ersparnisse für die Werbungtreibenden. Auf das Kunden-Netto wird in letzter Instanz die ebenso marktübliche Umsatzsteuer erhoben. Die Umsatzsteuer ist bei Konsumenten auch besser bekannt als Mehrwertsteuer, die in unterschiedlicher Höhe vom Fiskus auf viele Warengruppen im Konsumbereich erhoben wird. Für Unternehmen fungiert diese Steuer jedoch als so genannte Vorsteuer, da selbige zumeist steuerabzugsberechtigt sind. Für die Mediaplanung bedeutet dieser Posten die für die Werbungtreibenden letzte Instanz in der Aufbereitung von Angeboten. Organisiert der Werbungtreibende seine Mediaplanung hingegen über eine Agentur, so wird dieser im Namen des Werbekunden die so genannte Mittlerprovision gewährt. Die Mittlerprovision wird den Agenturen von den Medien gewährt, da diese im ursprünglichen Sinne als Vergütungshonorar für die Agenturen diente. Mittlerweile wird sie unter Abzug eines zumeist einstelligen Prozentanteils an die Werbungtreibenden weitergereicht. Die Mittlerprovision taxiert marktüblich bei rund 15 Prozent auf das Kunden-Netto. Wird nun nach Kunden-Netto eine zusätzliche Mittlerprovision gewährt, so spricht man vom so genannten Agentur-Netto. Auf diese Einheit werden von der Agentur Honorare für die erbrachten Leistungen aufgeschlagen. Hierbei wird unterschieden zwischen dem Basishonorar sowie einem Erfolgshonorar auf die von der Agentur erzielten Verhandlungsleistungen. Das Agentur-Netto zuzüglich der Agenturhonorare bildet in Gänze den so genannten Kundenpreis.

Zusammengefasst zeigt sich, dass die Mediaplanung aufgrund der Medien- und Gattungsvielfalt sehr komplex ist, dennoch im Kern die Ökonomie in Form eines Min-Max-Prinzips darstellt – also der Herbeiführung eines bestimmten Ergebnis unter minimalem Mitteleinsatz (Effizienz, Budget) oder dem Einsatz eines bestimmten Medienetats mit maximaler Leistung (Effektivität, Reichweite).

Im Folgenden werden die Erfolgsfaktoren im Planungsprozess erläutert, die in selbiger Reihenfolge Anwendung innerhalb der Mediaplanung für Laufbahner.de fanden.

Erfolgsfaktoren und Planungsprozess

Die Mediaplanung wird über die folgenden Indikatoren beschrieben: Budget (1), Zielgruppendefinition und -reichweite (2), Kommunikations- und Marketingziele (3), Saisonalität (4), Regionalität (5), Mediaselektion (6), Kontakthäufigkeit (7), Kommunikationsangebot und Werbemittel (8), Werbewirkung (9) sowie Kosten-Leistung-Verhältnis (10).

Die Exekution der Mediaplanung erfolgt über folgende Teilschritte: Analyse der Aufgabenstellung des Werbungtreibenden, Wettbewerbsanalyse, Definition der Mediaziele und -zielgruppen, Mediastrategie, Medienselektion und -einsatztaktik bis hin zur Feinplanung in Form einer Kosten- und Streuplanerstellung.

Nach Sichtung der Planungsunterlagen erteilt der Werbekunde die Freigabe zur Buchung – dem so genannten Buchungsauftrag, der sich rechtlich als Vertragsschluss zwischen Werbungtreibenden und Mediaagentur versteht. Die Mediaagentur handelt hierbei treuhänderisch im Sinne des Werbungtreibenden und seiner Kommunikationsziele.

Treuhänderisch bedeutet hierbei, dass die Mediaagentur als Schnittstelle zwischen Medien und Werbungtreibenden fungiert, was sich insbesondere im Rechnungslauf widerspiegelt. Rechnungen der Medien für Werbeschaltungen werden an die Agentur gerichtet, die selbige reduziert um die so genannte Mittlerprovision und weiterer Rabatte zuzüglich des Agenturhonorars an die Werbekunden berechnet. So wird der Buchungsauftrag von der Mediaplanung an den Mediaeinkauf übergeben, der die Buchungsabwicklung vornimmt.

Im Folgenden wird die Mediaplanung für Laufbahner.de über die hierfür notwendigen Teilschritte im Planungsprozess näher gebracht.

Mediaplanung für Laufbahner.de

Einleitung

Den Zuschlag zur Kommunikationsplanung für Laufbahner.de erhielt Mediaplus über die zuvor stattgefundene Ausschreibung des gesamten Kommunikations-Etats. In erster Instanz hatte sich Serviceplan hierbei für die Kreationsleistung – also die Ausgestaltung des Markenbilds über die kommunikative Leitidee, das Logo, Farbwelt, Präsentationsunterlagen, Webseiten-Design, und so weiter – empfohlen. In zweiter Instanz fand die Bewerbung für den Media-Etat statt, um die Marke Laufbahner.de in Form einer integrierten Kommunikationskampagne bekannt zu machen.

Die folgenden Schritte verdeutlichen nun im Detail den Prozess von der Ist-Analyse bis hin zur Exekution und Abwicklung der Kampagnenleistungen.

Schritt 1: Kunden- und Situationsanalyse

Bevor die definierten Marketingziele in skalierbare Mediaziele transformiert werden, steht die Kunden- und Situationsanalyse an. Wie im ersten Abschnitt bereits erläutert, ist das Anzeigengeschäft im Stellenmarkt eine zentral relevante Größe im Tageszeitungsgeschäft. Das Produkt Laufbahner.de stellt dabei für die Süddeutsche Zeitung ein Substitut gegenüber dem klassischen Printgeschäft dar. Folglich musste die Positionierung von Laufbahner.de derart gestaltet werden, so dass die klassischen Erlöse – also die Printanzeigen im Stellenmarkt – nicht gefährdet werden würden. Man spricht im Falle dessen auch von einem Kannibalisierungs-Effekt.

Die Kernidee von Laufbahner.de ist demnach nicht die Verlängerung von klassischen Printkampagnen in das Internet sondern vielmehr die perspektivische Berufsplanung wie eingangs bereits beschrieben. Entgegen den Direktwettbewerbern Monster, Stepstone, Stellenanzeigen.de und so weiter (siehe Ausgangssituation) versteht sich Laufbahner.de nicht als digitales Produkt, über das Stellensuchende aktiv nach Vakanzen suchen sondern vielmehr als Plattform, über die sich auf der einen Seite Unternehmen samt ihrem

Leitbild, ihrer Philosophie, ihren Geschäftsumfeldern und Standorten und präsentieren können sowie auf der anderen Stellensuchende mit ihrem Lebenslauf, ihrer Kompetenzen, ihren Präferenzen und weiterer Argumente darstellen. Dieses Alleinstellungsmerkmal der perspektivischen Berufsplanung galt es innerhalb der Mediaplanung und Kreation herauszuarbeiten.

Schritt 2: Marketing- und Mediaziele

Hauptziel der Marketingkampagne war die Einführung und Bekanntmachung der Marke Laufbahner.de

Für den Nachweis der Kampagnenleistung wurden vom Kunden Planziele definiert, die die Aktivierung von werbenden Unternehmen und interessierten Stellensuchenden im Kampagnenverlauf quantifizieren sollte (siehe Zielsetzung). Nebst den Kernzielen wurde die Aufgabenstellung zur Kampagnenentwicklung notiert. Im Fokus stand folglich die „Erarbeitung von innovativen, tragfähigen Kampagnenideen, die begeistern und alleinstellend sind" (Kreation) sowie „ineinandergreifende und aufeinander aufbauende Kommunikationsmaßnahmen" (siehe Mediaplanung). Die „stringente Deklinierbarkeit über alle Medien, das heißt Skalierbarkeit über alle Marketing-Kanäle", stand im Fokus zur Entwicklung einer integrierten Marketingkampagne zur Bekanntmachung von Laufbahner.de

Nun ist eine Mediaagentur nicht im Stande, mit den genannten, qualitativen Marketingzielen eine zielorientierte und messbare Kommunikationskampagne zu realisieren. Grund hierfür ist, dass die Mediaplanung auf Basis von ökonomischen und marktforscherischen Kennzahlen basiert entgegen der Planung auf Basis von qualitativen Marketingkriterien.

Demnach sind die Marketingziele in so genannte Mediaziele zu überführen. Die zuvor erfolgte Kunden- und Situationsanalyse hilft dabei entscheidend, die Ausgangssituation über Detailinformationen wie z. B. den Branchenhintergrund, die Zielgruppen sowie das Markt- und Wettbewerbsumfeld umso besser zu erfassen.

Die folgende Übersicht (siehe Tab. A1) verdeutlicht in Auszügen die Transformation der qualitativen in quantitativ messbare Zielkriterien, um die Grundlage für die nachfolgende Marktsegmentierung zu schaffen.

Schritt 3: Marktsegmentierung

Die Marktsegmentierung im Anschluss an die definierten Mediaziele ist der zentrale Schritt, um darüber zu entscheiden, in welchem Marktumfeld sich das Produkt oder das Unternehmen in Gänze bewegt. Die Segmentierung kann auch mit der Marktabgrenzung gleichgesetzt werden. Letzteres erklärt umso besser, welche zentrale Funktion von der Marktsegmentierung ausgeht: Das Unternehmen konzentriert sich auf den Wirtschaftsbereich, der für die eigenen Vorhaben am erfolgsträchtigsten ist. So wähnt sich Laufbahner.de beispielsweise nicht im Wettbewerb mit den großen Online-Suchmaschinen, über

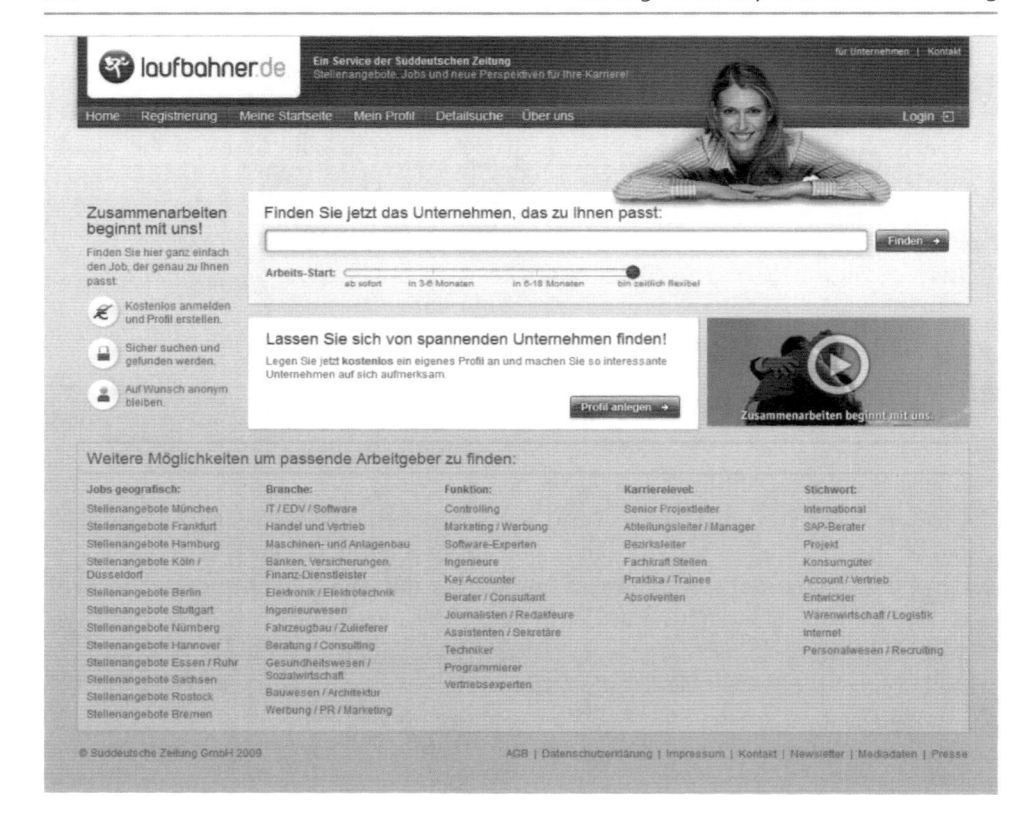

Abb. A3 www.laufbahner.de, aktuelle Ansicht vom 02.10.2011

die Stellensuchende ebenso und direkt nach für sie relevanten Angeboten recherchieren. Der für Laufbahner.de relevante Markt ist der der Online-Stellenportale, über die Personal suchende Unternehmen auf Stellensuchende treffen. Die Portale fungieren hierbei als Marktplätze und dienen beiden Teilnehmern, einander im Meer der Angebote zu finden. Man unterscheidet innerhalb der Marktsegmentierung auch den Wettbewerb, der sich in den Direkt- und Gesamtwettbewerb unterteilen lässt.

Die detaillierte Analyse des abgegrenzten Marktumfeldes erfolgt im nächsten Schritt.

Schritt 4: Marktanalyse

Mit Hinblick auf die zuvor durchgeführte Marktsegmentierung findet nun eine Marktanalyse statt. Die Marktanalyse dient dem Verständnis und der Berücksichtigung von marktgetriebenen Bedingungen. So werden im Kern die Anbieter- und Nachfragerseite beleuchtet. Im für Laufbahner.de relevanten Markt sind das die werbenden Unternehmen sowie die Stellensuchenden.

So wähnen sich die werbenden Unternehmen in einem immer unübersichtlicheren digitalen Angebotsmarkt aus Jobbörsen, Jobsuchmaschinen oder so genannten Karrieredienstleistern – ganz zu schweigen vom klassischen Printgeschäft und den hier existenten Stellenmärkten. So stehen Personalabteilungen als potenzielle Anzeigenkunden vor der schwierigen Aufgabe, die zur individuellen Personalrekrutierung effektiven Lösungen zu analysieren und auszuwählen. Die Nachfragerseite in Form von Stellensuchenden hingegen unterteilt sich zunehmend in die beiden Lager der latent Wechselwilligen oder der konsequent Suchenden.

Aufgrund der fragmentierten Marktsituation wird es für Anbieter und Nachfrager gleichermaßen umso fragwürdiger, welche Maßnahme die für ihre individuellen Bedürfnisse erfolgsträchtigste ist. Tendenziell sind beide Seiten immer mehr an einer langfristigen Planung interessiert. So stehen Unternehmen zunehmend vor der Herausforderung, permanent Vakanzen besetzen zu müssen sowie ferner nicht nur die aktiv Suchenden anzusprechen als vielmehr Interesse für das eigene Unternehmen zu schaffen (siehe Ausblick). Es geht nicht mehr nur um die Bewerbung von einzelnen Vakanzen sondern vielmehr um die Attraktivierung des Unternehmens in Gänze für potenzielles, kompetentes Personal. Das recht junge Marketingfeld des Employer Branding liefert hierbei die generische Antwort auf die Frage, wie Unternehmen sich umso mehr auch potenziellen Arbeitnehmern statt lediglich den Konsumenten im Kern gegenüber positionieren können. Generell gilt, dass Unternehmen mittlerweile in erster Linie online werben, da hier die Anzeigenkosten und Koordinationsaufwände umso geringer als im klassischen Segment ausfallen. Zeigt das keinen Erfolg, kann in zweiter Instanz über die Schaltung von Printanzeigen nachgedacht werden.

Die Nachfragerseite in Form der Stellensuchenden steht hingegen vor der Herausforderung, die ideale Plattform im Meer der Angebote zu wählen, über die sich mit hoher Wahrscheinlichkeit die für sie relevanteste Jobofferte ergibt. Ihr Suchprozess beginnt zumeist über die Eingabe in bekannten Online-Suchmaschinen, um hierüber Vakanzen oder generell Angebote zu filtern. Aufgrund des zunehmend fragmentierten Angebotsmarkts werden immer weniger Anbieter direkt angewählt, weshalb die Suchmaschinenoptimierung und -werbung auch hier immer relevanter wird.

Ungeachtet der beiden Marktsituationen zeichnete sich im Jahr 2009 eine frappierende Abschwächung der nationalen und internationalen Wirtschaftsleistung ab. Das Wort der Rezession kursierte und sorgte für Zurückhaltung auf beiden Seiten: Unternehmen stellten kurzfristig Vakanzen und Rekrutierungsmaßnahmen ein, Stellensuchende wurden zu „Stellenhalter" mit der Befürchtung, sich im Falle eines Arbeitgeberwechsels und der üblichen Probezeit schlechter zu stellen.

Zusammengefasst zeigt sich, dass der Zeitpunkt des Markteinstiegs für Laufbahner. de kein einfacher war. Trotz Wirtschaftsaufschwung in den letzten zwei Jahren sowie der aktuellen Konjunkturlage ist keine Entspannung im Anzeigengeschäft der Stellenmärkte in

Tab. A1 Transformation von Marketing- in Mediaziele, Mediaplus

Marketing-Ziele	>>	Media-Ziele
Bekanntheitssteigerung, Kaufanreize schaffen und Positionierung der Marke		
Bekanntheit steigern	>>	Breite Ansprache und Reichweitenaufbau durch emotionsstarkes Medium
Animierung zum Kauf	>>	Begehrlichkeit wecken durch Vermittlung des Produktnutzens
Produkt als First Choice platzieren	>>	Überzeugungsarbeit durch Medien mit hoher Glaubwürdigkeit bzw. durch Erleben am Point of Interest

Sicht. Die Herausforderung zur Etablierung eines neuen Angebots selbst mit dem Absender eines großen Verlagshauses war und ist demnach enorm groß.

Schritt 5: Wettbewerbsanalyse

Die Wettbewerbsanalyse dient der Beleuchtung des Werbeverhaltens der Konkurrenten am Markt. Unterteilt wird maßgeblich in Direkt- und Gesamtwettbewerb. Die Analyse des Werbeverhaltens dient dem übergeordneten Ziel, den Werbedruck auf die Zielgruppe hin zu analysieren unter Berücksichtigung von Zeit, Raum und Einsatztaktik der präferierten Medien.

Im Falle von Laufbahner.de wurde insbesondere das Werbeverhalten der Anbieter Monster.de, Stepstone sowie Stellenanzeigen.de beleuchtet. Die Dienstleister stellen für Laufbahner.de den Direktwettbewerb dar. Der Gesamtwettbewerb ist aufgrund der fragmentierten Marktsituation nicht eindeutig abgrenzbar. Auf Basis von Kennzahlen werden folglich Ableitungen möglich, wann in welchem Gebiet über welche Medien in welcher Frequenz und insbesondere mit welchem Etat geworben wurde. Die Analyse erfolgt rückblickend auf die zumeist letzte Saison oder das letzte Kalenderjahr.

Die Analyse wird möglich, indem Marktinformationen mithilfe von Software-Lösungen abgefragt werden, die von Dienstleistern wie z. B. AC Nielsen Media Research bezogen werden.

Die Datenerhebung erfolgt nach mehreren Kriterien: „Was (Produkt, Service) wird von wem (Werbungtreibender) in welchem Markt (Wirtschaftsbereich, Produktgruppe bzw. -familie) wie (Kreation, Werbeform, Volumen) wo (Werbeträger) wann (Schaltdatum) für welchen Betrag (Bruttokosten) beworben?" (Nielsen Media Research GmbH).

So lassen sich Auswertungen mithilfe einer Datenbankschnittstelle erstellen und weiter aufbereiten.

Mithilfe der Wettbewerbsanalyse werden also Ableitungen möglich, die für die Mediaplanung von zentraler Bedeutung sind. Hierüber wird die Grundlage geschaffen, um die zentrale Frage zu beantworten, auf welchem Weg die potenzielle Zielgruppe umso effektiver und effizienter zugleich erreicht werden kann. Agiert der Wettbewerb beispielsweise mit einem enorm hohen Werbedruck ungeachtet welches Mediums, so müssen sich hieran bestenfalls die eigenen Werbebudgets orientieren, um die Zielgruppe mit einem ausreichend hohen Werbeanteil im definierten Wettbewerb zu erreichen – dem so genannten Share of Voice oder ferner auch Share of Advertising.

Schritt 6: Marketing- und Mediastrategie

Nachdem die Medienziele definiert wurden, eine Marktsegmentierung und -analyse stattfand sowie der hierbei relevante Wettbewerb beleuchtet wurde, wird im folgenden Schritt das strategische Vorgehen erörtert. Einfach ausgedrückt handelt es sich hierbei um eine Ziel-Weg-Beschreibung, innerhalb derer die definierten Planziele über geeignete Wege verfolgt werden.

Für Laufbahner.de bedeutet das eine integrierte Kampagnenmechanik, in der das Alleinstellungsmerkmal sowie die Produktvorteile aufmerksamkeitsstark und konsistent über alle Medien hinweg kommuniziert werden. Die Kampagnenmechanik gibt den Weg vor, welchen Kriterien Kreation und Media gerecht werden müssen.

Für Laufbahner.de wurden die folgenden Kriterien für eine integrierte, vernetzte Mediakampagne definiert (siehe Tab. A2):

Integrierte Kommunikation bedeutet, dass die kreative und mediale Leistung den genannten Kriterien entsprechen muss, um mit gegebenen Mitteln eine möglichst hohe und stringente Werbewirkung zu erzielen. Entgegen dem Direktwettbewerb standen zudem geringere Werbemittel zur Verfügung, weshalb sich die Planung auf werbeschwache Monate konzentrierte, die jedoch aufgrund von teils saisonalen Preisen relativ günstiger belegt werden konnten.

Das Ziel der Marketing- und Mediastrategie war demnach die schnelle Bekanntmachung der Marke Laufbahner.de und Forcierung der Registrierungen von Stellensuchenden. Die Lösung: Vertikale und horizontale Vernetzung klassischer und neuer Medien überleistungsstarke und zeitlich aufeinander abgestimmte Kanäle.

Schritt 7: Zielgruppendefinition

Grundsätzlich wurde eine Unterteilung in Konsumenten und Werbekunden vorgenommen. Hieraus lassen sich bereits zwei Hauptzielgruppen ableiten, wobei der Fokus auf der Bekanntmachung unter potenziellen Stellensuchenden lag. Generell gilt, dass die Geschäftsansprache – das so genannte Business-to-Business Marketing (B2B) – auf umso weniger Kanälen und Medienangeboten stattfinden kann als die Medienvielfalt auf

Konsumentenseite. Dieser Umstand zeigt sich in der späteren Medienselektion, dem so genannten Mediamix.

Die Zielgruppendefinition erfolgt zumeist grundlegend über den Einsatz von Marktmediastudien, die von verschiedenen Anbietern mit unterschiedlichen Schwerpunkten erstellt und herausgegeben werden. Beispiele sind die VerbraucherAnalyse, die Medien-Analyse, die Typologie der Wünsche oder auch die AGOF Facts. Derartige Studien stellen ein Abbild der jeweiligen Gesellschaft in ihrer Soziodemografie und Psychologie dar und lassen sich über geeignete Softwarelösungen auswerten. Das Studienkonzept sieht zumeist eine persönliche, telefonische oder auch online-basierte Befragung einer bestimmten Fallzahl von Personen vor. Je größer die Zahl der befragten Personen, desto aussagekräftiger und repräsentativer sind auch die Studienergebnisse.

Die Hauptzielgruppe der Stellensuchenden wurde für die Zielgruppendefinition nun in weitere Felder unterteilt, da aus Marketingsicht die Kommunikation über verschiedene Anzeigenmotive abgegrenzt werden sollte. So wurden im zweiten Schritt zuvor qualitativ definierte Kernzielgruppen strukturell abgebildet. Das bedeutet, dass die Kernzielgruppen – in unserem Falle Buchhaltung, Beratung, Finanzen, Ingenieurswesen, Softwareentwicklung und Studenten – in ihren soziodemografischen (Alter, Geschlecht, Einkommen, und weitere) sowie psychologischen Merkmalen (Interessen, Vorstellungen, Präferenzen, Mediennutzung, Freizeit, und weitere) analysiert wurden. Die Analyse dient der relevanten Zielgruppendefinition, die im weiteren Verlauf als Planungsgrundlage fungiert.

Ziel ist es, eine relevante Zielgruppengröße als Teil der deutschen Bevölkerung zu definieren, die über die Mediaplanung realistisch abgebildet und erreicht werden kann.

Die Hauptzielgruppe wurde definiert als Erwachsene im Alter von 20 bis 49 Jahren mit Abitur oder Fachhochschulreife. Für die Teilansprache – ob für das Konsumenten- oder Geschäftsumfeld – wurden gesonderte Kernzielgruppen gebildet, wie z. B. für die Berater auf Konsumentenseite mit „Männlich 35 bis 59 Jahre mit einem Haushaltsnettoeinkommen von mindestens 3.000 EUR".

Mittels der nun vorliegenden Zielgruppendefinitionen kann die Auswahl von Medien und Werbeträgern erfolgen.

Schritt 8: Mediamix und Einsatztaktik

Die Medienauswahl erfolgt grundlegend aus dem Blickwinkel der Zielgruppe und ihres Mediennutzungsverhaltens sowie der definierten Mediastrategie. Aufgrund der Medienvielfalt und unterschiedlichen Medien- sowie Werbeträgerkontakte sind Monokampagnen selten geworden. Kampagnen werden mittlerweile verstärkt über zwei oder mehr Medien exekutiert.

Für Laufbahner.de stand eine Medienauswahl zur Disposition, die die potenziellen Zielgruppenpersonen reichweitenstark und ebenso schnell erreicht. So verfügen Mediengattungen über unterschiedliche Einsatzschwerpunkte, weshalb im ersten Schritt deren Auswahl erfolgt und daraufhin die Selektion einzelner Werbeträger.

Tab. A2 Kriterien für die Laufbahner.de Mediakampagne, Mediaplus / Plan.Net.

Emotional	Umarmung zwischen Arbeitgeber und Jobsuchendem als Schlüsselbild der Kampagne.
Schnell	Das wichtige Alleinstellungsmerkmal der neuen Matching-Technologie wird klar kommuniziert.
Unique	Ungesehene Motive schaffen die Aufmerksamkeit zur Produkteinführung.
Menschlich	Identifikation mit der Marke über lebensnahe authentische Charaktere.
Auffordernd	Markendreiklang fördert Awareness und Abverkauf gleichermaßen.
Ganzheitlich	Skalierbarkeit der Umarmungs-Kampagne über alle Medien hinweg.
Ausbaubar	Motiv-Charaktere werden perspektivisch durch „echte Kunden" adaptiert.

So ist Fernsehen beispielsweise ein nationales Medium, das ebenso viele Personen in kurzer Zeit erreicht. Wird hingegen ein regional distribuiertes Produkt beworben, so macht die weitere Überlegung zu Sendern, Formaten und Werbeblöcken weniger Sinn – zumal das Grundpotenzial der erreichten Personen selbst auf Formatebene bereits derart groß ist, dass TV-Werbung zumeist viel Budget in Anspruch nimmt. Funkwerbung kann hingegen regional bis lokal ausgesteuert werden, ist relativ günstig und aktiviert schnell zur Produktkonsumption. Funkwerbung weist im Gegensatz zu TV-Werbung jedoch lediglich eine monosensuale Wirkung auf. TV punktet hierbei enorm in der Werbewirkung aufgrund der Audivisualität aus Ton- und Bildsignal. Anzeigen in Publikums- und Spezialzeitschriften können zwar weitaus mehr Inhalte und auch komplexe Zusammenhänge transportieren. Jedoch geschieht das mit einem langsameren Reichweitenaufbau aufgrund von Periodizität und zumeist relativ geringen Auflagenzahlen.

Die Beispiele verdeutlichen, dass die Gattungsauswahl bereits eine Grundsatzentscheidung aus dem Blickwinkel von Zielgruppeninteressen, Mediennutzung und -wirkung ist. Für Laufbahner.de wurde eine Gattungsauswahl aus Online- und Offline-Kanälen vorgenommen, die miteinander vernetzt eine integrierte Markenkommunikation möglich machen. So wurde im Online-Segment Display- und Suchmaschinenwerbung eingeplant. Im klassischen Gattungsbereich wurden die Medien Kino, Funk, Publikums- und Fachtitel, Tageszeitungen, Außenwerbung, Sonderinszenierungen sowie Ambient-Maßnahmen angedacht.

Die Auswahl erfolgt über Mediengattungen bis hin zu Werbeträgern, also der Auswahl von einzelnen Titeln, Sendern, Umfeldern oder auch Formaten.

Schritt 9: Budgetsplit

Das bereit gestellte Mediabudget verlangt zumeist eine Konzentration auf eine Medienauswahl, deren Einsatz bereits im groben den Budgetsplit bedingt. Kommt beispielsweise TV-Werbung zum Einsatz, so ist damit zu rechnen, dass hierüber ein größerer, zumeist sechsstelliger Betrag notwendig wird. Einzelne Printanzeigen fallen hingegen weniger ins Budgetgewicht, erzeugen jedoch keinen überdurchschnittlich großen Werbedruck.

Es besteht durchaus die Möglichkeit, dass vom Werbekunden Mediengattungen und darauf zu verwendete Budgetanteile vorgegeben werden. Im Falle von Laufbahner.de fand hingegen eine Budgetverteilung aufgrund der für den spezifischen Einsatz affinen Medien und Titel per Empfehlung über Mediaplus statt. Tabelle A3 zeigt die prozentuale Budgetverteilung im Laufbahner.de Mediamix.

Der Zweck hinter derartigen Bartergeschäften ist der Austausch von Mediawerten zwischen Medienanbietern, die auf diesem Weg in hausfremden Medien für das eigene Produkt werben können. So kooperieren oft gattungsfremde Medienhäuser miteinander. Als Beispiel kann so ein Radiovermarkter durchaus ein Bartervolumen mit einem Printverlag aushandeln, ohne dabei kannibalisierend für die eigenen Produkte zu agieren. Im Fall von Laufbahner.de kamen also Bartervolumina zum Einsatz, die übergreifend über den Süddeutschen Verlag mit anderen Medienhäusern langfristig ausgehandelt werden. So erklärt sich auch der hohe Anteil des Printvolumens im Budgetsplit. Bartervolumina werden auf Basis von Bruttoschaltkosten ausverhandelt (siehe Terminologie der Mediaplanung).

Schritt 10: Kosten- und Streuplanung

Mit der vorliegenden Zielgruppendefinition und dem sich auf Basis der Medienselektion ergebenden Budgetsplit folgt nun die detaillierte Planung nach Medien und Werbeträgern. Die Kosten- und Streuplanung fungiert hierbei als Instanz, um avisierte Mediengattungen und Werbeträger in ihrer Kostenstruktur für den Kunden sowie den internen Einkauf transparent abzubilden. Die Kostenplanung erfolgt in der Regel auf Gattungsebene. So kommt in den meisten Fällen marktübliche Tabellierungs-Software zum Einsatz, um die Positionen in der Mediaplanung über die verschiedenen Kostenarten strukturiert darzustellen (siehe Terminologie der Mediaplanung). Von links nach rechts durch dekliniert werden so die tariflichen Bruttopreise je Medium und Schaltfrequenz bis hin zum Kunden-Netto beziehungsweise dem Agentur-Netto und Kundenpreis aufgebaut. Die Aufbereitung findet für alle zum Einsatz kommenden Gattungen zumeist getrennt über einzeln aufbereitete Tabellenblätter statt.

Abbildung A4 stellt einen Ausschnitt der Kostenplanung für Laufbahner.de über das Medium Print exemplarisch dar.

Der Streuplan dient entgegen der detaillierten Kostenplanung dem Überblick über alle vakanten Schaltpositionen. Ein Kalendarium visualisiert hierbei die Schaltzeiträume je Planungsposition im Jahresverlauf.

Tab. A3 Medien- und Budgetsplit für die Laufbahner.de Mediakampagne, Mediaplus / Plan.Net.

Online Display	16 %	Der Budgetsplit verdeutlicht, dass über die Hälfte des Bruttovolumens auf die Mediengattung Print entfiel. Dieser Umstand hat bei der Mediaplanung für Laufbahner.de einen herausragenden Grund: Medienanbieter arrangieren untereinander zumeist so genannte Bartervolumina. Das sind Schaltvolumina, die kostenneutral zwischen den Anbietern ausverhandelt werden.
Online Search	2 %	
Funk	11 %	
Print	62 %	
Kino	3 %	
Outdoor	6 %	
Ambient	0,5 %	

Kosten- und Streuplan werden in Gänze auch als Mediaplan bezeichnet. Also der Darstellung, die Belegungseinheiten, Kosten, Zeitintervalle und auch Formate zusammenfasst. Die Mediaplanung verfolgt dabei wie erläutert (vgl. Terminologie der Mediaplanung) das Ziel, die definierte Zielgruppe so effektiv und effizient wie möglich zu erreichen. Hierfür werden Mediapläne nicht nur qualitativ erstellt sondern insbesondere an Leistungs-Kennzahlen bemessen.

Derartige Kennzahlen spiegeln die Kampagnenleistung je Medium wieder. Tabelle A4 stellt die Leistungswerte für die Laufbahner.de nach belegten Medien exemplarisch dar.

Erläuterung der Kennzahlen

NRW steht für Netto-Reichweite und steht für die in der definierten Zielgruppe tatsächlich erzielte Reichweite. Der Prozentsatz gibt die Durchdringung der definierten Zielgruppe im definierten Kampagnenraum wieder (hier national). GRP steht für Gross Rating Point und ist ein grobes Maß für den erzielten Werbedruck. Er berechnet sich aus der Multiplikation der Netto-Reichweite mit den Durchschnittskontakten je Zielperson. Je höher einer der beiden Faktoren ist, desto höher fällt der Werbedruck im Gesamten aus. Daher wird der GRP lediglich als grobes Maß für die Bewertung des Werbedrucks im Kampagnenzeitrum verwendet. OTS bzw. OTH steht jeweils für die Kontaktdosis. OTS wird für Sichtkontakte verwendet und steht für Opportunity to See. OTH steht hingegen für Hörkontakte, folglich Opportunity to Hear. Beide Kennzahlen geben die Kontaktzahl wieder, mit der jede Zielgruppenperson im Durchschnitt im Kampagnenzeitraum erreicht wurde. Für jedes Medium gelten generell unterschiedliche Kriterien, wie hoch die jeweiligen Leistungswerte mindestens ausfallen sollten, um im Wettbewerb aufzufallen sowie bei den Rezipienten eine den Zielkriterien entsprechend hohe Werbewirkung zu erzielen.

Kostenplan

Kunde: Süddeutsche Zeitung GmbH
Produkt: Laufbahner.de
Kampagne: Print

Medium / Titel	GA	Zeitraum / Erscheinungsweise	Auflage verbreitet oder Druck	TAP Brutto in €	Format	Freq.	Brutto in € gesamt
Gegengeschäfte			11.379.896			66x	1.560.248,40
Publikumszeitschriften			6.794.908			28x	633.725,00
arte Magazin	GG	monatlich	157.821	65,90	U2	1x	10.400,00
Berliner Vorwärts	GG	10x jährlich	40.000	172,50	1/4 Seite quer, 4C	1x	6.900,00
Brigitte Woman (Preiszone 2)	GG	monatlich	400.000	49,83	1/1 Seite, AN, 4c	1x	19.930,00
Cicero	GG	monatlich	45.000	293,33	1/1 Seite, AN, 4c	1x	13.200,00
Der Spiegel (Preiszone 1)	GG	wöchentlich	1.080.240	49,28	1/1 Seite, AN, 4c	1x	53.230,00
Der Spiegel (Preiszone 2)	GG	wöchentlich	1.080.240	52,75	1/1 Seite, AN, 4c	2x	113.960,00
Focus (Preiszone1)	GG	wöchentlich	716.136	64,81	1/1 Seite, AN, 4c	1x	46.410,00
Focus (Preiszone2)	GG	wöchentlich	716.136	67,64	1/1 Seite, AN, 4c	2x	96.880,00
Focus Money (Preiszone 2)	GG	wöchentlich	141.271	107,59	1/1 Seite, AN, 4c	1x	15.200,00
GEO (Preiszone 2)	GG	monatlich	433.848	88,74	1/1 Seite, AN, 4c	1x	38.500,00
Harvard Business Manager (Preiszone 2)	GG	monatlich	23.913	314,26	1/1 Seite, AN, 4c	1x	7.515,00
Manager Magazin (Preiszone 2)	GG	monatlich	130.238	176,60	1/1 Seite, AN, 4c	1x	23.000,00
National Geographic (Preiszone 1)	GG	monatlich	204.753	95,24	1/1 Seite, AN, 4c	1x	19.500,00
Spektrum der Wissenschaft	GG	monatlich	116.275	84,28	1/1 Seite, AN, 4c	1x	9.800,00
Klassik am Odeonsplatz (Programmheft)	GG	einmalig	k. A.		1/1 Seite, AN, 4c	1x	2.000,00
SZ Magazin	EA	wöchentlich	600.962	24,46	1/1 Seite, AN, 4c	8x	117.600,00
SZ Wissen	EA	monatlich	85.304	116,06	1/1 Seite, AN, 4c	2x	19.800,00
Zeit Magazin	GG	wöchentlich	471.668	42,19	1/1 Seite, AN, 4c	1x	19.900,00
Zeitungen			4.473.134			34x	893.173,40
Der Freitag	GG	wöchentlich			1/1 Seite, AN, 4c	2x	13.200,00
Die Zeit	GG	wöchentlich	471.668	31,79	1/4 Seite 4c	2x	29.990,40
Le Monde Diplomatique DE + CH	GG	monatlich	95.550	127,50	1/1 Seite, AN, 4c	1x	12.183,00
Süddeutsche Zeitung, 1/1, Mo-Frei	EA	täglich	543.265	113,20	1/1, Mo-Frei	1x	61.500,00
Süddeutsche Zeitung 1/2, Mo-Frei	EA	täglich	543.265	69,03	1/2 quer, Mo-Frei	6x	225.000,00
Süddeutsche Zeitung 1/4, Mo-Frei	EA	täglich	543.265	40,50	1/4 Eckfeld, Mo-Frei	11x	242.000,00

Abb. A4 Kostenplan Print für die Laufbahner.de Mediakampagne. (Mediaplus)

Schritt 11: Mediaeinkauf

Der Mediaeinkauf stellt den Einkaufsprozess kraft der Buchungsfreigabe des Kunden dar. Dem Einkauf der Werbeschaltungen kommt demnach die Freigabe des Kunden über zu buchende Medien und Positionen zuvor. Der Werbekunde erhält von der Mediaplanungsinstanz mittlerweile voll elektronisch einen zur Freigabe ausstehenden Mediaplan (Basis Tabellierungs-Software per E-Mail Anhang), den er rückbestätigend ebenso digital zur Buchung freigibt. Bei den meisten Gattungen und Medien ist eine Stornierung von bereits gebuchten Schaltungen unter Vorbehalt einer Karenzzeit vor Erscheinungstag – dem Starttermin der Werbeschaltung – möglich. Einzelne Medien sind hingegen derart nachgefragt, dass sie sich das Recht auf Nichtgewährung einer Stornierungsmöglichkeit aufgrund der Angebotsverknappung vorbehalten. Ein Beispiel sind hierfür nach aktuellem Stand so genannte City-Light-Poster – kurz CLP. Hierbei handelt es sich um allgemein bekannte Großplakate im Stadtbereich, die hinterleuchtet sind.

Hat der Werbekunde gegenüber der Agentur die Freigabe zur Buchung erteilt, kommt der Mediaeinkauf zum Einsatz. Hierfür setzt sich die Agentur mit dem Medienanbieter in Verbindung, um Medium, Erscheinungszeitraum, Umfeld, Anzeigenart und viele weitere Schaltkriterien für den Werbekunden zu deklarieren und zu buchen. Daraufhin erteilt der Medienanbieter eine marktübliche Auftragsbestätigung, wodurch selbiger die Anfrage als

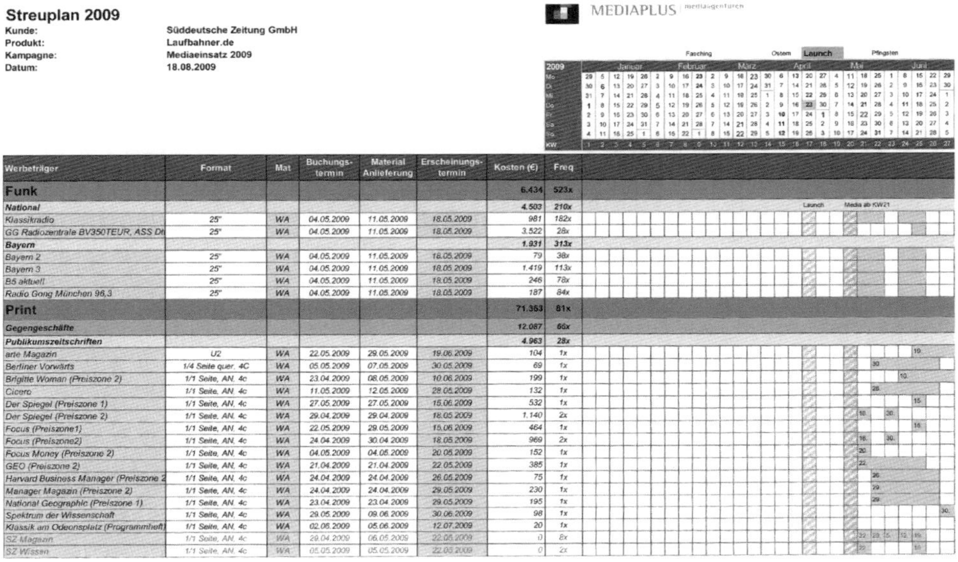

Mediaplanung für Laufbahner.de

Abb. A5 Streuplan für die Laufbahner.de Mediakampagne. (Mediaplus)

gebucht bestätigt. Dieser Prozess verläuft in den meisten Fällen bereits digital ab, kann in Einzelfällen jedoch weiterhin den Faxversand notwendig machen.

Je nach Agentur werden Mediengattungen im Einkauf unterschiedlich behandelt. So wird Outdoor-Werbung – also Werbung im Außenbereich – in den meisten Fällen direkt zwischen Planungsinstanz und Medien gebucht. Erst mit dem Eingang der Auftragsbestätigung übergibt der Mediaplaner die vollzogene Buchung an den Mediaeinkäufer, der diese in den Buchhaltungssystemen hinterlegt.

Aufgrund des außerordentlich hohen monetären Transfervolumens in der Mediaplanung kommt dem Mediaeinkauf eine zentrale Aufgabe zu, da im Sinne der vakanten Wirtschaftsprüfung und buchhalterischen Validität hoch konzentriert und spezialisiert gearbeitet werden muss, um Fehler im Buchungsprozess bestenfalls ausschließen zu können. So wird in Einzelfällen Fehlbeträgen im Nachkomma-Bereich penibel nachgegangen, um Folgefehler zu vermeiden.

Mit dem Mediaeinkauf ist nun die Buchung der Werbeschaltung abgeschlossen. Der Mediaeinkauf nimmt darüber hinaus eine weitere zentrale Funktion wahr: Die Korrespondenz der so genannten Produktionspläne für die Erstellung der Werbemotive. Hierbei werden die für die Werbeschaltung relevanten Kriterien in einem Informationsblatt buchungsindividuell aufbereitet. Das Informationsblatt – auch Produktionsplan genannt – wird in Folge und mittlerweile ebenso voll elektronisch an die Kreation des Kunden verschickt. Diese Instanz versteht sich als die Werbeabteilung in den Unternehmen oder

Tab. A4 Leistungswerte der Mediagattungen für die Laufbahner.de Mediakampagne. (Mediaplus)

Medium	Budgetanteil	NRW	GRP	OTS / OTH
Online Display	16 %	40 %	129	3,2
Online Search	2 %	./.	./.	./.
Funk	11 %	59 %	241	4,1
Print	62 %	69 %	412	6,2
Kino	3 %	14 %	136	1,9
Outdoor	6 %	./.	./.	./.

wie in den meisten Fällen als die Kreativ- oder auch Werbeagentur des Werbekunden. Der Mediaeinkauf verschickt an die Kreativagentur den benannten Produktionsplan, so dass die für die Buchung notwendigen Werbemotive buchungskonform aufbereitet werden können. So erhält zumeist der Kundenberater in der Kreativagentur den Produktionsplan, der in Folge an die Kreativen weitergereicht wird. Diese legen daraufhin das Werbemotiv an – also z. B. das Motiv für eine Printkampagne oder ein Plakat im Außenbereich oder auch audiovisuelle Spots für Kino-, Fernseh- und Radiowerbung. Das Motiv wird direkt an die Disposition des Medienanbieters verschickt – ob per E-Mail Anhang oder auch alternativ per Server-Transfer.

Treten bei dem Versand von Produktionsplan und Werbemotiv keine weiteren Komplikationen auf, so ist die Buchung den zwei wesentlichen Bestandteilen nach abgeschlossen und für die Weiterverarbeitung im Agentur-System erfasst. Änderungen im Buchungsprocedere werden in erster Linie zwischen der Disposition auf Medienseite sowie dem Mediaeinkauf ausgetauscht und wo nötig an den Mediaplaner herangetragen.

Dieser Prozess im Buchungslauf fand ebenso in der Kampagnenplanung für Laufbahner.de statt. Die Mediakampagne wurde in der Mediaplanung erarbeitet und im Detail fertiggestellt, vom Kunden freigegeben und im Mediaeinkauf für Buchung und Motivversand weiterverarbeitet. Der gesamte Prozess kann sich je nach Kampagnenumfang und Änderungsläufen von einzelnen Planungsstunden und -tagen bis hin zu mehreren Wochen und Monaten erstrecken, bis die Planung zum Abschluss gebracht wurde.

Schritt 12: Optimierung

Die Optimierung von Kampagnen bezieht sich generell auf die Anpassung von Buchungsparametern im Kampagnenzeitraum. Optimierungen sind zumeist im digitalen Bereich möglich, da Änderungen aufgrund der Prozesse ebenso schnell vorgenommen und realisiert werden können. Im Gegensatz dazu sind Buchungen in den klassischen Medien wie Zeitungen, Zeitschriften, Fernsehen, Funk und auch Außenwerbung nur unter hohem Aufwand möglich. Eine einmal erschienene Tageszeitung kann im Anzeigenmotiv nicht derart einfach ausgetauscht werden wie beispielsweise das Anzeigenmotiv für einen Banner auf einer Webseite. Letzteres ist zwar weiterhin mit Aufwand verbunden. Jedoch ist die Optimierung von Werbeinhalten ob nach Motiv, Platzierung, Frequenz oder auch Medienauswahl im digitalen Umfeld grundlegend möglich. Man spricht daher auch vom so genannten Kampagnen-Monitoring – also der Kontrolle und Steuerung von laufenden Kampagnen in Werbewirkung und Leistungsnachweis. So werden beispielsweise bei klickbasierten Kampagnen oftmals verschiedene Motive gleichwertig eingesetzt, um deren jeweilige Werbewirkung zu testen. Stellt sich heraus, dass eines der Motive bessere Leistungswerte in Form von Klicks erzielt, so werden weniger performante Motive ersetzt. Man spricht hierbei auch von so genannten A/B-Tests, die in vielen Bereichen kurzfristig zum Einsatz kommen können.

Die Mediaplanung für Laufbahner.de fand demnach auf zwei Wegen statt: Die klassischen Medien wurden vor Kampagnenstart fertig arrangiert und zur Buchung geführt. Mit diesem Schritt und der Abwicklung im Mediaeinkauf ist das Planungs- und Buchungsprocedere abgeschlossen. Die digitale Mediaplanung – über die Medien Online und Mobile – ist im Gegensatz dazu erst abgeschlossen, wenn die Kampagne offiziell beendet ist oder das bereitgestellte Budget ausgeschöpft ist. In Folge ist der digitale Planungsprozess weitaus aufwendiger und wird daher in der Regel hochwertiger vergütet.

Schritt 13: Rückblick und Erfolgsbewertung

Mit Abschluss der Kampagne folgen ein Rückblick und eine Erfolgsbewertung auf die Werbewirkung und den Leistungsnachweis in Gänze. Aufgrund der Rückkanalfähigkeit der digitalen Medien können selbige umso valider in ihrer Kampagnenleistung abgebildet werden. So werden Werbeaufrufe – die so genannten Ad Impressions – oder auch Klicks einwandfrei dargestellt. Hingegen kann die Werbeleistung einer Printanzeige lediglich daran bemessen werden, wie viele Leser den aktuellen Marktmediastudien zufolge die Werbung bestenfalls haben könnten. Die Validität der Leistungsnachweise divergiert demnach in großem Maße.

Das so genannte Kampagnenreporting oder auch der Review werden erweitert um eine Erfolgsbewertung. So werden beispielsweise für den Agenturkunden nicht nur Ad Impressions und Klicks aufgelistet, sondern auch in ein Verhältnis zu marktüblichen Kennzahlen gesetzt.

So wurden für Laufbahner.de über den gesamten Kampagnenzeitraum die Anmeldungen von Interessenten auf Bundeslandebene kontrolliert und Ableitungen getroffen, welche Gebiete womöglich unterrepräsentiert sind. Dem Agenturkunden wurde daraufhin empfohlen, unterrepräsentierte Bundesländer und auch Regionen mit Hinblick auf einen Potenzial-Ausgleich stärker zu bewerben und hierfür die bestehende Kampagnenplanung modifizieren zu lassen.

Zusammenfassung des Mediaplanungsprozess

Der beschriebene Prozess zeigt, wie umfangreich und komplex die Mediaplanung sein kann. Es macht einen wesentlichen Unterschied aus, ob ein lokaler Werbekunde Anzeigen im kleineren Umfang schaltet oder große Unternehmen, gar Konzerne ihre Marken und Produkte intermedial, national und über längere Zeiträume bewerben.

Die Herausforderung für Agenturen besteht darin, den immer größer werdenden Leistungsdruck aus den Einkaufsstrukturen gerecht zu werden. Diese fordern validere Methoden für Leistungserbringung und -nachweis.

Die tägliche Reizüberflutung und der zunehmende gesellschaftliche Druck mindern die Werbewahrnehmung und -wirkung bei jeder Zielperson – insbesondere bei den stark umworbenen jüngeren Zielgruppen, die zwar eine ausgeprägte Affinität für neue, moderne Produkte haben, jedoch in zunehmendem Maße aufwändig zu erreichen sind und generell über wenige Kaufkraft verfügen.

Medienberater werden insbesondere in den Zukunftsmärkten wie den BRIC-Staaten und dem EMEA Wirtschaftsraum gefragt sein. Hier besteht für international agierende Unternehmen und Konzerne ein stetig wachsendes Absatzpotenzial, das über vernetzte Media- und Marketingkampagnen abgeschöpft werden kann.

Mediaagenturen als Mittler können Unternehmen auf diesem Weg zielführend und beratend zur Seite stehen und vernetzte Kampagnen für Marken und Produkte realisieren.

Ausblick

Personalmarkt

Dem Personalmarkt steht eine spannende, herausfordernde Zukunft bevor. So geht es im Kerngeschäft der Personalbeschaffung insbesondere um die Bewertung und Nutzbarmachung derartiger Trends wie dem qualifizierten Aufbau einer attraktiven Arbeitgebermarke – dem so genannten Employer Branding – der Besetzung von Schlüsselpositionen, dem Change Management im Unternehmen, dem demografischen Wandel sowie der strategischen Personalplanung in Gänze. Die Flexibilisierung des Nachfragermarkt in Form Stellensuchender und wechselbereiter Arbeitnehmer erhöht zusätzlich den Druck auf Personalbeschaffung und -entwicklung. Im Bereich des eRecruiting findet nach der enormen Marktkonsolidierung während der Jahrtausendwende nunmehr eine erneute Heterogenisierung und Fragmentierung in Form spezialisierter Stellenportale statt, die umso stärker differenzierte Zielgruppen fokussieren. So wuchs die Zahl der Jobbörsen in Deutschland von 476 Angeboten in 2002 auf nunmehr 1.657 in 2010 (Crosswater Systems).

Neben diesem Trend zieht auch das allseits diskutierte Thema des Social Media Marketing in die Personalbereiche ein (siehe Abb. A 6): So wird das so genannte Social Media Recruiting parallel zum Trend des Employer Branding als die Zukunft im Personalmarketing diskutiert. Die folgende Grafik verdeutlicht die Bedeutung der sozialen Medien für moderne Personalrekrutierung.

Die Frage lautet daher nicht, ob Social Media langfristig für die Personalrekrutierung zum Einsatz kommen sollte sondern vielmehr, wie über Social Media Plattformen am effizientesten Personal rekrutiert werden kann. Abbildung A7 stellt dar, welche Bedeutung Social Media Recruiting bereits in den USA einnimmt – Stand 2010, Tendenz steigend.

Das Personalmarketing versteht sich demnach zunehmend als Dreiklang aus klassischer Anzeigenwerbung (Bought Media), der Selbstdarstellung auf eigenen Webplattformen (Owned Media) sowie der Positionierung in sozialen Netzwerken als attraktive Arbeitgebermarke (Earned Media).

In dem genannten Spannungsumfeld wähnt sich auch das Verlagswesen als Anzeigenplattform für Unternehmen – allen voran diejenigen Medienanbieter, die mit einem dezidierten Printangebot ehemals herausragende Umsätze erzielten.

Es stellt sich die Frage, wie sich das Personalmarketing der Zukunft gestalten wird. Laufbahner.de als Angebot des Süddeutsche Verlag versucht hierauf seit 2009 eine Antwort zu finden und zu liefern. Die Heterogenisierung des Personalmarkts verschärft dabei den Erfolgsdruck für derartige Angebote am Markt. Die Mediaplanung als Kommunikationsinstrument kann zwar für Bekanntheit und Interessenssteigerung sorgen, jedoch nicht die Marktgegebenheiten im Kern beeinflussen.

Für den Süddeutsche Verlag gilt daher umso mehr, regelmäßig wiederkehrend und mit großer Reichweite für Bekanntmachung und Wiedererinnerung zu sorgen, um die Bedeutsamkeit von Laufbahner.de am Markt zu erhalten und langfristig auszubauen.

Medienindustrie

Ungeachtet der Entwicklungen im Personalmarkt steht insbesondere die Medienindustrie vor einem der größten Umwälzungsprozesse in ihrer Geschichte. Die neuen Medien gewinnen immer mehr an Bedeutung aufgrund eines sich stetig ändernden Gesellschaftsbilds. So wachsen Kontinente und Länder gesellschaftlich, kulturell wie insbesondere auch wirtschaftlich immer mehr zusammen und bedingen einander in direktem Maße. Die Medien sind dabei Triebmittel für den gesellschaftlichen Austausch und werden doch in erster Linie durch die technologischen Entwicklungen beeinflusst. So haben erst die technischen Neuerungen in den letzten Jahrzehnten zur Beflügelung des Internets als globales Massenmedium beigetragen – der womöglich größten neuzeitlichen Revolution. Die Visualisierung von SapientNitro verdeutlicht eindrucksvoll, dass Technologie den Nährboden allen digitalen Fortschritts schafft.

Die neuen Medien haben sich durchgesetzt und verdrängen die klassischen auf absehbare Zeit immer mehr. Der gesellschaftliche Drang nach Mobilität, Flexibilität und zeitlich-räumlicher Unabhängigkeit verlangen nach neuen Wegen in der Kommunikation und dem Austausch über Medien, egal an welchem Ort man sich gerade aufhält. Diesem Trend folgt auch die Werbeindustrie.

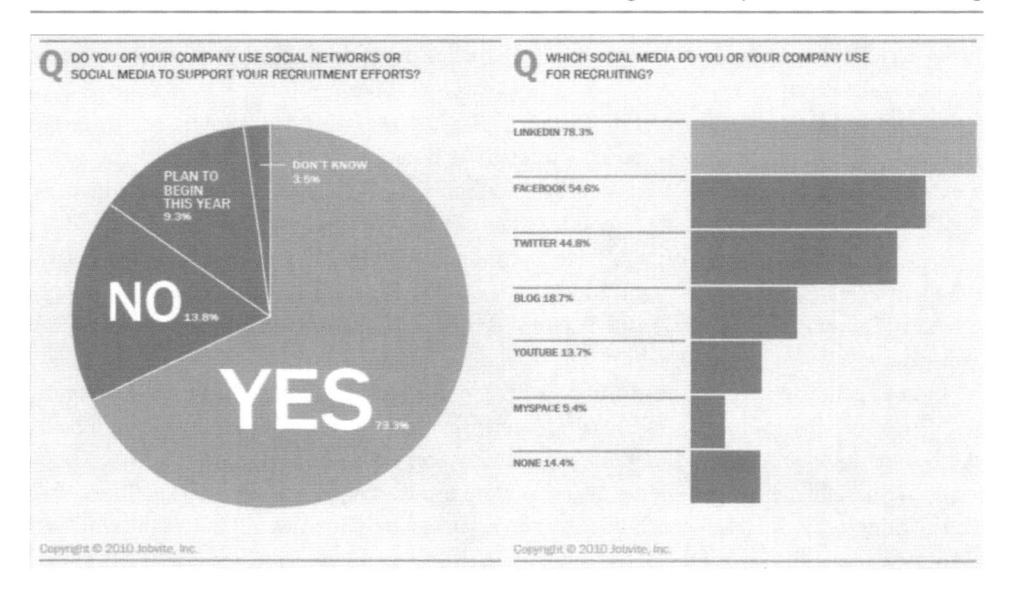

Abb. A6 Einsatz von Social Media im Personalmarketing. (Jobvite.com, 2010 Social Recruiting Survey)

Die globalen Trends der Zukunft lauten: Sozial ist lokal ist mobil. Die Sozialisierung in der Kommunikation und im Austausch von Menschen hat bereits Einzug gehalten und setzt sich immer weiter fort. Facebook als weltweit größtes soziales Netzwerk ist Indiz genug. Die Lokalisierung ist darüber hinaus die Antwort auf die tatsächliche Relevanz von Informationen und Austausch. Der Grund sind die zumeist konkreten Bewegungsmuster der Gesellschaft, die sich größtenteils im regionalen und lokalen Umfeld abspielen. So werden lokale Nachrichten, Informationen und Dienste umso wichtiger und flexibler zugänglich durch die neuen Medien. Doch erst durch die mobilen Angebote in Form von technisch hochwertigen Endgeräten und kostengünstigen Telekommunikations-Diensten verändert sich die Mediennutzung tiefgreifend: Von der ehemals eindimensionalen Ein-Weg-Kommunikation des 20. Jahrhunderts und der Suche nach Informationsinhalten hin zu einer mobilen, mehrdimensionalen Interaktion – zu jeder Zeit, an jedem Ort, ungeachtet jeglicher gesellschaftlichen und kulturellen Grenzen.

So zeigt sich, dass die Medienindustrie in weiterer Perspektive insbesondere vom gesellschaftlichen Wandel geprägt wird und in Abhängigkeit davon steht. Dieser Prozess wird bestärkt durch ein sich stetig vergrößerndes Medienangebot, in dem sich einzelne Akteure behaupten müssen. Die umso kürzeren Marktwachstums- und Rezessionszyklen nehmen hierauf zusätzlichen Einfluss.

So liegt die größte Herausforderung für die Medienindustrie nebst gesellschaftlichem Wandel und zunehmendem Wettbewerb in der fortschreitenden Digitalisierung selbst, da unabhängig von Marktzyklen eine sukzessive Verschiebung vom hochpreisigen physischen zum niedrigpreisigeren digitalen Geschäft stattfindet.

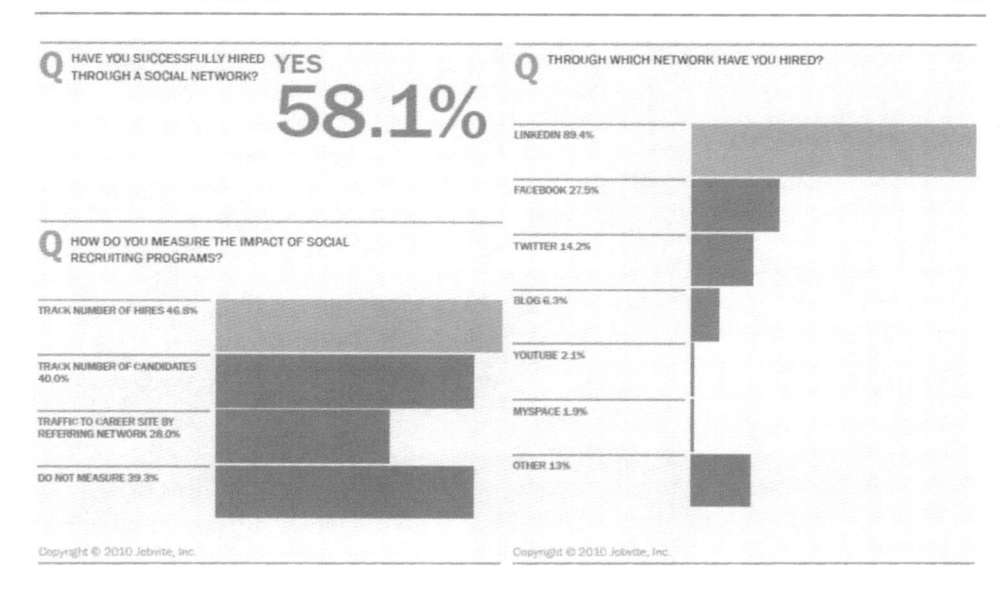

Abb. A7 Erfolgsquote in der Personalbeschaffung über Social Media Jobvite.com, 2010 Social Recruiting Survey

Etablierte Marktforschungsinstitutionen prognostizieren, dass die digitalen Medien rund um 2015 die klassischen Medien Fernsehen und Tageszeitungen in den maximalen Werbeeinnahmen ablösen werden. Ursache: Die Werbeindustrie investiert fortwährend dort, wo sie auf affine Zielgruppen und potenzielle Käufer trifft. In Zukunft umso mehr in Digital und Mobile Media.

Links und Branchenwissen

Tab. A5 Links und Branchenwissen

Fachpresse	Institutionen	Mediadaten	Produkt und Agenturen
WUV.de	BVDW.org	Planbasix.de	Laufbahner.de
Horizont.de	OVK.de	PZ-Online.de	Sueddeutsche.de
Meedia.de	AGOF.de	Mediadaten.de	Sueddeutsche-Verlag.de
Turi2.de	Nielsen.de		Serviceplan.de
TechCrunch.com	IVW.de		Mediaplus.de
AdAge.com	PwC.de *		Plan-Net.de

* PwC Media Outlook und Co.
http://www.pwc.de/de/technologie-medien-und-telekommunikation/index.jhtml

Literaturverzeichnis

ABC der ARD: Stichwort „Öffentlich-rechtlicher Rundfunkt" http://www.ard.de/intern/abc/-/id=1643802/gp1=O/1ngnuym/index.html (2010). Zugegriffen: 23. Mai 2011

AGF, Arbeitsgemeinschaft Fernsehforschung: Fernsehzuschauerforschung in Deutschland 2008. Frankfurt am Main (2008)

AGF, Arbeitsgemeinschaft Fernsehforschung: Konventionen der AGF (Stand 07.07.2011) (2011)

AGF, Arbeitsgemeinschaft Fernsehforschung: Glossar: http://www.agf.de/glossar/?name=t (o. J.). Zugegriffen: 27. Juni 2011

ag.ma, Arbeitsgemeinschaft Media-Analyse e.V.: ma 2010 Plakat. Frankfurt am Main (2010)

ag.ma, Arbeitsgemeinschaft Media-Analyse e.V.: Satzung und Schiedsvertrag der Arbeitsgemeinschaft Media-Analyse. Frankfurt am Main (2011a)

ag.ma, Arbeitsgemeinschaft Media-Analyse e. V.: Methodensteckbrief zur Berichterstattung. Frankfurt am Main (2011b)

AGOF, Arbeitsgemeinschaft OnlineForschung:. Internet facts 2011-04. (2011)

ALM, Arbeitsgemeinschaft der Landesmedienanstalten: Jahrbuch 2010/2011. Landesmedienanstalten und privater Rundfunk in Deutschland. Frankfurt am Main (2011)

Fantabpié Altobelli, C. und Hoffmann, S.: Werbung im Internet. Kommunikations-Kompendium 6. München, MediaGruppe (1996)

Anacker, P.: Ambient Media – Interne Präsentation. Stuttgart (2006)

Appel, V., Weinstein, S., Appel, C. Brain activity and recall of tv-advertising. Journal of Advertising Research **19**, 4, 7–15 (1979)

Arbeitsgemeinschaft der ARD-Werbegesellschaften: Media Perspektiven Basisdaten, Frankfurt am Main (2002)

Arbeitsgemeinschaft Fernsehen/GfK: Anzahl der Teletexthaushalte in Deutschland. Media Perspektiven, 98 (2003)

ARD Werbung Sales und Services (Hrsg.): Erfolgreich werben im ARD Radio Network. Frankfurt am Main (1996a)

ARD Werbung Sales und Services (Hrsg.) Werbewirkungsstudie im Gesichts- und Hautpflegemarkt. Frankfurt am Main (1996b)

ARD-Projektgruppe Teletext: Teletext – das unterschätzte Medium. Media Perspektiven, 54–64 (2001)

AS&S: Methodensteckbrief ma 2011 II. Daten zum Radiomarkt und zur Radionutzung. http://www.ard-werbung.de/methodensteckbrief11_2.html/ 2011_II_Basics_final.pdf (2011a). Zugegriffen: 4. Dezember 2011

AS&S: Planungsbeispiele 2012 – Deutschlandkombi Young und Online. http://www.ard-werbung.de/6257.html (2011b). Zugegriffen: 4. Dezember 2011

Aue, A., Kalweit, U., Nüßler, P.: Product Placement – Die neue Kunst der geheimen Verführung, S. 31 ff. Düsseldorf (1988)

Baacke, D., Schäfer, H., Vollbrecht, R.: Treffpunkt Kino. Weinheim, München (1994)

BDZV, Bund Deutscher Zeitungsverleger (Hrsg.): Zeitungen 1996. Bonn (1996)

BDZV, Bund Deutscher Zeitungsverleger (Hrsg.): Zeitungen 2000. Bonn (2001)

BDZV, Bund Deutscher Zeitungsverleger: Markttrends und Daten. www.bdzv.de (2010)

BE: Asia–The media Survey of Asia's Business Elite Publications/MediaCT_BEAsia09Survey Results_Oct09.pdf (2009). Zugriff: 4 Dezember 2011

Behrens, F., Großerohde, B.: Die Wirkung von Humor in der Werbung: Ein Überblick. In: Friedrichsen, M., Jenzowsky, S. (Hrsg.) Fernsehwerbung. Theoretische Analysen und empirische Befunde, S. 235–257. Wiesbaden (1999)

Beike, P.: Werbewirkung im Fernsehen. Mainz (1994)

Beisch, N., Engel, B.: Wie viele Programme nutzen die Fernsehzuschauer? Media Perspektiven, 374–379 (2006)

Berekoven, L., Eckert, W., Ellenrieder, P.: Marktforschung. 9. Aufl., Wiesbaden (2001)

Bertsch, O.: Wie kommt der Spot ins Radio? In: Müller, D.K., Raff, E. (Hrsg.) Praxiswissen Radio. Wie Radio gemacht wird – und wie Radiowerbung anmacht, S. 67–85 Wiesbaden (2007)

Bessel, W.: Auweia – Püttmann jagt!. Stuttgart (2010)

Best, S., Breunig, C.: Parallele und exklusive Mediennutzung. Ergebnisse auf Basis der ARD/ZDF-Langzeitstudie Massenkommunikation. Media Perspektiven **1**, 16–35 (2011)

Blödorn, S., Gerhards, M.: Informationsverhalten der Deutschen – Ergebnisse einer Repräsentationsbefragung. Media Perspektiven **1**: 2–14 (2004)

Börsenverein des Deutschen Buchhandels e.V. (Hrsg.): Zeitschriften 1997, Sondernummer. Frankfurt am Main (1996)

Bottler, S.: Laden-TV klebt in den Startlöchern. In: Werben und Verkaufen, 02.05.1997, 68–71 (1997)

Braun, H.: Facebook greift nach dem Web. In: c't 2010 **11**, 34 (2010)

Bruhn, M.: Kommunikationspolitik. München (2010)

Buddenberg, D.: Digitale Markenführung mit klassischer Online-Werbung. In: Theobald, E., Haisch,. P.H. (Hrsg.) Brand Evolution – Moderne Markenführung im digitalen Zeitalter, S. 251–273. Wiesbaden (2011)

Busch, H.: PZ-online: Daten-Service im Internet. In: VDZ (Hrsg.) Die Zeitschriften '97. Bonn (1996)

Busch, R., Fuchs, W., Unger, F.: Integriertes Marketing. 4. Aufl. Wiesbaden (2008)

BVDW, Bundesverband Digitale Wirtschaft e.V.: OVK Online-Report 2011/1, www.bvdw.org/medien/ovk-online-report-2011-02?media 2757 (2011).

BVDW, Bundesverband Digitale Wirtschaft e.V.: Targeting – Begriffe und Definitionen. www.bvdw.org/medien/ovk-online-report-2011-02?media=691 (o.J.). Zugriff: 4. Dezember 2011

ComScore: Brand Advertising Online in Germany. http://file.oe24.at/werbung /Brand %20Advertising %20Online %20in %20Germany_deutsch.pdf (2010) Zugriff: 4. Dezember 2011

Darkow, M.: Die GfK-Meßprobleme – Der Crash der Einschaltquoten zum Jahresende 1994. In: Böhme-Dürr, K.; Gräf, G. (Hrsg.) Auf der Suche nach dem Publikum, S.189–198. Konstanz (1995)

Darschin, W., Gerhard, H.S.: Tendenzen im Zuschauerverhalten. Media Perspektiven, 154–166 (2002)

Darschin, W., Gerhard, H.S.: Tendenzen im Zuschauerverhalten. Media Perspektiven, 158–166 (2003)

Darschin, W., Kayser, S.: Tendenzen im Zuschauerverhalten. Media Perspektiven, 162–175 (2001)

Deloitte Technology, Media und Telecommunications Predictions. Berlin, Dresden, Düsseldorf u.a.(2011)

DemoSCOPE: Der Psychografische Raum der Schweiz. Adlingenswil (2006 a)

DemoSCOPE: Market(R)Radar – Das Steuerungssystem fürs Marketing. Aldingenswil (2006 b)

DemoSCOPE: Market(R)Radar – Marketing-Informationssystem. Aldingenswil (2000 c)

Deutsche Fachpresse: Leistungsanalyse Fachzeitschriften – Basisstudie der Deutschen Fachpresse, 2. Aufl. AMF-Schriftenreihe 6. Bonn (o.J.)

Deutscher Werberat: Jahrbuch 2011. Berlin (2011)

Domke, U., Wild, C.: Fernsehen braucht Radio. Media Perspektiven, 294–307 (2002)

Drabczynski, M.: Qualitative Hörfunkplanung. In: Bayerische Landeszentrale für neue Medien (BLM): Radio 2000 – neue Übertragungs-, Programm- und Marketingformen. München (1993)

Drengberg, J.: N-Joy Radio: Ein öffentlich-rechtliches Erfolgsradio. Media Perspektiven, 134–143 (1996)

DSM: Plakatwerbung 2001. Frankfurt am Main (2001a)

DSM: Media-Daten Großfläche 2001. Frankfurt am Main (2001b)

DSM: Plakate sieht jeder. Frankfurt am Main (o. J.)

DSR: Ab sofort können Sie mit Plakaten rechnen. Frankfurt am Main (1994)

Engel, B., Windgasse, T.: Mediennutzung und Lebenswelten 2005. Media Perspektiven, 449–464 (2005)

Fachverband Ambient Media e.V.: Jagdfibel. Hamburg (2006)

Falk, S.: Handbuch für Mediaberater. 2. Aufl. Baden-Baden (2011)
Farris, P., Buzzel,l R.D.: Why advertising and promotional costs vary: some cross-sectional analyses. In: Journal of Marketing 4, 4, 112–122 (1979)
Faulstich, W.: Einführung in die Medienwissenschaft. München (2002)
FAW (Hrsg.): Die Effizienz der Verkehrsmittel-Werbung – Reichweiten. Frankfurt am Main (1992)
FAW (Hrsg.): Plakat-Media-Analyse 94. Frankfurt am Main (1994a)
FAW (Hrsg.): Die Effizienz der Verkehrsmittel-Werbung – Zielgruppen. Frankfurt am Main (1994b)
FAW (Hrsg.): Plakat-Media-Analyse 2000. Frankfurt am Main (2000)
FAW (Hrsg.): Außenwerbung – Medien mitten im Leben. Frankfurt am Main (2007)
FAW (Hrsg.): Kurzportrait. Frankfurt am Main (2010)
FAW(Hrsg.): Grundlagenstudie zur Ermittlung der Medialeistung von Verkehrsmittelwerbung. Frankfurt am Main (o. J.)
FDW Werbung im Kino e.V.: Werbung im Kino 2001. Hamburg (2001)
Feldmeier, S.: Bruce Lees Verhältnis zum Toyota-Affen. Werben und Verkaufen, 14. März 1997, 26–28 (1997)
Festinger, L.: A theory of cognitive dissonance. Stanford (1957)
Festinger, L., Maccoby, N.: On resistance to persuasive communications. In: Journal of Abnormal and Social Psychology, 68, 359–366 (1964)
FFA – Filmförderungsanstalt: Fünf Jahre Multiplexe-Angst essen Säle auf. Berlin (1996)
FFA – Filmförderungsanstalt: Aktuelle Informationen aus Kino und Film – intern Nr. 1/01. Berlin (2001a)
FFA – Filmförderungsanstalt: Kino-Ergebnisse. Berlin (2001b)
Fittkau, S., Maaß, H.: WWW-Benutzer Analyse/W3B Ergebnisband. Hamburg (2001)
Focus und Burda: Preiskrieg unter den Providern. In: Der Markt der Multimedia-Kommunikation. München (1997a)
Focus und Burda: Nützliche Adressen. In: Der Markt der Multimedia-Kommunikation. München (1997b)
Focus und Burda: Internet per Fernsehen im Jahr 2000?. In: Der Markt der Multimedia Kommunikation. München (1997c)
Föll, K.: Consumer Insight. Emotionspsychologische Fundierung und praktische Anleitung zur Kommunikationsentwicklung. Wiesbaden (2007)
FOMA (Fachgruppe Online-Mediaagenturen): FOMA Trendmonitor 2011. Frankfurt am Main (2011)
Forrester: Social Technografics Profile. www.forrester.com/groundswell/prfile_tool.html., www.forrester.com, impowered/ladder2010 (2009, 2010). Zugegriffen am 5. Dezember 2011
Fritz, I., Klingler, W.: Medienzeitbudget und Tagesablaufverhalten. Media-Perspektive, 222–234 (2006)
Fuchs, W.: Management der Business-to-Business-Kommunikation. Wiesbaden (2003)
Fuchs, W., Unger, F.: Management der Marketingkommunikation, 4. Aufl. Berlin (2007)

Gärtner, H.-D., Holicki, S.: Die Tageszeitung – das wichtigste Informationsmedium. Sonderdruck aus Kommunikationspraxis 10. Nachlieferung, Nr. 6 (1995)

Gaßner, H.-P.: Die Kraft auf die Straße bringen. Wie man Radiospots wirksam gestaltet. In: Müller, D. K., Raff, E. (Hrsg.): Praxiswissen Radio. Wie Radio gemacht wird – und wie Radiowerbung anmacht, S. 169-180. Wiesbaden (2007)

Gattringer, K., Klingler, W.: Radionutzung in Deutschland mit positivem Trend. Media Perspektiven **10**, 442–457 (2011)

Geese, S.: Teletext 2008 – Befunde zu einem wenig beachteten Medium. Ergebnisse der AGF/GfK-Fernsehforschung und einer repräsentativen Befragung. Media Perspektiven **11**, 568–576 (2008)

Gerhards, M., Klingler, W.: Sparten- und Formattrends im deutschen Fernsehen. Media Perspektiven **12**, 662–678 (2009)

GfK Fernsehforschung: Fernsehzuschauerforschung in Deutschland. Nürnberg (1996)

Glagow, H.: Anwesenheit Dritter beim Interview. Interview und Analyse, 260–262 (1982)

Gleich, U.: Effekte formaler und inhaltlicher Gestaltungsmerkmale von Anzeigen und Fernsehwerbespots. Media Perspektiven, 351-356 (1996a)

Gleich, U.: Aktuelle Ergebnisse der Werbewirkungsforschung. Media Perspektiven, 507–512 (1996b)

Gleich, U.: Neuere Ansätze zur Erklärung von Publikumsverhalten. Media Perspektiven, 598–606 (1996c)

Gleich, U.: Neue Werbeformate im Fernsehen. Media Perspektiven, 33–36 (2005)

Gleich, U.: Aktuelle Ergebnisse der Werbewirkungsforschung. Media Perspektiven **5**, 267–273 (2009)

Gleich, U.: Emotionale Kommunikationsstrategien in der Werbung. Media Perspektiven **12**, 599–603 (2010)

Gräf-Schlepitz, C., Kiefer, M.: Wirkung von Programmsponsoring – ein Fallbeispiel. Media Perspektiven, 230–238 (2000)

Grass, R.C., Wallace, W.H.: Advertising communication: Print versus tv. Journal of Advertising Research **14**, 5, 19–23 (1974)

Griese, U.: Single Source – Neue Möglichkeiten für Mediaplanung: Planung und Analyse, 58–62 (1993)

Groebel, J., Winterhoff-Spurk, P.: Empirische Medienpsychologie. München (1989)

GWA (Gesellschaft Werbeagenturen-Service mbH) (Hrsg.): Zahlen und Daten für die Werbung. Frankfurt am Main (2001)

GWA (Gesellschaft Werbeagenturen-Service mbH) (Hrsg.): Mediaplaner 2003 – Zahlen und Daten für die Werbung. Frankfurt am Main (2003)

GWA (Gesellschaft Werbeagenturen-Service mbH) (Hrsg.): Mediaplaner 2006 – Zahlen und Daten für die Werbung. Frankfurt am Main (2006)

GWA (Gesellschaft Werbeagenturen-Service mbH) (Hrsg.): Mediaplaner 2011. Zahlen und Daten für die Werbung. Frankfurt am Main (2011)

Haaland, G.A., Venkatesan, M.: Resistance to persuasive communications: An examination of the distraction hypothese. Journal of Personality and Social Psychology **9**, 167–170 (1968)

Haisch, P.H.: Bedeutung und Relevanz der Onlinemedien in der Marketingkommunikation. In: Theobald, E., Haisch, P.H. (Hrsg.) Brand Evolution – Moderne Markenführung im digitalen Zeitalter, S. 79–93. Wiesbaden (2011)

Hass, B., Willbrandt, K.: Targeting von Onlinewerbung: Grundlagen, Formen und Herausforderungen. MedienWirtschaft **01**, 12–21 (2011)

HDF (Hrsg.): Geschäftsbericht 1996/97. Wiesbaden (1997)

HDF (Hrsg.): Geschäftsbericht 1998/99. Wiesbaden (1999)

Heffler, M., Möbus, P.: Der Werbemarkt 2004. Media Perspektiven, 258–266 (2005)

Hils, W.: Die Gestaltung von Anzeigen. In: Tietz, B. (Hrsg.) Die Werbung, S. 1244–1261, Bd. 2, Landsberg am Lech (1982)

Hörzu (Hrsg.): MEDIA Planung für Märkte. 5. Aufl., Hamburg (1995)

Hofmann, P.: Wenn Ohren kotzen. Ein Handbuch für den strategischen Einsatz von Radio-Werbung. Münster (2006)

Hofsäss, M., Engel, D.: Praxishandbuch Mediaplanung. Berlin (2003)

Holly, W., Püschel, U., Bergmann, J. (Hrsg.): Der sprechende Zuschauer. Wie wir uns Fernsehen kommunikativ an eignen. Wiesbaden (2001)

Huth, R., Pflaum, D.: Einführung in die Werbelehre. 7. Aufl., Stuttgart (2005)

Imax Corporation: IMAX Filmsysteme. Toronto (1987)

Imax Corporation: IMAX Filmsysteme – Faktenblatt. Toronto (1994)

IGA Worldwide: Formats. www.igaworld.com/advertisers/mediakit/adformats/formats/ (2007). Zugegriffen 5. Dez. 2011

Innofact AG: Markenfans auf Facebook. www.innofact.de/fileadmin/userupload/Pressemitteilungen/Pressemitteilung_02_02_10.pdf (2010). Zugegriffen 5. Dez. 2011

IPA-plus: Neue Medien. Kronberg (1996)

IVW: IVW-Richtlinien. Bonn (1997)

Jäckel, M.: Fernsehwanderung. Eine empirische Untersuchung zum Zapping. München (1993)

Jenzowsky, S.: Fernsehwerbung in humorvollen und erotischen Spielfilmen. In: Friedrichsen, M., Friedrichsen, S. (Hrsg.) Fernsehwerbung – quo vadis? Auf dem Weg in die digitale Medienwelt, S. 169–183. Wiesbaden (2004)

JIM: JIM-Studie 2011. Jugend, Information, (Multi-)Media. Basisuntersuchung zum Medienumgang 12–19-Jähriger. Medienpädagogischen Forschungsverbund Südwest (Hrsg.). Stuttgart (2011)

Jung, H., v. Matt, J.-R.: Spielplatz Deutschland. www.eduhi.at/dl/773_EA_Studie_4_Spielplatz_Deutschland_Typologie_Spieler.pdf (2006) Zugegriffen 5. Dez. 2011

Jung, H., v. Matt, J.-R.: Momentum. Die Kraft, die Werbung heute braucht. Berlin (2002)

Kabel, P.: Messkriterien für Online-Werbung. Bonn (1996)

Kapferer, J.-N., Laurent, G.: Consumer Involvement Profiles, a New Practical Approach to Consumer Involvement. Journal of Advertising Research, Vol. 25, No. 6 (1985/1986)

Karstens, E., Schütte, J.: Praxishandbuch Fernsehen: Wie TV-Sender arbeiten. Wiesbaden (2010)

Keller, M., Klingler, W.: Jugendwellen gewinnen junge Hörerschaften. Media Perspektiven, 441–450 (1996)

Kiefer, M.-L.: Massenkommunikation 1995. Media Perspektiven, 234–248 (1996a)

Kiefer, M.-L.: Berichtigung zu Massenkommunikation 1995. Media Perspektiven, 357 (1996b)

Kiefer, M.-L.: Medienökonomik. Einführung in eine ökonomische Theorie der Medien. München, Wien (2005)

Klees, M.: Werbung in sozialen Netzwerken. www.eec-handel.de(werbung_in_ sozialen_ Netzwerken.php (2009) Zugegriffen 6. Dez. 2011

Klingler, W., Müller, D.K.: MA 2000 Radio: Erstmals mit Telefoninterview erhoben. Media Perspektiven, 414–426 (2000)

Klingler, W., Müller, D.K.: MA 2002 Radio: Radionutzung auf hohem Niveau stabil. Media Perspektiven, 448–459 (2002)

Klingler, W., Müller, D.K.: MA 2004 Radio II: Hörfunk behauptet Stärke. Media Perspektiven, 410–420 (2004)

Klingler, W., Müller, D.K.: MA 2005 Radio II: Radio behält Leitfunktion. Media Perspektiven, 465–477 (2005)

Klumpe, B.: 15 Jahre Onlineforschung bei ARD und ZDF. Media Perspektiven **7/8**, 370-376 (2011)

Koch, J.: Marktforschung. München (2004)

Korch, C., Roos-Greulich, S.: Neuberechnung der Werbemittelkotaktchance Radio. In: Wiegand, J. (Hrsg.) Umstellung im Reichweiten-Modell ab der ma 2011 Radio I: Wochentagsreichweiten – Werbemittelkontaktchancen. Frankfurt am Main (2011)

Koschnick, W.J.: Standard-Lexikon für Mediaplanung und Mediaforschung. München (1988)

Koschnick, W.J.: Standard-Lexikon für Mediaplanung und Mediaforschung in Deutschland, Bd. 1. München (1995)

Koschnick, W.J.: Focus-Lexikon: Werbeplanung, Mediaplanung, Marktforschung, Kommunikationsforschung, Mediaforschung. München (2003)

Kotler, P., Bliemel, F.: Marketing-Management: Analyse, Planung, Umsetzung und Steuerung. 10. Aufl. Stuttgart (2001)

Kotler, P., Kartajaya, H., Setiawan, I.: Die neue Dimension des Marketings: Vom Kunden zum Menschen. Frankfurt am Main, New York (2010)

Krasser, N.: Kritisch-rationales Management. Wiesbaden (1995)

Kreutzer, R.T.: Praxisorientiertes Online-Marketing. Wiesbaden (2012)

Krugman, D.M., Reid, L.N., Dunn, S.W., Barban, A.M.: Advertising – Its Role in Modern Marketing. Fort Worth, Piladelphia, San Diego (1994)

Kroeber-Riel, W.: Konsumentenverhalten. 4. Aufl. München (1990)

Kroeber-Riel, W.: Strategie und Technik der Werbung. Verhaltenswissenschaftliche Ansätze. 3.Aufl. Stuttgart, Berlin, Köln (1991)

Kroeber-Riel, W., Weinberg, P.: Konsumentenverhalten. 8. Aufl. München (2003)

Kroeber-Riel, Weinberg: Konsumentenverhalten. 9. Aufl. München (2009)

Krugman, H.E.: What makes advertising? Harvard Business Review 53, 2, 96–102 (1975)

Krugman, H.E.: Memory without recall, exposure without perception. Journal of Advertising Research 17, 7–12 (1977)

Kuhlmann, C., Wolling, J.: Fernsehen als Nebenbeimedium. Befragungsdaten und Tagebuchdaten im Vergleich. Medien und Kommunikationswissenschaft 3, 386–411 (2004)

Lasogga, F.: Emotionale Werbung im Business to Business-Bereich, Jahrbuch der Absatz und Verbrauchsforschung. 45. Jg., 56–70

Laurent, G., Kapferer, J.-N.: Measuring consumer involvement profiles. Journal of Marketing Research Vol. 22, No. 1, 41–3 (1985)

LMK: Gemeinsame Richtlinien der Landesmedienanstalten für die Werbung, die Produktplatzierung, das Sponsoring und das Teleshopping im Fernsehen (WerbeRL/FERNSEHEN) vom 17. März 2010 unter: http://www.lmk-online.de/ fileadmin/webdateien/PDF/Werberichtlinien_Fernsehenx.pdf (2010). Zugriff am 20 Juni 2011

Löw, E.: Werbeflimmern von der Tafel. Werben und Verkaufen 10, 109–110 (1997)

Mediadaten: Radio/TV. Mediadaten Verlag, Berlin (2011)

Medialine: Ambient Media Analyse (AMA), www.medialine/deutsch/wissen/ medialexikon.php?snr=6678 (2010). Zugegriffen: 21. Juni 2010

Medialine: European Media&Marketing Survey. www.medialine.de/deutsch/wissen/medialexikon.php?snr=1686 (o. J.) Zugegriffen 8. Dez. 2011

Mediaaline: ma Plakat, www.medialine.de/deutsch/wissen/medialexikon.php?snr=6996

Medialine: Verbraucheranalyse. www. Medialine.de/wissen/medialexikon.php?snr=5742 (o. J.)

Media Perspektiven: Dokumentation I. Frankfurt am Main (2002)

Media Perspektiven: Basisdaten – Daten zur Mediensituation in Deutschland. Frankfurt am Main (2002)

Media Perspektiven: Basisdaten – Daten zur Mediensituation in Deutschland 2005. Frankfurt am Main (2005)

Media Perspektiven: Basisdaten – Daten zur Mediensituation in Deutschland 2010. Frankfurt am Main (2010)

Meffert H.: Marketing: Grundlagen der Absatzpolitik. 8. Aufl. Wiesbaden (1998)

MGM (MediaGruppe München): Jahresbilanz 1996 der MGM. Unterföhring (1997)

Müller, D.K.: Fernsehforschung ab 2000 – Methodische Kontinuität. Media Perspektiven, 2–7 (2000)

Nielsen: Nielsen Werbeforschung S+P. (1996)

Nieschlag, R., Dichtl, E., Hörschgen, H.: Marketing. 19. Aufl. Berlin (2002)

Niggemeier, S.: Wie man die Kirsche auf der Sahne verkauft. Werben und Verkaufen, 18. April 1997, 144 (1997)

Oehmichen, E.: Aufmerksamkeit und Zuwendung beim Radio hören. Media Perspektiven, 132–141 (2001)

Oehmichen, E., Schröter, C.: Die OnlineNutzerTypologie (ONT). Media Perspektiven, 386–394 (2004)

Opaschowski, H.W.: Freizeitökonomie, Marketing von Bewusstseinswelten. Opladen (1993)

o.V.: Rundfunkstaatsvertrag. Media-Perspektiven. Frankfurt (1991)

o.V.: Wahrung der Netiquette. Die Argonauten (Hrsg.) München (1997a)

o.V.: Gebührenfrei ins internationale Netz. Entertainment Markt, 04.04.1997 (1997b)

o.V.: Surfen mit Werbepausen. Horizont, 20.03.1997 (1997c)

o.V.: Dem Nutzer dicht auf den Versen. Werben und Verkaufen, 27.06.1997 (1997d)

o.V.: Abgerechnet wird ab dem Jahr 2912 nach „Plakatsehern pro Stelle. www.absatzwirtschaft.de./content/_t=ft, p=1003214,_70718) (2010)

OWM: Code of Conduct. Verhaltensempfehlungen zwischen dem Werbungtreibenden sowie dessen Media-Agenturen und den Medien/Medienvermarktern; entwickelt von Organisation Werbungtreibende im Markenverband (OWM). http://www.owm.de/pdf/coc/CodeofConduct.pdf (2004) Zugegriffen: 25. Juli 2011

Peckham, J.O.: Can we relate advertising dollars to market share. In: McNiven, M.A. (Hrsg.) How Much to Spend For Advertising. New York (1969)

Petty, R.E., Cacioppo, J.T.: Communication And Persuasion. Central And Peripheral Routes To Attitude Change. New York (1986)

PR und Forschungsgesellschaft Werbung im Kino m.b.H.: Der Kinobesucher in der MA 2000. Düsseldorf (2000a)

PR und Forschungsgesellschaft Werbung im Kino m.b.H.: Kino-Studie 2000. Düsseldorf (2000b)

Preis, E., Weidlich, K. U., Verir, S.: Spot-Kreation und Werbewirkung – eine Studie von ip Deutschland. Köln (2010)

Price WaterhouseCoopers: Entwicklung der Investitionen in InGame-Advertising (Quelle: German Entertainment and Media Outlook 2010–2014) (2010)

Psychonoimics AG: eMafo-Almanach. 4. Aufl. Köln (2003)

Radetzky, G.: Von Views und Visits. NET investor, 8, 22 (1997)

Raab, G., Unger, A., Unger, F.: Methoden der Marketing-Forschung. 3. Aufl. Wiesbaden (2009)

Regionalpresse e.V. (Hrsg.): Anzeigen- und Prospektakzeptanz. Frankfurt am Main (1994)

Ridder, C.-M., Engel, B.: Massenkommunikation 2005: Images und Funktionen der Massenmedien im Vergleich. Media Perspektiven, 422–448 (2005)

RMS: Radio erzeugt Bildwelten. http://www.rms.de/forschung/forschung/ kreation/radio-erzeugt-bilderwelten/ (o.J.). Zugegriffen: 1. Dezember 2011

Röper, H.: Zeitungen 2010: Rangverschiebungen unter den größten Verlagen. Media Perspektiven, 218–234 (2010)

Rösler, F.: Hirnelektrische Korrelate kognitiver Prozesse. Berlin, Heidelberg, New York (1982)

Rogge, H.-J.: Werbung. 6. Aufl. Ludwigshafen (2004)

Rossmann, R.: Fernsehwerbung weggedrückt. Methodische Fortschritte in der Zappingforschung? In: Friedrichsen, M., Friedrichsen, S. (Hrsg.) Fernsehwerbung – quo vadis? Auf dem Weg in die digitale Medienwelt, S. 99–115. Wiesbaden (2004)

Rota, F., Fuchs, W. (Hrsg.): Lexikon Public Relation. 500 Begriffe zu Öffentlichkeitsarbeit, Markt- und Unternehmenskommunikation. München (2007)

Roth, S.: Akustische Reize als Instrument der Markenkommunikation. Wiesbaden (2005)

Rothschild, M.L.: Advertising. Lexington (1987a)

Rothschild, M.L.: Marketing Communications. Lexington (1987b)

Rusch, G.: Fernsehdebatten – Theorien des Fernsehens als Neues Medium. In: Rusch, G., Schanze, H., Schwering, G. (Hrsg.) Theorien der Neuen Medien. Kino, Radio, Fernsehen, Computer, S. 277–343. Paderborn (2007)

Safko, L., Brake, D.: The Social Media Bible. Tactics, Tools And Strategies For Business Success. New Jersey (2009)

Schenk, M., Ottler, S.: Warum jede (Werbe-)Sekunde zählt – Zapping und Techniken der Werbegestaltung. In: Friedrichsen, M., Friedrichsen, S. (Hrsg.) Fernsehwerbung – quo vadis? Auf dem Weg in die digitale Medienwelt, S. 117–135. Wiesbaden (2004)

Schmidt, S. J., Spieß, B.: Die Geburt der schönen Bilder. Fernsehwerbung aus der Sicht der Kreativen. Wiesbaden (1994)

Schneider, K., Pflaum, D. (Hrsg.): Werbung in Theorie und Praxis. Waiblingen (1993)

Schnettler, J., Wendt, G.: Konzeption und Mediaplanung für Werbe- und Kommunikationsberufe. Berlin (2003)

Schnettler, J., Wendt, G.: Werbung planen – Konzeption, Media und Kreation. Berlin (2007)

Schulte-Döinghaus, U.: Programme im Dienst des Kunden. Werben und Verkaufen, 18.04.1997, S. 72 (1997)

Schulz, R., Schneller, J.: Mediaforschung. In: Nölle-Neumann, E., Schulz, W., Wilke, J. (Hrsg.) Fischer Lexikon Publizistik, Massenkommunikation, S. 183–213. Frankfurt am Main (2004)

Schweiger, G., Diller, H. (Hrsg.): Großes Marketinglexikon. München (1992)

Sicking, P.: Leben ohne Fernsehen. Eine qualitative Nichtfernseherstudie. Wiesbaden (2008)

Simon, E., Hummelsheim, D., Hartmann, P.H.: Das Fernsehprogramm – ein Freund fürs Leben? Ergebnisse einer Kohortenanalyse der Fernsehnutzung. Media Perspektiven 3, S. 139–146 (2011)

Sinus-Institut: Sinus-Milieus 2010. www.Sinus-Institut.de (2010) Zugegriffen 15. Jan. 2012

Sinus Sociovision: Milieu-Studien. www.sociovision.de. Heidelberg (2006)

Sinus Sociovision: Milieu-Studien. www.sociovision.de. Heidelberg (2010)

Specht, M., Theobald, E.: Boradcast Your Ad. Baden-Baden (2010)

spon: http://www.spiegel.de/kultur/kulturspiegel/0,1518,413716,00.html (2006). Zugegriffen: 7. Juli 2011
Spitzenorganisation der Filmwirtschaft e.V.: Filmstatistisches Jahrbuch 2000. Wiesbaden (2000)
Stamm, W. (Hrsg.): STAMM 1997 Presse- und Medienhandbuch. 50. Ausg., Essen (1997)
Starsetzki, T.: Rekrutierungsformen und ihre Einsatzbereiche. In: Theobald, A., Dreyer, M., Starsetzki, T. (Hrsg.) Online-Marktforschung, S. 41–53. Wiesbaden (2001)
Stockmann, F.-J.: Die klassischen Medien im Überblick. In: Tietz, B. (Hrsg.) Die Werbung, Bd. 2, S. 1786–1815. Landsberg am Lech (1982)
Stötzel, U.: Privater Hörfunk in Deutschland. In: VPRT (Hrsg.) Privater Hörfunk in Deutschland. Bonn (1996)
Stümpert, H.: Die Grenzen der Hörerforschung. In: Bayerische Landeszentrale für neue Medien (BLM) (Hrsg.) Radio 2000 – neue Übertragungs-, Programm- und Marketingformen. München (1993)
Sturm, H., Vitouch, P., Grewe-Partsch, M.: Medienvermittelte Pausen und Lerneffekte. In: Unterrichtswissenschaft, S. 111–125. (1986)
Sinus Sociovision: Milieu-Studien. www.sociovision.de. Heidelberg. Zugegriffen: 25. Januar 2011
SWR: Übertragungsarten für digitales und analoges Radio. http://www.ard.de/-/id=863700/x7ki1t/index.html (2011). Zugegriffen: 16. August 2011
Tannenbaum, P.H.: The concruity principle revisited: Studies in the reduction, induction and generalization of persuasion. In: Berkowitz, L. (Hrsg.) Advances in experimental social psychology, S. 271–320. New York (1967)
Thomas, W., Stammermann, L.: In-Game-Advertising – Werbung in Computerspielen, Strategien und Konzepte. Frankfurt am Main (2007)
Tomorrow Focus Media: Die Zukunft der Online-Display Werbung, www.tomorrow-focus-media.de/uploads/tx_mjstudien/TFM_Zukunft_der_Displaywerbung.pdf, Frankfurt am Main (2011)
Trommsdorff, V., Becker, J.: Werbekreativität und Werbeeffektivität. Eine empirische Untersuchung.___www.marketing-trommdorff.de/forschung/werbekreativitaet_tu_berlin. pdf (24.10. 2003); zitiert nach Mediapespektiven 4, 187 (2004)
TV-WerbeRL: Gemeinsame Richtlinien der Landesmedienanstalten für die Werbung, die Produktplatzierung, das Sponsoring und das Teleshopping im Fernsehen (i.d.F. vom 23. Februar 2010). Frankfurt am Main (2010)
Unger, F.: Werbemanagement. Heidelberg (1989)
Unger, F.: Kritik des Konstruktivismus. 2. Aufl. Heidelberg (2005)
Unger, F., Fuchs, W.: Management der Marktkommunikation. 3. Aufl. Heidelberg (2005)
Venkatesan, M., Haaland, G.A.: Devided attention and television commercials: An experimental study. Journal of Marketing Research 5, 203–205 (1968)
Vergossen, H.: Marketing-Kommunikation. Ludwigshafen (2004)
Volpers, H., Schnier, D.: Das WDR-Hörfunkprogramm eins Live. Media Perspektiven, 249 ff. (1996)

van Eimeren, B., Frees, H. G., Frees, B.: Entwicklung der Onlinenutzung in Deutschland: Mehr Routine, weniger Entdeckerfreude. Mediaperspektiven, 346–362 (2002)
van Eimeren, B., Gerhard, H., Frees, B.: Internetverbreitung in Deutschland: Potenzial vorerst ausgeschöpft? Media Perspektiven, 350–370 (2004)
van Eimeren, B., Frees, B.: Fast 50 Mio. Deutsche online – Multimedia für alle? Media Perspektiven, 334–349 (2010)
van Eimeren B., Ridder, C.-M.: Trends in der Nutzung und Bewertung der Medien. Media-Perspektiven 1, 1–14 (2011)
von Keitz, B.: Wahrnehmung von Informationen. In: F. Unger (Hrsg.) Konsumentenpsychologie und Markenartikel, S. 97–121. Heidelberg, Wien (1986)
von zur Mühlen, B.: Die Radiolandschaft Deutschlands. In: Müller, D. K., Raff, E. (Hrsg.) Praxiswissen Radio. Wie Radio gemacht wird – und wie Radiowerbung anmacht, S. 9–24. Wiesbaden (2007)
Wehlheit, K.: Leitfaden Ambient Media. Göttingen (2005)
Weidenmann, B.: Der mentale Aufwand beim Fernsehen. In: Groebel, J., Winterhoff-Spurk (Hrsg.) Empirische Medienpsychologie, S. 134–149. München (1989)
Weinstein, S., Appel, V., Weinstein, C.: Brain activity responses to magazine and television advertising. In: Journal of Advertising Research 20, 3, 57–63 (1980)
Werbe-Data GmbH: PMA-Auswertungen. Frankfurt am Main (1997)
Werbe-Data GmbH: PMA-Auswertungen. Frankfurt am Main (2001)
Werben und Verkaufen: Media-Rabatte: Die Werbekunden bitten zur Kasse (23.12.2009). http://www.wuv.de/nachrichten/unternehmen/media_rabatte_die_werbekunden_bitten_zur_kasse (2009). Zugegriffen: 25. Juli 2011
WerbeRL/HÖRFUNK: Gemeinsame Richtlinien der Landesmedienanstalten für die Werbung, die Produktplatzierung, das Sponsoring und das Teleshopping im Fernsehen, in der Fassung vom 23. Februar 2010 (2010): Zugegriffen: 26. September 2011
Werner, A., Stephan, R.: Marketing-Instrument Internet. Heidelberg (1997)
Wiewer, V., Anweiler, R.: Der Europäische Social Media und E-Mail Monitor – 6 Länder. Studie zum digitalen Dialog mit Facebook, Twitter, E-Mail&Co, Ergebnisse Deutschland – Teil 1. München (2010)
Wild, C.: Wie Fernsehkampagnen wirken. Media Perspektiven, 41–45 (1996)
Wild, C.: Radiowerbewirkungsforschung für die Praxis. Aufgabenstellung, Instrumente, Befunde. In: Müller, D.K., Raff, E. (Hrsg.) Praxiswissen Radio. Wie Radio gemacht wird – und wie Radiowerbung anmacht, S. 123–168. Wiesbaden (2007)
Wild, C.: Radiowerbung wirkt implizit. Media Perspektiven **6**, 288–295 (2010)
Willkommer, J.: Texten für Google Adwords. Internet World BUSINESS **16**, 34–35 (2009)
Wimmer, F.: Radio 2000 – neue Übertragungs-, Programm- und Marketingformen. Bayerische Landeszentrale für neue Medien (BLM) (Hrsg.). München (1995)
Windle, R.: Providing survey based multi-country trading currencies – Business Elite Europe, Ipos-Mori, www.csworkshop.org./pdf/3mc2008_proceedings/sessions_58/windle.pdf (o.J.).
Winterhoff-Spurk, P., Mangold, R.: Product Placement versus Werbespot – Aufmerksamkeit und Behalten beim Zuschauer. In: MGM (Hrsg.) München (1995)

Wirth, W., Lübkemann, M.: Jenseits plumper Nacktheit. Über Spot- und Konstexteffekte starker versus schwacher erotischer Fernsehwerbung auf die Erinnerung. Ein Experiment. In Friedrichsen, M., Friedrichsen, S. (Hrsg.) Fernsehwerbung – quo vadis? Auf dem Weg in die digitale Medienwelt, S. 137–167. Wiesbaden (2004)

Wirth, W., Lübkemann, M.: Wie Erotik in der Werbung wirkt. Theorien, Modelle, Ergebnisse im kritischen Überblick. In: Friedrichsen, M., Friedrichsen, S. (Hrsg.) Fernsehwerbung – quo vadis? Auf dem Weg in die digitale Medienwelt, S. 71–96. Wiesbaden (2004)

Wirth, W., Schramm, H.: Medienrezeption. In: Bonfadelli, H., Jaren, O., Siegert, G. (Hrsg.) Einführung in die Publizistikwissenschaft. Bern, Stuttgart, Wien (2005)

Wolf, D.: InfoNet – Neue Informationstechniken und Werbung. In: ZAW (Hrsg.) Werbung in Deutschland 1996, Bonn (1996)

w&v guide Online-Marketing: Targeting. November (2008)

YAN, J., Wang, G., Zhang, W., Jiang, Y., Chen, Z.: How much can behavioral targeting help online advertising? In: Proceedings of the 18th. International Conference on the World Wide Web, S. 261–270. Raleigh, North Carolina (2009)

Zarella, D.: Das Social Media Marketing Buch. Köln (2010)

Zentralverband der deutschen Werbewirtschaft ZAW (Hrsg.): Werbung in Deutschland 1996. Bonn (1996)

Zentralverband der deutschen Werbewirtschaft ZAW (Hrsg.): Werbung in Deutschland 1997. Bonn (1997)

Zentralverband der deutschen Werbewirtschaft ZAW (Hrsg.): Werbung in Deutschland 2000. Bonn (2000)

Zentralverband der deutschen Werbewirtschaft ZAW (Hrsg.): Werbung in Deutschland 2001. Bonn (2001)

Zentralverband der deutschen Werbewirtschaft ZAW (Hrsg.): Werbung in Deutschland 2003. Bonn (2003)

Zentralverband der deutschen Werbewirtschaft ZAW (Hrsg.): Werbung in Deutschland 2004. Berlin (2004)

Zentralverband der deutschen Werbewirtschaft ZAW (Hrsg.): Werbung in Deutschland 2005. Berlin (2005)

Zentralverband der deutschen Werbewirtschaft ZAW (Hrsg.): Werbung in Deutschland 2006. Berlin (2006)

Zentralverband der deutschen Werbewirtschaft ZAW: Werbung in Deutschland 2010. Berlin (2010)

Zentralverband der deutschen Werbewirtschaft ZAW (Hrsg.): Werbung in Deutschland 2011. Berlin (2011)

ZMG (Hrsg.): Zeitungsqualitäten 1998/99. Frankfurt am Main (1999)

Zubayr, C., Gerhard, H.: Tendenzen im Zuschauerverhalten. Fernsehgewohnheiten und Fernsehreichweiten im Jahr 2009. Media Perspektiven **3**, 106–118 (2010)

Zubayr, C., Gerhard, H.: Tendenzen im Zuschauerverhalten. Fernsehgewohnheiten und Fernsehreichweiten im Jahr 2010. Media Perspektiven **3**, 126–138 (2011)

Printed by Printforce, the Netherlands